HIER STEHE ICH
GEWISSEN UND PROTEST – 1521 BIS 2021

HIER STEHE ICH

GEWISSEN UND PROTEST – 1521 BIS 2021

Begleitband zur Landesausstellung
3. Juli bis 30. Dezember 2021
Museum der Stadt Worms im Andreasstift

Herausgegeben im Auftrag
des Museums der Stadt Worms im Andreasstift
von Thomas Kaufmann und Katharina Kunter

Inhaltsverzeichnis

10 **Grußworte**

EINFÜHRUNG

17 Olaf Mückain
**Konzeption und Struktur –
Landesausstellung Worms 2021**

20 Katharina Kunter / Thomas Kaufmann
**Bleibende Brisanz: Gewissensentscheidungen
von 1521 bis 2021**

EXKURS

24 Ulrich Oelschläger
Religionen und Konfessionen in Worms

AUSSTELLUNG

1521: MARTIN LUTHER AUF DEM WORMSER REICHSTAG

30 Armin Kohnle
Karl V., Friedrich der Weise und der Reichstag in Worms 1521

40 Thomas Kaufmann
Luther und der Papst

48 Gerold Bönnen
Worms im April 1521

PROTEST GEGEN EINE HINRICHTUNG IN GENF

110 Mirjam van Veen
Sebastian Castellio, Apologet religiöser Toleranz

AMSTERDAM: BEISPIEL PRAGMATISCHER TOLERANZ

125 Sabine Hiebsch
Religiöse Vielfalt in den frühneuzeitlichen Niederlanden

INDIGENE MENSCHENWÜRDE KONTRA KOLONIALISMUS

141 Josef Bordat
Gewissen und Protest bei Bartolomé de Las Casas

EXPERIMENTIERFELD NORDAMERIKA

151 Jan Stievermann
Gewissens- und Religionsfreiheit in den britischen Nordamerikakolonien

MIT MUT FÜR DIE EMANZIPATION DES JUDENTUMS

158 Marian Füssel
Moses Mendelssohn: Zwischen »deutschem Sokrates« und »jüdischem Luther«

UNERSCHROCKEN FÜR DIE GLEICHBERECHTIGUNG

169 Erich Pelzer
Olympe de Gouges, Verfechterin der Frauenrechte

REVOLUTION FÜR DIE DEMOKRATIE UND DIE ARMEN

187 Burghard Dedner
Georg Büchner und der *Hessische Landbote*

OPPOSITION GEGEN DEN NATIONALSOZIALISMUS

194 Barbara Beuys
Sophie Scholl: vom NS-Engagement zum Widerstand

BÜRGERRECHTSBEWEGUNGEN NACH 1945

212 Katharina Kunter
Protest und Zivilcourage gegen Rassismus

IM GLAUBEN AN GOTT GEGEN DIE SED-DIKTATUR

222 Katharina Kunter
Thomas Ammer und der Eisenberger Kreis

ABGEORDNETE UND IHRE GEWISSENSENTSCHEIDUNGEN

232 Katharina Kunter
Politikerinnen und das Freie Mandat

AKTUELLE HERAUSFORDERUNGEN IN DER MEDIZINETHIK

247 Isabelle Reiff
Ethisch-moralische Streitfragen in einer technisierten Medizin unter Kostendruck

KÜNSTLICHE INTELLIGENZ: ENDE DES GEWISSENS?

254 Manuela Lenzen
Entscheiden im Zeitalter der lernenden Systeme

ESSAYS

262 Armin Kohnle
Von Worms nach Augsburg
Der Reichstag als Regelungsinstanz in der Glaubensfrage 1521–1555

274 Thomas Kaufmann
Luther auf dem Wormser Reichstag
Person und publizistische Wirkung

291 Markus Wriedt
Luthers Berufung auf das Gewissen
Zum Bedeutungswandel eines wirkmächtigen Begriffs

301 Anja Lobenstein-Reichmann
Zur Semantik von *gewissen* in frühneuhochdeutscher Zeit:
Die Vielstimmigkeit des Gewissens oder »Wenn einen in seinem Herzen das Gewissen treibt«

320 Volker Gerhardt
Das Gewissen des Kaisers
Karl V. zwischen Erasmus und Luther

331 Ulrich Oelschläger
Worms als multireligiöse und multikonfessionelle Stadt
Vom Zusammenleben der Konfessionen in Geschichte und Gegenwart

342 Gerold Bönnen
Worms als Austragungsort des Reichstags von 1521
Eine Reichsstadt als Akteur und Bühne

353 Alejandro Zorzin
Peter Schöffer der Jüngere, Worms und Luther
Typenpunzen und Federkeil im Dienste der Reformation

358 Sabine Hiebsch
Pragmatische Toleranz
Gewissensfreiheit in den frühneuzeitlichen Niederlanden

369 Jan Stievermann
Die britischen Nordamerikakolonien als Experimentierfeld von Gewissens- und Religionsfreiheit
Zwischen Staatsräson und radikalem Protestantismus

386 Dominique Bourel
Moses Mendelssohn
Gewissensfreiheit und Emanzipation der Juden in Deutschland

397 Michael Maurer
Die Heroisierung Martin Luthers im 19. Jahrhundert
Kulturgeschichtliche Aspekte

414 Antje von Ungern-Sternberg
Von Luthers Gewissensentscheidung zur heutigen Religionsfreiheit
Verfassungsgeschichte eines Grund- und Menschenrechts

425 Annette Weinke
Eine »lange Tradition«?
Gewissensfreiheit und Menschenrechte im 20. Jahrhundert

438 Barbara Beuys
Sophie Scholl – am Ende nur auf sich gestellt
Wenn die Kirche dem Führer huldigt

449 Katharina Kunter
»Here I stand« – Ein deutscher Mythos wird transnational
Luthers Bekenntnisformel im Kontext von gewissensbedingtem Protest und Bürgerrechtsbewegungen im 20. Jahrhundert

459 Tobias Schieder
Widerstandsrecht, Gewissensfreiheit und ziviler Ungehorsam
Eine Rechtsdebatte in der Bundesrepublik Deutschland seit 1949

469 Johannes Paulmann
Möglichkeitsbedingungen von Menschenrechten
Eine historische Annäherung an ihre Zukunft

ANHANG

511 Abbildungsverzeichnis
Verzeichnis der Quellen von Reproduktionen und Faksimiles

512 Impressum

513 Ausstellung

515 Katalog

518 Leihgeber

GRUSSWORT

Am 18. April 1521 verweigerte Martin Luther auf dem Wormser Reichstag den Widerruf seiner Schriften. Dieses Ereignis von welthistorischer Bedeutung nimmt das Museum der Stadt Worms im Andreasstift zum Anlass, um mit kritischem Blick die Geschehnisse aufzuarbeiten und in einem zweiten Schritt die Entwicklungsgeschichte der Gewissensfreiheit nachzuzeichnen. Sehr gerne habe ich für diese eindrucksvolle Ausstellung die Schirmherrschaft übernommen.

Gewissensfreiheit bedeutet das Recht, frei und ohne äußeren Zwang nach unserem Gewissen zu handeln und zu entscheiden. Als Grundrecht ist die Gewissensfreiheit fest im Artikel 4 unseres Grundgesetzes verankert. Für das, was uns heute als selbstverständlich erscheint, haben viele mutige Vorkämpfer und Vorkämpferinnen für Freiheit und Gleichberechtigung große Opfer erbracht. Olympe de Gouges, Georg Büchner, Sophie Scholl, Martin Luther King, Nelson Mandela: Sie alle verbindet der unermüdliche Einsatz für eine gerechtere Gesellschaft. Die Landesausstellung »Hier stehe ich. Gewissen und Protest – 1521 bis 2021« porträtiert diese Persönlichkeiten, indem Exponate, Dokumente und Schlüsselsituationen ihres Lebens vorgestellt werden. Damit würdigt die Ausstellung ihr Lebenswerk und hält die Erinnerung an sie wach.

Ich danke allen Beteiligten für ihr großes Engagement und dem Museum der Stadt Worms im Andreasstift für diese wunderbare Ausstellung. Sie erinnert uns daran, dass die Meinungs- und Gewissensfreiheit eine kulturelle Errungenschaft ist, die es zu schützen und zu bewahren gilt. Ich wünsche allen Besuchern und Besucherinnen erkenntnisreiche Einblicke und viele schöne Begegnungen.

Malu Dreyer
Ministerpräsidentin von Rheinland-Pfalz

GRUSSWORT

Die Reformation war ein epochales Ereignis. Ihre Folgen veränderten die gesellschaftliche und staatliche Entwicklung hierzulande grundlegend und auf Dauer. Insbesondere Martin Luther hat uns ein ebenso vielschichtiges wie streitbares Vermächtnis hinterlassen. Er irritiert, provoziert und fordert uns heraus, weil er Licht und Schatten seiner Zeit gleichermaßen verkörpert. Einerseits bereitete er den Weg für eine einheitliche und einigende deutsche Schriftsprache, wurde – wenn auch unfreiwillig – zu einem der Geburtshelfer des mündigen Bürgers und der pluralistischen Gesellschaft. Andererseits gehören zu seiner Erblast auch die Ausfälle gegen Andersdenkende und Andersglaubende sowie seine abstoßenden antijüdischen Äußerungen.

Die Landesausstellung »Hier stehe ich. Gewissen und Protest 1521 – 2021« nimmt sich dieser Ambivalenzen an und stellt dabei bekannte Fragen auf neue Weise. Eindringlich erinnert sie daran, dass die heute in Artikel 4 des Grundgesetzes verankerte Gewissensfreiheit keine Selbstverständlichkeit, sondern eine historische Errungenschaft ist, die auch in unserer Demokratie stets mit Leben gefüllt und immer wieder neu gestaltet werden muss. Bereits 2017 konnte ich anlässlich des 500. Jahrestages des Beginns der Reformation vielfältige Veranstaltungen aus meinem Kulturetat fördern. Es war und ist mein Wunsch, dass die Auseinandersetzung mit der Reformation und ihren Folgen nach diesem Jubiläumsjahr nicht einfach abebbt, sondern als Aufgabe und Auftrag für die Zukunft verstanden wird. Die Ausstellung der Stadt Worms ist ein schönes Beispiel dafür, dass uns dies bisher gelungen ist. Ich freue mich sehr, dass ich zu ihrer Realisierung beitragen konnte.

Diese Förderung ist nicht zuletzt deshalb wichtig, weil die Reformation bis heute fortwirkt. Sie hat einen festen Platz in unserer Erinnerungskultur. Sich mit dem Erbe Martin Luthers und seiner Zeit differenziert auseinanderzusetzen, heißt, sich in kritischer Offenheit unseren Wurzeln und Werten zuzuwenden. Dazu gehört, vertraute Gewissheiten über Vergangenheit und Gegenwart infrage zu stellen und Neuentdeckungen zu wagen. Ich wünsche der Ausstellung, dass sich in diesem Sinne zahlreiche Besucherinnen und Besucher auf Spurensuche in der Geschichte begeben und sich zum Nachdenken auch über drängende Fragen unserer Zeit anregen lassen.

Prof. Monika Grütters MdB
Staatsministerin für Kultur und Medien

GRUSSWORT

Im Jahr 1483 wurde der Familie Luder in Eisleben ein Sohn geboren und auf den Namen Martin getauft. Erst 1512 nannte sich dieser »Martin Luther« und erklärte seine Namensherkunft vom griechischen Namen »Eleutherios«, der Freie. Das war Programm. Nicht von ungefähr hieß eine der Denkschriften, die er auf dem Wormser Reichstag von 1521 widerrufen sollte, »De libertate christiana«, auf Deutsch »Von der Freiheit eines Christenmenschen«. Luther erwartete, dass in Worms über seine Schriften diskutiert werde. Aber statt zu einem Disput wurde er aufgefordert, seine Schriften zu widerrufen. Kein Wunder, dass er sich Bedenkzeit erbat und über Nacht eine schlüssige Antwort vorbereitete. Er nimmt darin Bezug auf den biblischen Text als Gottes Wort und sagt, sofern er nicht durch Bibelstellen oder vernünftige Gründe widerlegt werde, sei sein Gewissen in Gottes Wort gefangen. Die Freiheit des Gewissens ist also nicht willkürlich, sondern orientiert sich am Wort der Bibel und ist bereit, auf vernünftige Gegenargumente in deren Textauslegung einzugehen. Einem Befehl ohne Diskurs beugt sich der Freie nicht. Nach dem Reichstag wurde das zusammengefasst im bekannten Satz »Hier stehe ich. Ich kann nicht anders. Amen«. Luthers Worte verschwanden, eine Haltung blieb. Die wurde bald als Haltung des Protests sprichwörtlich.

Die Wormser Landesausstellung von 2021 hat daher für sich den Titel »Hier stehe ich. Gewissen und Protest – 1521 bis 2021« gefunden und folgt den Spuren einer Haltung, die sich verändert, aber immer doch Bezug nehmen muss auf Wertorientierungen grundlegender Menschenrechte und die Bereitschaft zum Diskurs. Eine Protesthaltung allein ist noch kein Akt der Gewissensfreiheit. Die Landesausstellung erzählt nicht nur die Geschichte des Reichstags von 1521 und hier insbesondere die von Luthers Widerrufsverweigerung, sondern auch Geschichten dieser besonderen Form von Freiheit durch die Jahrhunderte bis in die Gegenwart. Damit greift sie ins Nachdenken über uns selbst und unsere Wege in die Zukunft ein.

Ich bedanke mich beim Stadtrat für die Bereitschaft, eine solche Ausstellung zu wagen, beim Ausstellungsteam des Museums (Bürgermeister Hans-Joachim Kosubek, Dr. Olaf Mückain, Ulrike Breitwieser, Volker Gallé), den Mitarbeiter/-innen des

Städtischen Museums im Andreasstift und aller städtischen Kooperationspartner (Kulturkoordination, Nibelungenfestspiele gGmbH, Tourist Information, Worms-Verlag, Kultur und Veranstaltungs GmbH, museum live) für die Umsetzung, bei Professor Dr. Thomas Kaufmann von der Universität Göttingen, dem wissenschaftlichen Beirat und Dr. Katharina Kunter für die Beratung, bei Ministerpräsidentin Malu Dreyer für die Übernahme der Schirmherrschaft und die Förderung durch das Land, bei Staatsministerin Professorin Monika Grütters für die Förderung des Bundes, die ohne die Fürsprache von MdB Jan Metzler nicht zustande gekommen wäre, und bei der Evangelischen Kirche von Hessen und Nassau, dem Evangelischen Dekanat Worms-Wonnegau und Präses Dr. Ulrich Oelschläger, dem Lutherbeauftragten der Stadt. Danke auch der Stiftung »Gut. Für die Region« der Sparkassen Worms-Alzey-Ried für die Spende zur wissenschaftlichen Begleitung und zum Katalog. Dank gilt auch allen Kooperationspartnern in Stadt, Land und Region, mit denen im Jubiläumsjahr gemeinsam Veranstaltungen angeboten werden können. Ein besonderer Dank gilt dem Altertumsverein Worms und der großzügigen, anonymen Spenderin für die Unterstützung beim An- und Umbau des Museumserdgeschosses für die Ausstellung, ebenso allen beteiligten Fachabteilungen der Stadtverwaltung und allen beteiligten Firmen. Auch den Autoren des Katalogs und seinen Bearbeitern gilt mein Dank.

Ich wünsche allen Leser/-innen des Katalogs anregende Stunden beim Stöbern in dieser besonderen Geschichte der Freiheit, die eines der herausragenden Kulturprofile der Stadt Worms darstellt.

ADOLF KESSEL
Oberbürgermeister der Stadt Worms

GRUSSWORT

Der jüdische Philosoph und Neukantianer Hermann Cohen nennt 1915 die Reformation ein Ereignis, mit dem »der deutsche Geist in den Mittelpunkt der Weltgeschichte« getreten sei. In einem Beitrag zum Luthergedenken anlässlich der 400-Jahrfeier des Thesenanschlags schreibt er dann: »Nicht die Kirche mit ihren Heilswerken, nicht der Priester, sondern allein die eigene Arbeit des Gewissens muß das religiöse Denken, beides, belasten und befreien«. In zeitgenössischem Pathos führt er aus, dass damit die »Richtung des deutschen Geistes in diejenigen Bahnen gelenkt« worden sei, »welche die späteren deutschen Klassiker zum Ziele des deutschen Humanismus geführt« hätten«.

In einer Stadt mit großer jüdischer Geschichte wie Worms, der Luthers späte Judenschriften unerträglich sein müssen, ist es von besonderem Reiz, durch eine bedeutende jüdische Stimme das gewählte Ausstellungskonzept »Hier stehe ich. Gewissen und Protest – 1521 bis 2021« bestätigt zu sehen. Der Mut eines Einzelnen, unter Berufung auf sein Gewissen und auf die Vernunft den höchsten kirchlichen und weltlichen Autoritäten öffentlich entgegenzutreten, fasziniert an Luthers Auftritt bis heute. Dabei löst vor allem sein Verständnis des »Gewissens« immer wieder theologische und philosophische Diskussionen aus. Denn für Luther ist das Gewissen eine Instanz im Menschen, die ihr Urteil im Hören auf die Worte der Heiligen Schrift bildet. Es lohnt sich sehr, der Frage nachzugehen, was ein solches Verständnis des Gewissens heute bedeutet.

Die Evangelische Kirche in Hessen und Nassau begrüßt dankbar das Ausstellungskonzept der Landesausstellung. Es geht aus von Luthers Berufung auf sein Gewissen und nimmt die Entwicklung des Gewissensbegriffs und die Gewissensfreiheit in der Neuzeit in den Blick. Die Begleitung durch einen wissenschaftlichen Beirat mit interdisziplinärer und internationaler Besetzung zeigt die Weite der Perspektive. Die Evangelische Kirche in Hessen und Nassau dankt der Stadt und dem Land Rheinland-Pfalz für die Durchführung dieser Ausstellung, die sie gerne gefördert hat und durch Veranstaltungen begleitet.

Wir wünschen der Landesausstellung eine große Resonanz!

Dr. Ulrich Oelschläger
Präses der Kirchensynode
der Evangelischen Kirche
in Hessen und Nassau

Dr. Dr. h. c. Volker Jung
Kirchenpräsident der
Evangelischen Kirche
in Hessen und Nassau

GRUSSWORT

Martin Luther – sein Name steht für Standhaftigkeit und klare Worte. Mit seinen 95 Thesen an der Kirche zu Wittenberg ging er vor mehr als 500 Jahren ein großes Wagnis ein. Er hat mit seiner Meinung klar Position bezogen gegenüber den Mächtigen und damit im ausgehenden Mittelalter viel riskiert. Heute hätte der große Reformator seine Thesen wohl in jeweils 280 Zeichen gepackt und per Twitter in die Welt geschickt. Die Verbreitung von Meinungen ist im digitalen Zeitalter einfach. Die Inhalte sind es mitunter auch. Solange sie den Tatsachen entsprechen, ist das ein Zeichen willkommener Meinungsvielfalt. Wenn jedoch falsche Nachrichten oder verletzende Meinungen getwittert oder gepostet werden, gibt das Anlass zur Sorge. Auch mit Blick darauf, dass viele dieser Meinungen und Kommentare unter einem Pseudonym geschrieben werden. Der streitbare Mönch scheute sich damals nicht davor, seine Meinung mit offenem Visier zu vertreten. Mehr noch: aufrecht, standhaft und Auge in Auge vor Kaiser und Reich.

Martin Luther hat die abendländische Welt und die christliche Kirche verändert. Er tat es als Persönlichkeit, die bereit war, couragiert für ihre Überzeugung einzutreten. Heute gilt es für uns alle, dafür einzutreten, achtsamen und respektvollen Umgang in gesellschaftlichen Diskussionen zu erhalten. Gutes gesellschaftliche Miteinander – dafür setzen wir uns als Sparkasse ein. Sport, Kunst, Kultur, Bildung und Soziales – die Bereiche, in denen wir uns engagieren, sind so vielfältig wie die Interessen der Menschen. Mit unserer Stiftung fördern wir gemeinnützige Organisationen in der Region, die auf unterschiedlichen Gebieten alle zum Wohle der Menschen hier tätig sind. Die große Landesausstellung haben wir mit Fördermitteln unserer Sparkassen-Stiftung »Gut. für die Region« sehr gerne unterstützt. Die Ausstellung ist eine Bereicherung des kulturellen Lebens in der Region und als würdige Dokumentation darüber hinaus auch für alle Gäste einer der Höhepunkte im Lutherjahr 2021. Sie gibt Einblick in die Geschichte und damit die Möglichkeit, die Brücke zum Heute zu bauen – Position zu beziehen, wo wir stehen. Gerade in der herausfordernden Zeit, in der wir leben, kann sie wichtige Denkanstöße geben für unsere Überzeugungen, wie wir zusammen eine gute Zukunft gestalten wollen. Auch hier kann Luther Vorbild sein: »Wenn ich wüsste, dass morgen die Welt unterginge, würde ich heute noch ein Apfelbäumchen pflanzen.«

Dr. Marcus Walden
Vorsitzender des Vorstandes der Sparkasse Worms-Alzey-Ried

EINFÜHRUNG

Konzeption und Struktur – Landesausstellung Worms 2021

Die Stadt Worms steht im Jahr 2021 gänzlich im Zeichen der Widerrufsverweigerung Martin Luthers auf dem Reichstag von 1521 und veranstaltet aus diesem Anlass eine Landesausstellung mit dem Titel »Hier stehe ich. Gewissen und Protest 1521 bis 2021«.

Der Reichstag zu Worms von Januar bis Mai 1521 bildet als geschichtlicher Rahmen gemeinsam mit dem – aus heutiger Sicht – zentralen Ereignis des mutigen Auftretens von Martin Luther den Auftakt und zugleich umfangreichsten Teil der Ausstellung. Vor dem geeigneten Hintergrund des dreischiffigen romanischen Kirchenraums der Andreaskirche werden die Zusammenhänge von Luthers Worms-Aufenthalt sowie dessen vielfältige Voraussetzungen und weitreichende Folgen transparent gemacht. Dabei spielt Worms als Reichstagsort ebenso eine wesentliche Rolle wie der sich zuspitzende Konflikt zwischen Papstkirche, Reich und den Vertretern der Reformbestrebungen. Von der bejubelten Anreise in Worms am 16. April über die spannungsgeladenen Tage des 17. und 18. April 1521 im Bischofshof bis hin zur rätselhaften (Schein-)Entführung am 4. Mai auf die Wartburg wird Martin Luthers Worms-Besuch vergegenwärtigt. Hierbei gelangen Kaiser Karl V. und Papst Leo X. und deren Vertreter ebenso näher in den Blick wie die Reichsfürsten. Der »Mythos Martin Luther« wird auch als ein frühes Phänomen der »Massenmedien« vorgestellt und befragt. Die nicht zu unterschätzende Wirkung des gesprochen, gedruckt und bisweilen gar gesungen verbreiteten Wortes auf die Öffentlichkeit durchzieht die Ausstellung ausgehend von Luther bis ins zwanzigste Jahrhundert wie ein Leitmotiv.

In einem zweiten großen Abschnitt widmet sich die Landesausstellung der Fortentwicklung der Gewissensfreiheit am Beispiel weiterer ausgewählter Persönlichkeiten, die unter Berufung auf ihr Gewissen und eine höhere Legitimationsinstanz auf mutige Weise Protest geübt haben gegen Unrecht und Unterdrückung und die – modern gesprochen – für ihre Ideale mit beeindruckender Zivilcourage eingetreten sind. Bezeichnenderweise betitelt Joachim Knape seine bereits Ende der »Luther-Dekade« 2017 erschienene Untersuchung zur Widerrufsverweigerung mit »1521. Martin Luthers rhetorischer Moment oder Die Einführung des Protests« und spricht in seinem Vorwort hier von »einer Schlüsselszene in der Menschheitsgeschichte des Aufbegehrens und der unangepassten Kommunikation«. Die Wormser Ausstellung verschränkt und verknüpft die eher im Verborgenen liegende, persönliche Gewissensbegründung mit dem deutlicher nach außen tretenden Moment des Protestierens, das im Ausstellungskontext nicht allein im Sinne von Protestation oder Protestanten zu verstehen, sondern über dieses (kirchen-)geschichtliche Begriffsverständnis hinausgehend allgemeiner gefasst ist.

In loser chronologischer Folge und mit gewollten topografischen Sprüngen treten Wilhelm von Oranien, Michael Servet, Bartolomé de Las Casas, Olympe de Gouges, Georg Büchner, Sophie Scholl, Martin Luther King, Nelson Mandela und viele weitere mutige Vorkämpferinnen und Vorkämpfer mit ihren jeweiligen Zeitkontexten, Motiven und Gegnern in mehr als einem Dutzend »Themeninseln« in Erscheinung. Die Reihe führt über das geteilte Deutschland der zweiten Hälfte des zwanzigsten Jahrhunderts mit Persönlichkeiten wie Thomas Ammer und Christian Führer in der DDR und Elisabeth Schwarzhaupt sowie Hildegard Hamm-Brücher als profilierte Politikerinnen in der Bundesrepublik Deutschland bis hin zu Gewissensfragen und -entscheidungen unserer heutigen Zeit. Weder eine zwingende Kausalität noch auch nur annähernde Vollständigkeit kann mit dieser begrenzten Auswahl beabsichtigt sein und viele weitere Traditionen bleiben unbeachtet. Bewusst werden Anregungen geboten, Reflexionen ausgelöst und Fragen aufgeworfen, die das Ausstellungspublikum einbeziehen. Die beiden letzten Themenfelder widmen sich unter dem Motto »Gesundheit und Medizin« sowie »Künstliche Intelligenz« drängenden Fragen der Gegenwart und Zukunft in globalem Maßstab.

Gestützt auf eine weitgefächerte Auswahl an originalen Exponaten aus der Zeit Martin Luthers bis hin zur Gegenwart und ergänzt um reiche Illustrationen, eine Vielzahl an Mediendokumenten und didaktischen Inszenierungen sowie Modellen, bietet die Schau ihren Besucherinnen und Besuchern faszinierende Einblicke in das Wirken und Nachwirken von Menschen, die unter schwierigsten Umständen für ihre Überzeugungen eintraten und damit für ihre Mit- und Nachwelt befreiend gewirkt haben. Nicht die betreffenden Persönlichkeiten als Ganzes und mit all ihren Facetten, womöglich auch Schattenseiten, stehen im Fokus, sondern ihre jeweilige Sternstunde der Selbstbehauptung – und Behauptung ihrer Gewissensentscheidung in mutigem und riskantem Protestieren.

Katharina Kunter hat als Ideengeberin dankenswerterweise das grundlegende Ausstellungskonzept entwickelt, welches das Ausstellungsteam gemeinsam mit ihr und dem Vorsitzenden des wissenschaftlichen Ausstellungsbeirats, Thomas Kaufmann, zusammen mit zahlreichen Wissenschaftlerinnen und Wissenschaftlern für die einzelnen Themenbereiche ausdifferenzierte und mit den Gestalterinnen und Gestaltern von neo.studio, Berlin umsetzen durfte.

Museums- und Ausstellungsteam danken allen Leihgeberinnen und Leihgebern, Unterstützerinnen und Unterstützern, Kooperationspartnerinnen und Kooperationspartnern, Mitarbeiterinnen und Mitarbeitern, Beraterinnen und Beratern sowie Rechteinhaberinnen und Rechteinhabern für die äußerst hilfreiche und großzügige Mitwirkung an der Landesausstellung in Worms 2021. Sie alle standen zu diesem anspruchsvollen Projekt von Anfang bis Ende.

Olaf Mückain
Kurator der Landesausstellung

Bleibende Brisanz: Gewissensentscheidungen von 1521 bis 2021

Martin Luthers Auftritt am 17. und 18. April 1521 auf dem Wormser Reichstag und seine Weigerung, seine Schriften vor Kaiser Karl V., den Reichsständen und Fürsten des Heiligen Römischen Reiches zu widerrufen, gehört – wie Luthers Thesenanschlag vom 31. Oktober 1517 – zu den »großen« Bildern der Reformation. Bis heute prägen, verklären und heroisieren die entsprechenden Historiengemälde des 19. Jahrhunderts Geschichtsbilder und -deutungen. Vor allem in der evangelischen Kirche und in protestantischen Milieus gilt »Worms 1521« nach wie vor als Geburtsort der modernen, westlichen Gewissensfreiheit und wird geschichts- und kirchenpolitisch vereinnahmt.

Längst ist der Wormser Luther, gezeichnet als der einsame Wahrheitskämpfer vor den Mächtigen der Welt, zum Mythos geworden. Die anhaltende Anziehungskraft dieses Bildes führt direkt zum 500 Jahre zurückliegenden historischen Ereignis. Der päpstliche Legat Aleander vermittelte einen lebhaften Eindruck des spektakulären Auftritts des Ketzers nach Rom. Und Luthers Anhänger verbreiteten die Nachrichten von »Luther in Worms« in einer ruhelosen Publizistik, die das Ereignis zum aufsehenerregendsten der frühen Reformation machten. Verstärkt nach Luthers Tod setzte dann eine Überhöhung ein, die in dem vermeintlichen Ausspruch »Hier stehe ich und kann nicht anders« ihren verdichtetsten memorialkulturellen Ausdruck fand. Diese Schnittstelle zwischen historischer Realität in Worms 1521 und der sich über die Jahrhunderte ausspannenden Symbolkraft des »Worms-Mythos« als Besucher selbst zu erkunden, bildet einen wichtigen, übergreifenden Ansatz für die Landesausstellung »Hier stehe ich. Gewissen und Protest – 1521 bis 2021«.

Im Vergleich zu der Welt, in der wir heute leben, war die Welt, in der Martin Luther am 17. und 18. April 1521 vor den Wormser Reichstag trat, eine gänzlich andere und absolut fremde. Wir können uns dieser Welt des 16. Jahrhunderts lediglich fragmentarisch und zugleich nur aus der Gegenwart heraus annähern. Doch gewinnen in dieser historischen Perspektive scheinbar zeitlose Konstanten des Wormser Ereignisses wie Luthers Berufung auf die Heilige Schrift und sein Gewissen, die oft als ein erster individueller Ausdruck neuzeitlicher Gewissens- und Religionsfreiheit gedeutet wurden, an raumzeitlicher Kontur. In ihrem ersten Teil zeigt die Ausstellung, dass bereits die Protagonisten des Wormser Reichstages von 1521 mit sehr heterogenen Konzepten von Verantwortung und Gewissen argumentierten, wobei sie sich alle auf den Glauben an den christlichen Gott als allgemeingültigen Wertmaßstab gesellschaftlichen und kirchlichen Handelns beriefen.

Das galt auch noch für die zweite Generation von Reformatoren wie Johannes Calvin, der jedoch mit der Berufung auf das Gewissen neuartige Vorstellungen von Widerstand entwickelte und dadurch eine veränderte politische Mentalität anbahnte. Diese führte im 16. und 17. Jahrhundert zu unterschiedlichen Konzepten von religiöser Vielfalt, Toleranz, Religions- und Gewissensfreiheit, etwa in der Republik der Vereinigten Niederlande oder in den britischen Nordamerikakolonien. Ausgehend von dieser Rezeptionsgeschichte in der Frühen Neuzeit präsentiert die Ausstellung in einem zweiten Teil verschiedene historische Fallbeispiele aus der Französischen Revolution, der deutschen Aufklärung und der Protestkultur im Vormärz. An ihnen können die Besucher nachvollziehen, wie die zunächst sämtliche Lebensbereiche prägende christliche Religion und Kirche seit dem 17. Jahrhundert zunehmend von Staat und Recht abgelöst wurde, wobei die einzelnen europäischen Länder und die Vereinigten Staaten unterschiedliche Wege gingen. Diese nicht immer lineare, ja durchaus verschlungene Entwicklung machte aus der Gewissensfreiheit ein modernes Freiheits- und Individualrecht, das nun auch nichtchristlichen Bürgern wie etwa den Juden zustand. Die Ausstellung setzt also das für die Besucher erfahrbare Worms als den historischen Ort von Luthers Widerrufsverweigerung gegenüber Karl V. in eine produktive Spannung mit der parallel verlaufenden 500-jährigen Entstehungsgeschichte des Gewissensbegriffes und der rechtlich verbürgten Religions- und Gewissensfreiheit.

Erst infolge der Katastrophen der beiden Weltkriege, des Nationalsozialismus und der faschistischen Bewegungen im 20. Jahrhundert entwickelte sich die Idee der Menschenrechte, wie sie uns heute geläufig ist, und damit auch die Idee der Gewissensfreiheit als eines universalen, unveräußerlichen Rechtes, das jedem einzelnen Menschen von seiner Natur her zusteht und ihn schützt. Dieser neue menschenrechtliche, v. a. durch die US-amerikanische Tradition geprägte, Universalismus führte nicht nur zu einer neuen Begründung des Völkerrechts im 20. Jahrhundert, sondern auch zu der Deutung der Menschenrechte und der Gewissensfreiheit als einer westlichen – einige meinen sogar einer westlich-protestantischen – Idee. Die Frage, ob die Idee der Westlichkeit der Menschenrechte selbst bereits eine eurozentrische Interpretation ist, wurde in der letzten Zeit viel öffentlich diskutiert.

Die Landesausstellung und die Beiträge zum vorliegenden Katalog machen an einzelnen Themenfeldern auf die globalen Dimensionen der Menschenrechtsentwicklung aufmerksam und zeigen, dass die persönliche Freiheit nicht allein in einer Idee wurzelte, die von Europa ausging, sondern auch, wie etwa in Haiti 1789, von versklavten Afrikanern erstritten wurde. Die christlichen Kirchen, und auch das gehört zu dieser Geschichte, zählten allerdings mehrheitlich zu jenen gesellschaftlichen Kräften, die sich vehement gegen die Gleichheit der Menschen und folglich auch gegen die Kodifizierungen der Menschenrechte stemmten. Auch für die Nachfolger Luthers in Deutschland blieb die Orientierung an der Staatsform der christlichen Monarchie und an einem höheren, göttlich inspirierten Recht, das menschlich-säkulares Recht in seine Schranken verwies, bis in die zweite Hälfte des 20. Jahrhunderts die maßgebliche theologische Konstante ihres politischen Denkens.

Historiker betrachten die zweite Hälfte des 20. Jahrhunderts auch als die Formierungsphase einer transnationalen Zivilgesellschaft und eines globalen Gewissensmodells. Solidarität, transnationale Emanzipationsbewegungen und die Entwicklung der Massenmedien machten nun aus Kämpfern für Menschenrechte und Gewissensfreiheit wie etwa Martin Luther King aus den USA, Nelson Mandela aus Südafrika, Bürgerrechtlern aus den kommunistisch regierten Staaten Mittel- und Osteuropas oder einer Klimaaktivistin wie Greta Thunberg globale Ikonen. Ähnliches gilt auch für die sich unter den Bedingungen der Corona-Pandemie global entwickelnde »Black lives matter«-Bewegung und ihre Angriffe auf Symbole des Kolonialismus. Nur wenige dieser Aktivisten freilich beriefen sich in ihren Protesten auf den Wormser Luther – und doch wurden sie zu modernen Verkörperungen von Luthers »Here I stand«. Dass nach der brutalen Herrschaft und dem Kollektivierungszwang der Nationalsozialisten (und später im Osten Deutschlands dann auch der Kommunisten) in Deutschland individueller Protest, persönliche Gewissensentscheidung und Zivilcourage zu angesehenen und schützenswerten Rechtsgütern und zum Ausweis moralischer Integrität wurden, ist auch eine Folge der z.T. in eigentümlicher Weise mit der Erinnerung an den Wormser Luther verbundenen politischen Protestbewegungen seit den 1960er-Jahren.

Die in Worms ausgestellte 500-jährige Geschichte des Wormser Luthers und der Gewissensfreiheit – die sich historisch selbstverständlich weiter zurückverfolgen lässt – zeigt, dass das Gewissen nicht nur in den unterschiedlichsten historischen Kontexten spezifischen Bedingungen unterlag, sondern dass sich seine Freiheit und seine Grenzen auch immer wieder neu und weiter entwickelten. Doch was wird aus der individuellen Gewissensentscheidung und der persönlichen Gewissensbindung und -bildung im digitalen Zeitalter? Wie können heutige demokratische Gesellschaften lernen, mit moralischer und religiöser

Diversität umzugehen, damit unsere Gesellschaft stabil bleibt und trotzdem auf einem ethischen übergreifenden gesellschaftlichen Konsens basiert? Wie kann man angemessen damit umgehen, dass Menschen unter Berufung auf ihr Gewissen Aus- und Abgrenzungen propagieren, nationale Lebensräume vor Fremden zu schützen beanspruchen und im Zeichen der Gewissensfreiheit Hygienemaßnahmen unterlaufen oder Nationalismen reaktivieren?

Unter den Bedingungen der Corona-Pandemie haben Fragen dieser Art eine neue Brisanz erlangt. Inwiefern eine Ausstellung, die, auch um der Atmosphäre, der Aura des Ortes und der Objekte wegen, von Präsenz lebt, unter den Bedingungen unserer Gegenwart Wirkung zu entfalten vermag, ist für uns, die wir mit einem Kreis treuer und verlässlicher Kollegen und einem ungemein engagierten Team ca. drei Jahre lang an ihrer Vorbereitung gearbeitet haben, ungewiss und ein Wagnis. Insofern ist die Ausstellung selbst ein Zeugnis der Zeitgeschichte. Auch in dieser Hinsicht gilt: »Hier stehen wir, wir können nicht anders!«

Trotz allem verbindet sich mit der rheinland-pfälzischen Landesausstellung des Jahres 2021 unser Wunsch, dass sich ihre Besucher sowohl mit der Geschichte von Luthers Auftreten vor dem Wormser Reichstag 1521 vertraut machen als auch für ihre persönlichen Gewissenskonflikte und die politisch-gesellschaftlichen Auswirkungen der Gewissensthematik in der Gegenwart Anregungen und Ermutigungen empfangen mögen.

Im August 2020, dem Jahr des
Ausbruchs der Corona-Pandemie

Katharina Kunter
Thomas Kaufmann

EXKURS

Religionen und Konfessionen in Worms

Ulrich Oelschläger

Heute leben in Worms Juden, Muslime und Christen verschiedener Konfessionen – Katholiken, Protestanten, Syrisch-Orthodoxe, Mennoniten, Freie Protestanten, Neuapostolische und weitere Sondergemeinschaften harmonisch zusammen in der Stadtgemeinschaft. Diese gelebte religiöse Toleranz gehört zum Wormser Selbstverständnis als »Stadt der Religionen« und hat historische Wurzeln. In Erinnerung an die Wormser »Reichsreligionsgespräche« von 1540/1541 und 1557 wurde daher 2013 die Reihe der »Wormser Religionsgespräche« eröffnet. Dabei wurden Vertreter der Katholischen Kirche, der Evangelischen Kirche, des Judentums, des Islam und der Philosophie eingeladen. Die »Wormser Religionsgespräche der Gegenwart« wurden 2016 fortgesetzt und sollen regelmäßig stattfinden. Im 16. Jahrhundert waren sie politisch motiviert und vom Kaiser angeordnet worden, galt es doch die Einheit der Konfession zu wahren bzw. wiederherzustellen.[1] Die gegenwärtigen Religionsgespräche wollen jedoch weit mehr, wie bereits die Beteiligung anderer als christlicher Konfessionen deutlich macht: Es geht vorrangig um die Entwicklung einer bürgerlichen Toleranz, die die schlichte »Duldung« übersteigt und zur Anerkennung des Gegenübers führt.[2]

Die Gründungsinschrift der Synagoge von 1034 und Gräber aus dem 11. Jahrhundert zeugen von der tausendjährigen jüdischen Geschichte in Worms, die erst 1942 durch den Abtransport der Juden in die Vernichtungslager ein vorübergehendes Ende fand.[3] Im frühen Mittelalter war Worms nicht nur durch den berühmten Talmudkommentator Raschi ein Zentrum jüdischer Gelehrsamkeit. Von besonderem Interesse für die Geschichte des Reichstages im Jahr 1521 ist die Überlieferung, zwei Juden hätten Luther in seinem Quartier aufgesucht, um mit ihm über Probleme der Übersetzung des Alten Testaments zu diskutieren.

Wenn die Historizität dieser Episode auch zweifelhaft bleibt, so zeigt sie doch, dass eine solche Begegnung nicht völlig ungewöhnlich war. 1527 übersetzten Hans Denck und Ludwig Hätzer in Worms sämtliche Prophetenbücher des Alten Testaments aus dem Hebräischen und kamen damit sowohl Luther als auch Zwingli zuvor. Luther kannte diese Übersetzung und lobte sie in seinem Sendbrief vom Dolmetschen. Er lehnte sie allerdings ab, da sie einerseits von »Schwarm- und Rottengeistern« – Denck und Hätzer waren Randfiguren der Täuferbewegung –, andererseits mit jüdischer Hilfe angefertigt worden sei. Es spricht viel dafür, dass die Übersetzer jüdische Hilfe in Anspruch genommen haben. Auch hier wird sichtbar, dass es in Worms eine fruchtbare Begegnung von Juden und Christen gab. Die Wormser Prophetenübersetzung zeugt zudem von einer Täuferbewegung im Worms des 16. Jahrhunderts.

In Worms war das späte Mittelalter eine religiös bewegte Zeit. In der Auseinandersetzung mit dem Bischof, dem Stadtherrn, bedeutete in Worms die frühe Hinwendung der Bürgerschaft zur Reformation zugleich ein Stück Emanzipation. Dass Luther selbst bei seinem zehntägigen Aufenthalt in der Wormser Magnuskirche gepredigt haben soll, ist jedoch historisch unmöglich. Das wäre einem Gebannten bei Anwesenheit des Kaisers in der Stadt sicher nicht möglich gewesen, mag aber ein legendenhafter Hinweis auf eine frühe evangelische Predigt in der zum Andreasstift gehörenden Pfarrkirche sein, die noch vor Luthers Auftritt in Worms gehalten worden sei. So hatte der Magnuspfarrer Ulrich Preu bei Luther in Wittenberg studiert. 1523 heiratete Ulrich Sitzinger, Kanoniker an St. Andreas, in der Magnuskirche, die zur reformatorischen Kirche wurde. Spätestens 1527 war die Reformation in Worms endgültig eingeführt, nachdem auch das Barfüßerkloster in eine städtische Lateinschule umgewandelt war.[4] Die Lutheraner bildeten zwar bald die Mehrheit in der Stadt und nahmen die Stellen im Rat ein, in den Angehörige anderer Konfessionen nicht aufgenommen wurden.[5] Gleichwohl blieb die Stadt aufgrund der besonderen Rechtsverhältnisse einer »Freien Stadt« zweikonfessionell – nicht zuletzt weil der Bischof Stadtherr blieb und auch für die Einsetzung der lutherischen Ratsmitglieder zuständig war.

Daran änderten auch die Bestimmungen des Augsburger Religionsfriedens nichts, die andernorts, im Norden etwa, zu konfessioneller Homogenität führten. Durch die Kriege im 17. Jahrhundert, den Dreißigjährigen Krieg, v.a. aber den Pfälzischen Erbfolgekrieg und der damit verbundenen verheerenden Stadtzerstörung von 1689, hatte Worms große Bevölkerungsverluste zu verkraften. Zuwanderer und Flüchtlinge waren daher willkommen. So kamen ab Ende des 17. Jahrhunderts Reformierte in die Stadt, die dann 1744 ihre eigene Kirche erhielten. Die Religionen und Konfessionen in Worms lebten jedoch nicht immer in Harmonie und Frieden zusammen. Die rheinhessischen Simultankirchen, von denen eine etwa in Worms-Pfeddersheim zu finden ist, waren den etwas wirren Verhältnissen des 17. Jahrhunderts geschuldet, die oftmals zur Begünstigung einer Konfession führten. Sie stellten die Konfessionen aber nicht zufrieden. Der durch Kriege hervorgerufene Bevölkerungsschwund ließ die Herrscher Zuwanderer anlocken und gab gleichzeitig einen Impuls zu mehr religiöser Toleranz. Nach dem gescheiterten Gespräch mit den Täufern 1557 in Pfeddersheim waren die Täufer in der Kurpfalz scharf angegangen worden, woraufhin Kurfürst Ludwig von der Pfalz 1664 die sogenannte Mennistenkonzession erließ. Sie erlaubte den Mennoniten – die als sehr tüchtig galten –, sich in der Pfalz anzusiedeln. Heute dürfte die Mennonitengemeinde in Worms-Ibersheim mit ihrer eigenen, schlichten, 1836 erbauten Kirche die bekannteste unter den Täufergemeinden sein,[6] aber auch die Mennonitengemeinden in Monsheim, Kriegsheim und in der benachbarten Pfalz sind zu erwähnen.

Zu den Katholiken, Protestanten, Mennoniten und Juden in Worms kamen im 19. Jahrhundert die Freien Protestanten, die – 1876 in Worms gegründet – sich v. a. gegen die neu eingeführte Steuergesetzgebung im Großherzogtum Hessen wehrten. Zwischen den religiösen Gruppen gab es durchaus Konflikte, die aus Vorrechten der jeweils dominanten Mehrheitskonfession resultierten. In Rheinhessen kam es nach solcher Vorprägung im Jahre 1822 zu einer echten Kirchenunion der 53 reformierten und 52 lutherischen Gemeinden in Rheinhessen.

Nach der Vernichtung der jüdischen Gemeinde lebten nach 1945 nur noch wenige Juden in Worms. Rechtsnachfolgerin der Gemeinde wurde die jüdische Gemeinde in Mainz. Impulse zur Gründung einer eigenen Wormser Gemeinde wurden bisher aus verschiedenen Gründen nicht weiter verfolgt, obwohl schon lange wieder mehr als die dazu erforderlichen zehn Männer jüdischen Glaubens in Worms leben. Nach Angaben des Rabbiners Aharon Vernikovsky hat die Gemeinde Mainz-Worms etwa 1000 Mitglieder, davon leben nach seinen Angaben 100 in Worms. Die meisten von ihnen seien aus den Gebieten der ehemaligen Sowjetunion zugewandert. Die offizielle Religionsstatistik der Stadt (Stand 31. 12. 2019) führt dagegen nur 26 jüdische Mitbürger auf. Noch schwieriger sind Angaben zu den in Worms lebenden Muslimen. In Worms gibt es vier Moscheen und zusätzlich ein alevitisches Kulturzentrum. Ditib und Millî Görüş sind vertreten, Ahmadiyya und ein islamischer Kulturverein mit einer arabischen Moschee. In der städtischen Religionsstatistik machen 29 341 Bürger keine Angaben zur Religionszugehörigkeit, 10 745 sind unter »sonstige Religionen« geführt, von denen sicher ein nicht unerheblicher Teil sich zum Islam bekennt. Bei 16 926 ausländischen Mitbürgern, darunter viele türkischer Herkunft, liegt zudem die Vermutung nahe, dass nach 25 657 Evangelischen und 20 946 Katholiken Muslime die drittgrößte Gruppe bilden. Da sie aber nicht als Körperschaft öffentlichen Rechts organisiert sind, werden sie in der Statistik nicht geführt.[7]

Die syrisch-orthodoxe Gemeinde Mor Philoxinos da-Mabug hat im Reformationsjahr 2017 in Anerkennung ihrer beispielhaften ökumenischen Freundschaft und Verwurzelung in Worms die jährlich vom Evangelischen Dekanat Worms-Wonnegau verliehene Luthermedaille erhalten. Dazu kam auch der Bischof der Erzdiözese der syrisch-orthodoxen Kirche für Deutschland eigens nach Worms, was die Bedeutung dieses Ereignisses für die religiöse Minderheit sichtbar macht. Diese Gemeinde hat, am Kaiser-Heinrich-Platz, ihre eigene Kirche, in die sie auch gern einlädt.

Das harmonische Zusammenleben der Religionen und Konfessionen ist heute überhaupt durch eine wechselseitige Gastfreundschaft geprägt. Muslime laden christliche Repräsentanten zu ihrem Fastenbrechen ein. Nach einem Brandanschlag auf die Synagoge im Jahr 2010 waren Juden, Christen katholischer und evangelischer Konfession sowie Muslime gemeinsam mit Vertretern der Stadt zu einer Mahnwache versammelt. Auch im Zusammenleben von Katholiken und Protestanten hat sich einiges verändert. Waren katholische Repräsentanten beim Reichstagsjubiläum im Jahre 1921 nicht vertreten, so waren sie 1971, 1983 und 2017 umso präsenter. 1971 haben prominente Katholiken in deutscher und lateinischer Sprache ein Memorandum an den Papst geschickt mit der Aufforderung, den Bann gegen Luther und seine Anhänger aufzuheben.

Über die seit Jahren geübte Praxis ökumenischer Jahresschlussandachten und die Predigten der Mainzer Bischöfe in einer evangelischen Kirche in Jubiläumsjahren hinaus gab es 2017 wohl so viele ökumenische Gottesdienste wie noch nie zuvor. Der katholische Dekan und Dompropst predigte sowohl in der Lutherkirche als auch in der evangelischen Dreifaltigkeitskirche, evangelische Pfarrer waren eingeladen, in der katholischen Martinskirche zu predigen; der unter dem Stichwort »Healing of memories« in Hildesheim vom Vorsitzenden des Rates der EKD und dem Vorsitzenden der Deutschen Bischofskonferenz in Hildesheim am 11. März 2017 gemeinsam gefeierte Gottesdienst wurde auch regional mit Wormser Akteuren im Wormser Dom gefeiert. Es gab zum Datum des Jubiläums vom 31. Oktober über den Allerheiligentag hinaus eine installierte Lichtbrücke, die den Dom mit der Lutherkirche verband. Das 1992 eingeweihte »Geschichtsfenster« im Wormser Dom hält die Reichstagsszene und Luther fest. 2018 erhielt der Dom einen neuen, aus Lehmschichten gefügten Altar, in den der evangelische Dekan Harald Storch und Gemeindepfarrer Dr. Achim Müller ein Stück des alten Reichstagsmosaiks aus der Dreifaltigkeitskirche sowie ein Bruchstück eines Steins aus der Magnuskirche »einstampfen« durften. Auch 2021 dürfen wir mit einer katholischen Beteiligung rechnen.

1 Siehe dazu Armin Kohnle, »Die politischen Hintergründe der Reichsreligionsgespräche des 16. Jahrhunderts«, in: Irene Dingel, Volker Leppin und Kathrin Paasch (Hg.), *Zwischen theologischem Dissens und politischer Duldung. Religionsgespräche der Frühen Neuzeit*, Veröffentlichungen des Instituts für Europäische Geschichte Mainz, Beiheft 121, Göttingen 2018, S. 13–25.

2 Rainer Forst, *Toleranz im Konflikt. Geschichte, Gehalt und Gegenwart eines umstrittenen Begriffs,* Frankfurt am Main 32012, S. 14 u. ö.; vgl. auch: Pierre Bayle, *Toleranz. Ein philosophischer Kommentar,* hg. von Eva Buddeberg und Rainer Forst, Berlin 2016, S. 351f.

3 Nach den Angaben von Gerold Bönnen, »Von der Blüte in den Abgrund: Worms vom Ersten bis zum Zweiten Weltkrieg (1914–1945)«, in: ders., *Geschichte der Stadt Worms*, Darmstadt ²2015, S. 545–663, S. 601 wurden am 20.3.1942 und am 27. und 30.9.1942 gut 170 noch in Worms gemeldete Juden nach Piaski im Bezirk Lublin bzw. nach Theresienstadt deportiert und ermordet. Von 186 in den Jahren 1942 bis 1945 deportierten Wormser Juden überlebten nur sechs. Detailliertere Angaben bei Annelore und Karl Schlösser, *Keiner blieb verschont. Die Judenverfolgung 1933–1945 in Worms*, Worms 1987.

4 Frank Konersmann, »Kirchenregiment, reformatorische Bewegung und Konfessionsbildung in der Bischofs- und Reichsstadt Worms (1480–1619)«, in: Bönnen (Hg.), *Geschichte der Stadt Worms* (Anm. 3), S. 262–290, hier S. 280f.; s. auch Fritz Reuter, »Mehrkonfessionalität in der freien Stadt Worms«, in: ders., Bernhard Kirchgässner (Hg.), *Städtische Randgruppen und Minderheiten*, Stadt in der Geschichte 13, Sigmaringen 1986, S. 9–48, hier S. 21; s. a. Otto Kammer, »Die Anfänge der Reformation in der Stadt Worms«, in: *Ebernburghefte*, 34 (2000), S. 7–39, hier S. 13.

5 Ebd., S. 14; Fritz Reuter, *Warmaisa: 1000 Jahre Juden in Worms,* Worms ³2009, S. 16.

6 Volker Jung, Ulrich Oelschläger (Hg.), *Orte der Reformation – Worms*, Leipzig 2015, S. 42.

7 Die Angaben sind der Wormser Bestandsstatistik zum 31.12. 2019, »Einwohner nach Religion (2019)«, hg. von der Stadtverwaltung Worms Abt. 7.01, entnommen. Diese ist als PDF auf der Homepage der Stadt Worms unter https://www.worms.de/de/rathaus/statistik/ verlinkt. Die Angaben betreffen Personen, die nach dem Meldewesen mit Hauptsitz in Worms gemeldet sind.

1521: LUTHER AUF DEM WORMSER REICHSTAG

Karl V., Friedrich der Weise und der Reichstag in Worms 1521

Armin Kohnle

Kaiser Karl V. und Martin Luther waren die beiden prägendsten Persönlichkeiten der Reformationszeit. Obwohl sich ihre Lebenswege nur einmal direkt kreuzten – während des Lutherverhörs in Worms am 17. und 18. April 1521 –, wurde die von Wittenberg ausgehende Reformation für die Reichspolitik des Kaisers zu einem Dauerproblem und die von Karl V. in Worms verhängte Reichsacht für Luther zu einer lebenslangen Bedrohung. Der Wormser Reichstag von 1521 stellte so die Weichen für die langfristige antireformatorische Parteinahme der habsburgischen Herrscher, was freilich die Entstehung einer evangelischen Religionspartei im Reich und den Verlust der kirchlichen Einheit Europas nicht verhinderte.

Kaiser Karl V.

Der am 24. Februar 1500 in Gent geborene Karl wurde durch die Kultur der burgundischen Niederlande tief geprägt. Das spätmittelalterliche Burgunderreich, bestehend aus der Freigrafschaft und dem Herzogtum Burgund im Süden und den weiter nördlich gelegenen burgundischen Niederlanden, war seine eigentliche Heimat. Dieses zwischen Frankreich und Deutschland gelegene staatliche Gebilde kam 1477 durch die Ehe Maximilians I. mit Maria von Burgund in habsburgischen Besitz, der in einem jahrelangen Krieg gegen Frankreich zum größeren Teil gehalten werden konnte. Der habsburgisch-französische Gegensatz, der die Außenpolitik Karls V. über vier Jahrzehnte belasten sollte, hatte in diesen Konflikten seine Ursache. Dass Karl zu einem europäischen Herrscher aufstieg, war ebenfalls seinem Großvater Maximilian zu verdanken. Dieser bekämpfte Frankreich nicht nur in Burgund, sondern auch in Oberitalien. Zu diesem Zweck schloss er mit König Ferdinand von Aragon ein Bündnis, das er durch eine Doppelehe absicherte, bei der Maximilians Kinder Philipp (der Schöne) und Margarete mit Ferdinands Kindern Johanna (der Wahnsinnigen) und Johann verheiratet wurden. Alles Weitere war dynastischer Zufall. Nachdem alle Erbberechtigten vor ihm gestorben waren, vereinigte Karl sämtliche Länder seiner Großeltern auf sich: Kastilien und Aragon (mit Neapel und Sizilien) erbte er von seinen spanischen Großeltern, die habsburgischen Erblande sowie Burgund von Kaiser Maximilian.

Nicht geerbt hat Karl das Kaisertum, das durch Wahl vergeben wurde. Als Kaiser Maximilian I. im Januar 1519 starb, entbrannte ein kurzer, aber heftiger Wahlkampf, in dem sich Karl, damals Herzog von Burgund und König von Spanien, gegen den französischen König Franz I. durchsetzte, allerdings erst, nachdem Luthers Landesherr, Kurfürst Friedrich III. der Weise von Sachsen, auf das Amt aus Altersgründen und in realistischer Einschätzung seiner zu geringen Machtmittel verzichtet hatte. Der Titel des römischen Königs und künftigen Kaisers – die eigentliche Kaiserkrönung erfolgte erst 1530 – war zwar der vornehmste unter den zahlreichen Titeln Karls V., bedeutete aber keineswegs, dass er den Reichsangelegenheiten in den kommenden Jahren Priorität einräumte. Zunächst ging es ihm vielmehr darum, seine Herrschaft in Spanien abzusichern, wo das Königtum des als landfremd geltenden Habsburgers unbeliebt war und wo sich Karl jahrelangen Aufständen gegenübersah, die er blutig niederschlug. Doch die Kaiserwahl von 1519 führte ziemlich bald auch in europäische Mächtekonflikte, sahen sich Frankreich und der Papst durch die Machterweiterung des Habsburgers in Oberitalien doch in einer gefährlichen Umklammerung. Die Folge waren fünf blutige und kostspielige habsburgisch-französische Kriege, die während der gesamten Regierungszeit Karls V. v. a. um den Besitz Mailands, aber auch in Burgund ausgetragen wurden. Karls spanische und italienische Machtinteressen lenkten seine politischen Energien in den Mittelmeerraum, wo er sich auch der Expansion der Osmanen und ihrer Verbündeten entgegenstellte. Die Eroberungszüge der Türken in Richtung Balkan, Ungarn und österreichische Erblande betrachtete Karl hingegen nicht als seine Aufgabe; er überließ die Verteidigung seinem jüngeren Bruder Ferdinand, der als Erzherzog von Österreich und (seit 1526) König von Böhmen und Ungarn durch die osmanische Expansion besonders betroffen war.

Karls Politik im Reich und gegenüber der Reformation stand einerseits unter dem Einfluss der genannten machtpolitischen Großkonflikte und ist nur vor ihrem Hintergrund richtig zu deuten. Andererseits war Karls Religionspolitik eine Konsequenz seiner persönlichen Religiosität und seines Selbstverständnisses als christlicher Herrscher. Von Jugend auf in der Idee des christlichen Rittertums erzogen, wie sie der burgundische Orden vom Goldenen Vlies verkörperte, lebte er in der traditionellen Frömmigkeit seiner Zeit, ohne besonderen religiösen Eifer. Die kirchlichen Strukturen und Heilsangebote nahm er als selbstverständlich hin, er war aber nicht blind für die Defizite der spätmittelalterlichen Kirche und ihrer Vertreter. Den Papst respektierte er zwar als Haupt der Kirche, was ihn aber nicht daran hinderte, in den italienischen Kämpfen mit militärischen Mitteln gegen den Kirchenstaat vorzugehen. Für Theologie hatte Karl eher kein Verständnis, vermutlich nicht einmal ein Interesse. Deshalb blieb ihm das Anliegen Luthers und der Reformation fremd, sosehr er auch überzeugt war, dass die Kirche einer Reform bedurfte. Diese Reform durchzusetzen, etwa im Rahmen eines allgemeinen Konzils, betrachtete er als kaiserliche Aufgabe. Zu der von seinem Großkanzler Gattinara vermittelten Idee einer »Monarchia universalis« gehörte auch die Überzeugung, als Kaiser zum Schutz der Kirche, zum Kampf gegen die Feinde Christi und zur Bewahrung der kirchlichen Einheit verpflichtet zu sein. Der Kampf gegen die Reformation fügte sich in diesen ideologischen Rahmen.

Doch die politischen Realitäten hinderten den Kaiser oft genug an einer Verwirklichung seiner Überzeugungen, zumal in Deutschland, wo er ohne die Kooperation der Reichsstände keine Möglichkeit hatte, seine religionspolitischen Ziele umzusetzen. Anders als in den Niederlanden, wo er als Landesherr eine Politik der blutigen Reformationsunterdrückung betrieb, musste Karl im Reich vielfältige Rücksichten nehmen, nicht zuletzt im Interesse seines Bruders Ferdinand, seit 1531 römischer König, der die Unterstützung der Reichsstände bei der Türkenabwehr benötigte. Das dauernde Schwanken der kaiserlichen Religionspolitik erklärt sich aus den zahlreichen Zielkonflikten, in denen Karl V. steckte. Es zeigte sich schon bei seiner ersten Berührung mit der Reformationsfrage während des Wormser Reichstags, als Karl zwischen den Forderungen des päpstlichen Nuntius Hieronymus Aleander, der eine sofortige Achterklärung gegen Luther forderte, und dem Drängen Friedrichs des Weisen, Luther in Worms zu verhören, hin- und hergerissen war. Deshalb zitierte Karl den Wittenberger Professor zwar nach Worms, ließ aber gleichzeitig vor Ort seine Bücher einziehen; deshalb beteiligte er zwar die Reichsstände an seinem Vorgehen gegen Luther, erließ das Wormser Edikt jedoch aus eigener Machtvollkommenheit.

Diese je nach momentaner Interessenlage schwankende Politik gegenüber der Reformation im Reich blieb auch in den kommenden dreieinhalb Jahrzehnten kennzeichnend für die Politik des Kaisers. An seiner persönlichen Entscheidung in Worms, die Reformation nach Möglichkeit auszulöschen, hat er zwar sein Leben lang festgehalten; dies hinderte ihn aber nicht daran, den evangelischen Fürsten entgegenzukommen, wenn es politisch opportun war. Ein mehrgleisiges Vorgehen mit Phasen völliger Untätigkeit und dramatischen

Kehrtwendungen war die Folge. Während der Kaiser in Augsburg 1530 noch einen strengen Unterdrückungskurs durchzusetzen versuchte, vereinbarte er zwei Jahre später einen Frieden mit den evangelischen Ständen (Nürnberg 1532), den er 1539 noch einmal verlängerte, um sich 1546 dann doch zum Religionskrieg, zum Schmalkaldischen Krieg, zu entschließen.

Parallel dazu ließ er auf Reichsreligionsgesprächen nach einer theologischen Verständigung suchen und drängte den Papst zu einem Generalkonzil, das die Reformationsproblematik im europäischen Rahmen lösen sollte. Erfolg war dieser elastischen Politik allerdings nicht beschieden. Die theologischen Differenzen ließen sich nicht überbrücken, und der militärische Erfolg von 1546/1547 verkehrte sich im Fürstenaufstand 1551/1552 in die schlimmste militärische Demütigung des Kaisers. Den dauerhaften Religionsfrieden, der 1555 in Augsburg geschlossen wurde und der die in Worms begonnene Politik der Reformationsunterdrückung ein für alle Mal beendete, wollte Karl V. nicht mehr selbst verantworten. Seine frühere Flexibilität war dahin, starrsinniges Festhalten an nicht erreichbaren Zielen trat an ihre Stelle. So ist Karl nicht an seinen großen europäischen Gegnern gescheitert, sondern auf einem Nebenschauplatz seiner Politik, der Reformation im Reich. Den Religionsfrieden schloss sein Bruder und Nachfolger Ferdinand, während Karl sich Schritt um Schritt aus der Regierung zurückzog.

Der Reichstag in Worms

Der Wormser Reichstag von 1521 ist heute fast ausschließlich wegen seiner Beschäftigung mit Luther bekannt. Im Gesamt der Reichstagsverhandlungen war diese Angelegenheit aber nicht mehr als eine Nebensache, ja nicht einmal ein offizieller Beratungspunkt der Reichsstände. Da ein Reichstag aber die Aufgabe hatte, den König in seinem Regierungshandeln zu unterstützen, konnten grundsätzlich alle Probleme zum Gegenstand der Verhandlungen werden.

Das auf getrennten Beratungen der Kurfürsten, Fürsten und Reichsstädte beruhende Dreikuriensystem, das für die Reichstage der Reformationszeit kennzeichnend war, entwickelte sich in der Periode der Reichsreform des ausgehenden 15. Jahrhunderts, als erste Schritte zu einer Modernisierung der Reichsverfassung unternommen wurden. Eine wichtige Etappe war der Wormser Reichstag von 1495, dessen Reformen das Funktionieren des Alten Reiches bis 1806 maßgeblich beeinflussten. Zur Wahrung von Frieden und Recht wurden ein Ewiger Landfrieden vereinbart und ein von den Reichsständen getragenes Reichskammergericht installiert, zur Finanzierung der Reichsangelegenheiten außerdem der Gemeine Pfennig als Reichssteuer beschlossen. Das 1495 beratene Projekt eines Reichsregiments scheiterte zwar nach kurzer Zeit ebenso wie der Gemeine Pfennig; Reichskammergericht und Reichstag blieben als einzige Institutionen des Reiches neben dem Kaiser aber bestehen. Das Verfahren des Reichstags verfestigte sich allerdings erst im weiteren Verlauf des 16. Jahrhunderts.

Ein Reichstag wurde vom König bzw. Kaiser ausgeschrieben, wobei Worms neben Augsburg, Nürnberg, Speyer und Regensburg zu den beliebtesten Tagungsorten zählte. Reichstage wurden mit einer feierlichen Messe und der Verlesung der Proposition eröffnet, mit der der Kaiser den versammelten Ständen und Städtevertretern die Verhandlungspunkte vorgab. Auf die folgenden Beratungen, die zunächst innerhalb der drei Kurien, dann schriftlich oder in interkurialen Ausschüssen erfolgte, hatte der Kaiser keinen Einfluss mehr. Erst wenn sich die Stände auf eine Antwort an das Reichsoberhaupt geeinigt hatten, hatte er wieder die Möglichkeit, in die Verhandlungen einzugreifen und seine Interessen zur Geltung zu bringen. Die Beschlüsse, die in der Regel erst nach mehreren Verhandlungsrunden zustande kamen, wurden im Reichsabschied festgehalten und üblicherweise auch im Druck veröffentlicht (siehe Verlaufsschema gegenüberliegende Seite).

Warum Karl V. sich für Worms als Ort seines ersten Reichstags entschied, ist nicht bekannt. In Worms fand ein Huldigungsreichstag statt, auf dem die Stände ihrer Pflicht zum Lehnsempfang nachkamen. Infolgedessen war die Versammlung außergewöhnlich gut besucht – bis zu 80 Fürsten sollen zeitweise persönlich in Worms gewesen sein. Kaiser und Stände wollten sich gegenseitig kennenlernen – nach seinem konfliktbeladenen Herrschaftsantritt in Spanien war Karl V. auffällig bemüht, sich als Partner der Reichsstände und nicht als autoritärer und landfremder Herrscher zu präsentieren. In der Proposition betonte er sogar seine angebliche deutsche Herkunft. Der Reichstag war darüber hinaus ein Reformreichstag, der an die entsprechenden Ansätze von 1495 anknüpfte. Die kaiserliche Proposition legte als Beratungsgegenstände fest: Herstellung von Frieden und Recht, Neuordnung der Reichsverfassung, Regierung in der Zeit der Abwesenheit des Kaisers, Kaiserkrönung und Romzughilfe, Wiedergewinnung verlorener Reichsgebiete. Dieses umfangreiche Arbeitsprogramm wurde am 27. Januar 1521, nachdem der Reichstag im Wormser Dom feierlich eröffnet worden war, vor den Ständen verlesen.

Doch Karl V. musste schnell erkennen, dass die Beratungen der Stände alles andere als zügig vorangingen und von Rangstreitigkeiten immer wieder ausgebremst wurden. Auch nahmen sich die Fürsten ausreichend Zeit für Zerstreuungen, sodass die Beratungen in den Sachfragen vor Ende Februar nicht recht in Schwung kamen. Über das vom Kaiser vorgegebene Programm hinaus setzten die Stände die Beratung der Beschwerden *(Gravamina)* der

Struktur und idealtypischer Verlauf eines Reichstags in der Lutherzeit (vereinfacht)

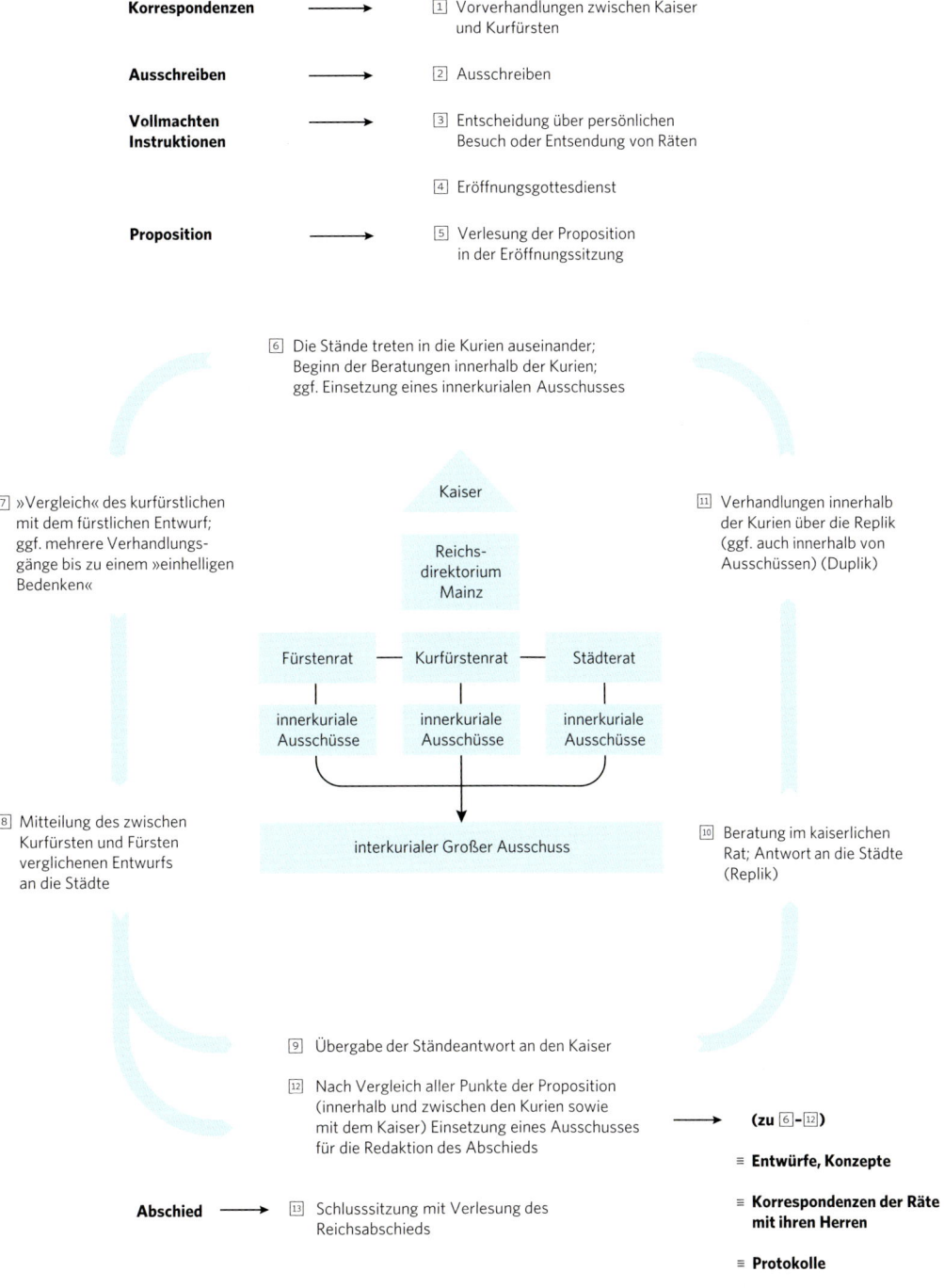

Karl V., Friedrich der Weise und der Reichstag in Worms 1521

deutschen Nation gegen Papst und kirchliche Missbräuche auf die Tagesordnung. Auch die Angelegenheit Luthers kam als neuer Verhandlungspunkt hinzu und absorbierte Zeit und Energie. Diese fehlten dann an anderer Stelle. Bis Anfang April erarbeiteten die Stände zwar eine Landfriedensordnung, aber schon die Arbeit an einer Polizeiordnung blieb stecken, weil man sich über Maßnahmen gegen die großen Handelsgesellschaften nicht einigen konnte. Auch die *Gravamina der deutschen Nation* blieben Entwurf, vermischten sich mit den Beratungen über Luther und wurden von der Causa Lutheri schließlich völlig überdeckt.

Trotz solcher Schwierigkeiten bewältigte der Reichstag wenigstens einen Teil seiner zahlreichen Aufgaben. Wie schon 1495 wurde die Errichtung eines Reichsregiments beschlossen, das in der Zeit der Abwesenheit des Kaisers aus dem Reich die Regierungsgeschäfte führte. Seine Zusammensetzung war ein Kompromiss zwischen dem Kaiser, der den Statthalter und vier Regimentsräte benannte, und den Reichsständen, die die übrigen 18 Regimentspersonen stellten. Das in Nürnberg eingerichtete Reichsregiment entfaltete in den kommenden Jahren eine rege Tätigkeit und führte gemeinsam mit dem Statthalter, Karls Bruder Ferdinand, mehrere Reichstage durch. War dies wenigstens als temporärer Erfolg des Wormser Reichstags zu werten, war die Wiederbelebung des 1495 installierten Reichskammergerichts, das 1521 faktisch neu gegründet wurde, von längerfristiger Bedeutung. Konflikte zwischen den Ständen konnten künftig auf dem Rechtsweg beigelegt werden.

Über die Finanzierung kam es freilich zu langen Auseinandersetzungen, da v. a. die Reichsstädte belastet wurden, ohne angemessen beteiligt zu werden. Die Verhandlungen über eine Romzughilfe für den Kaiser hatten ebenfalls einen finanziellen, aber auch einen politischen Aspekt, drohte das Reich doch bei einem Italienzug Karls V. in den habsburgisch-französischen Konflikt hineingezogen zu werden. Man einigte sich auf ein Truppenkontingent (4000 Reiter und 20 000 Mann zu Fuß), das die Stände dem Kaiser zur Verfügung stellen wollten. Um diese Last auf die Reichsstände zu verteilen, wurde eine Reichsmatrikel zusammengestellt. Die Wormser Verhandlungen über eine Romzughilfe gewannen so eine doppelte Bedeutung: Die Kriegsverfassung des Reiches wurde auf eine neue Grundlage gestellt, und die Wormser Reichsmatrikel diente künftig als Referenz, wem Sitz und Stimme auf dem Reichstag zustanden.

Als der Wormser Reichstag am 25. Mai feierlich geschlossen wurde, waren die Verhandlungen über den Landfrieden, das Regiment und das Kammergericht erfolgreich beendet. In den Reichsabschied vom 26. Mai wurden die entsprechenden Ordnungen gemeinsam mit den Beschlüssen über die Romzughilfe und die finanziellen Verpflichtungen der Reichsstände aufgenommen. Das Wormser Edikt Kaiser Karls V. gegen Martin Luther und seine Anhänger war hingegen nicht Teil des Reichsabschieds. Verleiht die Luthersache dem Wormser Reichstag seinen welthistorischen Rang, machten ihn seine Reformbeschlüsse zumindest zu einem der wichtigsten Reichstage des 16. Jahrhunderts.

Kurfürst Friedrich III. der Weise von Sachsen

Unter den in Worms anwesenden Fürsten war Kurfürst Friedrich der Weise von Sachsen (1463–1525) aufgrund seiner langen politischen Erfahrung und seiner allseits anerkannten Integrität eine Schlüsselfigur. Trotz des päpstlichen Banns hatte der Ernestiner bisher an Luther festgehalten und ihm an der Universität Wittenberg einen sicheren Hafen geboten, von wo aus sich die reformatorische Theologie im ernestinischen Territorium ausbreiten konnte.

Kursachsen, d. h. das aus der Leipziger Teilung von 1485 hervorgegangene ernestinische Gebiet, zählte zu den einflussreichsten und wohlhabendsten Territorien des Reiches; Friedrich und sein Bruder Johann verwalteten es seit 1513 gemeinsam (vgl. Karte im Anhang). Die Kurwürde und die Vertretung gegenüber Kaiser und Reich lagen in den Händen Friedrichs. Die von ihm 1502 gegründete Universität Wittenberg nahm durch Luthers Bekanntheit einen rasanten Aufschwung und lief der im albertinischen Herzogtum gelegenen Nachbaruniversität Leipzig bereits den Rang ab. Friedrich war ein traditioneller spätmittelalterlicher Christ und für seine tiefe Frömmigkeit bekannt. In den Jahren vor dem Wormser Reichstag hatte er an der Schlosskirche seiner Residenzstadt Wittenberg eine beachtliche Reliquiensammlung zusammengetragen und in das Wittenberger Allerheiligenstift viel Geld und Mühe investiert. Umso mehr rätselt die reformationsgeschichtliche Forschung seit jeher über die hinter der Politik des Lutherschutzes stehenden Motive des Kurfürsten.

Diese Lutherschutzpolitik, die seit 1518 deutlich zu greifen ist, beruhte auf der Annahme, dass das Vorgehen der römischen Kurie gegen Luther nicht auf einer angemessenen Auseinandersetzung mit seiner Theologie beruhe und die Regeln eines rechtmäßigen Verfahrens verletze. Friedrich wollte sein Eintreten für Luther nicht als Parteinahme für die reformatorische Theologie verstanden wissen, über die er sich, wie er immer wieder betonte, als Laie kein Urteil anmaße. Eine bloße Verketzerung Luthers, ohne dass dieser die Gelegenheit zur Verteidigung erhalten hatte, lehnte Friedrich jedoch ab und er setzte sich für ein Lutherverhör vor einem unverdächtigen Richter in Deutschland ein. Kurfürst Richard von Trier, mit dem Friedrich befreundet war, akzeptierte die Schiedsrichterrolle. Solange Luther nicht ordentlich verhört war, betrachtete Friedrich die Luthersache als schwebendes Verfahren und weigerte sich, Luther nach Rom auszuliefern. Das Trierer Verhör kam zwar nicht zustande, doch können die Vorgänge rund um das Lutherverhör in Worms durchaus als Fortsetzung des Trierer Verhörplans gedeutet werden, ist es doch kein Zufall, dass Luther durch den Trierer Offizial befragt wurde und dass die Nachverhandlungen in der Herberge des Erzbischofs von Trier stattfanden.

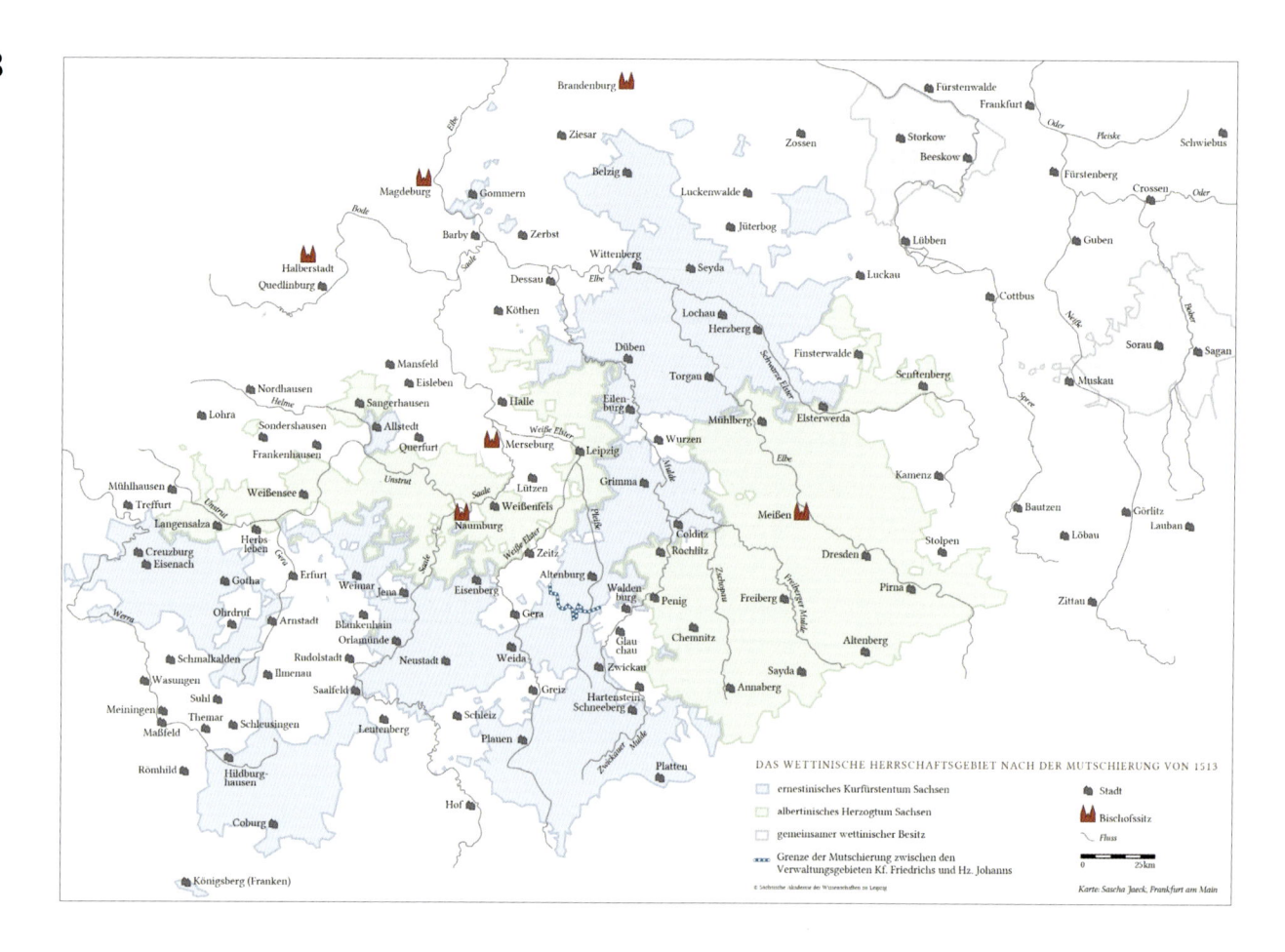

Friedrich der Weise wollte Luther zum Verhör nach Worms holen, ohne sich nach außen als Parteigänger seines Professors positionieren zu müssen. Deshalb ließ er Luther durch den Kaiser selbst berufen und hielt sich während des Reichstags mit Äußerungen zurück. Ob sich dahinter eine Neutralität in der Sache verbarg oder ob dies reine Verhandlungstaktik war, ist in der Forschung umstritten. Das Wormser Lutherverhör bedeutete jedenfalls nicht das Ende der Lutherschutzpolitik des Kurfürsten. Kurz vor seiner Abreise aus Worms rang er dem Kaiser die Zusage ab, ihn mit der Angelegenheit Luthers nicht weiter zu behelligen. Dies bedeutete zugleich, dass er das Wormser Edikt nicht zugestellt bekommen wollte, um nicht zum Vollzug verpflichtet zu sein.

Armin Kohnle

Erstaunlicherweise ließ sich Karl V. darauf ein. Zu erklären ist dies wohl nur mit der Absicht des Kaisers, sich den wichtigsten unter den Reichsfürsten nicht zum Gegner zu machen; der noble Verzicht Friedrichs bei der Königswahl von 1519 könnte ebenfalls eine Rolle gespielt haben. Die Verbringung Luthers auf die Wartburg in Schutzhaft spricht ebenfalls dafür, dass Friedrich nicht gewillt war, die in Lutherbann und Reichsacht ausgesprochene Verurteilung Luthers inhaltlich und politisch zu akzeptieren. Ob der Kurfürst damit lediglich territorialstaatlichen Machtinteressen folgte, seine Universität Wittenberg schützen wollte oder doch Sympathien für die Lehre Luthers hegte, ist umstritten. Anknüpfungspunkte an Luthers Theologie fanden sich in Friedrichs Frömmigkeit tatsächlich genug, und einer seiner wichtigsten Vertrauten, Georg Spalatin, war ein erklärter Anhänger Luthers. Deshalb spricht einiges dafür, in Friedrich dem Weisen nicht nur einen neutralen Fürsten zu sehen. Nach einer Aussage Spalatins näherte sich der Kurfürst der Lehre Luthers in den kommenden Jahren immer weiter an. Auf dem Totenbett empfing er das Abendmahl unter beiderlei Gestalt.

Luther und der Papst

Thomas Kaufmann

Nach der Veröffentlichung der 95 Thesen im Herbst 1517 war Luther rasch ins Rampenlicht einer breiten Öffentlichkeit getreten. Eigene Schriften und die der Verteidiger der römischen Ablasspraxis – allen voran des Ablasspredigers Johannes Tetzel, seines theologischen Sekundanten Konrad Wimpina von der Universität Frankfurt an der Oder, bald auch Johannes Ecks, eines exponierten Gelehrten der Universität Ingolstadt – gingen hin und her. Kurfürst Albrecht von Brandenburg, Erzbischof von Mainz und Magdeburg, der für die von Luther angegriffene Ablasskampagne zugunsten des Neubaus von St. Peter in Rom verantwortlich war, hatte umgehend einen Prozess gegen den Wittenberger Augustinerpater in der Hauptstadt der lateinischen Christenheit eingeleitet.

Die Entwicklungen seit Beginn des Ablassstreites

Nach einem Verhör vor dem Kardinallegaten Cajetan am Rande des Augsburger Reichstages im Oktober 1518, bei dem sich zeigte, dass Luthers Verständnis des persönlichen Glaubens und der göttlichen Gnade mit Grundprinzipien der römischen Sakramentskirche unvereinbar waren, schien die Verurteilung durch Rom unvermeidlich. Dass sie sich verzögerte, war diplomatischen Umständen geschuldet. Denn inzwischen war der habsburgische Kaiser Maximilian gestorben, das Papsttum aber unterstützte eine personelle Alternative zur Wahl seines Enkels Karl als Nachfolger und setzte auf den sächsischen Kurfürsten Friedrich III., Luthers Landesherrn. Nach der Kaiserwahl Karls V. in Frankfurt am Main, verstärkt auch durch die Initiative Ecks, der nach einer Leipziger Disputation mit den Wittenberger Theologen Andreas Bodenstein aus Karlstadt und Luther von der ketzerischen Gesinnung seiner Opponenten überzeugt war, anschließend nach Rom reiste und dem Prozess neuen Schwung gab, bahnte sich seit Frühjahr 1520 die Verkündung des Ketzerurteils an.

Luthers Publizistik des Jahres 1520 im Horizont des römischen Urteils

In der Erwartung seiner Verurteilung durch die römische Kirche entfaltete Luther seit Frühjahr 1520 eine rastlose, alle seine bisherigen publizistischen Leistungen in den Schatten stellende literarische Produktivität. Ermöglicht wurde dies äußerlich auch dadurch, dass sich seit Jahresbeginn 1520 eine zweite leistungsstarke Druckerei in Wittenberg niedergelassen hatte: eine Filiale des Leipziger Großdruckers Melchior Lotter, die dessen gleichnamiger Sohn leitete. Zwischen Frühjahr und Herbst 1520 entwarf Luther eine neue Lehre von der Kirche, indem er das Heil ausschließlich an Wort und Sakrament, nicht aber an heilige Orte, Traditionen und Ämterhierarchien band (*Von dem Papsttum zu Rom*), konzipierte eine neue christliche Ethik, die gute Werke als Ausfluss des Glaubens, nicht als Mittel des Verdienstes vor Gott deutete (*Von den guten Werken*) und legte ein umfassendes Programm der Kirchenreform (*An den christlichen Adel deutscher Nation von des christlichen Standes Besserung*) vor. In der letztgenannten Schrift exponierte er die weltlichen Stände, allen voran den Adel, aber auch den Kaiser, die städtischen Magistrate, ja im Grunde jeden Christenmenschen, als Träger einer notwendigen Kirchenreform. Die korrupte römische Kirchenleitung, ja der »geistliche Stand« im Ganzen, sei zu einer solchen nicht mehr imstande. Deshalb sei der »weltliche Stand« berechtigt und ermächtigt, die notwendige, an der Bibel und der alten Kirche zu orientierende Kirchenreform vorzunehmen. Durch Taufe und Glauben seien nämlich alle Christen Priester. Diese Lehre des Allgemeinen Priestertums der Gläubigen bildete das theologische Fundament der Reformvorstellungen Luthers.

Angesichts der sicheren Erwartung seiner Verurteilung durch die römische Kirche verschärfte der Wittenberger Theologe den Grad seiner Polemik deutlich. Erstmals in der Adelsschrift identifizierte er den Papst öffentlich mit dem Antichristen und ließ keinen Zweifel daran, dass eine Versöhnung mit ihm unvorstellbar sei. Durch seine Anknüpfung an die seit dem späten 15. Jahrhundert auf den Reichstagen regelmäßig rezipierten, diskutierten und beständig erweiterten Anklageartikel der »deutschen Nation« gegen die Beschwernisse durch die römische Kurie, die sogenannten *Gravamina der deutschen Nation*, bezog Luther sein Reformkonzept strategisch geschickt auf bereits vorhandene Anklagen und Reformimpulse.

Schrieb Luther seine Adelsschrift bereits im sicheren Wissen um das römische Urteil, so lagen zwischen dem Erscheinen dieser Schrift und dem Eintreffen der am 15. Juni 1520 promulgierten Bannandrohungsbulle in Wittenberg Anfang Oktober 1520 noch knapp zwei Monate. Die titelgebenden Anfangsworte der Bulle *Exsurge domine*, die der Medici-Papst Leo X., ein großer Förderer der Wissenschaften und der Künste, verantwortete, nahmen Ps 73,22 (vulg.)

auf und verglichen das ketzerische Wirken des Wittenberger Augustiners mit dem Eindringen wilder Tiere in den Weinberg des Herrn. Die Bulle verurteilte insgesamt 41 aus dem Zusammenhang gerissene Lehrsätze Luthers, die sich im Wesentlichen auf Schriften bezogen, die bis Jahresende 1519 erschienen waren. Luthers Auffassungen der Buße, des Abendmahls, des Laienkelchs, sein Verwerfen der Ablässe und des Kirchenschatzes, des freien Willens und verdienstlicher guter Werke, auch seine Kritik am Türkenkrieg als Kreuzzug und an der Tötung von Irrlehrern wurden als ketzerisch verdammt. Sollte Luther seine Lehren nicht innerhalb einer Frist von 60 Tagen widerrufen, hatte er als ordentlich verurteilter, aus der römischen Kirche ausgeschlossener, also exkommunizierter Ketzer zu gelten.

Veranlasst durch die Initiative des in päpstlichen Diensten tätigen sächsischen Adligen Karl von Militz und das Drängen des kursächsischen Hofes ließ sich Luther darauf ein, Papst Leo X. einen Sendbrief auf Latein und Deutsch zukommen zu lassen. Die Schrift wurde auf den September zurückdatiert und sollte den Eindruck erwecken, vor dem Eintreffen der Bannandrohungsbulle entstanden zu sein. In dem Sendbrief entfaltete Luther, dass er den lauteren, frommen Papst für ein Opfer obskurer Intriganten wie Eck hielt. Die in der lateinischen Ausgabe beigefügte »Freiheitsschrift« *Von der Freiheit eines Christenmenschen* lieferte eine komprimierte Zusammenfassung seiner Gnadenlehre und Ethik und verzichtete auf jede Polemik gegen den Papst als Amt oder die Person Leos X. In der deutschen Version wurden Sendbrief und Freiheitsschrift als zwei Schriften verbreitet. Im Vergleich mit Luthers sonstigen Traktaten des Jahres 1520 fiel der freundlich-moderate Text, der um den Papst zu werben schien, in der deutschen Version annähernd der Wirkungslosigkeit anheim.

Hatte Luther bereits in der Adelsschrift keinen Zweifel daran gelassen, dass er die ihm zugeschriebene »Ketzerrolle« ostentativ anzunehmen willens war, verstärkte er diesen Eindruck durch die Anfang Oktober 1520, zeitgleich mit dem Bekanntwerden der Bulle, herausgekommene Schrift *De captivitate Babylonica ecclesiae praeludium*. Hierin attackierte er die traditionelle römisch-katholische Sakramentslehre in unversöhnlicher Radikalität. Vier der sieben kanonischen Sakramente, nämlich Firmung, letzte Ölung, Priesterweihe und Ehe, hätten nicht als solche zu gelten, da Christus sie nicht eingesetzt habe; sie seien Erfindungen der Kirche und gehörten abgeschafft. Bei der Beichte bzw. Buße fehle das äußere Zeichen. Allein Taufe und Abendmahl seien als Sakramente zu zelebrieren, beide freilich mit volkssprachlichen Darreichungsformeln, die den Glauben begründeten bzw. festigten. Beim Abendmahl sollten Brot und Wein an die Laien ausgeteilt, die traditionelle Wandlungslehre aufgegeben und die Vorstellung, Gott werde in der Messe ein Opfer dargebracht, überwunden werden. In den folgenden Monaten, bis in die Beratungen des Reichstages hinein, entfaltete diese Schrift Luthers, die einen fundamentalen Bruch mit der römischen Sakramentskirche darstellte, ihre kontroverse Wirkung. Selbst bisherige Parteigänger wandten sich nun von ihm ab. Die Radikalisierung, die seine Publizistik in der zweiten Hälfte des Entscheidungsjahres 1520 kennzeichnete, konnte aus der Sicht loyaler Anhänger der Papstkirche nur als Bestätigung des römischen Urteils gewertet werden. Die päpstliche Bulle *Decet Romanum Pontificem* vom 3. Januar 1521, die im Unterschied zu *Exsurge Domine* nicht in zeitgenössischen Drucken verbreitet wurde, verhängte den Bann über den Wittenberger Theologen.

Wohl am Tag des Ablaufs der ihm eingeräumten Widerrufsfrist, am 10. Dezember 1520, konkretisierte Luther seine Haltung gegenüber dem Papst in einer spektakulären Zeichenhandlung: In Anwesenheit der Repräsentanten der Universität und der Studenten übergab er vor dem Wittenberger Elstertor das kanonische Recht, einige scholastische Werke und die Bannandrohungsbulle dem Feuer. Er sprach dabei einen Text, der den Vorgang als Exkommunikation der der Lüge verfallenen Papstkirche durch die »wahre Kirche« und ihren prophetischen Repräsentanten, Luther selbst, interpretierte. Im Nachgang der Handlung rechtfertigte er die Tat durch eine Publikation. Mit der symbolischen Verbrennung der kodifizierten Rechtsgrundlagen der römischen Kirche besiegelte Luther in gewisser Weise, was als Quintessenz der dramatischen Entwicklung des Jahres 1520 gelten kann: Der Wittenberger Theologe selbst hatte sich vollständig von der Papstkirche, in der er eine antichristliche Einrichtung sah, gelöst und freigeschrieben. Er hatte die theologischen Grundlagen für den Neubau einer auf der Heiligen Schrift, dem Evangelium, basierenden Kirche geschaffen. Durch seine Publizistik, seine Symbolhandlung und die Ausbreitung seiner Botschaft durch Studenten, auch durch andere Autoren, die in seinem Sinne tätig wurden, entstand eine Aufmerksamkeit, ja eine Erregung im Reich, die weite Kreise insbesondere der städtischen Öffentlichkeit erfasste. Die sich bildende »reformatorische Bewegung« stellte den Hintergrund des Wormser Reichstages von 1521 und seiner Wirkungen dar.

Aleanders Mission

Die Verbreitung der Bannandrohungsbulle hatte Papst Leo X. Johannes Eck, Luthers profiliertestem Gegner im Reich, und dem humanistischen Gelehrten Hieronymus Aleander (auch: Girolamo Aleandro), seinem »apostolischen Nuntius und außerordentlichen Inquisitor zur Bekämpfung der Lutherschen Ketzerei« im Rang eines Kardinals, übertragen. Eck nutzte die ihm eröffneten Handlungsspielräume und setzte neben Luther auch die Namen einiger anderer Personen, mit denen er Rechnungen zu begleichen hatte, auf die Bulle (Karlstadt, Lazarus Spengler, Willibald Pirckheimer, Johannes Dölsch und Bernhard Adelmann von Adelmannsfelden). Aleander reiste umgehend an den Hof des neu gewählten Kaisers im burgundischen Antwerpen und warb um dessen Unterstützung für den Kampf gegen das reformatorische Schrifttum. Dieses Engagement bildet die Hauptlinie seines Agierens in der Luthersache bis zu seiner Rückkehr nach Rom nach dem Ende des Wormser Reichstags. Denn Aleander war davon überzeugt, dass Bücherverbrennungen ihre abschreckende Wirkung auf den »gemeinen Mann«, der in der Gefahr stand, sich Ideen Luthers zu eigen zu machen, nicht verfehlen würden. Eine Brandspur säumte seinen Weg zum Reichstagsort am Rhein: In Lüttich, in Löwen – jeweils auf der Grundlage eines Mandates, das Karl als burgundischer Herzog erlassen hatte –, schließlich in Köln und Mainz brannten Haufen sorgsam aufgeschichteter, z. T. mühsam zusammengetragener Lutherschriften. Ähnlich der von Leo X. auf dem fünften Laterankonzil 1515 erlassenen Zensurbulle *Inter sollucitudines* sah Aleander in der traditionellen Maßnahme der Bekämpfung häretischer Gedanken durch die Vernichtung ihrer materiellen Überlieferungsträger die adäquate Reaktion auf die mit dem Printmedium gegebene Herausforderung. Der publizistische Erfolg Luthers und seiner Anhänger, gegen den auch die Verbotspolitik des Reichstages am Ende wenig erreichte, sollte das Gegenteil beweisen.

Für Aleander und seinen Dienstherrn war die »Luthersache« im Prinzip mit der Bulle *Decet Romanum Pontificem* erledigt. Was aus Sicht der Römer zu folgen hatte, entsprach der Logik des seit dem Stauferkaiser Friedrich II. geltenden Reichsketzerrecht: Die kirchliche Exkommunikation setzte die Reichsacht, das geistliche Urteil die weltliche Strafexekution aus sich heraus. Auf dieser Linie agierte der Kardinallegat gegenüber dem Kaiser und vor den Ständen und er wandte alle Energie auf, um eine Vorladung Luthers, die eine Infragestellung des römischen Urteils bedeuten musste, zu verhindern. Der politische Antipode Aleanders und Roms war Kurfürst Friedrich von Sachsen. Während einer Audienz in Köln, wo sich das soeben in Aachen gekrönte Reichsoberhaupt seit Ende Oktober aufhielt, dürfte Friedrich erstmals den Wunsch vorgebracht haben, Luther nicht ohne Verhör zu verurteilen. Ein entsprechender Passus in der Wahlkapitulation Karls V., der die Anhörung von Rom verurteilter Ketzer im Reich vorsah, bot einen Anhalt. In Korrespondenzen mit Karl und dem Hof bekräftigte die kursächsische Administration diese Position, doch der Kaiser lehnte zunächst ab. Bei einer weiteren Audienz am Reichstagsort selbst, Anfang Januar, erneuerte Friedrich seine Forderung. In einer eindrücklichen, nach den Regeln humanistischer Rhetorik gestalteten Rede legte Aleander dann am

13. Februar vor dem Kaiser und den Ständen die Grundlinien der römischen Haltung unmissverständlich dar: Einerseits rief er die Bemühungen in Erinnerung, die die Kurie gegenüber dem irrenden Klosterbruder seit dem Verhör vor Cajetan unternommen hatte. Andererseits beschwor er die Gefahren, die von dem Ketzer ausgingen, insbesondere die eines Aufstandes des »gemeinen Mannes«. Allein wenn das Reich entschieden und im Einvernehmen mit dem Papst handle und den Bann exekutiere, sei Schlimmeres zu vermeiden. Doch das diplomatische Tauziehen hinter den Kulissen ging weiter und endete vorerst mit einem Sieg des Sachsen: Auf den 6. März 1521 datiert Luthers Vorladung, sich unter Zusicherung freien Geleits auf dem Reichstag zu verantworten.

Luthers Reise nach Worms

Aufgrund seines Wissensstandes konnte Luther die Vorladung, die ihm der Reichsherold Kaspar Sturm Ende März – möglich sind der 25., 26. oder doch wohl der 29. März – in Wittenberg überbrachte, kaum anders verstehen als dass es in Worms zu einer gelehrten Aussprache über wesentliche Fragen seiner Theologie kommen sollte. Am 2. April reiste Luther in einem »sächsischen Rollwagen« ab, den der Rat der Stadt Wittenberg auf eigene Kosten bei dem Goldschmied Christian Döring mietete. Ihn begleiteten außer dem Herold und dessen Diener Luthers Ordensbruder Johann Petzensteiner, der Fakultätskollege und enge Vertraute Nikolaus von Amsdorf, ein gelehrter pommerscher Adliger namens Petrus Suavenius und wohl auch der Konstanzer Patrizier Thomas Blarer – ebenfalls ein Wittenberger Student. Die Universität stellte ihrem berühmtesten Professor, der ja ein Bettelmönch war, ein Reisegeld von 20 Goldgulden zur Verfügung. Die Reiseroute führte über Düben, Leipzig, Lützen, Weißenfels, Naumburg, Pforta, Eckartsberga, Weimar, Erfurt, Gotha, Eisenach und die Hohe Straße, eine Handelsverbindung, über Vacha, Fulda, Schlüchtern, Gelnhausen nach Frankfurt und von dort über Oppenheim nach Worms. Die tägliche Reisestrecke dürfte zwischen 50 und 60 Kilometern betragen haben.

An einigen Stationen fand Luther größere Aufmerksamkeit. In Leipzig erhielt er eine Weinspende des Rates; in Erfurt, seiner ehemaligen Universität, wurde Luther vom Rektor, Vertretern der Universität und 40 Reitern eingeholt, mit einer Rede feierlich begrüßt und durch einen bald nach seinem Abschied in den Druck gegebenen Elegienzyklus des Poeten Eobanus Hessus verherrlicht. Eine Predigt, die er am Sonntag, dem 7. April unter großem Andrang in der Augustinerkirche hielt, wurde umgehend – wohl nicht ohne Luthers Beteiligung – in den Druck gegeben. Bereits vor dem Aufenthalt in Erfurt, vielleicht in Weimar, hatte er durch einen aus Worms kommenden Buchhändler namens Matthias von dem sogenannten Sequestrationsmandat des Kaisers erfahren, das die Verurteilung seiner Lehre voraussetzte und den Einzug seiner Bücher forderte. Die pathetische Entscheidung, diversen Warnungen zum Trotz nach Worms zu reisen, »wenngleich so viele Teufel drinnen wären als immer Ziegel auf den Dächern«, scheint erstmals im Zusammenhang mit der Kenntnisnahme des Sequestrationsmandats formuliert worden zu sein.

Hinter dem Mandat steckte Aleander, der bereits vor der Ankunft des Ketzers jeden Zweifel an seiner Verurteilung ausgeräumt sehen wollte. Mit seiner Forderung, auch die öffentliche Verbrennung der Bücher Luthers in das Mandat aufzunehmen, war er freilich nicht durchgedrungen. Andere Kräfte im Umfeld des Kaisers, etwa sein Beichtvater, der Franziskanerpater Jean Glapion, verfolgten einen moderateren Kurs als der römische Hardliner. In Verhandlungen mit dem mächtigen Reichsritter Franz von Sickingen versuchte Glapion, Luther auf der Ebernburg in Sicherheit bringen zu lassen und seinen mit Befürchtungen des Aufruhrs verbundenen Auftritt in Worms zu verhindern. Aleander, der mit der politischen Struktur des Reichs wenig vertraut war, dürfte die Handlungsspielräume des Kaisers über- und den Einfluss der mächtigen Reichsfürsten unterschätzt haben. Den zahlreichen Depeschen, die er nach Rom schrieb, ist zu entnehmen, dass er dem Rummel um Luther, der Verbreitung seines Bildnisses als eines Heiligen, der gigantischen Nachfrage nach seinen Büchern, der Romfeindlichkeit der Deutschen und der drohenden Gefahr eines politischen Aufruhrs mit größter Aufmerksamkeit und völligem Unverständnis begegnete.

Seit Eisenach hatte Luther mit gesundheitlichen Problemen zu kämpfen. Ähnlich dem Sequestrationsmandat sah er in diesen Nöten Versuche des Teufels, seine Ankunft in Worms zu verhindern. Aus einzelnen Äußerungen lässt sich schließen, dass er seine Reise – in Analogie zur Passion Christi – als Leidensweg und als Ouvertüre eines ihn erwartenden Martyriums deutete. Als Luther in Oppenheim durch den ehemaligen Dominikaner Martin Bucer, den er von der Heidelberger Disputation kannte, das Angebot Sickingens erhielt, auf der Ebernburg Zuflucht zu nehmen, schlug er es auch unter Hinweis auf den ihm von Gott bestimmten Weg aus. Diplomatisches Taktieren kam für ihn nicht in Betracht; er suchte die Entscheidung auf offener Bühne.

In Oppenheim überquerte Luthers Reisegesellschaft den Rhein; am 16. April gegen 10 Uhr erreichte er Worms. Bei der Ankunft ritten Herold Sturm und sein Diener mit einem Reichsadler voran; hinter dem Reisewagen folgten zwei Reiter, vermutlich Jonas und Blarer. Drei kursächsische Beamte und weitere Dienstmannen auf insgesamt sechs Pferden holten den bereits erwarteten Reformator ein. Der weitere Weg zu Luthers Herberge im Johanniterhof an der Kämmerergasse, wo auch einige kursächsische Räte untergebracht waren, wurde von ca. 2000 Schaulustigen, die durch ein akustisches Signal – eine Trompete vom Turm des Domes – mobilisiert worden waren, begleitet.

Aleander, der freilich nur Informationen aus zweiter Hand verarbeitete, berichtete nach Rom, dass die Ankunft des »großen Häresiarchen« von heftigen Zustimmungsbekundungen des Volkes quittiert worden sei. Seine Angabe, etwa 100 Berittene, nach Einschätzung Aleanders Leute Sickingens, hätten den Ketzer geleitet, dürfte unzutreffend, jedenfalls überzogen sein. Sodann sei Luther beim Aussteigen von einem Priester umarmt und wie eine Reliquie berührt worden. Als er dem Rollwagen entstieg, habe der Wittenberger mit seinen dämonischen Augen im Kreise umhergeblickt und geäußert, Gott werde mit ihm sein. Der leibhaftige Ketzer werde von den barbarischen Deutschen wie ein Heiliger verehrt. Einer anderen Überlieferung zufolge soll der auf einem mit Schellen und Tuchen geschmückten Pferd vor Luthers Wagen einherreitende Hofnarr des pfälzischen Kurfürsten Ludwig V. gerufen haben, dass der Ersehnte, der lange erwartet wurde, in die Finsternis gekommen sei.

Umgehend wurde »Luther in Worms« zum Mythos. Die spektakulären Auftritte vor Kaiser und Reich am 17. und 18. April 1521 und die zeitgenössische Berichterstattung taten ein Übriges. Auch für Luther selbst wurde die einzige weltgeschichtliche Szene seines Lebens in späteren Erinnerungen immer bedeutender.

Worms im April 1521

Gerold Bönnen

Die Reichs- und Bischofsstadt Worms konnte zu Beginn des 16. Jahrhunderts auf eine längere Tradition zurückblicken, in der sie politische Zentralfunktionen für das hauptstadtlose Reich wahrgenommen hatte. Zwar gehörte Worms im Vergleich zu anderen Reichsstädten inzwischen nicht mehr zur Spitzengruppe, galt aber wegen seiner Verkehrslage, der als günstig eingeschätzten Infrastruktur und vor dem Hintergrund der Erfahrungen in der Durchführung solcher Großereignisse, namentlich beim großen Reform-Reichstag von 1495, als ein Kandidat für die Ausrichtung des ersten Reichstags des jungen Herrschers Karl V. So entschied sich dieser Ende September 1520 für Worms, da »der herberg, proviand und aller ander notturft halber Worms bequemer und gelegener ... dan Frankfurt« sei.

Die Stadt zählte kurz nach 1500 sicher nicht mehr als 7000 Einwohner. Ihre wirtschaftliche Existenzgrundlage war in erster Linie der Handel am Rhein als wichtigster Verkehrsader im mittleren Europa. Seit dem frühen Mittelalter prägend für Worms war eine enorme Zahl religiöser Institutionen, ein differenzierter Klerus, erheblicher geistlicher Grundbesitz und die Stellung des Bischofs als geistliches und auch weltliches Machtzentrum. Seit dem 13. Jahrhundert kam es immer wieder zu Konflikten um die geistlichen Sonderrechte mit dem Stadtrat – umstritten blieben stets die Steuerfreiheit und der rechtlich exklusive Status des Klerus. Der Stadtrat war auf unterschiedlichen Wegen intensiv bestrebt, den Status als Reichsstadt unter dem Schlagwort »Libertas« (Freiheit) abzusichern und setzte auf eine möglichst enge Anlehnung an das Reichsoberhaupt – mit Erfolg, denn die Rechte des Bischofs wurden zurückgedrängt, die städtischen Privilegien ausgeweitet, ein neues Stadtrecht erlassen und erstmals konnten schon ab 1500 religiöse Fragen durch den Rat geregelt werden. Daher war die Durchführung des Reichstags für den Rat auch eine Gelegenheit, diesen Weg des Ausbaus seiner Position als Obrigkeit in der Stadt gegenüber Bürgern, Klerus sowie den seit der Jahrtausendwende kontinuierlich hier siedelnden, dem Rat unterstellten Juden konsequent fortzusetzen.

Der durch oligarchische Strukturen gekennzeichnete Stadtrat setzte sich seit dem Mittelalter aus den Vertretern der wirtschaftlich führenden, reichen und einflussreichen Familien zusammen und nutzte vermehrt juristischen Sachverstand für seine Politik nach innen und außen. Denn es galt politisch klug zu handeln: Neben dem Dauerkonflikt mit Teilen des Klerus und dem überwiegend in seiner Residenz in Ladenburg amtierenden Bischof hatte man auf die benachbarte Kurpfalz Rücksicht zu nehmen, zumal die Stadt im Gegensatz zu anderen Reichsstädten nicht über eigenes Territorium verfügte. Umso wichtiger war die Anlehnung an die habsburgischen Reichsoberhäupter und die Pflege guter Beziehungen zu den »Ratsfreunden« in den Reichsstädten im Umland, namentlich nach Frankfurt am Main, Speyer und Straßburg. Andererseits musste der Rat auch Rücksicht nehmen auf die Stimmungen und zunehmend gärenden Debatten über Fragen der Politik und Religion beim »gemeinen Mann«, umso mehr, als kurz zuvor, 1513/14, innere Unruhen gegen das Ratsregiment niedergeschlagen worden waren.

Der Reichstag als Herausforderung

Zunächst aber wurde nach Bekanntwerden der kaiserlichen Entscheidung über die Einberufung des Reichstags nach Worms umgehend Vorsorge für die zu erwartenden Aufgaben getroffen – die Aufrechterhaltung der öffentlichen Ordnung durch den Rat (gemeinsam mit kaiserlichem Personal) hatte oberste Priorität. Schon am 2. Dezember 1520 erließen Ratsverordnete und der kaiserliche Hofmeister eine gedruckte Herbergsordnung. Es galt, Quartiere für die Besucher sicherzustellen und Preise sowie zu erbringende Leistungen der Vermieter festzulegen, um überbordenden Wucher zumindest einzudämmen. Dem Rat fielen komplexe Aufgaben zu: Er beauftragte Abgeordnete, die die Preise und Handwerkerkosten und die Einhaltung der Vorschriften kontrollieren sollten, legte Verrechnungssätze für die unterschiedlichen im Reich umlaufenden Münzsorten fest und er musste Tagungs- und Arbeitsräume für die Sitzungen, für die Kanzleibeamten und Juristen bereitstellen.

Die Besucherzahlen überstiegen alle Erwartungen. Auch wenn feste Zahlen nicht zu ermitteln sind und ein ständiges Kommen und Gehen herrschte, kann man dennoch von einer monatelangen zusätzlichen Belegung der Stadt mit mindestens 10.000 Personen ausgehen. Eine Quelle nennt 80 Fürsten, 130 Grafen, 15 ausländische Botschaften und Beobachter, viele Vertreter aus den Reichsstädten und unzählige Ritter, Edelleute, Kaufleute aus Spanien, Italien, den Niederlanden usw.; hinzu kamen Geschäftsleute, Künstler, Musiker, fliegende Buchdrucker. Zahllose Pferde und Transportmittel waren unterzubringen und zu versorgen; der Bedarf an Nahrungsmitteln und Holz überstieg die Möglichkeiten. Ungeachtet aller kaum durchsetzbaren Regeln nahm die Teuerung drastisch zu, worüber viele Klagen geführt wurden – man solle sich die Lebensmittel am besten mitbringen, so riet ein Teilnehmer.

Insbesondere die Beherbergungslage in der überfüllten Stadt erwies sich daher als prekär, die Klagen der Teilnehmer, deren lebendige Berichte eine wichtige Quelle darstellen, rissen nicht ab. Kein Geringerer als der Kurfürst von Sachsen stellte Mitte Januar, kurz vor der Eröffnung des Reichstags, zur Unterbringungsfrage lapidar fest: »aldo ist kain ordnung«. Selbst die zur Herbergssuche gesandten Vertreter der befreundeten Reichsstädte berichteten wenig schmeichelhaft über die Lage in Worms. Auch der für den Reichstag so wichtige päpstliche Nuntius Hieronymus Aleander klagte über äußerst missliche Wohnverhältnisse – mit Mühe habe er eine nicht einmal heizbare, schmutzige Kammer in der Nähe des Bischofshofes ergattert, kaum jemand könne in dieser Stadt mit seiner Herberge zufrieden sein. Ohne die vielen privat vermieteten Quartiere von Bürgern und Geistlichen hätte man v. a. die Dauergäste ohnehin nicht unterbekommen.

Der Johanniterhof an der Kämmerergasse, in dem bereits kursächsische Räte wohnten, wurde zu Martin Luthers Herberge, seit dieser am 16. April über Oppenheim nach Worms gekommen war. Luther musste sich sein Zimmer mit zwei Mitbewohnern teilen und dort auch zahlreiche Besucher empfangen, die sich die nächsten zehn Tage die Klinke in die Hand gaben.

Wie schon beim Reichstag 1495 für Kaiser Maximilian diente der nördlich am Dom angebaute Bischofshof sowohl dem jungen Herrscher als auch seinem Bruder Erzherzog Ferdinand als Unterkunft. Gleichzeitig wurden dort kaiserliche Verhandlungen und auch das Lutherverhör Mitte April durchgeführt. Das Verhör Martin Luthers, das ja offiziell nicht Tagesordnungspunkt der Beratungen war, fand im Gegensatz zu den regulären Sitzungen am Beratungsort im Quartier des Kaisers statt.

Die Eröffnung des Reichstags

Die Mehrheit der Reichsstände mit ihrem umfangreichen Gefolge war bereits Mitte Januar in Worms eingetroffen, als der Reichstag am 27. Januar 1521 zunächst mit einem feierlichen Gottesdienst im Dom und dann durch Karl V. im Rathaus eröffnet wurde. Eine Reihe von Zeugnissen belegt die mit dem Hereinströmen vieler, sehr unterschiedlicher Gäste aus verschiedenen Ländern steigende Unruhe und Unsicherheit. Es kam zu Aufruhr, Totschlag und Messerstechereien: »man sticht, man huret, man frist fleisch« – wohlgemerkt in der Fastenzeit – und des Nachts könne man kaum auf die Straße gehen. Zu diesen

Kehrseiten der Großveranstaltung gehörte auch die aus dem Ruder laufende Hygiene: Anfang Mai grassierte eine Seuche und einige ihrer prominenten Opfer aus Spanien wurden in der Dominikanerkirche beerdigt. Die Krankheit beschleunigte sicher den Aufbruch vieler Reichsstände und Besucher im Laufe des Monats. Schon Wochen vor dem Termin des Reichstagsabschieds am 26. Mai bröckelte die Teilnahme ab und wichtige Reichsstände verließen die Stadt. Karl V. verließ Worms am 31. Mai 1521.

Der Reichstag als gleichsam europäische politische Bühne war auch 1521 ein wichtiger Ort der rituellen Inszenierung von Herrschaft. Dazu gehörten zeremonielle Akte nach althergebrachten Regeln wie die auf dem Obermarkt abgehaltenen öffentlichen Regalienverleihungen Karls V. unter Beteiligung seiner Kurfürsten und anderer Reichsstände. Spiele, Jagden, Turniere, Bankette, Ritterschläge und sonstige gesellschaftliche Vergnügungen aller Art waren neben den Beratungen fester Bestandteil des Reichstagslebens, kirchliche Feiertage wurden intensiv begangen, Huldigungen und Lehensempfang zogen festliche Mahlzeiten nach sich.

Die eigentlichen Beratungen des Reichstags, also die Verhandlungen der Stände im Plenum und in vielen Ausschüssen, fanden ebenso wie die Arbeiten der Juristen und Kanzlisten in den städtischen Verwaltungs- und Repräsentationsbauten um den Marktplatz statt. Deren genaues Erscheinungsbild lässt sich nicht mehr im Einzelnen bestimmen, denn durch die Stadtzerstörung von 1689 sind alle originalen Schauplätze zerstört worden und genaue Beschreibungen fehlen.

Als Zeichen seiner betonten Reichsbindung hatte der Rat beim repräsentativen Ausbau der aus drei Einzelbauten bestehenden Münze mit Malereien und im Figurenschmuck Bezug auf Reichsoberhäupter und Reichsfreiheit genommen. Die Renaissancefassade wurde bis in die 1580er-Jahre mit Kaiserbildnissen weiter ausgestaltet, die in Resten bis heute erhalten sind – auch Kaiser Karl V. fand hier als gleichsam oberster Stadtherr seinen Platz.

Das politische Interesse des Rates in den Monaten des Reichstags wurde bestimmt durch die Fortsetzung der städtischen Unabhängigkeitspolitik. Nach 17 Jahren Abwesenheit eines Bischofs gelang dem 1503 ernannten Reinhard von Rüppurr (1458–1533) im September 1520 ein feierlicher Einritt in die Stadt. Zuvor musste der mit der Kurpfalz verbündete Geistliche die Rechte der Stadt formell anerkennen und eine Urkunde für den »ersamen unnd weisen stettmeister burgermeister und rat des heiligen reichs statt wormbs« ausstellen. Umso wichtiger war daher für den Rat die Bestätigung der traditionellen städtischen Rechte und Privilegien durch Kaiser Karl V. am 22. April 1521, wenige Tage nach dem Auftritt Luthers, in einem im Stadtarchiv verwahrten Pergamentlibell.

Gleichzeitig liefen im Mai 1521 erneute Verhandlungen wegen der immer noch umstrittenen Verträge über das Verhältnis von Geistlichkeit und Rat.

Dieser nutzte die auch durch die reformatorischen Ideen angeheizte Opposition gegen den altgläubigen Klerus, um weiterhin eigene politische Interessen gegen den Bischof durchzusetzen.

Lutherbegeisterung und antirömische Stimmung

Neben den politischen Bedingungen musste die Obrigkeit allerdings auf die großen und vielfach dokumentierten Sympathien für Luthers Sache Rücksicht nehmen. Seit Jahren wurden Grundsatzdebatten über religiöse Fragen durch eine intensive Flugschriftenpropaganda auch in Worms angeheizt.

Die Begeisterung für den Wittenberger Mönch und Professor bei seinem Einzug und Aufenthalt in Worms findet ihren Ausdruck in dem bekannten Satz des Nuntius Aleander, der nach Rom berichtete: »täglich regnet es lutherische Schriften in deutscher und lateinischer Sprache« – es werde hier »gar nichts Anderes verkauft als Schriften Luthers«. Aus Aleanders Korrespondenz geht hervor, wie sehr sich die Stimmung in der Reichstagsstadt, in der es mit Peter Schöffer d. J. seit mindestens 1518 einen für die Sache der Reformation engagierten Drucker gegeben hat, schon vor Luthers Eintreffen gegen die Kirche, die Geistlichkeit und v. a. die römische Kurie aufgeheizt hatte. Diese Entwicklung empfand Aleander als bedrohlich: »Neunzig Prozent der Deutschen erhebt das Feldgeschrei ›Luther‹, der Rest ruft mindestens ›Tod dem römischen Hof‹«, so berichtet er an die Kurie.

Die Luther und seinen Thesen zugewandte Bewegung in Worms, für die (wie auch in anderen Reichsstädten) ein durchaus günstiger Nährboden vorhanden war, setzte sich aus unterschiedlichen Gruppierungen, Strömungen und Motiven zusammen. Dazu gehörten humanistische Kreise, die schon 1520 Kontakte nach Wittenberg hatten, das frühe Engagement einiger Personen aus der Stiftsgeistlichkeit (v. a. dem Stift St. Andreas mit der ihm zugeordneten Magnuspfarrkirche) sowie eine breite, aber von unklaren religiösen Vorstellungen gekennzeichnete, mehr »volkstümliche« Anhängerschaft. Bald nach 1521 zeigte sich zudem die recht hohe Attraktivität einer täuferisch gesinnten Bewegung in Worms.

Letztlich erwies sich der Reichstag von 1521 weder für den Rat noch für die Entwicklung in der Stadt als Einschnitt oder Zäsur. Das Großereignis stand für die Zeitgenossen vielmehr in einer Kontinuität mit den Reichstagen seit 1495. Erst viel später wurde der Reichstag in Worms 1521 als Beginn von etwas Neuem gedeutet. Das war aber damals nicht zu ahnen.

Bildnis Kaiser Karls V.

Niederländischer oder niederdeutscher Meister
1531 (oder bald danach)

Mercurino Gattinara (1465–1530), seit 1518 als Großkanzler in den Diensten Karls V., erstellte im Vorfeld der Wahl Karls zum Römischen König und der Krönung zum Kaiser das Konzept eines universalen Herrschaftsverständnisses. In einem Brief vom 12. Juli 1519 heißt es, Karl müsse sich »auf den Weg der rechtmäßigen Weltherrschaft« begeben, »um den ganzen Erdkreis unter einem Hirten zu vereinigen«. Dieses kaiserliche Hirtenamt war für Gattinara in der Lage, Frieden, Wohlstand und Ordnung auf der ganzen Erde zu garantieren – und letztlich auch die Einigkeit der Christenheit. 1521 war dieses Amtsverständnis keine leichte Bürde für Karl, die er jedoch in der Haltung gegen Luther sehr ernst nahm.
Umschrift: CAROLVS D[ei] G[ratia] ROM[anorum]:IMP[erator]:SE[M]PER AVGVSTVS AETATIS SUAE XXXI
(Frei übersetzt: Karl von Gottes Gnaden Römischer Kaiser allzeit Mehrer des Reichs im Alter von 31 Jahren.) — SR

Gemälde, H 46,5 × B 34,5 cm, Mischtechnik auf Eichenholz
Staatliche Kunsthalle Karlsruhe, Inv. Nr.: 157

Die Reichskleinodien

Gerda Glanzner

2007 (Replikate)

Krönungsinsignien wie die Reichskleinodien richten sich an das Volk, um den Monarchen äußerlich von den übrigen Menschen abzuheben, und waren Erkennungszeichen seines Amtes. Erasmus von Rotterdam schrieb im Fürstenspiegel für den künftigen Kaiser Karl V.: »Sogar aus den Insignien, mit denen er geschmückt wird, lerne der Herrscher philosophieren. Was bedeutet die Königssalbung anderes als die größte Milde des Charakters? Was die Krone auf dem Haupte, wenn nicht die Vollkommenheit der Weisheit? Was der leuchtende Purpur, wenn nicht die innige Liebe zu seinen Untertanen? Was das vorgetragene Schwert, wenn nicht, dass unter seinem Schutz das Vaterland vor Feinden sicher sein muss?« — SR

① **Reichsapfel**

Der Reichsapfel ist ein Symbol kaiserlicher Herrschaft über die Welt. Das Kreuz auf dem Globus weist darauf hin, dass der Kaiser seine Macht über das Heilige Römische Reich von Jesus Christus ableitet.

Replik nach dem Original in der Wiener Hofburg um 1200, H 21 cm, D 9,5 cm, Holzkörper, Silber, Edelsteine, vergoldet

④

② **Sog. Heilige Lanze**

Mehrere Lanzen erheben den Anspruch, diejenige zu sein, mit welcher der Tod Jesu am Kreuz festgestellt wurde. In den Reichskleinodien ist sie das älteste Stück und bezeugt, dass der Herrscher als Stellvertreter Christi fungiert.

Replik nach dem Original in der Wiener Hofburg aus dem 8. Jh. (ergänzt 11. und 14. Jh.), L 51 cm, B (max.) 5 cm, Silber, vergoldet

③ **Zepter**

Das Zepter wurde dem Kaiser bei der Krönung überreicht. Die Bibel (Ester 4,11) spricht vom Zepter als Zeichen der Gnade, das der Herrscher nur auszustrecken brauche, um einem Todgeweihten das Leben zu schenken.

Replik nach dem Original in der Wiener Hofburg aus der 1. Hälfte 14. Jh., L 61,5 cm, Silber, vergoldet
Leihgabe der Freunde der Waldburg e.V.

④ **Reichskrone**

Insignien der Macht sollen den Träger an die moralischen Pflichten seines Amtes erinnern. Schon bei den alttestamentarischen Herrschern steht die *corona* als Rahmen des Hauptes für das *regnum* (Herrschaft) und unterstreicht die höhere Weisheit und Einsicht, die ein Herrscher an der Spitze seiner Untertanen benötigt. — SR

Kopie der Reichskrone, H 24,3 × B 26,5 × T 25,6 cm, Gewicht 3950 g
GDKE – Direktion Landesmuseum Mainz

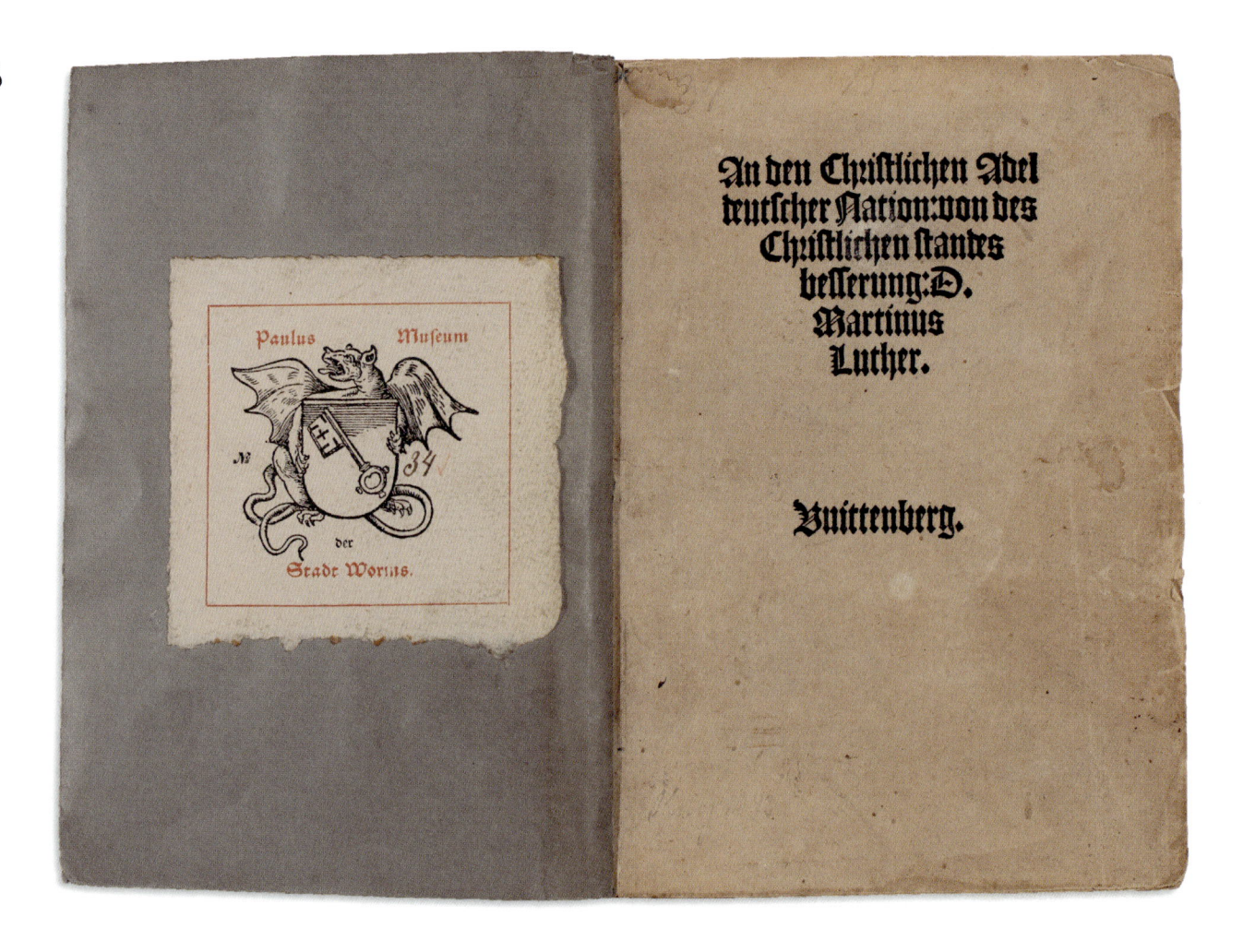

**Flugschrift »An den Christlichen Adel deutscher Nation:
von des Christlichen standes besserung«**

Martin Luther
Wittenberg: Melchior Lotter d. J., 1520 (VD 16 L 3758)

Luthers »Adelsschrift« enthielt das Programm einer Kirchenreform auf der Ebene des Heiligen Römischen Reichs deutscher Nation. Die Fehlentwicklungen der römischen Kirche brandmarkte er schärfer denn je. — TK

Flugschrift, H 18,5 × B 14 cm, Typendruck
Stadtbibliothek Worms, Sign.: - Mag - LB 34

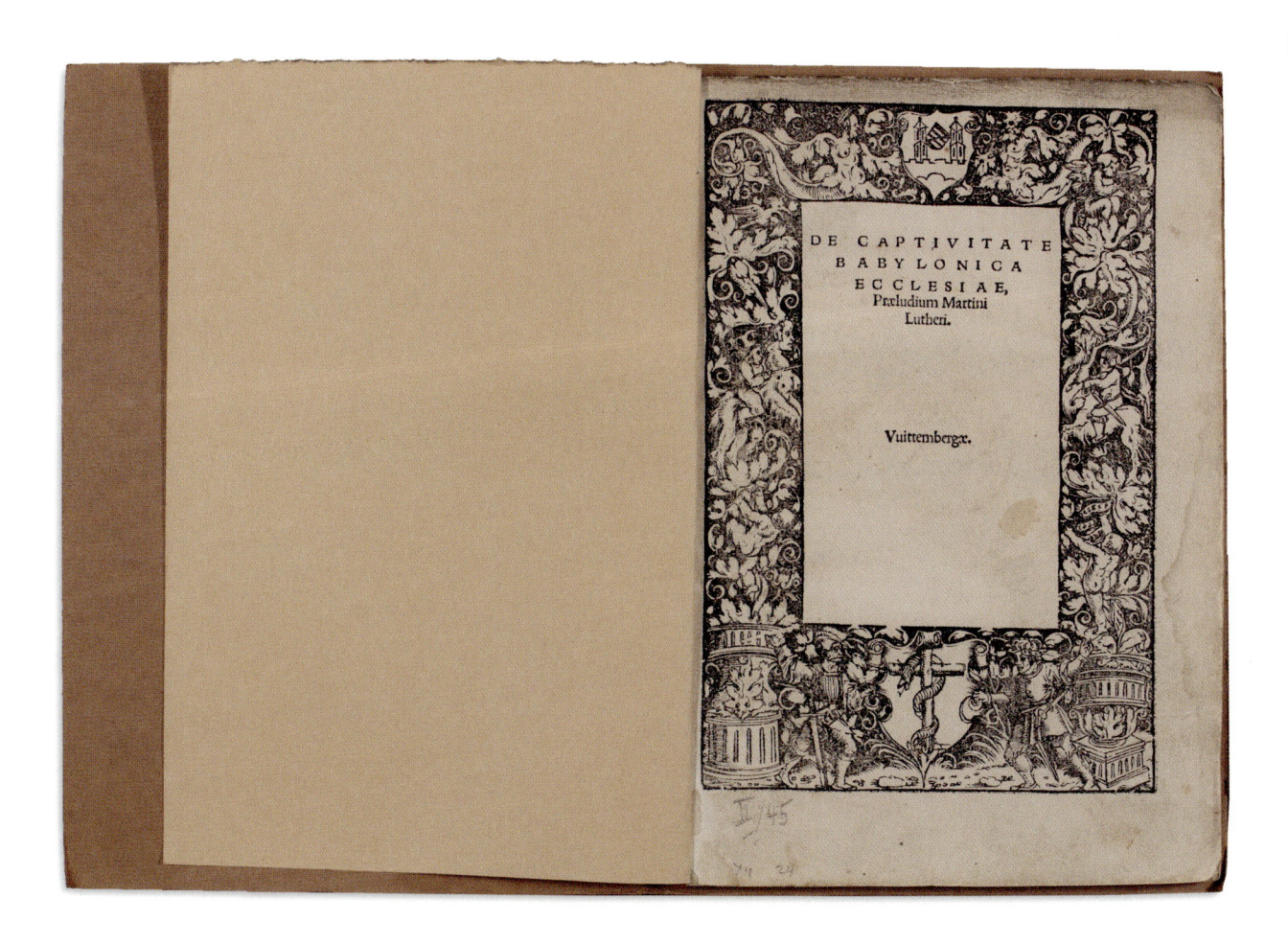

DE CAPTIVITATE
BABYLONICA
ECCLESIAE,
Præludium Martini
Lutheri.

Vuittembergæ.

**Flugschrift »De Captivitate Babylonica Ecclesiae,
Praeludium Martini Lutheri«**

Martin Luther
Wittenberg: Melchior Lotter d. J., 1520 (VD16 L 4189)

Die »Babylonica« griff die römische Kirche als Sakramentsanstalt an. Nur Taufe und Abendmahl seien von Christus eingesetzte, legitime Sakramente. Diese Schrift war Luthers schärfste; an ihr schieden sich die Geister. — TK

Flugschrift, H 20,5 × B 14,5 cm, Holzschnitt, Typendruck
Stadtbibliothek Worms, Sign.: -Mag- LB 45

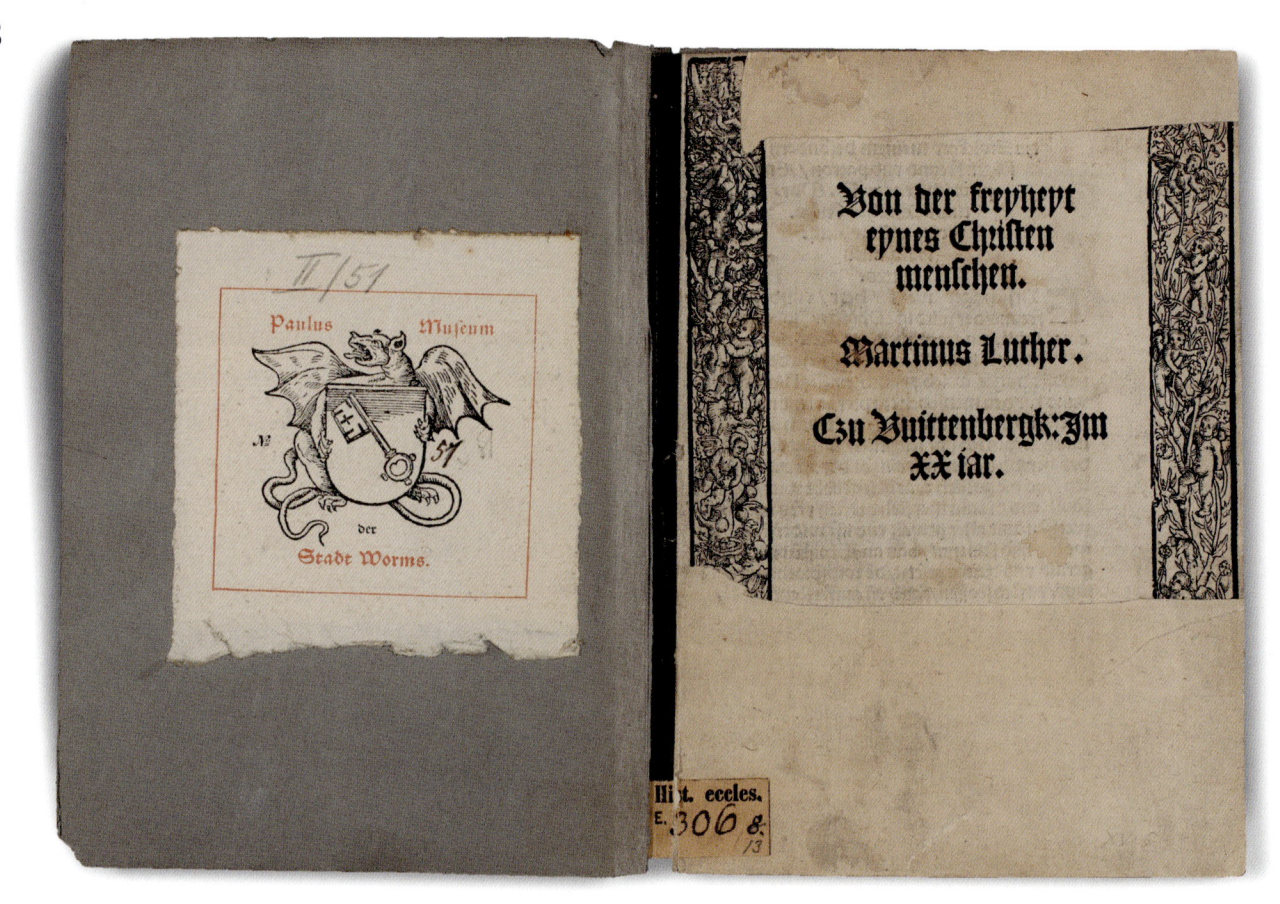

Flugschrift »Von der freyheyt eynes Christenmenschen«

Martin Luther
Wittenberg: Melchior Lotter d. J., 1520 (VD16 L 7196)

Der Christ ist dank der im Glauben geschenkten Rechtfertigung von Gott her frei. In der Verantwortung für den Nächsten dient er – und ist unfrei. Der Traktat fasst Luthers paradoxe Theologie kompakt zusammen. In der Erwartung seiner Verurteilung durch die römische Kirche startete Luther im Sommer 1520 eine Publikationskampagne. Sie war für den weiteren Verlauf der reformatorischen Entwicklung zentral. Er schrieb um sein Leben; ihm drohte der Ketzertod. Die Themen seiner Schriften wählte Luther unabhängig von den Kontroversen, in denen er stand. Freimütig und ohne taktische Rücksichten teilte er mit, was ihm wichtig war – solange er es noch konnte. Das gemeinsame Thema dieser als »reformatorische Hauptschriften« bezeichneten Texte ist die Freiheit der im Evangelium gegründeten Kirche von Papsttum und kanonischem Recht. Mit Melchior Lotter d. J. stand ihm seit Jahresbeginn ein leistungsfähiger zweiter Drucker in Wittenberg zur Verfügung. Seine Schriften erreichten nun eine neuartige Stoßkraft. — TK

Flugschrift, H 18,5 × B 13,5 cm, Holzschnitt, Typendruck
Stadtbibliothek Worms, Sign.: -Mag- LB 51

Luther auf dem Reichstag zu Worms (Ludwig Rabus: »Historien der Heyligen Außerwölten«).

Straßburg: Samuel Emmel, 1557

Der strenge Lutheraner Ludwig Rabus (um 1523–1592) dokumentierte in einem mehrbändigen Werk die in der Reformation eingetretenen Martyrien. Sie schienen zu beweisen, dass Gott seine Kirche einer letzten Bewährungsprobe am Ende der Zeiten aussetzte. Dies zeigte, dass das Heil nahe sei. Luther, der das Schicksal des trotz Geleits auf dem Konstanzer Ziel verbrannten Jan Hus (um 1369–1415) vor Augen hatte, rechnete mit der Möglichkeit, zum Blutzeugen zu werden. Rabus stellte seine Biografie als Martyrium dar. Zentrale Szenen aus Luthers Leben – das Verhör vor dem päpstlichen Gesandten Kardinal Cajetan (1469–1534) im Herbst 1518, die Disputation mit Eck (1486–1543) und Karlstadt (1486–1541) im Sommer 1519 und der Auftritt vor Kaiser und Reich in Worms – erscheinen so als fortwährender Prozess seines gottgewollten Leidens- und Bekenntnismutes. Bei Luthers Verhör am 17.4. waren auf einer Bank insgesamt 22 seiner Schriften aufgestellt. Dies entsprach der zentralen Bedeutung seiner Publizistik für die Entstehung der reformatorischen Bewegung und den Konflikt mit Rom. Johannes von Eck, ein Kirchenbeamter aus Trier, führte das Verhör und fragte Luther, ob er sich zu seinen Büchern bekenne. Bei diesen handelte es sich vor allem um unlängst erschienene Schriften auf Latein, vielfach in Basler Drucken. Sie stammten aus dem Besitz des Nuntius G. Aleander. Nach Aufforderung durch Hieronymus Schurff, Luthers Rechtsbeistand, wurden die Titel verlesen. — TK

Druckgrafik, H 7,3 × B 10,7 cm (Blatt), H 7,8 × 11,1 cm (Platte), Papier, Holzschnitt, koloriert, Reproduktion
Stiftung Luthergedenkstätten in Sachsen-Anhalt, Wittenberg, Sign.: 4º XII a 1581

Luther vor dem Reichstag zu Worms

Hermann Freihold Plüddemann
1864

Das monumentale Bild des Historienmalers Hermann Plüddemann stammt aus dem Jahr 1864. Es zeigt den Reformator mit pathetischer, gen Himmel gerichteter Bewegung des rechten Arms, der zugleich auf Christus verweist. Das Buch, auf das Luther seine Linke stützt, wird die Bibel sein. Auf den Helden und Bekenner fällt göttliches Licht. Kaiser, Klerus und einige Fürsten bleiben im Halbdunkel. Unter dem einfachen Volk regen sich Zeichen des Aufbruchs. Kaiser Wilhelm I. ließ einen Öldruck dieses in Luthers Wohnhaus aufgehängten Bildes anfertigen; es zierte preußische Schulen. — TK

Gemälde, H 170 × B 240 cm, Öl auf Leinwand
Stiftung Luthergedenkstätten in Sachsen-Anhalt, Inv. Nr.: G 58

Luther auf dem Reichstag zu Worms

Anton von Werner

1877

Das Original des ursprünglich für die Aula der Kieler Gelehrtenschule geschaffenen Wandbildes Anton von Werners (1843–1915) wurde 1944 zerstört. Es korrespondierte mit einem ihm gegenüber befindlichen Gemälde zu den Befreiungskriegen. Luther bildet das dominierende Zentrum. Der pathetische Griff an die Brust drückt seinen Bekennermut aus. Die linke Hand dürfte auf die Bibel verweisen. Vermutlich ist der »Hier stehe ich«-Moment ins Bild gesetzt. Der ins Halbdunkel gehüllte Kaiser hört aufmerksam zu. In historistischer Manier wurden Szenerie und zeitgenössische Akteure ›authentisch‹ wiedergegeben. — TK

Gemälde, H 66 × B 125 cm, Öl auf Leinwand
Staatsgalerie Stuttgart, Inv. Nr.: 876

Modell eines Kobelwagens (Maßstab 1:4)

Tischlerei »Die Drei«, Braunschweig

2020

Für Luthers Reise von Wittenberg zum Reichstag nach Worms und zurück stellte der Wittenberger Stadtrat einen Reisewagen bereit. Eine frühe Darstellung dieses Wagens zeigt ein Kupferstich von etwa 1590. Es handelt sich dabei wohl um einen sogenannten Kobelwagen, einen der ältesten mittelalterlichen Wagentypen, mit einer Plane aus Rindsleder. 2017 wurde von der Tischlerei »Die Drei« (Braunschweig), die auch das ausgestellte Modell hergestellt hat, ein originalgetreuer Nachbau eines solchen Wagens angefertigt. — OP

Kobelwagen, »Luthers Reisewagen«, Nachbau nach dem rekonstruierten Ausstellungsstück der Wartburg-Stiftung, Eisenach im Maßstab 1:4
L 105 × B 56,25 × H 66,25 cm
Holz, Schmiedeeisen, Leder
Museum der Stadt Worms im Andreasstift, Inv. Nr.: M 5042

Schreibset

unbekannt
1. Hälfte 16. Jahrhundert

Luthers Sprachgewalt ist ohne Vergleich. Wenn er auf Deutsch schrieb, entfaltete er seine ganze Kraft und konnte aus einem schier unendlichen Wortreichtum schöpfen. Das gesprochene und das geschriebene Deutsch dieser Zeit war ausdrucksstark und derb. Vor allem den gebildeten Menschen scheint es ein besonderes Vergnügen gewesen zu sein, einander verbal mit Dreck zu bewerfen. Den Gegner der Trunksucht oder eines liederlichen Lebenswandels zu bezichtigen war ein gängiges Stilmittel. Dem Feind einen grammatischen Fehltritt nachzuweisen war ein Sieg, der weidlich ausgekostet wurde. Die Briefe, die sich die Kontrahenten schrieben, fanden über die Druckpressen ihren Weg in die Öffentlichkeit. Der kampflustige Reformator hat an diesem Treiben ausgiebig teilgenommen.
Dieses Schreibset, das im Garten des Lutherhauses gefunden wurde und aus Gefäßen für Tinte, Schälchen für Löschsand, Federn und Messern besteht, stammt vermutlich aus dem Besitz der Familie Luther. — MK

Schreibset, 4-teilig, H 4 cm, D 22,5 cm, Keramik, Irdengut, grün glasiert
Landesamt für Denkmalpflege und Archäologie – Landesmuseum für Vorgeschichte –
Sachsen-Anhalt, Inv. Nr.: HK 667:106:57a

Bidenhänder (beidhändig geführtes Schwert)

unbekannt

1550–1600

Der Reichsherold Kaspar Sturm (1475–1552) reiste im Auftrag Kaiser Karls V. nach Wittenberg, um Luther die Vorladung auf den Reichstag zu überbringen und ihn sicher nach Worms und zurückzugeleiten. Auf der Rückreise entband Luther ihn jedoch in Friedberg von seiner Pflicht und schickte ihn zurück – vermutlich, da er schon von seinem Versteck auf der Wartburg wusste. Dieser Zweihänder (sog. Bidenhänder) aus Friedberg soll der Überlieferung nach Kaspar Sturm gehört haben. — OP

Bidenhänder, L 170 × B 44 cm, Gew 4 kg, Schmiedeeisen
Wetterau-Museum, Friedberg (Hessen), Inv. Nr.: 71-16

»Lutherkasten«, Schreibkasten, Martin Luther zugeschrieben

unbekannt
Zweites Viertel 16. Jh.

Kurz vor seinem Tod soll Martin Luther diesen Schreibkasten in Halle zurückgelassen haben. Tatsächlich ergab eine Analyse und Baumringdatierung des Holzes große Ähnlichkeiten zu den Holztafeln, die in der Wittenberger Werkstatt des Malers Lucas Cranach verwendet wurden. Da Cranach und Luther gut befreundet waren, spricht dieses Ergebnis durchaus für einen Ursprung des Kastens aus Luthers Umfeld. Ein solcher Behälter diente auf Reisen zum Transport von Schreibutensilien wie Federn, Tinte, Spitzmessern, Siegeln und Wachs. — OP

Schreibkasten, H 13,5 × B 21,5 × T 15,5 cm, Buchenholz und Eisen
Erfurt, Angermuseum, Inv. Nr. V 47

Das Wormser Edikt vom 8. bzw. 26. Mai 1521

[Hieronymus Aleander (Entwurf)]
[Straßburg]: [Johann Grüninger], 1521

Der Entwurf des Edikts geht maßgeblich auf Aleander zurück, dessen Interesse besonders darin lag, die weitere Verbreitung der Lutherschriften zu verbieten. Nach der Übertragung der lateinischen Fassung ins Deutsche wurden am 8. Mai beide Exemplare dem Großkanzler Mercurino di Gattinara übergeben und ausgefertigt. Karl wurden die Urkunden am 12. Mai als Pergamentschriften zur Unterschrift vorgelegt. Der Kaiser unterzeichnete erst nach der öffentlichen Verlesung und Billigung des Textes durch die Stände am 26. Mai 1521 beide Pergamentausfertigungen, die später durch Aleander nach Rom gelangten.
Der offizielle deutsche Text wurde in Worms zusammen mit dem Publikationsmandat gedruckt. Allerdings weicht er vom deutschen Pergamentoriginal des 12. Mai ab, da sich in ihm Veränderungen finden, die noch vor dem 25. Mai vorgenommen worden waren. Diese Abweichungen vom Pergamentoriginal sollten »offenbar die kaiserliche Autorität gegenüber der päpstlichen stärker« herausstellen. Es gibt also verschiedene Textfassungen des Edikts. Gleichwohl sind nicht die Pergamenturkunden in Rom, sondern nur der in Worms von Hans Erfurt gedruckte deutsche Text reichsrechtlich gültig. Luther wird darin als Ursache der Ketzerei in Deutschland bezeichnet. Die Acht wird mit der Unbelehrbarkeit Luthers und mit seinem Beharren auf seinen häretischen Aussagen begründet. Das Edikt befiehlt, dass ihm niemand Kost, Logis, Hilfe, Beistand oder sonstige Unterstützung leisten darf. Luther soll gefangen genommen und dem Kaiser ausgeliefert werden. Anhänger und Unterstützer verfallen ebenfalls der Reichsacht. Publikation und Besitz der Schriften Luthers sind verboten, vorhandene Schriften sind zu vernichten. Immerhin garantiert das Edikt für die Rückreise Luthers ein freies Geleit von 20 Tagen bis Mitte Mai.
Der Plakat- oder Einblattdruck des Wormser Edikts wurde bei Grüninger in Straßburg gedruckt. — SM

Einblattdruck, H 126,5 × B 42 cm, Papier, Typendruck
Stadtbibliothek Worms, Sign.: -Mag- LB 5

CAROLVS

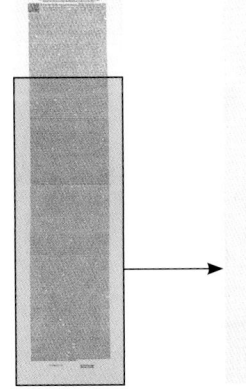

Geleitbrief Herzog Georgs des Bärtigen für Martin Luther

Herzog Georg von Sachsen
Worms, 8. März 1521

Georg der Bärtige war ein entschiedener Gegner der Reformation und Martin Luthers. Dennoch war er angewiesen, Luther für die Durchreise durch seine herrschaftlichen Gebiete freies Geleit zu garantieren. Allen Amtleuten, Räten, Gemeinden und Untertanen wurde aufgetragen, Luther auf seinem Weg ungehindert reisen zu lassen. Für Luthers Rückreise wurden ebenfalls Geleitbriefe ausgestellt. Beispielsweise stellte Landgraf Philipp von Hessen am 26. April in Worms Luther einen Geleitbrief für seine Rückreise aus. — SM

Handschrift, H 28 × B 31 cm, Papier, Faksimile
Universitätsbibliothek Leipzig, Sign.: Rep. III 20a

Titelblatt der Flugschrift »On Aplas von Rom kan man wol selig werden«

anonym
Augsburg: Melchior Ramminger, 1521 [VD16 O 527]

Bald nach Luthers gelehrter Kritik am Ablass – d. h. der Ablösung der nach dem Tod ungebüßten Sündenstrafen und -schuld –, die er in seinen 95 Thesen vortrug, begann eine Kontroverse darum in der Volkssprache. Augsburg war der wichtigste Druckort für volkssprachliche Flugschriften. Die anonym erschienene Schrift »Ohn' Ablass von Rom« besteht vor allem aus Bibelzitaten, die das Heil im Glauben verankern. — TK

Flugschrift, H 16 × B 12 cm, Holzschnitt, Typendruck (?), Faksimile
Stiftung Luthergedenkstätten in Sachsen-Anhalt, Wittenberg, Sign.: Ag 4º 191 a

JOHANNES TECELIUS PIRNENSIS
Dominicanus, Nundinator Romani Pontificis, anno
1517. à μεγαλάνδρῳ LUTHERO territus & in fugam versus,
uti talis ejus effigies visitur in templo Pirnensi.

O ihr Deutschen mercket mich recht/
Des heiligen Vaters Bapstes Knecht
Bin ich/ vnd bring euch jtzt allein
Zehn tausent vnd neun hundert carein/
Gnad vnd Ablaß von einer Sünd/
Vor euch/ ewr Eltern/ Weib vnd Kind/
Sol ein jeder gewehret sein/
So viel ihr legt ins Kästelein/
So bald der Güldn im Becken klingt/
Im huy die Seel in Himmel springt.

Pontificis magno, Romanæq; institor aulæ,
  Tezelius, patriæ vappaq; fæxq; suæ,
Visitur hac tabulâ: qui carcere dignus adulter
  Eligitur gazæ portitor Ausoniæ,
Illius gazæ, quæ nummo paupere reddit
  Vendibilesq; animas, vendibilemq; Deum.
Hoc hominis monstrum tulit olim Milnica Pirna,
  Fovit idem grato pectore Papa Leo:
Cujus ad arbitrium nummis emunxit & auro
  Teutonas, ingenuâ simplicitate pios,
Et sic fraude suas complendo gnaviter arcas,
  Juvit opus Latii Pontificale Jovis.
Donec ab heroo LUTHERI fulmine tactus
  Desiit Italicis ludificare technis.
Qui sapis, hanc noli tabulam contemnere lector,
  Sæpe, quod oblectet, parva papyrus habet.
                    M. Fr. Balduinus P. L.

Spottblatt auf Johannes Tetzels Ablasshandel von 1517

anonym
1617

Im Zusammenhang mit der ersten Jahrhundertfeier der Reformation 1617 trat auch Luthers erster Gegner Tetzel ins Zentrum der öffentlichen Wahrnehmung. Auf Latein und Deutsch erschienen Flugblätter, die Tetzel zeigten, wie er angeblich auf einer Kirchenwand in seinem Heimatort Pirna dargestellt war. Die Verse in der oberen Bildhälfte geben Tetzels Propaganda wieder, verdichtet in dem Vers: »Sobald der Gulden im Becken klingt / Im huy die Seel im Himel springt«. Der untere Text blickt auf die Beseitigung des Ablasses durch die Reformation zurück. — TK

Flugschrift, H 65,3 × B 49,5 × T 3,2 cm (gerahmt), Holzschnitt, Typendruck
Germanisches Nationalmuseum, Nürnberg, Inv. Nr.: HB 50 (Kapsel 1336ª)

Ablasstruhe (Tetzelkasten)

Anfang 16. Jh.

In diesem Ablasskasten, der dem Dominikaner Johann Tetzel (1460-1519) gehört haben soll, wurde das Geld verwahrt, für das man den Käufern eine Urkunde, den sogenannten Ablassbrief, ausgehändigt hatte. — MK

Ablasskasten, H 40 × B 90 × T 27 cm, Holz, Eisen
Evangelische Kirchengemeinde Flechtingen

Titelblatt der Flugschrift »Die Wittembergisch nachtigall […]«

Hans Sachs
Bamberg: Georg Erlinger, 1523 (VD16 S 647)

Die erste Sangspruchdichtung der Reformation, die sich Martin Luther widmet, trägt ein reich ausgestaltetes und allegorisch aufgeladenes Titelblatt: Die Flugschrift begründete den Ruf von Hans Sachs (1494–1576) als erfolgreicher Reformationsdichter. Mit der Abfassung des Textes in der Volkssprache folgte er einer für die Reformation kennzeichnenden Popularisierungsstrategie, die dazu beitrug, Martin Luther als öffentliche Gestalt bekannt zu machen sowie als literarische Figur zu etablieren. So entstand ein frühreformatorischer Luther-Kult. Die Freie Reichsstadt Nürnberg musste gegenüber Kaiser und Papst Treue bewahren, um ihren Status nicht zu gefährden, und geriet zwischen reformerischen Bestrebungen und Befolgen des Wormser Ediktes (1521) in eine Konfliktlage. 1525 trat Nürnberg offiziell zum Protestantismus über. Luther als Autor von Kirchenliedern und »Wahrheitskünder« erscheint symbolhaft in Gestalt der Nachtigall, Papst Leo X. im Sinne seines lateinischen Namens als bedrohlicher Löwe. — OM

Flugschrift, H 19 × B 14 cm, Holzschnitt, koloriert
Stadtbibliothek Worms, Sign.: -Mag- LB 460

Luther als Junker Jörg vor Worms (»D. Mart. Luth. In Pathmo 1521«)

Heinrich Göding d. Ä.

1598

Die Radierung Gödings gehört zu einem Zyklus von Illustrationen zur Geschichte der Sachsen. Die Darstellung spielt auf Luthers Versteck auf der Wartburg an. Unter dem Inkognito Junker Jörg schlüpfte Luther in die Rolle eines jungen Adligen. Das Schwert erscheint gleichsam als Attribut eines Junkers, es steht aber auch als Sinnbild für einen kämpferischen Luther. Im Hintergrund ist die Ansicht der Stadt Worms zu sehen, der Ort der Widerrufsverweigerung, die nun am Ende des 16. Jahrhunderts als fundamentales Ereignis der Reformation und des Protestantismus wahrgenommen wurde. Die großformatigen Bücher rechts unten verweisen auf Luthers Bibelübersetzung. Die aufgeschlagenen Seiten lassen die Evangelien von Matthäus, Markus und Johannes erkennen. Den Hintergrund bildet ein Rosenbusch mit Lutherrosen. Hinter Luther auf dem Boden liegen eine Tiara, ein Pontifikalkreuz und ein lateinisches Kreuz im Staub. Göding war ein Schüler Cranachs. Dementsprechend zitiert er eine Zeichnung bzw. einen Holzschnitt seines Lehrers. Ähnlich wie Cranach stellt er Luther mit Bart und wallendem Haar dar. In seiner Überschrift wiederholt er Cranachs Anspielung zu Johannes auf Patmos, der während seiner Verbannung auf der griechischen Insel seine Offenbarung geschrieben haben soll. Damit wird Luther zu einem neuen Evangelisten verklärt. — SM

Druckgrafik, H 26,3 × B 18,5 cm (Blatt), H 27 × B 18,6 cm (Platte), Radierung, Faksimile
Stiftung Luthergedenkstätten in Sachsen-Anhalt, Wittenberg, Sign.: 4° IV 469

Titelblatt der Flugschrift »Sieben Kopffe Martin Luthers«

Johannes Cochlaeus
Dresden: Wolfgang Stöckel, 1529 (VD16 C 4390)

Infolge der Begegnung mit Luther am Rande des Reichstages wandte sich der Theologe Johannes Cochläus (1479–1552) von diesem ab. Er sah in Luther den Ursprung fortschreitender Spaltungen und den Stifter von Aufruhr. Die sieben Köpfe verbildlichen die Uneinheitlichkeit und Wankelmütigkeit von Luthers Lehre und die daraus folgenden Entzweiungen. Die antireformatorische Bildpolemik hatte in Luther ihr wichtigstes Ziel. Über den Erfolg einer Schrift entschieden in der Regel die Käufer. Seit den frühen 1520er Jahren kamen sehr viel weniger 'altgläubige' als evangelische Schriften in den Druck. — TK

Flugschrift, H 39,2 × B 27 cm, Holzschnitt, Faksimile
Stadtbibliothek Worms, Sign.: -Mag- LB 378b

Spottmedaille

[Wolf Milicz, Friedrich Hagenauer (Entwurf?)]

[Joachimsthal?], 1543

Eine der wenigen datierten Spottmedaillen, die vermutlich in Joachimsthal im Erzgebirge hergestellt wurde. Die als Avers angenommene Seite der Medaille zeigt einen Doppelkopf aus Kardinal und Narr. Der Kardinal trägt einen etwas abgeflachten Kardinalshut und der Narr ist an der Narrenkappe mit Schellen identifizierbar. Die Darstellung wird begleitet durch die Umschrift: DES*BAPST*GEBOT*IST*WIDER*GOT*M*DXLIII. Auf der Rückseite ist ein Bischof mit Mitra zu sehen, der einen Kelch in den Händen hält. Auf ihm sitzt umgekehrt eine Frau mit Bibel und Schwert oder Licht, so dass beide jeweils den anderen als Sitzfläche benutzen. Auch hier wird die Darstellung von einer Umschrift kommentiert: FALSCHE*LERE*GILT*NICHT*MEHR*MDXLIII. Die Frauengestalt wird als babylonische Hure mit der Heiligen Schrift und einem Altarleuchter interpretiert. Der Kelch, den der Bischof in beiden Händen hält, spielt auf die Eucharistiefeier an. Luther kritisierte in seiner Flugschrift »De captivitate babylonica ecclesiae, praeludium« unter anderem den Entzug des Laienkelchs. Für die vom Antichristen fehlgeleitete Kirche als Verderbnis und Gegner aller Gläubigen steht die Hure Babylon, die mit dem Bischof als Kleriker der römischen Papstkirche eng verbunden ist. — SM

Medaille, D 3,8 cm, Gewicht 14,32 g, Metall, gegossen
Museum der Stadt Worms im Andreasstift

Spottmedaille, Doppelkopf-Medaille

unbekannt
undatiert

Die Umschrift des Wendekopfs Papst/Teufel zitiert ein Sprichwort aus der »Adagio« von Erasmus von Rotterdam: »Ein böser Rabe gebiert ein böses Ei«. — SM

Medaille, D 2,85 cm, Gewicht 6,41 g, Metall, gegossen
Museum der Stadt Worms im Andreasstift,
Sign.: EV 69/8

Spottmedaille, Doppelkopf-Medaille

unbekannt
undatiert

Der Wendekopf Papst/Teufel wird von der passenden Umschrift erläutert: »Die verdorbene Kirche trägt das Gesicht des Teufels«. Die angebrachte Öse zeigt, dass die Medaille als Schmuck getragen wurde. — SM

Medaille, D 3,5 cm, Gewicht 19,48 g, gehenkelt mit Öse
Museum der Stadt Worms im Andreasstift

Spottmedaille, Doppelkopf-Medaille

unbekannt

[1548?]

Die Entstehung der Spottmedaillen wird allgemein mit dem sogenannten Naumburger Bischofsstreit (1541–1546) in Verbindung gebracht. Der von Luther persönlich im Bistum Naumburg zum ersten lutherischen Bischof eingesetzte Nikolaus von Amsdorf stand dabei in Gegnerschaft zum Domkapitel. Spottmedaillen, die auch als satirische Medaillen bezeichnet werden, dienten als Mittel der Propaganda, indem sie in polemischer Weise die Gegner der Reformation verunglimpften. Durch die Vexierbilder, die oftmals durch lateinische oder deutsche Umschriften ergänzt werden, sind sie auch für Analphabeten verständlich. Sie eignen sich ebenso wie Flugschriften zur Massenproduktion, sind aber unauffälliger und durch das Material haltbarer. Die Beliebtheit der Doppelkopf-Medaillen erklärt sich aus der Symbolik der Wendeköpfe, die sich durch eine Drehung um 180° vom Papst zum Teufel oder vom Kardinal zum Narren mit Schellenkappe verwandeln. Die Medaille zeigt die typischen Kombinationen von Papst und Teufel sowie Kardinal und Narr mit Schellenkappe als Wendeköpfe. Die lateinische Umschrift zitiert Psalm 94,8: »Narren, wann werdet ihr klug?«   — SM

Medaille, D 2,6 cm, Gewicht 11,59 g, Metall, gegossen
Museum der Stadt Worms im Andreasstift, Sign.: EV 67 / 9,1

Spottmedaille, Doppelkopf-Medaille

unbekannt

[1543?]

Die Medaille kombiniert Papst und Kaiser bzw. Kardinal und Bischof als Wendekopf. Hier ist nicht die übertragene Identifikation Papst/Kaiser gemeint, sondern die Gleichsetzung als Gegner der Reformation.   — SM

Medaille, D 2,86 cm, Gewicht 15,8 g, Metall, gegossen
Museum der Stadt Worms im Andreasstift

Spottmedaille, Doppelkopf-Medaille

unbekannt

1617

Die Aufschrift »1517–1617« spricht für die Beliebtheit der Spottmedaillen und ihre weite Verbreitung bzw. die Herstellung von zahlreichen Abgüssen bis ins 17. Jahrhundert.   — SM

Medaille, D 2,53 cm, Gewicht 4,76 g, silber vergoldet, gelocht
Museum der Stadt Worms im Andreasstift

Lutherbibel, »Biblia: das ist: die gantze Heilige Schrifft Deudsch / Auffs New zugericht«

Martin Luther
Wittenberg: Hans Lufft, 1541

Martin Luthers Bibelübersetzung erfasste den ganzen deutschen Sprachbereich und wirkte auf die gesamte Gesellschaft. Das Deutsch der Lutherbibel ist kein Buchdeutsch, es ist gesprochenes Deutsch und formte für die nächsten drei Jahrhunderte die Sprache. Die Auflagen des Werkes können nur geschätzt werden – für Luthers Hauptverleger Hans Lufft (1495-1584) werden 100.000 Exemplare veranschlagt. Die Gesamtauflage, mit ihren zahlreichen Nachdrucken, kann vielleicht eine Million erreicht haben. — MK

Buchdruck, H 43 × B 18 cm, Pergament
Stadtbibliothek Worms, Sign.: -Mag- LB 333a / Bd. 1 + 2

Porträt Martin Luther

Lucas Cranach d. Ä. bzw. Cranach-Werkstatt
um 1543

Als Martin Luther im Dezember 1524 seinen Habit ablegte und im Juni des nächsten Jahres Katharina von Bora (1499–1552) heiratete, entstand ein neuer Porträttypus, der die Grundlage einer umfassenden Serienproduktion bildete und damit die bildliche Vorstellung, die man sich von Luther machte, nachhaltig prägen sollte. Der im Dreiviertelprofil Porträtierte wird als gesetzter Mann präsentiert, mit schwarzem Barett und weitem, schwarzem Gewand, vor blauem oder grünem Hintergrund. — MK

Gemälde, H 43,1 × B 30,3 cm, Tempera auf Holz [?]
Wartburg-Stiftung Eisenach, Inv. Nr.: M0071

Wormser Bibel, »BJblia beyder Allt vnd Newen Testame[n]ts Teutsch«

[Johann Kautz]
Worms: Peter Schöffer d. J., 1529

Die Wormser Bibel des Buchdruckers und Verlegers Peter Schöffer d. J. (nach 1475–1574), war die erste deutschsprachige Vollbibel der Reformationszeit. Das von Jakob Kautz (um 1500–1536) übersetzte und von Anton Woensam (vor 1500–1541) mit 46 Holzschnitten illustrierte Buch wurde 1529 in Worms gedruckt – noch vor der Züricher Bibel (1532) und der Lutherbibel (1534). Dabei bediente sich Schöffer an bereits publizierten Vorabdrucken beider Bibeln und verwendete diese für seine Ausgabe. — MK

Buchdruck, H 45,6 × B 34,5 cm
Stadtbibliothek Worms, Sign.: -Mag- LB 6 = W:Dr 4° 2

Brustbildnis Hieronymus Aleander (Girolamo Aleandro d. Ä.)

Agostino dei Musi

1538

Hieronymus Aleander (1480–1542), der von Papst Leo X. (1475–1521) als außerordentlicher Nuntius an den Hof Kaiser Karls V. entsandt worden war, hatte auf dem Reichstag die Interessen der römischen Kirche vertreten. 1524, drei Jahre nach Worms, wurde er für seine diplomatischen Dienste von Papst Clemens VII. (1478–1534) mit dem Titel und den Einkünften des Erzbischofs von Brindisi belohnt. Von Papst Paul III. (1468–1549) bekam er 1536 das Kardinalat mit der Titelkirche San Crisogono in Trastevere in Rom verliehen. —MK

Druckgrafik, H 32,9 × B 22,3 cm (Blatt, beschnitten), Kupferstich
LWL-Museum für Kunst und Kultur, Westfälisches Landesmuseum, Münster
Inv. Nr.: C-501170 PAD, Portraitarchiv Diepenbroick

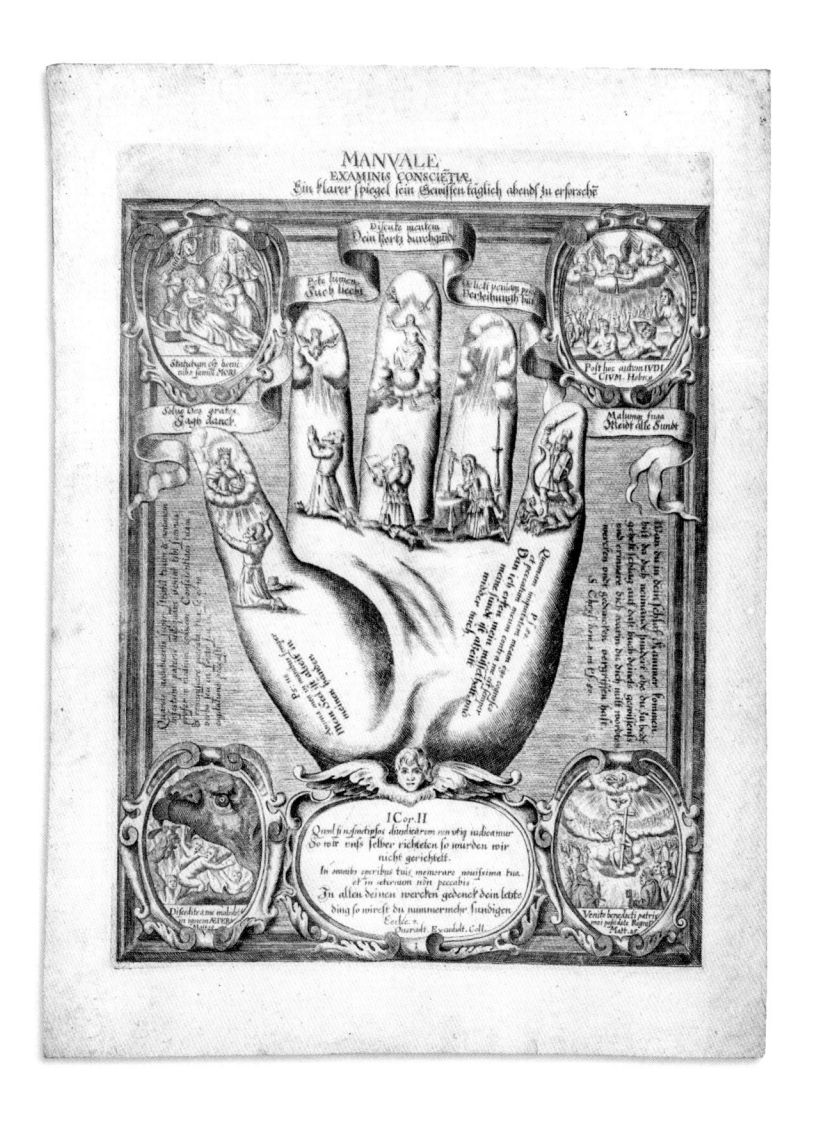

Gebetsblatt »Ein klarer Spiegel sein Gewissen täglich abends zu erforschen«

Peter Overadt
1. Hälfte 17. Jh. [Köln?]

Das Mahn- und Merkblatt folgt in Darstellung und Inhalt den Gebetsblättern aus dem frühen 17. Jahrhundert wie sie auch von Sara Mang oder Andreas Spängler publiziert wurden. Die Blätter dienten als Anleitung zur Gewissenserforschung, dem rechten Glauben zu folgen: »Wan du in dein schlaf Kammer kommen bist da dich neimandt hindert ehe du zu bedt gehest schlag auf daß buch deinses gewissenss und erinnere dich warin du dich mitt wordten wercken undt gedancken vergriffen hast«. Die Finger der linken Hand dienen als Erinnerungshilfe, die einzelnen Punkte abzufragen. Thematische Aufteilung und Darstellung auf den Fingern sind bei den Gebetsblättern immer gleich.
Daumen: ein Gläubiger kniet vor dem himmlischen Vater und soll Dank sagen für die empfangenen Wohltaten.
Zeigefinger: ein betender Gläubiger soll das Licht (Erleuchtung durch den Heiligen Geist) der Gnaden suchen, die Sünden zu erkennen.
Mittelfinger: ein kniender Gläubiger vor dem segnenden Christus soll sein Herz d. h. sein Gewissen genau ergründen wie er während des Tages mit Gedanken, Worten und Taten gesündigt hat.
Ringfinger: ein Gläubiger betend vor den Kreuz soll um Verzeihung bitten (Gnade der Sündenvergebung durch Jesu Kreuzestod) und für begangene Sünden Reue empfinden.
Kleiner Finger: Sankt Georg als Drachentöter als Aufforderung alle Sünden zu meiden, zu beichten, zu büßen und gegen sie anzukämpfen. Nach der Legende ist St. Georg der Befreier vom Bösen infolgedessen sich auch zahlreiche Menschen taufen ließen. — SM

Druckgrafik, H 56,2 × B 42,2 × T 2,5 cm (Rahmenaußenmaß), Papier, Kupferstich
Wallraf-Richartz-Museum & Fondation Corboud, Köln, Inv. Nr.: 736

Leo X. Pont. Max.

Papst Leo X.

Tobias Stimmer

1582

Während das Gemälde des Renaissancemalers Raffael (1483–1520) Papst Leo X. aus dem Hause Medici inmitten zweier Kardinäle aus der eigenen Familie zeigt, weist der vereinfachte Holzschnitt auf das Wappen der einflussreichen Florentiner Dynastie im Hintergrund – eine Inszenierung seiner Herkunft. Den Reformatio-Gedanken Luthers an den Ablasspraktiken stand der Papst ablehnend gegenüber und verhängte im Januar 1521 den Kirchenbann über ihn, dessen »Mönchsgezänk« er mit den Thesen 1517 noch kaum ernst genommen hatte. — SR

Druckgrafik, H 17,1 × B 15,6 cm, Holzschnitt (nach Raffael)
Stiftung Luthergedenkstätten in Sachsen-Anhalt, Inv. Nr.: GR 3561

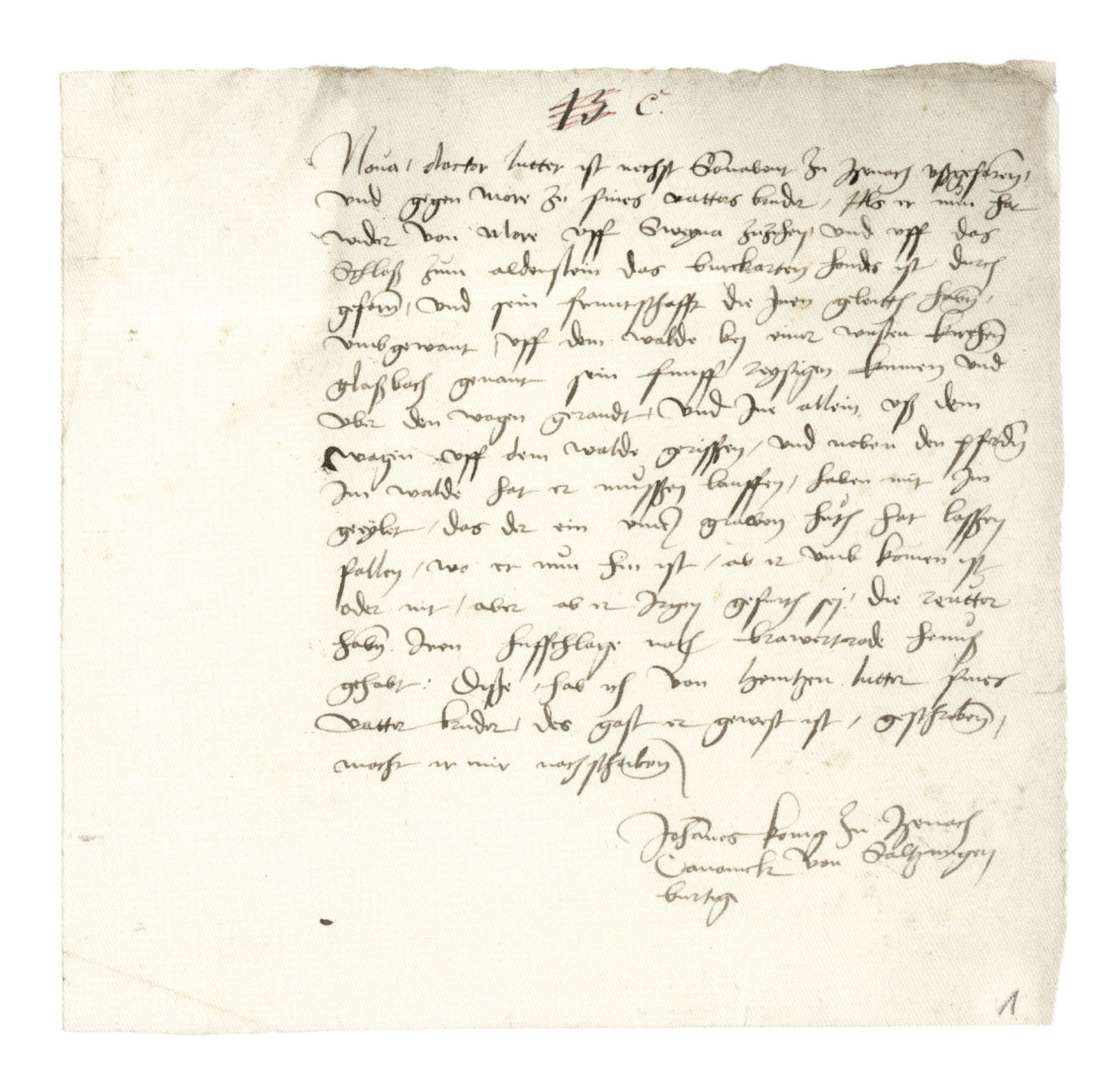

Bericht des Eisenacher Kanonikers über den Überfall auf Luther

Johannes König, Kanoniker zu Eisenach
12. Mai 1521

Der Kanoniker Johannes König aus Eisenach berichtet auf die Anfrage von Dr. Kaspar Westhausen, Professor für Kirchenrecht in Mainz, über die vermeintliche Entführung Martin Luthers. Demnach begab sich Luther von Eisenach nach Möhra zu seinem Onkel Heinz Luther. Am 4. Mai befand sich Luther auf dem Rückweg von Möhra nach Schweina. Der Überfall ereignete sich auf dem Weg von der Burg Altenstein nach Ruhla bei der verlassenen Kirche Glasbach. Fünf bewaffnete Reiter nahmen Luther gefangen und verschwanden im Wald. Um ihre Spuren zu verwischen, wandten sich die Reiter zunächst nach Brotterode, bevor sie eine nördliche Richtung einschlugen und spät in der Nacht mit einem völlig erschöpften Luther die Wartburg erreichten. Johannes König hat dagegen keine Vermutung, wo sich Luther befindet bzw. ob er noch am Leben ist. Sein Bericht, der sich auf die Angaben von Heinz Luther stützt, ist der früheste schriftliche Nachweis der Entführung Luthers.   — SM

Handschrift, H 22 × B 21,5 cm, Papier
Leihgabe des Landesarchivs Thüringen – Staatsarchivs Meiningen, GHA Sekt. IV,
Nr. 73 Bl. 1

Brief Martin Luthers an Lukas Cranach d. Ä.

Martin Luther nach der Abschrift von Georg Rörer
Frankfurt, 28. April 1521

Luther schrieb seinen Brief an Lukas Cranach morgens vor seiner Abreise nach Friedberg. Gleich in den ersten Zeilen verkündete er seine geplante Entführung: »Ich las mich einthun und verbergen, weis selb noch nicht wo […]«. Zwar missfällt ihm, sich zu verstecken, aber er fügt sich und will »guter Leut radt nicht verachten […]«. Über die Ereignisse in Worms äußerte er sich enttäuscht. Es sei nicht mehr verhandelt worden als: »Sind die Bücher dein? Ja. Wiltu sie widerruffen, oder nicht? Nein. So heb dich.« Ebenso ernüchtert war Luther über den jungen Kaiser Karl V., der trotz seines Versprechens des freien Geleits die Veröffentlichung des kaiserlichen Sequestrationsmandats veranlasste: »wie mir das geleid ist gehalten, wisset ir alle wol, aus dem verbot das mir entgegen kam«. Luther erfuhr von dem Mandat, das ihn seiner Meinung nach abschrecken sollte, offenbar in Weimar. In dem Brief an Karl V., den er am selben Abend in Friedberg schrieb, kommt diese Ernüchterung nochmals zum Ausdruck. Er habe seine Treue dem Kaiser gegenüber bewiesen, denn er sei gehorsam unter freiem Geleit in Worms erschienen, obwohl inzwischen ein Mandat des Kaisers gegen ihn erlassen worden sei. Georg Rörer war seit 1537 Luthers Mitarbeiter. Er fertigte Abschriften und Aufzeichnungen u. a. von Luthers Reden, Predigten und Schriften. Die ersten drei Bände der Wittenberger Ausgabe der Werke Luthers sind seiner unermüdlichen Tätigkeit zu verdanken. — SM

Handschrift, H 21,5 × B 18 × T 7,8 cm (geschlossen), Papier
Thüringer Universitäts- und Landesbibliothek Jena, Sign.: Ms. Bos. q. 24s

Friedrich III. Kurfürst von Sachsen, genannt »der Weise«

Lucas Cranach d. Ä. (und Werkstatt)

1532

Dieses sieben Jahre nach seinem Tod gefertigte Bildnis präsentiert den sächsischen Herzog Friedrich den Weisen im fortgeschrittenen Alter. Der Kurfürst, der als einzigen Schmuck einen goldenen Ring am Zeigefinger seiner rechten Hand trägt, ist mit einem dunklen Mantel bekleidet, der zusammen mit dem Barett im Kontrast zum weißen Hemd steht. Um die Schultern und auf dem Gewand liegt eine üppige Pelzschaube. Zu diesem Tafelgemälde gehört ein gleichartiges Porträt, das Friedrichs Bruder Johann den Beständigen zeigt.   — MK

Gemälde, H 61,7 × B 39 cm (Rahmenmaß: H 77,9 × B 54,1 cm), Öl auf Lindenholz
Kunstsammlungen der Veste Coburg, Inv. Nr.: M.164

Bildnis Kaiser Karl V.

Hieronymus Hopfer

1520 oder 1521

Hieronymus Hopfer arbeitete zunächst in der Werkstatt seines Vaters Daniel Hopfer in Augsburg. Von seinem Vater erlernte er das Handwerk eines Metall- und Holzschneiders sowie als Graveur und Waffenätzer. In den 1530er Jahren ist er als Bürger in Nürnberg verzeichnet. Aus seinem Oeuvre sind überwiegend Radierungen bekannt, die stilistisch der Renaissance zuzurechnen sind. Darunter sind zahlreiche Bildnisse bekannter Persönlichkeiten wie das Portrait des jungen Kaisers Karl. Technik und Darstellungsweise lassen Einflüsse und Zusammenhänge mit der aufblühenden Kunst der Renaissancemedaille vermuten. Das Bildnis Karls mit der auffallenden Gestaltung des Hintergrundes ist möglicherweise nach einer Medaille von Hans Schwarz aus dem Jahr 1520 gefertigt. Auch die Serie seiner Papstportraits geht wohl auf Medaillen als Vorbilder zurück. — SM

Druckgrafik, H 33,2 × B 24,9 cm (Blatt), H 22,5 × 15,4 cm (Platte), Eisenradierung (Strich- und Flächenätzung)
Kunstsammlungen der Veste Coburg, Inv. Nr.: I,401,34

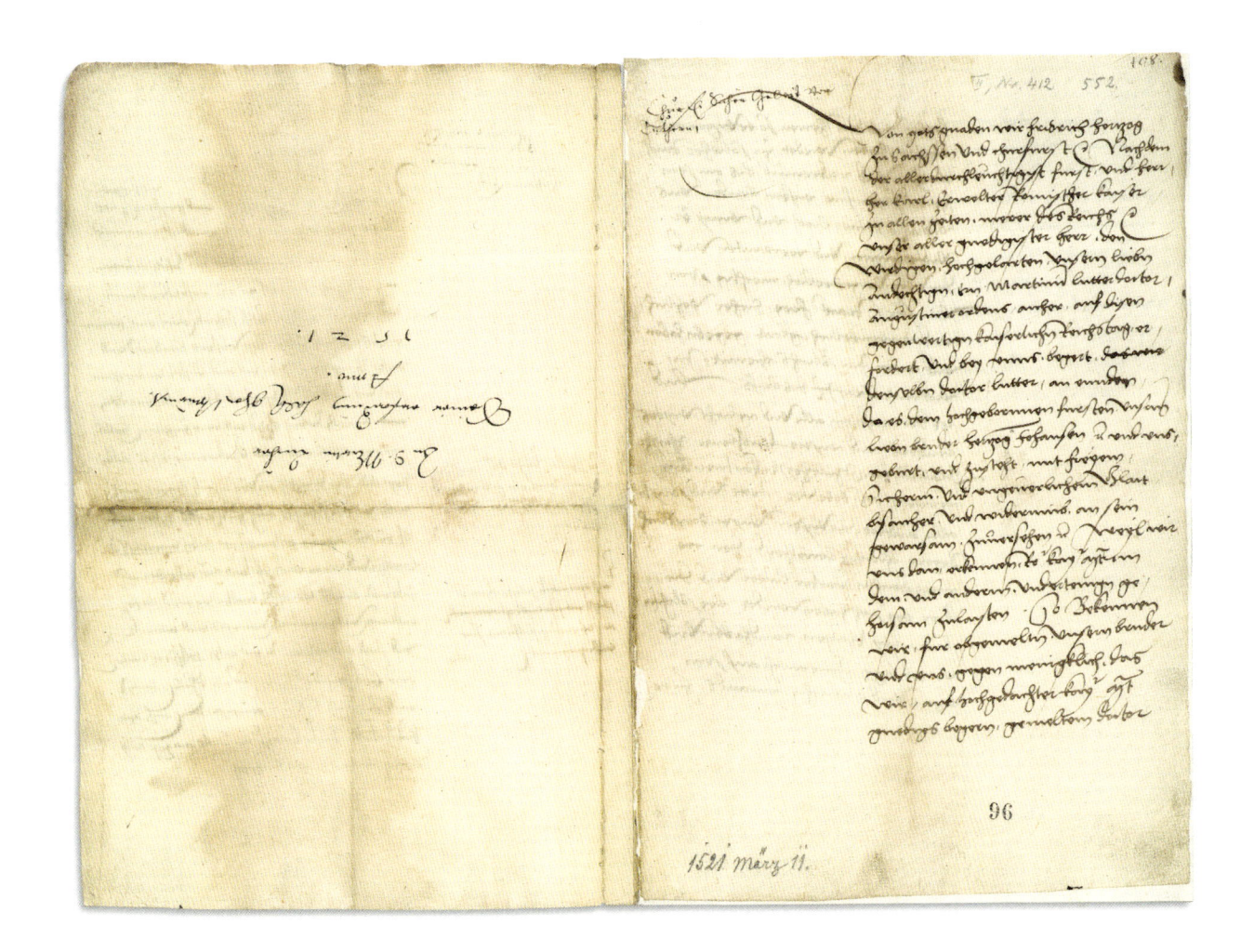

Konzept des Geleitbriefs Friedrichs des Weisen für Luther

Kurfürst Friedrich III. von Sachsen
Worms, 11. März 1521

Anfang März bewilligte Karl V. Luthers Reise nach Worms unter freiem Geleit. Etwa eine Woche später wurde Kurfürst Friedrich von Sachsen von kaiserlicher Seite aufgefordert, Luther nach Worms zu zitieren. Offenbar schien es den kaiserlichen Räten nicht angemessen (weil es sich »nit wol geburen will«), dass der Kaiser in eigener Person einen gebannten Ketzer unter seinem Schutzversprechen auf den Reichstag kommen lässt. Deshalb sollte Luther durch seinen Landesherrn mitgeteilt werden, dass es kaiserliche Begehr und Befehl sei, dass er nach Worms komme. Die kurfürstlichen Räte äußerten allerdings ebenfalls Bedenken. Entsprechend ihrem Rat lehnte Friedrich der Weise es ab, Luther unter seiner alleinigen Verantwortung nach Worms zu laden. Darauf ließ Karl ein eigenes Vorladungsschreiben ausfertigen und Luther zusammen mit einem Geleitbrief durch einen Herold, der ihn auch auf seiner Reise begleiten sollte, zustellen. Nunmehr stellte auch Friedrich III. Luther einen Geleitbrief aus mit kurzem Begleitschreiben. — SM

Handschrift, H 31 × B 21,9 cm, Papier
Landesarchiv Thüringen – Hauptstaatsarchiv Weimar, Sign.: LATH – HStA Weimar, Ernestinisches Gesamtarchiv, Reg. E 80, Bl. 95ʳ–96ʳ

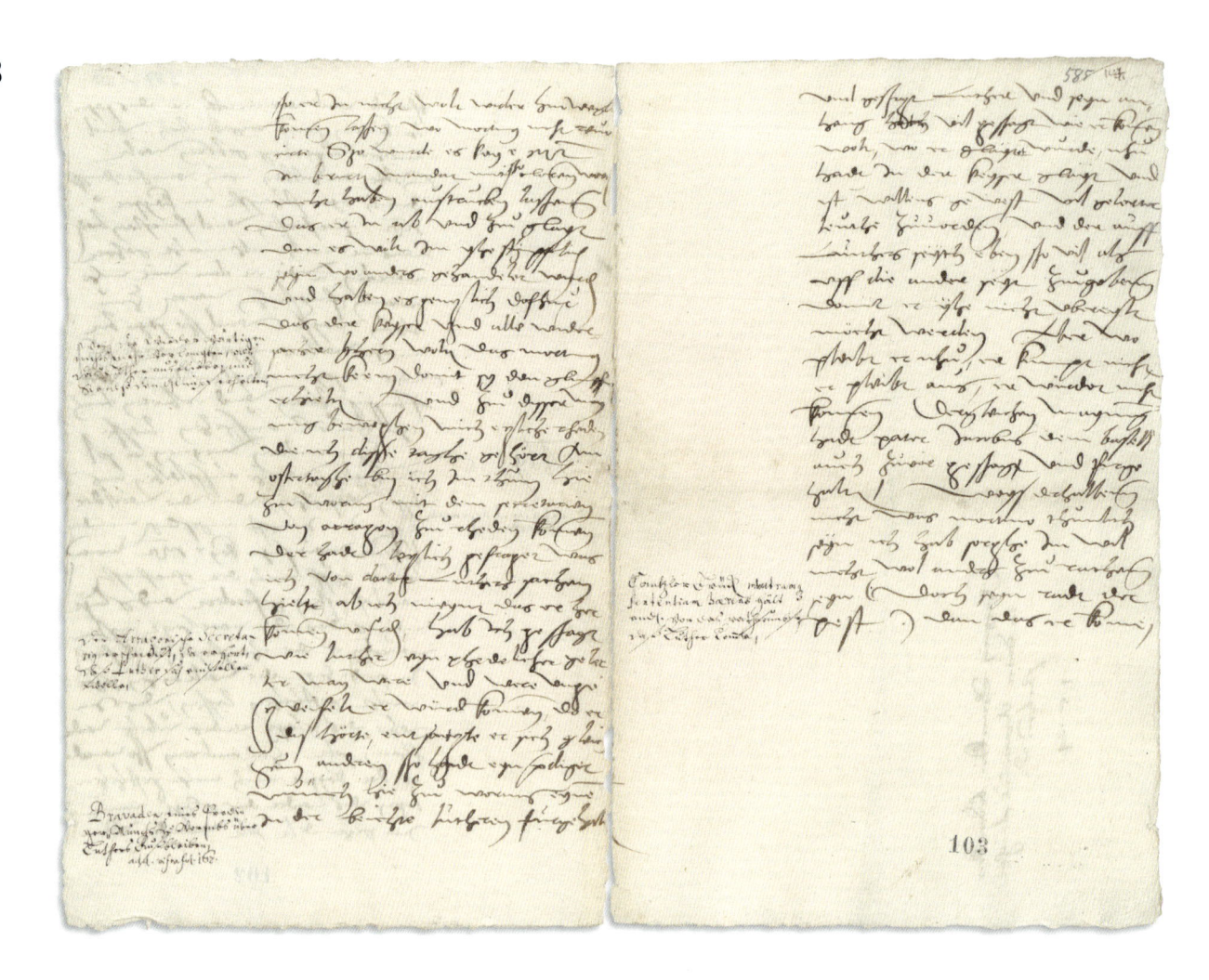

Gutachten von Gregor Brück zu Luthers Reise nach Worms an Georg Spalatin

Gregor Brück
Anfang April 1521, [Worms]

Vor dem Hintergrund von Vorladung und Sequestrationsmandat Karls erörterte der von Aleander in Worms als »Consigliere Lutheranissimo« bezeichnete Hofrat Brück die Frage, ob die Zusage freien Geleits gegenüber einem gebannten Luther verlässlich sei. In einem Brief an Georg Spalatin wägt er die unterschiedlichen Meinungen ab. Einerseits wurde Luther von der Reise nach Worms abgeraten, weil die Zusage Karls des freien Geleits nicht verlässlich sei, denn der Kaiser sei Ketzern gegenüber »nit schuldig glayt zu halten«. Wenn er also nicht widerrufen würde, dann sei zu befürchten, dass Luthers Gegner Karl überreden »das er im solch gleythe zuo halten nicht pflichtig, auch wider die bulle und geistliche recht mit guthen gewissen nicht halten kond und s[?]aghen das es keise[rliche] Mt [Majestät] mit guthen eren und fughe[n] brechen mocht.« Andere meinten, dass Luthers persönliches Erscheinen im Worms vergeblich sei, wenn er ohnehin nicht gehört, sondern nur aufgefordert wird, seine Schriften zu widerrufen. Befürworter der Reise glaubten, dass besonders die weltlichen Fürsten es nicht zulassen würden, »das im uber das gleyt etwas ubels widerfharen solt«. Falls Luther aber nicht nach Worms komme, wäre das ein leichter Sieg für seine Gegner und könnte seiner Glaubwürdigkeit schaden. Obwohl Brück unschlüssig ist, meint er, es sei Luther »nicht wol anders zu rathen [...] dan das er [nach Worms] kome«. Der »lutherischste Rat« war maßgeblicher Verfasser der Speyerer Protestation und bereitete die Gründung des Schmalkaldischen Bundes vor. Durch seine Vermittlungsbemühungen konnten gewaltsame Auseinandersetzungen lange verhindert werden. — SM

Handschrift, H 31,4 × B 20,7 cm, Papier
Landesarchiv Thüringen – Hauptstaatsarchiv Weimar, Sign.: LATH – HStA Weimar, Ernestinisches Gesamtarchiv, Reg. E 80, Bl. 100ʳ-103ᵛ

Bildnis Kaiser Karl V.

Hans Weiditz zugeschrieben

um 1520

Dieses Hans Weiditz (um 1500–1536) zugeschriebene Bildnis, das einen noch sehr jungen Karl V. zeigt, dürfte nicht lange nach seiner Wahl zum römisch-deutschen König entstanden sein. Der im Profil dargestellte Kaiser wird mit den »typischen Gesichtszügen« des Hauses Österreich dargestellt: einem länglichen Gesicht mit Unterbiss und herunterhängender Unterlippe, weswegen der Mund leicht geöffnet ist. Die Collane (Ordenskette) weist ihn als Großmeister des burgundischen Ritterordens vom Goldenen Vlies aus. — MK

Druckgrafik, H 49,5 × B 34,5 × T 3,1 cm (gerahmt), Holzschnitt
Germanisches Nationalmuseum, Nürnberg, Inv. Nr.: H 4748 (Kapsel 18)

Die vorgetäuschte Entführung Luthers auf die Wartburg

anonym

um 1590

Luther war kein geübter Reiter. Insofern war die Fahrt in einem Wagen nicht nur seinem Stand angemessen, sondern auch für ihn mit größerer Bequemlichkeit verbunden. Der einfache Kobelwagen des Wittenberger Goldschmieds Christian Döring wurde Luther vom Stadtrat zur Verfügung gestellt. Luther trat mit seinen Begleitern die Rückreise nach Wittenberg am 26. April an. In Friedberg verabschiedete er sich von Reichsherold Caspar Sturm, dem er jeweils einen Brief an Kaiser und Reichsstände mitgab. Zu jenem Zeitpunkt wusste Luther bereits, dass sein Landesherr plante, ihn an einem - ihm noch unbekannten Ort - zu verbergen. Die inszenierte Entführung verlief für Luther weniger komfortabel. Nachdem er am 4. Mai Verwandte in Möhra besucht hatte, wurde er auf dem Rückweg bei der Wüstung Glasbach überfallen und auf die Wartburg gebracht. Eine Woche später schrieb er Nikolaus von Amsdorf, der von der fingierten Entführung wusste, dass er wohlauf sei. Fast 70 Jahre nach dem Ereignis ist die Darstellung von einer wirklichkeitsgetreuen Wiedergabe des historischen Geschehens weit entfernt. Der Kupferstich kopiert Elemente und Personen eines Gemäldes aus der Cranach Werkstatt von 1552. In der Bildmitte ist Luther in einer Sänfte (!) dargestellt. Oben rechts sind die »Entführer« als (Hans) von Berlepsch und Steinbach bezeichnet. — SM

Kupferstich, H 21,6 × B 30,6 cm, Papier, Reproduktion
Wartburg-Stiftung Eisenach, Inv. Nr.: DL-G001
Dauerleihgabe der Sparkassen-Kulturstiftung Hessen-Thüringen

Bildnis Albrecht von Brandenburg (Der große Kardinal)

Albrecht Dürer

1523

Der Erzbischof von Magdeburg, Albrecht von Brandenburg (1490–1545), nahm ein Darlehen von 29.000 Dukaten auf und erkaufte sich damit von Papst Leo X. (1475–1521) das Bischofsamt von Mainz und die Kurwürde. Um seine Schulden zurückzahlen zu können, schlug er dem Papst die Verkündung eines Ablasses vor, mit dem der Neubau der Peterskirche finanziert werden sollte. Doch die Gelder, die der von Albrecht beauftragte Dominikaner Johannes Tetzel (1460–1519) einnahm, wurden nur zur Hälfte nach Rom abgeführt, die andere Hälfte wanderte in die erzbischöfliche Kasse. Die fragwürdigen Ablassgeschäfte provozierten den Protest von Martin Luther (1483–1546), der den Ablasshandel als unchristlich verurteilte und damit die Macht des Papstes und der Kirche infrage stellte. — MK

Druckgrafik, H 17,6 × B 12,9 cm, Papier, Kupferstich, Reproduktion
Kulturstiftung Sachsen-Anhalt, Kunstmuseum Moritzburg, Halle (Saale)

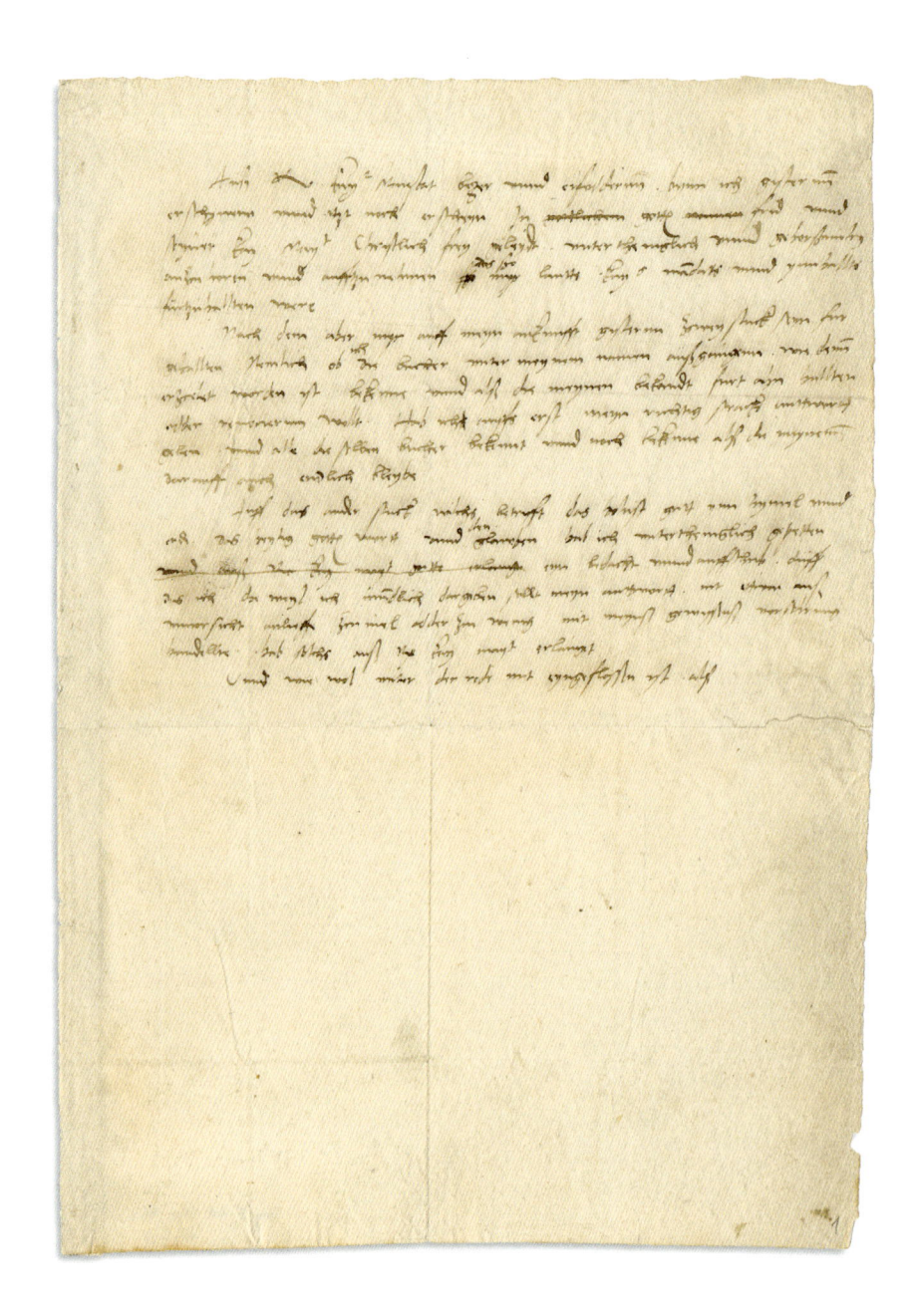

Eigenhändige Aufzeichnungen Martin Luthers nach seinem ersten Verhör vor dem Reichstag in Worms

Martin Luther
Worms, 17. April 1521

Während der ihm bewilligten Bedenkzeit skizzierte Luther seine Rede für den folgenden Tag. Doch unvermittelt bricht mitten im Satz, als er sich mit dem Widerruf auseinandersetzt, die Handschrift ab. — MK

Handschrift, H 28,2 × B 21,5 cm, Papier
Landesarchiv Thüringen - Hauptstaatsarchiv Weimar, Sign.: LATH - HStA, Ernestinisches Gesamtarchiv, Reg. E 81, Bl. 1

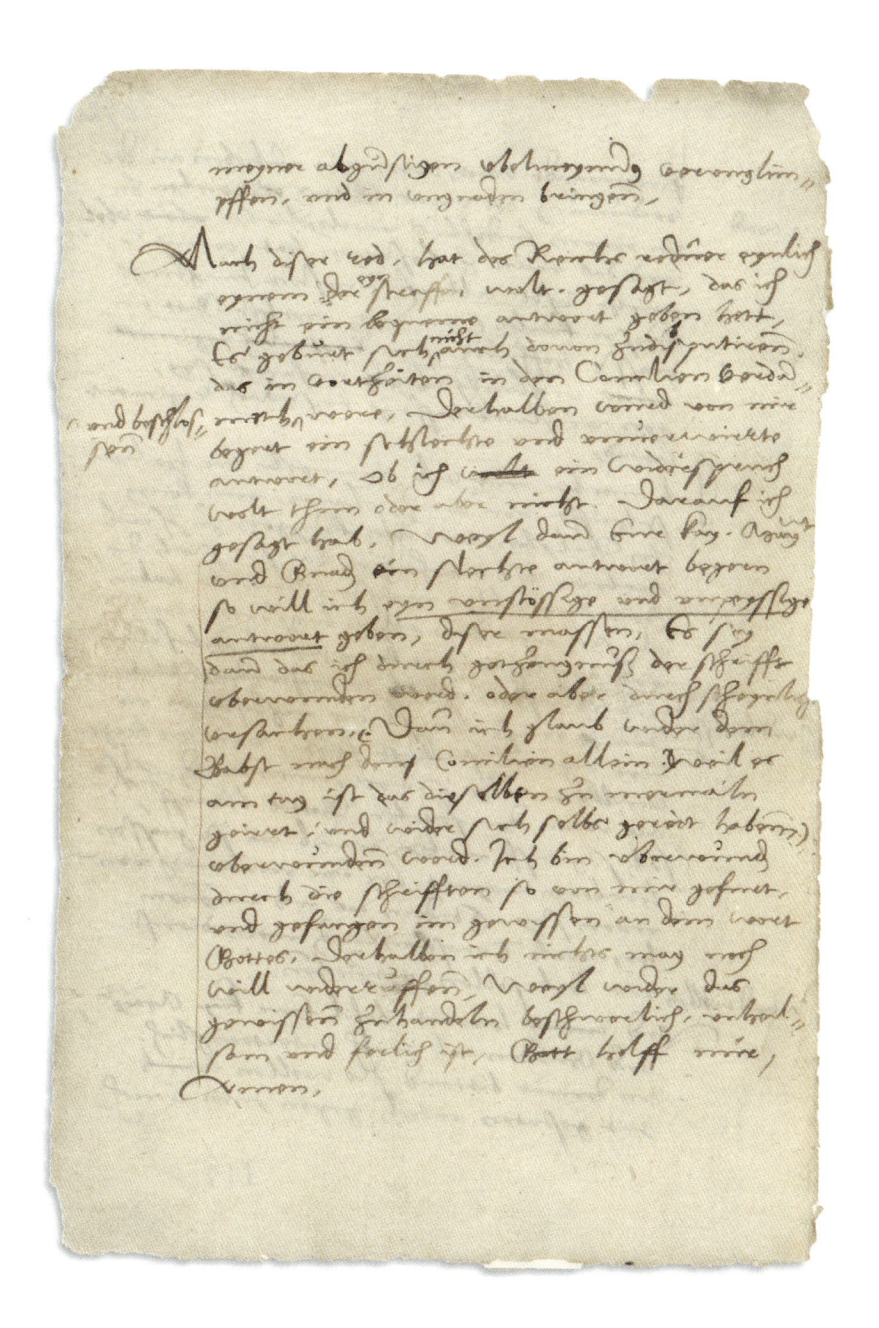

Martin Luthers Rede und Gegenrede zur Verteidigung seiner Schriften vor dem Reichstag zu Worms

Martin Luther, Georg Spalatin
Worms, 18. April 1521

Vor dem Reichstag in Worms wurde Luther am 17. April befragt, ob er sich zu den unter seinem Namen verbreiteten Büchern, die auf einer Bank aufgestapelt waren, als Urheber bekennen und diese widerrufen würde. In seiner Verteidigungsrede am folgenden Tag bekannte sich Luther zu seinen Büchern und Schriften, doch widerrufen konnte und wollte er keines davon. Dies bekräftigt er durch eine dreimalige Ablehnung des Widerrufs. — MK

Handschrift, H 31,5 × B 21,8 cm, Papier
Landesarchiv Thüringen – Hauptstaatsarchiv Weimar, Sign.: LATH – HStA, Ernestinisches Gesamtarchiv, Reg. E 80, Bl. 114ʳ-117ᵛ

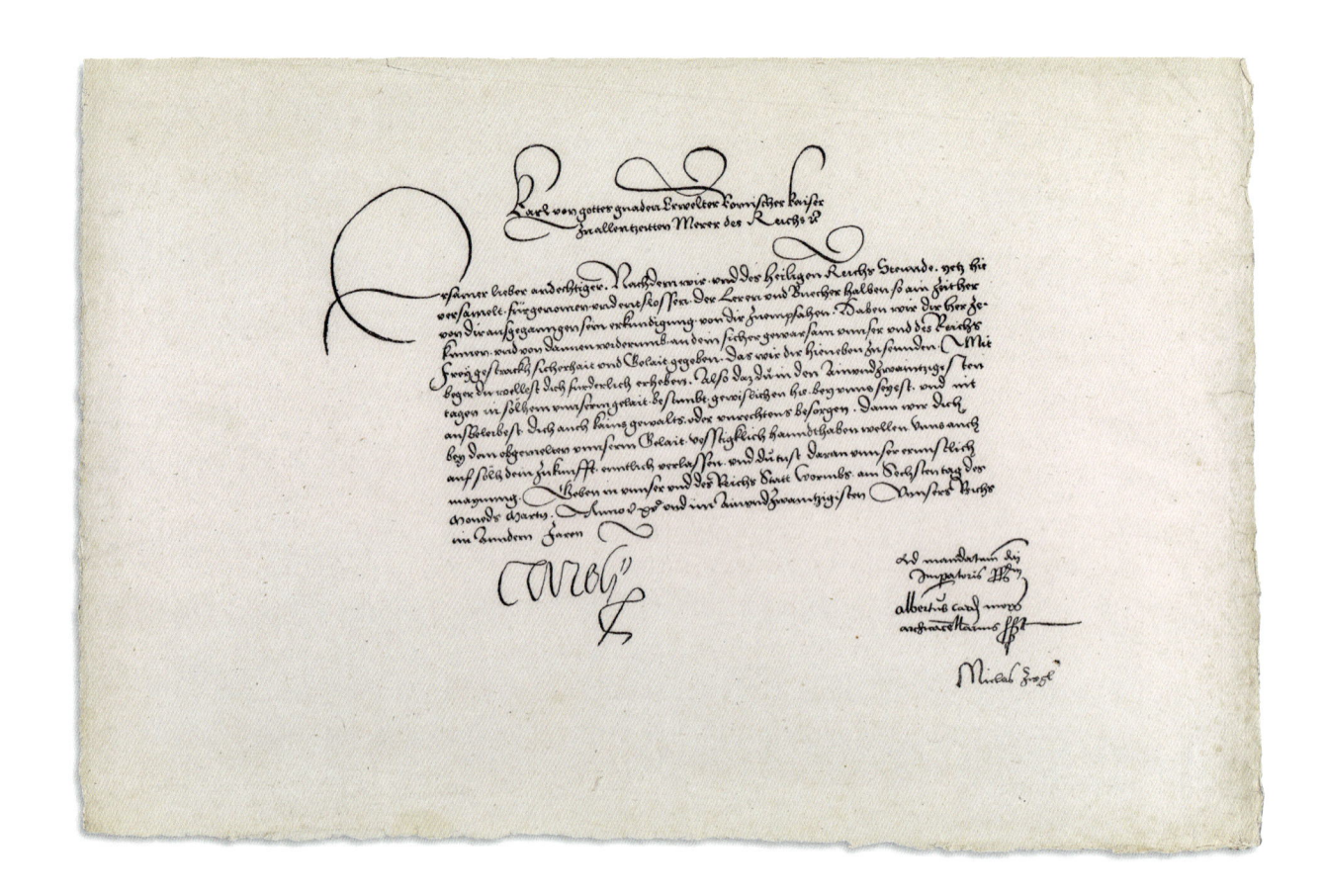

Vorladung von Karl V. für Martin Luther

Kaiser Karl V.
Worms, 6. März 1521

Noch Mitte Februar hatte Karl verlautbart, es sein nicht nötig Luther zu verhören. Anfang März gab er gegenüber den Ständen nach und bewilligte Befragung und Anreise Luthers nach Worms unter Zusicherung freien Geleits. Der Geleitbrief stellt Luther für seine Anreise unter kaiserlichen Schutz. Die Vorladung ist vergleichbar mit einer heute noch üblichen gerichtlichen Ladung.   — SM

Vorladung, H 32,9 × B 49 cm, Papier, Reproduktion des Nachdrucks
Deutsches Historisches Museum, Inv. Nr.: Do 65/2335

Passional Christi und Antichristi

Philipp Melanchthon, Johannes Schwertfeger, Lucas Cranach d. Ä. (Werkstatt) (Holzschnitte)
Wittenberg: Johann Rhau-Grunenberg, 1521 (VD 16 L 5585)

Als Passional wird die Darstellung der Leidensgeschichte Christi bezeichnet. In der Flugschrift »Passional Christi und Antichristi« werden ähnlich den spätmittelalterlichen Heilsspiegeln zwei Bilder miteinander verbunden: Szenen aus dem Leben Christi werden Darstellungen des Papstes gegenübergestellt. Der Papst wird dabei mit Satan, dem Antichrist, gleichgesetzt. Von Melanchthon stammt die Auswahl der Bibelstellen unter den Bildern aus dem Leben Jesu. Der Jurist Johann Schwertfeger fertigte mit Zitaten aus den Dekretalen des kanonischen Rechts die Untertexte zu den Bildern über die Päpste. Die Holzschnitte sind Arbeiten von Lucas Cranach d. Ä. Das letzte Doppelblatt stellt die Himmelfahrt Christi dem Höllensturz des Papstes gegenüber.   — SB

Druckgrafik, H 19,5 × B 29 cm (Doppelseite), Papier, Holzschnitt, Typendruck, Reproduktion
Stiftung Luthergedenkstätten in Sachsen-Anhalt, Wittenberg, Sign.: ss 40

Spottblatt auf Luthers Gegner

unbekannt

um 1521

Die unterschiedlichen Positionen zum Umgang mit den Glaubensinhalten mündeten in einem in Wort und Bild ausgetragenen Medienkonflikt. Möglich war dies, da parallel zur beginnenden Reformation mit dem Buchdruck das Zeitalter der Vervielfältigung angebrochen war. In billigen und schnell herzustellenden Schmäh- und Spottschriften wurden nicht selten tagesaktuell Gegner verhöhnt bzw. degradiert und dabei oft auf tradierte, antike Argumentationsmuster oder eine derb-zotige Sprache zurückgegriffen. Die reformatorische Druckgrafik inszeniert die Gegner Luthers mit Tiermasken in Anlehnung an die antiken Fabeln des Äsop. Leo X. habe (dem Schwein) Eck das Kardinalsamt und Geld versprochen, wenn dieser Luther bezwingen werde. — SR

Flugschrift, H 27 × B 39,2 cm, Papier, Holzschnitt, Reproduktion
Germanisches Nationalmuseum, Nürnberg, Inv. Nr.: HB 15079, Kapsel-Nr. 1335

Medaille Papst Leo X. – Martin Luther

unbekannt

um 1550

Die Medaille kombiniert die Porträts von Papst Leo X. und Martin Luther, zwei Antipoden während der Frühzeit der Reformation und des Wormser Reichstags. Die Umschrift der Lutherseite lautet: OS*ET*SAPIE[N]CIA[M]*DABO*VOBIS*CVI*NO[N]*POTER[UN]T*CO[N]T[RA]DICERE*ZC – Denn ich will euch Mund und Weisheit geben, der alle eure Widersacher nicht widerstehen noch widersprechen können etc. Die Randschrift verweist auf den böhmischen Reformator Jan Hus: HIC*EST*ILLE*AD*QUEM*IO[HANNES]*HVS*TE[M]PORE*MARTIRII*ALVSIT – Hier ist jener, auf den sich Johannes Hus zur Zeit des Martyriums bezog. Hus, der wie Luther freies Geleit zugesichert bekommen hatte, wurde auf dem Konstanzer Konzil 1415 verbrannt. Vor seiner Hinrichtung soll Hus gesagt haben, dass heute eine Gans (husa bedeutet auf Tschechisch Gans) gebraten, aber aus der Asche ein Schwan entstehen werde. Offenbar gab Luther selbst den Anlass, ihn als »Nachfolger« Hus mit einem Schwan als Attribut zu versehen. Das Brustbildnis Luthers ist identisch mit einer Medaille von Michael Hohenauer aus dem Jahr 1533 (teilweise auch Hieronymus Magdeburger zugeschrieben). — SM

Medaille, D 4,25 cm, T 0,8 cm, Silber, gegossen
Landesmuseum Württemberg, Stuttgart, Inv. Nr.: MK 17790

Luther-Medaille

unbekannt

1541

Auf dem angenommenen Avers der Medaille ist das Brustbild Luthers nach rechts abgebildet. Aus der Umschrift ergibt sich die Datierung 1541. Entsprechend der Umschrift soll Luther in seinem 61. Lebensjahr dargestellt sein. Dies korrespondiert allerdings nicht mit dem angegebenen Lebensalter Luthers, der 1541 erst 58 Jahre alt war, und nicht 61. Die Umseite zeigt das Brustbild Christi. — SM

Medaille, D 3,9 cm, Gewicht 39,76 g, Silber, gegossen
Landesmuseum Württemberg, Stuttgart, Inv. Nr.: MK 25366

Luther-Medaille

Monogrammist HG

1521

Dem Lutherbildnis nach links mit Doktorhut und Mönchskutte liegt der Kupferstich aus der Werkstatt von Lukas Cranach d. Ä. aus dem Jahr 1521 zugrunde. Es handelt sich um eine der ersten Portraitdarstellungen Luthers auf Medaillen. Andererseits verrät die Umschrift zusammen mit der Aufschrift »1521« im Feld einen Bezug zum Wormser Edikt bzw. zur Widerrufsverweigerung auf dem Reichstag zu Worms. Die Umschrift erklärt: HERESIBVS*SI*DIGNVS*ERIT*LVTHERVS*IN*VLLIS*ET*CHRISTVS*DIGNVS*CRIMINIS*HVIVS*ERIT – Wenn Luther irgendwelcher Ketzereien schuldig ist, dann ist (auch) Christus dieser Vergehen schuldig. Hier wird die Argumentation aufgenommen, dass Luther wie auch Christus wegen seines Streitens für den wahren Glauben verurteilt und gerichtet wurde. Außerdem berief sich Luther auf die Heilige Schrift und ihn der Ketzerei zu beschuldigen, bedeutete nach Ansicht seiner Anhänger, auch Christus Ketzerei zu unterstellen. Damit bekommt die Medaille die Brisanz und Funktion eines »Flugblattes«. — SM

Medaille, D 6,1 cm, Gewicht 76,86 g, Silber, gegossen, einseitig
Staatliche Museen zu Berlin, Münzkabinett, Inv. Nr.: 18237332

Luther-Medaille

Monogrammist HG

1521

Das 16. Jahrhundert ist nicht nur das Jahrhundert der Reformation und der »medialen Revolution«, sondern auch der Renaissancemedaille, die in verkürzter Form ähnlich den Flugschriften in propagandistischer Weise Bilder und Aussagen transportiert. Die früheste Luthermedaille datiert wohl aus dem Jahr 1520. Einen besonderen politisch aktuellen Bezug weist die Medaille von 1521 auf, die unmittelbar nach der Widerrufsverweigerung Luthers entstanden sein dürfte. Die Umschrift ist als Antwort auf das Wormser Edikt Karls V. gegen Luther zu verstehen. Die Medaille ist vermutlich ursprünglich als einseitige Schaummedaille im Bleiguss ausgegeben worden. Umschrift und Aufschrift sind im Vergleich zum Exemplar aus Silber leicht verändert, inhaltlich aber identisch. — SM

Medaille, D 6,0 cm, Gewicht 29,62 g, Blei, gegossen, gelocht, einseitig
Stiftung Schloss Friedenstein Gotha, Inv. Nr.: 4.1./3979

Luther-Medaille

Umkreis Hans Schwarz

1520

Auf der Vorderseite das Brustbild Luthers nach rechts mit Mönchskutte und Kappe. Die Umschrift im Lorbeerkranz auf der Rückseite lautet: OBSERVATAM*ET*RESTITVTAM*REM*PVBLICAM*VINDICATAMQVE*LIBERTATEM*CHRISTIA*ANNO*M*D*XX. — SM

Medaille, D 3,9 cm, Gewicht 14,39 g, 6:00, Silber, gegossen
Staatliche Museen zu Berlin, Münzkabinett, Inv. Nr.: 18255953

Konrad-Peutinger-Medaille

Friedrich Hagenauer

1527

Konrad Peutinger war Jurist und Humanist. Seit 1490 befand er sich im Dienst seiner Heimatstadt der Reichstadt Augsburg. Peutinger stand der städtischen Verwaltung vor und besorgte den Schriftverkehr der Stadt. Nach außen repräsentierte er die Reichstadt beim Schwäbischen Bund, auf Reichstagen und beim Kaiser. Maximilian I. verlieh ihm den Titel eines Dr. iuris utriusque und ernannte ihn zu seinem Rat. In dieser Funktion übernahm er diplomatische und politische Aufgaben. Zu Karl V. war die Bindung weniger eng. Peutinger war auf dem Reichstag zu Worms und sandte von dort Berichte nach Augsburg. Als Augenzeuge berichtete er von den Ereignissen des 18. April. Konrad Peutinger versuchte offenbar, Luther zum Widerruf zu bewegen. Er selbst wechselte nicht zur Reformation über. Das Brustbild Konrad Peutingers nach links zeigt ihn mit Hut, Kappe und Pelzschaube. — SM

Medaille, D 7,1 cm, Gewicht 89,67 g, Bronze, gegossen, einseitig
Staatliche Museen zu Berlin, Münzkabinett, Inv. Nr.: 18265197

Luther-Medaille

Wolf Milicz

1537 (Joachimsthal)

Die Vorderseite der Medaille zeigt Luther als Brustbild halb rechts dargestellt. Er ist mit einem Talar bekleidet und trägt ein Barett. In den Händen hält er die Bibel. Die Umschrift bezeichnet ihn als »Prophet Germaniens«: DOCTOR*MARTINVS*LVTHERVS*PROPHETA*GERMANIAE*MDXXXVII. Vorbild für das Medaillenbildnis ist ein Portrait Lukas Cranachs d. Ä. Der Darstellungstypus »Luther als Gelehrter« wurde von Cranach seit 1532 verwendet. Auf der Rückseite ist die Lutherrose mit zwei Engeln als Schildhalter abgebildet. Die fünfblättrige Rose belegt mit Herz und Schild war Luthers Wappen und Sinnbild seiner Theologie. Die Rose symbolisiert Trost und Liebe im Glauben, das Kreuz steht für den Opfertod und die Rechtfertigung durch Christus. Die Lutherrose findet sich erstmals 1533 auf Medaillen. Die Umschrift zitiert einen Bibelspruch (Jes 30,15): IN*SILENTIO*ET*SPE*ERIT*FORTITVDO*VESTRA*MDXXXVII (Im Schweigen und der Hoffnung wird eure Stärke sein) – der Wahlspruch Luthers. — SM

Medaille, D 4,5 cm, Gewicht 28,23 g, Silber, gegossen, feuervergoldet, gehenkelt
Stiftung Schloss Friedenstein Gotha, Inv. Nr.: 4.1./3978

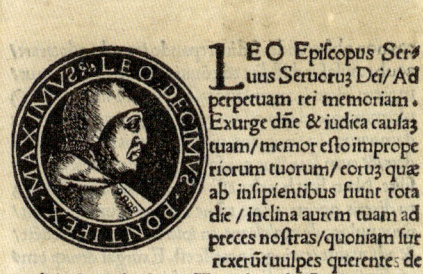

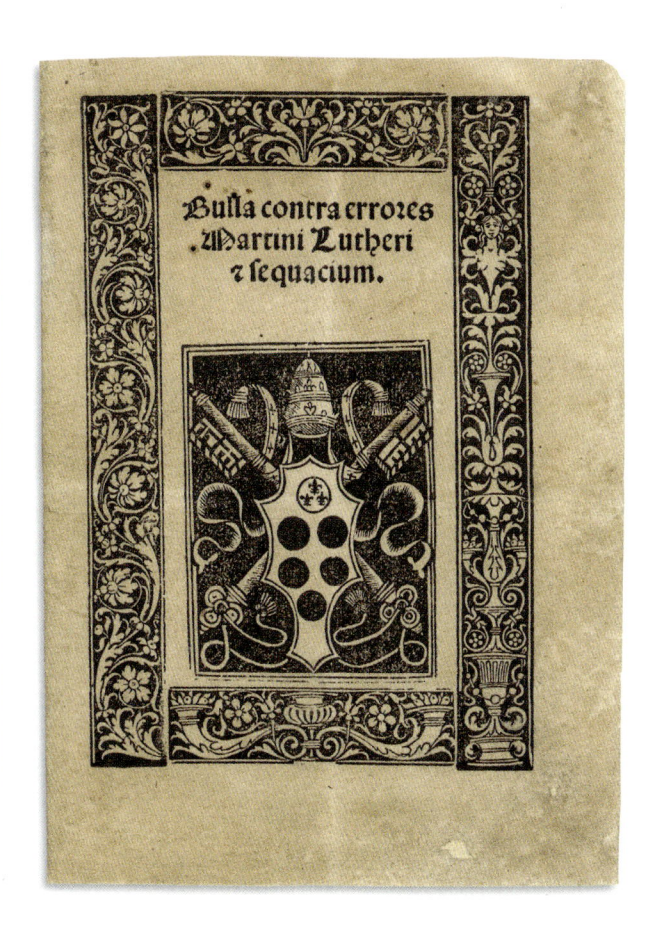

Bannandrohungsbulle »Exsurge Domine«

Papst Leo X.
15. Juni 1520

Die unter dem Wappen des Medici-Papstes Leo X. (1475–1521) gedruckte Bannbulle »Exsurge Domine« vom 15. Juni 1520 – der letzte große Bann von weltgeschichtlicher Bedeutung – verdammte Luthers Schriften und befahl Kaiser und Fürsten, diese zu verbrennen. Der Ketzer sollte binnen sechzig Tagen unter Androhung der Exkommunikation zum Widerruf seiner Lehren bewegt werden. Der Text des Bannstrahls, der weitgehend von Johannes Eck (1486–1543) verfasst und von den Kardinälen gebilligt worden war und den der gesundheitlich angeschlagene Papst nur noch unterzeichnete, war im ältesten Kurialstil gehalten, biblisch anklingend an Psalmenverse, in denen Gott angerufen wurde, aufzustehen gegen seine Widersacher: »Füchse haben sich aufgemacht, den Weinberg zu verwüsten, ein Wildschwein trachtet danach, ihn zu zerwühlen, und ein wildes Tier frisst ihn ab«. Dem Text der gedruckten Bannbulle ist ein Bildnis von Leo X. vorangestellt, das ihn mit schweren Gesichtszügen zeigt. Der an Krankheiten leidende Papst starb ein Jahr nach Veröffentlichung der Bulle. — MK

Druckschrift, H 19,2 × B 13,9 cm, Papier
Landesarchiv Thüringen – Hauptstaatsarchiv Weimar, LATH – HStA Weimar, Ernestinisches. Gesamtarchiv, Reg N 13 Bl. 1–4

Bannandrohungsbulle »Die verteutsth Bulle under dem namen des Bapst Leo des tzehenden. Wyder doctor Martinus Luther ausgangen«,
15. Juni 1520

Papst Leo X.
Leipzig: Valentin Schumann, 1521

Die Titelseite der deutschen Druckausgabe der Bannbulle von Leo X. zeigt die päpstlichen Attribute Tiara (Papstkrone) und Schlüssel. Die sechs Kugeln spiegeln die familiäre Herkunft des Medici-Papstes wider. — MK

Druckschrift, H 18 × B 13 cm, Papier
Reformationsgeschichtliche Forschungsbibliothek Wittenberg, Ev. Predigerseminar, Inv. Nr.: RFB PS EKU 188

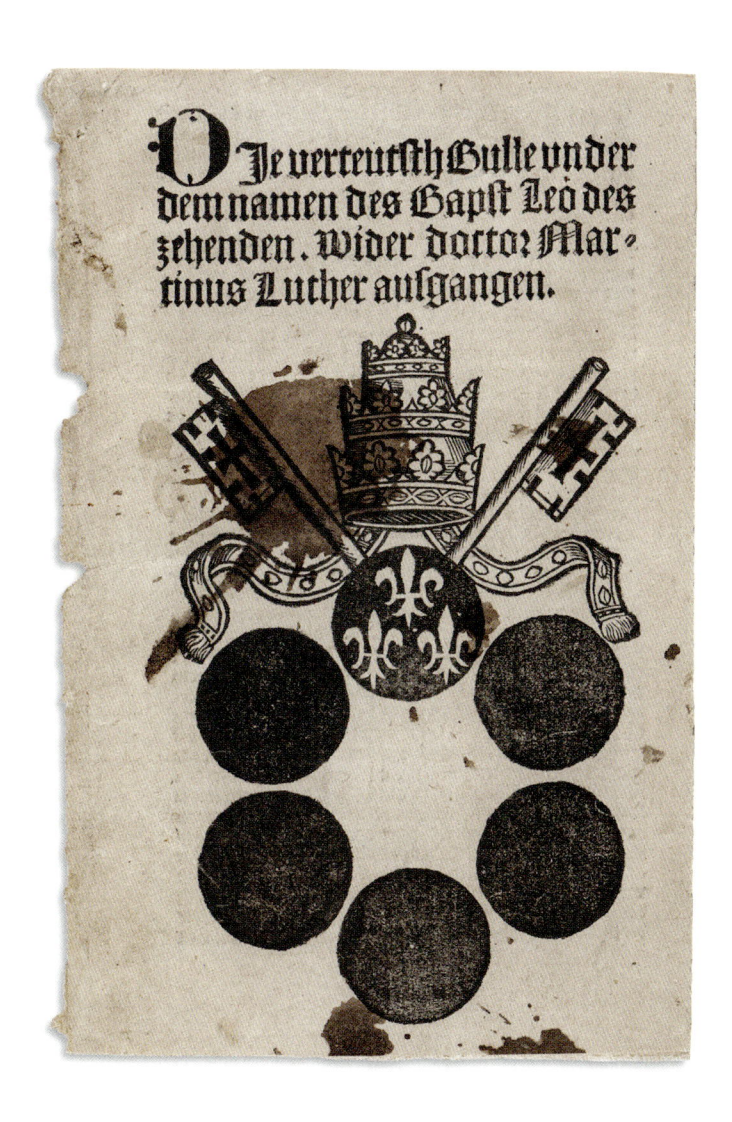

Bannandrohungsbulle »Die verteutsth Bulle under dem namen des Bapst Leo des zehenden. Wider doctor Martinus Luther ausgangen«

Papst Leo X.
[Köln]: [Peter Quentel], [1520]

Im Deutschen Reich wurden nicht Originalausfertigungen der Bulle verbreitet, sondern beglaubigte Druckexemplare, die von den Nuntien mitgebracht worden waren. Der Originaldruck wurde von der römischen Druckerei des Druckers Giacomo Mazzochi angefertigt (Bulla contra errores Martini Lutheri et sequacium) mit dem Wappen des Medicipapstes vor den gekreuzten Schlüsseln Petri unter der Tiara. Nachgedruckt wurde dieses Exemplar in Deutsch oder Italienisch in rund 6000 Exemplaren. Die (erste) deutschsprachige Ausgabe »Die verteutsch Bulle under dem namen des Bapst Leo des zehenden. Wider doctor Martinus Luther ausgangen« wurde Ende Oktober 1520 bei Peter Quentel in Köln gedruckt. Friedrich der Weise ließ die Bulle nach dem römischen Originaldruck durch Georg Spalatin ins Deutsche übersetzen. Durch Johannes Eck wurde ein Druckexemplar Anfang Oktober an die Uni Wittenberg gesandt. Luther reagierte auf die Bulle mit seinen Schriften »Adversus execrabilem Antichristi bullam«, »Assertio omnium articulorum Martini Lutheri per bullam Leonis X. novissimam damnatorum« und letztlich »Von der Freiheit eines Christenmenschen«, von denen jeweils Ausgaben in Latein und Deutsch herausgegeben wurden. Am 10. Dezember 1520 verbrannte er ein Exemplar der Bannandrohungsbulle. Diese Ereignis wird als Luthers endgültiger Bruch mit Rom angesehen. — SM

Druckschrift, H 18,4 × B 13,3 × T 1,2 cm, Papier, Pappe/Pergament (Einband)
Stiftung Deutsches Historisches Museum, Berlin, Inv. Nr.: R 13/102

Bannandrohungsbulle »Bulla contra errores Martini Lutheri et Sequacium«

Papst Leo X.
Leipzig: [Martin Landsberg], [1520]

Der Text der Bannandrohungsbulle wurde von den Kardinälen Pietro Accolti, Thomas Cajetan, Johannes Antonius de Aprutio und Johannes Eck, der als treibende Kraft im Häresieprozess gegen Luther gilt, konzipiert. Das aus Papst und Kardinälen bestehende Konsistorium beschloss am 1. Juni den Wortlaut der Urkunde, die am 15. Juni 1520 ausgestellt wurde. Ursprünglich wurden wohl vier Pergamentoriginale ausgefertigt. Mitte Juli 1520 wurden zwei Nuntien (Johannes Eck und Hieronymus Aleander) nach Deutschland gesandt mit dem Auftrag der Verbreitung und Umsetzung der Bulle. Sie führten Originalausfertigungen der Urkunde mit, die sie dem Kaiser und einigen deutschen Fürsten übergeben sollten. Während im ersten Teil der Bulle Luthers Lehren verdammt werden, folgt im zweiten Teil die Verurteilung seiner Schriften. Im dritten Teil wendet sich der Papst gegen Luther als Person und seine Anhänger. Trotzdem lässt der Papst Milde walten und gewährt eine Frist. Luther soll die Irrtümer öffentlich und rechtsverbindlich innerhalb von 60 Tagen widerrufen, ebenso von Predigten absehen, keine Bücher und Flugschriften verfassen, und seine bisherigen Schriften vernichten. — SM

Druckschrift, H 18 × B 13 cm, Papier
Reformationsgeschichtliche Forschungsbibliothek Wittenberg, Stiftung Luthergedenkstätten, Inv. Nr.: RFB LG Kn B6/33

Brief von Martin Luther an Karl V.

Martin Luther
Friedberg, 28. April 1521

Am 29. April entließ Luther in Friedberg den Reichsherold Kaspar Sturm und gab ihm ein Schreiben für den Kaiser mit. In dem in lateinischer Sprache und wohlgesetzten Worten gehaltenen Brief bedankt er sich ausdrücklich für das gehaltene Geleit und legt ausführlich dar, warum er nicht habe widerrufen können. Karl V. hat diesen Brief nie erhalten – niemand wollte ihn dem Kaiser überreichen. Doch das Schreiben fand, auf Deutsch übersetzt, über die Druckerpressen seinen Weg in die Öffentlichkeit. — MK

Handschrift, H 42,6 × B 29,2 cm, Papier
Stiftung Luthergedenkstätten in Sachsen-Anhalt, Wittenberg, Sign.: I5/1387

Martin Luther mit Doktorhut

Johann Sadeler

1579

Der Buchdruck verbreitete nicht nur Luthers Worte. Auch Luthers Abbild wurde unter das Volk gebracht. Lucas Cranach d. Ä. schuf ein druckgrafisches Porträt, das verschiedenen Künstlern als Vorlage diente. Johann Sadeler d. Ä. (1550–1600) griff Cranachs Kupferstich auf. Es zeigt Luther im strengen Profil. Der tief in den Nacken geschobene Doktorhut präsentiert ihn nachdrücklich als Gelehrten, während die ausgeprägte Stirnwulst und die hervorragende Haarlocke seinen heroischen Charakter betonen. — MK

Druckgrafik, H 23,1 × B 17,4 cm, Kupferstich
Stiftung Luthergedenkstätten in Sachsen-Anhalt, Inv. Nr.: GR 218

Ablassbrief des Erzbischofs Albrecht von Mainz

unbekannt

1517

Mit dem vorliegenden Ablassbrief, in den man nur noch Namen und Datum eintragen musste, wurden dem Begünstigten nicht nur die bereits auferlegten Kirchenstrafen erlassen. Der Erzbischof von Magdeburg und Mainz, Albrecht von Brandenburg (1490–1545), garantierte auch die Vergebung von Sünden, die man noch begehen würde. — MK

Druck, H 24 × B 30 cm, Typen-Einblattdruck, Pergament
Privatsammlung Zeppetzauer

Luthers Brief an Cuspinian

Martin Luther
Worms, 17. April 1521

Nach dem ersten Verhör am 17. April 1521 verfasste Luther im Johanniterhof einen Brief an den Wiener Humanisten Johannes Cuspinian. Luther bekennt in diesem Schreiben, dass er unter keinen Umständen widerrufen werde. — TK

Handschrift, H 15,7 × B 22,2 cm, Papier, Reproduktion
Österreichische Nationalbibliothek, Wien, Sammlung von Handschriften und alten Drucken (Alter Bestand, Hofbibliothek),
Sign.: Autogr. 13/43 (1-3)

PROTEST GEGEN EINE HINRICHTUNG IN GENF

Sebastian Castellio, Apologet religiöser Toleranz

Mirjam van Veen

Die Hinrichtung von Michael Servet im Jahr 1553 und der folgende, schriftlich ausgetragene Streit zwischen Johannes Calvin und Sebastian Castellio über die Frage, ob Ketzer mit dem Tod bestraft werden sollten, eröffnete nicht nur eine Diskussion über Toleranz und Gewissensfreiheit, sondern trug langfristig auch zur negativen Charakterisierung Calvins bei. Publizistisch wirkmächtig war Stefan Zweigs Roman *Castellio gegen Calvin oder Ein Gewissen gegen die Gewalt* von 1936.

Der unbelehrbare Häretiker

Michael Servet wurde 1509 (oder 1511) im spanischen Villanueva de Sigena als Miguel Serveto y Reves geboren. Die Reise nach Bologna 1529/1530 zur Krönung Karls V. mit seinem Mentor Juan de Quintana, dem späteren Beichtvater des Kaisers, markiert offenbar einen Wendepunkt in seinem Leben. Um diese Zeit wandte er sich von der Papstkirche ab; er verließ seinen Mentor, ging im Sommer 1530 nach Basel und wohnte bei Johannes Oekolampad. Er suchte den Austausch und vielleicht auch die Bestätigung seiner religiösen Überzeugungen. Allerdings stießen seine Vorstellungen durchweg auf Ablehnung.

Zentrale, von Papstkirche wie Reformatoren unbestrittene Glaubenssätze erschienen ihm durch die Heilige Schrift nicht nachvollziehbar. Seine Leugnung der Trinität, Jesus sei nicht ewiger und wesensgleicher Sohn Gottes, sowie seine Ablehnung der Kindertaufe trugen Servet den Ruf ein, Anhänger des Arianismus und der Täuferbewegung zu sein. Das hielt ihn nicht davon ab, seine Lehren mündlich und schriftlich zu verbreiten. Gehör fand Servet bei Wolfgang Capito in Straßburg, in dessen Haus er 1531 wohnte und Kaspar Schwenckfeld, Sebastian Franck und Martin Bucer kennenlernte. Seine Schrift *De Trinitatis Erroribus* wurde in Hagenau gedruckt, aber bald danach verboten.

1532 geriet Servet als Folge seiner Publikation erstmals in das Fadenkreuz der Inquisition, nachdem Johannes Cochläus auf ihn aufmerksam gemacht und unter anderem Hieronymus Aleander sich über ihn ablehnend geäußert hatte.

Servet tauchte in Paris unter und studierte unter dem Pseudonym Michel de Villeneuve Medizin und Mathematik. Eine Gelegenheit zu einem Gespräch mit Calvin nahm er nicht wahr. Nachdem ihm ein Prozess wegen astrologischer Weissagungen vor dem Parlament drohte, verließ er Paris und nahm 1540 eine Stelle als Leibarzt des Erzbischofs in Vienne an. Ein Briefkontakt mit Calvin kam schließlich durch Vermittlung zustande. Während dieses emotional eskalierenden Briefwechsels von 1546/1547 festigte sich Calvins Überzeugung, dass er es mit einem unbelehrbaren Glaubensleugner zu tun hatte, den er, sollte er nach Genf kommen, nicht lebend entkommen lassen würde.

Zeitgleich arbeitete Servet an seiner Publikation *Christianismi Restitutio*, die schließlich im Januar 1553 in Lyon in einer Auflage von 1000 Exemplaren anonym erschien. Servet geriet schnell in Verdacht, für die *Restitutio* und ihren häretischen Inhalt verantwortlich zu sein. Im März wurde er in Lyon vom Generalinquisitor befragt und Anfang April verhaftet. Servet bestritt seine Autorschaft und behauptete, das Opfer einer Verwechslung zu sein. Allerdings glaubte die Inquisition ihm nicht. Um dem drohenden Todesurteil zu entgehen, plante Servet seinen Ausbruch aus dem Gefängnis in Vienne. Morgens um 4 Uhr gelang ihm eine abenteuerliche Flucht über das Gefängnisdach. In Abwesenheit wurde er zum Tod verurteilt und in effigie mit seinen Büchern verbrannt.

Servet wollte wahrscheinlich nach Italien. Der Fluchtweg führte ihn über Genf, wo er sich am 12. August 1553 in einer Herberge einquartierte. Am folgenden Tag, als er den Sonntagsgottesdienst besuchte, wurde er erkannt und eingekerkert. Calvin verfasste die Anklageschrift und war schließlich auch bei Verhören anwesend, bei denen sich Calvin und Servet gegenseitig beschuldigten und rechtfertigten. Servet protestierte, er sei durch die Heilige Schrift nicht widerlegt worden. Trotzdem wurde er nach über zwei Monaten Kerkerhaft am 26. Oktober 1553 zum Tod durch öffentliches Verbrennen auf dem Scheiterhaufen verurteilt. Am späten Vormittag des nächsten Tages wurde das Urteil in Champel vollstreckt.

Protest aus Basel gegen Calvin

Bereits mit der Verhaftung Servets formierte sich Protest gegen das Vorgehen Calvins und des Genfer Rats. Nachdem Augenzeugen der Hinrichtung über den grauenhaften, halbstündigen Todeskampf des Verurteilten berichtet hatten, verschärfte sich die Kritik an Calvin. Besonders Flüchtlinge in Basel, die vor religiöser Verfolgung Zuflucht gefunden hatten, empörte es, dass Protestanten nunmehr selbst nach Art der Inquisition Andersdenkende verfolgten und töteten. Andererseits teilten Reformatoren aus benachbarten Schweizer Kantonen Calvins Standpunkt, dass Servet wegen Ketzerei hatte verurteilt werden müssen, äußerten sich zur Todesstrafe aber zurückhaltend. Zum Wortführer dieses Baseler Protests wurde Sebastian Castellio. Er argumentierte, Genf hätte keinen Glauben verteidigt, sondern einen Menschen getötet. Schon in seiner Jugend hatte ihn die religiöse Gewalt seiner Zeit erschüttert, aber der Protest gegen die Hinrichtung Servets war ein bedeutender Schritt.

Die Verurteilung Servets war im Grunde eine logische Folge der Weltanschauung der damaligen christlichen Welt. Er hatte die Trinität geleugnet und damit eine Grundwahrheit des christlichen Glaubens. Das genügte, um ihm der Ketzerei zu beschuldigen. Ketzer waren die Vertreter einer satanischen Macht mit dem Ziel, die Gesellschaft zu unterminieren und schließlich zu ruinieren. Dieser Glaube dehumanisierte Ketzer und erleichterte es, mit Gewalt gegen sie vorzugehen.

Castellios Standpunkt, dass Genf mit der Hinrichtung Servets keine Ketzerei bekämpft, sondern einen Mensch getötet hatte, gab den Ketzern ihre Humanität zurück. Er bestritt, dass diejenigen, die alte Glaubenswahrheiten leugneten, Ketzer seien. Castellio entwickelte einen differenzierten Häretikerbegriff und stellte die traditionelle Beziehung zwischen Kirche und Staat und das Verständnis vom rechten Glauben infrage.

Vorkämpfer der religiösen Toleranz

Sebastian Castellio (1515–1563) war in Saint-Martin-du-Frêne, das heute zum Département Ain in der Region Auvergne-Rhône-Alpes in Savoyen gehört, als Sohn eines Bauern geboren worden. Sein Studium in Lyon prägte ihn als Humanist. Vom Ideal der Reformation ergriffen, schloss er sich der Bewegung Calvins an. In Straßburg wohnte er kurze Zeit im Haus Calvins und genoss offenbar dessen Vertrauen; Calvin übertrug ihm die Leitung des Collège de Rive in Genf. Calvins Verweigerung der Druckerlaubnis für die französische Bibelübersetzung Castellios entfremdete beide jedoch voneinander. Es wurde deutlich, dass beide unterschiedliche Ziele verfolgten. Sie teilten zwar das Ideal einer Reformation von Lehre und Leben, aber Castellio wollte Calvins Bestreben nach Institutionalisierung nicht mittragen. Außerdem waren sie sich über die Exegese des Hohelieds Salomos nicht einig. Castellio meinte, dass es sich lediglich um ein Liebeslied handle, für Calvin gehörte es zum Kanon der Heiligen Schrift. Nach ihrer Entzweiung übersiedelte Castellio nach Basel und schloss sich einem Kreis religiöser Außenseiter an. In Basel lebte, unter falschem Namen, auch der Täufer David Joris, mit dem sich Castellio anfreundete. Genau wie ihm war Castellio das Streben nach einem vollkommenen Leben wichtiger als das nach einer religiösen Doktrin. Für seine Veröffentlichung *De haereticis an sint persequendi* arbeitete Castellio mit David Joris zusammen.

David Joris war der Verfolgung in den Niederlanden entkommen und hatte sich schon 1539 gegen die Verfolgung von Ketzern ausgesprochen. Sein Plädoyer für Toleranz war keine gelehrte Auseinandersetzung wie bei Castellio, sondern ein flammender Protest gegen das Unrecht, das ihm widerfahren war. Er konnte nicht nachvollziehen, dass die Täufer durch die Obrigkeit verfolgt wurden: Schließlich waren es nur Menschen, die im Glauben ihrem Gewissen folgten. Aus seiner Sicht hatten die Gläubigen mehr als Diebe und Räuber die Obrigkeit zu fürchten. Joris meinte, dass die Obrigkeit außerstande sei, den Glauben der Menschen zu beurteilen, denn Glaube sei eine innerliche, geistliche Sache; die Obrigkeit aber war äußerlich und fleischlich. Castellio, der David Joris gut kannte, muss von seiner Empörung und Wut gewusst haben: Es war die machtlose Empörung und Wut einer Minderheit, die nicht verstehen konnte, dass man sie nicht in Ruhe und Frieden leben ließ.

Das *De haereticis* war der Auftakt einer Polemik über Verfolgung und Toleranz. Castellio sammelte Plädoyers von Reformatoren für religiöse Toleranz, z. B. von Calvin und von Luther. Er zeigte, dass die Reformatoren Toleranz befürworteten, solange sie eine Minderheit waren, aber ihre Sichtweise änderten, sobald sie eine Mehrheitsposition erobert hatten. Einerseits wiederholte Castellio alte Einsichten – nach seiner Auffassung gehörte es nicht zu den menschlichen Aufgaben, über Ketzer zu richten, das die Aufgabe Christi war – andererseits führte er neue Argumente an.

Aus Castellios Sicht drehten sich die religiösen Streitigkeiten seiner Zeit um Nebensächlichkeiten. Für ihn war die Doktrin sekundär; wesentlich war die Ethik. Ein Ketzer war nicht, wer in der Lehre irrte, sondern wer falsch handelte. Diese Relativierung der kirchlichen Lehre machte es einfacher, tolerant zu sein, weil unwichtige Details hinzunehmen seien. Damit ging eine Unsicherheit über die wahre Lehre einher. Nach Castellios Überzeugung waren definitive Aussagen über die wahre Lehre unmöglich. Auch die Heilige Schrift war nicht eindeutig, wenn es um die Unterschiede von wahrer und falscher Lehre ging, wie die Debatten über die Auslegung der Bibel deutlich machten. Castellios Zeitgenossen aber waren davon überzeugt, dass Glaubenswahrheiten sich objektiv feststellen ließen. Weil Castellio diese absolute Sicherheit über die Doktrin bestritt, lehnte er auch die Verfolgung von Ketzern ab: Die Beschützer des Glaubens könnten irren und unschuldige Menschen als Häretiker verurteilen. Die Zweifel an der Glaubenswahrheit verstand Castellio nicht als Schwäche;

nur Zweifel öffneten die Tür für ein Gespräch. Kritik und Zweifel waren also eine Stärke und die einzige Möglichkeit, sich mit anderen zu verstehen.

Ein weiterer Argumentationsstrang Castellios war mit dem Bild Christi verknüpft. Christus selbst war wegen seiner Aussagen verfolgt worden. Castellio identifizierte also die Verfolger mit den Schriftgelehrten und Pharisäern. Deren Gewalttaten hatten Castellio zufolge nichts zu tun mit der Liebe Christi, sondern es waren die Taten der Feinde Christi oder der Propheten. Nicht die Ketzer waren mit den Teufel im Bunde, sondern ihre Häscher. Es war ein Gebot der Liebe im Sinne Christi, für die Bekehrung der Irrenden zu sorgen.

Castellio wertete die Verurteilung von Ketzern als Grenzüberschreitung. Er führte Matth 13 an, um deutlich zu machen, dass es Christus und nicht den Menschen oblag, über Wahrheit und Irrtum im Glauben zu richten. Menschen seien nicht in der Lage, zu entscheiden, was Ketzerei und was wahrer Glaube sei. Wer also Ketzer verurteile, maße sich das Amt Christi an. Dieser Vorwurf traf vor allem die Obrigkeit. Sie war nur dazu berufen, über weltliche, äußerliche Vergehen zu urteilen und nicht in der Lage, über geistliche Fragen zu richten.

Wahrscheinlich war Castellio in Lyon Zeuge von Hinrichtung evangelischer Christen gewesen und wahrscheinlich hat ihn diese Erfahrung von religiöser Gewalt zutiefst erschüttert. Nach seiner Überzeugung war es nötig, neue Wege zu suchen, um Frieden und Einheit zu gewährleisten. Castellios Plädoyer für Toleranz war also nicht rein idealistisch motiviert, sondern auch eine pragmatische Perspektive auf ein Ende religiöser Gewalt.

Obwohl Castellio als Neuerer zu bezeichnen ist, der die Toleranzdebatte in Gang gebracht hatte, war er zugleich ein Mann des Mittelalters, der sich ein Leben außerhalb der Einheit des Christentums nicht vorstellen konnte. Er war fest überzeugt, dass es eine christliche Wahrheit gab, aber die Erkenntnis dieser Wahrheit nicht offensichtlich zutage trat. Insofern erachtete er es für das menschliche Heil als wichtiger, ein frommes und gerechtes Leben zu führen, statt über Prädestination, Trinität, Taufe oder Abendmahl zu streiten.

Trotzdem hat sowohl sein Protest gegen Gewalt als auch sein Plädoyer für Toleranz richtungsweisenden Einfluss genommen. Es folgten Diskussionen über die verlorene Unschuld der Reformation und über religiöse Macht. Theologen des 17. Jahrhunderts setzten sich mit der Möglichkeit unbeschränkter Toleranz auseinander. Schließlich wurden seine Gedanken über religiöse Wahrheit und wie sie zu begründen sei während der Aufklärung wichtig. Theologen wie Johann Jakob Wettstein führten die Diskussion über die Autorität der Bibel weiter.

Calvins letzte Unterredung mit Servet im Kerker

Theodor August Ludwig Pixis
1861

Theodor Pixis war unter anderem als Maler von Szenenillustrationen zu Wagner-Opern bekannt. Den Weg zur Historienmalerei ebnete ihm sein Lehrer Wilhelm von Kaulbach. Nach einem Auftrag für drei Fresken mit historischen Themen im bayerischen Nationalmuseum malte er das Tafelbild »Calvins letzte Unterredung mit Servet im Kerker«. Pixis wählte für sein Gemälde die historische Szene im Kerker zwischen Calvin und dem zum Tod verurteilten Servet. Nach der Urteilsverkündung hatte Servet um ein Gespräch mit Calvin ersucht. Servet bat ihn um Verzeihung; Calvin forderte ihn auf, von seinen Ketzereien abzulassen und Gott um Vergebung zu bitten. Als Servet bei seinen Überzeugungen blieb und Calvin erkannte, dass seine Appelle fruchtlos waren, verließ er den Todgeweihten.

Pixis vermittelt eine von der historischen Realität teilweise abweichende, idealisierte bühnenartige Szenerie. Der im Kerker angekettete Servet wird gut gekleidet, in goldenem Gewand und rotem Mantel, dargestellt. Das geöffnete Buch kennzeichnet ihn als Gelehrten. Calvin, der sich besitzergreifend auf ein Buch (Bibel?) stützt, reicht Servet versöhnend die Hand, die dieser mit ablehnendem Gestus zurückweist.

Die Darstellung eines zum Tod verurteilten Häretikers war in Pixis Oeuvre kein Novum. Bereits 1852 fertigte er die Zeichnung »Hus im Gefängnis«, die vielleicht als gedankliche Vorarbeit zu dem monumentalen Historiengemälde »Johann Huß nimmt in Konstanz Abschied von seinen Freunden« im Jahr 1856 diente. Ebenso wie Servet war Jan Hus wegen seiner von der offiziellen Kirchenlehre abweichenden Äußerungen als Ketzer verbrannt worden. — SM

Gemälde H 32 × B 40,5 cm, Öl auf Sperrholz
Museum Pfalzgalerie Kaiserslautern, Inv. Nr.: BST68

Der junge Calvin

Unbekannter Meister des 16. Jahrhunderts (um 1540?)

Johannes Calvin wurde am 10. Juni 1509 als Jean Cauvin in Noyon geboren. Er studierte Jura in Orléans und alte Sprachen in Paris. Calvin folgte einer humanistischen Rechtsauffassung, aber bis zu seinem öffentlichen Eintreten für die Schriften Luthers 1532/33 war er kein erklärter Anhänger der Reformation.
Die Wallonisch-Niederländische Kirche Hanau (die Eigentümerin des Gemäldes) besteht seit 1597. Calvinistische Glaubensflüchtlinge aus den Niederlanden und Frankreich gründeten unter dem Versprechen der freien Religionsausübung die Hanauer Neustadt. 1749 erhielt das Wallonische Konsistorium das Gemälde zum Geschenk. — SM

Gemälde, H 87 × B 78 cm, Öl auf Holz
Wallonisch-Niederländische Gemeinde Hanau

Johannes Calvin

René Boyvin
nach 1562

Vor den religiösen Verfolgungen in Frankreich suchte Calvin Zuflucht in der Schweizer Eidgenossenschaft und lebte einige Zeit in Basel. Sein erster Versuch, zusammen mit Guillaume Farel ein protestantisches Kirchenwesen in Genf aufzubauen, scheiterte 1538 mit der Ausweisung durch den Stadtrat. Bei seiner Rückkehr 1541 waren seine Bemühungen jedoch erfolgreich. Dennoch war Calvins Stellung in Genf bis 1555 nicht unangefochten. Die Durchsetzung von Kirchenordnung und Kirchenzucht stieß auf Kritik. Sowohl Teile des Magistrats als auch einflussreiche Bürger widersetzten sich den von Calvin initiierten religiösen Regeln und Restriktionen des öffentlichen Lebens. In dem seit 1553 eskalierenden Machtkampf stellten zunehmend französische Glaubensflüchtlinge den sozialen und politischen Rückhalt Calvins gegen wohlhabende einflussreiche Genfer Familien, die letztlich unterlagen. Anfangs lehnte Calvin die Anwendung von Zwang und Gewalt ab. Später sah er die protestantische Kirche durch innere Spaltungen und äußere Angriffe gefährdet. Nachgiebigkeit würde den Zusammenhalt unnötig schwächen, deshalb lehnte er religiöse Toleranz ab. Seit mehreren Jahren kränklich verstarb Johannes Calvin am 27. Mai 1564.
Das Brustbild nach links mit Bart, Mütze und pelzbesetztem Mantel zeigt den Reformator im Alter von 53 Jahren. Am oberen Rand ist verkürzt der Wahlspruch Calvins zu lesen: Prompte et Sincere (Cor meum tibi offero Domine prompte et sincere). — SM

Druckgrafik, H 17,0 × B 11,6 cm (Blatt), Kupferstich, Papier
LWL-Museum für Kunst und Kultur, Inv. Nr.: C-593269 PAD, Portraitarchiv Diepenbroick

Michael Servet

Christian Fritzsch (Stecher)

um 1660

Servets Verhaftung, seine Verurteilung und Hinrichtung wurden zum Auslöser der sogenannten Toleranzdebatte im »Streitschriftenkrieg« vornehmlich zwischen Sebastian Castellio und Johannes Calvin. In einer Zeit religiösen Sendungsbewusstseins und Endzeitstimmung war Servet ein Suchender nach Glaubenswahrheit und Seelenheil. Dabei vertrat er Ansichten, die mit der kirchlichen Lehre völlig unvereinbar waren. Mit seiner Schrift »De trinitatis erroribus« von 1531 entlarvte er sich als Antitrinitarier. Außerdem kritisierte er die Kindertaufe und bestritt die jungfräuliche Niederkunft Marias. Er studierte in Paris Medizin und beschrieb in der »Christianismi Restitutio« von 1553, die er auch Calvin sandte, erstmals den Blutkreislauf durch die Lunge aus der Sicht des Mediziners und Theologen, da für ihn der göttliche Funke im Atem und allgegenwärtig im Blutkreislauf zu suchen war.

Auf dem Kupferstich des sächsischen Künstlers Christian Fritzsch ist im Hintergrund die Verbrennung Servets in Champel/Genf dargestellt. — SM

Druckgrafik, H 12,1 × B 16,5 cm (Blatt), Kupferstich, Papier
Universitätsbibliothek Heidelberg, Inv. Nr.: Graphische Sammlung P_1390

Bildnis Sebastian Castellio

Johann Christoph Sysang (Kupferstecher)

um 1720/1757

Während seines Studiums alter Sprachen in Lyon zwischen 1535 und 1540 hatte Castellio erstmals Kontakt mit der reformatorischen Lehre. Dort wurde er auch Zeuge der Ketzerverbrennungen evangelischer Gläubiger. Im Frühjahr 1540 siedelte er nach Straßburg über und wohnte einige Zeit im Haus Calvins. Zwischen beiden entwickelte sich ein freundschaftliches Verhältnis und Calvins Rückkehr nach Genf ermöglichte es Castellio, die Leitung der Genfer Schule (»Collège de Rive«) zu übernehmen. Doch schon bald zeigten sich Differenzen in Glaubensfragen. Castellio war nicht bereit etwas anzuerkennen, das er mit seinem Gewissen nicht vereinbaren konnte. Der endgültige Bruch vollzog sich 1544, als Castellio den Lebenswandel der Genfer Geistlichkeit kritisierte. Castellio zog nach Basel und arbeitete bei dem Drucker Johannes Oporin. Er stellte die Übersetzung der Bibel ins Lateinische fertig (1549), die nicht wortgetreu, sondern dem Sinn entsprechend erfolgte, da er die Problematik der verschiedenen Überlieferungen biblischer Texte erkannt hatte. Hinsichtlich seiner moralischen Grundsätze war er mehr Humanist als Reformator und beklagte die Uneinigkeit und die Gewalt in der Christenheit. Er forderte ein undogmatisches Christentum und hielt die mangelnde Nächstenliebe, Laster und den falschen religiösen Eifer der Menschen für die Ursachen der beklagenswerten Zustände seiner Zeit. Diese Überzeugungen finden sich in allen seinen Schriften mit der Schlussfolgerung, dass nur gegenseitige Toleranz die religiösen Verfolgungen beenden wird. — SM

Druckgrafik, H 17,4 × B 11,6 cm (Blatt), H 16,1 × B 10,3 cm (Platte), Kupferstich, Papier

LWL-Museum für Kunst und Kultur, Westfälisches Landesmuseum, Münster, Inv. Nr.: C-593733 PAD, Portraitarchiv Diepenbroick

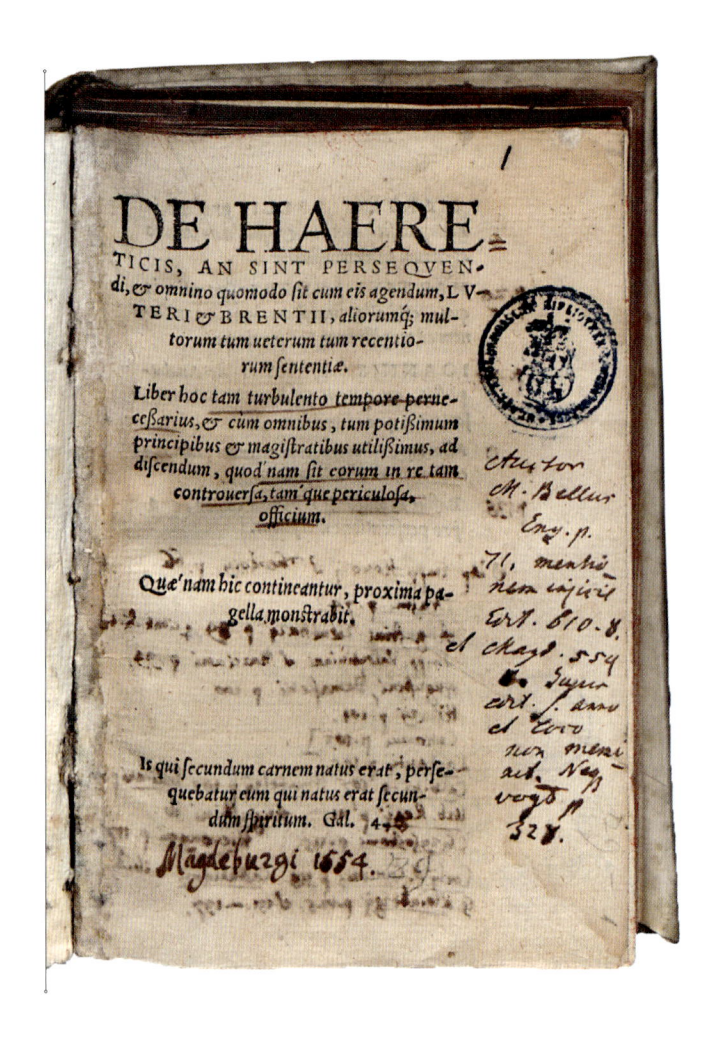

»De haereticis an sint persequendi«

Martinus Bellius [Sebastian Castellio Anonymus]
Magdeburg: Georg Rausch [Basel: Johannes Oporin], 1554 (VD 16 C 2131)

Der Traktat »De haereticis an sint persequendi« erschien in Basel im März 1554. Unter dem Pseudonym Martinus Bellius firmierte Sebastian Castellio als maßgeblicher Autor und Herausgeber. In seinem Vorwort behandelte er die Frage, was ein Häretiker ist und wie er behandelt werden soll. Grundsatz ist, dass Häretiker nicht getötet werden dürfen. Eine Sammlung zeitgenössischer Texte von Luther, Brenz, Erasmus und Sebastian Franck, die sich gegen die Bestrafung von Ketzern mit dem Tod aussprechen, ergänzen den Traktat. Die »Historia de morte Serveti« am Beginn des Traktats schildert die Hinrichtung Michael Servets in Genf und erklärt, weshalb der Humanistenkreis in Basel die Verurteilung als Skandal empfand. Anschließend führte Castellio den Gedanken der Gewissensfreiheit konsequent weiter: Ein Christ, der nach seinem Glauben handelt, darf nicht verurteilt werden, auch nicht, wenn er aus Unwissenheit irrt oder zu irren scheint. Folgt er seinem Glauben, nach Gottes Gebot zu handeln, dann handelt er nach seinem Gewissen, gegen das er nicht verstoßen darf. Aus der späteren Schrift Castellios »Contra libellum Calvini« stammt das Zitat »Hominem occidere non est doctrinam tueri sed est hominem occidere« (Einen Menschen töten bedeutet nicht, eine Glaubenslehre zu beschützen, sondern einen Menschen zu töten) mit dem noch bedeutsvolleren Nachsatz »Cum Genevenses Servetum occiderunt, non doctrinam defenderunt, sed hominem occiderunt« (Indem die Genfer Servet töteten, verteidigten sie keinen Glauben, sondern töteten einen Menschen.) - eine Aussage mit zeitloser Gültigkeit.   — SM

Druckschrift, H 14 × B 10,5 × T 3 cm, Papier (Buchblock), Pergament (Einband)
Fürst zu Stolberg-Wernigerodesche Bibliothek, Hirzenhain

David Joris

Niederländischer Meister

um 1540/45

David Joris(zoon) wurde um 1501/02 geboren und trat schon 1524 in Delft leidenschaftlich für die Reformation ein. 1528 wurde er aus Delft verbannt und ihm wegen der Störung einer Prozession die Zunge durchbohrt. Danach schloss er sich der Täuferbewegung an, lehnte allerdings die Gewaltexzesse in Münster ab. Als Anhänger des Spiritualismus ließ er sich 1544 in Basel unter falschem Namen als niederländischer Glaubensflüchtling nieder. Er pflegte engen Kontakt mit Castellio, der vermutlich von Joris Vergangenheit wusste. Während der »Causa Serveti« trat Joris noch vor Castellio in einem Appell an die Schweizer Städte für Servet ein, sie sollten von einer Hinrichtung absehen, da niemand wegen seines Glaubens getötet werden dürfe. Danach unterstützte er Castellio als Mitautor bei der Herausgabe des »De haereticis«. 1554 erschien Joris' Toleranzschrift »Christliche Warnung an alle Regenten und Obrigkeiten hohen und niederen Standes« als Anklage gegen Gewalt und mit der Forderung zur Freiheit des Glaubens. Nach seinem Tod 1556 wurde seine Identität öffentlich bekannt. Infolge eines posthumen Prozesses wurden seine sterblichen Überreste exhumiert und zusammen mit seinen Schriften und seinem Bild verbrannt. Das Gemälde zeigt David Joris als wohlhabenden Mann. — SM

Gemälde, H 88,9 × B 68,4 cm, Öl auf Eichenholz (nur Katalogabbildung)
Kunstmuseum Basel, Inv. Nr.: 561

Niederländischer Meister, Bildnis des Wiedertäufers David Joris, in: Kunstmuseum Basel, Sammlung online, http://sammlungonline.kunstmuseumbasel.ch/eMuseumPlus?service=ExternalInterface&module=collection&objectId=1068&viewType=detailView, Zugriff vom 4.6.2021

»Castellio gegen Calvin oder Ein Gewissen gegen die Gewalt«

Stefan Zweig
Wien, Leipzig, Zürich 1936, Verlag Herbert Reichner

Stefan Zweig (1881–1942) verfasste seine historische Monografie 1936 mit kritischem Blick auf die aktuelle politische Entwicklung und aus der Erkenntnis, »dass die Willkürherrschaft in der ganzen Welt aufflammt, um das persönliche Gewissen zum Verstummen zu bringen.« Zweig bekennt sich bei seiner Schilderung des tödlichen Konflikts Michael Servets und Sebastian Castellios mit Johannes Calvin zu diesem – wie er 1935 sagt – »Kampf für die Gewissensfreiheit«. Thomas Mann (1875–1955) lobt das Buch als »eine Sensation«. — OM

Buch, H 19,5 × B 12,5 cm, Papier, gedruckt, gebunden, rotes Leinen, Goldprägung
Museum der Stadt Worms im Andreasstift

460

49, HALLAM STREET,
LONDON, W.1.

15.Oktober 1936.

Lieber Herr Landauer!

Ich melde mich von Brasilien zurück und bitte Sie, das auch dem guten Joseph Roth mitzuteilen, dessen Adresse ich nicht weiss.

Heute nun in einer prinzipiellen Sache. Ich kam gerade noch zurecht, um hier zu sehen, wie das Castelliobuch mit einem Calvinbild auf dem Umschlag als Anti-Calvinbuch aufgemacht wurde. Das Aergste konnte ich noch *im letzten Moment* verhindern, leider aber ist in der Uebersetzung auch einiges verschärft, anderes wieder glatt weggelassen worden. Nun sagten Sie mir ja zu, dass Sie jedesfalls noch vor dem Druck die holländische Ausgabe revidieren lassen von einem ganz streng eingestellten Manne und ich wäre Ihnen sehr dankbar, dass ehe Sie drucken lassen, Sie mir selber die Fahnen zusenden. Ich kann holländisch genug, um an Hand der deutschen Ausgabe zu sehen, wo noch irgend etwas Gefährliches sein könnte. Sie wissen ja, welches

---

Brief von Stefan Zweig an Walter Landauer

Stefan Zweig
15. Oktober 1936

Stefan Zweig war bemüht, seine kritische Darstellung des Genfer Reformators Calvin in den fremdsprachigen Ausgaben für 1936 moderater auszugestalten. Schon der neutralere niederländische Titel »Kampf um einen Scheiterhaufen« zeigt dies. In diesem Bestreben wendet er sich hier an seinen Übersetzer Walter Landauer (1902–1945). Der Leiter des deutschen Exilverlags bei Allert de Lange in Amsterdam wurde 1940 bei seiner Flucht an der belgisch-französischen Grenze verhaftet und starb als Opfer der NS-Verbrechen im KZ Bergen-Belsen. — OM

Brief, H 29 × B 21 cm, Papier, Typoskript
Internationaal Instituut voor Sociale Geschiedenis, Amsterdam

AMSTERDAM: BEISPIEL PRAGMATISCHER TOLERANZ

Religiöse Vielfalt in den frühneuzeitlichen Niederlanden

Sabine Hiebsch

Die Niederlande gelten im europäischen Ausland als tolerant. Insbesondere in gesellschaftlichen Fragen, die in anderen Ländern oftmals zögerlich diskutiert werden. Noch abgesehen davon, ob diese Wahrnehmung tatsächlich immer zutrifft, ist die Definition von »Toleranz« in der heutigen Zeit eine ganz andere als im 16. und 17. Jahrhundert, als die lutherische und andere protestantische Reformationsbewegungen die katholische Landschaft der Niederlande veränderten. Toleranz ist heute v. a. ein Synonym für Akzeptanz oder zumindest Respekt, Begriffe, die nicht unbedingt zur frühneuzeitlichen Definition von Toleranz gehörten.

Gewissensfreiheit

Die Basis, auf der sich die frühneuzeitliche niederländische Form der Toleranz herausbilden konnte, wurde 1579 im Vertrag der Union von Utrecht gelegt. Die Union von Utrecht war eine militärisch-politische Allianz der (vorwiegend) nördlichen Provinzen, die entstand, nachdem alle Versuche eines einheitlichen, niederländischen Aufstands gegen den spanischen König gescheitert waren. In Art. XIII des Vertrags wurde die »Frage der Religion« so geregelt, dass jede Person in ihrer Religion frei bleiben konnte und dass niemand aufgrund der Religion verfolgt oder verhört werden durfte. Es handelte sich dabei nicht um Religionsfreiheit im modernen Sinn, mit Kultusfreiheit und rechtlicher Gleichstellung aller Konfessionen. Diese gab es ab 1795 in der Batavischen Republik und anschließend im Königreich der Niederlande.

Artikel XIII spricht von individueller Gewissensfreiheit in religiösen Fragen. Obwohl es bei der Vertragsunterzeichnung noch nicht abzusehen war, wurde der Text der Union von Utrecht eines der grundlegenden Dokumente der späteren Republik der Vereinigten Niederlande. Die reformierte Kirche bekam den Status der privilegierten, öffentlichen Kirche: Sie hatte die meisten Rechte, die größte Sichtbarkeit, finanzielle Unterstützung durch die Obrigkeit und Kultusfreiheit. Sie war dennoch keine Staatskirche. Andere Glaubensgruppen wurden toleriert. Sie hatten als religiöse Minderheiten keine Kultusfreiheit, aber konnten sich auf individuelle Gewissensfreiheit berufen.

Damit hatte die Republik der Vereinigten Niederlande im Umgang mit der Frage der Religion einen anderen Weg eingeschlagen als die deutschen Länder des Reiches. Im Augsburger Religionsfrieden (1555) wurde die Praxis rechtlich verankert, die sich seit der Verurteilung Martin Luthers in Worms (1521) allmählich herausgebildet hatte: Die Reichsstände hatten in ihren Territorien die Kirchenhoheit (ius reformandi), den Untertanen war es erlaubt auszuwandern (ius emigrandi). Diese Regelung bezog sich jedoch nur auf die Katholiken und die Lutheraner; die Reformierten erhielten dieses Recht erst mit dem Westfälischen Frieden (1648).

In der Republik dagegen brauchte niemand zu emigrieren, da die individuelle Gewissensfreiheit garantiert war.

Pragmatische Toleranz

Die Union von Utrecht hatte in erster Linie implizit die beiden dominanten Konfessionen vor Augen, die zum Zeitpunkt der Vertragsabfassung eine aktive Rolle im Aufstand spielten: die Reformierten und die Katholiken. Sie wurden jedoch im Text nicht explizit genannt. Insgesamt war die Formulierung von Art. XIII so minimalistisch, dass im Laufe des 16. und 17. Jahrhunderts nicht nur die besiegten Katholiken, sondern auch andere Glaubensgruppen sich auf die dort verankerte Gewissensfreiheit berufen konnten.

Die Tatsache, dass niemand zu emigrieren brauchte und niemand verpflichtet wurde, reformiert zu werden, machte die Republik attraktiv für große Gruppen von Migranten. Sie wiederum waren ein entscheidender Faktor für den wirtschaftlichen Erfolg der Republik und das sogenannte »Goldene Zeitalter«.

Es gab zwar immer wieder Bestrebungen von Teilen der Reformierten Kirche, den Raum Andersgläubiger zu beschneiden und den eigenen Status zu verabsolutieren. Aber letztendlich wurden die Reformierten, trotz ihres privilegierten Status, dazu verpflichtet, sich mit der Tolerierung der religiösen Minderheiten zu arrangieren.

Die Union von Utrecht schuf Rahmenbedingungen, aber das Toleranzkonzept, das sich entwickelte, war keine Theorie, die einfach von der Obrigkeit verordnet wurde. Gerade weil in Art. XIII nicht genau festgelegt worden war, wie Gewissensfreiheit in der Praxis funktionieren sollte, ergab sich Verhandlungsspielraum. Wirtschaftliche Vorteile und Handelsinteressen waren dabei für die politischen Machthaber der Republik wichtiger als Glaubensstreitigkeiten. Toleranz war v. a. pragmatisch und wurde damit auch zu einer Frage von Geben und Nehmen. Je mehr eine religiöse Minderheit zum (wirtschaftlichen) Erfolg der Republik einzubringen hatte und je weniger sie als eine Gefahr für die öffentliche Ordnung eingestuft wurde, desto größer konnte der religiöse Spielraum sein. Toleranz war kein statisches, sondern ein dynamisches Konzept und die religiösen Minderheiten waren Akteure, die deren pragmatische Ausprägung mitgestalteten.

Amsterdam

Die Republik der Vereinigten Niederlande war dezentral organisiert: Die einzelnen Staaten hatten ihre Außenpolitik und Kriegsführung an die Generalstände in Den Haag delegiert, aber die meisten Regierungsfunktionen wurden in den einzelnen Staaten selbst und oft auf lokaler Ebene geregelt. Das führte dazu, dass Art. XIII der Union von Utrecht in den jeweiligen Provinzen sehr unterschiedlich interpretiert und umgesetzt wurde. Nicht nur für die verschiedenen religiösen Minderheiten, sondern auch innerhalb einer Glaubensgemeinschaft.

Nirgendwo war pragmatische Toleranz so tastbar und umfassend wie in Amsterdam. 1578, das Jahr, in dem die politische Macht der Stadt von den Katholiken auf die Reformierten überging, hatte Amsterdam 30 000 Einwohner. Hundert Jahre später war die Einwohnerzahl auf 200 000 bis 220 000 gestiegen und Amsterdam die drittgrößte Stadt Europas, eine Metropole von internationalem Rang und die Versinnbildlichung des Goldenen Zeitalters. Ein Großteil der Migranten, die zu diesem Erfolg beitrugen, kam aus Gebieten, in denen das Luthertum sich durchgesetzt hatte: den deutschen Ländern und Skandinavien.

Das lutherische Gedankengut war bereits ab 1513, als Luther als junger Professor in Wittenberg lehrte, über die Verbindungen seines Ordens in die Niederlande gekommen, insbesondere nach Antwerpen, wo die Augustinereremiten auch ein Kloster hatten. Zur langfristigen lutherischen Gemeindebildung kam es jedoch nicht. Nach dem Fall von Antwerpen (1585), als die Stadt wieder unter katholische Herrschaft gekommen war, zogen die meisten Lutheraner in die nördlichen Provinzen. Die größte Gruppe kam nach Amsterdam und gründete mit den dort bereits vereinzelt lebenden Lutheranern 1588 eine Gemeinde. Mithilfe der lutherischen deutschen und skandinavischen Migranten, deren Zustrom während des gesamten 17. Jahrhunderts groß blieb, entwickelte sich die Amsterdamer Gemeinde zur größten und einflussreichsten lutherischen Gemeinde der Republik. Nachdem die Lutheraner ihre Gottesdienste erst in Privathäusern und ab 1600 in einer »versteckten« Kirche gehalten hatten, konnten sie schließlich 1633 ihre erste öffentlich sichtbare Kirche einweihen, die Oude Lutherse Kerk. Dabei mussten sie immer wieder die Opposition reformierter Pfarrer überwinden. Da ein größerer Teil der Gemeindemitglieder zur sozialen Elite gehörte und die Gemeinde über ein einflussreiches internationales Netzwerk verfügte, insbesondere zu lutherischen Herrschern in Skandinavien und in den deutschen Ländern, konnten die Lutheraner sich immer wieder strategisch der Unterstützung durch die politischen Machthaber versichern. Sie waren dadurch die erste christliche religiöse Minderheit, die eine von der Straße aus sichtbare Kirche bauen durfte. Allerdings mit einigen Bauauflagen: Einen Turm und Glocken durfte die Kirche nicht haben. Und auch diese Kirche änderte nichts daran, dass die lutherische Gemeinschaft lediglich toleriert wurde.

Religiöse Kultur

Die religiöse Vielfalt, die durch Gewissensfreiheit und pragmatische Toleranz ermöglicht wurde, prägte auch die (religiöse) Kulturlandschaft der Niederlande. Christliche Minderheiten wie Lutheraner, Mennoniten, Remonstranten und Katholiken gestalteten, auch wenn sie in manchen Städten noch am Ende des 17. Jahrhunderts in »versteckten« Kirchen zusammenkamen, ihre liturgischen Rituale, ihre Abendmahlsgeräte, ihre Gesangbücher, ihre Gräber. Das Erbe dieser religiösen Vielfalt ist v. a. in den Städten immer noch zu sehen.

Die deutlichsten Spuren finden sich in Amsterdam. Dort wurden nicht nur christliche Minderheiten, sondern auch die Juden toleriert, die sich andernorts in der Republik nicht ohne weiteres niederlassen durften. 1639 schlossen sich drei portugiesische Gemeinden zu einer Gemeinde zusammen, die 1675 die damals weltweit größte Synagoge einweihen konnte. Kurz zuvor, 1671, hatten die Lutheraner ihre zweite Kirche eingeweiht. Da das Verbot eines Glockenturms immer noch galt, entwarf der berühmte Architekt Adriaan Dortsman (1635–1682) eine prächtige Kuppel, die weitaus auffälliger war als ein gewöhnlicher Glockenturm und die Kirche zu einer ikonischen Sehenswürdigkeit in der Stadtlandschaft machte.

Das fiel auch frühneuzeitlichen Besuchern von Amsterdam auf, die in ihren Reiseberichten insbesondere die lutherischen Kirchen und die portugiesische Synagoge mit Erstaunen beschrieben. Die Kirchen der Reformierten und die religiösen Gebäude der Minderheiten befanden sich oftmals in unmittelbarer

Nähe zueinander. Zwischen der Oude Lutherse Kerk und einer der »versteckten« mennonitischen Kirchen liegen nur 130 Meter Luftlinie. Und die bekannteste katholische »versteckte« Kirche, die Dachbodenkirche Ons' Lieve Heer op Solder, befindet sich weniger als 200 Meter neben der reformierten Oude Kerk.

Die Exponate der Themeninsel bezeugen auf eindrucksvolle Weise die religiöse Vielfalt als Resultat der niederländischen pragmatischen Toleranz.

Luther unter den Reformatoren mit dem Licht des wahren Glaubens

unbekannt

17. Jh.

Im 17. Jahrhundert entwickelte sich in den Niederlanden ein Bildtypus mit einer fiktiven, anachronistischen Versammlung führender Reformatoren mit Luther in ihrer Mitte, flankiert von Melanchthon und Calvin, hinter einem brennenden Leuchter (frei nach Mt 5, 15). Im Niederländischen ist »Licht« mit »wahrem Glauben« konnotiert. Die feindliche Papstkirche bedroht vorne mit falschem Kardinal, Teufel, Papst und Mönch die Kerzenflamme, während Vorkämpfer (außen links und rechts) und Mitstreiter der Reformation (hinten) zusammenstehen. — OM

Gemälde, H 74 × B 158 cm, Öl auf Leinwand
Kunsthandel Dr. Habeck, Aukrug

Ecclesia oder: die katholische Kirche und ihre Gnadenlehre

unbekannt

1575–1584

Das Entstehen der niederländischen Republik durch den Aufstand bedeutete das Ende der katholischen Machtposition. Bis ins 19. Jh. hinein wurden die Katholiken als religiöse Minderheit geduldet. Das Gemälde wird damit im niederländischen Kontext zu einer Idealtypvorstellung. Die katholische Kirche steht felsenfest als Mittlerin zwischen Gott und der Menschheit. Sie ist durch Ketten mit Gott, den Heiligen und den sieben Sakramenten verbunden. Luther, Calvin und Zwingli treiben zwischen anderen »Ketzern« im Weltmeer. — SH

Gemälde, H 107 × B 77 × T 7 cm, Öl auf Holz
Museum Chatharijneconvent, Utrecht, Inv. Nr.: BMH s5797

Truhe für das Archiv der Synode von Dordrecht

unbekannt

1625/1649

Zwischen November 1618 und Mai 1619 fand in Dordrecht die nationale Synode der reformierten Kirche statt. Sie beendete den theologischen Streit zwischen den Anhängern des Theologen Gomarus und denen des Theologen Arminius zugunsten der Gomaristen. In der reformierten Historiografie wird diese Synode als richtungweisend bewertet. Die Truhe enthielt jahrhundertelang das Archiv mit den synodalen Akten. Sie unterstreicht und illustriert die besondere Bedeutung der Synode und ist auch ein wichtiger *lieu de mémoire*. — SH

Holztruhe, H 64,5 × B 102 × T 72,5 cm, Eichenholz, Eisenbeschläge
Museum Chatharijneconvent, Utrecht, Inv. Nr.: SPKK v356w

Abendmahlsmarke der lutherischen Gemeinde Delft

unbekannt

1900/1970

Die Vorderseite zeigt das Gemeindesiegel: das Lamm Gottes mit der Siegesfahne. Am Innenrand steht der Text: für die Kommunikanten von Delft. Auf der Rückseite steht ein Text aus dem ersten Korintherbrief (1 Kor 11,28).   — SH

Abendmahlsmarke, D 3,5 cm, Zinn
Museum Chatharijneconvent, Utrecht, Inv. Nr.: SPKK m154

Abendmahlsmarke der lutherischen Gemeinde Den Haag

unbekannt

undatiert

In den niederländischen lutherischen Gemeinden fand in der Woche vor der sonntäglichen Abendmahlsfeier ein Vorbereitungsgottesdienst statt. Dafür war eine spezielle Liturgie entwickelt worden mit einer Bußpredigt, Liedern und Gebeten. Als Beweis dafür, dass die Gläubigen an der Vorbereitung teilgenommen hatten, erhielten sie eine Abendmahlsmarke, die bei der Abendmahlsfeier in einem Körbchen wieder eingesammelt wurde. Die Abendmahlsmarken bestanden meistens aus Blei (niederländisch: *lood*), was ihnen ihren Namen gab: *avondmaalsloodje*. Sie wurden bis zu Anfang des 19. Jahrhunderts benutzt und sind in lutherischen Gemeinden außerhalb der Niederlande nicht bekannt. In der niederländischen Republik gab es Abendmahlsmarken *(méreaux)* auch in den französischsprachigen Gemeinden der reformierten Église Wallone.
Auf der Vorderseite der Abendmahlsmarke der lutherischen Gemeinde Den Haag steht der Text: Symb. Pr: Comm: Eccl: Aug: Confess: Q.E. Hag Comit (Zeichen für das Abendmahl der Kirche, zugetan der Augsburgischen Konfession, die in Den Haag ist.)   — SH

Abendmahlsmarke, D 1,4 cm, Metall
Museum Chatharijneconvent, Utrecht, Inv. Nr.: SPKK m153a

Abendmahlsmarke der lutherischen Gemeinde Leiden

unbekannt

Die Vorderseite hat die Abbildung eines Kerzenhalters auf dem Globus, als Symbol für Christus, das Licht der Welt (Johannes 8,12). Die Rückseite zeigt den lutherischen Schwan als Ausdruck der konfessionellen Identität. — SH

Abendmahlsmarke, D 3 cm, Metall
Luther Museum Amsterdam, Inv. Nr.: 30727

Gießform für Abendmahlsmarken, lutherische Gemeinde Leiden

unbekannt

Leiden 1701

Die Gießform für die Abendmahlsmarke der lutherischen Gemeinde Leiden aus dem Jahr 1701 ist die einzige noch erhaltene Gießform in den Niederlanden. — SH

Gießform, H 5,5 × B 5,5 × T 0,5 cm, Metall
Luther Museum Amsterdam, Inv. Nr. 30726

Abendmahlsmarke der Gemeinde der Église Wallone Amsterdam

unbekannt
1586

Die Vorderseite zeigt einen deutlichen Ortshinweis mit den drei Andreas-Kreuzen aus dem Stadtwappen von Amsterdam. Auf der Rückseite sind zwei miteinander verbundene Hände und ein Anker abgebildet. — SH

Abendmahlsmarke, D 1,4 cm, Silber
Museum Chatharijneconvent, Utrecht, Inv. Nr.: SPKK m12

Alte Lutherische Kirche Amsterdam

Jan de Beijer
1765

Die Kirche wurde 1633 als erste von der Straße sichtbare Kirche der lutherischen Gemeinde Amsterdam eingeweiht. Das Gemälde zeigt die Andeutung von acht Giebeln an den Außenfassaden: ein Hinweis auf die acht Häuser, die dort gestanden hatten und von der Gemeinde zwischen 1604 und 1631 als verborgene Kirche benutzt worden waren. — SH

Gemälde, H 54,5 × B 68 × T 5 cm, Öl auf Leinwand
Amsterdam Museum, Niederlande, Inv. Nr.: SA_4052

Abendmahlsgerät der lutherischen Gemeinde Amsterdam

Christiaan Warenberg
Amsterdam, ca. 1720

Internationale Einflüsse waren prägend für die Geschichte des niederländischen Luthertums. Das zeigt sich auch in seiner materiellen Kultur wie zum Beispiel dem Abendmahlsgerät der lutherischen Gemeinde Amsterdam. Alle Teile waren 1720 Geschenke prominenter, reicher Gemeindemitglieder: Familien, die aus den deutschen Ländern stammten. Die Tazza und die beiden Kelche sind eine Arbeit des Silberschmieds Christiaan Warenberg. Er war in Augsburg in einer lutherischen Silberschmiedfamilie aufgewachsen. In Amsterdam entwickelte er sich zu einem der besten Silberschmiede. Die Formensprache der Kelche zeigt Parallelen zur lutherischen Augsburgischen Tradition. Das Abendmahlsgerät wurde bis zum Anfang des 20. Jahrhunderts in der Ronde Lutherse Kerk (1671) und zuweilen auch in der Oude Lutherse Kerk (1633) benutzt. — SH

Kelch, Tazza, Oblaten- bzw. Brotdosen
Luther Museum Amsterdam, Inv. Nr.: 30099a, 30099c-g

Tazza

Christiaan Warenberg
Amsterdam, ca. 1720

Eine Tazza ist eine breite, flache Schale mit einem Stiel auf einem gewölbten Fuß. Die Bezeichnung und Benutzung als Oblaten- oder Brotschale beim Abendmahl ist spezifisch für das niederländische Luthertum. — SH

Tazza, H 17,9 cm, D 19,9 cm, Gewicht 541 g, Silber, vergoldet
Luther Museum Amsterdam, Inv. Nr.: 30099a, 30099c-30099g

Kelch mit Deckel

Christiaan Warenberg
Amsterdam, ca. 1720

Warenbergs Design der Kelche unterschied sich nicht nur in der Republik der Vereinigten Niederlande, sondern war auch in den deutschen Ländern unüblich. In der Augsburger Barfüßerkirche gibt es allerdings ähnliche Kelche mit Deckeln. — SH

Kelch mit Deckel, H 29 cm, D 14,2 cm, Gewicht 841 g, Silber, vergoldet
Luther Museum Amsterdam, Inv. Nr.: 30099a, 30099c-30099g

Oblaten- bzw. Brotdosen

Amsterdam, ca. 1720

Die Oberseiten der Deckel haben die Inschriften: 1. Hier wird das Brot des Lebens hineingelegt; 2. Welches Jesus Christus uns bereitet hat. Auf den Innenseiten sind die Monogramme der Schenker*in graviert und der lutherische Schwan. — SH

Oblatendosen, H 16,8 × B 22,1 × T 17,8 cm bzw. H 17,4 × B 22,1 × T 17,9 cm, Gewicht 1853 g bzw. 1852 g, Silber, vergoldet
Luther Museum Amsterdam, Inv. Nr.: 30099a, 30099c-30099g

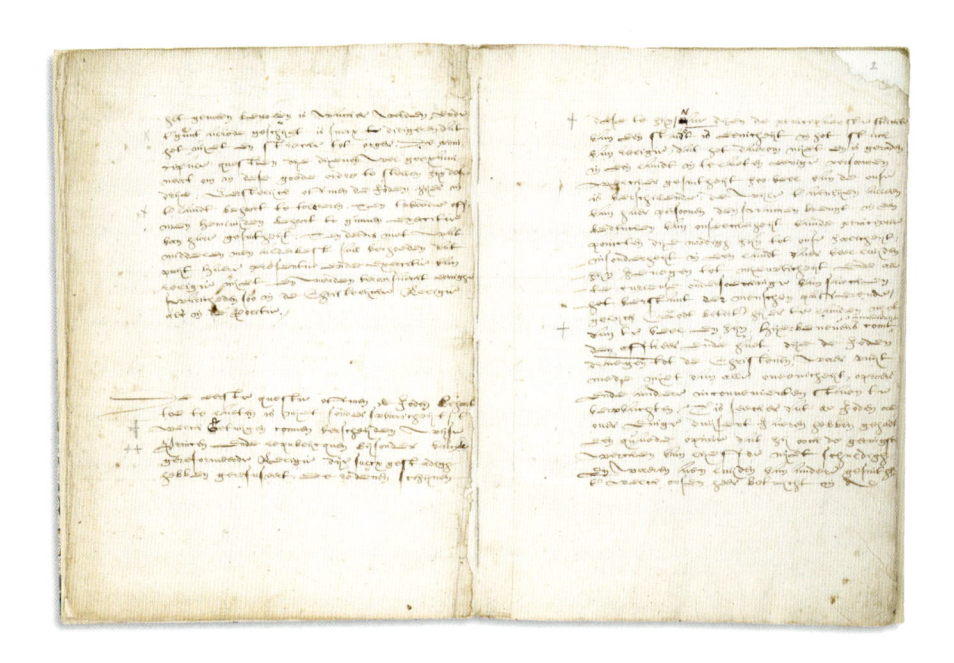

**»Remonstrantie nopende de ordre dije in de Landen van Hollandt
ende Westvriesland dijent gestelt op de Joden«**

Hugo de Groot

1615

Der Verfasser ist der niederländische Jurist und Theologe Hugo Grotius. Er beschreibt besondere Bedingungen, unter denen Juden sich in Holland und Westfriesland niederlassen konnten, als rechtliche Grundlage für ihren Status im 17. Jahrhundert. — SH

Buch, H 31,1 × B 20,8 cm
Bibliothek Ets Haim / Joods Cultureel Kwartier, Amsterdam, Inv. Nr.: (EH) 48A02

[Seite 139]
»Sermões que pregaraõ os doctos ingenios do K. K. de talmud torah, desta cidade de Amsterdam«

Isaac Aboab da Fonseca, Solomon de Oliveyra, Isaac Saruco et. al., David de Castro Tartas (Druck)

Amsterdam, 1675

Gemäß der dezentralisierten politischen Struktur der Republik blieb es den einzelnen Provinzen und Städten überlassen, ob sie Juden tolerieren wollten. Während beispielsweise Utrecht das ablehnte, ergaben sich im Klima der pragmatischen Toleranz in Amsterdam bessere Möglichkeiten. Neben den Lutheranern erreichten die jüdischen Gemeinden sephardischer und aschkenasischer Tradition in Amsterdam eine prominente Position als religiöse Minderheit, mit einer europaweiten Ausstrahlung. Unter ihnen waren sehr erfahrene Kaufleute und Händler, mit einem großen transnationalen Netzwerk, das sich auf die Levante und die wohlhabenden und florierenden Handelsposten des portugiesischen Kolonialreiches richtete. Die Juden hatten damit einen entscheidenden Anteil am Erfolg von Amsterdam und am »Goldenen Zeitalter«. Die 1675 eingeweihte, damals weltweit größte Synagoge symbolisiert den Erfolg der portugiesisch-jüdischen Gemeinde. Das Buch enthält die Einweihungspredigten sowie acht Zeichnungen von Romeyn de Hooghe. — SH

Buchdruck, H 23,9 × B 19,5 cm, kolorierte Illustrationen
Bibliothek Ets Haim / Joods Cultureel Kwartier, Amsterdam, Inv. Nr.: EH 15 E 04a

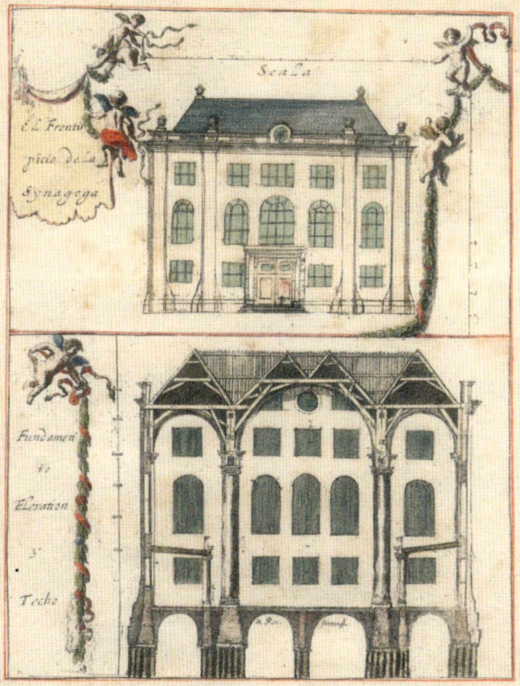
Scala
El Fronti picio de la Synagoga
Fundamento Elevation y Techo

La Synagoga por dentro
su Estrenamiento
La Synagoga con sus Adornes

El Pulpito llamado Tebah

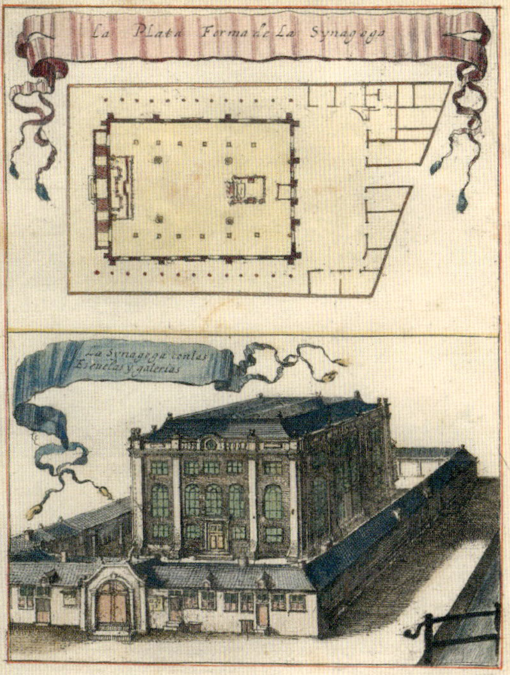
La Plata Forma de La Synagoga
La Synagoga con las Escuelas y galerias

INDIGENE MENSCHENWÜRDE KONTRA KOLONIALISMUS

Gewissen und Protest bei Bartolomé de Las Casas

Josef Bordat

Bei der Vorbereitung seiner Pfingstpredigt anlässlich der Einweihung der Stadt Sancti Spíritus im Zentrum Kubas stößt der Priester Bartolomé de Las Casas 1514 auf eine Stelle im alttestamentlichen Buch Jesus Sirach. Dort heißt es: »Ein Brandopfer von ungerechtem Gut ist eine befleckte Gabe, Opfer der Bösen gefallen Gott nicht. Kein Gefallen hat der Höchste an den Gaben der Sünder, auch für eine Menge von Brandopfer vergibt er die Sünden nicht. Man schlachtet den Sohn vor den Augen des Vaters, wenn man ein Opfer darbringt vom Gut der Armen. Kärgliches Brot ist der Lebensunterhalt der Armen, wer es ihnen vorenthält, ist ein Blutsauger. Den Nächsten mordet, wer ihm den Unterhalt nimmt, Blut vergießt, wer dem Arbeiter den Lohn vorenthält.« Ihm wird schmerzlich bewusst, dass hier von ihm die Rede ist: Er ist der »Blutsauger«, der »den Nächsten mordet«, sein »Blut vergießt«, ihm »den Unterhalt nimmt« und »den Lohn vorenthält«.

Las Casas als Conquistador

Denn zu diesem Zeitpunkt ist Las Casas Teil der spanischen Kolonialgesellschaft in Amerika. 1484 in Sevilla geboren, ging er bereits in jungen Jahren als Soldat nach Granada, um aufseiten des spanischen Heeres gegen die Morisken zu kämpfen. Später begann er ein Lateinstudium in Sevilla und ein kurzes Jura- und Theologiestudium an der Universität von Salamanca. Vor allem das Jurastudium war für seine weitere Entwicklung und die Art und Weise, wie er die sich ergebenden, neuen völkerrechtlichen Fragen im Kontext der Eroberung Lateinamerikas behandelte, von überragender Bedeutung. Nach seiner Priesterweihe (1506) ging Las Casas nach Española (Hispaniola in den Großen Antillen, heute Haiti und Dominikanische Republik), wo 1510 der erste Dominikanerkonvent in Übersee gegründet wurde. Dort lebte er als Missionar und Conquistador, hatte Sklaven, die für ihn arbeiteten, nahm als Feldkaplan an der blutigen Eroberung Kubas unter Diego de Velazquez teil (1512/1513) und wurde dabei Zeuge zahlreicher Massaker. Doch er blieb, was er war: ein spanischer Eroberer.

Auch eine flammende Predigt seines späteren Mitbruders Antonio Montesino – Las Casas trat erst 1522 in den Predigerorden ein – zum vierten Adventssonntag des Jahres 1511, in der Montesino ein Verbot der Indianersklaverei und die Aufhebung des kolonialen Verwaltungssystems (der »Encomienda«) forderte, führt bei Las Casas noch nicht zur Umkehr. Doch die Botschaft Montesinos beschäftigte den jungen Geistlichen, allerdings zunächst ohne praktische Konsequenzen.

Las Casas folgt seinem Gewissen

Drei Jahre später war der Zeitpunkt für Veränderung gekommen. Las Casas schlug eingedenk der harten Worte der Schriftstelle in Jesus Sirach das Gewissen. Er spürt ganz deutlich: »Du musst etwas ändern! Du musst Dich ändern!« Las Casas zog die Konsequenzen aus seiner Gewissensnot.

Dem Gewissen zu folgen, macht einen Menschen unbequem für die Gesellschaft, in der er lebt, zugleich nimmt es manche Bequemlichkeit im eigenen Leben. Wer seinem Gewissen folgt, nimmt Nachteile in Kauf. So auch Las Casas. Er verzichtete auf seinen ertragreichen Grundbesitz und die Annehmlichkeiten des Conquistadorenlebens.

Was blieb, war der Missionar Las Casas, der in der Nachfolge Christi das Evangelium mit Sanftmut und Liebe verkündete, der später in Mexiko Bischof wurde und sich unermüdlich für »seine« Indios einsetzte. Dazu musste er sich mit denen anlegen, zu denen er bisher gehört hatte: mit der spanischen Kolonialgesellschaft. Auch das ist typisch für den Gewissensgebrauch: Man wird zum Außenseiter, zum »Nestbeschmutzer«. Bereits in seiner Pfingstpredigt 1514, die eigentlich eine feierliche Würdigung der spanischen Kolonialadministration werden sollte, kritisierte er die Praxis der Spanier als großes Unrecht und schwerste Sünde. Der Bruch war vollzogen.

Fortan kämpfte Las Casas bis an sein Lebensende für die Menschenrechte der Indios, als hochrangiger Kleriker, als juristisch und theologisch gebildeter Verfasser zahlreicher Eingaben an den spanischen Hof und nicht zuletzt als Seelsorger vor Ort, der christliche Mission als friedliche Überzeugungsarbeit begriff und damit zahlreichen Ordensbrüdern ein Beispiel gab. Heute genießt Las Casas in Lateinamerika ein hohes Ansehen als »Apostel der Indios«.

Josef Bordat

Der Protest hat Erfolg – auf dem Papier

Las Casas unternahm zahlreiche Reisen durch Spanien, um in diversen Kommissionen über die Lage in den Kolonien zu berichten und für sein pazifistisches Reformprogramm zu werben, das die unsäglichen Zustände des ausbeuterischen Encomienda-Systems beenden sollte. Er machte dabei sehr deutlich, dass die Bekehrung der indianischen Bevölkerung vorrangig zu behandeln sei und politische Ambitionen sowie wirtschaftliche Interessen dahinter zurückzustehen haben.

1542 setzte Kaiser Karl V. eine Kommission ein, die eine neue Gesetzgebung für die Reorganisation der Kolonialverwaltung erarbeiten sollte. Las Casas wurde in diesem Gremium beratendes Mitglied. Die von der Junta verabschiedeten Leyes Nuevas (»Neue Gesetze«) trugen deshalb auch seine Handschrift. Zugleich begann Las Casas mit der Abfassung seines wohl bekanntesten Werks: der Brevísima relación de la destrucción de las Indias (»Kurzgefaßter Bericht von der Verwüstung der westindischen Länder«). Trotz seines Engagements für Sozialreformen in Übersee wurden die Leyes Nuevas 1545 wieder aufgehoben – der spanische Hof befürchtete sinkende Einnahmen.

Doch Las Casas ließ nicht locker – Beharrlichkeit gehört zum Handeln aus Gewissensgründen. 1547 erarbeitete er seine juristischen Grundpositionen. In den »Treinta proposiciones muy jurídicas« (»Dreißig Rechtssätze«) postulierte er ein Herrschaftsmodell, das die Ansprüche der spanischen Krone mit dem Selbstbestimmungsrecht der Indios in Einklang zu bringen versucht. Las Casas konnte damit den Consejo de Indias (»Indienrat«) überzeugen, ein Gremium ausgesuchter Juristen, das die Kolonialverwaltung leitete. 1549 legte er mit dem Tratado comprobatorio del imperio soberano (»Traktat zur Begründung der souveränen kaiserlichen Herrschaft«) nach und brachte auch Karl V. auf seine Seite. Dieser untersagte 1550 militärische Expeditionen ohne Genehmigung der Krone – ein wichtiger Erfolg im Kampf gegen die sich zum Nachteil der Indios immer mehr verselbstständigende Kolonialgesellschaft.

Die großen Fragen der Zeit werden behandelt

Kurz darauf berief Karl V. eine weitere Kommission ein, um die ethischen, theologischen und juristischen Bedingungen der bisherigen Herrschaftspraxis und zukünftiger Expeditionen in noch nicht besetzte Gebiete von führenden Experten erörtern zu lassen. Die Kommissionsmitglieder sollten insbesondere auf die Methoden zur rechten Glaubensverkündigung sowie auf die rechtmäßige Art der Unterwerfung indianischer Völker eingehen.

Die Junta de Valladolid (1550–1552) war das Gremium, das sich intensiv und grundsätzlich wie keine Kommission zuvor oder danach mit der Rechtmäßigkeit der spanischen Conquista beschäftigte. Der Disput, der sich daraus entwickelte, wurde zu einer Auseinandersetzung der beiden Protagonisten Bartolomé de Las Casas und Juan Ginés de Sepúlveda um den Status der Indios und die Frage, ob die Conquista ein bellum iustum (»gerechter Krieg«) sei.

Las Casas verwarf mit Papst Paul III. das Inferioritätsargument. In seiner Bulle Sublimis Deus hatte Papst Paul III. den Indios bereits 1537 zugestanden, Menschen mit unveräußerlichen Rechten (Leben, Freiheit, Eigentum) zu sein und ihre Versklavung verboten. Doch die Vorstellung von den kulturell »unterentwickelten« Indios wirkte sich stabilisierend auf die Kolonialmacht Spanien aus. Die Conquistadores ignorierten den Papst – versklavten, raubten und töteten weiter. Der Glaube an die eigene Überlegenheit war in der Folge auch für andere Kolonialmächte wie Portugal, die Niederlande, Frankreich, England, Belgien und Deutschland ein Rechtfertigungsgrund. Es wirkt im Eurozentrismus bis heute nach.

Las Casas wies ebenso das Bellum-iustum-Argument zurück, indem er den Vorwurf an die indigenen Kulturen, religiös motivierte Menschenopfer durchzuführen, mit den militärischen Gräueltaten der Spanier kontrastierte. Las Casas meinte, dass die Spanier ihrer geliebten und angebeteten Göttin »Habgier« pro Jahr mehr Menschen opferten als die Indios ihren Gottheiten in 100 Jahren. – Was die Zahl der Menschenopfer betrifft, gehen beide Parteien von völlig unterschiedlichen Gegebenheiten aus: Sepúlveda spricht von etwa 20 000 Opfern jährlich, Las Casas von »nicht einmal 50«. Die genaue Zahl der Opfer ist unbekannt, doch liegt Las Casas wohl näher an der Wahrheit als Sepúlveda.

Der Disput endete ergebnislos. Las Casas motivierte dies zu seinem letzten großen politischen Kampf. Er publizierte auf der Grundlage der Thesen seines Traktats Principia Quaedam (»Einige Rechtsprinzipien zur Behandlung der westindischen Frage«) sein berühmtes staatsphilosophisches Werk De regia potestate (»Traktat über die königliche Gewalt«), in dem er darlegt, dass der Regent den Willen seiner Untertanen ausführen und die natürliche Freiheit der Völker respektieren müsse. Und das, so Las Casas, gelte auch mit Blick auf die Indios.

Las Casas' Vermächtnis

Nach Las Casas' Tod (1566) verfolgten einige Dominikaner die pazifistische und kultursensitive Linie ihres Ordensbruders weiter, die sich bis in die Gegenwart ziehen lässt, bis zur lateinamerikanischen Befreiungstheologie. Andere wiederum versuchten, ihn zu diskreditieren und sein Vermächtnis auszulöschen, um die Macht der spanischen Kolonialisten zu erhalten. Kritik an Las Casas entzündete sich später auch an der Frage, ob und inwieweit er die Ansiedlung afrikanischer Sklaven zur Entlastung »seiner« Indios gefordert und befördert hat. Unter dem Stichwort Substitutionsthese wird diese Frage heftig diskutiert, wobei es für das Handeln aus Gewissensnot nicht untypisch ist, im festen Willen, Widerstand gegen Unrecht zu leisten, punktuell und zeitweilig über das Ziel hinauszuschießen.

Die Diskreditierung gelang und es festigt sich das Unterdrückungs- und Ausbeutungssystem in den Überseekolonien. Die Völker Lateinamerikas mussten noch bis zum Beginn des 19. Jahrhunderts auf Freiheit und Unabhängigkeit warten. Zu wenige Menschen waren wie Bartolomé de Las Casas.

Empfang der Spanier am 8. November 1519 und Gefangennahme Montezumas.

Aus: »Umbständige warhafftige Beschreibung Der Jndianischen Ländern / so vor diesem von den Spaniern eingenommen und verwüst worden«

Bartolomé de las Casas, Jodocus van Winghe (Stecher)

1665

Die von Bartolomé de las Casas 1542 verfasste und von dem calvinistischen Verleger de Bry bildkräftig gedeutete *Brevísima relación de la destrucción de las Indias*, die die Gräuel der Konquista an der indigenen Bevölkerung anprangerte, bohrte sich ins Bewusstsein des Europas der Reformationskriege. Heute weiß man: Eingeschleppte Krankheiten und interne Konflikte besorgten das Ende des Aztekenreichs. Nachhaltigen Wandel bewirkten die Nachrichten über die Gräuel kaum. Zwar brach die Krone mit den Konquistadoren, doch spanische Gerichte waren fern und die Ausbeutung dauerte an.

Warhafftige Erzehlung. 31

da sich aber die Statt anfänget/wartet der König selbst/sampt seinem gantzem Hofgesind auf sie/man trug ihn in einer Sänfften.

Und beleitet er die Hispanier biß an das Pallast/das er ihnen hat lassen zurichten. Nach diesem Tag / wie ich von etlichen / die dabey gewesen/berichtet worden / haben sie den grossen König Motenenma / durch sonderliche Hinderlist/als er sich dessen gar nicht besorgt/gefangen/und ihrer 80. zu verwahren geben/und hernacher ihm eiserne Fessel an die Füß gelegt. Aber davon/weil es viel in sich hält/will ich auf dißmal stillschweigen/ und will nur eine überauß tyrannische That/welche zuvor überkundbar ist/erzehlen.

König zu Mexico von den Spaniern hinderlistiger weiß gefangen.

Als

Waren die bärtigen Weißen womöglich das Gefolge des langerwarteten Gottes Quetzalcoatl? Vorsichtig entschied der Aztekenkönig Montezuma II., die Fremden gebührend zu empfangen – alles Weitere würde sich zeigen.
Als die Stimmung unter den Azteken gegen die Spanier umschlug, nahmen diese Montezuma II. kurzerhand als Geisel – der Anfang vom Ende des Aztekenreiches. — ssc

Druckgrafik, H 19 × B 14 × T 1,5 cm, Kupferstich, Reproduktion
Österreichische Nationalbibliothek, Sammlung von Inkunabeln, alten und wertvollen Drucken, Wien, Sign.: 65.S.30

Ausbeutung der indigenen Bevölkerung / Mexiko-Stadt aus dem Blickwinkel der Indigenen
Aus: »Pintura del Gobernador, Alcaldes y Regidores de México« (Codex Osuna)

unbekannt
Mexico, 1565

Im Alltagskampf um Gerechtigkeit boten die Mönche wichtigen Rückhalt. Aber nur erkanntes Unrecht hatte eine Chance auf Ahndung, wie der sog. Codex Osuna (1556) zeigt. Das Zeugnis einer Sammelklage gegen den Vizekönig wurde einem eigens angereisten Richter übergeben.
Für den Bau der Kathedrale von Mexiko-Stadt wurde die indigene Bevölkerung zur schutzlosen Arbeit in den umliegenden Steinbrüchen gezwungen. Der zugesagte Lohn wurde, wie die Glosse beklagt, bislang nicht bezahlt. Die Kirchenanordnung belegt das Nachleben indigener Weltsicht: Die Kultorte rahmen das Allerheiligste. Kapellen waren Hauptbezugspunkte. Hier widmeten sich Mönche auch den irdischen Sorgen der Indigenen. — SSC

Handschrift mit Zeichnungen, H 33,4 × B 22 cm, Papier, aquarellierte Zeichnungen, Reproduktion
Biblioteca Nacional, Madrid, Sign.: Va 26-8

Modell der Santa Maria

unbekannt
19. Jh.

Das Modell stellt das größte jener drei Schiffe dar, mit denen Christoph Kolumbus (um 1451–1506) 1492/1493 seine erste Atlantikfahrt unternahm. Kolumbus selbst befand sich auf diesem Schiff, das am Weihnachtstag 1492 vor Haiti auf Grund lief. Aus seinem Holz wurde an Land die erste Festung La Navidad der »Entdecker« und Eroberer Amerikas errichtet. Die Expansion im Namen des Christentums eröffnete den europäischen Herrschern eine »neue Welt« und hatte zugleich für die indigene Bevölkerung Amerikas fatale Folgen. — OM

Schiffsmodell, H 64 × B 22 × L 77 cm
Völkerkundemuseum der Josefine und Eduard von Portheim-Stiftung für Wissenschaft und Kunst, Heidelberg, Sammlungsnummer: 30283

EXPERIMENTIERFELD NORDAMERIKA

Gewissens- und Religionsfreiheit in den britischen Nordamerikakolonien

Jan Stievermann

Mit dem ersten Zusatzartikel (in Kraft getreten 1791) zur Verfassung der Vereinigten Staaten von Amerika (1787) verankerte erstmals ein westlicher Nationalstaat die Trennung von Staat und Kirche sowie das Recht auf freie Religionsausübung in seiner Grundordnung. Auch die Einzelstaaten des Bundes gewährten in ihren neuen Verfassungen sehr weitreichende Religionsfreiheit; bis 1833 waren die letzten Reste des Staatskirchentums verschwunden. Wie kam es zu dieser bemerkenswerten Entwicklung?

Ganz unmittelbar waren die Gründerväter wie Thomas Jefferson (1743–1826) und James Madison (1751–1836) durch die Aufklärungsphilosophie geprägt. Doch steht hinter der amerikanischen Pionierleistung in Sachen Religionsfreiheit eine sehr viel längere und komplexere Geschichte. Während im Europa des 17. Jahrhunderts die Religionskriege wüteten, experimentierten einige der britischen Nordamerikakolonien schon mit sehr umfassenden Modellen der innerprotestantischen Toleranz und Gewissensfreiheit, ja der positiven Religionsfreiheit für alle Christen und auch Juden.

Dies geschah aus unterschiedlichen Gründen. Staatsräson und Ökonomie waren in vielen Fällen mitbestimmend. Weiterhin sind die Wechselfälle der (Kirchen-)Geschichte des Mutterlandes von der Thronbesteigung Jakobs I. (1603) bis zur Glorreichen Revolution (1688) als ausschlaggebende Faktoren zu nennen. Eine ganz wichtige Rolle spielten in einigen Kolonien aber auch religiöse Motivationen, v. a. die Idealvorstellungen radikaler Protestanten, welche die Konfessionspolitik nach europäischem Muster prinzipiell ablehnten.

Staat und Kirche in den britischen Nordamerika-Kolonien

Anders als die spanischen und auch die französischen Kolonien etablierte das britische Nordamerika das Staatskirchentum des Mutterlandes nicht oder nur in schwacher Form. Die Mehrzahl der hinsichtlich ihrer Verfasstheit und Gründungsprivilegien sehr unterschiedlichen Kolonien entstanden während der Stuart-Zeit (1603–1688), die von Dauerkonflikten zwischen Krone und Parlament geprägt und durch einen Bürgerkrieg sowie ein Interregnum unterbrochen war. Die königliche Kontrolle über Aufbau und Entwicklung der überseeischen Gemeinschaftswesen auch in Religionsdingen blieb lange Zeit sehr beschränkt. Lediglich in einigen Kronkolonien (wie v. a. dem 1607 gegründeten Virginia) wurde die Church of England zur privilegierten Amtskirche. Sie vermochte aber auch hier ihren Alleinherrschaftsanspruch nur begrenzt durchzusetzen. Das für Europa in dieser Zeit typische Ineinandergreifen von Territorialstaatsbildung und Konfessionalisierung »von oben« vollzog sich im britischen Nordamerika allenfalls ansatzweise.

Neuengland und der Puritanismus

Auch duldeten die Stuart-Könige die Gründung von Kolonien, in denen es entweder gar keine staatskirchenähnlichen Strukturen gab oder aber das religiöse Leben von radikalprotestantischen Gruppierungen dominiert wurde. Letzteres war in den Neuenglandkolonien, allen voran Massachusetts (1630) und Connecticut (1636), der Fall. Hier suchten die Puritaner – eine Gruppe streng calvinistischer Reformer – Zuflucht vor dem anglikanischen Staatskirchentum in ihrer Heimat, das sie als zunehmend repressiv und »papistisch« empfanden. Für die Puritaner bot sich in Amerika die Möglichkeit, ihre Vorstellungen von einer vollkommen schriftgemäßen Kirche und einer durch und durch reformierten Gesellschaft zu realisieren. Religiöse Freiheit an sich war dabei kein Wert für sie. Die Puritaner etablierten den sogenannten Kongregationalismus als offizielle, von der Obrigkeit unterstützte und geschützte Kirche. Der Aufbau anderer Kirchen wurde in der Gründungsphase Neuenglands nicht geduldet, religiöse Abweichler (v. a. Quäker und Baptisten) wurden unterdrückt und in Einzelfällen sogar hingerichtet.

Gleichwohl achteten die Puritaner darauf, den direkten Einfluss des Staates auf die Kirchen eng zu begrenzen. Dabei gab es in den puritanischen Gemeinden durchaus beachtliche Spielräume der Gewissens- und Deutungsfreiheit. So wohnte dieser Form des nonkonformistischen Protestantismus eine Dynamik inne, die einer innerprotestantischen Toleranzpolitik langfristig Vorschub leistete. Schon früh entstand mit dem durch Roger Williams gegründeten Rhode Island auch innerhalb Neuenglands ein Rückzugsort für religiöse Dissidenten. Dort wurde nicht nur allen Christen, sondern auch Juden die Glaubensfreiheit gewährt. Neben New York wurde die Providence, Rhode Island, zum Ort der frühsten jüdischen Gemeindebildung im britischen Nordamerika. Motiviert war Williams durch seine chiliastische Hoffnung auf die Wiederherstellung der Urkirche bei der Parusie Christi. Es ging ihm um die schützende Trennung der Kirche von der Welt; sein Ziel war die Vervollkommnung des christlichen Glaubens jenseits aller Konfessionsbildungen und -streitigkeiten.

Chesapeake und Mittelatlantik-Kolonien

Religiöse Refugien entwickelten sich noch in weiteren Kolonien ohne *church establishment*. In der Chesapeake Bay wurde der königstreuen katholischen Familie der Calverts, Lords of Baltimore, 1634 erlaubt, neben Virginia die Eigentümerkolonie von Maryland zu errichten. Hier wurde in der Religion gleichsam zur Privatsache der Siedler gemacht. Vor dem Hintergrund des englischen Bürgerkrieges und im Jahr der Enthauptung König Karls I. durch die puritanische Opposition (1649) bemühten sich die Calverts, die Zukunft der Katholiken in Maryland durch eine offizielle Toleranz-Akte dauerhaft zu sichern. Mit der Gewährung von positiven religiösen Freiheitsrechten für alle Christen ist dieser Erlass in die Geschichte eingegangen. Nach der Restauration der Stuarts entstanden mit New York, New Jersey und Pennsylvania weitere Eigentümerkolonien (die Middle Colonies), in denen schon bald eine in Europa kaum bekannte Multi- und Transkonfessionalität zu einer rechtlich abgesicherten, gelebten Normalität wurde. Bei der Gründung und Entwicklung von New Jersey und Pennsylvania spielten die Quäker (Society of Friends) eine zentrale Rolle. Diese in England verfolgte, radikalprotestantisch-spiritualistische Bewegung lehnte grundsätzlich jede Form von Obrigkeitskirche und allen Zwang in Religionsdingen ab.

Der vermögende Quäker William Penn (1644–1718) hatte in England vergeblich für Toleranz gegenüber den Friends geworben. Er veröffentlichte eine Reihe programmatischer Schriften zur Glaubensfreiheit wie *The Great Cause of Liberty of Conscience*. Schließlich sah er in Amerika die Möglichkeit, seine religiöse Utopie zu verwirklichen; 1681 erwarb er das Patent für Pennsylvania. Die Grundlagen von Penns »heiligem Experiment« waren die strikte Trennung von Staat und Kirche und das Prinzip der Freiwilligkeit in der Religionsausübung. Dies galt auch für Katholiken und Juden. Von Anfang an hatte Penn aber v. a. protestantische Minderheiten aus ganz Europa dazu eingeladen, sich in der Kolonie niederzulassen. Schon bald kam auch eine Vielzahl von deutschsprachigen Gruppen aus der Täufertradition oder mit radikalpietistischem Hintergrund.

Nach der Glorreichen Revolution

Die Glorreiche Revolution in England und die Thronbesteigung durch William und Mary bedeutete auch für die Kolonien einen Wendepunkt. Die überseeischen Besitzungen wurden nun administrativ viel stärker von London aus kontrolliert und eingebunden; es gab auch eine Welle von Umwandlungen in Kronkolonien. Damit einher gingen zwar Bestrebungen, die Rolle der Church of England überall im britischen Reich zu stärken. Allerdings fanden diese Bestrebungen unter den Vorzeichen der neuen Religionspolitik statt, die in England abgesichert war durch den wesentlich von John Locke beeinflussten Act of Toleration (1689). Sie garantierte den protestantischen Dissentern die freie Religionsausübung, auch wenn sie hinsichtlich ihrer politischen Rechte im Mutterland benachteiligt blieben. Für Britisch-Nordamerika bedeutete diese Toleranzpolitik aus Staatsräson, dass eine konsequente Anglikanisierung unterblieb und die Vielfältigkeit der religiösen Verhältnisse im Wesentlichen anerkannt wurde. Die mittelatlantischen Kolonien konnten ihre Privilegien behalten. Massachusetts und Connecticut durften weiterhin den Kongregationalismus privilegieren, mussten sich aber für anglikanische und andere protestantische Kirchen öffnen.

Die Entwicklung bis zur Revolution

Auch aus wirtschaftlichen Gründen förderte man im 18. Jahrhundert die massenhafte Einwanderung aus verschiedenen Teilen Europas. In der Folge verstärkte sich die ethno-religiöse Diversität der Bevölkerung in den 13 Kolonien noch weiter. Unter den kolonialen Eliten verbreiteten sich zudem die Ideen der Aufklärung und des Deismus. Besonders einflussreich war John Locke mit seiner Schrift *A Letter Concerning Toleration* (1689). All dies wirkte dem Aufbau bzw. Erhalt in sich geschlossener konfessioneller Kirchentümer entgegen, auch wenn einflussreiche Gruppen dies weiter anstrebten, wie etwa in Virginia. Im Gefolge der Unabhängigkeitserklärung von 1775 wurde Virginia Ausgangspunkt einer Kampagne zur Entprivilegisierung der anglikanischen Kirche, angeführt durch die Deisten Thomas Jefferson und James Madison. Breite Unterstützung aber kam v.a. von frommen Dissentern.

1786 wurden in Virginia Staat und Kirche getrennt und die Religion auf eine freiwillige Grundlage gestellt. Dieser Umsturz löste im ganzen Süden einen Erdrutsch aus, und innerhalb weniger Jahre wurden auch in den anderen ehemals anglikanischen Kolonien die staatskirchlichen Strukturen beseitigt. Die Entwicklung in Virginia hatte auch maßgeblichen Einfluss auf den ersten Zusatzartikel der Bundesverfassung und die Verhinderung einer neuen Staatskirche auf nationaler Ebene.

Beim Aufbau der neuen Rechtsordnung für die Vereinigten Staaten musste den gewachsenen Verhältnissen in den Einzelstaaten Rechnung getragen werden. Eine nationale Staatskirche wäre wohl ohnehin nicht mehr realistisch gewesen. So entschieden sich die Gründerväter zur Trennung von Staat und Kirche auf Bundesebene. Bei der Formulierung des ersten Verfassungszusatzes griffen sie auf die Erfahrungen mit religiöser Freiheit aus der Kolonialzeit zurück und deuteten diese im Sinne der Aufklärung und der britischen Rechtstradition als allgemeines, unveräußerliches Recht.

»Der Blutige Schau-Platz oder Martyrer-Spiegel der Taufs-Gesinnten oder Wehrlosen Christen«

unbekannt
1748 (Erstdruck), 2. Aufl. Pirmasens 1780

Unter der Leitung des aus der Pfalz stammenden Theologen Johann Peter Müller erschien 1748/1749 im Kloster Ephrata, dem pietistisch-kulturellen Zentrum der deutschen Einwanderer in Pennsylvania, die erste deutsche Übersetzung des »Märtyrerspiegels«. Das niederländische Original war 1660 von dem Mennoniten Thieleman Janszoon van Braght (1625–1664) herausgegeben worden. Das aus zwei Teilen bestehende Werk dokumentiert die Leidensgeschichte aller christlichen Märtyrer seit den Aposteln und der im Reich seit 1529 mit aller Härte verfolgten Täufer. Die von südwestdeutschen Mennoniten, die mit Ephrata in Kontakt standen, initiierte Pirmasenser Ausgabe, die auf der Übersetzung Müllers aufbaute, erschien anonym im »Verlag der vereinigten Brüderschaft« und enthielt die eindringlichen Illustrationen von Jan Luyken, die dieser 1685 für eine Amsterdamer Neuausgabe des »Märtyrerspiegels« geschaffen hatte. Sie demonstrieren die Brutalität der Verfolgungen. — HK/JK

Buch, H 38,2 × B 24,3 × T 10,5 cm
Kreisarchiv Rhein-Neckar-Kreis: Sammlung Herbert Kempf

MIT MUT FÜR DIE EMANZIPATION DES JUDENTUMS

Moses Mendelssohn: Zwischen »deutschem Sokrates« und »jüdischem Luther«

Marian Füssel

Moses Mendelssohn verkörpert wie kaum ein anderer Gelehrter seiner Zeit das ambivalente Verhältnis von Aufklärung und jüdischer Kultur, von Religion und Vernunft, Emanzipation und Tradition, von Kosmopolitismus und Ausgrenzung. Der 1729 in Dessau als Sohn des Schulmeisters Mendel Heymann geborene Moses gab sich später selbst den Nachnamen Mendelssohn. Schon das war ein Akt der Innovation, nannten sich Juden doch zuvor meist nach dem Ort ihrer Herkunft. Bereits sein früher Weg als Jugendlicher von Dessau nach Berlin im Jahr 1743 scheint den Idealen der Aufklärung zu folgen. Als Kind von großem Lerneifer, und großen geistigen Fähigkeiten stieg Moses aus den bescheidenen Verhältnissen in Dessau bis zum Leiter einer Seidenfabrik in Berlin auf.

Vom Talmudschüler zum Aufklärer

Zunächst verrichtete er Schreibarbeiten als Talmudschüler, später wurde er zunächst Hauslehrer und 1754 dann Buchhalter bei dem Seidenhändler Isaak Bernhard. Dieser Brotberuf schuf für den jungen Mendelssohn die Möglichkeiten, sich zu einem der bedeutenden jüdischen Intellektuellen des 18. Jahrhunderts zu entwickeln. Sein Lektürepensum an jüdischer wie christlicher Philosophie und Literatur war immens – v. a. die Schriften John Lockes, Baruch de Spinozas, Gottfried Wilhelm Leibniz' und Christian Wolffs prägten ihn. Das Studium formte ihn im positiven wie im negativen Sinn, denn Moses hatte ein verkrümmtes Rückgrat, einen »Buckel«, und war von kleinem Wuchs. Diese déformation professionelle führte er selbst auf sein allzu intensives Studium der Schriften des Maimonides, eines jüdischen Philosophen des Mittelalters, zurück.

Der Weg in die Gelehrtenrepublik

Zeit seines Lebens hatte Moses Mendelssohn immer wieder mit gesundheitlichen Einschränkungen zu kämpfen, was ihn allerdings nicht davon abhielt, für andere seine Stimme zu erheben, um für Gerechtigkeit und Anerkennung einzutreten. Dieses Engagement machte aus ihm einen Intellektuellen *avant la lettre,* noch bevor der Begriff Ende des 19. Jahrhunderts überhaupt entstanden war, d. h. zu einem Gelehrten, der sich öffentlich in politischen, rechtlichen, religiösen und gesellschaftlichen Fragen zu Wort meldete. Um diese Rolle ausfüllen zu können, bedurfte es jedoch einer Vernetzung in der aufgeklärten Gelehrtenrepublik. Bereits 1754 lernte er Gotthold Ephraim Lessing kennen, mit dem ihn eine lebenslange Freundschaft verbinden sollte. Lessing war es auch, der die erste deutsche Publikation Mendelssohns maßgeblich beförderte – die anonym veröffentlichten *Philosophischen Gespräche* – und der ihn mit dem Berliner Verleger Friedrich Nicolai bekannt machte. Eine Bekanntschaft, die ihm künftig auch die Rolle als Literaturkritiker in Nicolais Rezensionsorganen eröffnete. Mendelssohn erhielt Zutritt zu Johann Georg Müchlers »Gelehrtem Kaffeehaus«, einem informellen »Szenetreffpunkt« der Berliner Gelehrtenkultur; eine Aufnahme in die königliche Akademie der Wissenschaften blieb ihm indes verwehrt. Anerkennung wurde ihm v. a. informell gewährt in Briefkorrespondenzen und privaten Zusammenkünften. Im öffentlichen Leben des frühmodernen Fürstenstaates blieb Mendelssohn indes primär der »Jude«, der immer wieder von Ausgrenzung betroffen war.

Die Tätigkeit als Rezensent brachte Mendelssohn unfreiwillig in Konflikt mit der Obrigkeit, denn er wurde, zu Unrecht, für eine Rezension aus der Feder Lessings verantwortlich gemacht. Buchbesprechungen erschienen damals oft anonym, sodass über die Identität ihrer Verfasser spekuliert werden konnte. Eine ebenfalls wie üblich anonymisierte philosophische Abhandlung reichte Mendelssohn 1763 für den Aufsatzwettbewerb der königlichen Akademie ein, und verwies nach Stimmengleichheit die Arbeit Immanuel Kants auf den zweiten Platz. Ein Jahr später erschien die Schrift als seine erste mit dem Namen »Moses Mendelsohn aus Berlin« gekennzeichnete Publikation. Von nun an zählte der »deutsche Sokrates« bald zu den anerkannten gelehrten Autoritäten seiner Zeit; Gelehrte aus ganz Europa wünschten ihn als Briefpartner, machten dem »Juif à Berlin«, dem Juden in Berlin, ihre Aufwartung wie einer touristischen Attraktion, und seine Denksprüche füllten fortan zahlreiche Stammbücher.

Das Engagement des Intellektuellen

Moses Mendelssohns Autorität und Vernetzung erlaubten es ihm, sich öffentlich in der Rolle des Intellektuellen zu betätigen. Trotz Loyalität gegenüber Staat und König – Mendelssohn verfasste etwa eine Friedenspredigt zum Ende des Siebenjährigen Krieges – musste er am eigenen Leib immer wieder den prekären Status als Angehöriger einer nur temporär geduldeten, aber nicht gleichberechtigten Bevölkerungsgruppe erfahren. 1763 erwirkte er durch den Marquis d'Argens, einen Vertrauten Friedrichs II., eine Aufenthaltserlaubnis dritter Klasse, allerdings nur für seine Person und nicht vererbbar.

Im gleichen Jahr kam es zu einer folgenreichen Begegnung, als ihn ein junger Schweizer Theologiestudent namens Johann Caspar Lavater besuchte. Später war der Theologe wegen seiner Physiognomik, dem Versuch, aus der physischen Gestalt des Körpers, v. a. des Gesichts, auf Charakterzüge des Menschen zu schließen, berühmt und berüchtigt. 1769 publizierte er eine Übersetzung einer philosophisch-theologischen Schrift des Franzosen Charles Bonnet, die ein an Mendelssohn persönlich adressiertes Vorwort enthielt. Darin forderte Lavater Moses Mendelssohn auf, das Christentum öffentlich zu widerlegen oder andernfalls selbst zum Christentum zu konvertieren. Durch die Publikation war die Angelegenheit öffentlich geworden und Mendelssohn zu einer Reaktion genötigt. Er versuchte elegant, sich des »Religionsgezänks« zu enthalten, doch immer mehr Akteure schalteten sich ein, sodass der Konflikt schwer zu deeskalieren war. Es kam zu einem regelrechten Flächenbrand, den auch die vermittelnde Intervention Nicolais nicht vollständig löschen konnte. Den Beteiligten wird kaum klar gewesen sein, was ihr unnachgiebiges Verhalten gegenüber Mendelssohn bei diesem bewirken sollte. Ende März 1771 war Moses Mendelssohn psychisch wie physisch am Ende und erlitt einen Nervenzusammenbruch. Die psychosomatische Erkrankung, über deren genaue medizinische Signatur bis heute gerätselt wird, dauerte trotz intensiver Therapie mehrere Jahre an.

Doch auch in dieser Zeit blieb der Intellektuelle nicht untätig, wenn er um Hilfe gebeten wurde. 1772 schaltete er sich in der Debatte um die Reform des jüdischen Beerdigungswesens in Mecklenburg-Schwerin ein. So sollten Verstorbene aus Angst vor der Beerdigung von Scheintoten – einer der großen Ängste jener Jahre – nicht mehr innerhalb von 24 Stunden bestattet werden dürfen. Mendelssohn erreichte einen Kompromiss, der die Bestattung nach Ausstellung eines offiziellen ärztlichen Totenscheins gestattete. Diese Lösung stieß jedoch konservative jüdische Rabbiner vor den Kopf, und Mendelssohn erwarb sich unfreiwillig den Ruf eines Neuerers. Von nun polarisierte seine Person die zwei Lager der Orthodoxie und der Aufklärung nahestehenden

Reformer; gerade unter jüngeren, der christlichen Mehrheitsgesellschaft offen zugewandten Juden wurde Mendelssohn zu einer Art Kultfigur.

Auf ein Einzelschicksal wirkte Mendelssohn 1773/1774 ein, als ihn ein Brief seines Bekannten Avigdor Levi erreichte, der sich in Pirna wegen Diebstahlsverdacht in Festungshaft befand. Vermittelt über einen des Hebräischen mächtigen Prediger, antwortete Mendelssohn auf Deutsch in hebräischer Schrift. Das symbolische Kapital des Berliners tat seinen Dienst, und Avigdor Levi wurde schließlich entlassen. Im Jahr darauf waren es die Deutschschweizer Juden – eine Gruppe von rund 150 Familien –, die Mendelssohn baten, über Lavater zu intervenieren, damit das ihnen gegenüber ausgesprochene Verbot, zu heiraten und Kinder zu kriegen, aufgehoben werde. Mit Erfolg: Der Kontakt unter den sich respektierenden Gelehrten blieb stabil, und Lavater engagierte sich, obgleich er von seinen Konversionsbemühungen keineswegs abrückte. Die Anrufungen des gut vernetzten »deutschen Sokrates« verstärkten ohne dessen aktives Zutun seinen Ruf als Anwalt der Bedrängten und als öffentliche Bezugsperson sowohl seiner Anhänger als auch seiner Gegner.

Emanzipation und Glauben

Bereits 1776 hatte sich Mendelssohn auch in juristische Materien eingearbeitet, um das Zivilrecht der jüdischen Gemeinde den preußischen Gesetzen anzupassen, und eine Abhandlung über die Ritualgesetze der Juden verfasst. 1782 übertrug man ihm eine Neuformulierung des sogenannten Judeneides. Eines von Mendelssohns gelehrten Großprojekten, die 1783 nach mehrjähriger Arbeit fertiggestellte Übersetzung des Pentateuchs ins Deutsche unter dem Titel *Das Buch von den Pfaden des Friedens*, verfehlte jedoch zu Lebzeiten des Berliners sein Publikum, woran auch ein Teildruck in deutscher statt hebräischer Schrift nichts änderte. Die Übersetzung des nun auch als »jüdischer Luther« etikettierten Gelehrten war zu »deutsch« für die strenggläubige Fraktion und zu »hebräisch« für die Anhänger der Aufklärung und damit offenbar seiner Zeit voraus.

Weitere Schriften zur Emanzipation der Juden folgten, doch in philosophischer Hinsicht sticht seine 1783 publizierte Schrift *Jerusalem oder über religiöse Macht und Judentum* hervor. Auch sie reagierte auf eine Aufforderung zur Konversion, diesmal aus der Feder des Journalisten August Friedrich Cranz. Im ersten Teil von *Jerusalem* unterschied Mendelssohn Staat und Religion und sprach beiden das Recht auf Zwangsmaßnahmen in Gewissensfragen ab. Während der Staat auf vertragstheoretischer Grundlage beispielsweise im Recht bestimmte Handlungen erzwingen könne, gelte dies für Kirche als institutionellen Körper der Religion nicht, da das Verhältnis zwischen Gott und den Menschen nicht vertragsförmig gedacht werden könne. Im zweiten Teil widmete sich Mendelssohn dem Judentum, das im Gegensatz zum Christentum keine Offenbarungsreligion sei; die jüdischen Zeremonialgesetze dienten vielmehr als Aufforderung zum Nachdenken und der Erkenntnis göttlicher Vernunftwahrheiten. Diese Wahrheiten zeigten sich durch »Natur« und »Sache«, nicht aber durch »Wort« und »Schrift«. Während er den Rabbinern das Recht auf Strafe absprach, gelte es, das Zeremonialgesetz unbedingt zu achten.

Damit ebnete Mendelssohn den Weg für Forderungen nach Gewissensfreiheit, einer Pflicht zur Toleranz und der gesellschaftlichen Emanzipation des Judentums, ohne dessen religiöse Identität zu verleugnen. Ein langer und nie ganz abgeschlossener Prozess, als dessen Wegbereiter Mendelssohn sich Verehrer unter den Liberalen ebenso schuf wie Kritiker unter den Konservativen, die ihn der »Entnationalisierung« des Judentums bezichtigten.

Das Beispiel Mendelssohns zeigt indes auch, dass viele Aufklärer noch weit von der bedingungslosen Anerkennung des anderen entfernt waren, die im Umgang mit einem Juden rasch ihre Grenzen fand.

Moses Mendelssohn

Anton Graff

1771

Als Moses Mendelssohn, Großvater des Komponisten Felix Mendelssohn Bartholdy, 1786 mit nur 56 Jahren starb, galt er als »berühmtester Jude Europas«, der sich als Philosoph und Protagonist der Berliner Aufklärung einen Namen gemacht hatte. Sein jüdischer Glaube bildete den »Grundton« seines Lebens. In der jüdischen Enklave Dessaus erhielt er eine fundierte Schulbildung. Neben der Umgangssprache West-jiddisch beherrschte er Hebräisch und Aramäisch. Früh als hochbegabt identifiziert, folgte er mit vierzehn Jahren seinem Lehrer nach Berlin. Dort führte er – wie viele Autoren seiner Zeit – ein »Doppelleben« zwischen intellektueller Berufung und Broterwerb: Ab 1750 arbeitete er beim Seidenhändler Isaak Bernhard als Hauslehrer, später in dessen Seidenmanufaktur als Buchhalter, Geschäftsführer und schließlich Teilhaber. Seine Schriften, die er früh morgens verfasste, verschafften ihm Zutritt zu Netzwerken der Aufklärer und 1763 den Status »außerordentlicher Schutzjude«. Ab 1753 mit Lessing befreundet, inspirierte er dessen Nathan-Figur. In der öffentlichen Auseinandersetzung mit Lavater, der ihn 1770 aufforderte, das Christentum zu widerlegen oder zu konvertieren, bekräftigte er seinen jüdischen Glauben und forderte religiöse Toleranz ein.

Das für Philipp Erasmus Reich gemalte Bildnis entstand 1771 in der Berliner Wohnung des Philosophen Johann George Sulzer, Autor Reichs und Schwiegervater Graffs. Mendelssohn hielt das Gemälde für idealisiert, da es seinen Buckel herunterspielt. — RHG

Gemälde, H 65,5 × B 53,5 × T 1,8 cm, Öl auf Leinwand
Kunstbesitz der Universität Leipzig, Inv. Nr.: 0050/90
Freundschaftsgalerie des Leipziger Verlegers Philipp Erasmus Reich

Brustbildnis Porträt Moses Mendelssohn

Johann Gotthard Müller (Radierer) nach Johann Christoph Frisch

1786/87

Als Moses Mendelssohn am 4. Januar 1786 verstarb, betrauerte nicht nur die jüdische Gemeinde seinen Tod, sondern die gesamte literarisch-philosophische Elite der Aufklärung. Als gerühmter Philosoph der Aufklärung und Begründer der Haskalah wurde er zur Symbolfigur eines neuen Judentums. Johann Caspar Lavater meinte, in ihm die sokratische Seele zu sehen, und dass sich in Mendelssohn der »Philosoph Platon und der biblische Mose« vereine. Der protestantische Prediger Daniel Jenisch verglich ihn mit Martin Luther. Trotz dieser Bewunderung, die ihm zuteilwurde, und des Erfolgs als Philosoph und Geschäftsmann, er stieg vom Angestellten zum Teilhaber einer Seidenmanufaktur auf, erreichte Mendelssohn doch nur mühsam und nie vollständig die rechtliche Gleichstellung als preußischer Staatsbürger in Berlin. Nur durch die Initiative einflussreicher Freunde erlangte Mendelssohn den Status eines »außerordentlichen Schutzjuden«, der nicht auf seine Frau und Kinder übertragbar war. Viel verdankte er der Unterstützung und Förderung seitens Gotthold Ephraim Lessing, Aaron Emmerich Gumpertz oder Friedrich Nicolai, die ihm in lebenslanger Freundschaft verbunden blieben. — SM

Druckgrafik, 42,5 × 30,5 cm (Blatt), 29,0 × 21,7 cm (Platte), 15,2 × 12,2 cm (Bildnis-Oval), Radierung, Papier
LWL-Museum für Kunst und Kultur, Westfälisches Landesmuseum Münster, Inv. Nr.: C-505778 PAD, Porträtarchiv Diepenbroick

Medaille auf Moses Mendelssohn

Jakob Abraham und Abraham Abramson
1774

Jakob Abraham und sein Sohn Abraham Abramson aus Berlin fertigten die Silbermedaille mit dem Portrait Mendelssohns als Teil einer Serie zu berühmten Gelehrten. Die Vorderseite zeigt das Profil des Philosophen nach links, das ihm besonders ähnlich geraten sein soll, und die Medailleursignatur I.ABRAHAM&F. mit der Umschrift MOSES*MENDELSSOHN. Die Darstellung auf der Rückseite bezieht sich auf den »Phaedon, oder über die Unsterblichkeit der Seele«. Dargestellt ist ein Totenschädel nach halbrechts mit aufsitzendem Schmetterling und die Aufschrift PHAEDON // NATUS / MDCCXXIX. Die Medaille zitiert den Titelkupfer der Erstausgabe des Phaedon von 1767. Der Kupferstich zeigt Sokrates im Kerker, der einen Totenschädel mit Schmetterling vor sich auf einem Tisch betrachtet. Anfang der 1760er Jahre beschäftigte sich Mendelssohn mit existenziellen Fragen um Tod und Vergänglichkeit bzw. Unsterblichkeit der Seele. Verbunden mit seinem Interesse für Platon formte er den Phaedon um, bei dem es um Gespräche geht, die Sokrates mit seinen Schülern im Gefängnis führte, bevor er den Schierlingsbecher trank. Er stellt Sokrates als Philosoph der Aufklärung dar, der für die Gewissensfreiheit kämpft. Im Phaedon versöhnt Mendelssohn zwischen Wissenschaft und Glauben und vermittelt eine optimistische Lebensphilosophie, die mit seiner persönlichen pessimistischen Sicht bezüglich der bürgerlichen Unterdrückung der Juden kontrastiert. Der Phaedon wurde sofort zum Bestseller und war nach vier Monaten ausverkauft. Es erschienen zu Lebzeiten Mendelssohns mehrere Nachauflagen und Übersetzungen in verschiedenen Sprachen. — SM

Medaille, D 4,3 cm, Gewicht 28,16 g, silber, geprägt, Sst 12:00
Staatliche Museen zu Berlin, Münzkabinett, Objekt-Nr. 18235932

Taschenuhr Moses Mendelssohns

Joseph Rose & Sons
London 1765–1784

Diese Londoner Doppelgehäuse-Repoussé-Spindeluhr stammt aus der Hinterlassenschaft des jüngsten Sohnes Moses Mendelssohns. Nathan (1781–1852) selbst erwähnt in seinem Nachlassverzeichnis eine Taschenuhr »des Vaters Moses Mendelssohn«. — OM

Taschenuhr mit Sprungdeckel, H 2,5 cm, D 5 cm, Spindeluhr Repoussé Doppelgehäuse, Moses Mendelssohn zugeschrieben
Metall (vergoldet), Glas, Emaille
Mendelssohn-Gesellschaft e.V.

»Jerusalem oder über religiöse Macht und Judentum«

Moses Mendelssohn
Berlin 1783

Auf dem Höhepunkt seines Ruhms schrieb Mendelssohn »Jerusalem oder über religiöse Macht und Judentum« als Antwort auf die Angriffe von August Friedrich Cranz. Vorausgegangen war die Kritik des jüdischen Hebraisten Naphtali Wessely an der traditionellen Autorität rabbinischer Eliten, die daraufhin seine Bestrafung forderten. Auch die nicht-jüdische Öffentlichkeit verfolgte diese Auseinandersetzung aufmerksam und meinte einen Widerspruch zwischen jüdischer Kultur und den Ideen der Aufklärung von Freiheit und Toleranz zu erkennen. Mendelssohn als gerühmter Philosoph und Exponent der jüdischen Aufklärung wurde schnell in den Streit hineingezogen. Provokant forderte Cranz, Mendelssohn sollte sich entweder zum jüdischen Glauben bekennen oder zu den Idealen der Aufklärung, wobei beides offensichtlich nicht vereinbar sei. »Jerusalem« war einerseits als Verteidigungsschrift der jüdischen Religion, andererseits als Plädoyer für religiöse Toleranz und Gewissensfreiheit angelegt. Mit Blick auf die rechtliche Benachteiligung der jüdischen Gemeinschaft forderte Mendelssohn, dass die Idee der religiösen Toleranz in Staat und Religion verwirklicht werden muss. Der Staat darf sich nicht in religiöse Angelegenheiten einmischen und die Religion soll keinen Zwang ausüben. Religiöse Zugehörigkeit darf der rechtlichen Gleichstellung nicht entgegenstehen. Mendelssohn erteilte auch Atheismus und Anarchie eine Absage, weshalb die Einhaltung der jüdischen Religionsgesetze unumgänglich ist, denn sie garantierten für moralische Stabilität. — SM

Buch, H 17,5 × B 10,7 × T 2,1 cm, Buchdruck gebunden
Universitätsbibliothek Heidelberg, Sign.: M 454-7-10 RES

Moses Mendelsohns Examen am Berliner Thor zu Potzdam

Moses Mendelssohn wird am Berliner Tor zu Potsdam examiniert

Johann Michael Sigfried Lowe (Stecher), Daniel Chodowiecki (Zeichnung)

1792

Der Verfasser des Almanach Christoph Girtanner gibt eine Anekdote wieder, die offenbar durch Friedrich Nicolai überliefert worden ist. Demnach wünschte der sächsische Minister Thomas Freiherr von Fritsch, der Ende September 1771 bei dem preußischen König Friedrich II. in Sanssouci zu Gast war, den berühmten Philosophen Moses Mendelssohn zu sprechen. Friedrich der Große ließ daraufhin Mendelssohn von Berlin nach Potsdam kommen, der am Tor vom Wachoffizier aufgehalten und mit Argwohn überprüft wurde. Das Gespräch zwischen Fritsch und Mendelssohn kam zustande, eine Begegnung zwischen dem jüdischen Philosophen und dem preußischen König gab es allerdings nie. Die dargestellte Szene erinnert an die Auseinandersetzung, die der 14jährige Mendelssohn mit dem jüdischen Wächter an einem der Stadttore Berlins führte. Damals folgte Mendelssohn seinem Lehrer David Fränkel als Talmudschüler nach Berlin. Der Wächter wollte ihn erst durchlassen, nachdem er überzeugt war, dass Mendelssohn wegen des Torastudiums gekommen war. Im 18. Jahrhundert erduldeten die jüdischen Einwohner Berlins zunehmend Restriktionen und Diskriminierungen durch den preußischen Staat. Eine größere jüdische Gemeinde war in Berlin nicht erwünscht, weshalb die Zuwanderung von Juden, deren Rechte eingeschränkt und Aufenthalt lediglich geduldet war, verhindert wurde. — SM

Druckgrafik, H 13 × B 9 × T 3,5 cm, Kupferstich von Michael Siegfried Lowe nach einer Zeichnung von Daniel Chodowiecki
Aus: Physiognomischer Almanach für das Jahr 1792, Berlin
Museum der Stadt Worms im Andreasstift, Inv. Nr.: EV 2020/6

UNERSCHROCKEN FÜR GLEICHBERECHTIGUNG

Olympe de Gouges, Verfechterin der Frauenrechte

Erich Pelzer

Paris, 3. November 1793, ein kalter, grauer Wintertag. Noch am Morgen war ein sintflutartiger Regen über der französischen Hauptstadt niedergegangen. Am frühen Nachmittag öffneten sich auf der Île de la Cité die schweren Eisenportale der Conciergerie, die während der Französischen Revolution als Vorzimmer des Todes galt. Auf dem Schinderkarren nahm mit Olympe de Gouges eine prominente Revolutionärin und Frauenrechtlerin Platz, die, nachdem sie den Beschimpfungen der Volksmenge während der einstündigen Spießrutenfahrt zum Schafott ausgesetzt war, auf der Place de la Concorde, die damals Place de la Révolution hieß, guillotiniert wurde. Somit teilt Olympe de Gouges ihr Schicksal mit zwei weiteren weiblichen Opfern des jakobinischen Terrors. Am 16. Oktober 1793 war die ehemalige Königin Marie-Antoinette (1755–1793) unter dem Fallbeil der Guillotine gestorben, und am 8. November folgte ihr die Schriftstellerin und Salonière Madame »Manon« Roland de la Platière (1754–1793) an derselben Stelle.

Im Gegensatz zu ihnen war der Weg in eine bleibende Erinnerung für Olympe de Gouges lang. Abgesehen von gelegentlichen, eher geringschätzigen Erwähnungen, lag nahezu zwei Jahrhunderte lang über dem Leben und Werk von Olympe de Gouges der Mantel des Schweigens. Dabei war die unerschrockene Vorkämpferin für die Rechte der Frau bereits zu Lebzeiten zu einer streitbaren, legendenumwobenen Person avanciert. Nach der Wiederentdeckung in den 1970er-Jahren lösten ihre Schriften anlässlich der 200-Jahrfeier der Französischen Revolution eine späte, aber überfällige Rezeption aus. Seitdem werden ihre Schriften auch in deutscher Übersetzung immer wieder neu herausgegeben und zahlreiche Biografien gelangten zu einer Neubewertung der Bedeutung und Persönlichkeit der französischen Revolutionärin.

Zwischen politischer Publizistik und Gesellschaftskritik

Bekannt wurde Olympe de Gouges als Verfasserin revolutionärer Pamphlete und Broschüren, als Autorin der Frauenrechtserklärung von 1791 sowie scharfzüngiger Wandzeitungen, die sie überall in Paris plakatieren ließ. Heute weniger bekannt, wenn nicht vergessen, sind ihre über 40 Theaterstücke und knapp 30 Gesellschaftsromane, in denen sie für die Belange der Unterdrückten und Entrechteten eintrat und die menschenverachtende Praxis des Sklavenhandels anprangerte. Deshalb schlug ihr aus Kreisen der etablierten Gesellschaftsschicht eine ablehnende Haltung, bisweilen sogar Hass entgegen. Dabei war Olympe de Gouges das öffentliche Leben als Herausgeberin einer Zeitung (1789), als politische Agitatorin und vehemente Verfechterin der Rechte der Frauen nicht in die Wiege gelegt worden. Geboren als uneheliches Kind am 7. Mai 1748 in Montauban, einst eine der Hochburgen der Hugenotten im Südwesten Frankreichs, war sie auf den Namen Marie Gouze getauft worden. Laut Taufregister war sie die Tochter des Metzgers Pierre und seiner Ehefrau Anne-Olympe Gouze. Tatsächlich war ihr Vater der später gefeierte Dramatiker und Dichter Jean-Jacques Lefranc de Pompignan (1709–1784), der das einflussreiche Präsidentenamt am Obersteuergericht in Montauban bekleidete. Die Familie zählte zu den einflussreichsten und mächtigsten Aristokraten in der Stadt und der Region.

Im Ursulinenkloster in Montauban lernte Olympe Lesen und Schreiben. Sie sprach den okzitanischen Dialekt ihrer Heimat. Als Autodidaktin glich sie die mangelhafte Bildung durch ein akribisches Selbststudium aus und wurde schließlich zur Autorin. Schenkt man dem Urteil ihrer kleinlichen Kritiker Glauben, dann konnte sie Fehler im Französischen in Stil und Grammatik nie richtig ausmerzen, weshalb sie ihre Schriften bezahlten Sekretären diktierte. Im Alter von 17 Jahren wurde sie 1765 in eine Heirat mit Louis-Yves Aubry, dem Sohn eines Pariser Gastwirtes, gezwungen. 1766, nach der Geburt ihres Sohnes Pierre, verschwand ihr Ehemann auf ungeklärte Weise. Von der Ehe für Olympe »das Grab der Liebe und des Vertrauens« hatte die junge Witwe genug. Um 1770 ging sie nach Paris und änderte kurzerhand ihren Namen. Aus Marie Aubry wurde Marie-Olympe de Gouges. Indem sie ihren Namen mit einem Adelsprädikat garnierte, verschaffte sie sich eine sozial höhere Identität. Zugleich eröffnete ihr das Leben einer Kurtisane eine neue Perspektive. Als Frau konnte sie ein selbstbestimmtes Leben führen, das ihre Existenz sicherte und ihr nebenbei den Zugang zu höheren gesellschaftlichen Kreisen erleichterte. Über ihre Beziehungen gelangte sie in die Gesellschaft der Literaten, Künstler und Schauspieler. Bereits vor der Revolution vollzog Olympe einen Wandel von der »Femme galante« zur »Femme savante«

Mit dem Ausbruch der Französischen Revolution im Sommer 1789 erweiterte sich auch für Olympe de Gouges der öffentliche Rahmen ihrer literarischen und politischen Betätigungsfelder. Aus einer städtischen Erhebung war innerhalb weniger Monate eine nationale Volksbewegung entstanden. Die revolutionäre Leitidee, die rasch aufs ganze Land übergriff, versprach einen grundlegenden Wandel der Gesellschaftsordnung, von der sich nicht nur die männliche Bevölkerung, sondern auch die Frauen eine spürbare Verbesserung ihrer Lage versprachen, und zwar in politischer, ökonomischer, sozialer und rechtlicher Hinsicht. Die Ideen von 1789 lösten auch bei Olympe einen starken Impuls aus, alle bisherigen Barrieren zu überwinden. Allein zwölf Druckschriften, Pamphlete und Einwürfe sind aus diesem ersten Jahr der Revolution von ihr überliefert. Man diskutierte das neue Frankreich auf der Straße, in der Nationalversammlung und den Clubs.

Olympe war eher angezogen von den Treffpunkten führender Revolutionäre, zu denen Frauen zugelassen waren, wie der »Cercle Social«, in dem Jacques-Pierre Brissot (1754–1793) und der berühmte Mathematiker Condorcet (1743–1794) verkehrten, den Clubs, Cafés und Salons. Bereits in einem frühen Stadium der Revolution entwickelte sie fortschrittliche Ideen wie die der Befreiung der Sklaven. Oder sie sprach sich für die Einrichtung staatlicher Fürsorgeinstitutionen wie Armenhäuser, Waisenhäuser und Arbeitshäuser aus. Geradezu visionär waren ihre Vorschläge zur stärkeren Besteuerung der Reichen, die zur Zahlung einer Luxussteuer und einer Kunststeuer herangezogen werden sollten, oder zur Einrichtung landwirtschaftlicher Genossenschaften auf unbebautem Land. Dabei kristallisierte sich alsbald ihre besondere Form des Widerstands gegen soziale und rechtliche Unterdrückung respektive politischer Ungleichbehandlung heraus. Ihren Protest gegen soziale Ungerechtigkeiten und politische Fehlentwicklungen trug sie gewaltlos vor, stets der Kraft der schriftlich fixierten oder mündlich geäußerten Überzeugung vertrauend und zutiefst den rationalen Ideen der Aufklärung verpflichtet.

Kämpferih für die Gleichberechtigung der Frau

Zu ihrem Leitthema machte Olympe de Gouges die Befreiung der Frau aus der naturrechtlich nicht begründbaren Überlegenheit des Mannes. Gemeint war das ursprünglich von der Kirche vertretene, später von Jean-Jacques Rousseau in der Mitte des 18. Jahrhunderts entwickelte Konstrukt einer Geschlechterdifferenz, die eine Wesensungleichheit zwischen Mann (aktiv und rational) und Frau (passiv und emotional) postulierte. Mit einer einzigen Ausnahme, dem am 3. Juli 1790 von Condorcet veröffentlichten Zeitungsartikel »Über die Zulassung der Frauen zum Bürgerrecht«, hingen auch die führenden Jakobiner diesem misogynen Frauenbild an. Eine konkrete Gelegenheit, um den Anspruch der Frauen auf politische Partizipation einzufordern, bot sich Olympe de Gouges anlässlich der von der Nationalversammlung verkündeten Verfassung vom 3. September 1791, die eine konstitutionelle Monarchie mit einem eingeschränkten Vetorecht des Königs festschrieb.

Wenige Tage später erschien die »Erklärung der Rechte der Frau und Bürgerin« von Olympe de Gouges, der sie kurioserweise eine Widmung an die Königin voranstellte. Unter Beibehaltung von Form und Inhalt der berühmten »Erklärung der Menschen- und Bürgerrechte« vom 26. August 1789 mit ihren 17 Artikeln modifizierte Olympe de Gouges einzelne Paragrafen, indem sie die Rechte der Frau, die in der Erklärung von 1789 fehlten, den Rechten des Mannes gleichberechtigt hinzufügte. Ihre Frauenrechtserklärung forderte die Gleichstellung von Mann und Frau in vollem Umfang: die Teilhabe der Frauen an den Aufgaben des Staates, an Pflichten und steuerlichen Lasten, am allgemeinen Wahlrecht, an der strafrechtlichen Gleichstellung der Frau, am freien Zugang zu allen Ämtern und jeder Art von Gewerbe sowie am Recht auf Eigentum. Zentral ist die Differenz der Formulierung des Artikels IV, der das Recht auf Freiheit definiert. Bei Olympe de Gouges heißt es: »Freiheit und Gerechtigkeit beruhen darauf, dass dem anderen abgegolten wird, was ihm zusteht«. Damit meinte sie die gesetzmäßige Beseitigung der bisherigen Willkür der Männer gegenüber Frauen, während die Erklärung von 1789 auf den Schutz der Eigentümerrechte des Bürgers rekurriert: »Die Freiheit besteht darin, alles tun zu können, was einem anderen nicht schadet«.

Das Recht der freien Meinungsäußerung formulierte Olympe de Gouges in einem oft zitierten Satz, der kompromisslos eine gegenseitige Verbindung von Rechten und Pflichten zum Ausdruck bringen will: »Die Frau hat das Recht aufs Schafott zu steigen, sie soll ebenso das Recht haben, auf die Rednertribüne zu steigen«. Auch wenn die Frauenrechtserklärung in ihrer Zeit nahezu ungehört verhallte, wird sie heute umso mehr als erste universale Erklärung von Menschenrechten, und zwar für Frauen und für Männer, als Schlüsseldokument eines frühen Feminismus gefeiert. Vorbildlich wurde sie für die Durchsetzung des Frauenwahlrechts in Europa und in anderen Teilen der Welt. Pikanterweise führte Frankreich, das Mutterland der Revolution, dieses Recht erst 1944 ein.

Gegen Terror und Unterdrückung

Zeit ihres Lebens blieb Olympe de Gouges eine kritische Schriftstellerin und Publizistin, eine aufrechte politische Außenseiterin, die ihrem Gewissen und ihren aufklärerischen Überzeugungen folgte. Sie entschied sich für das Wort und nicht für die Aktion, um sich über die beiden Kommunikationsformen Pamphlete und Wandanschläge, die sie zumeist selbst finanzierte, Gehör in der öffentlichen Meinung zu verschaffen. Spontane Volkskundgebungen verabscheute sie. Das unterschied sie grundsätzlich von anderen Frauengestalten ihrer Zeit, die wie Etta Palm (1743-1799) und Pauline Léon (1768-1838) mit der Gründung von Frauengesellschaften, Frauenclubs (Claire Lacombe) oder wie Théroigne de Méricourt (1762-1817) als militante, säbeltragende Aktivistinnen in Erscheinung traten.

Nach dem Sturz der Monarchie und der Einführung der Republik ergriff Olympe de Gouges öffentlich Position gegen die Führer der Bergpartei, namentlich gegen Jean-Paul Marat und Maximilien de Robespierre, die sie für die zunehmende Radikalisierung der Politik verantwortlich machte. Politisch stand sie den Girondisten nahe, in deren Führungszirkeln sie verkehrte (Pierre-Victurnien Vergniaud, Louis-Sébastien Mercier) und deren föderalistische Prinzipien sie teilte, weshalb sie in den Strudel ihrer Niederlage (2. Juni 1793) mit hineingerissen wurde. Den Anlass für die Verhaftung von Olympe de Gouges am 20. Juli 1793 lieferte eines ihrer letzten Pamphlete »Die drei Urnen oder Das Wohl des Vaterlandes«. Darin stellte sie die Legitimität der republikanischen Regierung infrage und plädierte für eine freie Wahl aller Bürger und Bürgerinnen zwischen Monarchie, Föderation oder Republik. Den Terror als Mittel der Politik, wie ihn die Jakobiner praktizierten, lehnte sie strikt ab.

Mutig und in großer geistiger Unabhängigkeit trat Olympe de Gouges für ein neues, bürgerlich geprägtes Frauenbild ein. Es ging ihr um die Teilnahme von Frauen am öffentlichen Leben, um politische Verantwortung, damit sich die Frau aus der anhaltenden Unterdrückung durch paternalistische Bevormundung und sexuelle Verführung und Gewalt durch die Männer befreien könne. Die konsequente Befürwortung eines Gleichheits- und Gerechtigkeitsgrundsatzes zwischen beiden Geschlechtern sowie die berühmte »Erklärung der Rechte der Frau und Bürgerin« werden im kulturellen Gedächtnis demokratisch verfasster Staatsordnungen stets mit dem Namen von Olympe de Gouges verbunden sein.

Erich Pelzer

Porträt Olympe de Gouges

Alexander Kucharski
Ende 18. Jh.

Das Porträt zeigt die ausdrucksstarken Gesichtszüge der Olympe de Gouges mit ihren schwarzen Augen zu Beginn der Französischen Revolution im Jahre 1789. Zugeschrieben wird das Gemälde dem polnischen Maler Alexander Kucharski (1741–1819), der den größten Teil seines Lebens in Paris verbrachte und sich dort als gefragter Maler der französischen und polnischen Aristokratie einen Namen machte. Das in Pastellfarben auf Pergament gemalte Bild wurde erst vor wenigen Jahren entdeckt und befindet sich in Privatbesitz. — EP

Gemälde, H 56,5 × B 48 cm, Pastell auf Leinwand, Reproduktion
Privatsammlung, Frankreich

Miniaturporträt von Olympe de Gouges

unbekannt

1785

Das Miniaturbildnis stammt aus dem Jahre 1785 und zeigt Olympe de Gouges im Alter von 36 Jahren. Zeitgenössische Quellen beschreiben sie von »strahlender Schönheit« und zählen sie gar zu den »schönsten Frauen von Paris«. Am bildhaftesten hat Olympe sich selbst in Gestalt einer ihrer späteren Theaterheldinnen beschrieben: »Eine Taille wie eine Nymphe, ein vornehmes Auftreten, eine wohlklingende Stimme, die den Sinnen schmeichelt und das Herz entzückt, große schwarze Augen, ein rosaroter Lilienteint, ein leuchtend roter Mund, ein entzückendes Lächeln von natürlicher Anmut.« — EP

Druckgrafik, Kupferstich, Reproduktion
Bibliothèque de la ville de Paris, Sign.: Mss. CP 6363

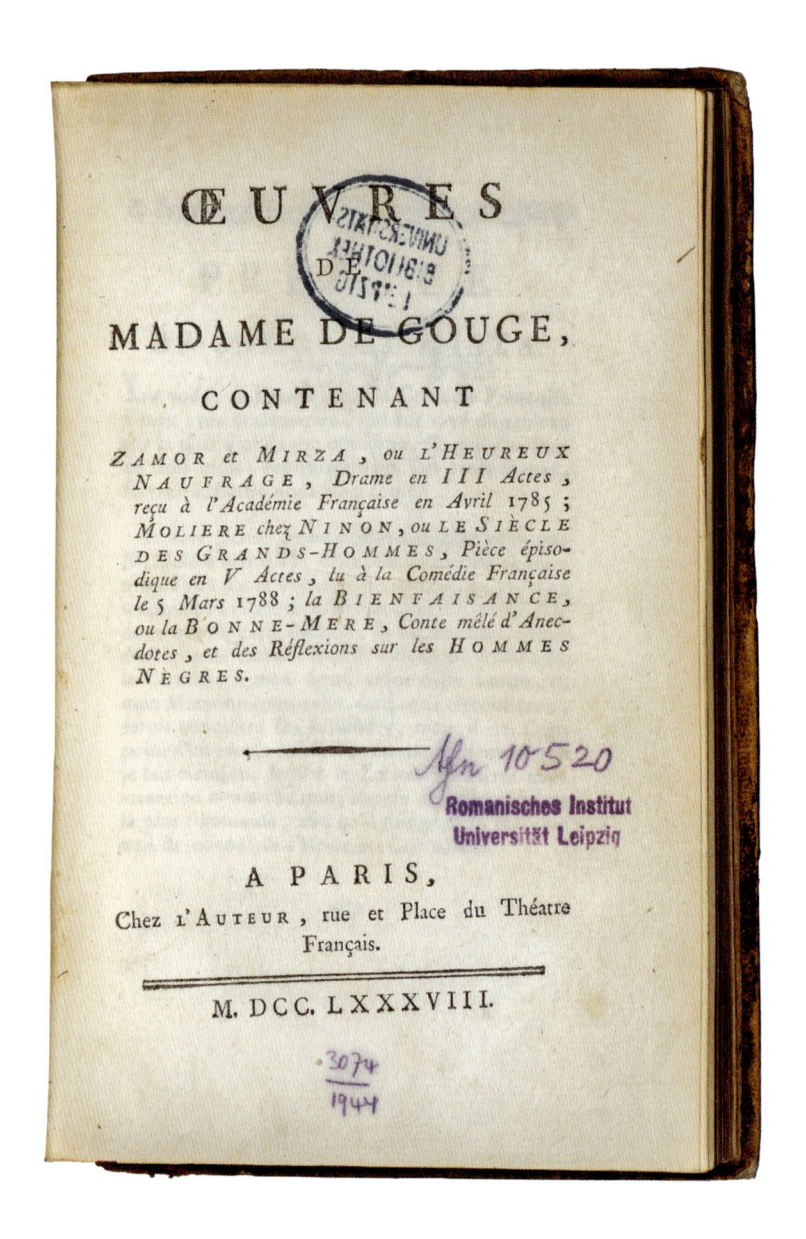

»Œuvres de Madame de Gouges«

Olympe de Gouges
Paris, chez l'auteur et Caileau 1788

Zwischen 1788 und 1793 erschienen vier verschiedene Ausgaben der Werke von Olympe de Gouges. Die erste Werkausgabe erschien 1788 unter dem Namen Madame de Gouge in drei Bänden. Am bekanntesten wurde ihr Briefroman »Memoiren der Madame de Valmont«, der mit dem Kunstgriff einer literarischen Verkleidung autobiografische Züge trägt. Noch vor der Revolution entwickelte sie fortschrittliche Ideen wie die Abschaffung der Sklaverei. Ihrer Zeit weit voraus waren ebenso Themen wie Rassismus und Kolonialismus, die sie in verschiedenen Theaterstücken und politischen Broschüren bearbeitete. — EP

Buch, H 19 × B 13 × T 4 cm, Buchdruck gebunden
Universitätsbibliothek Leipzig, Sondersammlungen, Sign.: 93-G-8140:1/3

LOUIS XVI A SON PEUPLE

Vous la voyez cette Couronne fille de l'ambition
je ne veux la Conserver que pour vous deffendre
Et vous rendre heureux

Olympe de Gouges überreicht Ludwig XVI. und Marie Antoinette ihre Schriften

Claude-Louis Desrais (Zeichnung),
C. Frusotte (Stecher)
Paris, Dezember 1788

Die »Patriotischen Anmerkungen« erschienen Mitte Dezember 1788 und thematisierten die nationale Krise infolge von Missernten, Hungerkrisen und hoher Arbeitslosigkeit. In einer Mischung aus Sozialromantik und aufklärerischem Impetus schlug Olympe de Gouges die Errichtung staatlicher Fürsorgeeinrichtungen, die Erhebung einer Luxussteuer und die Verteilung von Brachland an die Ärmsten vor. Das Titelblatt zierte eine Illustration von Claude-Louis Desrais, die die Übergabe ihrer Broschüre an den König und die Königin zeigt. Marie-Antoinette wird zur Retterin stilisiert, die die Äste eines Baumes schüttelt, deren Früchte in die Hände des Volkes fallen. — EP

Druckgrafik, H 14 × B 8,5 cm, Kupferstich, Reproduktion
Bibliothèque Nationale, Paris, Sign.: Collection Hennin 10.182

(5)

LES DROITS DE LA FEMME.

Homme, es-tu capable d'être juste? C'est une femme qui t'en fait la question; tu ne lui ôteras pas du moins ce droit. Dis-moi? qui t'a donné le souverain empire d'opprimer mon sexe? ta force? tes talens? Observe le créateur dans sa sagesse; parcours la nature dans toute sa grandeur, dont tu sembles vouloir te rapprocher, et donne-moi, si tu l'oses, l'exemple de cet empire tirannique.
* Remonte aux animaux, consulte les élémens, étudie les végétaux, jette enfin un coup-d'œil sur toutes les modifications de la matière organisée; et rends-toi à l'évidence quand je t'en offre les moyens; cherche, fouille et distingue, si tu le peux, les sexes dans l'administration de la nature. Par-tout tu les trouveras confondus, par-tout ils coopèrent avec un ensemble harmonieux à ce chef-d'œuvre immortel.

L'homme seul s'est fagoté un principe de cette exception. Bifarre, aveugle, boursouflé de sciences et dégénéré, dans ce siècle de

---
* De Paris au Pérou, du Japon jusqu'à Rome,
Le plus sot animal, à mon avis, c'est l'homme.

A 3

»Les droits de la femme. A la Reine« (Titelblatt)

Olympe de Gouges
Paris, 14. September 1791

»Die Frau wird frei geboren und bleibt dem Manne ebenbürtig in allen Rechten« (Art. 1). Was wir heute als selbstverständlich betrachten, klang vor 230 Jahren wie eine Revolution in der Revolution. 1791 forderte Olympe de Gouges erstmals die Gleichheit der zivilen und politischen Rechte, und zwar für Frauen und Männer. Nach ihrer Auffassung waren die berühmte Menschenrechtserklärung von 1789 und die Verfassung von 1791 auf halbem Weg stehengeblieben. Da sie an der Verbesserung der Menschen, nicht der Institutionen glaubte, versuchte Olympe mittels einer Widmung, die Königin Marie Antoinette für die Frauenpartizipation zu gewinnen. Die Flugschrift »Les droits de la femme« gliedert sich insgesamt in fünf Teile: 1. Die Widmung an die Königin; 2. die Vorrede; 3. die »Erklärung«, unterteilt in eine Präambel und 17 Artikel; 4. das Nachwort und 5. das »Muster eines Gesellschaftsvertrages zwischen Mann und Frau«, dem Bemerkungen über die Arbeit der Friedensrichter und ein Postskriptum angefügt sind. — EP

Buch, H 16,5 × B 10,5 cm,
Buchdruck gebunden, Reproduktion
Bibliothèque Nationale, Paris, Sign.: 8 Lb[39].9989

»Mirabeau arrive aux Champs Élisées«

Louis-Joseph Masquelier (Zeichnung) nach Jean-Michel Moreau le jeune
Paris: Chez Garnéry, 1791

Der Tod des brillanten Redners und Volkstribuns Mirabeau am 2. April 1791 veranlasste Olympe de Gouges, eiligst ein Theaterstück zu Ehren des toten „Vaters der Freiheit" zu schreiben: Mirabeau auf den Champs-Élysées. Das Stück wurde in der Comédie Italienne uraufgeführt. Es fand jedoch beim Pariser Publikum kaum Zuspruch. Eine Illustration zum Stück fertigte Louis-Joseph Masquelier an. Sie zeigt Mirabeau inmitten berühmter Philosophen der Antike und der Aufklärung. Der amerikanische Verleger, Erfinder, Schriftsteller und Staatsmann Benjamin Franklin überreicht den Lorbeerkranz, während Jean-Jacques Rousseau sitzend ein Verfassungsdokument bereithält. Der feierlichen Zeremonie wohnen im Hintergrund der Abbé Mably, der Erzbischof und Schriftsteller Fénélon, sowie die beiden Philosophen Voltaire und Montesquieu bei. Im rechten Bildteil diskutieren und begrüßen der griechische Philosoph Demosthenes und der römische Redner, Philosoph und Politiker Cicero die Aufnahme Mirabeaus in den Kreis der großen Rednerpersönlichkeiten.   — EP

Druckgrafik, Kupferstich, Reproduktion
Bibliothèque nationale de France, Sign.: Collection Hennin 10.192

»Les Trois Urnes, ou le Salut de la Patrie«

Olympe de Gouges
[Paris, 17. Juli 1793]

Am 17. Juli 1793 ließ Olympe de Gouges die Wandzeitung »Die drei Urnen oder Das Heil des Vaterlandes« in der Auflage von fast einer Million in Paris drucken und verbreiten. Es war der Tag, an dem Charlotte Corday guillotiniert wurde, die vier Tage zuvor Jean-Paul Marat im Bad erdolcht hatte. Mit ihrer verhängnisvollen Plakataktion stellte Olympe die Legitimität der republikanischen Regierung infrage. Ihrer Meinung nach sollten alle Franzosen in einer Volksabstimmung über die republikanische, monarchische oder föderalistische Regierungsform abstimmen dürfen. Der Text zog die umgehende Verhaftung ihrer Autorin nach sich. — EP

Plakat, ca. H 28 × B 22 cm (4º), Reproduktion
Archives Nationales, Paris, Sign.: W 293, dossier 210, affiche jaune

»Olimpe de Gouges au Tribunal Révolutionnaire«

Olympe de Gouges
[Paris], Juli 1793

Die nicht mehr zeitgemäße Idee, nur ein Pakt von Monarchie und Demokratie könne der Revolution den inneren Frieden sichern, brachte Olympe de Gouges am 20. Juli 1793 ins Gefängnis. Auf die Plakatierung solcher Ideen stand die Todesstrafe. Es gelang ihr, ein letztes Plakat mit dem Titel »Olympe de Gouges vor dem Revolutionstribunal« aus dem Gefängnis zu schmuggeln. Darin führte sie Klage über die jämmerlichen Haftbedingungen und erinnerte an die Dienste für das Vaterland. Den neuen Machthabern rief sie zu: »Erbebt, ihr neuen Tyrannen! Meine Stimme wird sich noch aus des Grabes Tiefe Gehör verschaffen.« — EP

Plakat, ca. H 28 × B 22 cm (4º), Reproduktion
Archives Nationales, Paris, Sign.: W 293, dossier 210, affiche rouge

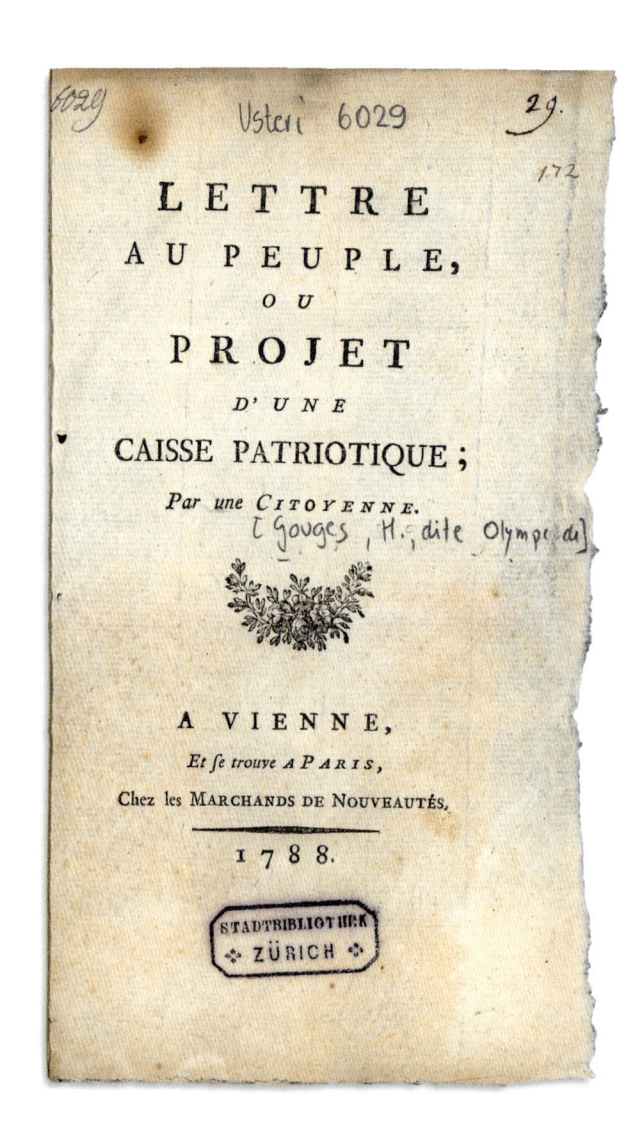

**»Lettre au peuple ou Projet d'une caisse patriotique;
par une citoyenne«**

Olympe de Gouges
Paris: Chez les marchands de nouveautés, [November] 1788

Der »Brief an das Volk oder Plan einer patriotischen Kasse« war die erste politische Propagandaschrift von Olympe de Gouges. Sie erschien im November 1788 just zu dem Zeitpunkt, als die Finanzkrise, die zu einer Staatskrise anwuchs, ihren vorläufigen Höhepunkt erreichte. Zwecks Milderung der Staatsschuld regte Olympe die Entrichtung einer freiwilligen patriotischen Steuer aller Stände an. Sie verstand ihre Schrift als eine Art Unterweisung in politischer Moral und nicht als Aufruf zu einer radikalen Veränderung. Gleichwohl sprach sie den König von jeder Schuld an der Finanzmisere frei. — EP

Flugschrift, H 21 × B 13 cm, Papier
Zentralbibliothek Zürich, Sign.: Z Usteri 6029

»Le Cri du sage«

Olympe de Gouges

[Paris, Mai 1789]

Autorin und politische Aktivistin war Olympe de Gouges bereits vor Ausbruch der Französischen Revolution. 1788 verfolgte sie in Versailles vor Ort den Ständekampf der Vorrevolution, der zur Blaupause einer politischen Umwälzung wurde. Zum Zeitpunkt der Eröffnung der Generalstände am 5. Mai 1789 erschienen gleich mehrere politische Texte, in denen sie versuchte, Einfluss auf die Abgeordneten auszuüben. Der »Aufschrei eines Weisen. Von einer Frau« erschien in 2000 Exemplaren und kommentierte die strittige Abstimmungsfrage nach Köpfen oder nach Ständen aus einer weiblichen Perspektive. — EP

Flugschrift, ca. H 22 × B 14 cm (8º), Typendruck, Papier
Bibliothèque Nationale, Paris, Sign.: 8 Lb³⁹.1803

»Testament politique d'Olympe de Gouges«

Olympe de Gouges

[Paris, 4. Juni 1793]

Der Sturz der Girondisten am 2. Juni 1793 war das Fanal zu einer beispiellosen Verfolgung politischer Gegner durch die Jakobiner. Zudem löste er föderalistische Erhebungen gegen Paris in der Provinz aus. Die Nachricht vom Sturz der Gironde erreichte Olympe de Gouges in der Touraine, wohin sie sich zurückziehen wollte. Eilig kehrte sie nach Paris zurück und ließ »Das politische Testament« überall verbreiten. Darin beteuerte sie ihre Liebe zu Bürgersinn und Nation sowie ihr Leben für die politische Haltung und Gewissensfreiheit opfern zu wollen. Vorsorglich bestellte sie Danton zu ihrem Testamentsvollstrecker. — EP

Wandzeitung, ca. H 28 × B 22 cm (4º), Typendruck, Papier
Archives Nationales, Paris, Sign.: W 293, dossier 210

POMPE FUNÈBRE EN L'HONNEUR DE SIMONEAU MAIRE D'ESTAMPES
le 3 Juin 1792

»Pompe funèbre en l'honneur de Simoneau«

anonym

[3. Juni 1792]

Der Stich eines anonymen Kupferstechers zeigt den Trauerzug am »Fest des Gesetzes« (3. Juni 1792), an dem auch Olympe de Gouges teilnahm, in weißem Gewand mit Eichenlaub auf dem Haupt. Die nationale Zeremonie war von der Nationalversammlung nach einer pathetischen Rede Olympes im Sitzungssaal angeordnet worden, nachdem der Bürgermeister von Éstampes von Aufrührern im Zuge einer Brotrevolte getötet geworden war. Der öffentlich vorgetragene politische Akt einer Frauenemanzipation von der Place de la Bastille zum Marsfeld in Paris wurde in der jakobinischen Presse mit diskriminierenden Kommentaren versehen. — EP

Druckgrafik, H 24 × B 30 cm, Kupferstich, Papier
Bibliothèque Nationale, Paris, Sign.: Collection Hennin 11.170

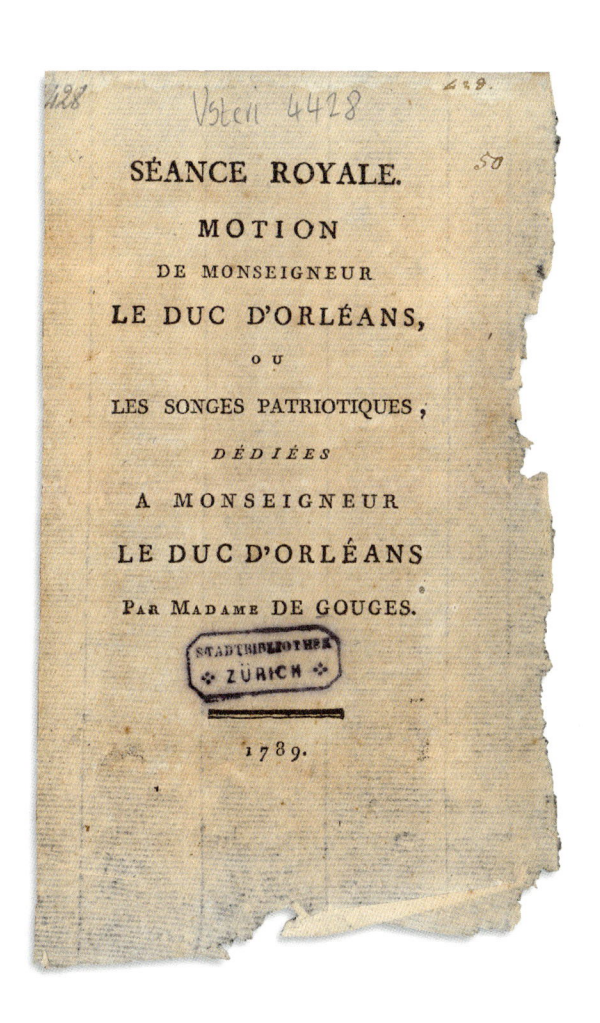

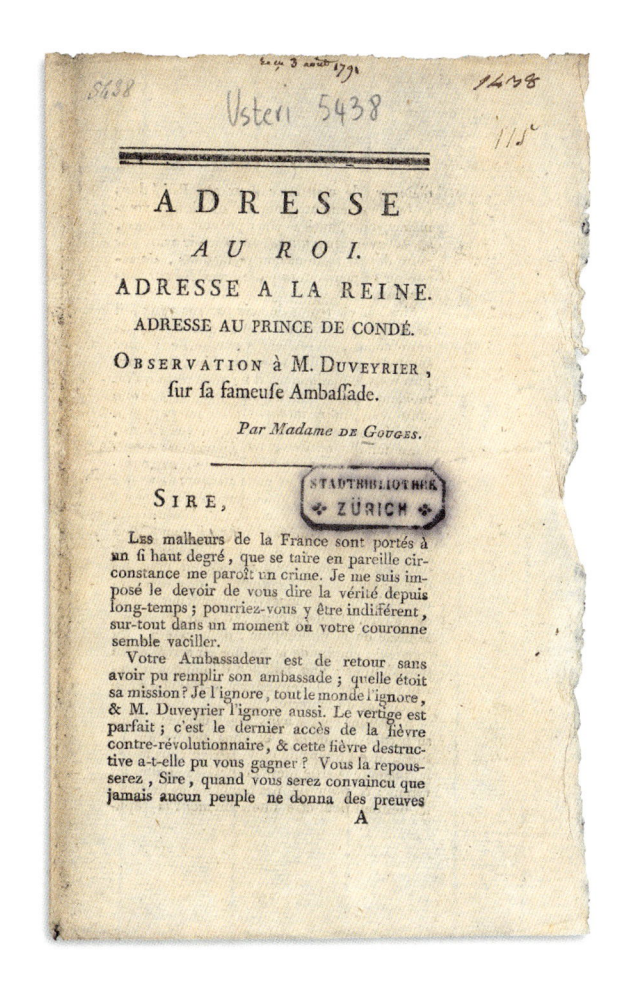

»Séance royale«

Olympe de Gouges
[Paris, 11 Juli] 1789

Die Streitschrift »Königliche Sitzung« erschien wenige Tage vor der Erstürmung der Bastille. Angesichts der sich politisch zuspitzenden Lage in Paris, gab Olympe de Gouges darin Ludwig XVI. den Rat, als »gütiger und tugendreicher König« abzudanken, und den Thron einem Regenten zu überlassen. Damit leistete sie in einem »Traum, der vielleicht der Realität nahe kommt« unbewusst den Ambitionen des Herzogs Philippe von Orléans Vorschub, einem Vetter Ludwigs XVI., den sie zum Handeln aufforderte. Die Beschlagnahmung der Schrift und die umgehende Entlassung ihres Sohnes aus den Diensten des Herzogs, bewirkten bei Olympe die Einsicht in einen politischen Irrtum. Der Herzog von Orléans, der in der Revolution den Beinamen Philippe Égalité erhielt, stimmte im Januar 1793 für den Tod des Königs, bevor er selbst, drei Tage nach Olympe de Gouges, unter der Guillotine starb. — EP

Flugschrift, H 21 × B 13 cm, Typendruck, Papier
Zentralbibliothek Zürich, Sign.: Z Usteri 4428

»Adresse au roi«

Olympe de Gouges
[Paris, August 1791]

Als überzeugte Anhängerin der konstitutionellen Monarchie adressierte Olympe de Gouges gleich mehrere Schriften direkt an den König. Auslöser dieser Streitschrift war die Flucht der königlichen Familie am 20. Juni 1791, die im Norden Frankreichs, an der Grenze zum heutigen Belgien, in Varennes kläglich scheiterte. In vier offenen Briefen an den König, die Königin, den Prinzen Louis-Joseph de Condé (1736–1818), den Anführer der Gegenrevolution im benachbarten Ausland, sowie an den im Auftrag der Regierung nach Worms beorderten Diplomaten Honoré-Nicolas-Marie Duveyrier (1753–1839), gab sie ihrer großen Furcht vor einem nahen europäischen Krieg mit kühnen, unmissverständlichen Worten Ausdruck. Den König machte sie in recht unfreundlichem Ton auf die verräterische Korrespondenz aufmerksam, die seine Ehefrau Marie-Antoinette mit ihrem Bruder, dem Kaiser in Wien, unterhielt. — EP

Flugschrift, H 21 × B 13 cm, Typendruck, Papier
Zentralbibliothek Zürich, Sign.: Z Usteri 5438

REVOLUTION FÜR DIE DEMOKRATIE UND DIE ARMEN

Georg Büchner und der *Hessische Landbote*

Burghard Dedner

»Friede den Hütten! Krieg den Palästen!« Mit diesem Aufruf beginnt *Der Hessische Landbote*. Der Butzbacher Rektor Friedrich Ludwig Weidig hat Büchners revolutionäre Flugschrift in erster Auflage, der Marburger Arzt Leopold Eichelberg hat sie dann nochmals in zweiter Auflage leicht verändert gedruckt. Zwischen August 1834 und Januar 1835 wurde sie hessenweit in Dörfern und Kleinstädten verbreitet. Der Aufruf hat sich eingeprägt. Vor gut fünf Jahren verwendete ihn die Attac-Bewegung. Die Paläste waren in diesem Falle die Hochhäuser der Banken. Mit dem bis heute aktuell gebliebenen *Hessischen Landboten* begann – 14 Jahre vor dem *Kommunistischen Manifest* – die neuere Geschichte der sozialrevolutionären Bewegungen in Deutschland. Die Behörden beurteilten ihn als »eine der bösartigsten revolutionären Schriften« überhaupt. Freunde rühmten die »allerfasslichste Sprache«, die Büchner spreche, und bemerkten seine Nähe zur Sprache der Lutherbibel, »weil sie immer noch die dem Bauer verständlichste Sprache ist, wenn ihm andere Dinge, als Haus und Wirtshaus, als Hof, Stall, Vieh und Feld in den Kreis seiner Vorstellungen hineingerückt werden sollen«.

Ein streng republikanisch gesinnter deutscher Patriot

Büchner hat den Slogan »Friede den Hütten! Krieg den Palästen!« nicht selbst erfunden. Er war vielmehr der Schlachtruf der französischen Revolutionsarmeen, als diese 1793 die noch von Königen, Fürsten und Adligen beherrschten linksrheinischen Provinzen Deutschlands besetzten bzw. – aus ihrer Sicht – befreiten. Auch sonst nahm der *Hessische Landbote* die Revolution im Nachbarland als Vorbild. Als deren bleibende Verdienste nennt er die Deklaration der Menschenrechte und die Durchsetzung demokratischer Prinzipien. Die französischen Revolutionäre hätten erklärt: »Keiner erbt vor dem andern mit der Geburt ein Recht oder einen Titel, keiner erwirbt mit dem Eigentum ein Recht vor dem andern. Die höchste Gewalt ist in dem Willen Aller oder der Mehrzahl.« Und mit völligem Recht hätten sie ihren König abgesetzt und abgeurteilt. Im Römer-Brief der Bibel heiße es zwar, jede Obrigkeit sei von Gott. Dieser Satz aber sei – so der *Hessische Landbote* – auf die deutschen Fürsten nicht anwendbar. Sie seien Verräter am Volk und ihnen gebühre das Los des Judas, also wohl der Strick.

Für einen Straßburger Studienfreund war Büchner der »so feurige und so streng republikanisch gesinnte deutsche Patriot«. Ein anderer notierte: »In allem leidenschaftlich: gegenüber dem Studium, gegenüber der Freundschaft, in seiner Bewunderung und seiner Abneigung: Vergötterer der Französischen Revolution, Verächter Napoleons, sehnt mit seinem ganzen Wesen die Einheit der deutschen Familie herbei.« Büchner kämpfte also für ein einheitliches, demokratisch verfasstes Deutschland, für ein Ziel, das er auch im zweiten Teil des *Landboten* einforderte. Dabei konnte er auf Zustimmung auch in bürgerlichen Schichten rechnen.

Der Krieg der Reichen gegen die Armen

Nicht minder wichtig aber war Büchner ein zweites Ziel, nämlich eine auch von bäuerlichen Schichten, also von den »Armen«, getragene Umwälzung, die ihnen dann auch zugutekommen sollte. Das eine Ziel war mit dem andern schwer zu verbinden; denn da war zum einen – so Büchner in einem Brief – »die gebildete und wohlhabende Minorität« und die »wird nie ihr spitzes Verhältnis zur großen Klasse aufgeben wollen«. Und für die Bauern galt: »So lange sie noch mit ihrer materiellen Not beschäftigt sind«, haben sie »durchaus keinen Sinn für die Ehre und Freiheit ihrer Nation, keinen Begriff von den Rechten des Menschen usw.« Deshalb müsse man ihnen »vorrechnen, dass sie einem Staate angehören, dessen Lasten sie größtenteils tragen müssen, während andere den Vorteil davon beziehen; – dass man von ihrem Grundeigentum, das ihnen ohnedem so sauer wird, noch den größten Theile der Steuern erhebt, – während die Kapitalisten leer ausgehen«.

Büchner folgte hier der Lehre, die in den 1830er-Jahren der französische Sozialrevolutionär Auguste Blanqui vortrug. Sie besagte: Was wir den gesellschaftlichen Friedenszustand nennen, ist in Wahrheit ein fortdauernder Krieg der Reichen gegen die Armen. Wichtigstes Instrument in diesem Krieg ist der derzeitige Staat, der die Aufgabe hat, den Reichen und Privilegierten den Erhalt ihres Reichtums und ihrer Privilegien zu sichern. Der Staat wird erhalten durch die Auspressungsmaschine des Steuersystems, das die Armen dazu zwingt, ihre eigene Unterdrückung zu finanzieren.

Anhand der Daten eines statistischen Jahrbuchs für das Großherzogtum Hessen-Darmstadt demonstrierte Büchner im ersten Teil des *Hessischen Landboten* das Wirken dieser Auspressungs- und Unterdrückungsmaschine im Detail. Der Text folgt dabei dem Schema: Ihr zahlt ..., dafür habt ihr ...

Das folgende Beispiel dafür möge zugleich Büchners »allerfasslichste Sprache« demonstrieren: »Für das Ministerium der Finanzen 1,551,502 Gulden.

Damit werden die Finanzräte, Obereinnehmer, Steuerboten, die Untererheber besoldet. Dafür wird der Ertrag eurer Äcker berechnet und eure Köpfe gezählt. Der Boden unter euren Füßen, der Bissen zwischen euren Zähnen ist besteuert. Dafür sitzen die Herren in Fräcken beisammen und das Volk steht nackt und gebückt vor ihnen, sie legen die Hände an seine Lenden und Schultern und rechnen aus, wie viel es noch tragen kann.«

Als Kontrahenten standen sich in Büchners Text die Armen und die Reichen gegenüber. Weidig änderte das zu der Gegenüberstellung der Armen und der »Vornehmen«. Aus dem sozialrevolutionären Kampf wurde damit ein Kampf gegen die Privilegierten des Feudalsystems, ein Kampf, der in Deutschland in den Etappen von 1848, 1919 und 1945 gewonnen wurde. Ob wir im Kampf um sozialökonomische Gleichheit, der den ersten Teil des Landboten bestimmt, auch schon alle Ziele erreicht haben, ist fraglich. Deshalb hat der *Hessische Landbote* seine Aktualität bewahrt.

»Ich werde ... immer meinen Grundsätzen gemäß handeln«

Büchner riskierte mit dieser »bösartigen revolutionären Schrift« eine jahrelange Gefängnishaft. Hatte er nichts Besseres zu tun? Als er 1837 im Alter von 23 Jahren starb, hinterließ er außer *Danton's Tod* und *Leonce und Lena*, zwei in den Spielplänen noch heute lebendigen Theaterstücken, den *Woyzeck*, heute das meistgespielte deutschsprachige Drama der Welt, sowie die Erzählung *Lenz*, die man später als »Beginn der modernen europäischen Prosa« bezeichnet hat. Außerdem hatte er eine Dissertation über das Nervensystem der Fische publiziert, einen Beitrag zu dem, was seit Darwin Evolutionstheorie heißt. Als er starb, war er Privatdozent an der Universität Zürich mit Aussicht auf eine Professur. Zu tun hatte er also genug.

Litt er unter dem gesellschaftlichen System? Ja, obwohl er zu seinen Profiteuren hätte gehören können. Unter seinen Verwandten mütterlicherseits brachten es zwei zum Generalsrang und einer zum Posten des Innenministers. Der Vater – Ernst Büchner – war praktizierender Arzt, zugleich aber auch der zweithöchste Medizinalbeamte im Großherzogtum. Trotzdem litt Büchner an den deutschen Verhältnissen. Als er sein Studium in Straßburg beendete und an die Universität Gießen wechselte, fiel er in eine schwere Depression. Er schrieb: »Dabei engten mich die politischen Verhältnisse ein, ich schämte mich, ein Knecht mit Knechten zu sein, einem vermoderten Fürstengeschlecht und einem kriechenden Staatsdiener-Aristokratismus zu Gefallen.«

Die Formel »Knecht mit Knechten« stammt aus der antiken lateinischen Tradition *(servus inter servos)*, und diese Tradition war für Büchner von großer Bedeutung. Die Generation der Oppositionellen vor Büchner war weitgehend von religiösen Motiven geprägt. Sie hatten 1817 zum 300. Jahrestag von Luthers Thesenanschlag das Wartburgfest gefeiert und träumten von einem christlich geprägten deutschen Staat. Büchner kannte diese Tradition noch. Für ihn aber – wie auch für die französischen Revolutionäre – waren die römischen Republikaner und ihr Handeln nach »Grundsätzen« das Vorbild. In diesem Sinne schrieb er: »Ich werde … immer meinen Grundsätzen gemäß handeln.« Hinzu kam – wie schon gezeigt – das Gedankengut der französischen Sozialrevolutionäre. Büchners politische Gesinnungen – so hat ein Freund dies zusammengefasst – beruhten »teils auf einem gewissen geistigen Stolz, teils auf einem unbegrenzten Mitleiden mit den niederen Volksklassen und ihrer Not«.

»Es muss ja Ärgernis kommen, aber wehe dem, durch den es kommt.«

Büchner zitierte diesen »Ausspruch« aus dem Matthäus-Evangelium in einem Brief, nannte ihn »schauderhaft« und bezog ihn auf seine eigene derzeitige Situation. Nach zwei Jahren in dem durch Revolutionen geprägten französischen Straßburg war er jetzt Student in Gießen. Seinen »Grundsätzen« gemäß musste er dort politisch handeln, er musste revolutionäre Geheimbünde gründen, er musste revolutionäre Flugschriften verfassen und musste sie verbreiten. Aus der Geschichte der Französischen Revolution wusste er, dass Revolutionen gelegentlich unsteuerbar sind, dass sie zu Massenmorden führen und also »Ärgernis« bereiten können. So lag in dem »Muss« ein Fluch, und auf ihn war dieser »Fluch des Muss« gefallen.

Der »Fluch« ereilte ihn anders, als er gedacht hatte. Die Mitwirkenden am *Hessischen Landboten* wurden verraten. Die einen entkamen ins Exil, die anderen saßen z. T. jahrelang als Untersuchungsgefangene in Einzelzellen. Weidig schnitt sich in der Zelle die Pulsadern auf, Leopold Eichelberg wurde zu mehr als zehn Jahren Gefängnis verurteilt. Büchner floh nach Straßburg und dann nach Zürich, hatte aber zu leben mit dem Gedanken an das Schicksal seiner Freunde, mit Gedanken auch an das »Ärgernis«, das er der eigenen Familie bereitet hatte. Die Patienten von Ernst Büchner, Vater von sechs Kindern, kamen aus den Schichten, die der *Hessische Landbote* heftig angegriffen hatte. So war

Ernst Büchner doppelt genötigt, allen – auch den eigenen Kindern – gegenüber zu erklären, er habe sich von dem Sohn losgesagt und werde ihn nie wieder unterstützen. In Wahrheit finanzierte er Büchners weiteres Studium und sandte ihm zwei Monate vor dessen Tod einen Versöhnungsbrief, in dem er sein fast zwei Jahre langes Schweigen so erklärte: »Mein Gemüth war noch zu tief erschüttert, durch die Unannehmlichkeiten alle, welche du uns durch dein unvorsichtiges Verhalten bereitet und gar viele trübe Stunden verursacht hast.«

Burghard Dedner

Der Hessische Landbote.

Erste Botschaft.

Darmstadt, im Juli 1834.

Vorbericht.

Dieses Blatt soll dem hessischen Lande die Wahrheit melden, aber wer die Wahrheit sagt, wird gehenkt, ja sogar der, welcher die Wahrheit liest, wird durch meineidige Richter vielleicht ge aft. Darum haben die, welchen dies Blatt zukommt, folgendes zu beobachten:

1) Sie müssen das Blatt sorgfältig außerhalb ihres Hauses vor der Polizei verwahren;
2) sie dürfen es nur an treue Freunde mittheilen;
3) denen, welchen sie nicht trauen, wie sich selbst, dürfen sie es nur heimlich hinlegen;
4) würde das Blatt dennoch bei Einem gefunden, der es gelesen hat, so muß er gestehen, daß er es eben dem Kreisrath habe bringen wollen;
5) wer das Blatt nicht gelesen hat, wenn man es bei ihm fin det, der ist natürlich ohne Schuld.

Friede den Hütten! Krieg den Pallästen!

Im Jahr 1834 siehet es aus, als würde die Bibel Lügen gestraft. Es sieht aus, als hätte Gott die Bauern und Handwerker am 5ten Tage, und die Fürsten und Vornehmen am 6ten gemacht, und als hätte der Herr zu diesen gesagt: Herrschet über alles Gethier, das auf Erden kriecht, und hätte die Bauern und Bürger zum Gewürm gezählt. Das Leben der Vornehmen ist ein langer Sonntag, sie wohnen in schönen Häusern, sie tragen zierliche Kleider, sie haben feiste Gesichter und reden eine eigne Sprache; das Volk aber liegt vor ihnen wie Dünger auf dem Acker. Der Bauer geht hinter dem Pflug, der Vornehme aber geht hinter ihm und dem Pflug und treibt ihn mit den Ochsen am Pflug, er nimmt das Korn und läßt ihm die Stoppeln. Das Leben des Bauern ist ein langer Werktag; Fremde verzehren seine Aecker vor seinen Augen, sein Leib ist eine Schwiele, sein Schweiß ist das Salz auf dem Tische des Vornehmen.

Im Großherzogthum Hessen sind 718,373 Einwohner, die geben an den Staat jährlich an 6,363,364 Gulden, als

1) Direkte Steuern	2,128,131 fl.
2) Indirecte Steuern	2,478,264 „
3) Domänen	1,547,394 „
4) Regalien	46,938 „
5) Geldstrafen	98,511 „
6) Verschiedene Quellen	64,198 „
	6,363,363 fl.

Dies Geld ist der Blutzehnte, der von dem Leib des Volkes genommen wird. An 700,000 Menschen schwitzen, stöhnen und hungern dafür. Im Namen des Staates wird es erpreßt, die Presser berufen sich auf die Regierung und die Regierung sagt, das sey nöthig die Ordnung im Staat zu erhalten. Was ist denn nun das für gewaltiges Ding: der Staat? Wohnt eine Anzahl Menschen in einem Land und es sind Verordnungen oder Gesetze vorhanden, nach denen jeder sich richten muß, so sagt man, sie bilden einen Staat. Der Staat also sind Alle; die Ordner im Staate sind die Gesetze, durch welche das Wohl Aller gesichert wird, und die aus dem Wohl Aller hervorgehen sollen.—Seht nun, was man in dem Großherzogthum aus dem Staat gemacht hat; seht was es heißt: die Ordnung im Staate erhalten!

»Der Hessische Landbote«

Georg Büchner
Juni 1834

Das Gesetz? »Eigentum einer unbedeutenden Klasse.« Das Bauerndasein? »Ein langer Werktag.« Was tun? »Krieg den Palästen!« Bildgewaltig ruft die Flugschrift die hessischen Bauern an. Das Volk müsse endlich seine Ausbeuter abschütteln, damit soziale Gerechtigkeit herrsche. Dem elenden »Weiter so« werden die Ideale der Französischen Revolution, Bibelstellen und Steuerstatistiken entgegengeschleudert. Doch der Umsturz bleibt aus. Der Verfasser Büchner flieht nach Straßburg, Friedrich L. Weidig (1791–1837), Redakteur der Schrift, wird verhaftet. — SSC

Typendruck, H 22,7 × B 14,1 cm, Papier
Klassik Stiftung Weimar, Goethe- und Schiller-Archiv, GSA 10/4,1

OPPOSITION GEGEN DEN NATIONALSOZIALISMUS

Sophie Scholl: vom NS-Engagement zum Widerstand

Barbara Beuys

»Ich selbst trat im Januar 1934, damals 13jährig, in die Jungmädelschaft der HJ ein.« Diese Angabe machte Sophie Scholl, die in München Biologie und Philosophie studierte, am 18. Februar 1943 während ihrer Vernehmung als Gefangene der Geheimen Staatspolizei in der Gestapo-Leitstelle in der Brienner Straße 50. Die 21-Jährige war vormittags zusammen mit ihrem Bruder Hans in der Universität verhaftet worden, unter dem Verdacht, vom zweiten Stock Flugblätter in die Eingangshalle geworfen zu haben. Flugblätter, in denen »die deutsche Jugend« aufgefordert wurde, im »Kampf um unsere Freiheit und Ehre« gegen den »nationalsozialistischen Terror« aufzustehen.

Der Entschluss der 13-jährigen Sophie Scholl für die »Jungmädelschaft« war wohlüberlegt. Das vorangehende Jahr 1933 hatte es in der Familie Scholl, die in Ulm lebte, hitzige Diskussionen gegeben: Sind Adolf Hitler, seit dem 30. Januar 1933 Reichskanzler, und seine Bewegung, der Nationalsozialismus, ein Segen für Deutschland? Oder bedeuten sie das Ende einer demokratisch-freiheitlichen Gesellschaft und werden sie in Terror und Krieg führen?

Der Steuerberater Robert Scholl und seine Frau Lina, vor der Heirat als Diakonisse tätig, verteidigten die Weimarer Republik, während ihre Kinder sich für den »Führer« begeisterten und vier von ihnen im Laufe des Jahres in die nationalsozialistischen Jugendorganisationen eintraten; die Jungen in die Hitler-Jugend, die Mädchen als »Jungmädel« in den Bund deutscher Mädel (BDM). Im Januar 1934 folgte Sophie Scholl dem Beispiel ihrer Geschwister.

1936 wurde sie Scharführerin im BDM; verantwortlich für rund 40 Jungmädel in der wöchentlichen Gruppenstunde, bei Fahrten über Land, zackigen Aufmärschen durch Ulm. Und sie legte einen öffentlichen Eid ab: »Ich gelobe meinem Führer Adolf Hitler mein ganzes Leben hindurch unverbrüchliche Treue.«

Im Dezember 1942 fahren Sophie und Hans Scholl nach Stuttgart. Der Entschluss zum Widerstand mit Flugblättern ist gefallen. Hans Scholl trifft einen ehemaligen Berufskollegen seines Vaters und wird von ihm finanzielle Unterstützung erhalten. Sophie Scholl hat sich mit einer Freundin verabredet. Beim gemeinsamen Spaziergang erzählt sie von der geplanten Aktion: »Ich bin entschlossen, etwas zu tun. Wenn jeder nur eine Meinung hat gegen dieses System, aber nicht handelt, so macht er sich schuldig. ... Ich jedenfalls will nicht schuldig werden. Wenn jetzt Hitler daherkäme, und ich eine Pistole hätte, würde ich ihn erschießen. Wenn es die Männer nicht machen, muss es eben eine Frau tun.«

Zwischen dem Eintritt der 13-jährigen Sophie Scholl in den BDM und dem Gespräch der 21-jährigen mit ihrer Freundin liegen Welten. Führt eine Brücke über diesen Abgrund?

Am 20. April 1934, »Führers Geburtstag«, hatte Sophie Scholl sich auf einer Kundgebung mit gleichgesinnten Jugendlichen zur NS-Ideologie bekannt: »Stark und stolz wollen wir werden: Zu grade, um Streber oder Duckmäuser zu sein ... zu gläubig, um zu zagen und zu zweifeln, zu ehrlich, um zu schmeicheln, zu trotzig, um feige zu sein.« Wer wollte das nicht geloben in jungen Jahren, wenn die Ideale noch glänzen, die Begeisterung für mutige Einsätze ungetrübt ist? Wenn die Welt der Erwachsenen spießbürgerlich und kleinkariert erscheint?

Vier Jahre aktiv im BDM

Erstmals in der deutschen Geschichte gab es im nationalsozialistischen BDM für Mädchen die Möglichkeit, diese Ideale, diese Freiheiten außerhalb der Familie zu erleben; sich zu bewähren, wie bisher nur die Jungen in ihren Bünden und Gruppen. Hitler und seinen Mitstreitern gelang es, die Jugendlichen zu manipulieren und in ihr Unrechtssystem einzubinden. Sie gaben die Visionen der Moderne – Freiheit, Sozialismus und Humanität – als ihre eigenen aus. Es waren vor allem Kinder aus bürgerlichen Familien, die zu Tausenden ohne jeden Zwang von Hitlerjugend und BDM angezogen wurden.

Sophie Scholl musste sich als Führerin ihrer Jungmädel persönlich nicht verbiegen. Sie trug einen radikalen Kurzhaarschnitt und hielt sich nicht an die NS-Parole »Eine deutsche Frau raucht nicht«. Ab 1938 hatte sie mit Fritz Hartnagel einen festen Freund.

Ihr Engagement in der nationalsozialistischen Mädchenarbeit ab 1934 war keine kurze Epoche. Zwar trat sie 1938 von ihrem Amt als Gruppenführerin zurück. Doch im Verhör durch die Gestapo-Beamten 1943 sagte sie ausdrücklich, das Motiv seien »Differenzen mit der Obergauführerin« gewesen. Es »handelte sich um eine rein innerdienstliche Angelegenheit des BDM ohne jeden politischen Hintergrund«. Bis zum Frühjahr 1941 ging Sophie Scholl in Ulm jeden Mittwoch in die Heimabende der NS-Mädchenorganisation.

Am 5. September 1939 schrieb Sophie Scholl an ihren Freund Fritz Hartnagel, Berufsoffizier in der Wehrmacht: »Ich kann es nicht begreifen, dass nun dauernd Menschen in Lebensgefahr gebracht werden von anderen Menschen. Ich kann es nie begreifen, und ich finde es entsetzlich. Sag nicht, es ist fürs Vaterland.« Vier Tage zuvor hatte die Wehrmacht auf Befehl Adolf Hitlers Polen überfallen. Es war der Beginn eines mörderischen Raubzuges durch Europa. Deutschland hatte den Zweiten Weltkrieg ausgelöst.

Sophie Scholls Entsetzen über den Kriegsausbruch ist der erste Hinweis, dass sie mit neuem, veränderten Blick auf den Nationalsozialismus schaut. Ein Prozess des Nachdenkens hat eingesetzt. Nach dem Abitur im März 1940 beginnt sie eine Ausbildung als Kindergärtnerin und hofft, nicht zum verhassten Reichsarbeitsdienst eingezogen zu werden. Doch Sophie Scholl erfährt, dass es in der NS-Diktatur für persönliche Freiheiten keinen Raum mehr gibt. Nach Abschluss ihrer Ausbildung im März 1941 liegt der Befehl zum »Arbeitsdienst« in der Post.

Vom April 1941 bis März 1942 füllt Sophie Scholl mit Gleichaltrigen im NS-Staat die Lücken, die der Krieg in der Landwirtschaft geschlagen hatte, wo Bauern und Knechte als Soldaten eingezogen worden waren.

Im Juni 1940 hatte Sophie Scholl an Fritz Hartnagel geschrieben, sie stimme nicht dem weiblichen Ideal zu, bei dem Gefühle Vorrang vor dem Denken haben sollten: »Ich aber finde, dass zuerst das Denken kommt, und dass die Gefühle oft irreleiten …« Am 12. Dezember 1941 vertraute sie ihrem Tagebuch an, dass diese Überzeugung in Trümmern lag: »… alles, was ich früher besaß, das kritische Sehen, ist mir verloren gegangen. Bloß meine Seele hat Hunger, o, das will kein Buch mehr stillen.« Sie ist verzweifelt, Sophie Scholl gibt ihren Glauben an Gott nicht auf: »Ich will mich an Ihn klammern, und wenn alles versinkt, so ist nur er, wie schrecklich, wenn er einem fern ist.« Eine paradoxe Hoffnung, aber sie war damit in guter Gesellschaft.

»Der Mensch ist ein Abgrund, ungesichert alles, woran wir uns halten. … Da bleibt nichts anderes als der nackte Schrei nach Hilfe, ein schreckliches Seufzen, das nicht weiß, wo Hilfe zu finden ist.« So beschrieb knapp 400 Jahre zuvor der Mönch Martin Luther seine Gottessuche. Und das war für ihn die schrecklichste aller Erfahrungen: »Gott ist da, aber er zeigt sich nicht.« Doch der Verzweifelte gab nicht auf: Und so wurde der verborgene Gott zur Grundlage von Luthers Theologie, verbunden mit der Überzeugung, dass Gott es ist, bei dem der Mensch am Ende dennoch bedingungslose Gnade findet.

Barbara Beuys

Freiheit heißt das Losungswort

Am Jahreswechsel 1941/1942 hat Sophie Scholl hat mit der Ideologie und mörderischen Politik des Nationalsozialismus endgültig gebrochen. Aber niemals wird sie sich in ihren Briefen einen Blick zurück auf die Jahre erlauben, als sie den jungen Mädchen im BDM ein Vorbild war. Könnte es sein, dass ihr Ringen um einen gnädigen Gott zusammenhängt mit der Schuld, die sie über ihre nationalsozialistische »Führerarbeit« empfand? Die sie nur im Angesicht Gottes ertragen konnte? Weitere Eintragungen im Tagebuch deuten an, dass sie dem fernen Gott wieder näher kam und ihr unruhiges Herz langsam Ruhe fand.

Allerdings machte sie sich nichts vor. Im November 1942 schreibt sie ihrem Freund Fritz Hartnagel, der als Soldat in Stalingrad kämpft: »Die Unsicherheit, in der wir heute dauernd leben, die uns ein fröhliches Planen für den morgigen Tag verbietet … bedrückt mich Tag und Nacht und verlässt mich eigentlich keine Minute.« Fährt aber sogleich fort: »Doch nein, ich will mir meinen Mut durch nichts nehmen lassen, … wo ich ganz andere unantastbare Freuden besitze. Wenn ich daran denke, fließt mir Kraft zu, und ich möchte allen, die ähnlich niedergedrückt sind, ein aufrichtiges Wort zurufen.«

Über Weihnachten hat sie mit ihren Bruder Hans und dem Freund Alexander Schmorell beschlossen, zum Jahresanfang 1943 mit einer Flugblattaktion unter dem Zeichen der »Weißen Rose« Widerstand zu leisten. Auch der Student Willi Graf wird sich an der Herstellung beteiligen, der Mediziner Christoph Propst ist eingeweiht.

Am 25. Januar 1943 bringt Sophie Scholl in ihrem Rucksack ca. 2000 Flugblätter der »Weißen Rose« mit dem Zug nach Augsburg und Ulm. Sie sollen vor allem die Studenten aufrütteln, sich dem sinnlosen Krieg zu verweigern, »den Hitler nicht mehr gewinnen kann«.

Am 21. Februar 1943, ein Tag vor dem Münchner Schauprozess, in dem Sophie und Hans Scholl und Christoph Propst zum Tode verurteilt werden, erhält Sophie Scholl in ihrer Gefängniszelle die Anklageschrift. Hochverrat wird ihr vorgeworfen. Als sie die Akte durchgelesen hat, schreibt sie auf die äußere Rückseite zweimal das Wort »Freiheit«. Am 22. Februar 1943 um 17 Uhr wird Sophie Scholl im Gefängnis München-Stadelheim mit der Guillotine hingerichtet.

Als Sophie Scholl den fernen Gott wieder spürte, fand sie – verbunden mit dem Denken, das ihr so wichtig war – die Klarheit zu einer Tat, die eine Botschaft für alle ist. Während ihres Verhörs sagte Sophie Scholl über ihr Verhältnis zum Nationalsozialismus: »… als hauptsächlichen Grund für meine Abneigung gegen die Bewegung möchte ich anführen, dass nach meiner Auffassung die geistige Freiheit des Menschen in einer Weise eingeschränkt wird, die meinem inneren Wesen widerspricht.«

Briefmarken Deutsches Reich

1941–45

Hans Scholl gestand, zum Verschicken der beiden letzten Flugblätter V und VI rund 5500 Briefmarken beschafft zu haben. Bei der Wohnungsdurchsuchung fand die Gestapo in seiner Schreibtischschublade einen Umschlag mit 140 Briefmarken mit 8-Pfennig-Porto, wie sie zum Frankieren der Postsendungen der Flugblätter verwendet wurden. — OM

Briefmarkenserie »Reichskanzler Adolf Hitler«, Freimarken (Dauermarken), Nominalwert 8 und 12 Pfennig, Buchdruck
Museum der Stadt Worms im Andreasstift, Inv. Nr.: M 5043

Tanzkleid von Sophie Scholl

um 1937

Das Kleid, das Sophie Scholl als Jugendliche gelegentlich zum »Tanzkränzle« trug, ist ein typisches »Backfischkleid« der späten 1930er-Jahre – ärmellos, mit ausgestelltem, weit schwingendem Rock und dezenter Blumenstickerei. Es ist eine Schneiderarbeit und keine Konfektionsware. Die Weiße Rose Stiftung e. V. erhielt das Erinnerungsstück 2013 von Elisabeth Hartnagel, Sophies jüngster Schwester. Das durch häufigen Gebrauch an mehreren Stellen verschlissene Kleidungsstück wurde für die Landesausstellung aufwendig restauriert. — WK

Stoffkleid, L 120 cm, B ca. 50 cm, Größe 32-34, blauer Seidentaft mit Blumenstickerei, Baumwolle
Weiße Rose Stiftung e. V., München

Bluse von Sophie Scholl

um 1941

Mode und Äußerlichkeiten spielten in Sophie Scholls (1921–1943) Leben eine untergeordnete Rolle und es gibt nur wenige Hinweise auf persönliche Vorlieben. Diese bunt bestickte Bluse gilt als ein Geschenk ihres Verlobten Fritz Hartnagel (1917–2001). Sophie hatte ihm gegenüber einmal Interesse an einem »russischen Kostüm« bekundet, ausgehend von einer folkloristischen Modevorstellung, charakterisiert durch »ländlich-primitive« Dekorationen und Bordüren. Bereits vor 1910 existierten derartige Modetendenzen in der Reformkleidung, die in den 1940er-Jahren wiederkehrten. — WK

Bluse mit Stickereien, L 55 cm, B 80 cm, Kunstseide
Weiße Rose Denkstätte Forchtenberg / Langenburg

Matrizendrucker (Vervielfältigungsgerät, Stapeldrucker)

Greif-Werke AG, Goslar
1950er Jahre

Einen ähnlichen GREIF-Drucker benutzten die Mitglieder der »Weißen Rose« zur Vervielfältigung der ersten vier Flugblätter. Für die Flugblatt-Aktionen der Widerstandsgruppe war der »Vervielfältiger«, wie Sophie Scholl ihn nannte, das geeignete Gerät. Matrizendrucker zeichnen sich durch einfachen Handbetrieb und Langlebigkeit aus. Die Auflage der lichtempfindlichen Abzüge ist jedoch begrenzt. Matrizendrucker waren bis in die 1970er-Jahre in Gebrauch, erkennbar am typischen Alkoholgeruch der Abzüge. — WK

Matrizendrucker (baugleiches Gerät aus den 1950er-Jahren des nicht erhaltenen Originals)
Greif-Werke AG, Fabrik für Bürobedarf, Goslar am Harz
Holz, Metall, Wachs, Textil
Weiße Rose Stiftung e. V., München

Federhalter und Poesiealbum aus dem Besitz von Margarete Braun

Handschriftlicher Eintrag von Hans Scholl

1930

1930 fand in Backnang die Hochzeit von Julie Müller statt, der Nichte von Magdalene Scholl und Taufpatin von Sophie Scholl. Dieses Album und den Federhalter erhielt die Brautjungfer Gretel Braun von Hans Scholl zum Geschenk, der als Brautführer an der Feier teilnahm. Hans Scholl zitierte in seinem Albumeintrag die erste Strophe eines der populärsten Gedichte des deutschen Lyrikers und Mundartdichters Cäsar Flaischlen. Lesen und Schreiben bestimmten schon früh das Denken und Handeln der Geschwister Scholl. Bis 1934 wurde das Poesiealbum noch mit weiteren Einträgen versehen. — WK

Wortlaut des Eintrags
Hab' Sonne im Herzen ob's stürmt oder schneit
ob der Himmel voll Wolken die Erde voll Streit
hab' Sonne im Herzen dann komme was mag
das leuchtet voll Licht Dir den dunkelsten Tag.

Zur Erinnerung an Deinen Brautführer Hans Scholl, Backnang, den 25. Jan. 1930

Poesiealbum mit handschriftlichem Eintrag von Hans Scholl, H 13 × B 20cm (geschlossen), Tusche auf Papier, Textil
Federhalter, L 15,5 cm, Bakelit/Zelluloid
Weiße Rose Denkstätte Forchtenberg / Langenburg

Blatt aus dem Poesiealbum Elfriede Breitenbachs

Handschriftlicher Eintrag und Zeichnung von Sophie Scholl
um 1931/32

Dieses Blatt entstammt einem Poesiealbum von Elfriede Breitenbach, einer Schulfreundin von Sophie Scholl in der Evangelischen Mädchenvolksschule in Ludwigsburg. Die durch zeitgenössische Buchillustrationen inspirierte Zeichnung ist ein früher Beleg für Sophie Scholls künstlerisches Talent. Sie steht in ihrer Leichtigkeit und Sicherheit im Kontrast zur eher kindlichen Handschrift. Das Blatt wurde von Erwin Kohler, einem Freund von Hans und Sophie Scholl, aufbewahrt. Kohler war wie Hans Jahrgang 1938 und hatte wie Sophie am 9. Mai Geburtstag. — WK

Wortlaut des Gedichts
Ich komme aus der Ewigkeit
u.[und] trag´ in meinem Sternenkleid
der Erde Leid der Erde Glück
in ferne Ewigkeit zurück.
Zum Andenken an deine Freundin Sophie Scholl

Blatt aus einem Poesiealbum mit Zeichnung und handschriftlichem Eintrag von Sophie Scholl, H 13,5 × B 22cm, Tusche auf Papier
Weiße Rose Denkstätte Forchtenberg / Langenburg

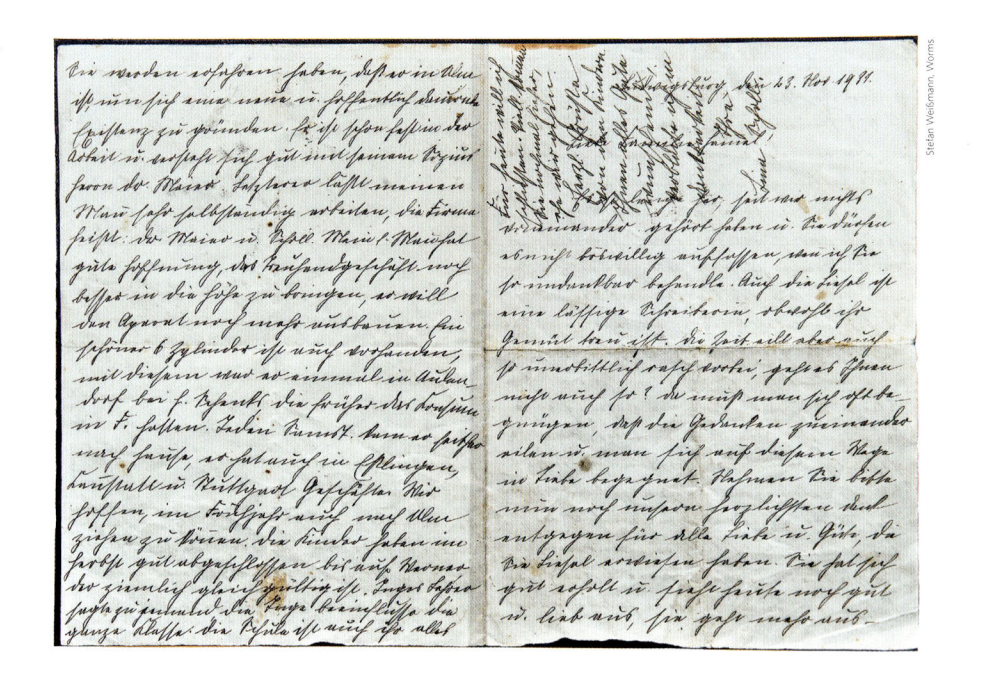

Brief an die Familie Hammel

Lina Scholl
Ludwigsburg, 23. November 1931

Magdalena gen. Lina Scholl (1881–1958) war vor der Heirat mit Robert Scholl (1891–1973) Diakonisse. Der Glaube der Mutter und der kritische Geist des Vaters wirkten auf die Persönlichkeiten ihrer fünf Kinder stark ein. Dieses Schreiben richtete Lina Scholl an Hans Scholls (1918–1943) Schul- und Klavierlehrer Hammel und dessen Gattin in Forchtenberg. — OM

Handschriftlicher Brief, H 21 × B 30 cm, Papier
Weiße Rose Denkstätte Forchtenberg / Langenburg

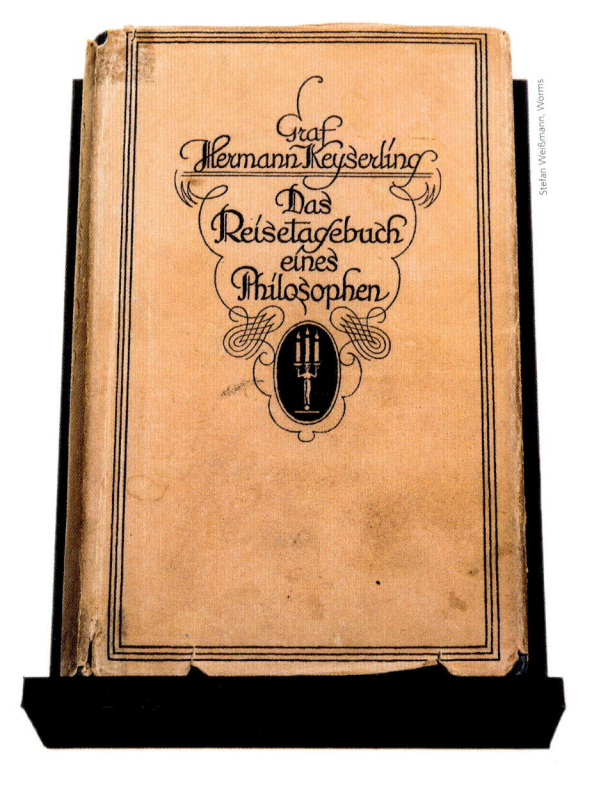

»Das Reisetagebuch eines Philosophen«

Hermann Graf Keyserling
Darmstadt 1920

Hans Scholl und sein Vater Robert waren begeisterte Leser Hermann Graf Keyserlings (1880–1946). Sein seit Erscheinen 1919 populäres Reisetagebuch eines Philosophen enthält auf Seite 423 eine einschlägige, symbolbehaftete Textpassage über die Rose und könnte Hans damit eine Anregung zur Namensgebung der Weißen Rose gegeben haben. — OM

Buch, H 13 × B 10 × T 4,5 cm, Papier
Weiße Rose Denkstätte Forchtenberg / Langenburg

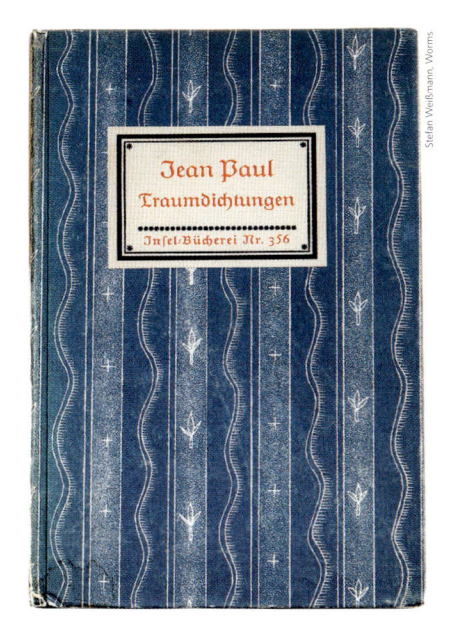

**»Traumdichtungen« aus dem Besitz von Hans Scholl mit handschriftlichem Eintrag
vom September 1940**

Jean Paul
Leipzig 1925

Hans und Sophie Scholl waren eifrige Leser schöngeistiger und weltanschaulicher Literatur. Die intensive Lektüre und der rege Austausch formten ihre Überzeugungen und festigten ihre Motivation bis in die Widerstandstätigkeit. Alexander Schmorell (1917–1943), Mitstreiter der Weißen Rose, zitierte in einem Tagebucheintrag am 20. Dezember 1941 den Dichter Jean Paul Friedrich Richter (1763–1825), nachdem er kurz zuvor ein Gespräch mit seinem engen Freund Hans Scholl geführt hatte. Jean Paul hat in seiner Poetik eine vormoderne Traumtheorie entfaltet. — OM

Buch, H 18,5 × B 12 × T 1 cm (geschlossen), Papier
Weiße Rose Denkstätte Forchtenberg / Langenburg

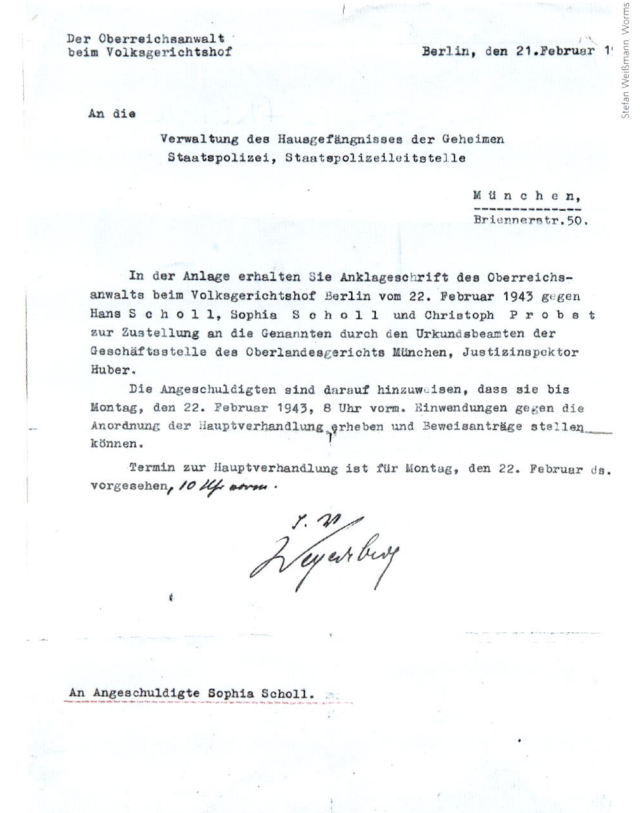

Anschreiben zur Anklageschrift des Oberreichsanwalts beim Volksgerichtshof zum Strafverfahren gegen Hans Scholl, Sophie Scholl und Christoph Probst an die Angeschuldigte Sophia Scholl

Albert Emil Rudolf Weyersberg, Reichsanwalt (in Vertretung)
Berlin, 21. Februar 1943

Erst am Vortag der Verhandlung vor dem Volksgerichtshof erhielt Sophie Scholl die zehnseitige Anklageschrift des Oberreichsanwalts am Volksgerichtshof Ernst Lautz (1887–1979) zugestellt. Dieses Begleitschreiben stammt von Reichsanwalt Albert Weyersberg (1887–1945), der auch beim Prozess die Oberreichsanwaltschaft vertrat. Sophie schrieb im Gestapo-Gefängnis auf die Rückseite des Anschreibens zweimal groß und deutlich den Schlüsselbegriff »Freiheit« als unverbrüchliches persönliches Bekenntnis. — OM

Typoskript, , H 29,5 × B 20,9 cm, Papier, Faksimile
Institut für Zeitgeschichte München–Berlin, Signatur ED 474

Glaubt nicht der nationalsozialistischen Propaganda, die Euch den Bolschewistenschreck in die Glieder gejagt hat! Glaubt nicht, dass Deutschlands Heil mit dem Sieg des Nationalsozialismus auf Gedeih und Verderben verbunden sei! Ein Verbrechertum kann keinen deutschen Sieg erringen. Trennt Euch r e c h t z e i t i g von allem, was mit dem Nationalsozialismus zusammenhängt! Nachher wird ein schreckliches, aber gerechtes Gericht kommen über die, so sich feig und unentschlossen verborgen hielten.

Was lehrt uns der Ausgang dieses Krieges, der nie ein nationaler war?

Der imperialistische Machtgedanke muss, von welcher Seite er auch kommen möge, für alle Zeit unschädlich gemacht werden. Ein einseitiger preussischer Militarismus darf nie mehr zur Macht gelangen. Nur in grosszügiger Zusammenarbeit der europäischen Völker kann der Boden geschaffen werden, auf welchem ein neuer Aufbau möglich sein wird. Jede zentralistische Gewalt, wie sie der preussische Staat in Deutschland und Europa auszuüben versucht hat, muss im Keime erstickt werden. Das kommende Deutschland kann nur föderalistisch sein. Nur eine gesunde föderalistische Staatenordnung vermag heute noch das geschwächte Europa mit neuem Leben zu erfüllen. Die Arbeiterschaft muss durch einen vernünftigen Sozialismus aus ihrem Zustand niedrigster Sklaverei befreit werden. Das Truggebilde der autarken Wirtschaft muss in Europa verschwinden. Jedes Volk, jeder Einzelne hat ein Recht auf die Güter der Welt!

Freiheit der Rede, Freiheit des Bekenntnisses, Schutz des einzelnen Bürgers vor der Willkür verbrecherischer Gewaltstaaten, das sind die Grundlagen des neuen Europa.

Unterstützt die Widerstandsbewegung, verbreitet die Flugblätter!

V. Flugblatt der Weißen Rose

Hans Scholl, Kurt Huber
25.1.1943 – 18.2.1943

Als »Aufruf an alle Deutsche[n]!« richtete sich das fünfte Flugblatt der Weißen Rose an die gesamte Bevölkerung, betonte die Aussichtslosigkeit des Krieges und entwickelte die Zukunftsidee eines föderal geordneten, freiheitlichen Europa. Den regimefeindlichen und visionären Text hatte Hans Scholl (1918–1943) Mitte Januar 1943 in Zusammenarbeit mit Professor Kurt Huber (1893–1943) verfasst. — OM

Matrizenabzug von einem Typoskript, , H 29,7 × B 21 cm, Papier, Faksimile
Institut für Zeitgeschichte München–Berlin

Postkarte an Elisabeth Scholl

Sophie Scholl
Ulm 21. Juni 1939

Sophie schreibt, als 18-jährige Abiturientin, unter Angabe der alten Anschrift »Adolf-Hitler-Ring« 139 und auch der künftigen Familien-Adresse am Münsterplatz Nr. 33 an ihre Schwester Elisabeth in Schwäbisch Hall und beklagt, dass ihr Bruder Werner vergessen habe, eine Postkarte an ihren Freund Fritz Hartnagel (1917–2001) in der Augsburger Militärkaserne einzuwerfen.   — OM

Postkarte, H 10,5 × B 14,5 cm, Karton
Weiße Rose Denkstätte Forchtenberg / Langenburg

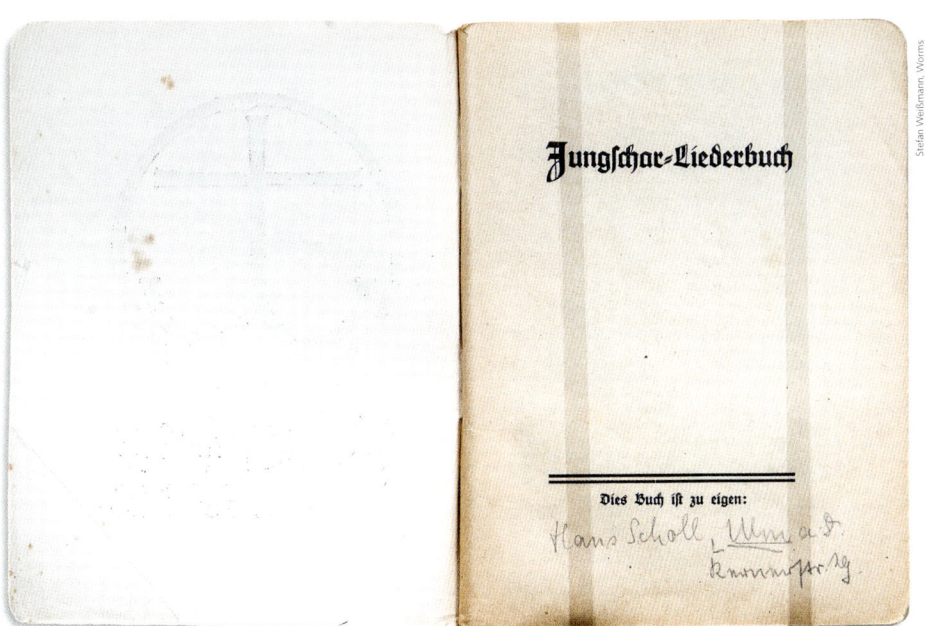

»Jungschar-Liederbuch« von Hans Scholl

Reichsverband der Evangelischen Jugendverbände Deutschlands, Eichenkreuz-Verlag
Wuppertal-Barmen 1931

Anfang 1931, dem Erscheinungsjahr dieses christlichen Liederbuches, trat Hans Scholl zwölfjährig dem CVJM bei. Als Besitzernachweis trägt er hier seinen vollen Namen mit Angabe der ersten Ulmer Adresse, Kernerring 29, ein (seit März 1932). — OM

Heft mit handschriftlichem Eintrag von Hans Scholl, H 15 × B 11,5 cm, Karton, Papier
Weiße Rose Denkstätte Forchtenberg / Langenburg

Fotografie der Geschwister Scholl

12. Juli 1929

Das Gruppenfoto zeigt die Apothekersfrau Jacobsen (stehend) neben (von links nach rechts sitzend) Inge Scholl (1917–1998), einem unbekannten Mädchen, gefolgt von Sophie (im Kleid), Elisabeth (1920–2020) und Hans Scholl nach dem Baden im Kocher in Forchtenberg. — OM

Fotografie, Fotopapier
Weiße Rose Denkstätte Forchtenberg / Langenburg

BÜRGERRECHTS-
BEWEGUNGEN
NACH 1945

Protest und Zivilcourage gegen Rassismus

Katharina Kunter

Die Sklaverei wurde in den Vereinigten Staaten zwar bereits 1865 durch den 13. Zusatzartikel der amerikanischen Verfassung offiziell abgeschafft. Doch Ausgrenzung, Diskriminierung, Gewalt und Rassismus gehörten – und gehören, wie die Gegenwart zeigt – weiterhin zum Alltag der afroamerikanischen Bevölkerung in den Vereinigten Staaten.

Trotz des Verfassungsartikels aus dem 19. Jahrhundert existierte die rechtliche Gleichstellung der afroamerikanischen Bürgerinnen und Bürger bis in die späten 1960er-Jahre nur auf dem Papier. Das galt insbesondere in den Südstaaten der USA. Bei Wahlen, bei der Arbeit, im öffentlichen Leben, in Schulen und Bildungseinrichtungen, im öffentlichen Nahverkehr, in der Verwaltung, in Geschäften, bei Ärzten und Krankenhäusern, in Toiletten, Restaurants und an vielen weiteren Orten galt die *race segregration*, also die Trennung nach dem Konstrukt der »Rasse«. Deshalb durften sich auch in Alabama, wie überall in den Südstaaten, afroamerikanische Fahrgäste im Bus nur auf gekennzeichnete Plätze ganz hinten hinsetzen. Doch am 21. Dezember 1955 weigerte sich die 42-jährige Rosa Parks während ihrer Busfahrt durch Montgomery, der Hauptstadt Alabamas, ihren Sitzplatz für einen Weißen freizugeben. Sie wurde deswegen verhaftet. Das sprach sich rasch herum und mobilisierte die afroamerikanische Bürgerrechtsbewegung in Montgomery, die jetzt einen Boykott aller Busse in der Stadt beschloss. Organisiert wurde dieser Boykott von dem damals noch unbekannten Baptistenpfarrer Martin Luther King.

Martin Luther King: Führergestalt der afroamerikanischen Bürgerrechtsbewegung

Martin Luther King war 1929 in Atlanta, im Bundesstaat Georgia, geboren, und zwar als Michael King. Sein Großvater und auch sein Vater Michael waren bereits als Pfarrer an der Ebenezer Baptist Church tätig. Nach einem Deutschlandbesuch von Vater King 1934 anlässlich der Jubiläumsfeier zum 100-jährigen Bestehen des Baptistischen Weltbundes (Baptist World Alliance) im Berliner Sportpalast, wo er wohl auch von Martin Luther in Worms gehört hatte, gebrauchte er dann den Namen »Luther« häufiger für sich und seinen Sohn.

Martin Luther King trat in die Fußstapfen seines Vaters und wurde nach seinem Theologiestudium und seiner Doktorarbeit in Boston 1954 Pfarrer der baptistischen Gemeinde in Montgomery. In dieser Funktion übernahm er dann nach Rosa Parks' Verhaftung die Organisation des gewaltlosen Busstreiks von Montgomery. Der Streik dauerte 382 Tage. In dieser Zeit wurde King öfter verhört und verhaftet. Doch der Streik wurde zu einem großen Erfolg. 1956 hob der Oberste Gerichtshof die *race segregation* als verfassungswidrig auf.

Der Busstreik von Montgomery gab der afroamerikanischen Bürgerrechtsbewegung im ganzen Land Auftrieb. Martin Luther King wuchs durch seine Rolle im Streik zur zentralen Führergestalt der Bewegung heran. In seinem Vorgehen wurde ihm der indische Freiheitskämpfer Mahatma Gandhi mit seinem gewaltfreien Widerstand gegen die britische Kolonialherrschaft ein großes Vorbild. Als er 1959 nach Indien reiste, traf er Gandhi zwar nicht persönlich, fand aber viel Inspiration in Gandhis Schriften zum Prinzip des gewaltfreien Widerstandes und des zivilen Ungehorsams. Gandhis hinduistische Einsichten verband er mit dem Gebot der christlichen Nächstenliebe.

Lutherbezug: Kings Brief aus dem Gefängnis von Birmingham

Nach dem Erfolg von Montgomery ging der Kampf für die Gleichberechtigung der afroamerikanischen Bevölkerung weiter. Die Bürgerrechtsbewegung intensivierte ihren Einsatz gegen die »Rassentrennung« mit gewaltfreiem Widerstand und den Methoden des zivilen Ungehorsams sowie mit Protestmärschen, Sit-ins und Demonstrationen. Ihre Konsequenz und Unnachgiebigkeit und ihr charismatischer Führer Martin Luther King – den der amerikanische Präsident Jimmy Carter einmal als »das Gewissen Amerikas« bezeichnete – zogen mehr und mehr Anhänger an. Die Wahl des neuen Präsidenten John F. Kennedy 1960 wurde durch die Stimmen der afroamerikanischen Wählerinnen und Wähler entschieden und weckte weitere Hoffnungen auf ein neues Bürgerrechtsgesetz.

Bei einer friedlichen Demonstration der Bürgerrechtsbewegung gegen die »Rassentrennung« in öffentlichen Einrichtungen und Geschäften der Stadt Birmingham in Alabama am Karfreitag, dem 12. April 1963, wurden zahlreiche Bürgerrechtler verhaftet, darunter auch Martin Luther King und sein enger Freund Ralph Abernathy. King kam für mehr als 24 Stunden in Einzelhaft. In dieser Situation im Gefängnis in Birmingham, die er später einmal als die längsten, zermürbendsten und verwirrendsten seines Lebens bezeichnete, schrieb er einen offenen 21-seitigen Brief aus dem Gefängnis von Birmingham (*»Letter from Birmingham Jail«*) an acht Pfarrerkollegen. Er erklärte ihnen die Anliegen und die Methoden der Bürgerrechtsbewegung und wies darauf hin, dass man sich gegen ungerechte Gesetze offen widersetzen müsse, das gelte auch für weiße Christen und Kirchen. Er sei deshalb kein Extremist, wie ihm vorgeworfen werde, denn auch Jesus, Paulus und Martin Luther seien Extremisten für Jesus gewesen. Dann zitierte er Luther und seine bekannten Worte: »Hier stehe ich. Ich kann nicht anders« und stellte den deutschen Reformator in eine Reihe mit Abraham Lincoln und Thomas Jefferson.

Als King nach acht Tagen, durch den persönlichen Einsatz John F. Kennedys, aus dem Gefängnis entlassen wurde, waren bereits fast eine Million Exemplare des Briefes aus dem Birminghamer Gefängnis im Umlauf. Der Druck auf den Kongress, ein landesweites Gesetz gegen die »Rassentrennung« zu verabschieden, wurde stärker. Zur Unterstützung dieses Gesetzesentwurfes organisierte die Bürgerrechtsbewegung im August 1963 einen »Marsch auf Washington«, an dem mehr als 200 000 Menschen teilnahmen. Martin Luther King hielt seine berühmte Rede »I have a dream«, Musiker wie Harry Belafonte, Mahalia Jackson, Joan Baez oder Bob Dylan marschierten mit.

Der »March on Washington for jobs and freedom« wurde zu einem Triumphzug für die Bürgerrechtsbewegung. 1964 verkündete Präsident Lyndon B. Johnson das Inkrafttreten des Civil Rights Acts und des Wahlrechtsgesetzes, mit dem die »Rassentrennung« verboten wurde. Im September desselben Jahrs trat Martin Luther King in West- und Ost-Berlin vor Tausenden von Zuhörern als Redner auf und betonte, dass der Busboykott von Montgomery und damit die Bürgerrechtsbewegung aus dem Gewissensruf, den der Geist gelegentlich fordere, begonnen habe. Was sich dann entwickelt habe, sei nicht anders zu deuten, als dass die Bürgerrechtsbewegung von Gott in seinem heiligen Kairos gepackt worden sei: Und die einzige Antwort darauf könne die Martin Luthers sein: »Hier stehe ich, ich kann nichts anderes tun, also hilf mir, Gott.«

Kurz darauf erhielt King als 35-jähriger den Friedensnobelpreis. Seine Ermordung am 4. April 1968 durch den Rassisten James Earl Ray in Tennessee machte jedoch deutlich, dass längst nicht alle Amerikaner seinen Traum von der Gleichheit und rechtlichen Gleichstellung der Menschen teilten.

Widerstand gegen das Apartheidsregime in Südafrika und gegen kommunistische Regierungen in Mittel- und Osteuropa

Martin Luther Kings Persönlichkeit und die Erfolge des gewaltlosen Widerstandes der Bürgerrechtsbewegung inspirierten Aktivisten rund um die Welt auch noch nach seinem Tod. In Südafrika hatte sich seit den 1940er-Jahren der spätere Politiker Nelson Mandela energisch gegen die Apartheid eingesetzt, die offizielle »Rassentrennungs-Politik« der Regierung der weißen Minderheit. Martin Luther King und der 1918 geborene Nelson Mandela trafen zwar nie persönlich aufeinander, aber 1957 setzte sich King beispielsweise für ihn und 155 andere Anti-Apartheidskämpfer aus Südafrika ein, die wegen Landesverrates angeklagt wurden. Als Mandela 1962 verhaftet wurde, betonte er in seiner Verteidigungsrede vor dem weißen Gericht, dass er nur dem Ruf seines Gewissens gefolgt sei – und das immer wieder tun würde. Mandela wurde erst 1990 aus dem Gefängnis freigelassen.

Die Ideen der afroamerikanischen Bürgerrechtsbewegung und des friedlichen, gewissensbedingten Protestes gegen eine ungerechte Staatsmacht griffen schließlich in der zweiten Hälfte des 20. Jahrhunderts unter anderem auch oppositionelle Kreise im kommunistisch regierten Mittel- und Osteuropa auf. Zu den bekanntesten Beispielen gehört die tschechische Bürgerrechtsbewegung Charta 77 mit ihrem prominenten Mitglied, dem Schriftsteller und späteren Präsidenten Václav Havel. Mit Mut, Zivilcourage und persönlichen Gewissensentscheidungen, was Havel als »in Wahrheit leben« formulierte, setzten sich ihre Mitglieder für die Verwirklichung der individuellen Menschenrechte in der Tschechoslowakei ein. Sie nahmen dafür Repressionen, Diskriminierungen, Berufsverbote und lange Gefängnisaufenthalte in Kauf.

Ikonischen Ausdruck fand die Beziehung zwischen der afroamerikanischen Bürgerrechtsbewegung und der Charta 77 am 10. Juni 1989 in Bratislava, als die amerikanische Folksängerin John Baez, die bereits auf dem Marsch auf Washington 1963 »We shall overcome« gesungen hatte, ein Konzert gab und dabei offen ihre Solidarität mit der tschechischen Opposition der Charta 77 und mit Václav Havel bekundete. Es war der Auftakt zu der im November sich vollziehenden »Samtenen Revolution«, die das Ende der kommunistischen Diktatur in der Tschechoslowakei besiegelte.

> Martin Luther King, Jr.
> Birmingham City Jail
> April 16, 1963
>
> Bishop C. C. J. Carpenter
> Bishop Joseph A. Durick
> Rabbi Hilton L. Grafman
> Bishop Paul Hardin
> Bishop Nolan B. Harmon
> The Rev. George M. Murray
> The Rev. Edward V. Ramage
> The Rev. Earl Stallings
>
> My dear Fellow Clergymen,
>
> While confined here in the Birmingham City Jail, I came across your recent statement calling our present activities "unwise and untimely." Seldom, if ever, do I pause to answer criticism of my work and ideas. If I sought to answer all of the criticisms that cross my desk, my secretaries would be engaged in little else in the course of the day, and I would have no time for constructive work. But since I feel that you are men of genuine goodwill and your criticisms are sincerely set forth, I would like to answer your statement in what I hope will be patient and reasonable terms.
>
> I think I should give the reason for my being in Birmingham, since you have been influenced by the argument of "outsiders coming in." I have the honor of serving as president of the Southern Christian Leadership Conference, an organization operating in every Southern state with headquarters in Atlanta, Georgia. We have some eighty-five affiliate organizations all across the south—one being the Alabama Christian Movement for Human Rights. Whenever necessary and possible we share staff, educational and financial resources with our affiliates. Several months ago our local affiliate here in Birmingham invited us to be on call to engage in a nonviolent direct action program if such were deemed necessary. We readily consented and when the hour came we lived up to our promises. So I am here, along with several members of my staff, because we were invited.

Brief aus dem Gefängnis von Birmingham

Martin Luther King
Birmingham, 16. April 1963

Nach einem friedlichen Protestmarsch der Bürgerrechtsbewegung in Birmingham (Alabama) kam Martin Luther King am 12. April 1963 ins örtliche Gefängnis. Dort musste er mehr als 24 Stunden in Isolationshaft zubringen. Am 16. April 1963 schrieb er den 21-seitigen Brief aus dem Gefängnis von Birmingham, in dem er Anliegen und gewaltfreie Methoden der Bürgerrechtsbewegung erläuterte und sich dabei auch auf Luther in Worms berief. Nach Kings Freilassung waren bereits über eine Million Exemplare des Briefes im Umlauf. — KK

Typoskript, H 29,7 × 21 cm, Faksimile, Papier
Samford University, Birmingham, USA

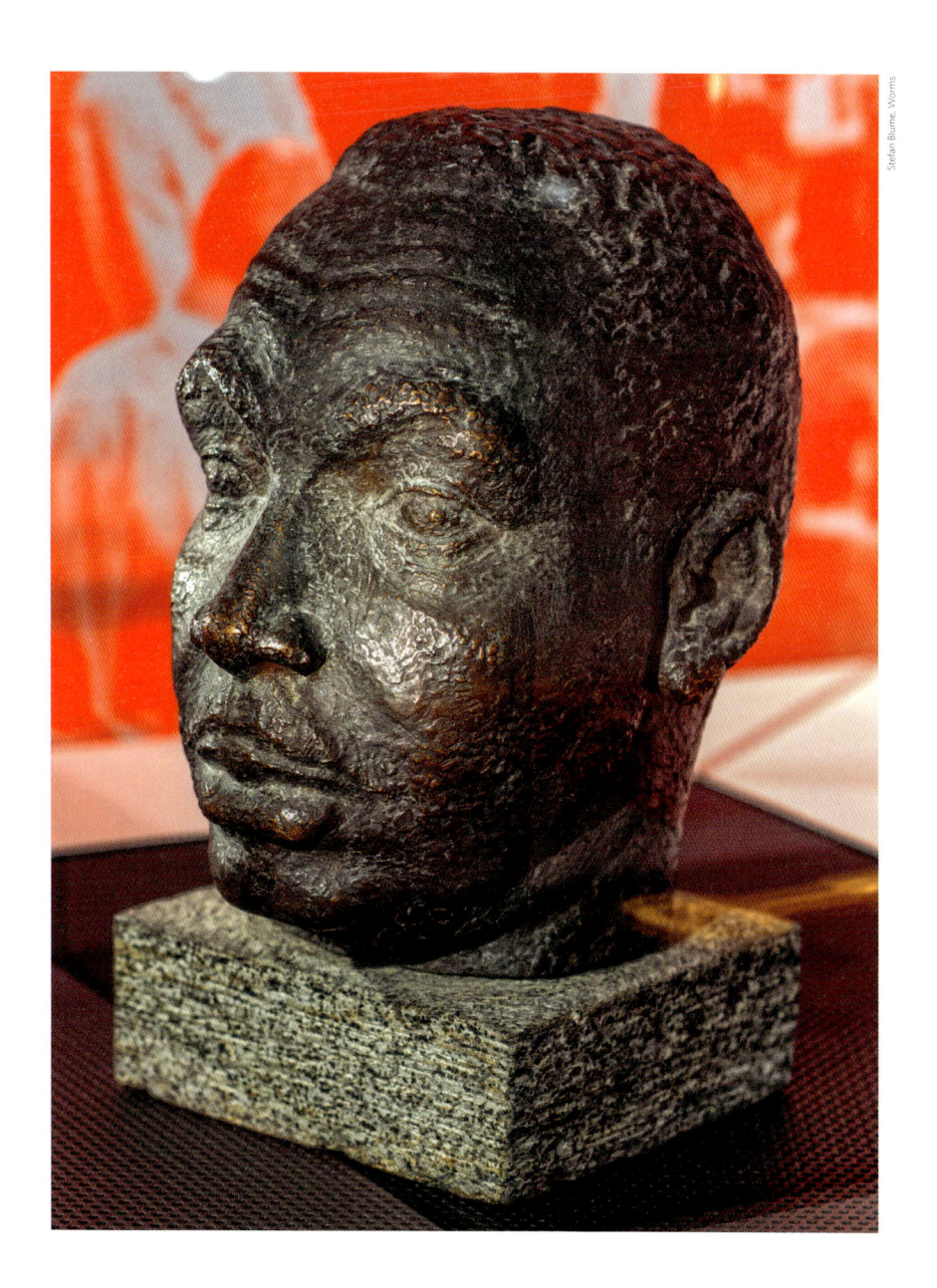

Porträtbüste Martin Luther King

Berthold Dietz
1966

Martin Luther King Jr. zählte in der DDR zu den populärsten Persönlichkeiten aus den USA und wurde vor allem im Umfeld der Kirche verehrt. Am 13. September 1964 reiste er selbst zu einem inoffiziellen Besuch und zwei aufsehenerregenden Kirchenpredigten von West- nach Ost-Berlin. 1980 und 1982 lief der Dokumentarfilm von Ely Landau im staatlichen DDR-Fernsehen. Der Bildhauer Berthold Dietz (geb. 1935) aus Lichtentanne (bei Zwickau) schuf 1966 aus eigenem Antrieb mit seiner Porträtbüste das früheste Kunstwerk zu King in der DDR. — OM

Porträtbüste, H 25 × B 18 × T 24 cm (Kopf H 14 × B 24 × T 17 cm, Sockel H 15 × B 14,5 × T 5 cm), Bronze (auf Schiefersockel)
Martin-Luther-King-Zentrum e. V., Archiv der Bürgerbewegung Südwestsachsens

Besuch von
Reverend Dr. Martin Luther King

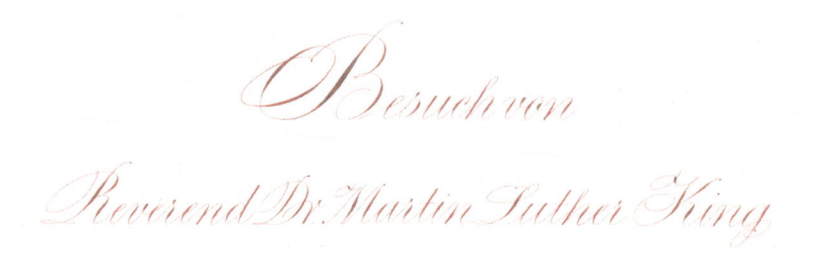

Martin Luther King Jr.

13. September 1964

Eintrag von Martin Luther King in das Goldene Buch der Stadt Berlin

Martin Luther King
13. September 1964

Am 12. September 1964 landete King am Flughafen Berlin-Tempelhof und blieb anlässlich der Berliner Festwochen bis zum 14. September in West-Berlin. Am 13. September empfing ihn der Regierende Bürgermeister Willy Brandt (1913-1992) als Gastgeber und der amerikanische Bürgerrechtler trug im Rathaus Schöneberg seinen Namen in das Goldene Buch der Stadt ein. Nach einer Ansprache in der Berliner Philharmonie predigte er nachmittags auf der Waldbühne, bevor er noch am selben Abend in Ost-Berlin in der Marienkirche die gleiche Predigt wiederholte und anschließend zudem in der Sophienkirche einen Gottesdienst hielt. — OM

Buch, H 47 × B 35 cm, Papier
Landesarchiv Berlin, Sign.: F Rep. 237 Nr. 52-179

Bibel aus dem Haus des Ehepaares Mandela

London 1962

Der evangelische Pfarrer Dieter Trautwein (1928–2002) und seine Frau Ursula (geb. 1932) setzten sich aktiv gegen die Rassentrennung in Südafrika ein. Aus Anerkennung überließ Winnie Mandela ihnen 1984 die Bibel mit dem Pistolenausschnitt, die im Jahr des Township-Aufstandes in Soweto, 1976, im Hause Mandela als Drohung zurückgelassen wurde. Winnie Madikizela (1936–2018) war von 1958 bis 1996 die zweite Ehefrau Nelson Mandelas und eine engagierte Kämpferin gegen die Apartheid-Regierung. Noch heute zeigt das eingeschossige einstige Wohnhaus des Ehepaares in Soweto Einschusslöcher und Brandspuren von Überfällen, wie jenes Einbruchs 1976, bei dem die »Pistolen-Bibel« zurückgelassen wurde. — OM

Buchdruck, H 18 × B 12 cm

Bibelhaus Erlebnis Museum Frankfurt/Frankfurter Bibelgesellschaft e. V. mit freundlicher Genehmigung von Ursula Trautwein, Inv. Nr.: BEM 1030

Handschriftliche Widmung von Winnie Mandela

Winnie Mandela
Brandfort, 17.12.1984

Im Jahr 1976 fand Winnie Mandela (1936–2018) die Bibel als Warnung für die Gewaltbereitschaft des Apartheidregimes auf ihrem Kopfkissen. 1984 schrieb sie diese Widmung: »Als ich 1976 im Gefängnis saß, wurde unser kleines Haus in Johannesburg, 8115 Orlando West, Soweto, geplündert, angezündet […]. Die Verbrecher, die das taten, ließen diese Bibel mit dem eingeschnittenen Umriss einer Pistole geöffnet auf meinem Kissen zurück. Das war eine Botschaft von ihnen in dem Haus, in dem ich zahlreiche Angriffe auf mein Leben durchstehen musste.« — SR

Handschriftlicher Eintrag auf dem Vorsatzblatt der »Mandela-Bibel«, H 18 × B 12 cm, Reproduktion
Bibelhaus Erlebnis Museum Frankfurt/Frankfurter Bibelgesellschaft e.V. mit freundlicher Genehmigung von Ursula Trautwein, Inv. Nr.: BEM 1030

IM GLAUBEN AN GOTT GEGEN DIE SED-DIKTATUR

Thomas Ammer und der Eisenberger Kreis

Katharina Kunter

Vier Monate nach der Gründung der Bundesrepublik Deutschland am 23. Mai 1949 wurde, am 7. Oktober 1949, die Deutsche Demokratische Republik (DDR) gegründet. Historiker sprechen deshalb auch von der »doppelten Staatsgründung«, wobei sich die beiden deutschen Staaten gegenseitig nicht anerkannten. Im Westen Deutschlands etablierte sich die Bundesrepublik als eine parlamentarische Demokratie. Im Osten Deutschlands setzten sich jedoch die politischen Kräfte durch, die eine DDR nach dem sowjetischen, stalinistischen Vorbild wollten. Unter Walter Ulbricht, der seit 1950 Generalsekretär des Zentralkomitees der Sozialistischen Einheitspartei Deutschlands (SED) war, wurden in den 1950er-Jahren Politik, Wirtschaft und Gesellschaft brutal umgestaltet. Es gab keine freien Wahlen und keine Gewaltenteilung mehr. Wer gegen den entstehenden Willkürstaat protestierte, galt als Feind des Marxismus-Leninismus und wurde gebrandmarkt, drangsaliert, verfolgt und inhaftiert. Die Zahl derjenigen, die jetzt in die Bundesrepublik flohen, stieg rapide an, ebenso wie die Zahl der Häftlinge in den Gefängnissen der DDR.

Am 17. Juni 1953 gingen über eine Million Menschen auf die Straßen der DDR und Ost-Berlins, um für Freiheit und Demokratie und gegen diese rücksichtslose Sowjetisierung der DDR zu demonstrieren. Doch der SED-Staat schlug den Aufstand gewaltsam nieder. Damit hatte das schöngefärbte Bild des besseren Deutschlands für einen Großteil der DDR-Bevölkerung endgültig tiefe Risse bekommen.

Schüler und Studenten widerstehen dem staatlichen Druck

Das galt auch für den damals 15-jährigen Schüler Thomas Ammer und seine Freunde. Sie gingen in Eisenberg, einer Kleinstadt im heutigen Bundesland Thüringen, die zwischen Jena und Gera liegt, auf die Oberschule. Anfangs waren sie von der DDR und ihrem antifaschistischen Gründungsmythos begeistert, als sie im Geschichtsunterricht von den Geschwistern Scholl hörten und der Widerstand der Weißen Rose gegen den Nationalsozialismus als antifaschistisch beschrieben wurde. Doch nach und nach zeigte ihnen der SED-Staat in ihrem Schulalltag ein anderes Gesicht. Denn die DDR verstand sich als atheistisch und bekämpfte aggressiv jegliche Religionsausübung, wozu auch die christlichen Kirchen gehörten. Dabei hatte es die SED besonders auf die evangelische Jugend abgesehen, eine eigenständige kirchliche Organisation, die 1952 ca. 108 500 Mitglieder besaß. Thomas Ammer und seine Freunde waren Mitglieder der Jungen Gemeinde, in der sich die evangelische Jugend versammelte. Dass der SED-Staat seit 1952 bis zum Juni 1953 die Junge Gemeinde immer heftiger verfolgte, bekamen die Schüler immer stärker zu spüren. Sie durften das Abzeichen der Jungen Gemeinde, eine kleine Anstecknadel mit einem Kugelkreuz, nicht mehr tragen; die Veranstaltungen der Jungen Gemeinde wurden verboten. Thomas Ammer und seine Freunde wurden unter Druck gesetzt und verhört, in der Schule ausgegrenzt und gemobbt, weil sie Christen waren. In dieser schwierigen Situation blieben sie standhaft und der Kirche treu.

Nach der Wahl zur zweiten Volkskammer 1954, bei der die Nationale Front mit gefälschten Stimmen über 99 % erhielt, gründete Thomas Ammer, der jetzt 16 Jahre alt war, zusammen mit Reinhard Spalke und Johann Frömel einen Schüler-Widerstandskreis nach dem Vorbild der Weißen Rose. Sie protestierten mit einem Plakat gegen die Scheinwahlen zur Volkskammer. Sie verfassten Flugblätter und klebten Plakate. Nachts gingen sie mit Eimern weißer Farbe los und schrieben »Nieder mit der SED« und »Wir fordern Freiheit« an Wände und Güterwagen, beseitigten Symbole der SED und setzten sich, in enger Anlehnung an die Formulierungen der Flugblätter der Weißen Rose, für die freie Meinungsäußerung, für Versammlungs- und Pressefreiheit, für freie Wahlen, Rechtsstaatlichkeit und Demokratie und ein vereintes Deutschland ein.

Thomas Ammer legte 1955 sein Abitur ab und begann mit dem Medizinstudium an der Friedrich-Schiller-Universität Jena. Als Student setzte er seine Widerstandstätigkeit fort. Der Eisenberger Kreis, der diesen Namen erst später erhielt, war inzwischen weit verzweigt; zu ihm gehörten etwa 16 bis 18 Schüler, Studenten, Lehrlinge und junge Arbeiter. Er verfügte aber weder über eine feste Organisationsstruktur noch über Führungsgremien und er kannte keine formale Mitgliedschaft. Die jungen Leute forderten freie Wahlen, den Abzug der sowjetischen Truppen, die Freilassung politischer Gefangener und die Zulassung von Oppositionsparteien; einige Gruppenmitglieder nahmen Kontakt zu antikommunistischen Organisationen in West-Berlin auf und besorgten sich dort Literatur. Dabei handelten sie, wie ihr Vorbild Weiße Rose, streng konspirativ; zur Tarnung ließ sich beispielsweise Thomas Ammer in die Hochschulgruppenleitung der Freien Deutschen Jugend (FDJ) wählen.

Nach dem niedergeschlagenen Volksaufstand in Ungarn im November 1956 verstärkte der Eisenberger Kreis seine Widerstandstätigkeit. Zum ersten Jahrestag des Ungarnaufstandes 1957 verfassten seine Mitglieder einen »Aufruf an die Hochschullehrer an den Universitäten der DDR«, wobei sie diese Aktion ausdrücklich den Geschwistern Scholl widmeten und an das Versagen der deutschen Professoren im Nationalsozialismus erinnerten.

Ein Spitzel verrät die Mitglieder des Eisenberger Kreises

Der Aufruf konnte allerdings nicht mehr verbreitet werden, weil sich 1957 ein Spitzel des Ministeriums für Staatssicherheit (MfS) in die Gruppe einschlich. Er hatte sich als westdeutscher Journalist getarnt und verriet die Mitglieder des Eisenberger Kreises. Am 13. Februar 1958 wurde Thomas Ammer verhaftet; in den folgenden Wochen wurden weitere 24 Mitglieder des Kreises festgenommen. Fünf konnten sich der drohenden Verhaftung entziehen, indem sie rechtzeitig nach West-Berlin flohen. Von September bis Oktober 1958 verhängte das Bezirksgericht Gera 24 Urteile mit einem Gesamtstrafmaß von 116 Jahren und sechs Monaten Zuchthaus. Der Vorwurf lautete Staatsverrat. Thomas Ammer erhielt am 27. September mit 15 Jahren Zuchthaus die höchste Strafe, die er in den Zuchthäusern Waldheim und Brandenburg-Görden absaß; davon neun Monate in Isolationshaft, ohne Besuchserlaubnis.

1964 kaufte die Bundesrepublik Thomas Ammer und Peter Herrmann frei. Zu den Bedingungen ihres Freikaufs gehörte, dass sie in der Bundesrepublik über den Eisenberger Kreis und ihre Haft in der DDR schweigen mussten.

Ammer studierte dann in der Bundesrepublik Politische Wissenschaften, Jura und Geschichte in Tübingen, Bonn und Erlangen und schrieb als Wissenschaftler und Redakteur zahlreiche Bücher und Artikel über die DDR. 1999 erhielt er das Bundesverdienstkreuz.

Protest und Mut führen zum Herbst 1989 und zur Friedlichen Revolution

Bis zur Wiedervereinigung 1990 war in der Bundesrepublik und in der bundesdeutschen DDR-Forschung kaum etwas über den Eisenberger Kreis wie auch über Opposition und Widerstand in der DDR im Allgemeinen bekannt. Das lag daran, dass die DDR, v. a. in der Wahrnehmung vieler Bundesdeutscher, seit der Ära der Entspannungspolitik in den 1970er-Jahren, immer weniger als

Diktatur angesehen wurde. Viele Gruppierungen betrachteten die DDR als eine interessante, soziale und sozialistische Alternative zur Bundesrepublik; eine »kommode Diktatur«, wie sie der Schriftsteller Günter Grass einmal bezeichnet hat. Das hatte nicht nur zur Folge, dass ihr nach wie vor bestehender Unrechtscharakter ausgeblendet wurde, sondern auch, dass Widerstand und Opposition in der DDR bis zur Friedlichen Revolution 1989 kaum wahrgenommen oder von Historikern erforscht und thematisiert wurden.

Erst Mitte der 1980er-Jahre blickte man auch in der Bundesrepublik auf die oppositionellen Kreise in der DDR, die häufig unter dem Dach der evangelischen Kirche entstanden waren. Einzelne Christen, Gemeinden, Arbeitskreise, kirchliche ökumenische Versammlungen bildeten in der DDR eine wichtige Plattform derjenigen, die sich im Herbst 1989 mutig gegen die Herrschaft der SED wandten und Demokratie, Menschenrechte, Religionsfreiheit und freie Wahlen forderten. Bei den nach und nach entstehenden Bürgerrechtsbewegungen wie dem Neuen Forum, dem Demokratischen Aufbruch oder Demokratie Jetzt und den neugegründeten Parteien fanden sich zahlreiche der Protestanten wieder, die sich über Jahre hinweg in kleineren kirchlichen Kreisen Inseln des freien Denkens geschaffen und sich gegen Unterdrückung, Entmündigung und ideologische Bevormundung gewandt hatten. In der breiten Öffentlichkeit bekannt geworden sind etwa Protestanten wie der spätere Bundespräsident Joachim Gauck, Marianne Birthler, die Gauck als Bundesbeauftragte für die Unterlagen des Staatssicherheitsdienstes folgte, Rainer Eppelmann, der Theologe Heino Falcke, der Pfarrer der Leipziger Nikolaikirche Christian Führer, die SPD-Politiker Markus Meckel und Richard Schröder oder der Wittenberger Pfarrer Friedrich Schorlemmer.

Feuerzeug

vor 1956

Mit diesem Taschenfeuerzeug zündeten Günter Schwarz und Reinhard Spalte am 21. Januar 1956 den Schießstand der GST in Eisenberg an. Die »Gesellschaft für Sport und Technik« (GST) war für die paramilitärische Ausbildung der Bevölkerung zuständig mit dem Ziel der Wehrertüchtigung und Vorbereitung für den Dienst in der NVA. — SM

Feuerzeug, H 7 cm, D 2 cm, Metall
Stiftung Haus der Geschichte der Bundesrepublik Deutschland
Zeitgeschichtliches Forum Leipzig, Inv. Nr.: H 1998/04/0002

Aufnäher-Abzeichen »Schwerter zu Pflugscharen«

Harald Bretschneider
1980er Jahre

1980 entwickelte der sächsische Jugendpfarrer Harald Bretschneider (geb. 1942) ein neues Symbol für die kirchliche Friedensbewegung der DDR: »Schwerter zu Pflugscharen«. Es bezog sich auf die Friedensvision des Propheten Micha (Mi 4, 3) und die gleichnamige Plastik von Jewgeni Wutschetitsch (1908–1974) am Hauptquartier der UNO in New York City. Weil Bretschneider auf Vlies drucken ließ, benötigte er keine staatliche Erlaubnis. Die 100.000 Abzeichen waren Ausdruck von Opposition und das Tragen wurde mit harten Repressalien bestraft. — KK

Stoff-Aufnäher, H 6 × B 6 cm, Textil
Privatbesitz Prof. Dr. Katharina Kunter, Frankfurt

Jeansweste von Christian Führer

vor 1995

Angesichts der zunehmenden ideologischen Erstarrung des SED-Regimes in den 1980er-Jahren entstanden eine Vielzahl von oppositionellen Gruppen, die sich unter der schützenden Hand der Kirchen entfalten konnten und zum Auflösungsprozess der DDR beitrugen. Die hier ausgestellte Jeansweste war das ikonische Kleidungsstück des evangelischen Theologen Christian Führer (1943–2014), der aus Protest gegen das Wettrüsten in Ost und West montägliche Friedensgebete in der Leipziger Nikolaikirche abhielt. — MK

Bekleidungsstück, H 66,5 × B 60 cm, Textil
Stiftung Haus der Geschichte der Bundesrepublik Deutschland, Zeitgeschichtliches Forum Leipzig, Dauerleihgabe der Stiftung Friedliche Revolution, Inv. Nr.: HL 2007/07/0003

Liederheft Pusteblume der Jungen Gemeinde

Landesjugendpfarramt Potsdam
März 1989

Evangelische Jugendarbeit fand in der DDR in der Jungen Gemeinde statt. Hier konnten junge Christinnen und Christen zusammen singen, feiern, Gemeinschaft erfahren und ohne staatliche Indoktrinierung über ihren Glauben und Politik sprechen. Ihr Abzeichen war eine Weltkugel mit Kreuz; ihr Magazin hieß Stafette. Es erschien in 50.000 Exemplaren und wurde 1953 verboten. An den Schulen wurden die Mitglieder der Jungen Gemeinde unter Druck gesetzt. Wie Thomas Ammer und seine Freunde erfuhren sie Diskriminierung. — KK

Wachsmatrizendruck, H 66,5 × B 60 cm, Papier, geheftet
Privatbesitz Jürgen Schwochow, Potsdam

229

Zeitschrift »Stafette«

Junge Gemeinde
Jahrgang 1953

Printmedium, H 24 × B 18 × T 3,5 cm, Papier
Privatbesitz Dr. Ellen Ueberschär, Berlin

Kugelkreuz

Junge Gemeinde
undatiert

Anstecknadel, H 5,7 cm, Metall
Privatbesitz Bettina Bertram, Königshain

1957, den 4. November

An den Lehrkörper der mitteldeutschen Universitäten

Die Stunde verdient es, sich zu sammeln und wenigstens den Mut zu haben, einmal nachzudenken, ohne Furcht, unbequeme Konsequenzen ziehen zu müssen, und unter Verzicht auf jegliche Illusionen, etwa ein irgendwohin gerichtetes Vertrauen, eine Zuversicht, die wohl Wunden heilen hilft, selten aber die Kraft hat, ihre Entstehung zu verhindern. Es wäre wahrlich beleidigend naiv, Ihnen die Parallelen zwischen diesem totalitären System und dem Dritten Reich aufzuzählen. Doch denken wir an die allgemeine Haltung der deutschen Geistesschaffenden vor 20 Jahren. War nicht Ihre Flucht in spekulative Räume, ihr Schwelgen in der Freiheit des schwebenden Gedankens im Grunde ein Selbstbetrug? Vielleicht wird man gegenwartsbezogen einwenden, dass ein zur Tat zwingendes Erkennen der dem Stande der menschlichen Erkenntnis ins Gesicht schlagenden Realität eine übernatürliche Kraft oder gar unaufbringbare Kraft, andererseits einen übertriebenen Idealismus erfordere. Mit dem Vorwurf der Feigheit oder Schwäche ist freilich das eine heute nicht abzutun, während das andere schon eine sehr gefährliche Konzession enthält. Zugegeben, der Widerstand des Einzelnen ist sinnlos, wenn er nicht von einer Gemeinschaft, mag sie noch so klein sein, getragen wird. – Das furchtbare Wüten krankhafter Machtgier ist über die Völker des Ostens hinweggegangen – keiner blieb verschont, mochte er noch so hoch und abseits stehen; keiner Familie blieb die häusliche Stille erhalten. Und das abgesonderte, ängstlich stille Pflichterfüllen des Einzelnen schien gerade die tierische Kampfeswut der NKWD noch aufzureizen. Wo sind die konkreten Einwände, die die Befürchtung einer mehr oder weniger genauen Übertragung der erwähnten Zustände auf unser Land entkräften könnten? Worauf könnte Optimismus basieren, wenn auf unserer ungebrochenen Entschlossenheit, das Menschliche zu verteidigen (Kennen Sie die Haltung Ihrer polnischen Kollegen?)? Unsere Tat muss einsetzen, wo wir der Tyrannei in ihrer tiefgreifendsten Auswirkung begegnen. – Es ist klar, dass im Grunde nicht irgendeine Straftat, sondern der Geist als solcher verfolgt wird, denn "für die Dauer ist kein Doppelleben möglich, um in Harmonie mit sich selbst zu sein, passt der Mensch notgedrungen seine Gedanken dem äusseren Verhalten an, zu dem die Gewalt ihn zwingt." (Th. Mann). Darum müssen wir die Pfeiler stürzen, auf denen unser misstrauisches, unaktuelles Begegnen begründet ist: Wirken Sie an den deutschen Universitäten auf die Festigung des Vertrauens innerhalb des Lehrkörpers und zur Studentenschaft hin, weichen Sie nicht aus! Wenn die selbstquälerische Skrupelhaftigkeit, die nie zur Tat führt, durch die Einsicht in die Notwendigkeit der freien verantwortlichen Tat ersetzt ist, wenn die Civilcourage restauriert ist, dann muss sich in dieser Gemeinschaft die Macht des Geistes entfalten (und es würde keine 96%ige "Wahl"-beteiligung mehr zustande kommen). Wir tendieren alle dazu, im Auftrag einen Beruf und in diesem eine Berufung zu sehen. Würde nicht ein geringer Bruchteil der hier aufgewendeten Energie genügen, ein gewisses politisches Geschick zu erwerben, um unsere menschliche und nationale Pflicht auch im Gesellschaftlich-Politischen zu erfüllen? Der deutsche Arbeiter, entblösster als wir der ätzenden Lüge preisgegeben, sieht auf uns. – Wir rufen alle, die nicht nur dieses totalitäre System ablehnen, sondern auch erfüllt sind vom Glauben an ewige und unveräusserliche Werte im Dasein des Menschen und des Staates, wie Freiheit und Menschlichkeit, Gerechtigkeit und Wahrheit!
Die soziale Demokratie ist das ewig Junge, das Menschlichste. Lasst uns einig darum ringen!
Voller Besorgnis, die freien Stimmen könnten verhallen, gedenken wir besonders heute ihrer Opfer in aller Welt. Doch hier ist unser Platz, hier unsere Pflicht.

Den Geschwistern Scholl

(Helfen Sie bitte mit, diese Schrift weiterzuverbreiten.)

November 1957 (keine Verbreitung)

»An den Lehrkörper der mitteldeutschen Universitäten«

Eisenberger Kreis
4. November 1957

Da der Sozialismus nur gewaltsam durchzusetzen war, mussten alle Formen von Opposition ausgeschaltet werden. Nicht nur politische Gegner, auch unpolitische Gruppierungen wurden verfolgt. Nach dem Volksaufstand vom 17. Juni 1953 bildeten einige Schülerinnen und Schüler um Thomas Ammer (geb. 1937) den Eisenberger Kreis mit dem Ziel, das SED-Regime zu bekämpfen. Im Februar 1958 zerschlug die Staatssicherheit die Widerstandsgruppe. Der zu fünfzehn Jahren Zuchthaus verurteilte Ammer wurde 1964 von der Bundesrepublik freigekauft. — MK

Flugblatt, H 29,7 × B 21 cm, Typoskript, Papier, Faksimile
Privatbesitz Thomas Ammer

ABGEORDNETE UND IHRE GEWISSENS-ENTSCHEIDUNGEN

Politikerinnen und das Freie Mandat

Katharina Kunter

In den modernen, repräsentativen Verfassungen Europas hat sich das Freie Mandat durchgesetzt: Das bedeutet, dass die Abgeordneten nicht an Aufträge und Weisungen ihrer Parteien oder Fraktionen gebunden sind, sondern das gesamte Volk vertreten und bei ihren Entscheidungen nur ihrem Gewissen unterliegen. Im Grundgesetz der Bundesrepublik Deutschland ist dies im Artikel 38, Absatz 1 festgehalten.

Verfassungsgeschichte des freien Abgeordnetenmandats

Zurückzuführen ist die Theorie eines freien Abgeordnetenmandats auf den irisch-britischen Politiker und Staatstheoretiker Edmund Burke (1729–1797). Er entfaltete sie erstmals 1774 öffentlich in seiner Dankesrede an die Wähler von Bristol. Die Idee, dass der Abgeordnete allein gegenüber seinem »aufgeklärten Gewissen« verantwortlich sei, wurde dann unter anderem als Grundsatz in die Französische Verfassung von 1791 aufgenommen sowie später im Deutschen Reich in der Paulskirchenverfassung von 1849, der Verfassung des Kaiserreiches von 1871 und der Weimarer Reichsverfassung von 1919. Nach dem Ende des Nationalsozialismus knüpften die Väter und Mütter des Grundgesetzes an diese Traditionen an. Sie wollten ausdrücklich ein Gegengewicht zum Fraktionszwang schaffen und die persönliche Verantwortung des Abgeordneten aufwerten. Im Verlauf der Geschichte der Bundesrepublik gab es immer wieder Politikerinnen und Politiker, die sich auf dieses Prinzip beriefen und öffentlich für ihre eigene Gewissensentscheidung – und gegen die Parteidisziplin – eintraten. Bereits 1950 machte beispielsweise der damalige CDU-Innenminister Gustav Heinemann Gebrauch von Artikel 38 und sprach sich gegen die von seiner Partei forcierte Wiederaufrüstung der Bundesrepublik aus.

Damit wurde nicht nur das Mehrheitsprinzip repräsentativ umgesetzt, sondern auch politische Differenzen und Alternativen sichtbar gemacht. Das lässt sich exemplarisch an drei Gewissensentscheidungen von Politikerinnen unterschiedlicher Parteien und Perioden zeigen.

Elisabeth Schwarzhaupt: für die Gleichberechtigung der Frau

Im Wahlkampf für die Reichstagswahl vom Juli 1932 und dann auch für die nächste Reichstagswahl im Frühjahr 1933 bezog eine junge Juristin öffentlich Stellung gegen das von den Nationalsozialisten propagierte Frauenbild: Sie hieß Elisabeth Schwarzhaupt und warnte in der Folgezeit auf verschiedenen Wahlkampfveranstaltungen der Deutschen Volkspartei in hessischen Städten vor den negativen Auswirkungen des Nationalsozialismus für die noch nicht vollendete Gleichberechtigung der Frau.

Die sogenannte Machtergreifung Hitlers 1933 stoppte ihre beruflichen Pläne. Nach dem Krieg zog sie am 6. September 1953 für die CDU in den Bundestag ein. Dort setzte sich Schwarzhaupt v. a. für die Reform des Familienrechts ein, um die Benachteiligung der Mütter zu revidieren. Als am 12. Februar 1954 die erste Lesung des überarbeiteten Entwurfes im Bundestag stattfand, hielt Elisabeth Schwarzhaupt ihre »Jungfernrede« im Plenum. Sie wurde zu einer »Sternstunde« des Parlaments. Die *Neue Zürcher Zeitung* sprach später von Schwarzhaupt als einem parlamentarischen Talent ersten Ranges. Klar, differenziert, sachlich und juristisch überzeugend argumentierte sie, dass der Staat mit seinem Recht nicht in die innere Ordnung der Familie eingreifen dürfe, da die Ehe eine auf Partnerschaft und Gleichberechtigung gegründete Verbindung zwischen Mann und Frau sei. Ebenso wandte sie sich gegen eine wortwörtliche Interpretation des Ersten Korintherbriefes in der Bibel, in der Paulus den Mann als Haupt der Frau bezeichnet. Daraus lasse sich kein Rechtsanspruch in der Art eines überwiegenden Entscheidungsrechts des Mannes ableiten, das dem Familienrecht zugrunde liege. Deshalb votierte sie für eine Streichung des in Paragraf 1354 formulierten patriarchalischen Stichentscheides und für die Änderung der Paragrafen 1628 und 1629. Mit dieser Argumentation, die sie selbstbewusst im Parlament und in den Sachausschüssen vortrug, stellte sie sich nicht nur gegen die Mehrheit in ihrer eigenen Fraktion, sondern auch gegen die Ansicht der evangelischen Kirche, wie sie der Ratsvorsitzende der Evangelischen Kirche in Deutschland, Bischof Otto Dibelius, nachdrücklich in der Öffentlichkeit vertrat.

Ihrer persönlichen Überzeugungskraft im Parlament war es zu verdanken, dass schließlich der umstrittene Stichentscheid ersatzlos mit 186 gegen 172 Stimmen aus dem Bürgerlichen Gesetzbuch gestrichen wurde. Kurz darauf, am 24. Mai 1957, stimmte dann der Bundesrat dem »Gesetz über die Gleichberechtigung von Mann und Frau auf dem Gebiet des bürgerlichen Rechts« zu. Etwa ein Jahr später trat das neue »Gleichberechtigungsgesetz« offiziell in Kraft.

Hildegard Hamm-Brücher: gegen den Machtwechsel

Auch die spätere FDP-Politikerin Hildegard Hamm-Brücher hatte bereits verschiedene ausgrenzende Erfahrungen während des Nationalsozialismus machen müssen. Ihre Großmutter war Jüdin, sie galt also nach der nationalsozialistischen Rassenlehre als »Mischling ersten Grades« und war direkt von den Nürnberger Gesetzen betroffen. Trotzdem konnte sie während des Zweiten Weltkriegs an der Universität München Chemie studieren. In den antinationalsozialistischen Kreisen, in denen sie verkehrte, lernte sie auch Mitglieder der Weißen Rose kennen. Zwar erfuhr sie erst später von deren Rolle im Widerstand und ihren Flugblattaktionen, gleichwohl fühlte sie sich der Weißen Rose ethisch und politisch verbunden.

Nach dem Krieg trat sie in die FDP ein und nach der Bundestagswahl 1976 wurde sie als Staatsministerin ins Auswärtige Amt berufen. 1982 leiteten vier ihrer Parteigenossen das vorzeitige Ende der sozialliberalen Koalition unter Bundeskanzler Helmut Schmidt ein. Sie warben für eine CDU-Regierung unter Helmut Kohl als neuem Kanzler. Diesem Schritt waren zunehmende politische Differenzen vorausgegangen: außer über den NATO-Doppelbeschluss, durch den die Stationierung von amerikanischen Mittelstreckenraketen drohte, wogegen eine breite Friedensbewegung protestiert hatte, auch über die sich verschlechternde Wirtschaftslage und die steigende Arbeitslosigkeit, die bereits fast zwei Millionen Menschen betraf.

Am 1. Oktober 1982 kam es schließlich, zum ersten Mal in der Geschichte der Bundesrepublik, dazu, dass ein regierender Kanzler durch ein konstruktives Misstrauensvotum zu Fall gebracht wurde: Helmut Kohl löste Helmut Schmidt als Kanzler ab. In der vorausgegangenen sechsstündigen Debatte im Bundestag hatte Hildegard Hamm-Brücher gegen die Entscheidung ihrer eigenen Partei gestimmt und mit eindringlichen Worten erläutert, warum sie nach langer und schwerer Gewissensprüfung den Weg ihrer Partei nicht mitgehen könne. Die Abwahl von Schmidt und die Wahl von Kohl habe das Odium des verletzten demokratischen Anstands. Ihre öffentlich geäußerte Meinung brachte ihr Aggressionen und Feindschaften ein. Der CDU-Abgeordnete Heiner Geißler diffamierte ihr Votum als einen Anschlag auf die Verfassung.

Marianne Birthler: Protest gegen die Stasikontakte Stolpes

Während sich in der Bundesrepublik der Machtwechsel zur CDU vollzog, engagierte sich in Ost-Berlin die Katechetin und Gemeindehelferin Marianne Birthler in der Kinder-und Jugendarbeit und wandte sich zunehmend oppositionellen Kreisen zu. 1986 gehörte sie zu den Mitbegründern des Arbeitskreises Solidarische Kirche, der sich für mehr Transparenz und Demokratie in der Kirche und die Durchsetzung der Menschenrechte starkmachte. Im selben Jahr gründete sie mit anderen Gleichgesinnten die Initiative Frieden und Menschenrechte, die mit ihrem Programm bewusst das Dach der Kirche verließ und sich inhaltlich an der tschechischen Bürgerrechtsbewegung Charta 77 orientierte. Nach dem Fall der Berliner Mauer am 9. November 1989 wirkte sie zunächst am Zentralen Runden Tisch mit, wurde dann in der letzten und ersten frei gewählten Volkskammer zur Sprecherin der Fraktion von Bündnis 90 gewählt und gehörte bis zu den ersten gesamtdeutschen Wahlen dem Bundestag an. 1990 kandidierte sie für die Landtagswahlen in Brandenburg und wurde in der anschließenden Koalition aus SPD, FDP und Bündnis 90 zur Ministerin für Bildung, Jugend und Sport ernannt.

Zur gleichen Zeit wurde in der Öffentlichkeit intensiv über die Kontakte und die Zusammenarbeit des brandenburgischen Ministerpräsidenten Manfred Stolpe mit dem Ministerium für Staatssicherheit diskutiert; auch Marianne Birthler äußerte sich kritisch und verlangte nach Aufklärung. Als Ministerpräsident Stolpe, wie sie später in ihren Erinnerungen schrieb, sie wegen dieser öffentlichen Äußerungen über seine Stasi-Kontakte zu einem persönlichen Gespräch bat und sie aufforderte, ihre kritischen öffentlichen Äußerungen aus Loyalität ihm gegenüber zu unterlassen, trat sie umgehend als Bildungsministerin zurück. Sie hätte es nicht mit ihrem Gewissen vereinbaren können, an dieser Stelle gegenüber ihren Wählern und den Bürgern zu schweigen. Im Jahr 2000 wurde Marianne Birthler dann als Nachfolgerin von Joachim Gauck zur Bundesbeauftragten für die Unterlagen des Staatssicherheitsdienstes der ehemaligen Deutschen Demokratischen Republik gewählt.

Dr. Elisabeth Schwarzhaupt

Biblische Weisungen und Gesetzesparagraph

Ein Beitrag zur Debatte über das Entscheidungsrecht in der Ehe.

In der Auseinandersetzung über die ~~Stellung von Mann und Frau in der Familie~~ Reform des Familienrechts und über ~~die~~ Folgerungen, die für das vielumstrittene Entscheidungsrecht in der Ehe ~~zu ziehen sind, handelt es sich um eine Frage, die~~ auf drei verschiedenen Ebenen ~~in verschiedener Weise erscheint.~~

Zunächst einmal handelt es sich um die ganz persönliche Beziehung der Eheleute zueinander. // Auf der zweiten Ebene handelt es sich um Ehe und Familie als einer Institution unseres sozialen Lebens, als gesellschaftliches Gebilde, das verflochten ist in die Gesellschaftsordnung und sich zugleich wesentlich von allen anderen Gemeinschaften ~~unterscheidet~~ innerhalb unserer Gesellschaft unterscheidet.

~~Drittens handelt es sich~~ um die Rechtsnorm, die ~~sich auf der dritten Ebene, d.h.~~ im Rahmen des vom Staat gesetzten Rechts ~~auf~~ diese Institution ~~bezieht~~ weisen ist.

Diese drei Ebenen sind bei der Betrachtung der theologischen, rechtspolitischen und rechtlichen Fragen, die die Reform des Familienrechts uns stellt, von einander zu scheiden, ~~es ist aber auch nichts zu übersehen, daß sie in einer Beziehung zueinander stehen.~~

Auf der ersten Ebene, der der persönlichen menschlichen Beziehung, ~~entwickelt sich die gemeinsame Willensbildung von Eheleuten,~~ die von der Stärke der Persönlichkeiten, von den Traditionen, den Überzeugungen und den sozialen Verhältnissen, in denen die Eheleute leben, ~~mitbestimmt sind~~. Hier entwickelt sich, oft kaum bewußt, ein partnerschaftliches Gleichgewicht, ein Übergewicht des einen, oder eine Zuständigkeitsverteilung, die jedem einen bestimmten Bereich läßt. In diese persönliche Beziehung von zwei Menschen sind die vielzitierten biblischen Weisungen für

- 2 -

10 Min Vortrag in Südwestfunk hale hale
August 1959

Vor wenigen Wochen ist ein Urteil des Bundesverfassungsgerichts ergangen, das in der Presse vielfach unter dem Schlagwort "Gleichberechtigung der Frau" besprochen worden ist. Das Gericht hatte entschieden, dass zwei §§ des Bürgerlichen Gesetzbuchs ~~in einer vom Bundestag beschlossenen Neufassung~~ ungültig seien, weil sie dem in der Verfassung festgelegten Grundsatz von der Gleichberechtigung der Geschlechter widersprächen. In diesen §§ ist ausgesprochen, dass der Vater das Entscheidungsrecht habe, wenn Eltern sich in Angelegenheiten ihrer Kinder nicht einigen können. Die Mutter ~~hat~~ *kann* in besonders groben Fällen, *vor allem, wenn* ~~in denen~~ die Entscheidung des Vaters das Wohl des Kindes verletzt, ~~das Recht,~~ das Vormundschaftsgericht anrufen. Nachdem der erste Sturm nach der Veröffentlichung dieses Urteils vorüber ist, ist es an der Zeit zu überlegen, was nun geschehen soll. Ist etwa der Gleichberechtigungsgrundsatz, wie ihn die Verfassung ausspricht, falsch? Dann müsste eigentlich der Bundestag versuchen, diesen Artikel durch eine verfassungsändernde Mehrheit abzuändern. Oder hat das Bundesverfassungsgericht falsch entschieden? Dagegen gäbe es allerdings keine Berufung. Oder hat es richtig entschieden? Dann bleibt die Frage, ob der Bundestag die Lücke, die durch die Ungültigkeit von zwei §§ entstanden ist, durch eine neue Bestimmung ausfüllen soll und wie die auszusehen hätte. Darüber sind die Meinungen sehr verschieden.
Die einen sagen, dass der Gesetzgeber dem Vater zu Recht ein Letztentscheidungsrecht zuerkannt habe. Die meisten Vertreter dieses Standpunktes meinen, dass die Verfassung dies auch zugelassen habe, weil dieses Entscheidungsrecht einer langen christlichen Tradition über die Struktur der Familie entspreche, und der Art. 6 des Grundgesetzes erlaube und verlange, dass diese Struktur im bürgerlichen Gesetzbuch zum Ausdruck komme. Der Gleichberechtigungsgrundsatz könne nicht die natürliche Verschiedenheit der Geschlechter aufheben. Es wird auch gesagt, dass dringende Entscheidungen, etwa über eine Operation eines Kindes nur gewährleistet seien, wenn ein ~~Elt~~ Elternteil das Entscheidungsrecht habe. Schliesslich und drittens sei es besser, wenn im Streitfall der Vater entscheide, als wenn eine familienfremde Instanz, das Vormundschaftsgericht, in die Familie

35

Kurzvortrag zum Urteil des Bundesverfassungsgerichts

Elisabeth Schwarzhaupt
August 1959

Gerade auch auf Betreiben der evangelischen Oberkirchenrätin und christdemokratischen Bundestagsabgeordneten Elisabeth Schwarzhaupt konnten im bundesdeutschen Familienrecht 1957 bereits Fortschritte hin zur rechtlichen Gleichstellung von Mann und Frau erzielt werden. Am 29. Juli 1959 erklärte das Bundesverfassungsgericht schließlich den sog. Stichentscheid des Ehemannes und Vaters in Fragen des Kindeswohls für verfassungswidrig. Hierauf bezieht sich die Rundfunk-Rede der späteren Gesundheitsministerin. — OM

Typoskript, H 29,7 × B 21 cm, Papier
Konrad-Adenauer-Stiftung e.V., Archiv für Christlich-Demokratische Politik, Sign.: ACDP, 01-048-013/4

**Ersttagsbrief mit 100-Pfennig-Marke Elisabeth Schwarzhaupt,
aus der Serie »Frauen der deutschen Geschichte«**

Deutsche Post AG
16. Oktober 1997

Widerstand und Protest waren bestimmende Konstanten im Leben von Elisabeth Schwarzhaupt (1901–1986). Die promovierte Juristin positionierte sich in der Weimarer Republik gegen die Nationalsozialisten und trat ihnen entschieden entgegen. Nach dem Krieg saß sie für die CDU im Deutschen Bundestag. Die streitbare, zugleich aber umsichtige Politikerin, die 1961 als erste Frau dazu berufen wurde, ein Ministerium der Bundesregierung zu führen, leistete wichtige Beiträge für die Gleichberechtigung von Frauen und Männern. — MK

Briefumschlag, H 9,5 × B 16,5 cm, Papier
Museum der Stadt Worms im Andreasstift

z.d.A.

Dr. Hildegard Hamm-Brücher
Mitglied des Deutschen Bundestages

53 Bonn, 1. Oktober 1982
Bundeshaus
Fernruf 16......

Die Wahl dieser Rufnummer vermittelt den gewünschten Hausanschluß.
Kommt ein Anschluß nicht zustande, bitte Nr. 161 (Bundeshaus-Vermittlung) anrufen.

ERKLÄRUNG VON DR. HILDEGARD HAMM-BRÜCHER VOR DEM DEUTSCHEN BUNDESTAG

Die F.D.P.-Bundestagsabgeordnete Dr. Hildegard Hamm-Brücher gibt heute vor dem Deutschen Bundestag in der Aussprache über den Antrag nach Art. 67 GG folgende persönliche Erklärung ab:

Es sind drei Gründe, die mein Abstimmungsverhalten bestimmen:

Einmal möchte ich öffentlich machen, daß es sich bei dem Dissens innerhalb meiner Fraktion nicht um eine Kontroverse zwischen dem sogenannten rechten und linken Flügel meiner Partei handelt, sondern um eine sehr grundsätzliche Auseinandersetzung, die über inner- und zwischenparteilichen Kontroversen hinausgeht und in Grundfragen unseres Demokratie- und Parlamentsverständnis hineinführt.

Es geht um die Grundfrage, ob die Abgeordneten einer Fraktion, die mit einer klaren Koalitionsaussage für eine Koalition und gegen eine andere ein hohes Wahlergebnis erzielt haben - nach zwei Jahren entgegen diesem Versprechen - einen Machtwechsel ohne vorheriges Wählervotum herbeiführen dürfen?

Für mich persönlich muß ich diese Frage mit einem klaren "Nein" beantworten. Ich habe dies von allem Anfang an so gesehen und in der Fraktion vertreten.

So betrachtet ist ein Regierungswechsel eben keine "natürliche Sache", sondern ein schmerzlichhafter Gewissenskonflikt: Partei- und Fraktionssolidarität, die Loyalität zu dem Vorsitzenden, der freiwillige Verzicht auf ein schönes und wichtiges Amt... versus persönlicher und politischer Verantwortung, Zuverlässigkeit, Glaubwürdigkeit...

Ich bedaure zutiefst, daß der politische Liberalismus, dem ich seit fast 35 Jahren mit Kopf und Herz verbunden bin über diesen Konflikt in eine schwere Existenzkrise geraten ist und (ich werde

-2-

Erklärung von Hildegard Hamm-Brücher vor dem Deutschen Bundestag zum konstruktiven Misstrauensvotum

Hildegard Hamm-Brücher
1. Oktober 1982

Hildegard Hamm-Brücher (1921–2016) war in mehrfacher Hinsicht eine profilierte Politikerin. Die linksliberale Protestantin leistete sich eine eigene Meinung und vertrat eigenständige Positionen, die nicht selten von der Partei abwichen. Das von Hans-Dietrich Genscher (1927–2016) herbeigeführte und von der Fraktionsmehrheit getragene Misstrauensvotum verurteilte sie in einer aufwühlenden Rede im Bundestag auf das Schärfste. Ihren Protest gegen den Kanzlersturz begründete sie mit einem »schmerzhaften Gewissenskonflikt«. — MK

Typoskript, H 29,7 × B 21 cm, Papier
Friedrich-Naumann-Stiftung für die Freiheit / Archiv des Liberalismus, Sign.: ADL, Bestand Hans-Dietrich Genscher, N52-383 [unvollständig]

Flugblatt des FDP-Landesverbandes Bayern zur Landtagswahl 1962 in Bayern mit Kandidatin Hildegard Hamm-Brücher

FDP-Landesverband Bayern

1962

Flugblatt, Papier,
Friedrich-Naumann-Stiftung für die Freiheit / Archiv des Liberalismus, Sign.: ADL Flugblattsammlung, E1-695a

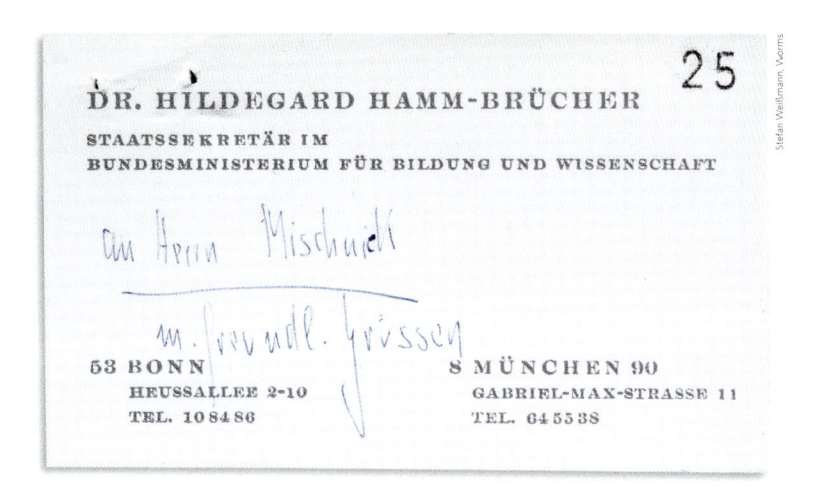

**Visitenkarte von Hildegard Hamm-Brücher als »Staatssekretär«
im Bundesministerium für Bildung und Wissenschaft
mit handschriftlichem Gruß an Wolfgang Mischnik**

unbekannt

o. J.

Friedrich-Naumann-Stiftung für die Freiheit / Archiv des Liberalismus,
Sign.: ADL Bestand FDP-Bundestagsfraktion, A49-130

**Button des FDP-Landesverbandes Bayern
zur Landtagswahl 1974 in Bayern:
»Dr. Hildegard Löwenherz«**

FDP-Landesverband Bayern

1974

Friedrich-Naumann-Stiftung für die Freiheit / Archiv des
Liberalismus, Sign.: ADL Werbemittelsammlung, WB3-9

Leserbrief von Norbert Lammert an Marianne Birthler

Norbert Lammert
30. Oktober 1992

Norbert Lammert (geb. 1948) bringt seine Anerkennung für Marianne Birthlers konsequente und lautere Haltung zum Ausdruck, die er als vorbildlich für die politische Kultur empfindet. — KK

Typoskript, H 29,7 × B 21 cm, Papier
Privatbesitz Marianne Birthler, Berlin

Leserbrief an Marianne Birthler vom 29. Oktober 1992

k. A.
29. Oktober 1992

In diesem Brief vom Oktober 1992 drückt der Schreiber sein Bedauern und Unverständnis über den Rücktritt aus, da er andere für verantwortlich halte und die Hoffnungen auf einen Neuanfang nun geschwunden seien. — KK

Typoskript, H 29,7 × B 21 cm, Papier
Privatbesitz Marianne Birthler, Berlin

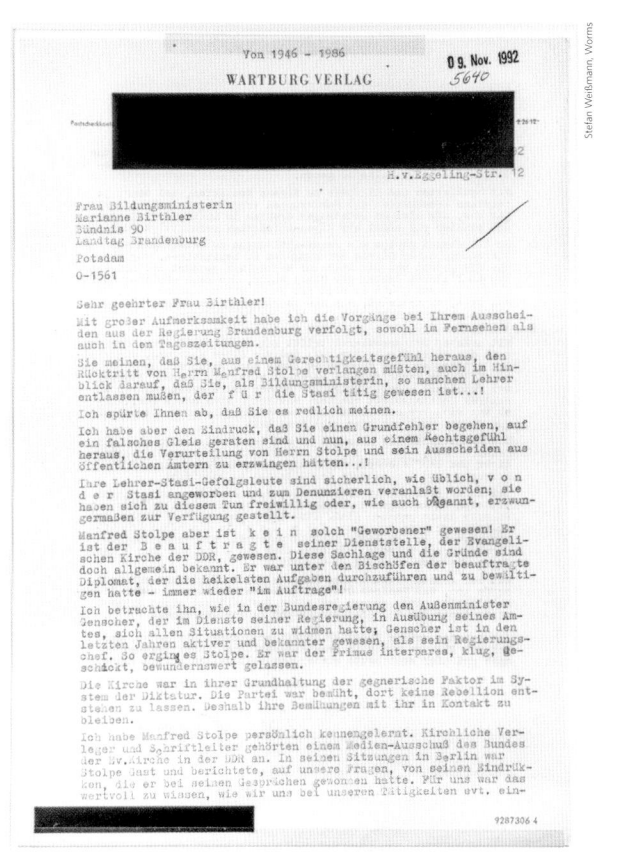

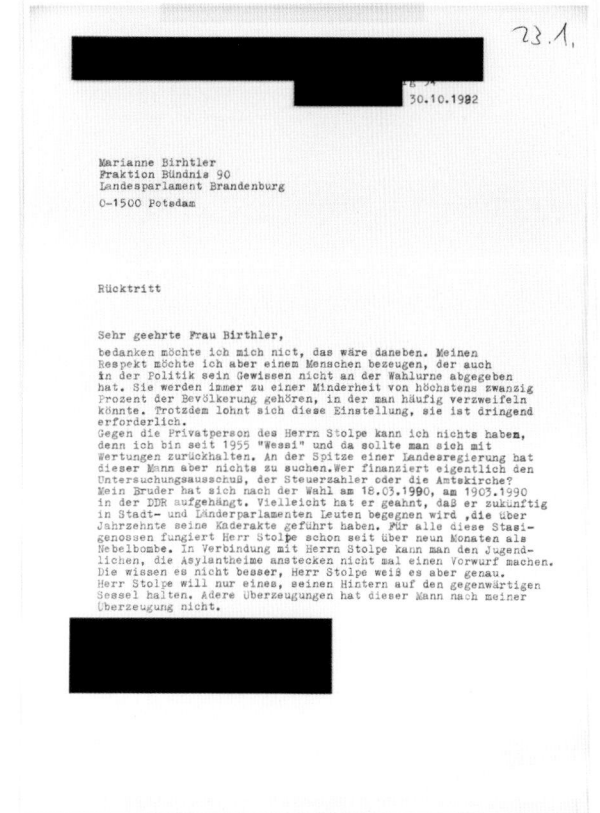

Leserbrief an Marianne Birthler vom Oktober/November 1992

k. A.
9. November 1992 [Eingangsdatum]

Ihr Rücktritt schlug hohe Wellen. Zahlreiche Bürger und Bürgerinnen aus West- und Ostdeutschland sowie aus allen Parteien sprachen ihr in Briefen Respekt aus und lobten ihre Zivilcourage und Glaubwürdigkeit. Es gab aber auch kritische Stimmen: neben deutlich erkennbaren SED-Altkadern, die sie verunglimpften, Briefeschreiber, die sie gerne länger im Amt gesehen hätten oder die Stolpe verteidigten. Der Schreiber dieses Briefes vom November 1992 erläutert, dass er Manfred Stolpe kennengelernt und dieser sein volles Vertrauen als Vertreter der Kirche verdient habe. Ihr Rücktritt sei daher falsch. — KK

Typoskript, H 29,7 × B 21 cm, Papier
Privatbesitz Marianne Birthler, Berlin

Leserbrief an Marianne Birthler vom 30. November 1992

k. A.
30. Oktober 1992

Der Brief vom Oktober 1992 bekundet Marianne Birthler Respekt dafür, dass sie ihrem Gewissen anstelle von politischem Kalkül gefolgt sei. — KK

Typoskript, H 29,7 × B 21 cm, Papier
Privatbesitz Marianne Birthler, Berlin

ERSTER TEIL Kapitel 6 26. Juni 2013

– das war das Nichtsozialistische Wirtschaftsgebiet, also der Westen. Manche sprachen spöttisch vom NNSW – vom *noch* nicht sozialistischen Westen.

Westreisen

Die Einladung in die Niederlande zu reisen und dort eine Woche lang an einem ökumenischen Seminar teilzunehmen, erreichte mich im Mai 1980. Ich? In den Westen? Noch vor meinem sechzigsten Geburtstag? Natürlich sagte ich sofort zu, es hätte sich von mir aus auch um ein Seminar über Geflügelhaltung oder steinzeitliche Werkzeuge handeln können. Ich traute mich kaum, von dieser Einladung zu erzählen, erstens, weil ich selber noch nicht glauben konnte, dass etwas daraus wird, und zweitens, weil ich genau wusste, was anderen wahrscheinlich durch den Kopf gehen würde, wenn sie davon hörten. Was hat sie dafür getan? Hat sie sich angebiedert, welche Zugeständnisse hat sie gemacht, um reisen zu dürfen? Tatsächlich gab es eine simple Erklärung. Die evangelische Kirche in der DDR erhielt im Rahmen der weltweiten Ökumene zahlreiche Einladungen in alle Welt. Vornehmlich reisten Mitglieder der Kirchenleitungen, aber natürlich wollte sich die auf internationales Ansehen bedachte SED-Führung nicht vorwerfen lassen, dass sie nur Rentnern und Kirchenfunktionären erlaubt, an internationalen Begegnungen teilzunehmen. Also gab es hier und da ein paar wenige Ausnahmen. Da ich verheiratet war und drei Kinder hatte, war die Gefahr gering, dass ich weg blieb – der erwähnte Auskunftsbericht enthielt auch Betrachtungen darüber, ob meine Ehe intakt war.

Wir erhielten klare Anweisungen: Beginn der Reise am Grenzübergang Friedrichstraße, im Tränenpalast, wo wir sonst immer unseren Westbesuch verabschiedeten, dann mit der S-Bahn zum Bahnhof Zoo. Dort erhielten wir Reiseunterlagen und ein bisschen Taschengeld und stiegen in den Zug ein. Das Seminar fand in einem kleinen Kaff nahe der Nordsee statt, von den Niederlanden sah ich, abgesehen vom Wattenmeer und einem Ausflug nach Groningen, wenig. Aber was für ein Gefühl, in Helmstedt über die Grenze zu fahren, raus aus der DDR! Hanfried Zimmermann, mein Reisekollege, und ich kamen nicht vom Fenster weg. Ein Mitreisender fragte uns, woher wir kämen und wohin wir reisten, und reagierte auf unsere Antwort in strengem Ton: Er wisse genau, dass normale DDR-Bürger nicht in den Westen fahren dürfen. Das Gespräch erstarb, unser Mitreisender saß uns von nun an mit eiserner Miene gegenüber. Wir konnten uns denken, was er über uns dachte.

Für die Rückreise hatte ich mir einen Plan zurechtgelegt, um wenigstens einige Stunden in West-Berlin zu verbringen. Ich stieg auf dem Bahnhof Zoo nicht wie vorgeschrieben in die S-Bahn nach Friedrichstraße um, sondern verließ den Bahnhof, Wolfgang, ein Westberliner Freund, erwartete mich und plötzlich stand ich auf dem Hardenbergplatz und heulte fassungslos. In den nächsten Stunden lief ich durch die Stadt, als tanzte ich wie Aschenputtel in silbernen Pantoffeln auf einem Ball. Um Mitternacht musste ich zurück sein.

Polen 1980

Das politische Thema des Sommers 1980 war die Streikbewegung in Polen. Streiks und Unruhen hatte es in Polen immer wieder gegeben: 1956, 1968, 1970, 1976, und immer waren sie blutig niedergeschlagen worden. Im Sommer 1980 war es anders. Die Streiks hatten sich in

Marianne Birthler

»Halbes Land. Ganzes Land. Ganzes Leben«

Marianne Birthler

2013

In ihrer Autobiografie schildert Marianne Birthler ein Leben im geteilten und im wiedervereinigten Deutschland. Die Berlinerin, die im Unrechtsstaat der DDR aufgewachsen war und als junge Frau eine oppositionelle Haltung eingenommen hatte, führte nach der Wiedervereinigung das Ministerium für Bildung, Jugend und Sport der brandenburgischen Landesregierung. Im Oktober 2000 übernahm Marianne Birthler von Joachim Gauck (geb. 1940) das Amt als Bundesbeauftragte für die Stasi-Unterlagen (sog. Birthler-Behörde). Die Amtszeit endete im März 2011. — MK

Typoskript mit handschriftlichen Anmerkungen, H 29,7 × B 21 cm, Papier
Privatbesitz Marianne Birthler, Berlin

Gymnastikkeule aus der DDR

vor 1990

Gymnastikkeulen gehörten landläufig zum DDR-Sportunterricht. Marianne Birthler (geb. 1948) bekam diese Keule nach ihrer Vereidigung als Ministerin für Bildung, Jugend und Sport des Landes Brandenburg am 22. November 1990 von einem ihr unbekannten Besucher geschenkt. Dieser erklärte ihr, dass mit dieser Keule zu DDR-Zeiten in der Schulklasse nach nicht folgsamen Kindern geworfen worden sei. Er hoffe, dass die entwicklungsschädigende DDR-Kommandopädagogik nun mit ihr als Ministerin ein Ende habe. — KK

Weitwurfkeule, L 36 cm, Holz
Privatbesitz Marianne Birthler, Berlin

AKTUELLE HERAUS-FORDERUNGEN IN DER MEDIZINETHIK

Ethisch-moralische Streitfragen in einer technisierten Medizin unter Kostendruck

Isabelle Reiff

Nie zuvor ist die Virologie so ins Zentrum der gesellschaftlichen Diskussion gerückt wie in Zeiten der Corona-Pandemie. Kontroversen waren programmiert. Im Besuchsverbot für Angehörige von Sterbenden kam das Dilemma der Unvereinbarkeit von Persönlichkeitsrecht und Gesundheitsschutz besonders tragisch zum Ausdruck. Lösungsvorschläge aus der Industrie ließen nicht lange auf sich warten. In diesem Fall heißen sie z. B. Digital Corona Health Certificate, zu Deutsch: Corona-Immunitätsnachweis-App.

Als dann aber feststand, dass SARS-CoV-2-Antikörper keine Garantie für eine dauerhafte Immunität sind, sprach sich der Deutsche Ethikrat gegen einen solchen Nachweis aus. Doch das Votum war geteilt, und dafür geriet der Ethikrat selbst in die Kritik: Die Hälfte der Mitglieder lehnte einen Freiheit gewährleistenden Immunitätsausweis per se ab, weil er die Gesellschaft spalte und dazu verleite, sich absichtlich anzustecken. Die andere Ratshälfte befürwortete eine solche Bescheinigung, sobald eine dauerhafte SARS-CoV-2-Immunität nachweisbar sei.

Da schlugen Datenschützer Alarm: Eine negative Immunitätsbescheinigung würde nicht nur die Freiheitsrechte beschneiden – Quarantäne, Kontaktverbot, Arbeitsverlust etc. könnten die Folge sein –, sondern auch das Persönlichkeitsrecht verletzen. Denn die Informationen darüber, wer mit COVID-19 infiziert ist oder gegen eine Neuansteckung immun, sind medizinische Befunde. Und diese fallen nach Artikel 9 Absatz 1 Datenschutz-Grundverordnung unter die besonders sensiblen Gesundheitsdaten. Diese Daten ohne Einverständnis des Betroffenen zu verarbeiten, verletzt das Recht auf informationelle Selbstbestimmung und ist ein gravierender Grundrechtseingriff.

Ärztliche Schweigepflicht im Zeitalter von Biga Data

Auch wenn der Eid des Hippokrates längst durch das Genfer Gelöbnis ersetzt wurde, gehört die Schweigepflicht weiterhin zum ärztlichen Berufsethos. Doch wie sehr haben es Mediziner heute noch in der Hand, über Patientendaten zu schweigen? Schon die Ausweitung der Auskunfts-, Anzeige- und Meldepflichten macht es ihnen schwer. Dazu kommt, dass auch Patientendaten zunehmend digitalisiert und von überall aus abrufbar gespeichert werden. Damit sind sie nicht nur potenziellen Hackerangriffen ausgesetzt. Die Verfügbarkeit ständig neuer Datenquellen weckt in der medizinischen Forschung genauso wie in der Industrie Begehrlichkeiten, schafft sie doch neue Möglichkeiten des Informationsgewinns.

Es sind nicht nur die großen Suchmaschinenanbieter, die z. B. Krankheitsbegriffe und IP-Adressen in Summe für epidemiologische Vorhersagen nutzen. Die in Berlin erfundene Selbstdiagnose-App Ada fußt auf 20 Millionen Symptomanalysen und soll bei seltenen Erkrankungen treffsicherer sein als ein Arzt. Der Schutz solcher Daten liegt längst nicht mehr in Händen von Medizinern, sondern bei Softwareentwicklern und Diensteanbietern. Dasselbe gilt beispielsweise bei Onlinetrainings gegen Depressionen, Stress, Schlaf- oder Panikstörungen, wie Krankenkassen sie ihren Mitgliedern anbieten.

Die Vielzahl an Akteuren und digitalen Instrumenten sorgt in den Augen des Deutschen Ethikrats für eine riskante Entgrenzung des Gesundheitsbereichs. Das Recht auf informationelle Selbstbestimmung sei damit stark gefährdet. 2017 forderten die 26 Mitglieder ein an Datensouveränität orientiertes Gestaltungs- und Regulierungskonzept. Dabei ging es ihnen gerade auch um den Speicherort, denn selbst sensible Patientendaten werden, um Kosten zu sparen, in sogenannte Clouds ausgelagert, betrieben von einer Handvoll großer IT-Firmen.

Medizinische Ethik und ökonomischer Druck

Wie sehr Sparmaßnahmen in der Medizin zulasten der Gesundheit gehen, im schlimmsten Fall Menschenleben kosten, offenbarte die Corona-Pandemie. Jahrelange Kürzungen im Gesundheitswesen, v. a. in der Intensivmedizin, brachten Ärzte in Italien in die furchtbare Situation, ad hoc entscheiden zu müssen, welche der vielen Sterbenskranken sie an die wenigen Beatmungsgeräte anschließen sollten.

Zwar ist Deutschlands medizinische Infrastruktur stärker aufgestellt, doch auch hierzulande ist das Gesundheitssystem in die Mühlen von Kostendruck und Bürokratisierung geraten. Das macht vor Ärzten nicht Halt: An die 3000 wandern jedes Jahr in die Schweiz, nach Skandinavien oder England aus, weil dort die Bezahlung höher ist und die Arbeitsbedingungen angenehmer sind. Immer weniger Medizinabsolventen machen im Krankenhaus eine Facharztausbildung. Erst recht fehlen Pflegekräfte. Die wenigen, die es gibt, finden in Städten wie München oder Hamburg gar keine bezahlbare Wohnung.

Auch außerhalb des Krankenhausbetriebs müssen Ärzte mit knappen Ressourcen das medizinisch Notwendige möglich machen. Das hat Finanzinvestoren den Weg geebnet, im großen Stil Praxen aufzukaufen oder Ärztehäuser zu betreiben. Die Folge: Zahnarztzentren in Investorenbesitz rechnen ein Drittel mehr bei den Krankenkassen ab als Praxen in Arztbesitz, v. a. wenn sie ein eigenes Labor betreiben. Gleichzeitig mit der Zunahme medizinischer Versorgungszentren stieg etwa bei Augenärzten die Zahl der ambulanten Operationen am Grauen Star. Orthopäden sind ebenfalls für ihre Operierfreude bekannt.

2017 hat die Deutsche Gesellschaft für Innere Medizin den Klinikkodex »Medizin vor Ökonomie« ins Leben gerufen. Er soll Ärzten Rückendeckung bieten, wenn kaufmännische Vorgaben und die von Kostenträgern sie daran hindern, Entscheidungen nach den ethischen Prinzipien ihres Berufsstandes zu fällen. Gerade Klinikärzte müssten im Arbeitsalltag Zeit und Kraft in Rechtfertigungen und Begründungen investieren, warum sie sich im Sinne ihrer Patienten entscheiden. In solchen Fällen sollen sie sich auf den Klinikkodex berufen können.

Moralisches Dilemma durch medizinischen Fortschritt

Klopft der Tod an, werden teure Therapiemethoden am schnellsten bewilligt. Die letzten Lebensjahre sind häufig die kostspieligsten für die Krankenkassen. Dazu trägt die Hightech-Medizin mit immer neu entwickelten Diagnose- und Behandlungsformen, aber auch lebensverlängernden Geräten und Implantaten bei. Der gewissenhafte Arzt nutzt alles, um das Leben von Patienten zu retten. Ärztliche Gewissensentscheidungen sind dadurch aber weder leichter noch seltener geworden.

So führen moderne Methoden der Pränataldiagnostik im Fall eines höchstwahrscheinlich behinderten Kindes häufiger zu Abtreibungswünschen. Die Weiterentwicklung der Transplantationsmedizin hat den Empfängerkreis erweitert, erschwert aber die Verteilungsgerechtigkeit. Jede lebenserhaltende Technik bürdet Ärzten die ethisch immer noch umstrittene Definition des Todeszeitpunkts auf.

Bei einer Patientenverfügung können sich Ärzte immer auf die Gewissensfreiheit berufen. Dieses Grundrecht in Artikel 4 Absatz 3 Grundgesetz gehört zu den unverzichtbaren Bausteinen der medizinischen Ethik. Ärzte können sich weigern, wenn von ihnen verlangt wird, lebenserhaltende Technik abzuschalten oder an einer Selbsttötung mitzuwirken.

Streit um selbstbestimmtes Sterben

Der Streit um das selbstbestimmte Sterben fand parallel zur Corona-Pandemie statt und machte darum sehr viel weniger Schlagzeilen. Den Auslöser lieferte das Bundesverfassungsgericht, das Ende Februar 2020 den 2015 eingeführten § 217 des Strafgesetzbuchs aufhob, das Verbot der geschäftsmäßigen Förderung der Selbsttötung. Das Gericht leitete aus dem Grundgesetz das Recht ab, Suizidhilfe in Anspruch zu nehmen, und gab dem Gesetzgeber Hinweise für eine verfassungskonforme Regelung.

Palliativmediziner, Mitglieder des Ethikrats und der Ethikkommission des Weltärztebundes begrüßten diese Stärkung des Selbstbestimmungsrechts am Lebensende. Und Ärzte seien die vertrauenswürdigste Berufsgruppe, um zu verhindern, wovor viele warnten: dass es zu unregulierten, unüberlegten und vorschnellen Suiziden kommen könne. In einer gemeinsam veröffentlichten Schrift formulierten sie entsprechende Vorsichtsmaßnahmen.

Doch ihr Zuspruch stößt auf wenig Gegenliebe: Die Evangelische Kirche fürchtet, alte oder kranke Menschen könnten unter Druck gesetzt werden, entsprechende Angebote anzunehmen, um ihren Angehörigen nicht zur Last zu fallen. Für den Vatikan überschreitet assistierter Suizid die ethischen und rechtlichen Grenzen der Selbstbestimmung; Betroffene erhielten darum keine Sterbesakramente. Auch andere Mitglieder des Ethikrats, des Weltärztebunds und einzelne Medizinerverbände sprachen sich ausdrücklich gegen eine Beihilfe zum Sterben aus.

Wer es sich leisten konnte, fuhr schon vor dem umstrittenen Paragrafen in die Schweiz und verschied dort für 6000 bis 10 000 Euro selbstbestimmt, schmerzlos und schnell. Tatsächlich machen Deutsche unter den Nichtschweizern, die so sterben, den größten Anteil aus. Meistens wird der Sterbewunsch mit schweren Erkrankungen begründet. Es gibt aber auch Fälle, in denen der Suizid auf einer Depression gründete, die ein aufmerksamer Arzt hätte diagnostizieren und therapieren lassen können.

Isabelle Reiff

Medizin von Mensch zu Mensch

Kirchliche und nichtkirchliche Institutionen fordern, dass Menschen in Krisensituationen mehr seelsorgerisches Vermögen und psychiatrisches Verständnis entgegengebracht wird. Die Bedeutung des Arzt-Patienten-Gesprächs betont in anderem Zusammenhang auch die Bundesärztekammer. Hier entstehe die nötige Vertrauensbasis für einen besseren Heilungsprozess. Leider werde Gesprächsführung im Medizinstudium und in den Gebührenordnungssystemen zu wenig berücksichtigt.

Digitalisierung und Technisierung drängen diese Form der ärztlichen Zuwendung weiter in den Hintergrund. Zugleich macht der technische Fortschritt vielen Menschen Angst vor unerwünschten lebensverlängernden Maßnahmen. Ihr mächtiges Instrumentarium, das den Tod hinauszuzögern hilft, kann in der Krankenbehandlung leicht zum Selbstzweck werden, gerade wenn es um unheilbare Krankheiten geht. Immer mehr Menschen, die stationär sterben, sterben auf der Intensivstation, inzwischen schon jeder Vierte. Nur die wenigsten austherapierten Schwerkranken in Deutschland erhalten in ihrer letzten Lebensphase Palliativmedizin.

Umso mehr sind Politik und Medizin gefordert, das rein Menschliche wieder in den Blick zu nehmen. Diese Herausforderung und der Gesprächsbedarf u. a. zwischen Medizinern und Technikanbietern werden weiter wachsen. Jede technische Neuerung in der Medizin wirft auch neue ethische Fragen auf, die im »Alltagsgeschäft« schnell unter den Tisch fallen. Mediziner dürfen sich keinesfalls darauf verlassen, dass Softwareentwickler moralische Fragen und die sozialen Folgen ihrer Programmierung von sich aus mitbedenken.

Wolle vom Klonschaf »Dolly«

PPL Therapeutics Roslin Forschungsinstitut, Großbritannien

vor 2002

Unter den berühmten Tierindividuen der Geschichte stellt das Schaf, dem man den Namen Dolly gab, eine Besonderheit dar. Dolly (1996–2003) war das erste geklonte Säugetier: geboren auf natürliche Weise, doch erschaffen in einem Reagenzglas. Als das Klonschaf 1997 der Weltöffentlichkeit präsentiert wurde, war das eine Sensation. Die Möglichkeiten, die sich durch die Stammzellenforschung bieten, werden bis heute, besonders hinsichtlich des reproduktiven Klonens von Menschen, kontrovers diskutiert. — MK

Schafwolle, H 18 × B 7,5 × T 7,5 cm (Glasbehälter)
Stiftung Deutsches Hygiene-Museum Dresden, Inv. Nr.: DHMD 1991/209

Isabelle Reiff

KÜNSTLICHE INTELLIGENZ: ENDE DES GEWISSENS?

Entscheiden im Zeitalter der lernenden Systeme

Manuela Lenzen

Seit der Antike träumt der Mensch von künstlichen Gehilfen, die ihm schwere, ungesunde oder langweilige Arbeit abnehmen, von selbst gefertigten unbesiegbaren Kriegern und auch von künstlichen, schönen und stets gefügigen Dienerinnen. Ebenso lange spielen Literatur und (in jüngerer Zeit) Science-Fiction all die möglichen Verwirrungen und Verwechslungen durch, zu denen es kommen könnte, wenn sich Mensch und mehr oder weniger menschenähnliche Maschine begegnen.

Algorithmen verändern die Welt

Noch stehen die meisten Roboter festgeschraubt an den Fertigungsstraßen der Industrie; soziale Roboter, die uns einmal im Alltag unterstützen sollen, sind erst in der Entwicklung. Stattdessen hat uns der jüngste Boom der Künstlichen-Intelligenz-Forschung (KI) ein anderes Phänomen beschert, nicht spektakulär anzuschauen und doch auf dem besten Weg, unsere Welt und unser Leben massiv zu verändern: mächtige Computeralgorithmen.

Ohne sie wäre die Wissenschaft heute ärmer, denn sie helfen, in großen Datenmengen, wie sie etwa in einem Teilchenbeschleuniger anfallen, die interessanten zu finden, sie rechnen das »Rauschen« aus mikroskopischen Aufnahmen des Zellinneren heraus und identifizieren vielversprechende Stoffe für die Entwicklung von Medikamenten. In der Industrie tragen sie dazu bei, Fertigung, Lagerhaltung und Vertrieb effizienter zu organisieren, Produkte besser auf die Kunden zuzuschneiden.

Immer häufiger haben wir inzwischen auch im Alltag mit solchen Algorithmen zu tun: Sie übersetzen, sortieren Urlaubsfotos oder sorgen dafür, dass wir »kluge« Lautsprecher per Zuruf steuern können. Sie suchen Musik oder einen Partner für uns aus, bestimmen, wie die Timeline in den sozialen Medien aussieht, in welcher Reihenfolge die Ergebnisse einer Internetsuche angezeigt werden – und mit welchen Werbeanzeigen sie garniert sind.

Automatisierte Entscheidungsfindung, *automated decision-making*, kurz ADM, heißt der Einsatz solcher Verfahren im sozialen Leben: von der Entscheidung über die Vergaben von Krediten, Sozialleistungen oder Studienplätzen bis zur Prognose über die verbleibende Lebenszeit.

Diese Systeme streben nicht nach der Weltherrschaft, wie es die Filmindustrie immer wieder gern den Robotern der Zukunft andichtet. Dennoch halten sie einige Herausforderungen für uns bereit: Sie betreffen die Art, wie wir Entscheidungen treffen und wofür wir Verantwortung übernehmen.

Automatisierte Entscheidungen

Systeme zur automatischen Entscheidungsfindung werden eingesetzt, um Entscheidungen schneller, billiger und besser zu machen. Schneller, weil ein Algorithmus die ihm zur Verfügung stehenden Daten in kürzerer Zeit durchforsten kann als ein Mensch, billiger, weil er weder Lohn noch Pausen, Urlaub oder Sozialabgaben einfordert, und besser, weil er größere Datenmengen sichten und frei von Stimmungen und Vorlieben entscheiden kann.

Wenn es so einfach wäre, könnten wir uns zurücklehnen und viele schwierige, unangenehme, in »Spielräumen« angesiedelte und selten nur mit guten Gefühlen getroffene Entscheidungen an die Algorithmen delegieren. Doch so einfach ist es nicht. Denn diese Systeme haben Eigenheiten, die es nötig machen, genauer hinzusehen.

Die klassische Art, Computer zu programmieren, besteht darin, ihnen Schritt für Schritt vorzugeben, wie sie vorgehen sollen. Das hat den Vorteil, dass klar ist, was ein solches Programm tut, und den Nachteil, dass es eben nur tun kann, was man ihm vorgegeben hat. Mithilfe von Verfahren des maschinellen Lernens hingegen können Systeme auch Aufgaben lösen, von denen wir gar nicht genau angeben können, wie wir selbst sie meistern, etwa, das Gesicht eines Freundes in einer Menschenmenge zu erkennen. Insbesondere das sogenannte *Deep Learning* auf der Basis »künstlicher neuronaler Netze« hat in den letzten Jahren große Fortschritte gemacht. Bei diesem Verfahren lernt das System in vielen Trainingsläufen, in denen es Rückmeldungen über die Qualität seiner Lösungen erhält, Muster in großen Datenmengen zu identifizieren. Damit kann es z. B. lernen, Gesichter zu erkennen, Hautkrebs von ungefährlichen Verfärbungen zu unterscheiden oder eine Maschine, die gewartet werden muss, an ihrem veränderten Betriebsgeräusch zu erkennen.

Die Struktur, die ein »künstliches neuronales Netz« ausbildet, wird allerdings durch die Daten geprägt, mit denen es trainiert wird. Zeigt man einem System, das Bewerbungen vorsortieren soll, die erfolgreichen Bewerbungen der letzten 30 Jahre, ist die Wahrscheinlichkeit groß, dass die Bewerbungen von Männern überwiegen. Das System wird daraus »schließen«, dass Bewerber den Bewerberinnen vorzuziehen sind. Dazu muss kein frauenfeindlicher Programmierer am Werk sein; es reicht, wenn diese Struktur in den Trainingsdaten enthalten ist.

Nach einigen peinlichen Pleiten, etwa dem Google-Algorithmus, der schwarze Menschen als Gorillas klassifizierte, ist inzwischen ein Bewusstsein dafür gewachsen, dass die Daten, mit denen solche Algorithmen trainiert werden, so vielfältig sein müssen wie die Welt. Allerdings sind längst nicht in allen Bereichen genug Daten verfügbar; sie zu sammeln und für die Algorithmen zu annotieren, ist aufwendig und teuer.

Auch bei Algorithmen, die nach bestem Wissen und Gewissen erstellt wurden, sind solche Einseitigkeiten nicht auszuschließen. Daher wird der Ruf nach gesetzlicher Regulierung oder zumindest Zertifizierung immer lauter. Derzeit formulieren immer mehr Firmen, Nichtregierungsorganisationen und Ausschüsse aller Art Kriterien für gute Algorithmen, die helfen sollen, solche Verzerrungen zu vermeiden.

Ein anderes Problem: Die lernenden Systeme liefern zwar Ergebnisse, aber keine Erklärung, wie diese zustande gekommen sind. Manchmal werden sie deshalb als Black Box bezeichnet. Man darf zwar hineinschauen, aber was man dort sieht, hilft nicht zu verstehen, wie das Ergebnis zustande gekommen ist. Das kann ein Sicherheitsproblem sein, weil man nicht genau weiß, was das System gelernt hat. Und es ist eine Zumutung für Menschen, die eine Erklärung dafür haben möchten, warum ihnen ein Kredit oder Zuschuss zu den Stromkosten verwehrt wird – eine Erklärung, die ihnen nach der Datenschutzgrundverordnung auch zusteht.

Diese Eigenheiten der lernenden Systeme treffen auf Eigenheiten der Menschen. So stellen Forscher immer wieder fest, dass Menschen geneigt sind, algorithmischen Systemen und Robotern ein manchmal unangemessenes Vertrauen entgegenzubringen, *Overtrust* heißt dieses Phänomen. Hinzu kommt unsere Neigung, alles, was spricht, herumgeht oder mit den Augen rollt, aber auch »stumme« Algorithmen, in unserer Fantasie mit einem menschenähnlichen Innenleben auszustatten. Wir gehen davon aus, dass sie so sind wie wir. Eine kognitive Abkürzung nannte der Philosoph Daniel Dennett diese Strategie, verständlich und evolutionär vermutlich von Nutzen, aber in diesem Fall irreführend. Zusammen mit dem so unklaren wie werbewirksamen Begriff »Künstliche Intelligenz« führen diese »Voreinstellungen« leicht dazu, dass

Menschen die Systeme, mit denen sie es zu tun haben, falsch einschätzen, in der Regel überschätzen.

Je besser die automatisierten Entscheidungssysteme werden, desto wichtiger ist es, sich klarzumachen, dass sie die Welt nicht sehen wie wir, dass es extreme Spezialisten sind, ohne eine Vorstellung davon, was wir für moralisch oder politisch wünschenswert oder unakzeptabel halten und ohne das Wissen, dass wir uns eine Zukunft wünschen, die sich von der Vergangenheit unterscheidet.

Miteinander statt gegeneinander

Die automatisierten Entscheidungssysteme haben ihre Schwächen. Aber auch Menschen treffen durchaus nicht immer perfekte, objektive, moralische und gerechte Entscheidungen. Sich auf eine Intuition, ein »Bauchgefühl« zu stützen, ist alles andere als eine Garantie für ein gutes Ergebnis. Statt Mensch und Maschine gegeneinander auszuspielen, ist daher die Frage, wie Entscheidungsprozesse aussehen könnten, bei denen die Stärken von Mensch und Maschine genutzt werden.

Werden Entscheidungsstrukturen so eingerichtet, dass Entscheidungen möglichst schnell und mit möglichst wenig Personalaufwand getroffen werden sollen, verstärkt dies die menschliche Neigung, das Ergebnis eines Algorithmus einfach »abzunicken«. Eine Art »Mitdenken by Design« in halbautomatisierte Entscheidungsprozesse einzubauen, indem ein Mensch etwa zwischen drei möglichen Lösungen, die ein Algorithmus vorgibt, wählen muss, laufen dem Bestreben, Entscheidungen zu beschleunigen und billiger zu machen, zuwider. Werden Entscheidungsstrukturen so eingerichtet, dass Menschen negative Konsequenzen befürchten müssen, wenn sie vom Votum eines Algorithmus abweichen, wird auch dies dazu führen, dass sie sich im Zweifel nach dem Algorithmus richten.

Der Mensch ist in der Interaktion mit der Maschine nach wie vor der flexiblere Part und stellt sich in seinem Verhalten, seiner Art zu sprechen, zu fragen und sich zu verhalten, darauf ein, was ein System kann bzw. was er von einem System erwartet. Einem Algorithmus gegenüber, der eine differenzierte Ausdrucksweise nicht versteht, muss man auf Differenzierung eben verzichten. Der Philosoph Peter Seele nennt dies die doppelte Konvergenz von Mensch und Maschine: Einerseits bemühen sich Forscher, ihre Systeme menschenähnlicher zu machen, andererseits verhalten sich die Menschen wie Maschinen, damit diese funktionieren können.

Auf den ersten Blick mag es eine verlockende Vision sein: Ein Algorithmus, der viel mehr Daten in kürzester Zeit sichtet und auswertet als Menschen es je könnten und uns dann objektive Antworten auf unsere drängendsten Fragen gibt. Wenn wir sie nicht verstehen, liegt das an seiner überlegenen Intelligenz. Sie fraglos hinzunehmen, Bauchgefühle und den Protest des Gewissens hintanzustellen, wird zu unserem Besten sein.

Doch so ist es nicht. Das Problem ist nicht die überragende Intelligenz der Maschinen. Das Problem besteht darin, dass wir die Systeme unbemerkt überfordern, dass wir ihnen zu große Aufgaben geben und ihre Antworten unkritisch übernehmen, dass wir nicht mehr sehen, wie viele Vorentscheidungen schon gefallen sind, wenn ein automatisches Entscheidungssystem zum Einsatz kommt.

Die als »selbstlernend« bezeichneten Systeme kommen keineswegs völlig selbstständig zu ihren Ergebnissen. Menschen wählen die Trainingsdaten aus, entscheiden über die akzeptable Fehlerquote und darüber, wo welches System zum Einsatz kommen kann. Auf den gesunden Menschenverstand und das Gewissen werden wir auf absehbare Zeit nicht verzichten können.

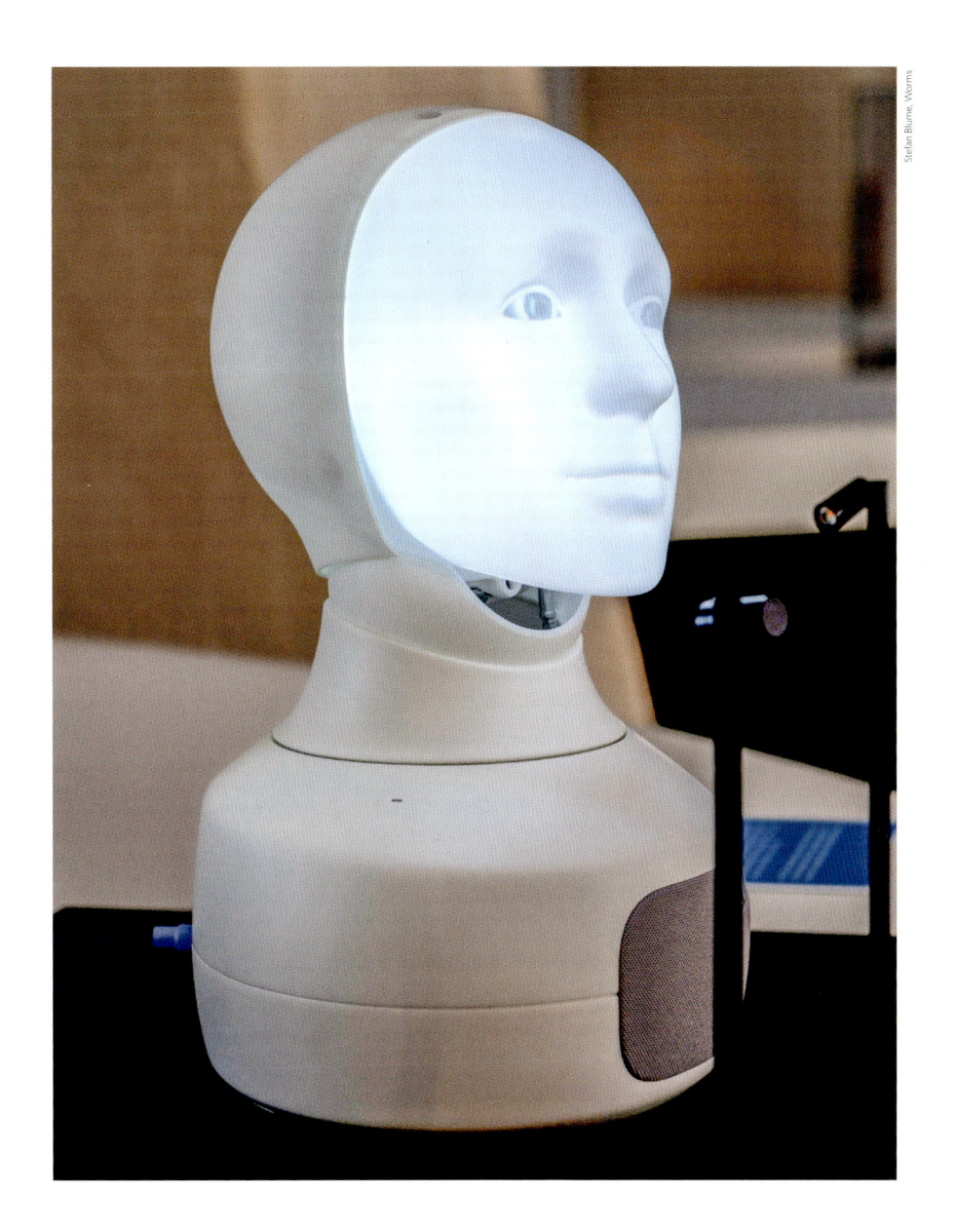

Furhat Robot »Alfie«

Furhat Robotics in Kooperation mit der TU Darmstadt,
Artificial Intelligence and Machine Learning Lab Computer Science Department
2021

Um die Schnittstelle der Kommunikation zwischen künstlicher Intelligenz (KI) und Mensch natürlicher wirken zu lassen, wurde der mit menschenähnlichen Zügen ausgestattete, sprechende Roboter Alfie entwickelt. Mit seiner humanoiden Gestalt weckt Alfie Vertrauen und fördert im Dialog mit dem Menschen ehrliche Fragen und Antworten. Aber welche Bedeutung haben die Äußerungen eines lernfähigen Automaten, die auf programmierten Regeln, eingespeisten Daten und komplexen Algorithmen beruhen, anstatt auf Erfahrungen, sozialen Faktoren und Emotionen? — OM

Human-Computer Interaction, H 41 × B 27 × T 29 cm (Robot), H 22 × B 22 × 16,5 cm (Kopf)
Furhat Robotics, Stockholm, Schweden

Segensroboter »Bless U-2«

Alexander Wiedekind-Kleinim

2017

Die Kunst-Installation BlessU-2 wurde von dem Medienkünstler Alexander Wiedekind-Kleinim (geb. 1969) im Auftrag der Evangelischen Kirche in Hessen und Nassau (EKHN) für die Weltausstellung der Reformation geschaffen, die 2017 anlässlich des 500-jährigen Reformationsjubiläums in Wittenberg stattfand. Sie sorgte für breite nationale und internationale Medienberichterstattung. Mit dem Segensroboter will die Evangelische Kirche die Diskussion über ethische Grenzen von Digitalisierung und künstlicher Intelligenz anregen und der Frage nachgehen, ob Robotern auch geistliche Qualitäten zugebilligt werden können. — KK

Segensroboter »Bless U-2«, verschiedene Materialien, H 185 × B 86 × T 52 cm
Evangelische Kirche in Hessen und Nassau, Darmstadt

ESSAYS

Von Worms nach Augsburg
Der Reichstag als Regelungsinstanz in der Glaubensfrage 1521–1555

Armin Kohnle

In der langen Reihe der Reichstage der Reformationszeit[1] gehört der Wormser Reichstag von 1521 neben den beiden Augsburger Reichstagen von 1530 und 1555 zu den großen drei. Diese Gewichtung legt einen kirchengeschichtlichen Maßstab an, wonach die Bedeutung eines Reichstags hauptsächlich daran zu messen ist, ob und inwieweit er als Weichenstellung für die Reformationsgeschichte gelten darf.[2] Natürlich kann man Reichstage auch unter anderen – machtpolitischen, wirtschafts- und sozialgeschichtlichen, verfassungsrechtlichen[3] oder kulturgeschichtlichen[4] Fragestellungen betrachten und bewerten. Aber die Religion war der einzige Verhandlungsgegenstand mit einer unmittelbaren Relevanz bis in die Gegenwart. Solang es in Deutschland christliche Kirchen gibt, bleiben die Ergebnisse der Reichstagsverhandlungen der Reformationszeit über alle späteren Umbrüche hinweg Teil ihres Erbguts.

Hier soll aber nicht den Langzeitwirkungen nachgegangen werden, sondern im Mittelpunkt steht die Frage nach der Bedeutung der Reichstage in ihrer eigenen Zeit, die geprägt war durch das Aufkommen einer neuen Form der Theologie und durch die Entstehung einer Gruppe von Reichsständen und Reichsstädten, die sich dieser Theologie anhängig machte und sich gegen die Auslöschungsversuche vonseiten der Reichsspitze zur Wehr setzte. Dieser Konflikt wurde in erster Linie im Rahmen der Reichstage ausgetragen, die im »langen« 16. Jahrhundert[5] nicht regelmäßig zusammentraten, sondern vom Kaiser an wechselnde Orte einberufen wurden. Worms war Schauplatz des bedeutenden Reichstags von 1495[6] und der weniger bekannten Reichstage von 1497,[7] 1509[8] und 1513,[9] dann des Lutherreichstags von 1521 sowie des Reichstags von 1545.[10] Auch an die Wormser Religionsgespräche von 1540/1541 und 1557,[11] an den schmalkaldischen Bundestag von 1540/1541[12] oder an die Reichsdeputationstage von 1564 und 1586[13] könnte erinnert werden, um zu zeigen, dass

Worms als ständeübergreifender Versammlungsort in der Reformationszeit noch immer eine erhebliche Rolle spielte.

Der Reichstag im politischen System des 16. Jahrhunderts

Das Reich des 16. Jahrhunderts war arm an Institutionen. Ob dieses Reich als »Staat« bezeichnet werden kann oder ob man neue Begriffe verwenden sollte wie »komplementärer Reichs-Staat«, hängt von der Definition frühneuzeitlicher Staatlichkeit ab.[14] Zwischen den Institutionen des 16. Jahrhunderts und modernen Institutionen besteht jedenfalls nur eine sehr entfernte Verwandtschaft. Der Reichstag war kein Parlament,[15] sondern eine Ständeversammlung, die nur im Gegenüber zum Königtum zu begreifen ist. König und Stände begegneten sich auf dem Reichstag als Gegenspieler und Partner zugleich und lenkten gemeinsam die Geschicke des Reiches in allen damals relevanten Fragen: Regierung und Verwaltung, Justiz und Militär, Finanzen und Außenpolitik, Türkenabwehr, konfessioneller Konflikt. Hier brachten die Reichsfürsten ihren Mitregierungsanspruch zur Geltung, und dem Kaiser bot sich die Möglichkeit, die Reichsstände an den Lasten der Herrschaft zu beteiligen. Wie dieses Reich selbst an seinen Grenzen ausfranste, ist auch der Begriff »Reichstag« mit einer unvermeidlichen Unschärfe behaftet. Seit den Zeiten König Maximilians I. verwendet, bezeichnete er solche Zusammenkünfte, die das Reichsoberhaupt als Reichstage ausschrieb.[16] Der Übergang zu anderen Formen ständischer Zusammenkünfte war aber fließend.

Die Entstehung des Reichstags darf nach den Untersuchungen v. a. Heinz Angermeiers,[17] Peter Moraws[18] und Reinhard Seyboths[19] als geklärt gelten. Der in der Reichsreformperiode der Jahre um 1500 entstandene Reichstag[20] unterschied sich von den älteren Versammlungen insbesondere durch das System der drei Kurien, die getrennt voneinander unter Ausschluss des Königs berieten. Reichstage folgten der Gewohnheit, die sich bis zur Mitte des 16. Jahrhunderts weitgehend verfestigte.[21] Seiner Idee nach war der Reichstag eine Zusammenkunft derjenigen, die zur Teilnahme berechtigt waren, d.h. die in einem unmittelbaren Verhältnis zu König bzw. Kaiser und Reich standen. Der teure persönliche Reichstagsbesuch der Kurfürsten und Fürsten wurde mehr und mehr zur Ausnahme und von einem System der Beschickung mit Räten abgelöst. Die Folge war eine immer stärkere Verschriftlichung der Reichstagsverhandlungen, wodurch die Aktenproduktion mehr und mehr anwuchs. Die Bedeutung der Interaktion zwischen persönlich anwesenden Fürsten nahm in dem Maße ab, wie die Verhandlungsführung an juristisch geschulte Räte überging.[22] Weitere Verfahrensfragen wie die nach der Meinungsbildung innerhalb und zwischen den Kurien der Kurfürsten, Fürsten und Städte,[23] dem System der Ausschüsse,[24] den Wegen der Entscheidungsfindung durch Umfrage, Konsens- oder Mehrheitsvotum,[25] ganz zu schweigen vom Problem der Exekution von Reichstagsbeschlüssen, können hier nicht behandelt werden.[26]

Dieser unfertige, noch in Entwicklung begriffene Reichstag war die entscheidende Institution des Reiches neben dem Königtum und dem ebenfalls aus der Reichsreformperiode hervorgegangenen Reichskammergericht,[27] die während des 16. Jahrhunderts zur Lösung territorienübergreifender Probleme zur Verfügung standen. Angesichts der Heterogenität der Reichsstände war die Entscheidungsfindung an sich schon schwierig und langwierig genug; sie wurde es noch mehr durch die aufkommende Reformation – seit den 1520er-Jahren ein Dauerproblem der Reichstage.[28] Zu den immer schon vorhandenen Antagonismen Kaiser und Fürsten, Fürsten und Städte, geistliche und weltliche Stände trat fortan ein neuer Antagonismus: altgläubige und evangelische Stände. Die vorhandenen Strukturen waren zur Lösung dieses Problems denkbar ungeeignet. Die zunehmende konfessionelle Differenzierung der Reichsstände bedrohte das letztlich auf Kompromiss angelegte System. Erstaunlich lange hat der Reichstag diese Herausforderung überstanden, ohne seine Funktionsfähigkeit einzubüßen. Erst in den Jahren vor dem Dreißigjährigen Krieg war der Punkt erreicht, an dem der Konfessionenkonflikt den Reichstag als Institution zerstörte.[29]

Der Wormser Reichstag und das Wormser Edikt

Der Wormser Reichstag, der am 27. Januar 1521 feierlich eröffnet und am 26. Mai beendet wurde, steht am Beginn der skizzierten, durch die Verbreitung der Reformation im Reich gekennzeichneten Phase der Reichstagsgeschichte. Der Forschungsstand entspricht im Wesentlichen noch immer dem des Jahres 1971, als das Jubiläum des 450. Jahrestages gefeiert wurde. Der damals von Fritz Reuter herausgegebene Sammelband[30] wurde nicht ersetzt und wird sich so leicht auch nicht ersetzen lassen, da sich an der Quellenlage seither nichts Grundsätzliches geändert hat. Die Akten des Reichstags liegen seit 1896 in Edition vor;[31] wesentlich Neues ist seither nicht hinzugekommen.[32] Das bedeutet freilich nicht, dass die Forschung nicht in Einzelfragen vorangeschritten wäre. So gibt es zu dem in Worms installierten Zweiten Reichsregiment eine neuere Untersuchung,[33] und die Gravamina der deutschen Nation sind inzwischen in einem eigenen Reichstagsaktenband gesammelt, der auch für Worms relevantes Material enthält.[34] Doch immer wieder war es das Lutherverhör am 17. und 18. April 1521, das die Aufmerksamkeit der Forschung auf sich zog,[35] obwohl es auch zu diesem Thema an neuen Quellen fehlt.

Dieser Wormser Reichstag ist ohne zwei bekannte Tatsachen nicht richtig einzuordnen. Erstens: Kurfürst Friedrich der Weise von Sachsen betrieb seit 1518 eine Politik des Lutherschutzes gegen den in Rom geführten Ketzerprozess; eine Politik, deren langfristige Folgen damals aber noch nicht absehbar waren. Diese Politik ist neuerdings durch eine in Leipzig entstehende Aktenedition genauer nachvollziehbar.[36] Und zweitens: Im Sommer 1519 wählten die Kurfürsten den Habsburger Karl von Spanien zum römischen König und künftigen Kaiser.[37] Am 27. Juni 1519 entfielen auf Friedrich den Weisen drei Kurstimmen, die er durch seine eigene zu einer Mehrheit hätte machen können. Aber Friedrich lehnte ab und machte Platz für den Habsburger, der am folgenden Tag einstimmig zum römischen König und künftigen Kaiser gewählt wurde. Das potenzielle Königtum Friedrichs des Weisen spielte in der kursächsischen Propaganda fortan eine erhebliche, bisher kaum einmal richtig wahrgenommene Rolle. Die Vorgänge in Frankfurt begründeten zudem eine besondere Beziehung zwischen Karl V. und Friedrich dem Weisen, die sich in den Wormser Verhandlungen über ein Edikt gegen Luther auswirken sollten.

Der Wormser Reichstag nimmt unter den Reichstagen der Reformationszeit insofern eine Sonderstellung ein, als er der erste Reichstag des neu gewählten Kaisers Karl war und deswegen von den meisten Fürsten persönlich besucht wurde. Es ging zunächst um das gegenseitige Kennenlernen, um Huldigung der Reichsstände, um Bestätigung der Reichslehen und Privilegien vonseiten des Kaisers. Insofern trug der Reichstag noch stärker den Charakter der alten Hoftage als die meisten späteren Versammlungen.[38] Er war wegen der vielen anwesenden Fürsten zudem ein herausragendes gesellschaftliches Ereignis, das zeittypisch mit Zeremoniell, Festen und Turnieren begangen wurde.

Der Wormser Reichstag war ein großes Medienereignis. Dass der Buchdruck genutzt wurde, um die Öffentlichkeit über die Ergebnisse von Reichstagen zu informieren, war nicht neu.[39] Vor 1521 sind aber nicht einmal alle Reichsabschiede im Druck erschienen, von anderen Texten ganz zu schweigen. Vor diesem Hintergrund hebt sich der Wormser Reichstag deutlich ab. Was die Publikationstätigkeit rund um den ersten Reichstag Karls V. angeht, stellt er die vorausgehenden in jeder Hinsicht in den Schatten. Die Akten wurden durch Johann Schöffer (1475–1531) in Mainz in Gesamtausgaben oder separat gedruckt;[40] der offizielle Charakter seiner Drucke wurde durch kaiserliche Druckprivilegien ausgewiesen. Gleich mehrere Listen der anwesenden Fürsten wurden verbreitet,[41] Regimentsordnung,[42] Kammergerichtsordnung,[43] Landfriedensordnung,[44] Gravamina[45] und Abschied[46] im Druck veröffentlicht. Eine solch breite Dokumentation der Verhandlungsergebnisse hatte es bis dahin noch nicht gegeben.

Schon die von Worms ausgehenden Publikationen verweisen auf die während des Reichstags verhandelten Sachfragen. Auf der Tagesordnung standen

Abb. 1
Doctor Martini Luthers offentliche verhör zu Worms im[m] Reychstag, Red vn[n]d widerred : am 17. tag Aprilis, im[m] jar 1521 beschehen …, Augsburg: Grimm und Wirsung, 1521; Bayerische Staatsbibliothek München, Res/4 H.ref. 722, VD 16 L 3653

Abb. 2
Der R[oe]mischen Kaiserlich[e]n Maiestat Edict wider Martin Luther B[ue]cher vnd lere seyne anhenger Enthalter vnd nachuolger vnnd Etlich annder schmeliche schrifften, Worms: Hans von Erfurt, 1521; Bayerische Staatsbibliothek München, Res/4 H.ref. 287, VD 16 D 924

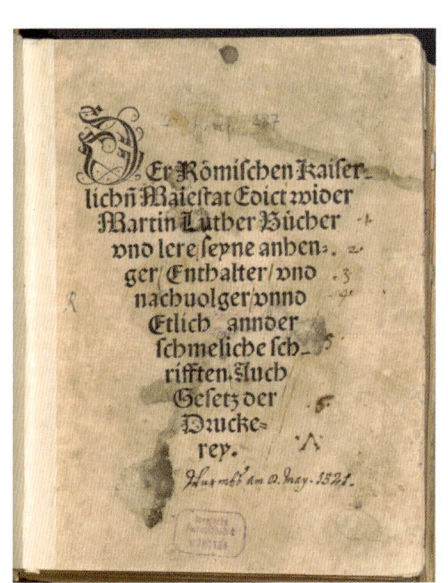

Armin Kohnle

v. a. die Errichtung eines Reichsregiments für die Zeit der Abwesenheit des Kaisers, die Friedens- und Rechtswahrung, die Finanzierung von Regiment, Reichskammergericht und Romzug des Kaisers, die Beschwerden der deutschen Nation gegen Papst und Kurie. Die Sache Luthers war ein sekundär in die Verhandlungen gekommenes Traktandum, weder in Ausschreiben[47] noch Proposition[48] erwähnt, das sich Kaiser und Reichsständen aus tagesaktuellen Gründen aufdrängte. Die Öffentlichkeit konnte sich auch über die Behandlung der Angelegenheit Luthers durch Kaiser und Stände umfassend informieren. Im Druck verbreitet wurden nicht nur die kaiserliche Zitation und das Geleit,[49] sondern auch Luthers auf dem Hinweg in Erfurt gehaltene Predigt,[50] das Ausschreiben des Kaisers gegen Luther von 10. März 1521,[51] eine kurze Schilderung seines Einzugs in die Reichstagsstadt und des Verhörs vor Kaiser und Reichsständen,[52] v. a. aber der ausführliche Bericht über die Verhandlungen mit Luther, der üblicherweise Georg Spalatin zugeschrieben wird.[53] Verhör und Antwort Luthers wurden in zahlreichen weiteren Schriften verbreitet, unter denen ein Augsburger Druck mit einem beeindruckenden Porträt Luthers als Augustinermönch mit der Bibel in der Hand[54] (Abb. 1) sowie eine niederdeutsche Ausgabe[55] besonders auffallen. Auch die Erklärung des Kaisers gegen Luther vom 19. April 1521 wurde veröffentlicht[56] und Luthers nach seiner Abreise an die Reichsstände gerichteter Brief[57] an mindestens vier Druckorten publiziert.

Für die Behandlung der Religionsfrage durch das Reich war das Wormser Edikt Kaiser Karls V. vom 8. Mai 1521 über ein Jahrzehnt lang die maßgebliche rechtliche Grundlage.[58] Zur Entstehung des Edikts hat die ältere Forschung bereits alles Maßgebliche gesagt.[59] Das Wormser Edikt war im Wesentlichen das Werk des päpstlichen Nuntius Hieronymus Aleander,[60] der seit dem Jahresende 1520 den Kaiser drängte, gegen Luther und seine Anhänger in Vollzug des Kirchenbanns aus eigener Machtvollkommenheit die Reichsacht zu verhängen. Damit begann ein monatelanges diplomatisches Spiel, worin man den Beginn eines Prozesses sehen muss, in dem sich die Reichstage mehr und mehr mit der Reformationsfrage befassten. Karl V. wagte es nicht, die Reichsacht zu verhängen, ohne die Reichsstände in die Entscheidung einzubeziehen. Er legte den Ständen den Entwurf des Edikts vor und setzte damit selbst die Ereigniskette in Gang, die zum Lutherverhör und schließlich zur Verhängung der Reichsacht gegen den Wittenberger Mönch und Professor führte.

Das Wormser Edikt war jedoch keine Entscheidung des Reichstags, sondern ein kaiserliches Mandat, das nicht der Zustimmung der Stände bedurfte. Dass Karl V. die Stände um ihre Meinung fragte, war rechtlich an sich unerheblich und vermutlich der Überlegung geschuldet, dass er seine noch junge Herrschaft im Reich nicht mit einer eigenmächtigen Entscheidung belasten und zudem die Chance auf Exekution seines Befehls in den Territorien erhöhen wollte.

Folgerichtig war das Wormser Edikt nicht Teil des Reichsabschieds, sondern wurde separat gedruckt; noch 1521 erschienen Ausgaben in Worms (Abb. 2),[61] Landshut,[62] München[63] und Nürnberg.[64]

Verkannt wird gelegentlich nicht nur der Charakter des Edikts als kaiserliches Rechtsgebot, sondern es kursiert nach wie vor die auf eine polemische Bemerkung Luthers zurückgehende,[65] durch Paul Kalkoff in die Forschung eingeschleppte, aber unzutreffende Behauptung, das Edikt sei nicht rechtmäßig zustande gekommen und demzufolge für die Reichsstände nicht bindend gewesen. Da das Edikt nicht ein Beschluss des Reichstags, sondern kraft kaiserlicher Amtsgewalt gesetztes Recht war, war es jedoch unerheblich, dass ihm am 25. Mai nicht alle, sondern nur einige Stände, denen zudem die endgültige Fassung nicht bekannt war, zustimmten. Das Edikt war auch nicht zurückdatiert, wie behauptet wurde. Vielmehr ist das Datum des 8. Mai, unter dem es ausging als durchaus übliche Beibehaltung des Datums der Fertigstellung der Entwürfe und des kaiserlichen Beurkundungsbefehls zu deuten. Dass der Text danach weitere Stadien in der Kanzlei durchlief und erst am 26. Mai mit einem Publikationsmandat[66] veröffentlicht wurde, ist ebenfalls nicht ungewöhnlich und schon gar kein Betrugsversuch. Nicht die Rechtmäßigkeit, sondern die Durchführbarkeit des Edikts stand nach 1521 im Mittelpunkt der Auseinandersetzungen.

Der Reichstag als Regelungsinstanz in der Glaubensfrage 1521–1532

Der Wormser Reichstag war der letzte, der noch nicht unter dem Vorzeichen der unterschiedlichen konfessionellen Orientierung der Reichsstände abgehalten wurde. Doch wie steht es mit Luthers Landesherrn, dem Kurfürsten Friedrich von Sachsen? Zu dieser Schlüsselgestalt der frühen Reformationsgeschichte hat die Forschung in den letzten Jahren viel gearbeitet,[67] wodurch einiges Licht auf seine Frömmigkeit und seine Politik fällt. Das Rätsel seiner Absprache mit Karl V. in Worms über den Vollzug des Wormser Edikts ist allerdings nach wie vor nicht völlig gelöst, da es sich nur um eine mündliche Vereinbarung handelte. Als im Jahr 1524 das Wormser Edikt nach Kursachsen überstellt wurde, protestierten die Sachsen unter Hinweis auf die anderslautende Absprache des Kurfürsten mit dem Kaiser in Worms. Karl habe damals versprochen, Friedrich mit der Sache Luthers zu verschonen, woraufhin dem Kurfürsten auch kein Edikt zugeschickt worden sei.[68] An der Richtigkeit dieser Angaben – der einzigen Quelle zur Vereinbarung zwischen Karl V. und Kurfürst Friedrich – ist nicht zu zweifeln, denn tatsächlich gibt es keine Hinweise, wonach der Kaiser Kurfürst Friedrich jemals aufgefordert hätte, auf der Basis des Wormser

Edikts gegen Luther vorzugehen. 1524 aber verschickte das Reichsregiment, das von der Absprache offensichtlich nichts wusste,[69] das Edikt zugleich mit dem Abschied des dritten Nürnberger Reichstags. Karl V. selbst unterminierte die Wirkung seines Edikts also dadurch, dass er es dem wichtigsten Adressaten nicht zustellen ließ. Ohne die Vorgänge bei der Kaiserwahl 1519 und das damals begründete besondere Verhältnis Friedrichs zum jungen Habsburger ist das kaum zu erklären.[70]

Diese Beobachtungen verweisen auf das zentrale Problem des Wormser Edikts als kirchenpolitische Weichenstellung. Karl V. hat sich in Worms persönlich gegen Luther gestellt und diese Entscheidung zeit seines Lebens nicht revidiert. Aber: Ein kaiserliches Rechtsgebot hatte nur dort eine Chance auf Umsetzung, wo die Territorialfürsten es als geltendes Recht für ihr Land akzeptierten und adaptierten. Selbst in Reichsstädten, wo die Herrschaft des Kaisers deutlicher zu spüren war als in den Territorien, war die Entscheidung des städtischen Rates dazwischengeschaltet, das kaiserliche Gesetz zu publizieren und auszuführen – oder eben nicht. Ein »Durchregieren« war dem Kaiser im Reich nicht möglich, ganz anders als in den Niederlanden, wo Karl V. als Territorialherr das Wormser Edikt mit aller Härte exekutierte.[71]

Dennoch wäre es ganz verkehrt, von einer Wirkungslosigkeit des Wormser Edikts im Reich zu sprechen. Die Frage der Wirkung ist aber ein komplexes Problem, das sich nicht auf die Alternative »Ausführung oder Nicht-Ausführung« reduzieren lässt.[72] Nach dem Wormser Reichstag kehrte der Kaiser dem Reich für ein knappes Jahrzehnt den Rücken und überließ die Regierung dem in Worms eingesetzten Reichsregiment und seinem Bruder Ferdinand als Statthalter. Dies bedeutete nichts anderes als die Rückverlagerung der Reformationsfrage in die Kompetenz der Reichsstände und der Reichstage, denn die Fürsten ließen sich die Gelegenheit nicht entgehen, in dieser Sache ihre eigene Politik zu betreiben, die letztlich den Interessenausgleich unter den Ständen in den Vordergrund stellte. Das kaiserliche Edikt wurde keineswegs ignoriert, dieses Gesetz schwebte vielmehr wie ein Damoklesschwert über den Reichstagen der kommenden Jahre und war der Dreh- und Angelpunkt aller Entscheidungen der Reichsstände.

Sie waren im Unterschied zum Kaiser aber der Überzeugung, dass sich das Edikt nicht umsetzen ließ, ohne Unruhen in der Bevölkerung zu provozieren. Ob dies eine realistische Einschätzung war, steht dahin. Gewiss genoss Luther erhebliche Sympathien im Volk. Ohne Konflikte wäre eine Exekution des kaiserlichen Gesetzes vermutlich also nicht verlaufen, aber durchgesetzt hätte sich am Ende die stärkere Seite, nämlich die Fürsten und städtischen Räte. Dies könnte exemplarisch am Beispiel des albertinischen Herzogtums Sachsen gezeigt werden, wo Herzog Georg konsequent gegen Evangelische vorging,[73] oder am Beispiel des Herzogtums Bayern, wo eine noch härtere Unterdrückungspolitik eine breite evangelische Bewegung erst gar nicht aufkommen ließ.[74] Umso wichtiger war die Entscheidung Kursachsens, diesen Weg nicht mitzugehen.

Ausschlaggebend für die Reichsentscheidungen der 1520er-Jahre war jedoch nicht die Rücksicht auf die Stimmung in der Bevölkerung, sondern die Tatsache, dass die Fürsten selbst mehrheitlich nicht bereit waren, das Wormser Edikt durchzusetzen. Begünstigt durch die Abwesenheit des Kaisers und die relativ schwache Stellung seines Statthalters Ferdinand, ersetzten sie das kaiserliche Rechtsgebot Stück für Stück durch ständisches Vereinbarungsrecht und schufen Alternativen zu einer Politik der Reformationsunterdrückung. In der Phase der drei Nürnberger Reichstage 1522 bis 1524[75] erklärten die Stände das Wormser Edikt für undurchführbar und einigten sich auf Predigtklauseln, um den Spielraum der von den Kanzeln verkündeten Theologie einzuschränken. 1523 forderte ein Reichstag erstmals ein allgemeines, freies und christliches Konzil in deutschen Landen zur Lösung der Reformationsproblematik,[76] alternativ dazu 1524 ein Nationalkonzil, das in Speyer zusammenkommen und die theologischen Probleme auf Reichsebene klären sollte.[77] Damit verschoben die Reichstage das Reichsrecht sukzessive von reiner Repression hin zu konstruktiveren Lösungen. Karl V. sah dieser Entwicklung jahrelang tatenlos zu und intervenierte erst 1524 aus dem spanischen Burgos, als er das Speyerer Nationalkonzil streng verbot und die Rückkehr zum Wormser Edikt befahl.[78]

Inzwischen zeichneten sich die Konturen einer evangelischen Religionspartei auf den Reichstagen immer deutlicher ab. Die ersten Schritte zum Abschluss eines evangelischen Militärbündnisses wurden unternommen.[79] Schon deshalb war ein Zurückdrehen des Reichsrechts auf den Stand von 1521 kaum mehr denkbar. Der erste Speyerer Reichstag beschloss 1526 die bekannte Verantwortungsformel, wonach es künftig jeder mit der Exekution des Wormser Edikts so halten sollte, wie er es gegen Gott und den Kaiser meinte verantworten zu können.[80] Die zur Reformation entschlossenen Reichsstände nutzten die Diversifizierung der reichsrechtlichen Lage, um die Territorialreformation voranzutreiben.[81] Dagegen wiederum versuchten Ferdinand, inzwischen König von Böhmen und Ungarn, und der Kaiser selbst, die Rückkehr zum Wormser Edikt zu erzwingen. 1529 auf dem zweiten Speyerer Reichstag beantworteten die evangelischen Stände diesen Versuch mit einer Protestation,[82] 1530 in Augsburg, als Karl V. erstmals seit 1521 wieder einen Reichstag persönlich leitete, reagierten sie auf die Zurückweisung ihres Augsburger Bekenntnisses[83] und die Rückkehr zum Wormser Edikt im Reichsabschied mit der Gründung des Schmalkaldischen Bundes als evangelischem Verteidigungsbündnis.[84]

Jetzt war der Punkt erreicht, an dem der Reichstag seine Möglichkeiten des Interessenausgleichs und der Vermeidung eines militärischen Konflikts ausgeschöpft hatte. Zur Lösung der theologischen Streitfragen selbst war der Reichstag ohnehin nicht in der Lage. Er konnte lediglich den Rahmen für Theologengespräche abgeben,[85] mit den rechtlich-politischen Folgen des Glaubenskonflikts umgehen und ihn mit rechtlichen Mitteln zu entschärfen versuchen. Da im Glauben selbst keine Einigkeit mehr bestand, blieb oft genug nur der Ausweg dissimulierender Kompromissformeln, denen beide Seiten zustimmen konnten, ohne sich in der Sache einig zu sein.[86]

Als Karl V. diesem Ausweg 1530 einen Riegel vorschob, stand man vor der Alternative: militärische Konfrontation oder Nachgeben einer Seite. Nachgegeben hat am Ende der Kaiser, aber nicht aus besserer Einsicht, sondern in kühler Abwägung seiner Interessen. Da er die Wahl seines Bruders Ferdinand zum römischen König durchsetzen wollte,[87] vereinbarte er 1532 einen Frieden mit den Evangelischen, den Nürnberger Anstand.[88] Dieser galt zwar nur bis zum Konzil bzw. bis zum nächsten Reichstag, aber entscheidend war, dass der Kaiser selbst erstmals von der Linie des Wormser Edikts abrückte und – wenngleich nur vorläufig – ein Existenzrecht der evangelischen Stände anerkannte. 1532 endete für die evangelischen Stände somit die unter der Auslöschungsdrohung des Wormser Edikts stehende Phase. Fortan ging es in der Reichsreligionspolitik darum, den ersten, vorläufigen Frieden in einen dauerhaften zu verwandeln.

Der Reichstag als Regelungsinstanz in der Glaubensfrage 1532–1555

Man könnte die Wirkungsgeschichte des Wormser Edikts im Jahr 1532 enden lassen, doch ergibt sich bei genauerem Hinsehen, dass es im Nürnberger Anstand keineswegs widerrufen, sondern lediglich durch eine neue Willensäußerung des Kaisers überlagert wurde. Zwar war das Edikt als Gesetz obsolet, da Karls Friedenszusage aber befristet war und er seine grundsätzliche Haltung nicht geändert hatte, lebte sein Geist aber weiter, und zwar im Willen zur Unterdrückung der Reformation mit dem Ziel der Aufrechterhaltung der kirchlichen Einheit Europas. Karl V. war Politiker genug, seine Möglichkeiten, dieses Ziel zu erreichen, kühl abzuschätzen und den günstigsten Zeitpunkt abzuwarten.

Das Hin und Her zwischen Reichstagen und Sonderverhandlungen des Kaisers einerseits und den sowohl zahlreicher als auch mächtiger werdenden evangelischen Ständen andererseits prägt die Jahre vom Nürnberger Anstand bis zum Augsburger Religionsfrieden 1555. 1539 wurde in Frankfurt am Main ein weiterer, wieder zeitlich begrenzter Anstand vereinbart.[89] Jetzt eröffnete der Kaiser die Perspektive einer inhaltlichen Verständigung der Theologen. Dass in den folgenden Jahren Reichsreligionsgespräche stattfanden – 1540 in

Hagenau, 1540/1541 in Worms und Regensburg und 1546 erneut in Regensburg –,[90] bedeutete nicht, dass der Kaiser nicht auch andere Optionen verfolgte. Das allgemeine Konzil als »große Lösung« oder die militärische Unterwerfung der evangelischen Fürsten und Städte mit dem Ziel, sie zur Anerkennung des Konzils als Urteilsinstanz zu zwingen, lagen als Alternativen zu einem Religionsfrieden immer bereit. Unter günstigen außenpolitischen Bedingungen entschied sich Karl 1546 für die militärische Option; und im Schmalkaldischen Krieg besiegte er den Schmalkaldischen Bund. Während des anschließenden Augsburger Reichstags stand er auf dem Höhepunkt seiner Macht im Reich. Im Augsburger Interim[91] setzte er den Evangelischen selbst eine Ordnung, die für ihre Lehre und religiöse Praxis bis zum Konzil verbindlich sein sollte, aber heftige Abwehrreaktionen provozierte. Dieser Versuch des kaiserlichen Religionsdiktats endete in dem vom sächsischen Kurfürsten Moritz angeführten Fürstenaufstand von 1552.[92] Erst diese militärische Niederlage des Kaisers und der damit zusammenhängende Machtverlust im Reich ermöglichten eine Rückkehr zum Weg des Religionsfriedens, den Karl V. allerdings nicht selbst beschreiten wollte, sondern die Verantwortung seinem Bruder Ferdinand übertrug. Ferdinand war es, der im August 1552 mit Kurfürst Moritz und dessen Verbündeten den Passauer Vertrag abschloss[93] und damit die Anerkennung der Bikonfessionalität des Reiches vorbereitete, die 1555 im Augsburger Religionsfrieden[94] festgeschrieben wurde.

Fazit

In Worms begann die Geschichte der Befassung der Reichstage mit der Glaubensfrage. Der Wormser Reichstag von 1521 war einer der großen drei Reichstage der Reformationszeit. Seine heutige Bedeutung hängt an Luthers Auftritt vor Kaiser und Ständen am 17. und 18. April 1521, der allerdings erst in längerer historischer Perspektive als Schlüsselszene für die Herausbildung einer evangelischen Identität zu erkennen ist. In der Zeit selbst war es das Wormser Edikt, das den Wormser Reichstag zu einem der wichtigsten der Reformationszeit machte. Karl schuf in Worms eine Rechtsgrundlage zur Auslöschung der Reformation, die die Reichsstände im folgenden Jahrzehnt abzuschütteln versuchten. 1530 lenkte der Kaiser noch einmal zurück in die Bahn von 1521, deren politische Realisierbarkeit er aber selbst bezweifelte. Deshalb schloss er 1532 erstmals und danach immer wieder Kompromisse mit den in seinen Augen ketzerischen und ungehorsamen Ständen, ohne aber grundsätzlich von der Wormser Entscheidung abzugehen. Im Schmalkaldischen Krieg lebte der Geist des Edikts in der kaiserlichen Politik noch einmal auf, jetzt allerdings schon nicht mehr mit der Perspektive der Auslöschung, sondern der Unterwerfung der Evangelischen unter ein päpstliches Konzil.

Erst in Augsburg fand diese Geschichte 1555 ein Ende, als nicht Karl V., sondern sein Bruder und Nachfolger Ferdinand im Religionsfrieden die Geschichte des Wormser Edikts ein für alle Mal beendete. Der Religionsfrieden dokumentiert das Scheitern der Religionspolitik Karls V. Sein seit dem Wormser Reichstag von 1521 über mehr als drei Jahrzehnte verfolgtes Ziel, die kirchliche Einheit Europas zu bewahren, hat er am Ende nicht durchsetzen können. Enttäuscht zog er sich aus der Regierung des Reiches zurück.[95] Die Reichstage waren die Knotenpunkte dieser Entwicklung. Den Glaubensstreit als solchen konnten sie nicht lösen, erfolgreich waren sie aber in der Herstellung eines politischen Friedens, der trotz unterschiedlicher Glaubenssysteme ein Zusammenleben im Heiligen Römischen Reich wenigstens für einige Jahrzehnte ermöglichte.

Luther auf dem Wormser Reichstag
Person und publizistische Wirkung

Thomas Kaufmann

Der Versuch, den Wormser Reichstag von 1521 als wichtiges politisches Ereignis zu interpretieren, auf dem eine Vielzahl an Themen verhandelt und eine für das Reich und Europa komplexe Agenda verfolgt wurde, ist sachgemäß und verständlich.[1] Allerdings steht diesen Bemühungen die Überlieferungslage der veröffentlichten zeitgenössischen Meinung gegenüber. Denn unter den weit über 100 Publikationen aus dem Zusammenhang des Wormser Reichstages dominierte die Causa Lutheri vollständig. Vor allem diejenigen Flugschriften, die Textmaterial boten, das von Luther selbst stammte oder doch zu stammen schien, erfreuten sich besonderer Beliebtheit. Insofern fügte sich die Publizistik zum Wormser Reichstag kongenial in die einzigartige Erfolgsgeschichte ein, die der Schriftsteller Martin Luther seit 1518 erlebt hatte.[2] Im Spiegel der zeitgenössischen Drucke bildete das Geschick des seit Januar 1521 rechtskräftig verurteilten Ketzers also das unumstrittene Zentrum des Reichstages zu Worms. Insofern hat die spätere Rezeptionsgeschichte, die den Wormser Reichstag primär als heroisches Schlüsseldatum der Biografie des Wittenberger Reformators thematisierte, einen starken Rückhalt in der typografischen Überlieferungsgeschichte zum Reichstag selbst.

Die Reise und der Aufenthalt in Worms

Von Luther auf dem Wormser Reichstag zu handeln, bedeutet mindestens viererlei: 1. sein Auftreten vor Kaiser und Reich, einschließlich seiner berühmten Reden vom 17. und 18. April, die weiteren Verhandlungen und seine Abreise zu erörtern; 2. Luthers mediale oder typografische Präsenz, die multiple Gegenwart seiner vor dem Wormser Reichstag geäußerten Gedanken in gedruckter Form zu reflektieren; 3. das publizistische Echo, das Luthers Auftreten in Worms in zeitgenössischen Drucken fand, zu analysieren; und 4. seine berühmten und in ihrer Historizität umstrittenen Schlussworte »Hier stehe ich …« als Moment der memorialkulturellen Kanonisierung des Wormser Reichstages von 1521 zu thematisieren.

Der *erste* Aspekt – Luthers Anreise nach Worms, seine Auftritte dort, die nachlaufenden Verhandlungen, die Abreise –, ist immer wieder durchaus differenziert dargestellt worden[3] und kann in unserem Zusammenhang eher kursorisch abgehandelt werden: Die lang umstrittene Vorladung nach Worms erhielt der Wittenberger Theologe wohl am 29. März 1521 durch den Reichsherold Kaspar Sturm ausgehändigt. Vermutlich am 2. April trat er die Reise zusammen mit einer kleinen Reisegruppe an: dem Ordensbruder Johann Petzensteiner, dem Freund und Kollegen Nikolaus von Amsdorf, dem pommerschen Adligen Peter von Suaven und – seit Erfurt – Justus Jonas. Die einzelnen Stationen der Reise sind bekannt; an einigen Orten wurde er feierlich empfangen, gelegentlich predigte er. Als einzige dieser Predigten wurde die gedruckt, die er am 7. April in Erfurt hielt (Abb. 1). In Erfurt hatte ihm die Universität einen triumphalen Empfang bereitet. Der Titel des zuerst hier, in [Erfurt], erschienenen Predigtdrucks[4] stellte sogleich eine Verbindung zum Kaiser und zu Worms her; dies verdeutlicht, dass man seitens der »Druckakteure«[5] daran arbeitete, dass eine entsprechende Öffentlichkeit den Weg des Wittenbergers nach Worms mitverfolgen wollte. Mit dem kaiserlichen *Sequestrationsmandat,*[6] das Luther bereits als verurteilten Ketzer behandelte, den Einzug seiner Bücher durch die Obrigkeiten anordnete und ihren Besitz, Druck, Kauf oder Verkauf inkriminierte, war er kurz zuvor in Weimar bekannt geworden.[7] Zugleich trug dieses Mandat, das Luthers Vorladung nach Worms erwähnte,[8] – ähnlich der Erfurter Predigt – dazu bei, die öffentliche Aufmerksamkeit, die »Luther in Worms« finden sollte, publizistisch vorzubereiten. Über Frankfurt und Oppenheim erreichte Luther mit seiner Gesellschaft am 16. April morgens um 10 Uhr den Zielort Worms; seine Ankunft soll bereits vorab durch Trompeten vom Dom angekündigt worden sein.[9] Dem Wittenberger Reisewagen ritt Reichsherold Sturm mit Begleiter vorweg, Justus Jonas folgte auf einem Pferd nach. Bei seinem Einzug sollen die Straßen von 2000 Menschen gesäumt gewesen sein. Sein Quartier fand Luther im Johanniterhof in der Kämmerergasse, wo er eine Kammer mit zwei kursächsischen Beamten teilte. Bereits am Tag seiner Ankunft setzten Besuche ein; während der gesamten Aufenthaltszeit in Worms hielten sie an. Am Vormittag des 17. April erreichte Luther die Vorladung vor den Reichstag am Nachmittag desselben Tages um vier Uhr. Wegen der großen öffentlichen Aufmerksamkeit führten ihn Erbmarschall von Pappenheim und Reichsherold Sturm auf geheimen Wegen zum Hintereingang des Bischofshofes, in dem die Verhandlungen

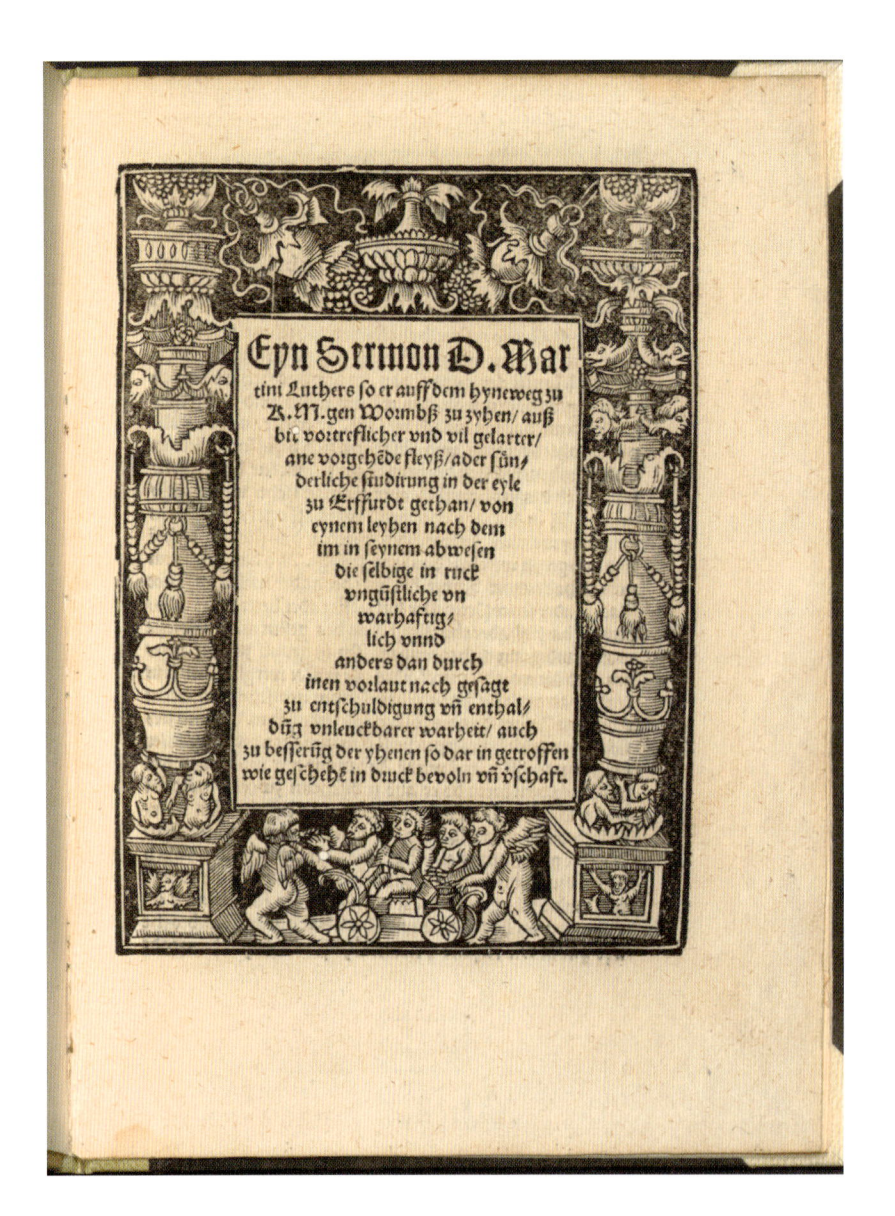

Abb. 1
Eyn Sermon D. Martin Luthers so er auff dem hyneweg zu K. M. geyn Wormbß zu zyhen, […], Erfurt: Matthes Maler, 1521; Bayerische Staatsbibliothek München, Hom. 2098 s, VD 16 L 6141

stattfanden. Der Offizial des Erzbischofs von Trier Johann von der Eck führte das Verhör auf Lateinisch und Deutsch. Luther war von einem Rechtsbeistand, dem kursächsischen Juristen Hieronymus Schurf, begleitet. Die Fragen, die von der Eck an Luther richtete, rückten seine Bücher in den Vordergrund: ob er die unter seinem Namen umlaufenden Bücher als die seinen anerkenne. Und: ob er sich zu diesen Büchern bekenne oder etwas in ihnen Enthaltenes widerrufen wolle. Bücher Luthers, wohl aus dem Besitz Aleanders, waren auf einer Bank ausgelegt worden,[10] insgesamt 22 Drucke, zwölf deutsche und zehn lateinische. Der größte Teil stammte aus der neueren und neuesten Produktion der Jahre 1520/1. Schurf forderte, dass die Titel der Schriften genannt würden. In seiner zuerst deutsch, dann lateinisch vorgetragenen Antwort erkannte Luther die Bücher als seine an. Unter Bezug auf das Seelenheil und das Wort Gottes, also ultimative Instanzen, erbat er sich Bedenkzeit. Vermutlich war er in der Tat überrascht und auf eine pauschale Stellungnahme zu seinen Büchern bzw. ihren Widerruf nicht vorbereitet gewesen. Nach Beratungen des Kaisers und der Fürsten und einer einschüchternden Rede des Offizials, der ihn an die Gehorsamspflicht gegenüber Papst und Kaiser gemahnte, wurde ihm die Bedenkzeit eines Tages gewährt; die Antwort am kommenden Tag müsse in freier Rede erfolgen.

Am 18. April wurde Luther, etwa zur selben Zeit wie am Vortag, erneut vom Reichsherold in den Bischofshof geleitet; wegen anderer Verhandlungen des Reichstages, die diesmal in einem größeren, drängend vollen Saal stattfanden, verzögerte sich seine Anhörung bis etwa sechs Uhr. Der Offizial wiederholte die Fragen vom Vortag und betonte erneut, dass Luther keinen Anspruch auf die ihm gewährte Bedenkzeit gehabt habe. Luther antwortete wohl zuerst auf Deutsch, dann auf Latein und zwar mit lauterer Stimme als am 17. April. Ein erhaltenes handschriftliches Fragment der deutschen Rede lässt erkennen, dass er zunächst den Gang des Verhörs vom Vortage rekapitulierte und dabei die Bindung an »gottes wortt unnd den glawben« und die Vermeidung einer »gewyßenß versehrung«[11] akzentuierte. Hinsichtlich des Bekenntnisses zu seinen Büchern vom Vortag fügte er nun hinzu, dass sich dies natürlich nicht auf von ihm nicht zu verantwortende Veränderungen in der Textgestalt beziehe. Zu der Frage, ob er sich zu seinen Büchern bekenne, setzte Luther breiter an und teilte sein Schrifttum in drei Kategorien: zum einen allgemein verständliche Schriften, in denen es um Frömmigkeit und Moral gehe; sie würden auch von seinen Gegnern anerkannt. Schriften dieser Kategorie zu widerrufen, sei nicht angängig. Dies gelte auch für seine Schriften gegen das Papsttum, denn die Gesetze des Papstes und die unter seinem Schutz verbreiteten Menschenlehren tyrannisierten die Gläubigen. Die dritte Gruppe betreffe Schriften gegen einzelne Personen; hier konzedierte Luther, gelegentlich zu scharf gewesen zu sein. Da es in diesen Auseinandersetzungen aber um die Lehre Christi gehe, komme auch bei ihnen ein Widerruf nicht in Betracht. Das Wort der Schrift solle das Kriterium aller Lehre sein; werde er mittels der Schrift eines Irrtums überführt, werde er umgehend widerrufen. Im Schlussteil seiner Rede forderte er den Kaiser und das Reich auf, ihrer Verantwortung gegenüber Gott und seinem Wort gerecht zu werden. Einer Replik des Offizials, die in die Ermahnung einmündete, sich eindeutig zur Widerrufsforderung zu verhalten, setzte Luther seine berühmten Worte »ohne Hörner und Zähne«, d. h. ohne sophistische Schlüsse und Beißereien, entgegen: »Wenn ich nicht durch Schriftzeugnisse oder einen klaren Grund widerlegt werde – denn allein dem Papst oder den Konzilien glaube ich nicht; es steht fest, dass sie häufig geirrt und sich auch selbst widersprochen haben –, so bin ich durch die von mir angeführten Schriftworte überwunden. Und da mein Gewissen in den Worten Gottes gefangen ist, kann und will ich nichts widerrufen, weil es gefährlich und unmöglich ist, etwas gegen das Gewissen zu tun. Gott helfe mir. Amen.«[12]

In wechselnden personellen Konstellationen schlossen sich zwischen dem 22. und dem 24. April Verhandlungen mit einer reichsständischen Kommission an, die doch noch einen Ausgleich zwischen Luther und dem Kaiser zu erreichen versuchte. Am 25. April erhielt Luther durch von der Eck und einen kaiserlichen Sekretär die offizielle Nachricht, dass das Reichsoberhaupt gegen ihn vorgehen werde; das ihm zugesicherte Geleit gelte aber noch 21 Tage. Am 26. April brach Luther ziemlich unbemerkt mit seinen Gefährten von Worms auf. Wie ernüchtert er das Wormser Szenario damals empfand, geht aus einem Brief hervor, den er am 28. April von Frankfurt am Main aus an Lukas Cranach schrieb: »So ist nichts mehr hie gehandelt denn so viel: Sind die Bücher dein? Ja. Willtu sie widerrufen oder nicht? Nein. So heb dich!«[13]

Die publizistische Rezeptionsgeschichte Luthers in Worms

Wohl am Abend des 28. April verfasste Luther in Friedberg auch einen lateinischen Brief an Karl V. (Abb. 2)[14] und ein deutsches Schreiben an die Stände des Reichs (Abb. 3).[15] Beide jeweils nur einen Bogen umfassenden, inhaltlich weitestgehend identischen Texte gelangten umgehend in anonymisierten Drucken durch die leistungsfähige Offizin [Thomas Anshelms] in [Hagenau] in die Öffentlichkeit; die deutsche Schrift erreichte immerhin 13 hochdeutsche Ausgaben und eine niederdeutsche. Diese Drucke trugen entscheidend zum publizistischen Bild »Luthers in Worms« bei. Aller Wahrscheinlichkeit nach hatte der Wittenberger Theologe die lateinische oder beide Versionen des Briefes von Friedberg[16] aus zum kursächsischen Sekretär Georg Spalatin in Worms geschickt. Ob nur Spalatin etwa bei [Hans von Erfurt] in [Worms][17] und [Grunenberg] in [Wittenberg][18] oder, was aufgrund der Textvarianten wahrscheinlicher ist, auch Luther und sein Umfeld die Drucklegung direkt betrieben, ist kaum sicher zu entscheiden. Klar aber ist, dass Luther seinen literarischen Abschied aus Worms in einer Weise inszenierte, die sogleich für die Druckpresse bestimmt war.

Wie stellte Luther sein Tun und Ergehen in Worms im Lichte der beiden »offenen Briefe« an Kaiser und Reich dar? Den nur in einer lateinischen Ausgabe verbreiteten Brief an den Kaiser nutzte er, um zu unterstreichen, dass er seine Bücher nicht widerrufe, da sie mit Schriftzeugnissen begründet und nicht widerlegt worden seien.[19] Sein Gewissen sei durch die Schrift gebunden.[20] Das Wort Gottes müsse frei bleiben.[21] Mit dem Dank für das Geleit verband der

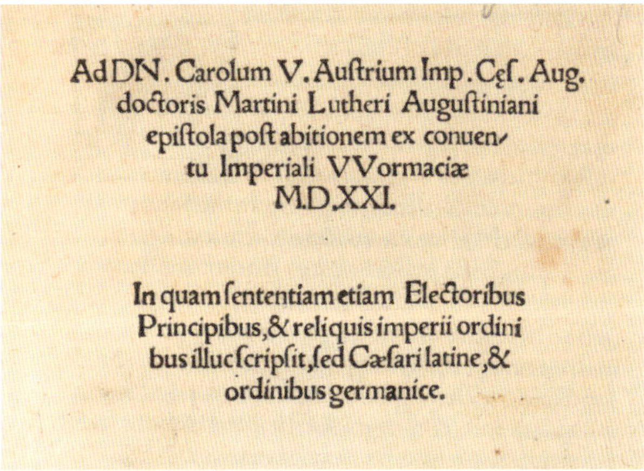
Ad DN. Carolum V. Auſtrium Imp. Cęſ. Aug.
doctoris Martini Lutheri Auguſtiniani
epiſtola poſt abitionem ex conuentu Imperiali VVormaciæ
M.D.XXI.

In quam ſententiam etiam Electoribus
Principibus, & reliquis imperii ordini
bus illuc ſcripſit, ſed Cæſari latine, &
ordinibus germanice.

Abb. 2
Ad DN. Carolum V. Austrium Imp. … epistola post abitionem ex conventu imperiali Wormaciae MDXXI, Hagenau: Thomas Anshelm, 1521; Bayerische Staatsbibliothek München, Res/4 H.ref. 801,26 h, VD 16 L 3673 (Ausschnitt)

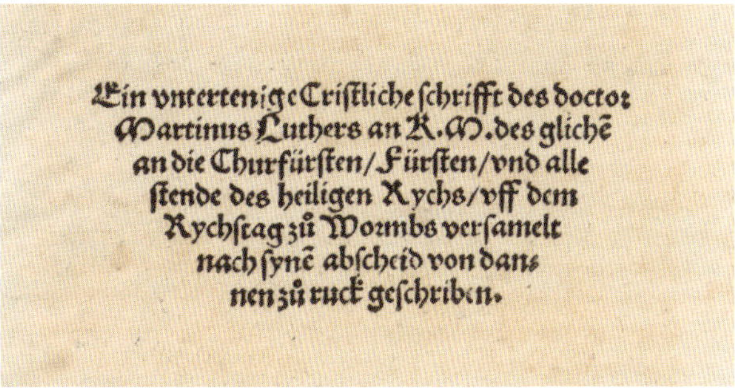
Ein vntertenige Criſtliche ſchrifft des doctor
Martinus Luthers an K. M. des gliche
an die Churfürſten/Fürſten/vnd alle
ſtende des heiligen Rychs/vff dem
Rychſtag zů Wormbs verſamelt
nach ſynẽ abſcheid von dan-
nen zů ruck geſchriben.

Abb. 3
Ein vntertenige Christliche schrifft des doctor Martinus Luthers an K. M. des glichen an die Churfürsten, Fürsten, vnd alle stende des heiligen Rychs, […], Hagenau: Thomas Anshelm, 1521; Österreichische Nationalbibliothek, 77.Dd.584, VD 16 L 3681 (Ausschnitt)

sächsische Augustinermönch die Bekundung seiner Loyalität gegenüber dem Kaiser[22] und seine Bereitschaft, sich unparteilichen Richtern zu stellen.[23] Dass der verurteilte Bettelmönch sich im Namen der ganzen Kirche (»totius Ecclesię nomine«)[24] zu sprechen anheischig machte, unterstrich wirkungsvoll, dass er sich als unüberwundener (»irrevictus«)[25] christlicher Lehrer empfand. Insofern akzentuierte Luther mit den umgehend in den Druck lancierten Briefen an den Kaiser und die Stände, was auch Inhalt seiner Reichstagsrede gewesen war.

Doch wohl schon vor seinem Abschied aus Worms hatte der brillante Publizist Luther in eigener Person das maßgebliche Bild seiner selbst auf dem Reichstag zu inszenieren begonnen, und zwar in Gestalt seiner Reichstagsrede. Der Druck des ausgearbeiteten lateinischen Textes der Reichstagsrede vom 18. April, an deren Ende sich von der Ecks Aufforderung, Luther solle eine einfache Antwort auf die Widerrufsforderung geben und des Wittenberger Reformators bereits zitierte, berühmte Schlussworte anschlossen,[26] erfolgte auf zwei Wegen: Zum einen dürfte Luther eine handschriftliche Fassung nach Wittenberg, zu dem ihm seit vielen Jahren vertrauten Drucker [Johannes Grunenberg], gesandt haben. Eine andere Handschrift gelangte zu dem Humanistendrucker [Thomas Anshelm] in [Hagenau], der bereits im Zusammenhang des Druckes der Briefe an den Kaiser und die Stände erwähnt wurde. Dass Luther eine vollständige

Rede ausgearbeitet hatte, obschon ihm auferlegt war, gegenüber Kaiser und Reich frei zu reden und keine Aufzeichnungen zum Vortrag zu bringen,[27] dürfte einerseits seiner Vorbereitung gedient haben: So klärte er seine Gedanken, erprobte bestimmte Formulierungen und arbeitete einen plausiblen Duktus aus; möglicherweise diente ihm die Aufzeichnung auch dazu, seine Rede zu memorieren. In welchem Verhältnis die tatsächlich gehaltene Rede zu ihrer literarischen Gestalt stand, ist ungewiss.[28] Eindeutig scheint aber zu sein, dass der »printing native«[29] Martin Luther bei der Verschriftlichung seiner Rede bereits die Drucklegung im Blick hatte.

Der Wittenberger Druck des Luther'schen »responsum Wurmacie«[30] (Abb. 4) endete mit einer Schlusspassage, die sich in der übrigen zeitgenössischen Drucküberlieferung nirgends sonst findet. An den Schluss der Rede setzte [Grunenberg] nämlich in mittelgroßen Schwabacher Typen die deutschen Worte »Ich kann nicht anderst/ hie stehe ich/ Got helff mir/ Amen.«[31] (Abb. 5). Meines Erachtens ist es das Wahrscheinlichste, dass sich diese Textvariante in der aus Worms zu [Grunenberg] nach Wittenberg gesandten Handschrift befand und insofern auf Luther selbst zurückgeht. Warum der Reformator diesen Schluss anfügte, der mutmaßlich nicht gesprochen worden war, ist unklar. Bei dem ersten Teil des Satzes – »Ich kann nicht anderst« – möchte man an eine Bekenntnissituation im Sinne des Apostels Paulus (1 Kor 9,16) denken. Bei dem »hie stehe ich« klingt vielleicht ein durchaus emphatisches »Einstehen für« an, wie es die Apostelgeschichte gelegentlich in Bezug auf Paulus (Apg 17,22; 27,21) verwendet. Dieses »Einstehen für« habe ihn, Luther, dahin gebracht, wo er jetzt stehe; nun sei er ganz auf Gottes Hilfe angewiesen. Während der mit »Dixi«[32] abgeschlossene Teil der Rede vermutlich vor dem Auftritt am Nachmittag des 18. April abgefasst wurde, kann das kurze Wechselgespräch mit von der Eck und Luthers finale Erwiderung erst später hinzugekommen sein. Insofern ist es also wahrscheinlich, dass der Wittenberger Mönch diesen deutschen Satz an den Schluss jenes nach Wittenberg gesandten Manuskriptes setzte, um seiner offenen und ungewissen Situation als Bekenner des Evangeliums einen spezifischen Ausdruck zu verleihen. Dass jemand anderer als er diesen Satz in der ersten Person geschrieben haben soll, ist kaum nachvollziehbar. Insofern hat er als authentischer Luthersatz zu gelten. Gesprochen aber wurde er aller Wahrscheinlichkeit nach am 18. April 1521 nicht.

Die immense Wirkungsgeschichte des Satzes in der Form »*Hie stehe ich, ich kann nicht anderst*«[33] ist freilich ein Moment der frühen, posthumen Luther*memoria*. Beginnend mit dem zweiten Band der lateinischen Ausgabe der Werke Luthers von 1546, in der die *Acta ... Uormaciae* zum Abdruck gelangten, erschienen die Schlussworte der Wormser Rede Luthers in der seither kanonischen Form (Abb. 6). Im Kontext der weiteren Druckgeschichte der ursprünglich als *Prae-*

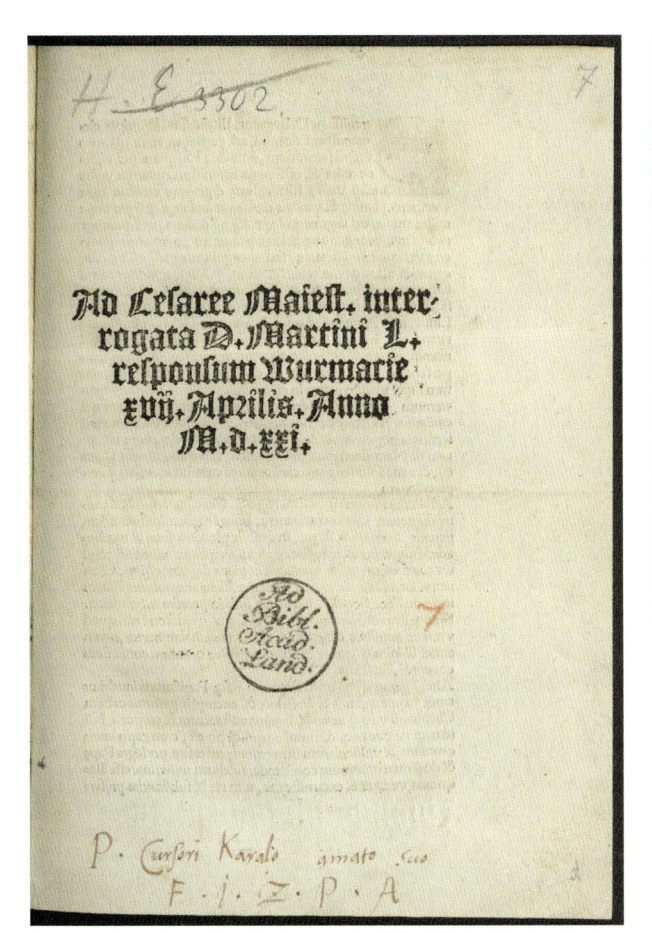

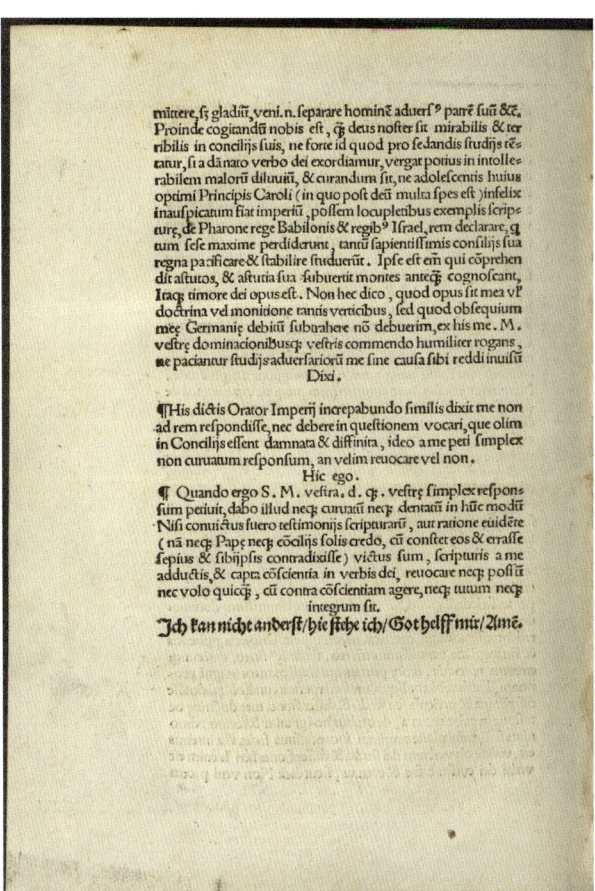

Abb. 4 und 5
Ad Cesaree Maiest. interrogata D. Martini L. responsum Wurmacie xvii. Aprilis. Anno M.d.xxi., Wittenberg: Rhau-Grunenberg, 1521; UB der Ludwig-Maximilians-Universität München, 4 Luth. 209#7, VD 16 L 3650, Titelbl.ʳ (links) und 2ᵛ (rechts)

fatio dieses zweiten Lutherbandes publizierten Lutherbiografie Melanchthons wurden die *Acta Uormaciae* und ihr zentralstes Stück, die Rede des 18. April, in die seit 1548 erscheinenden Einzelausgaben (Abb. 7) aufgenommen. In einigen dieser mit ca. 15 lateinischen und deutschen Ausgaben der *Historia Lutheri*[34] besonders erfolgreichen Sammelbände der frühen Luthermemoria war eine in Distichen abgefasste Kurzbiographie Luthers enthalten, die einzelne Jahre im Leben des Reformators besonders würdigte. Das Jahr 1521 wurde der Luthermemoria als »Annus Confessionis in Comitiis Uormatiensibus«, als »Jahr des Bekenntnisses auf dem Wormser Reichstag«, erinnert, eingeprägt und kanonisiert.[35] Mit dem Satz »Hier stehe ich, ich kann nicht anders« war das ideale Motto der Heroisierung des unerschütterlichen Bekenners von Worms gefunden. Dass die damit transportierte Sicht auf den »Wormser Luther« in einem irreversiblen Widerspruch zu dessen nüchterner, zeitlebens von jeder

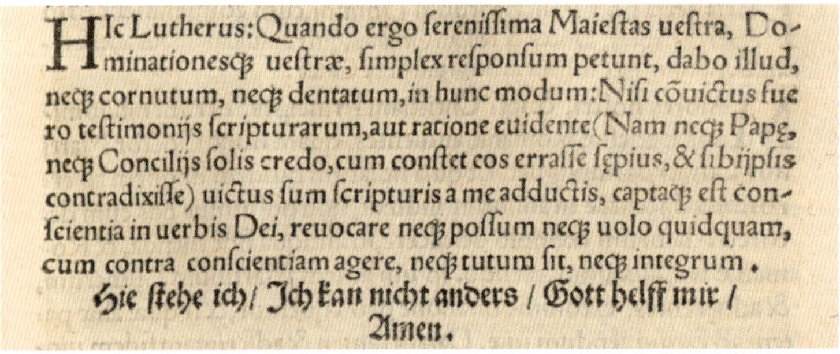
HIc Lutherus: Quando ergo ſereniſſima Maieſtas ueſtra, Dominationesq́ ueſtræ, ſimplex reſponſum petunt, dabo illud, neq́ cornutum, neq́ dentatum, in hunc modum: Niſi cōuictus fuero teſtimonijs ſcripturarum, aut ratione euidente (Nam neq́ Papæ, neq́ Concilijs ſolis credo, cum conſtet eos erraſſe ſæpius, & ſibijpſis contradixiſſe) uictus ſum ſcripturis a me adductis, captaq́ eſt conſcientia in uerbis Dei, reuocare neq́ poſſum neq́ uolo quidquam, cum contra conſcientiam agere, neq́ tutum ſit, neq́ integrum.
Hie ſtehe ich / Ich kan nicht anders / Gott helff mir / Amen.

Abb. 6
Tomus secundus omnium operum reverendi domini Martini Lutheri, Doctoris Theologiae, Continens monumenta, […], Wittenberg: Hans Lufft, 1546; Bayerische Staatsbibliothek München, Res/2 Th.u. 81-2, VD 16 L 3414, Fol. 173r (Ausschnitt)

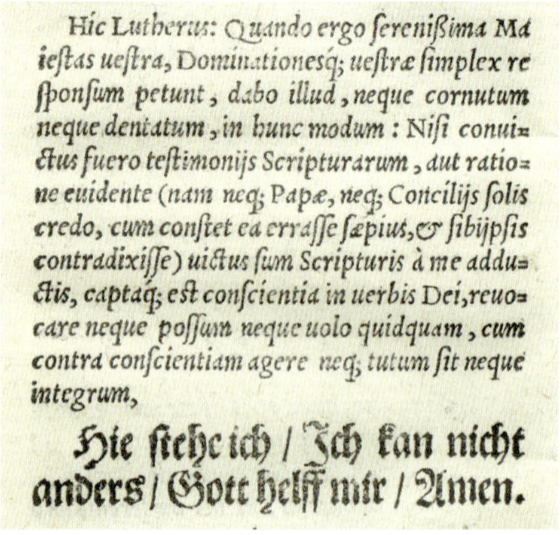
Hic Lutherus: Quando ergo ſereniſſima Maieſtas ueſtra, Dominationesq; ueſtræ ſimplex reſponſum petunt, dabo illud, neque cornutum neque dentatum, in hunc modum: Niſi conuictus fuero teſtimonijs Scripturarum, aut ratione euidente (nam neq; Papæ, neq; Concilijs ſolis credo, cum conſtet ea erraſſe ſæpius, & ſibijpſis contradixiſſe) uictus ſum Scripturis à me adductis, captaq; eſt conſcientia in uerbis Dei, reuocare neque poſſum neque uolo quidquam, cum contra conſcientiam agere neq; tutum ſit neque integrum,
Hie ſtehe ich / Ich kan nicht anders / Gott helff mir / Amen.

Abb. 7
Historia De Vita Et Actis Reuerendiss. uiri D. Martini Lutheri, uerae Theologiae Doctoris. Philipp Melanchthon, Wittenberg: Hans Lufft, 1549; Universitäts- und Landesbibliothek Sachsen-Anhalt, Halle, AB 70 11/i, 13 (1), VD 16 M 3418, C 7r (Ausschnitt)

Überhöhung freien Deutung des reichstäglichen Szenarios – der wohl einzigen »weltgeschichtlichen« Szene seines Lebens – stand,[36] sei nachdrücklich betont. Der Glaubensheld von Worms ist – ungeachtet bestimmter Anschlüsse an die Druckerzeugnisse im Umkreis des Reichstagsgeschehens von 1521 selbst – primär ein Produkt der frühen, posthumen Luthermemoria.

Frühe Einzeldrucke der Wormser Rede

Nach diesem Vorgriff auf die Rezeptionsgeschichte des »Wormser Luther« ist noch einmal zu den weiteren frühen Einzeldrucken der Rede des 18. April und ihren jeweiligen Überlieferungszusammenhängen zurückzukehren. Der [Hagenauer] [Anshelm]-Druck (Abb. 8) titulierte Luthers Text als »oratio« und schloss mit dem bekannten »Gott helff mir. Amen.«[37] Ansonsten waren dem Druck anonyme Spottverse gegen die kaiserlichen Berater Guillaume de Croy, gen. Chièvres, und Jean Glapion beigefügt, die angeblich an der Tür der kaiserlichen Wohnung angeschlagen worden waren. Den Abschluss des eine Sexterne umfassenden Druckes bildete ein froher literarischer Aufschrei (»Iubilum«) des hessischen Dichters Euricius Cordus,[38] der den Jubel des in

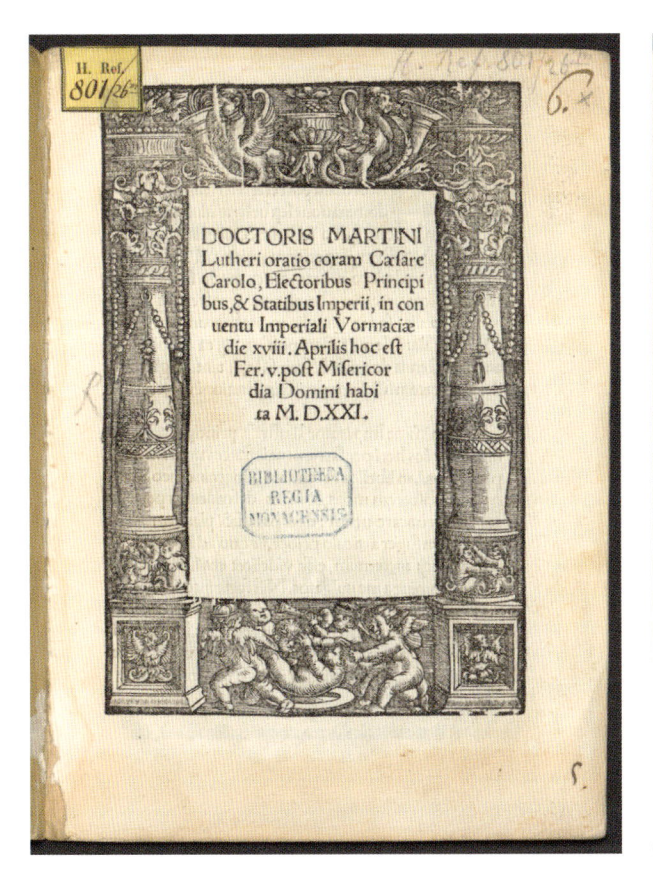

Abb. 8
Doctoris Martini Lutheri oratio coram Cæsare Carolo, Electoribus Principibus … in conuentu Imperiali Vormaciæ d. XVIII. Apr. habita 1521, Hagenau: Thomas Anshelm, 1521; Bayerische Staatsbibliothek München, Res/4 H.ref. 801,26 m., VD 16 L 3648, Titelblatt

Abb. 9
Æterna ipsa svæ mentis simvlacra Lvtherus exprimit …, Augsburg: Grimm und Wirsung, 1521; Herzog August Bibliothek Wolfenbüttel, 131.2 Theol. (1), Nr. 603, VD 16 L 3647, Titelblatt

Worms begeistert begrüßten Wittenbergers und die euphorischen Hoffnungen, die sich an seine Person knüpften, in lateinische Verse fasste.[39] Die Verbindung der Luther'schen Rede mit dem humanistischen Lobpreis wird man als Moment einer Heroisierungsstrategie zu interpretieren haben, die für die frühreformatorische Lutherrezeption insbesondere in Oberdeutschland charakteristisch war.[40] Diese Tendenz verstärkte sich bei einem nicht-firmierten [Augsburger] Druck der lateinischen Rede, der in der Offizin [Grimm-Wirsung] erschien. Das Titelblatt zeigte einen Nachschnitt des Cranach'schen Porträts von 1520 mit der entsprechenden Inscriptio[41] (Abb. 9)[42]. Ein gleichfalls anonymer [Straßburger] Druck [Martin Flachs] (Abb. 10) bezeichnete Luthers Rede als »christliche und unerschrockene Antwort« (»Christiana, & inconsternata Responsio«).[43] Sodann fügte er typografische und textliche Beigaben (überdimensionale Kolumnentitel »IHESUS«, Abb. 11), insbesondere ein lateinisches Gedicht, hinzu, das die Frage behandelte, ob Luther die »Tragödie der Reformation« aus einer gerechten Ursache heraus erregt habe.[44]

Außer dem mutmaßlich direkt von Luther selbst veranlassten [Wittenberger] Druck seiner Rede zeigten alle anderen oberdeutschen Ausgaben, die wohl durch eine eigene handschriftliche Überlieferung[45] initiiert worden waren, eine eindeutig heroisierende, den Mönch aus Wittenberg zum tapferen Bekenner und ersehnten Reformator stilisierende Tendenz. Diese Inszenierung ist als »humanistisch« zu identifizieren und hatte natürlich bei Publizisten und Buchakteuren vom Schlage Ulrich von Huttens einen Rückhalt.

Bei der deutschen Version der Reichstagsrede des 18. April,[46] die in insgesamt vier Ausgaben von [Erfurt] aus primär in Thüringen und Sachsen verbreitet wurde, fällt v. a. auf, dass der Titel eine Fokussierung auf die unter Luthers Namen ausgegangenen Bücher (Abb. 12) enthielt. Für einen Teil des deutschsprachigen Lesepublikums rückte »Luther in Worms« also v. a. als Publizist, der seiner Schriften wegen verurteilt wurde, in den Fokus des Interesses. In der mit insgesamt dreizehn Ausgaben sehr viel erfolgreicheren zweiten deutschen Übersetzung der Rede aus der Feder [Georg Spalatins][47] wurde hingegen das ›persönliche‹ (Abb. 13) Moment des Luther'schen Sprachhandels betont. Im Spiegel der frühesten Drucküberlieferung zu Worms bildete die Rede des 18. April also das eigentliche Zentrum; im Zusammenhang der deutschen Ausgaben dieser Reden kam es auch zur bisher wirkungsreichsten druckgrafischen Verbreitung seines Konterfeis (Abb. siehe 266 oben). Darstellungen, die Luther mit dem Kaiser bzw. auf dem Reichstag ins Bild setzten, wurden im Zusammenhang der deutschen Ausgaben der Reichstagsrede hergestellt (Abb. 14 und 15). Insofern schillerte das ›Bild‹ Luthers auch im Spiegel dieses Textes durchaus facettenreich.

Ähnliche Tendenzen, wie sie bei den oberdeutschen Drucken der lateinischen Rede des 18. April beobachtet wurden, traten auch in den Ausgaben der *Acta et res gestae … Lutheri* hervor.[48] Dabei handelt es sich um ein chronikalisches Sammelwerk, in dem vermutlich aus Luthers engstem Umfeld heraus berichtet wurde, unter welchen Umständen er vorgeladen worden und nach Worms gereist war. Auch, wie es ihm angesichts des auf der Reise zur Kenntnis genommenen Sequestrationsmandats erging und dass er die Gefahren, die er in Worms erwartete, bewusst und couragiert in Kauf nahm, war da zu lesen. Ansonsten wurde sehr dicht über die Ereignisse vom 16. April bis zum 26. April, dem Tag der heimlichen Abreise, berichtet, wobei Luthers Reden in den unterschiedlichen Zusammenhängen besondere Beachtung zukam. Der letzte Teil der *Acta* schilderte die Ereignisse und Verhandlungen nach dem 18. April.[49]

»Luther in Worms« – das ist auch ein personelles Umfeld versierter Literaten, das ihn und sein Image kreierte. Im Falle des in den Druck gelangten Berichts, den Konrad Peutinger für den Augsburger Rat verfasst hatte,[50] wird beispielhaft

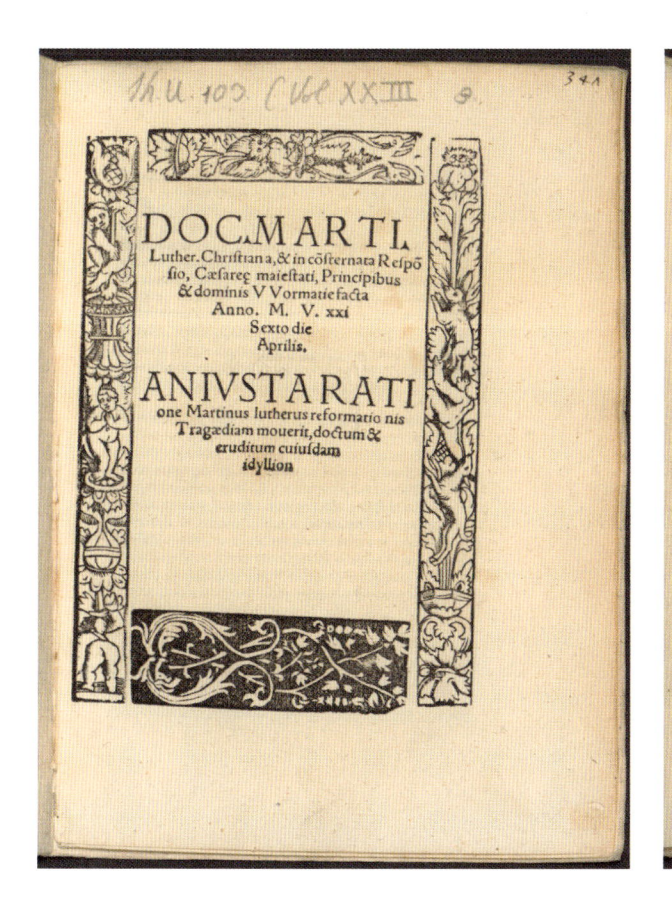

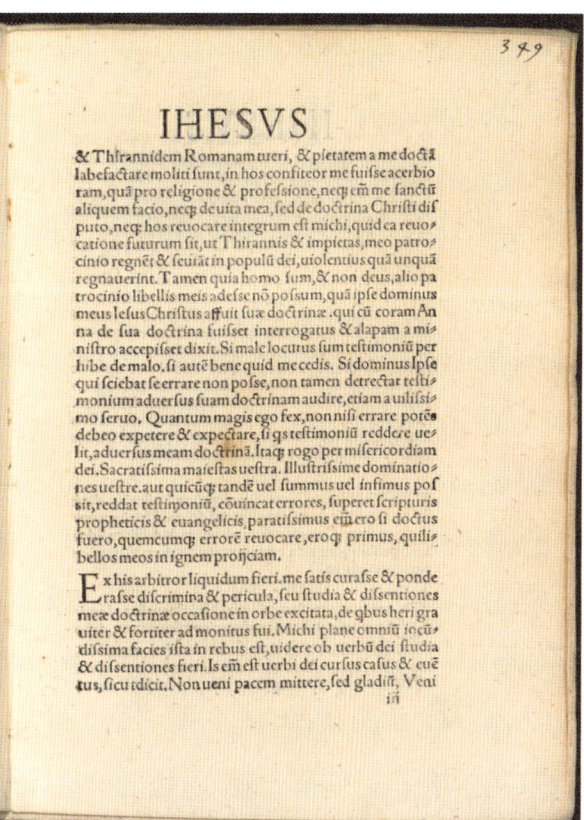

Abb. 10 (oben links) und 11 (oben rechts)
Doc. Marti. Luther. Christiana, & inco[n]sternata Respo[n]sio, Cæsareę maiestati, Principibus & dominis VVormatie facta Anno. M. V. xxi Sexto die Aprilis, [...], Straßburg: Flach, 1521; Bayerische Staatsbibliothek München, Res/4 Th.u. 103,XXIII,8, VD 16 L 3649, Titelseite (links) und iii^r (oben rechts)

Abb. 12
Antwort Doctoris Martini Luthers vor. K.M. vn[d] Fursten des Reichs auff ansuchu[n]g der bůcher vndter seinem name[n] außgangen so er gefordert auff den Reichstag gen Wormbs, Leipzig: Martin Landsberg, 1521; UB der Ludwig-Maximilians-Universität München, 4 Luth. 209#8, VD 16 L 3659, Titelblatt

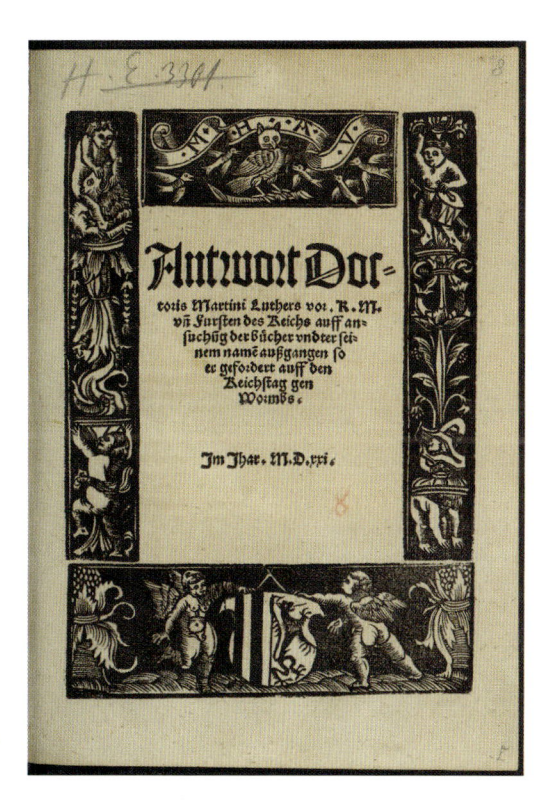

Abb. 13

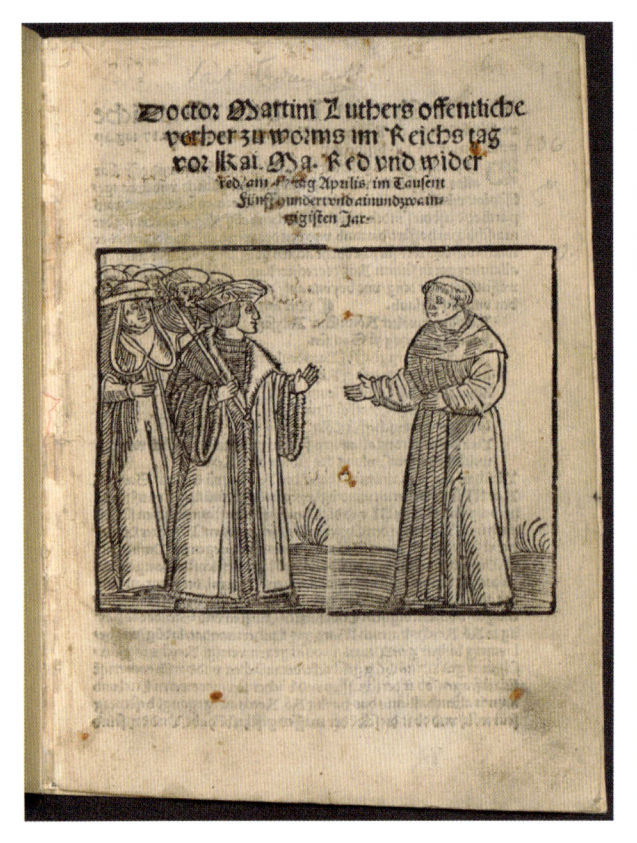

Uf das Fürhalte[n] so durch Keyserliche Maiestat Und des heiligen Reichs versameleten Churfürsten/ und stände/ Dem Doctori Martino Luther ... Ist diß sein personlich ... antwort, Straßburg: Knobloch, 1521; Bayerische Staatsbibliothek München, Res/4 Th.u. 103,I,26, VD 16 L 3661, Titelbl.ʳ

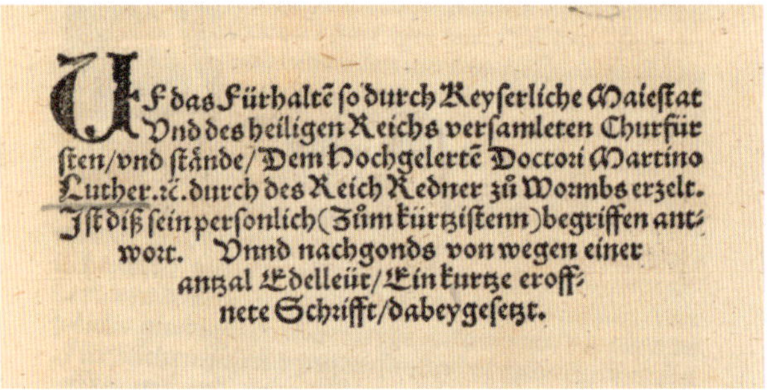

Abb. 14

Doctor Martini Luthers offentliche verher zu worms im Reichs tag vor Kai.Ma.Red vnd widerred/ am 17 tag Aprilis/ im Tausent Fünffhundert vnd ainundzwaintzigisten Jar, [Übers. v. Georg Spalatin], Augsburg: Jörg Nadler, 1521; Bayerische Staatsbibliothek München, Rar. 1526, VD 16 L 3654, Titelblatt

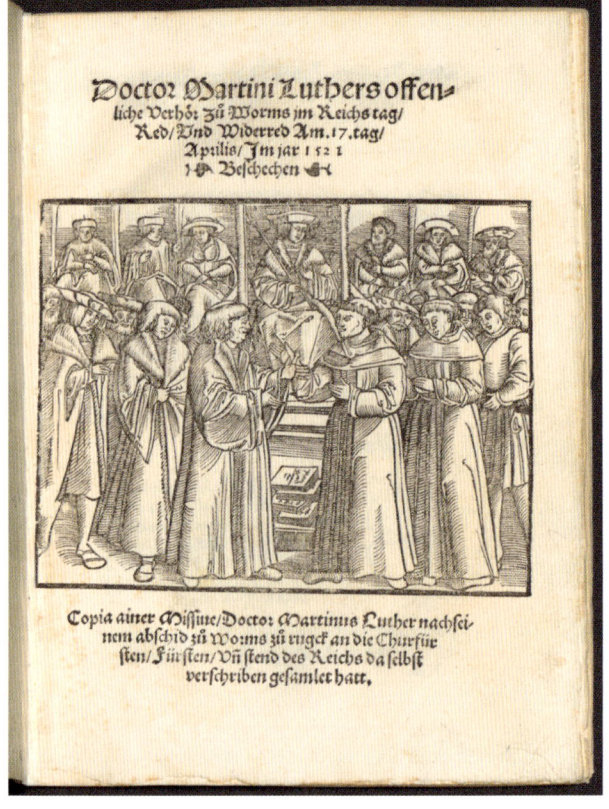

Abb. 15

Doctor Martini Luthers offenliche Verhör zů Worms jm Reichstag/ Red/ Vnd Widerred Am. 17. tag/ Aprilis/ Im jar 1521 Beschechen, Augsburg: Ramminger, 1521; Bayerische Staatsbibliothek München, Res/4 H.ref. 721, VD 16 L 3655, Titelblatt

deutlich, dass die publizistische Dynamik ihrerseits auf die Berichterstattung zurückwirkte. Denn Peutinger teilte mit, dass er sich in seiner Darstellung bewusst beschränke; »dan es alles mit der zeyt durch den druck außgebreyt wirdt.«[51] Offenbar herrschte die Überzeugung vor, dass die gedruckte Überlieferung im Wesentlichen glaubwürdig sei.

Thomas Kaufmann

Abb. 16
Acta et res gestae D. Martini Lutheri in Comitiis Principium Vuormaciae, Anno M D XXI, Straßburg: Johann Schott, 1521; Österreichische Nationalbibliothek, 20.Dd.1277, VD 16 ZV 61, Druckgrafik Lutherbildnis

Luthers Rede am 18. April war ein integraler Bestandteil wohl aller Publikationen zum Wormser Reichstag, sei es in Gestalt des Textes der Rede selbst oder eines ausführlichen Referates. Dass sie den eigentlichen Höhepunkt der Darstellung von »Luther in Worms« bildete, kann in publizistischer Perspektive nicht strittig sein. Durch Beigaben wie Luthers Porträt in der Fassung Baldung Griens in einem [Straßburger] Druck (Abb. 16)[52] oder den Abdruck der *Axiomata Erasmi ... pro causa Martini Lutheri* und eines Urteils Johannes Oekolampads über Luther in einem [Hagenauer] Druck[53] wurde der v.a. als überlegener, freimütiger, für seine Überzeugungen eintretender Redner profilierte Wittenberger Augustinermönch einer humanistischen Klientel nahegebracht. Der lateinische Luther der Worms-Überlieferung erschien v.a. in den oberdeutschen Pressen als Exponent der humanistischen Renaissance des Christentums. Eine von Aleander mithilfe von der Ecks konzipierte alternative Darstellung der Wormser Ereignisse um Luther, die *Acta comparationis Lutheri in diaeta Wormatiensi*,[54] die insbesondere die Reden des Trierer Offizials ausführlicher wiedergaben und auch eine Liste der dem Wittenberger vorgelegten Bücher einschlossen,[55] war für den Druck konzipiert. Aus ungeklärten Gründen aber blieben sie unveröffentlicht. Die überwältigende öffentliche Stimmung zu Gunsten Luthers setzte der Publikation eines »altgläubigen« Werks enge Grenzen.[56]

Bei der Herstellung und Verbreitung der bisher behandelten Druckerzeugnisse spielten die Druckorte Straßburg und Augsburg mit je fünf und Wittenberg, Hagenau und Worms mit je drei Drucken eine besondere Rolle. Dass der publizistische Schwerpunkt von »Luther in Worms« im städtereichen Südwesten des Reichs lag, hing gewiss mit dem Reichstagsort selbst, aber wohl auch mit den dorthin strömenden »Buchakteuren« zusammen, die nach Neuem und Sensationellem jagten und es so schnell wie möglich unter die Presse zu bringen versuchten. Aus der Frühgeschichte des Buchdrucks ist kein Ereignis bekannt, das ein ähnlich umfassendes »Medienecho« ausgelöst hätte wie »Luther in Worms«.

Der Kampf um die Bücher

Luthers Erscheinen und Reden in Worms war gewiss wichtig bzw. wurde es aufgrund des publizistischen Echos, das nicht zuletzt er selbst erzeugt oder angestoßen hatte. Doch so wichtig die Person des Ketzers auch gewesen sein mag – entscheidend waren seine Bücher. Zu dieser Erkenntnis nötigt v.a. die Analyse der Äußerungen und Maßnahmen seiner Gegner. Die sich ins Fanatische steigernde Beharrlichkeit, mit der der gelehrte Humanist Hieronymus Aleander Bücher zu verbrennen bestrebt war, symbolisiert eine Verhaltensaporie der römischen Kirche angesichts des komplexen medialen und kulturellen Umbruchs des Druckzeitalters. Aleander setzte nämlich zunächst und v.a. auf die traditionelle Strategie, ketzerische Gedanken dadurch zu bekämpfen,[57] dass man ihre materiellen Überlieferungsträger vernichtete. Dass diese Strategie unter den Bedingungen manueller Textreproduktion, entsprechend vereinzelter Überlieferungen sowie in zensurpolitisch kontrollierbaren Räumen effizient sein konnte, versteht sich von selbst. Dass sie aber unter den Bedingungen der typografischen Textreproduktion – zumal in einem fragmentierten politischen Raum wie dem Heiligen Römischen Reich deutscher Nation – weitestgehend versagte, hatten manche Zeitgenossen im Unterschied zu Aleander lange erkannt. In einem Brief an Bonifacius Amerbach etwa ergötzte sich Beatus Rhenanus daran, dass Aleanders Versuch einer Bücherverbrennung auf dem Mainzer Marktplatz zunächst kläglich gescheitert war. Der Henker habe sich geweigert, zur Brandtat zu schreiten, weil eine Volksmenge gebrüllt hatte, dass Luther nicht rechtmäßig verurteilt sei. Zudem, so Beatus Rhenanus an den Spross der Basler Gelehrten- und Druckerfamilie Bonifatius Amerbach, freuten sich die Pressen über Aleanders Treiben, denn für jedes verbrannte Exemplar würden zahlreiche neue gedruckt.[58] Der sächsische Kanzler Dr. Gregor Brück äußerte die Vermutung, dass Aleander die Bücher, die er verbrennen ließ, eigens kaufen musste.[59]

In kaum einer der Depeschen, die Nuntius Aleander nach Rom sandte, ließ er seinen fast hoffnungslos erscheinenden Kampf gegen Luthers Bücher unerwähnt. Kalkoff hat davon gesprochen, dass Aleanders »gegenreformatorische Taktik« in dem »Satz gipfelt: zwei vor allen gefährliche Quellen des Übels gebe es in Deutschland, die Zunge der Gelehrten und die Hand der Buchdrucker, – jene erzeuge, diese verbreite das Gift«.[60] Befriedigt berichtete er davon, dass er den jungen Kaiser dazu gebracht habe, in den Niederlanden mit Bücherverbrennungen zu beginnen. Das entsprechende Mandat Karls V. gegen Luthers Schriften aus Löwen, wo 80 Exemplare auf dem Marktplatz verbrannt worden waren, trug er, so bekannte er, immer bei sich.[61] Aleanders strategisch durchaus innovatives Ziel bestand in einem Zensurmandat für das Reich, das dem des V. Laterankonzils entsprach.[62] Dass es Aleander mehr und mehr gelang, den Kaiser zur Verbrennung von Lutherbüchern anzustiften, was dieser in Flandern, Antwerpen und an der Universität Wien veranlasst hatte,[63] befriedigte ihn. Das Sequestrationsmandat empfand er aber als Rückschlag und forderte den Papst auf, dagegen zu protestieren;[64] Luthers Bücher seien – anders als Glapion wollte[65] –, nicht nur einzuziehen, sondern definitiv zu vernichten.

Der eigentliche Skopus des Wormser Ediktes (Abb. 266 unten) bestand für Aleander in der Verbrennung der Bücher bzw. in den Zensurmaßnahmen gegen die Drucker; der entsprechende Passus des Edikts stammte aus seiner Feder.[66] Dieses für die folgenden Jahrzehnte maßgebliche reichsrechtliche Dokument der kaiserlichen Religionspolitik bildete den wichtigsten Beitrag zu einer spezifisch römisch-katholischen Sicht auf »Luther in Worms«. Mit mindestens sechs Druckausgaben war das Wormser Edikt der publizistisch erfolgreichste Beitrag der Gegner des Wittenberger Reformators zur öffentlichen Debatte um ihn. Es rekapitulierte die Verhandlungen mit dem Reformator in Worms, begründete die Verdammnis aller seiner Schriften, verbot deren Druck oder Besitz und ordnete deren Vernichtung an.[67]

Thetische Zusammenfassung

Zusammenfassend kann man feststellen:

Luthers eigene Worte, insbesondere seine Rede vom 18. April und seine Briefe an Kaiser und Stände, haben das Bild seiner Person in Worms wesentlich bestimmt. Auch die sonstigen chronikalischen oder aktenartigen Berichte über die Wormser Vorgänge rund um Luther stammen überwiegend aus seinem Umfeld oder von seinen Anhängern.

Die »printing natives« um Luther machten aus Worms einen publizistischen ›Event‹; die Inszenierung des Mythos Worms steht in einem durchaus spannungsreichen Verhältnis zu Luthers eigener, nüchterner Deutung des Ereignisses, die in zeitgenössischen Briefen und späteren Tischreden greifbar wird. Die unmittelbar nach Luthers Tod einsetzende Memoria machte sich die Heroisierungs- und Monumentalisierungspotenziale der frühen Überlieferungen von 1521 zunutze.

Im Kern ging es in Worms um Luthers Bücher. Die Fragen des Verhörs bezogen sich auf sie; in Gestalt der Exemplare aus Aleanders Besitz stellten sie den materiellen Mittelpunkt der Reichstagsverhandlung in Luthers Gegenwart dar. Niemand erkannte diese zentrale Bedeutung der Bücher klarer als Luther selbst – und sein römischer Antagonist Aleander.

In den Depeschen Aleanders wird allenthalben spürbar, dass er sich der Übermacht der gedruckten Bücher bewusst war. Die Mittel, derer er sich zu ihrer Bekämpfung bediente, waren einerseits die traditionell häresiologischen der Liquidierung; andererseits zielte er auf durchaus moderne Zensurinstrumente ab, die mittels staatlicher Gewalt durchzusetzen gewesen wären.

Die »Luthersache« war das publizistisch dominante Thema des Wormser Reichstages von 1521. Dass die Erinnerung an diesen Reichstag untrennbar mit der Person Luthers verbunden geblieben ist, hat Gründe, die im zeitgenössischen Medienecho selbst liegen. Durch die Wormser Publizistik wurde Luther singularisiert und z. T. sogar zum Heiligen überhöht. Die Bedeutung, die nahestehende Kollegen und Weggefährten für Luthers frühreformatorische Entwicklung gespielt hatten, spiegelte sich im Bild von ihm nicht.

Die publizistische Eventisierung »Luthers in Worms« stellt das historisch früheste Beispiel eines gigantischen Medienechos auf ein zeitgenössisches Ereignis dar. Aufgrund der lateinischen Publikationen zum Wormser Reichstag ist es berechtigt, die europäische Resonanz dieses Ereignisses vorauszusetzen.

Thomas Kaufmann

Luthers Berufung auf das Gewissen
Zum Bedeutungswandel eines wirkmächtigen Begriffs

Markus Wriedt

Mit den Worten »Wenn ich nicht durch Schriftzeugnisse oder einen klaren Grund widerlegt werde – denn allein dem Papst oder den Konzilien glaube ich nicht; es steht fest, dass sie häufig geirrt und sich auch selbst widersprochen haben –, so bin ich durch die von mir angeführten Schriftworte überwunden. Und da mein Gewissen in den Worten Gottes gefangen ist, kann und will ich nichts widerrufen, weil es gefährlich und unmöglich ist, etwas gegen das Gewissen zu tun. Gott helfe mir. Amen.«[1] hat Martin Luther im April 1521 den Widerruf seiner theologischen Überzeugungen verweigert. Das Ereignis sollte Geschichte machen – eine Geschichte, die bis zum heutigen Tag fortgeschrieben wird. Schon zu Lebzeiten des Wittenberger Reformators wurde sein Auftritt intensiv wahrgenommen und publizistisch aufgewertet. Interessant ist bei dieser zeitgenössischen Bewertung allerdings, dass nicht nur die Verweigerung des Widerrufs, sondern v. a. Aspekte von Luthers Begründung dafür ins Zentrum der Darstellung und der von ihr ausgelösten Debatten und Diskurse gerieten. Dabei dominierte die Ereigniswiedergabe dritter nicht selten ein hohes Maß an eigenen politischen, religiösen und gesellschaftlichen Interessen. Es war eben nicht nur ein Vertreter der akademischen Theologie, der sich hier, wie es schien, jenseits des theologischen Mainstreams positionierte.

Es war ein kursächsisches Landeskind, das – so zumindest das Kalkül Friedrichs III. genannt der Weise – dem Kaiser dessen politische Grenzen zeigen sollte. Es war ein Deutscher, der dem römischen Anspruch von Katholizität trotzte und eine eigene, von Rom unabhängige Theologie vortrug. Aber es war auch ein Ordensmann, der mit seiner Schriftauslegung die Grenzen des legitim innerhalb der Ordenstheologie und Spiritualität Sagbaren überschritt. Und es war ein Priester der römischen Kirche, dessen Ansatz schon 1518 den päpstlichen Legaten und Kardinal Thomas de Vio Cajetan zu der Notiz verleitete, dass das, was der junge Augustiner da vortrug, heiße, »eine neue Kirche zu bauen!«[2] Nicht nur in Worms, hier aber in besonderer Weise – vor Kaiser und Reich – fand die Entwicklung des gottsuchenden Menschen aus Wittenberg einen vorläufigen Höhe- und Schlusspunkt.

Nicht zuletzt durch Luthers Aussagen gerieten Begriffe wie »Freiheit« und »Gewissen« – später auch als Kompositum: »Gewissensfreiheit« – rasch in den Fokus. Im Folgenden werden diese Fokussierungen aufgenommen und danach gefragt, in welchem zeitgenössischen Verständigungshorizont Luther den Begriff des »Gewissens« verwenden konnte. Vor diesem Hintergrund tritt Luthers eigenständige Verwendung des Gewissensbegriffes deutlicher hervor. Auf die vielfältigen Inanspruchnahmen und Bezüge auf Luthers Auftreten vor Kaiser und Reich kann der Beitrag aus Kapazitätsgründen nicht eingehen.

Das mittelalterliche Verständnis von *conscientia* und seine Bedeutung für Luther

Im ihrem Selbstverständnis war die mittelalterliche Theologie ebenso wie die kirchliche Glaubensreflexion und die durch sie legitimierte Frömmigkeitspraxis konservativ. Neuerungen im eigentlichen Sinn des Wortes konnte es nicht geben, da die offenbarte Wahrheit ein für alle Mal als Richtschnur des Glaubens und der Frömmigkeit galt. Daher sind alle Ausführungen zu bestimmten Formen des christlichen Umgangs mit der Welt als zeitbedingte Anpassungen, Präzisierungen oder auch Fokussierungen zu verstehen.[3] Sie dürfen zu den älteren Aussagen nicht im Widerspruch stehen. Vor allem seit dem 11. Jahrhundert erwies sich dieses Konzept als gefährdet. Zum einen kamen auf unterschiedlichen Wegen Texte aus der Spätantike und der Antike zu einem beträchtlichen Teil in ihrer Originalsprache, etwa auf Griechisch, nach Europa. Zu der Auseinandersetzung mit Platon, Aristoteles und anderen Denkern trat jetzt noch die Bestimmung der schlechterdings unhintergehbaren Differenz des katholischen Christentums zu anderen Religionen, insbesondere zum Judentum und zum Islam. Während für einige wenige der Rekurs auf die altkirchliche bzw. vorchristliche Tradition durchaus zur Basis einer wechselseitigen Verständigung werden konnte, sahen andere darin den Sündenfall der Theologie und Philosophie schlechthin: Wie kann man mit paganen Texten christliche Schriftzeugnisse auslegen und ihren Sinn zu ergründen suchen?[4]

Wie gesagt: Die in diesem Kontext erforderliche Justierung der christlichen Position erwies sich seit dem 11. Jahrhundert als außerordentlich vielschichtig und komplex.[5] Freilich ist unübersehbar, dass sich im 11. Jahrhundert, repräsentiert durch Gelehrte wie etwa den späteren Papst Sylvester II. – Gerbert von

Aurillac[6] – erhebliche Verschiebungen und Umdeutungen des überkommenen Erbes an Wissensbeständen und seine Reflexion ergeben hatten. Kann er als Beispiel für eine verdichtete Reflexion der mit dem Fach Dialektik verbundenen Wissensgehalten angesehen werden, so sind in materialer Hinsicht technische Entwicklungen wie beispielsweise der Brille, des Kompasses oder auch der Windmühle zu nennen.[7]

Eine große Herausforderung war für die mittelalterlichen Menschen, dass festgefügte Ordnungen und die sie repräsentierenden Wissensbestände ins Wanken gerieten. Ihr versuchten zahlreiche Intellektuelle und Kirchenvertreter mit religiösen Lösungen zu begegnen. In besonderer Weise findet sich das in den Ausprägungen der *vita religiosa*.[8] Das 12. und das 13. Jahrhundert verzeichneten eine große Anzahl von seelsorgerlich intendierten Frömmigkeitsformen, welche den Menschen helfen sollten, sich ihres Heils zu vergewissern.

Nachdem im Zuge der Diffusion spätantiken Wissens und der Verlagerung der politischen und gesellschaftlichen Entwicklungen in den Raum nördlich und westlich der Alpen zahlreiche Grundüberzeugungen, wie etwa die der Individualität, verloren gegangen waren, forcierten die Kreuzzüge und die Konfrontation mit vergessenen, verdrängten oder schlicht auch unbekannten Wissensbeständen die Notwendigkeit zum Umdenken. Spätestens mit der Rejustierung und Ausgestaltung des Bußsakraments setzte ein Entwicklungsschub ein, der den Menschen wieder stärker selbst verantwortlich für sein Seelenheil zu machen versuchte.[9]

Damit verlagerte sich das Epizentrum der geistesgeschichtlichen Verschiebungen wieder in den Bereich des Einzelnen. Eva Schlotheuber konnte zeigen, dass sich seit dem Hochmittelalter, verknüpft mit den Transformationen der Bußpraxis und der sie legitimierenden theologischen Reflexion, auch eine Rückkehr zum antiken Verständnis des Einzelnen und seiner Individualität ergab. Mag man die theologische Reflexion in klösterlichen Konventen noch als randständig für die mittelalterliche Gesellschaft verorten, so erwiesen sich die Debatten um die Individualität und den Einzelnen als breit im gesellschaftlichen Diskurs verankert,[10] ja sie veränderten sogar symptomatisch die Gesellschaft.[11]

Besonders wird das im Kontext der semantischen Transformation des aus der Spätantike überkommenen Begriffs vom Gewissen sichtbar.[12] Zunächst ist die nachhaltig wirkmächtige Interpretation des aus dem Griechischen stammenden Begriffs zu beachten. Origenes hatte in seinem Römerbriefkommentar und weiteren Schriften das Gewissen mit dem Geist identifiziert, der nach 1. Kor 2,11 im Menschen wohnt: Er fungiert als Erzieher und Lenker der Seele. Hieronymus nahm diesen Gedanken auf und erläuterte in seinem Kommentar zum Buch des Propheten Ezechiel die vier Gesichter der Vision Ez 10,9–21 mit den vier Teilen der menschlichen Seele. Das vierte Gesicht, das eines Adlers, bekam eine Sonderstellung, und Hieronymus setzte es mit *syneidesis* gleich. Er fährt fort: »Diese ist der Funke des Gewissens (*scintilla conscientiae*), der selbst in Kains Herz nicht ausgelöscht wird, nachdem er aus dem Paradies vertrieben wird.«[13] Auch Hieronymus identifizierte also das Gewissen mit dem Geist. Diese philologisch nicht ganz überzeugende Deutung hatte gravierende Folgen:

— Die lateinische Übersetzung von *syneidesis* wird nunmehr *conscientia*, und damit der Bedeutungsgehalt von ursprünglich »Mitwissen« erheblich erweitert. Das bereitet die spätere spekulative wie auch die moralische Ausdeutung vor.
— Hieronymus fügt sein Verständnis von *conscientia* in die dichotomische Leib-Seele-Anthropologie und misst dem so verstandenen Gewissen als einer vierten prävalenten Seelenkraft eine führende Rolle zu.
— Durch den Hinweis auf Kain unterstreicht Hieronymus seine Auffassung von einer durch den Sündenfall nicht korrumpierten natürlichen, schöpfungsmäßigen Kraft des Menschen.
— In einer Randglosse kommt es darüber hinaus zur Verschreibung von *syneidesis* zu *synteresis* im Sinne von Bewahrung. Diese Lesart wird durch die *Glossa Ordinaria* des Petrus Lombardus wirkmächtig fortgeschrieben. Die *scintilla conscientiae* ist nicht allein der vom Sündenfall unberührte Rest der *conscientia*, sondern als eine von ihr zu unterscheidende Ursprungskraft zu verstehen.

Der Begriff des Gewissens ist im Mittelalter alles andere als eindeutig. Die ältere Forschung prägte gar den bildhaften Ausdruck eines »Vieldeutigkeitslabyrinths«.[14] Seine semantische Ambiguität geht bis in die vorchristliche Antike zurück. Auch wenn der lateinische Terminus *conscientia* und sein griechisches Äquivalent *syneidesis* zur begrifflichen Fokussierung beitrugen, blieben die Bedeutungsgehalte vielfältig. Faktisch wird Hieronymus zum Gewährsmann einer – wiewohl in zwei Sprachen formulierten, so doch zur Einheit drängenden – Überlegung, die zwischen einem verlierbaren und einem unverlierbaren Gewissens unterschied.[15] Des Weiteren kommt die zunehmende Synonymisierung von *syneidesis* und *synteresis* zum Tragen. Sie dokumentiert eine semantische Einheit, die es im Griechischen so nicht gab. Synderesis wird im Lateinischen zum Neologismus.

Weitere sprachliche Unterscheidungen betreffen zunächst das von vielen geteilte Wissen, das Bewusstsein von einer Sache, sehr allgemein das Innere des Menschen sowie das Wissen, die Kenntnis oder Lehre von sich.[16] Während die lateinische Form *conscientia* in zahlreichen europäischen Sprachen bis heute identifizierbar ist, liegt die etymologische Wurzel des Begriffs »Gewissen« wohl im Hochmittelalter beim Mönch Notker III. Labeo, genannt der Deutsche aus St. Gallen (ca. 950–1022).[17] Im Laufe der Jahrhunderte ergab sich jedoch eine eigentümliche Verschiebung des Deutungsgehaltes zugunsten einer moralischen Bedeutung des Begriffes.[18] Die anderen Aspekte, von Bewusstsein, Mitwissen oder Wissen, sind in den europäischen Sprachen, die dem Lateinischen näherstehen, sehr viel präsenter.

Die weitere, v. a. innerhalb der scholastischen Universitätstheologie geführte Debatte konzentriert sich auf zwei Dimensionen des Gewissensbegriffes: zum einen auf die Frage seiner intentionalistischen (Petrus Abaelardus und die spätere Franziskanertheologie) oder voluntaristischen Deutung (Thomas von Aquin und die ihm folgende Dominikanertheologie)[19] und zum anderen auf die Frage einer Binnendifferenzierung im Spannungsfeld von gutem und schlechtem Gewissen.

Im gesamten Mittelalter wird *synteresis* als ein durch den Sündenfall nicht korrumpierter Rest sittlichen Wertgefühls und die aus ihm resultierende Handlungsverpflichtung verstanden. Damit setzt sich eine insgesamt ethisch-moralische Deutung durch. Die grundsätzliche Geltung des Satzes, dass alles sittliche Handeln seine letzte, subjektive Legitimation aus dem Gewissen des Einzelnen gewinne, wird noch einmal zugespitzt. Er bleibt auch dort bestehen, wo das Gewissen subjektiv zu Ergebnissen kommt, die dem Normenanspruch objektiver Sittlichkeit widersprechen.[20] So unterstrich etwa Thomas, dass der Mensch an sein Gewissen auch dann gebunden ist, wenn es irrt, sofern er seinen nicht schuldhaft verursachten Irrtum nicht überwinden kann.[21] Dennoch ist das kein Plädoyer für ein autonomes Gewissen. Bei Thomas bleibt das Gewissen nämlich an das göttliche Gesetz gebunden.[22] Nur dann, wenn es die Lex Divina nicht berührt, bindet selbst das irrige Gewissen stärker als die Anordnung eines kirchlichen Vorgesetzten.[23]

Welche Autorität konnte dem so verstandenen Gewissen beigemessen werden und wie verbindlich war sie? Zunehmend stimmten die Aussagen der Glaubensüberzeugung mit den Urteilen des Gewissens überein. Damit erfuhr das Gewissen nicht nur eine Aufwertung, sondern alles, was geschah, war nun hinsichtlich des jeweiligen Beweggrundes zu beurteilen – eben ob dieser als *fides* respektive *conscientia* zu erkennen sei. Ausgehend von Römer 14,23, wurde die paulinische Aussage dahingehend verändert, dass der Glaube durch das Gewissen ersetzt wurde. So formulierte Petrus Abaelardus: »Es gibt keine Sünde außer der gegen das Gewissen.«[24]

Die sich bei Thomas andeutende, dennoch aber inhaltlich abgewiesene Tendenz zu einer bestimmten Autonomie des Gewissens und der durch das Gewissen artikulierten Moral findet sich dann wieder stärker in Texten der mystischen

Theologie oder auch der *devotio moderna*. So erkennt etwa Meister Eckhardt im Gewissen einen »Funken göttlicher Natur«, der sogar in der Hölle wirksam bleibt.[25] Johannes Gerson beschreibt das Gewissen als »jungfräuliches« Moment der menschlichen Seele,[26] das seine »Fruchtbarkeit« dem Heiligen Geist verdankt.[27] Gabriel Biel schließlich vertritt die Theorie, dass das Gewissen das spezifische und eigenständige Prinzip menschlicher Praxis darstellt.[28]

Die Erforschung des Gewissens

Im Zuge der Transformationen überlieferter Wissensbestände und von ihnen hergeleiteten Handlungsmaximen[29] ergab sich ein neues Selbstbewusstsein der Menschen. Im Gewissen verknüpfte sich das Wissen über sich selbst mit dem Wissen von der Welt. »Das Gewissen wurde zu einer je persönlichen Normativitätsressource für alle ethisch-moralischen Herausforderungen.«[30] Es blieb ein innerseelisches Phänomen, hatte aber Bestand nur in der Spannung von eigener Stellungnahme und allgemeiner Instanz, das zudem als »geteiltes Wissen« (*con-scientia*) immer auch Mit-Wissen war. Die Trias von Mensch, Gott und Welt bestimmte die weitere Ausformung des Gewissensbegriffes.

Sie wurde manifest im Prozess der Gewissensprüfung, die sich als Ausdruck christlicher Philosophie in neuen literarischen Werken niederschlug.[31] Asketische Übungen sind aus der Frömmigkeitsgeschichte des Christentums kaum wegzudenken. Jetzt aber wurden sie zu einer spezifischen Form der Gewissensprüfung. Ziel jener, später in frühneuzeitlichen Kontexten etwa bei den Jesuiten perfektionierten, Gewissenserforschung, war eine innere *conversio*. Dabei blieb das vergangene Geschehen zur Erzeugung wahrer Reue im Bewusstsein des Menschen. Im Ergebnis dieser Prüfung kommt es sodann zur Besserung, sinnfällig notiert im Buch des Gewissens. Die Gewissensprüfung vollzog sich im Wechselspiel des sich Prüfenden als einem Lernenden und seiner Funktion als Lehrendem gegenüber anderen. So formuliert Petrus Cellensis (ca. 1115–1183): »Im eigenen Gewissen wird das des Nächsten mit aufgebaut.«[32]

In diesen Formulierungen setzt sich das Gewissen als Individuationsprinzip fort. Es war gerade die Selbstbeobachtung, die den Menschen sich als selbstidentisch, unverwechselbar und persönlich denken ließ. Treffend beschrieb Antonius von Florenz (1389–1459)[33] diesen Effekt, wenn er das Gewissen als das Gesicht der Seele bezeichnete. Es wird zum Zeichen, das auf das Individuum verweist und den Einzelnen unverwechselbar macht.[34]

In der Menge der seit dem 12. Jahrhunderten entstandenen Werke zum geistlichen Fortschritt,[35] zur Rationalisierung von Selbstbeobachtungstechniken[36] und den Ausdifferenzierungen spiritueller Identität[37] setzte sich eine lang anhaltende Dynamik und Wirkmacht frei, die sich auch in der konfessionellen Systemkonkurrenz des 16. Jahrhunderts nicht verlor. Die Wieder-Geburt des Individuums mitsamt einer vielfältigen Ausdrucksbandbreite führte die Suchenden auf immer mehr Wegen zu individuellem Heil. Luthers Suche nach dem gnädigen Gott kann in diesem Zusammenhang auch als fokussierte Fortsetzung der mittelalterlichen Suche nach Heilsgewissheit gedeutet werden.

Luthers Berufung auf das Gewissen in Worms

Ganz ohne Zweifel hat Luthers berühmtes Zitat eine nachhaltige und vieldimensionierte Wirkung entfaltet. Freilich ist auch jenseits dieses historischen Ereignisses zu beobachten, dass sich Luther intensiv mit der aus dem Spätmittelalter überkommenen Thematik in all ihren Facetten auseinandersetzte. Die Wirkmacht seiner Worte in Worms ist nicht durch ihre radikale Abkehr vom bisherigen Verständnis von Gewissen zu erklären, sondern vielmehr aufgrund ihrer Inanspruchnahme in kontextverschiedenen Zusammenhängen.

Die Luther-Interpretationen des 20. Jahrhunderts verliehen dem Gewissensbegriff besondere Bedeutung. Dies gilt insbesondere für die Schule des Berliner Kirchenhistorikers Karl Holl. Als sein prominentester – und wegen seiner Verstrickung in den Nationalsozialismus umstrittenster – Schüler hat Emanuel Hirsch dem Gewissensbegriff eine umfassende, auch heute noch interessante Untersuchung gewidmet. Darin belegt er, dass Luther den Begriff *synteresis* nicht mehr verwendete.[38] Ein Grund dafür sei, dass Luther den aus der Scholastik überkommenen Begriff in der Bibel nicht nachweisen konnte. Damit habe er auch die komplexen Überlegungen zum Unterschied von *synteresis* und *conscientia* vermieden. Dennoch habe Luther immer wieder gezeigt, dass er die scholastischen Distinktionen zur Kenntnis genommen hatte.[39] Die wesentliche Transformation der scholastisch-akademischen Debatten und die Ursache ihrer nurmehr partiellen Wiederaufnahme dürften dem Umstand geschuldet sein, dass Luthers Theologie sich einer existenziellen Glaubenskrise und eines an der Bibel gewonnenen Menschenbildes in der Spannung zwischen Gesetz und Evangelium verdanke.

Insgesamt traktiere der frühe Luther das Gewissen als den Ort, an dem die Affekte der Reue, der Anklage des Gesetzes und das Sündenbewusstsein, aber auch der Zuspruch der Gnade Gottes im Evangelium und das Vertrauen in die Barmherzigkeit Gottes ihren Platz hätten. Je länger, je weniger seien indes die scholastischen Kategorien für Luther von Bedeutung gewesen. Das Gewissen sei für Luther zur Mitte der Person in ihrer Stellung vor Gott geworden. Dort treffe ihn Gottes Wort als Gesetz und Evangelium. Mithin rückten für ihn Glaube und

Gewissen eng zusammen. Das vom Glauben geleitete Gewissen habe so die doppelte Funktion: den Menschen als Sünder zu verklagen und ihm den Freispruch aufgrund des Sühnopfers Jesu Christi zu verheißen. So kann aus dem unruhigen, von Sünde und Reue geplagten Gewissen ein ruhiges, vertrauensvolles Gewissen werden.[40] In seiner Auslegung zu Vers 23 spitzt er seine These von der engen Übereinstimmung zwischen Glauben und Gewissen mit den Worten des Paulus noch zu: »Was aber nicht aus dem Glauben geht, ist Sünde.«[41]

Mit dieser Zuspitzung transformierte Luther – auf Paulus und dessen wirkmächtigen Ausleger Augustin zurückgehend – Abaelards Diktum auf eigene Weise: Der Glaube tritt gleichsam an die Stelle des Gewissens. Damit aber nicht genug. Glaube und Gewissen sind nicht länger (ontologisch definierbare) Entitäten wie Organ oder Ort, sondern Relationsbestimmungen. Glaube und Gewissen beschreiben das Verhältnis des Menschen zu seinem Gott. Luther verließ so die Epistemik der Scholastik und ging – im weitesten Sinne noch den nominalistischen Spuren Ockhams folgend – neue Wege in der semantischen Bestimmung des Traditionsvokabulars.

Die rechtfertigungstheologische Zuspitzung verfolgte Luther weiter, als er die »toten Werke«, und dazu gehört auch das Vertrauen auf gute Werke, insgesamt als Sünde brandmarkte. Luther nutzte die Abkehr vom scholastischen Sündenverständnis zu einer umfassenden Kritik. Wichtiger aber als diese Abgrenzung zur neueren theologischen Tradition ist Luthers Schlussfolgerung, dass ein gutes Gewissen nichts anderes sei als der Glaube an Gott.

Diese bisher wohl nur in Luthers Stube formulierten Überlegungen wurden im Zuge seines publikumswirksamen Auftretens auch in die universitäre Öffentlichkeit getragen. In einer Zirkulardisputation des Jahres 1518 ließ er das Thema »Über die Vergebung der Sünde« disputieren.[42] Sie gehört in den Zusammenhang der Reaktionen Luthers auf die beginnende Debatte um seine Thesen vom 31. Oktober 1517.

Dass Luther in diesem Zusammenhang erneut auf das Gewissen zu sprechen kam, berechtigt zu folgenden Überlegungen:

Luther sah eine enge Verbindung zwischen Glauben und Gewissen.

Luther übernahm die scholastischen Distinktionen zwischen einem unruhigen und einem ruhigen Gewissen, ging aber auf die weiteren Unterscheidungen nicht ein. Vielmehr folgte er den Tendenzen, das Gewissen als Individuationsgenerator und Glaubensindikator zu deuten. Mithin wird das Gewissen zum Indikator des Gottesverhältnisses.

Da dieses ambivalent in der Spannung von Sündenerkenntnis (Gesetz) und Gnadenverheißung (Evangelium) hin und her schwingt, ist es der Glaube, der das unruhige Gewissen zur Ruhe bringt. Glaube und Gewissen sind also nicht in eins zu setzen. Der Glaube bestimmt einen Faktor der Beeinflussung des

Gewissens und konkurriert mit anderen Einflüssen, die allerdings, wie Luther im weiteren Verlauf der Thesenreihe deutlich machte, allesamt trügerisch sind, weil sie das Gewissen nur oberflächlich und unzureichend zur Ruhe bringen.

In seinem brieflichen Bericht vom 21. April 1521 über seinen Auftritt in Worms formulierte er: »dieweil mein Gewissen durch solche göttliche Schrift, die ich in meinen Büchern anführe, gefangen und ergriffen sei, so könne ich auf keine Weise ohne Weisung durch die heilige göttliche Schrift etwas widerrufen.«[43] Das ist nichts weniger als die sachliche Übernahme der thomistischen Position, wonach die Gewissensbindung, insbesondere wenn sie im Gehorsam gegenüber der Lex Dei erfolgt, nicht aufgegeben werden kann. In der Sicht Luthers wurde das göttliche Gesetz freilich nicht in kirchlichen Aussagen und der sie bestätigenden Tradition festgelegt, sondern exklusiv im Wort der Heiligen Schrift.[44] Er hielt sich an die akademisch-scholastische Argumentationsstruktur, wendete allerdings die auch dort unbestrittene Autorität der Heiligen Schrift ins Exklusive. Freilich ist hinzuzufügen, dass seine Konzentration auf die Schrift – und die Vernunft – insofern eine Transformation darstellen, als er die scholastischen Distinktionen auf ein Mindestmaß reduzierte und die Spekulation über das Gewissen als postlapsarische Erinnerung an das gute Gesetz Gottes konzentriert überwindet. Luthers Unterscheidung von Gesetz und Evangelium ist zwar keine theologische Innovation, wohl aber eine hermeneutische Fokussierung, die über Augustin und seine Gefolgsleute hinausgeht.[45]

Hatte Luther in den Jahren zwischen 1512 und 1520 v.a. das angefochtene, unruhige Gewissen betont, so wendete er diese Akzentuierung in seiner katechetischen Vermahnung zur Beichte ins Gegenteil: Hier steht das fröhliche und ruhige Gewissen im Zentrum. In seiner kurzen Vermahnung zu der Beichte aus dem Großen Katechismus von 1529 rekapitulierte er noch einmal die aufgrund einer theologisch falsch verstandenen Bußanleitung höchst problematische und in ihr Gegenteil verkehrte Seelsorge. Statt ihn von Skrupeln zu befreien, hätten die theologischen Lehrer und auch die Seelsorge im Kloster sein Gewissen immer mehr durch das Aufzählen von »mancherlei Sünden gemartert« und damit zur Verzweiflung getrieben. Luther betonte im Gegensatz dazu ein Verständnis der Buße, die »seliglich zu Trost und Stärke unseres Gewissens« gebraucht werden sollte.[46]

In Luthers theologischer Entwicklung verbinden sich unter dem Einfluss seiner existenziell reflektierten Glaubenserfahrung einige Momente der mittelalterlichen Überlieferung wie etwa das der Individualisierung oder das allein in der Lex Dei gebundene, von sonstigen normativen Vorgaben (Thomas) unabhängige Gewissen zu einem relationalen Verständnis der menschlichen Gottesbeziehung im Spannungsfeld der hermeneutischen Unterscheidung von Gesetz und Evangelium.

Ausblick

Bis in die Zeit der Konfessionsbildung und der verbindlichen Formulierung von zu lehrenden Glaubensaussagen blieb das Gewissen ein individuelles, in Gott gebundenes Gewissen, eine religiös unhintergehbare Größe. Im Zuge wachsender Pluralisierung löste es sich aus den traditionellen Bindungen, die infolge der Dekonstruktion von Autoritäten an Gültigkeit verloren hatten. Die Suche nach den Normen der Christenheit ging mit dem Wechsel der Leitwissenschaften einher und damit auch mit den verbindlichen religiösen, hier christlichen Normaussagen.[47] In dem Maße, in dem die alten Autoritäten brüchig wurden, war das Individuum in seinen Entscheidungen zunehmend auf sich selbst, sein Gewissen verwiesen. Kein Wunder also, dass die Philosophen des 18. Jahrhunderts aus dieser Not eine Tugend machten und dem Gewissen Autonomie zubilligten. Diese Position stellte die evangelische Theologie im Rekurs auf die reformatorischen Grundaussagen immer wieder infrage. Allerdings gelang es nicht, eine wirkliche Gegenposition zum gesellschaftlich akzeptierten Gewissensmodell zu bestimmen. Daran änderte auch die Wiederentdeckung des Luther'schen Gewissens in der sogenannten Lutherrenaissance nichts.[48] Der theologische Gewissensbegriff wurde zunehmend aus den öffentlichen Debatten verdrängt, die das Gewissen fernab seines theologisch begründeten Bedeutungsgehaltes nurmehr als Chiffre einer radikal sich selbst verantwortlichen ethischen Entscheidungsinstanz verstanden. Diese Chiffre hat mit dem ursprünglichen Anliegen der theologischen Tradition, die weit hinter Luther bis in die Zeit des Hochmittelalters zurückgeht, allerdings nicht mehr viel zu tun.

Zur Semantik von *gewissen* in frühneuhochdeutscher Zeit:
Die Vielstimmigkeit des Gewissens oder »Wenn einen in seinem Herzen das Gewissen treibt«

Anja Lobenstein-Reichmann

Auf dem Reichstag zu Worms erklärte Martin Luther am 17. April 1521, dass »durch gesetz des Babsts und menschen die gewissen der Cristglaubigen aufs aller Jemmerlichst gefangen, beschwert, gemartert und gepeynigt seint«.[1] Es sei »am tag«, dass Papst und Konzilien »zu mermaln geirrt und wider sich selbs geredt habenn«.[2] »[G]efangen im gewissen an dem wort Gottes« könne er daher nicht widerrufen, »[w]eil wider das gewissenn zu handeln beschwerlich, unheilsam und ferlich ist«.[3]

Luthers Aussage enthält eine Vielzahl von Präsuppositionen (stillschweigend Mitgemeintem). So präsupponiert er mit der allergrößten Selbstverständlichkeit, dass es möglich sei, mit Gesetz und Menschenlehre das Gewissen *gefangen* zu nehmen, es gar zu *martern* oder zu *peinigen,* dass man prinzipiell *wider das gewissen* handeln könne, auch, dass ein solches Zuwiderhandeln *unheilsame* Folgen haben würde. Vor allem aber setzt er voraus, dass es so etwas wie das Gewissen gibt und dass er, Luther, genau wisse, wie man gewissens- und gottgemäß handeln müsse. Gleichzeitig erhebt er es zu einer unfehlbaren, unhintergehbaren, ganz und gar nicht menschlicher Täuschbarkeit unterliegenden inneren Entscheidungsinstanz, an die er sich gebunden fühlt und auf die er sich mit der Berufung auf Gottes Wort und schließlich auf Gott selbst widerständig zurückzieht.

Luther nutzt eine Metaphorik, die deutlich an die Passion Christi erinnert. In paulinischer Tradition beschwört er das Bild von Freiheit oder Gefangenschaft des Gewissens herauf (Röm 6,12; 7,4 und 1. Kor 3,21) und macht, Augustinus folgend, das Gewissen zu einer Person, die leiden, fühlen und handeln kann. Das Wort *gewissen* wird zum schlagkräftigen Argument, dem man aufgrund seiner Abstraktheit, seiner Innerlichkeitsdimension sowie seiner theologischen Begründung nur schlecht etwas entgegensetzen kann.

Unterzieht man Luthers Sprechen einer sprachhistorischen Betrachtung, so stehen folgende Aspekte im Fokus: 1. Was bedeutet das Wort *gewissen* im Frühneuhochdeutschen? Oder: Wie wird *gewissen* zur Zeit Luthers sozio-semantisch konstituiert? 2. Wie, wo und von wem wird es üblicherweise zu welchem Zweck im Frühneuhochdeutschen verwendet, sodass Luther es als unwidersprechbares Argument einsetzen konnte? 3. Mit welchen Metaphern und mit welchen Handlungsanweisungen (Deontiken) ist es verbunden. 4. In welchem Diskursuniversum ist es verortet?

Um die Antwort auf die letzte Frage vorwegzunehmen: Schon auf den ersten Blick erkennt man, dass das Wort *gewissen* deontischen Charakter hat. Gemeint ist damit diejenige Bedeutungsdimension, die über die semantische Beschreibung hinausgeht und eine pragmatische Sollenskomponente, d. h. eine implizite Handlungsanweisung enthält. Deren Handlungsbasis ist unhintergehbar, da nicht »Menschenlere« der »[G]rund des Gewissens« ist, sondern allein »Gottes krafft«.[4] »Gewissen« ist im Diskursuniversum der Zeit eine von Gott konstituierte Verpflichtung; d. h., es ist konstitutiver sinnstiftender Teil eines fundamental religiös geprägten, in alle Lebensbereiche ausgreifenden Bedeutungssystems.

Luthers Sprechen vor dem Wormser Reichstag soll im Folgenden in die Diskurswelt des Frühneuhochdeutschen eingebettet werden. Dies kann jedoch kein theologisches oder philosophisches *close reading* sein, das auf die Intertextualität der philosophischen und theologischen Traditionen eingeht, die etwa von Cicero, Thomas von Aquin, Alexander von Hales und Bonaventura zu Luther führen. Es geht vielmehr darum, den frühneuhochdeutschen Semantisierungen, Pragmatisierungen und den diskursiven Traditionen des Sprechens um Wort und Begriff *gewissen* zwischen 1350 und 1650 auf die Spur zu kommen. Dazu dienen Korpus und die semantische Belegauswertung des Frühneuhochdeutschen Wörterbuches (FWB) als Basis.

Das Wort *gewissen*

Gewissen wurde im FWB mit vier unterschiedlichen Bedeutungen, also vierfach polysem, angesetzt. Der erste Bedeutungsansatz würde auf Luthers Wortverwendung in Worms passen: »Gewissen, moralische, teils quälende, teils erbauende Instanz über das Denken und Fühlen des Menschen, sittliches, unmittelbare

Unterscheidung von Gut und Böse gewährendes Bewußtsein; untrügliches Urteil, Inhalt der Gewissensaussage.«[5]

Ansatz 1 umfasst neben der Urteilsinstanz auch die Gewissensqual nach einer vollzogenen »Un«-Tat. In Johannes Paulis Schwankbuch *Schimpf und Ernst* aus dem Jahre 1522 geht dem Reuen der *conscienz* eine Lüge voraus: »Darumb so folget dick hernach groß Nagen, Beissen und Růwen der Conscientz und der Gewißne«.[6] Wenn Luther 1525 von den »rechten lerer[n]« schreibt, »die das gewissen frey und herren aus uns machen«,[7] impliziert er mit *gewissen* einen Ort der Rechtfertigung, des *Herr-über-alle-Dinge-Seins* und damit einen Zustand christlicher Freiheit, in der man nicht nur richtig urteilt, sondern auch wie selbstverständlich richtig und gut handelt.

Luthers Wortgebrauch könnte allerdings auch zur zweiten im FWB angesetzten Bedeutung passen, bei der statt der inneren Verfasstheit das äußere Wissen um Recht und Norm im Vordergrund steht: ›Wissen, Bewusstsein e. P. [einer Person] hinsichtlich eines bestimmten (oft rechtlichen) Sachverhaltes und stillschweigend damit verbundene Haltung, Zustimmung bzw. Ablehnung‹; speziell: ›gerichtsverwertbare Kenntnis von Tatbeständen, Sachverhalten entsprechender Tatsächlichkeit (*warheit*)‹; als Metonymie: ›(teils mit Eid verbundene) Wissens-, Wahrheitsaussage‹. Im dazu zitierten Beleg aus der Chronik der Stadt Augsburg steht – wie Luther in Worms – ein Sprecher 1555 vor Gericht und schwört: »hab ich anderst gemaint oder meines gewissens geraten, gethan oder gehandlet, so straff es Gott«.[8]

Luthers Wortgebrauch ist ferner offen zum dritten Bedeutungsansatz, in dem es explizit um die Freiwilligkeit des guten Handelns geht: ›Einsicht, Urteil, Rechtsempfinden, Selbsteinschätzung; Wesen, Gesinnung, Urteil‹. Wird das Gewissen beschworen, so erwartet das soziale Gegenüber immer, dass der Andere zum Guten hin wirkt. Deutlich macht dies eine Aufforderung in der Österreichischen Chronik: »das ein yeder inwoner der dreyer lanndt, …, soldt all wochen wochenlich geben nach seiner gewissen …. Wolt nun yemant merr geben, das stuendt zw seiner gewissen«.[9] In vielen Rechtsritualen wird das Rechtsempfinden als sozialer Kooperationsakt vorausgesetzt. Gewissen steht dann für so etwas wie Moral und Common Sense im sozialen Miteinander. Besonders in dieser Bedeutung schwingt Deontik mit. Wer dem Rechtsempfinden, dem Gewissen zuwider handelt, fällt aus der sozialen Welt heraus.

Zum vierten Bedeutungsansatz ›Nachricht, Mitteilung‹ passt Luthers Aussage hingegen nicht, weshalb dieser hier vernachlässigt werden kann.

Im ersten Ansatz zeigt sich demnach eine moralische Verfasstheit im Innern des Menschen, die Denken und Fühlen bestimmt, die *beschwert* und *genarrt* werden kann, aber auch selbst *beißt* und *quält*. Die zweite und die dritte Bedeutung kennzeichnen das gesicherte Wissen um das Richtige, die eindeutige Kenntnis der Wahrheit und die Aufforderung, demgemäß zu handeln. Gewissen wird so zur Instanz für soziales Handeln, zur Grundlage sozialen Verhaltens und Urteilens semantisiert und pragmatisiert. Luthers Wortgebrauch entspricht dem inneren Ringen von Bedeutung 1. In seiner Antwort klingen außerdem die Bedeutungen 2 und 3 an, in denen er die Gesichertheit seines Urteils postuliert. Das Gewissen als innere Größe und als Ort der Rechtfertigung hat Luther in die Lage versetzt, auch in der äußeren Welt das Richtige zu tun.

Zur Etymologie

Man kann die vorgestellte Polysemie etymologisch begründen: *gewissen* ist ein Verbalabstraktum zu einem Verb *gewissen*, genauer zu dessen Partizip Perfekt (also etwa parallel zu Bildungen wie *gerufen*, *gefunden*). Dieses Partizip Perfekt hat die Bedeutung ›das Mitgewusste, das zusammen mit anderen Gewusste‹. Es geht zurück auf die Wurzel *wissen* ›Kenntnis von etw. haben‹. Es scheint aber auch noch eine perfektive Komponente im Spiel zu sein, was *gewissen* (Subst.) in semantische Nähe bringt mit dem indogermanischen wurzelverwandten, aber durch Primärberührung bereits in alteuropäischer (lateinischer, keltischer, germanischer) Zeit entstandenen *gewis* ›sicher‹ (*ueid-to*). Die Vorsilbe *ge-* ist dabei funktional vergleichbar mit dem griechischen *syn-* in *syneidesis* ›Mitwissen des eigenen Verhaltens/ begleitendes Bewusstsein‹ und dem lateinischen *con-* in *conscientia* ›das Mitwissen um etw., die Mitwissenschaft, Mitkenntnis von etw., das Einverständnis‹.[10] Fruchtbar für die Wortbildung ist das Präfix *ge-* außerdem in Ausdrücken wie *geselle*, *gefährte*, *genosse*. Der *Ge-selle* ist eben derjenige, der mit jemandem zusammen im Saal ist. *Gewissen* verbindet also zwei semantische Linien miteinander: die Wissenslinie *Wissen*, *Erkenntnis* mit der Gewissheitslinie *Gewissheit*, *Sicherheit*. Mit seinem Präfix verweist es darüber hinaus auf einen dialogischen Prozess, auf ein *zusammen mit jemand* und damit auf mindestens eine weitere Person, die wissend oder gewiss ist.

Der Erstbeleg

Gewissen gilt als Übersetzungslehnwort zu lat. *conscientia*. Den deutschsprachigen Erstbeleg schreibt man üblicherweise dem Glossator Notkers von St. Gallen (des Übersetzers lateinischer Texte ins Althochdeutsche; um 950–1022) zu, der im Kommentar zu Ps. 66,5 allerdings nicht *gewizzen*, sondern interlinear *geuuizzeda* über das Wort *conscientia* setzt: »quō [quoniam] iudicas pplos [populos] in equitate. Wuanda nah rehte unde nah iro conscientia irteiles du uber die liute«.[11] Luther übersetzt diesen Vers mit: »Das du die Leute recht richtest Verteidigest vnd regierest«.[12] *Geuuizzeda* (mittelhochdt. *gewizzede* ›das Wissen‹[13]) ist rechtssemantisch bezogen auf das sichere Wissen um Rechtsgleichheit und kein quälendes, sich im Inneren des Menschen vollziehendes Ringen.

Symptomwerte

Die Verwendung von *gewissen* als Ausdruck für eine religiöse, innerliche Verfasstheit, mit der Luther einen ganzen Tag lang wie mit einem zweiten Ich hatte ringen müssen, setzt eine besondere Bedeutungsgeschichte voraus. Die Symptomwertangaben, also die Informationen zum zeitlichen und sprachgeografischen Gebrauch sowie zu den üblichen Textsorten, wie sie im FWB mitgeliefert werden, bestätigen diese Vermutung.

Ansatz 1 wird zumeist in kirchlich-theologischen Textsorten, d.h. in den Sinnwelten *Religion* sowie *Dichtung* (in Abb. 1 rot und violett) bzw. mit der Kommunikationsintention zu *belehren*, gebraucht. Sie ist v.a. im ostmitteldeutschen Sprachraum belegt und besonders in der Reformationszeit (Abb. 3).

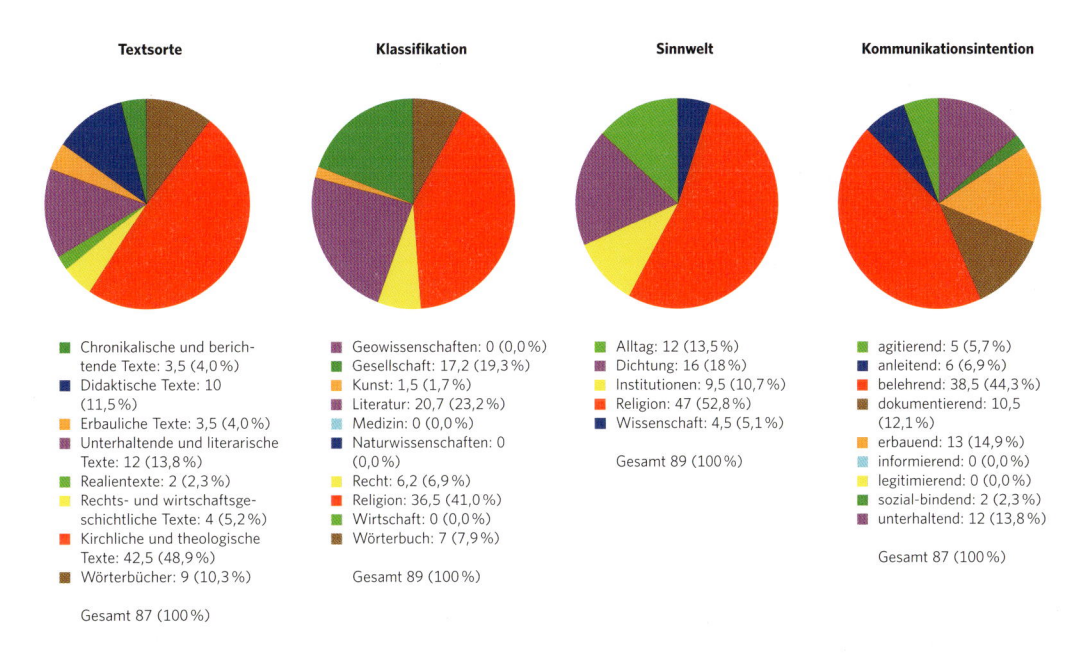

Textsorte
- Chronikalische und berichtende Texte: 3,5 (4,0 %)
- Didaktische Texte: 10 (11,5 %)
- Erbauliche Texte: 3,5 (4,0 %)
- Unterhaltende und literarische Texte: 12 (13,8 %)
- Realientexte: 2 (2,3 %)
- Rechts- und wirtschaftsgeschichtliche Texte: 4 (5,2 %)
- Kirchliche und theologische Texte: 42,5 (48,9 %)
- Wörterbücher: 9 (10,3 %)

Gesamt 87 (100 %)

Klassifikation
- Geowissenschaften: 0 (0,0 %)
- Gesellschaft: 17,2 (19,3 %)
- Kunst: 1,5 (1,7 %)
- Literatur: 20,7 (23,2 %)
- Medizin: 0 (0,0 %)
- Naturwissenschaften: 0 (0,0 %)
- Recht: 6,2 (6,9 %)
- Religion: 36,5 (41,0 %)
- Wirtschaft: 0 (0,0 %)
- Wörterbuch: 7 (7,9 %)

Gesamt 89 (100 %)

Sinnwelt
- Alltag: 12 (13,5 %)
- Dichtung: 16 (18 %)
- Institutionen: 9,5 (10,7 %)
- Religion: 47 (52,8 %)
- Wissenschaft: 4,5 (5,1 %)

Gesamt 89 (100 %)

Kommunikationsintention
- agitierend: 5 (5,7 %)
- anleitend: 6 (6,9 %)
- belehrend: 38,5 (44,3 %)
- dokumentierend: 10,5 (12,1 %)
- erbauend: 13 (14,9 %)
- informierend: 0 (0,0 %)
- legitimierend: 0 (0,0 %)
- sozial-bindend: 2 (2,3 %)
- unterhaltend: 12 (13,8 %)

Gesamt 87 (100 %)

Abb. 1

Diagramme zur Textsorte, Klassifikation, Sinnwelt und Kommunikationsintention der Texte, aus denen die Belege zu *gewissen* 1 (s. o.) stammen. (Die Prozentzahlen ergeben sich aus der Anzahl der zitierten Belege bzw. Belegstellenangaben.) Im Diagramm zur Textsortenverteilung zeigt sich, dass der größte Teil der Belege (48,9 %) aus kirchlichen und theologischen Texten stammt. Bei einer Rubrizierung nach Sinnwelten sind 52,8 % der Belege der Sinnwelt Religion zuzurechnen.

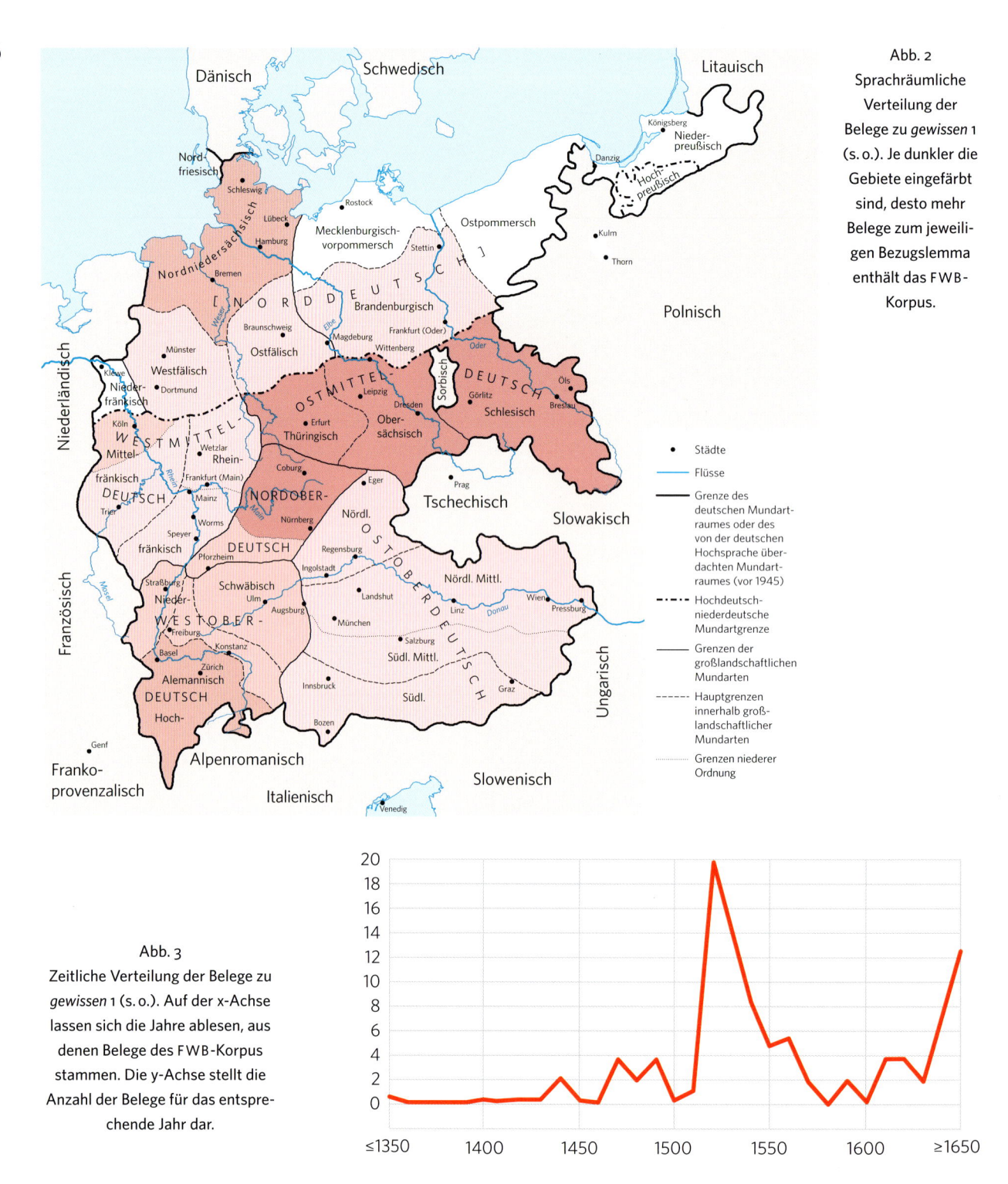

Abb. 2
Sprachräumliche Verteilung der Belege zu *gewissen* 1 (s. o.). Je dunkler die Gebiete eingefärbt sind, desto mehr Belege zum jeweiligen Bezugslemma enthält das FWB-Korpus.

Abb. 3
Zeitliche Verteilung der Belege zu *gewissen* 1 (s. o.). Auf der x-Achse lassen sich die Jahre ablesen, aus denen Belege des FWB-Korpus stammen. Die y-Achse stellt die Anzahl der Belege für das entsprechende Jahr dar.

Der zweite, eher rechtliche, Bedeutungsansatz ist dagegen wie folgt belegt: In Rechts- und Wirtschaftstexten (in Abb. 4 gelb) des ostoberdeutschen Sprachraumes (Abb. 5) und zeitlich mit einer Belegspitze im 15. und einer im 16. Jahrhundert (Abb. 6).

Anja Lobenstein-Reichmann

Abb. 4 Diagramme zur Textsorte, Klassifikation, Sinnwelt und Kommunikationsintention der Texte, aus denen die Belege zu *gewissen* 2 stammen.

Textsorte
- Chronikalische und berichtende Texte: 3 (14,3 %)
- Didaktische Texte: 0 (0,0 %)
- Erbauliche Texte: 1 (4,8 %)
- Unterhaltende und literarische Texte: 1 (4,8 %)
- Realientexte: 0 (0,0 %)
- Rechts- und wirtschaftsgeschichtliche Texte: 16 (76,2 %)
- Kirchliche und theologische Texte: 0,0 (0,0 %)
- Wörterbücher: 0 (0,0 %)

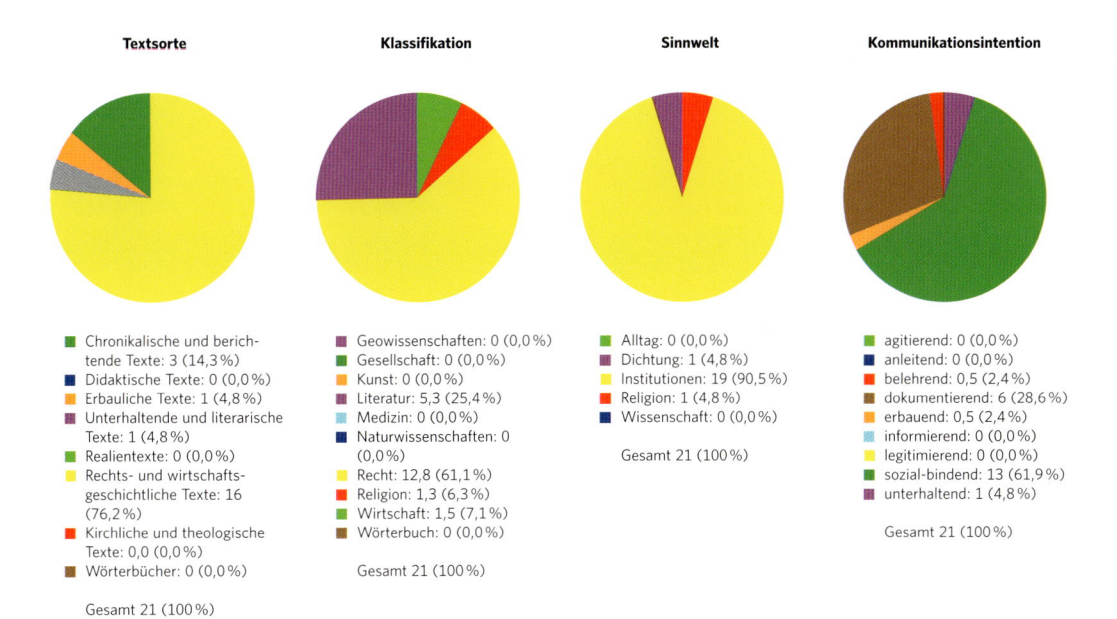

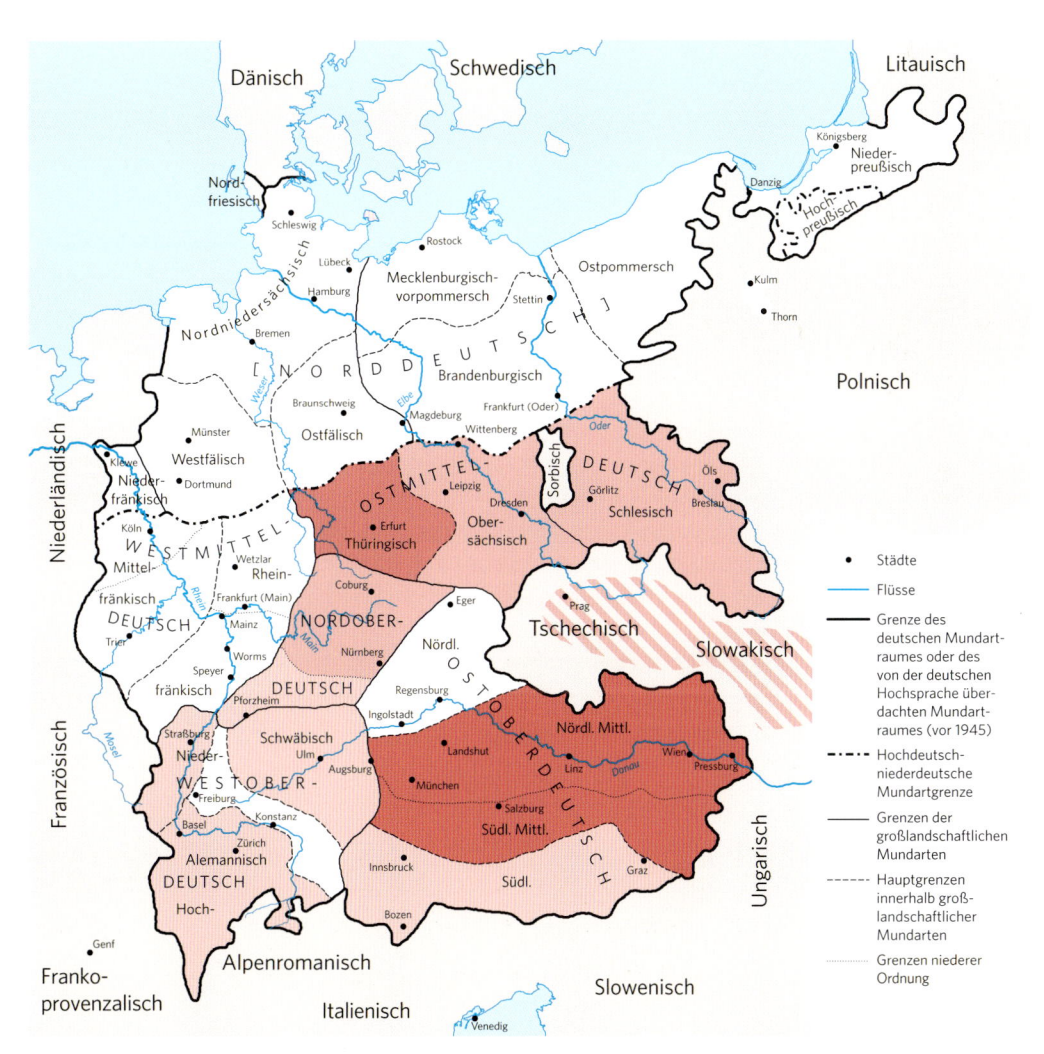

Gesamt 21 (100 %)

Klassifikation
- Geowissenschaften: 0 (0,0 %)
- Gesellschaft: 0 (0,0 %)
- Kunst: 0 (0,0 %)
- Literatur: 5,3 (25,4 %)
- Medizin: 0 (0,0 %)
- Naturwissenschaften: 0 (0,0 %)
- Recht: 12,8 (61,1 %)
- Religion: 1,3 (6,3 %)
- Wirtschaft: 1,5 (7,1 %)
- Wörterbuch: 0 (0,0 %)

Gesamt 21 (100 %)

Sinnwelt
- Alltag: 0 (0,0 %)
- Dichtung: 1 (4,8 %)
- Institutionen: 19 (90,5 %)
- Religion: 1 (4,8 %)
- Wissenschaft: 0 (0,0 %)

Gesamt 21 (100 %)

Kommunikationsintention
- agitierend: 0 (0,0 %)
- anleitend: 0 (0,0 %)
- belehrend: 0,5 (2,4 %)
- dokumentierend: 6 (28,6 %)
- erbauend: 0,5 (2,4 %)
- informierend: 0 (0,0 %)
- legitimierend: 0 (0,0 %)
- sozial-bindend: 13 (61,9 %)
- unterhaltend: 1 (4,8 %)

Gesamt 21 (100 %)

Abb. 5 Sprachräumliche Verteilung der Belege zu *gewissen* 2 (s. o.).

Zur Semantik von *gewissen* in frühneuhochdeutscher Zeit

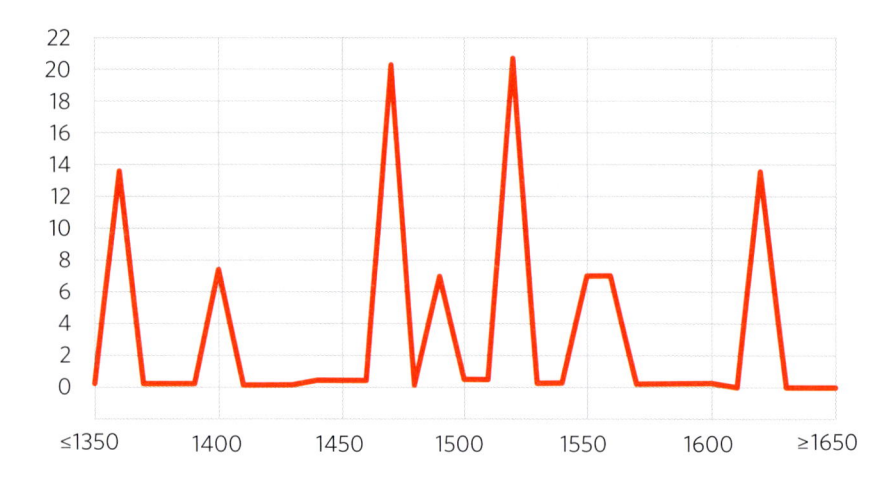

Abb. 6
Zeitliche Verteilung der Belege zu *gewissen* 2 (s. o.).

Für Ansatz 3 ›Einsicht, Urteil, Rechtsempfnden, Selbsteinschätzung; Wesen, Gesinnung, Urteil‹ ergibt sich folgender Befund: Die Textsortenverteilung zeigt einen deutlichen Schwerpunkt in dokumentierenden und rechtsbezüglichen Texten (s. Abb. 7). Unter Zeitaspekten ist keine verwertbare Aussage möglich (s. Abb. 8). Die sprachgeographische Lagerung zeigt eine deutliche Verdichtung im ostmitteldeutschen Raum (Abb. 9).

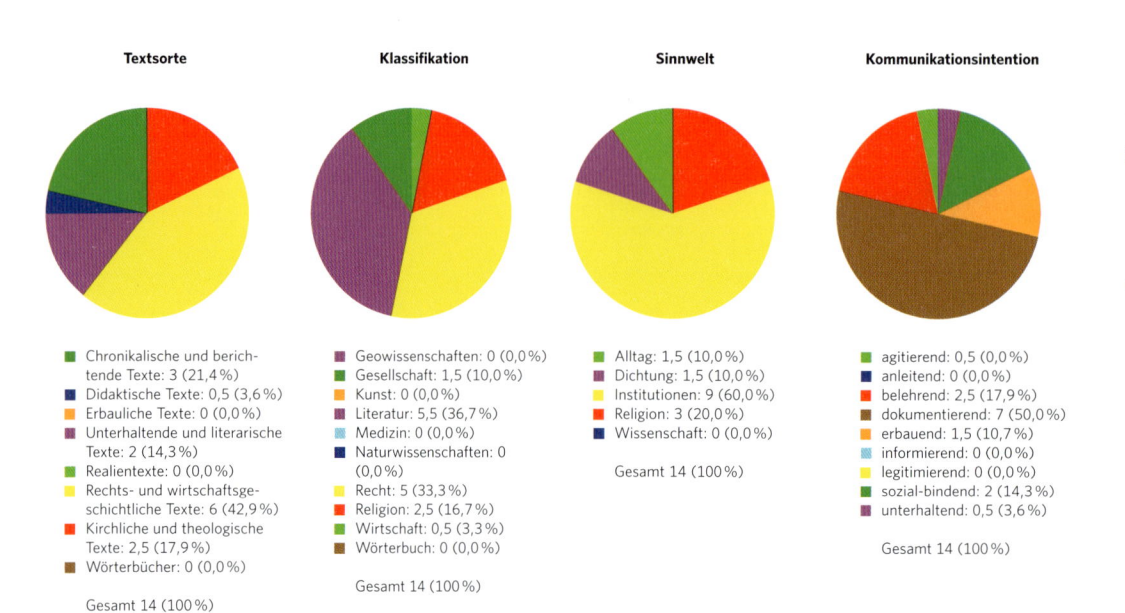

Textsorte
- Chronikalische und berichtende Texte: 3 (21,4 %)
- Didaktische Texte: 0,5 (3,6 %)
- Erbauliche Texte: 0 (0,0 %)
- Unterhaltende und literarische Texte: 2 (14,3 %)
- Realientexte: 0 (0,0 %)
- Rechts- und wirtschaftsgeschichtliche Texte: 6 (42,9 %)
- Kirchliche und theologische Texte: 2,5 (17,9 %)
- Wörterbücher: 0 (0,0 %)

Gesamt 14 (100 %)

Klassifikation
- Geowissenschaften: 0 (0,0 %)
- Gesellschaft: 1,5 (10,0 %)
- Kunst: 0 (0,0 %)
- Literatur: 5,5 (36,7 %)
- Medizin: 0 (0,0 %)
- Naturwissenschaften: 0 (0,0 %)
- Recht: 5 (33,3 %)
- Religion: 2,5 (16,7 %)
- Wirtschaft: 0,5 (3,3 %)
- Wörterbuch: 0 (0,0 %)

Gesamt 14 (100 %)

Sinnwelt
- Alltag: 1,5 (10,0 %)
- Dichtung: 1,5 (10,0 %)
- Institutionen: 9 (60,0 %)
- Religion: 3 (20,0 %)
- Wissenschaft: 0 (0,0 %)

Gesamt 14 (100 %)

Kommunikationsintention
- agitierend: 0,5 (0,0 %)
- anleitend: 0 (0,0 %)
- belehrend: 2,5 (17,9 %)
- dokumentierend: 7 (50,0 %)
- erbauend: 1,5 (10,7 %)
- informierend: 0 (0,0 %)
- legitimierend: 0 (0,0 %)
- sozial-bindend: 2 (14,3 %)
- unterhaltend: 0,5 (3,6 %)

Gesamt 14 (100 %)

Abb. 7
Diagramme zur Textsorte, Klassifikation, Sinnwelt und Kommunikationsintention der Texte, aus denen die Belege zu *gewissen* 3 stammen.

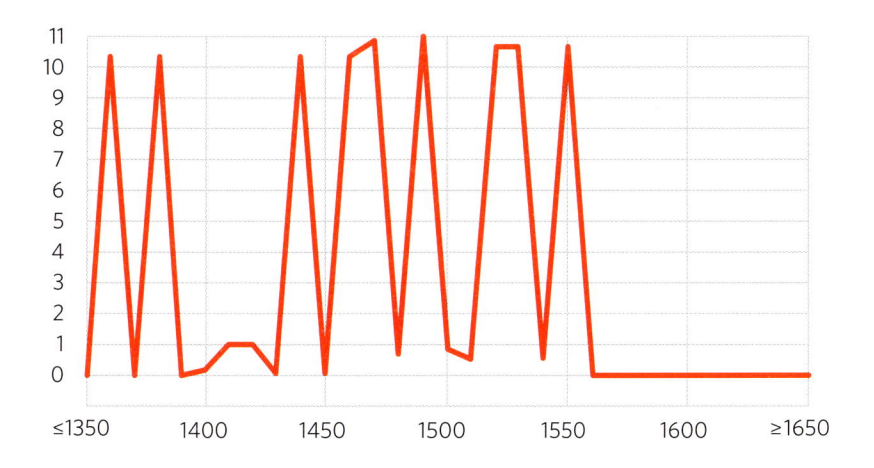

Abb. 8
Zeitliche Verteilung der Belege zu *gewissen* 3 (s. o.).

Abb. 9
Sprachräumliche Verteilung der Belege zu *gewissen* 3 (s. o.).

Zur Semantik von *gewissen* in frühneuhochdeutscher Zeit

Bei Bedeutungsansatz 3 springt das vollständige Fehlen des rechtssemantischen Wortgebrauchs im westoberdeutschen Raum ins Auge (Abb. 9). Tatsächlich ist das Wort *conscienz* im Alemannischen das üblichere. Dort wird auch das paulinische *syneidesis* nicht mit *gewissen* übersetzt.

Wenn der Schweizer Reformator Huldrych Zwingli auf Gewissen verweist, verwendet er das lateinische Lehnwort *conscienz*: »Wir sind ouch by unser conscientz schuldig, wo irrthumb wachßen wil, ze warnen«.[14] Seine Verwendung von *conscienz* ist sprachgeografisch typisch und nicht notwendigerweise theologisch begründet. Doch auch *conscienz* erlebt mit der Reformation einen Gebrauchshöhepunkt. Gewissen hat also – überspitzt formuliert – reformationstheologisch Hochkonjunktur (Abb. 10, 11 und 12).

Aus dem sprachgeografischen Befund heraus vertrat u. a. Hans Reiner die These: »[I]n Luthers Bibelübersetzung« geht »[d]urch die Übersetzung von συνείδησις [syneidesis]« und lateinisch *conscientia* mit dem deutschen Wort *gewissen* »dieser Begriff allgemein in die neuhochdeutsche Sprache ein«.[15] Doch schon in der Mentelbibel von 1466[16] waren die Bibelstellen mit *gewissen* übersetzt worden und die Mystiker Seuse, Meister Eckart und Johannes von Kastl gebrauchten lange vor Luther die theologische Innerlichkeitssemantik.[17] Im Einzelnen ergeben sich folgende Bilder zu den Textsorten (Abb. 10), zur Zeitverteilung (Abb. 11), zum Raum (Abb. 12).

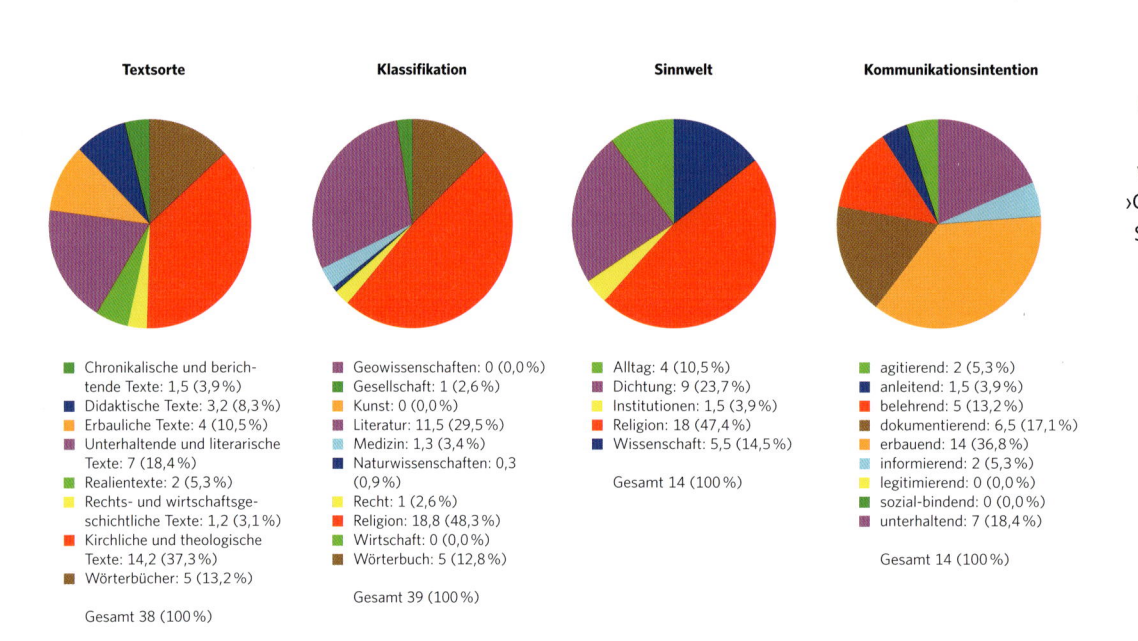

Abb. 10 Diagramme zu den Belegen von *conscienz* 1: ›Gewissen, innere Stimme, Gewissenhaftigkeit‹.

Textsorte
- Chronikalische und berichtende Texte: 1,5 (3,9%)
- Didaktische Texte: 3,2 (8,3%)
- Erbauliche Texte: 4 (10,5%)
- Unterhaltende und literarische Texte: 7 (18,4%)
- Realientexte: 2 (5,3%)
- Rechts- und wirtschaftsgeschichtliche Texte: 1,2 (3,1%)
- Kirchliche und theologische Texte: 14,2 (37,3%)
- Wörterbücher: 5 (13,2%)

Gesamt 38 (100%)

Klassifikation
- Geowissenschaften: 0 (0,0%)
- Gesellschaft: 1 (2,6%)
- Kunst: 0 (0,0%)
- Literatur: 11,5 (29,5%)
- Medizin: 1,3 (3,4%)
- Naturwissenschaften: 0,3 (0,9%)
- Recht: 1 (2,6%)
- Religion: 18,8 (48,3%)
- Wirtschaft: 0 (0,0%)
- Wörterbuch: 5 (12,8%)

Gesamt 39 (100%)

Sinnwelt
- Alltag: 4 (10,5%)
- Dichtung: 9 (23,7%)
- Institutionen: 1,5 (3,9%)
- Religion: 18 (47,4%)
- Wissenschaft: 5,5 (14,5%)

Gesamt 14 (100%)

Kommunikationsintention
- agitierend: 2 (5,3%)
- anleitend: 1,5 (3,9%)
- belehrend: 5 (13,2%)
- dokumentierend: 6,5 (17,1%)
- erbauend: 14 (36,8%)
- informierend: 2 (5,3%)
- legitimierend: 0 (0,0%)
- sozial-bindend: 0 (0,0%)
- unterhaltend: 7 (18,4%)

Gesamt 14 (100%)

Bezeichnungen für ›Gewissen‹, die onomasiologische Perspektive

Neben *conscienz* gab es noch viele andere Wörter, mit denen man über Gewissen sprechen konnte. Im niederdeutschen Raum ist *samwitzigkeit* ›Zusammenwitzigkeit‹ bedeutungsverwandt. Im Hochdeutschen begegnen das thomistische Fremdwort *sinderesis*, außerdem (*innerlicher*) *geist* 1, 3; *gemüt* 1, ²*gewissenheit*, *glük* 2, *vernunft*, *gottesfurcht*, *betrachtung* 2, *angenommenheit*, *beisorge* 3, *gedanke*, *seelenkraft* und vor allem aber *herz* 4 und *niere*. Das Herz ist nach Jan Assmann[18] bereits seit dem Mittleren Reich der Pharaonen der Ort des inneren Menschen und seiner Selbstreflexivität. Immer dann, wenn das Gewissen geprüft wird, kommen zudem Niere und Lenden als weitere Sitze des Gewissens ins Spiel: »du gerechter Got allein | Kanst hertz vnd niern im menschen gründen«.[19] »Denn du gerechter Gott prüfest hertzen vnd nieren«.[20]

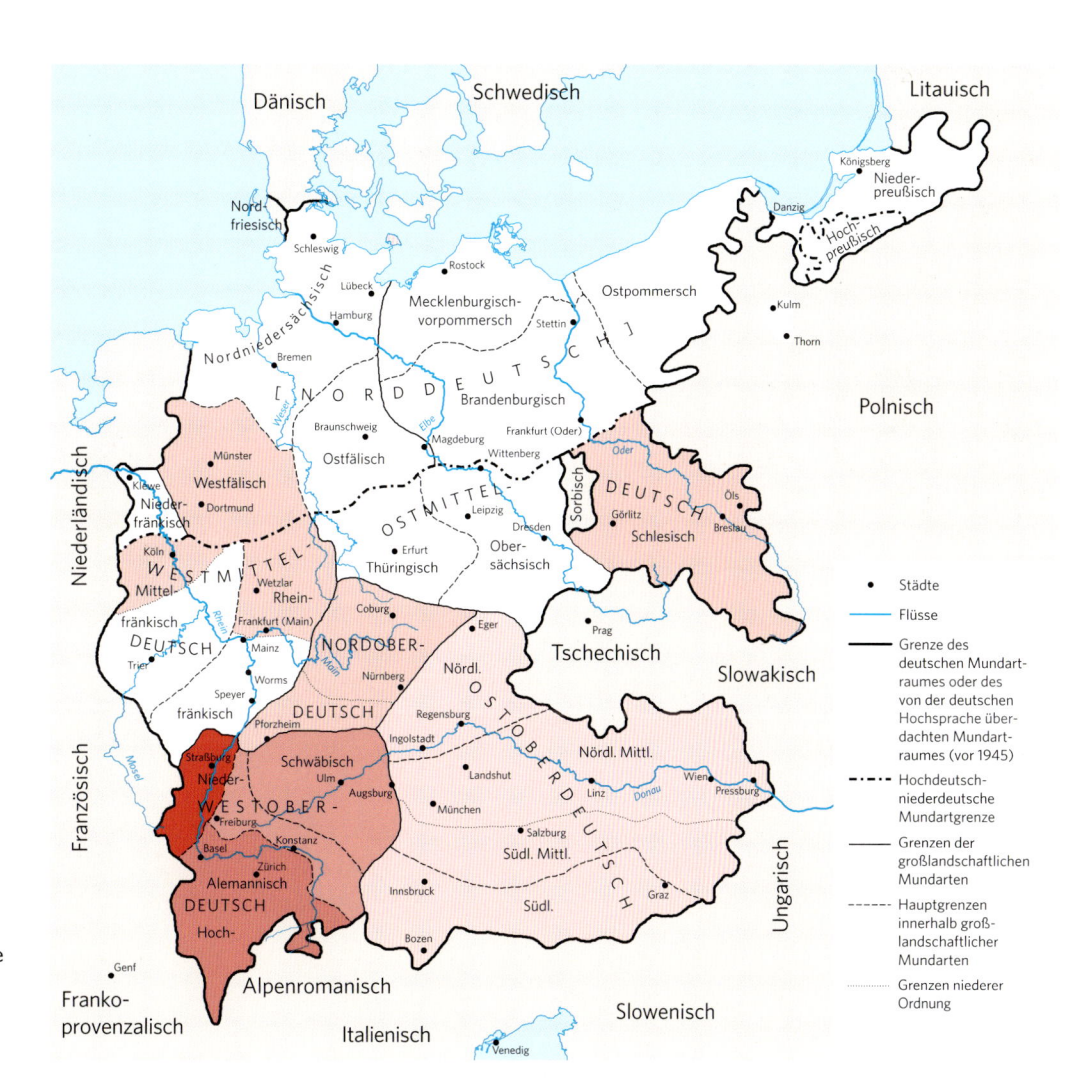

Abb. 12
Sprachräumliche Verteilung der Belege von *conscienz* 1 (s. o.).

Zur Semantik von *gewissen* in frühneuhochdeutscher Zeit

Tatsächlich gibt es mehrere Dutzend bedeutungsverwandte Ausdrücke. Die weitverzweigte onomasiologische Vernetzung, also die bedeutungsverwandten Ausdrücke (Abb. 13 und 14) zu *gewissen* in Bedeutung 1 und 3 kann an dieser Stelle nur angedeutet werden: In den Abbildungen 13 und 14 erkennt man das Stichwort rechts oben bzw. rechts mittig an der blauen Einfärbung. Die Linien, die vom Stichwort ausgehen bzw. auf das Stichwort hinführen, dokumentieren den Umfang und die Dichte der Bedeutungsvernetzung.

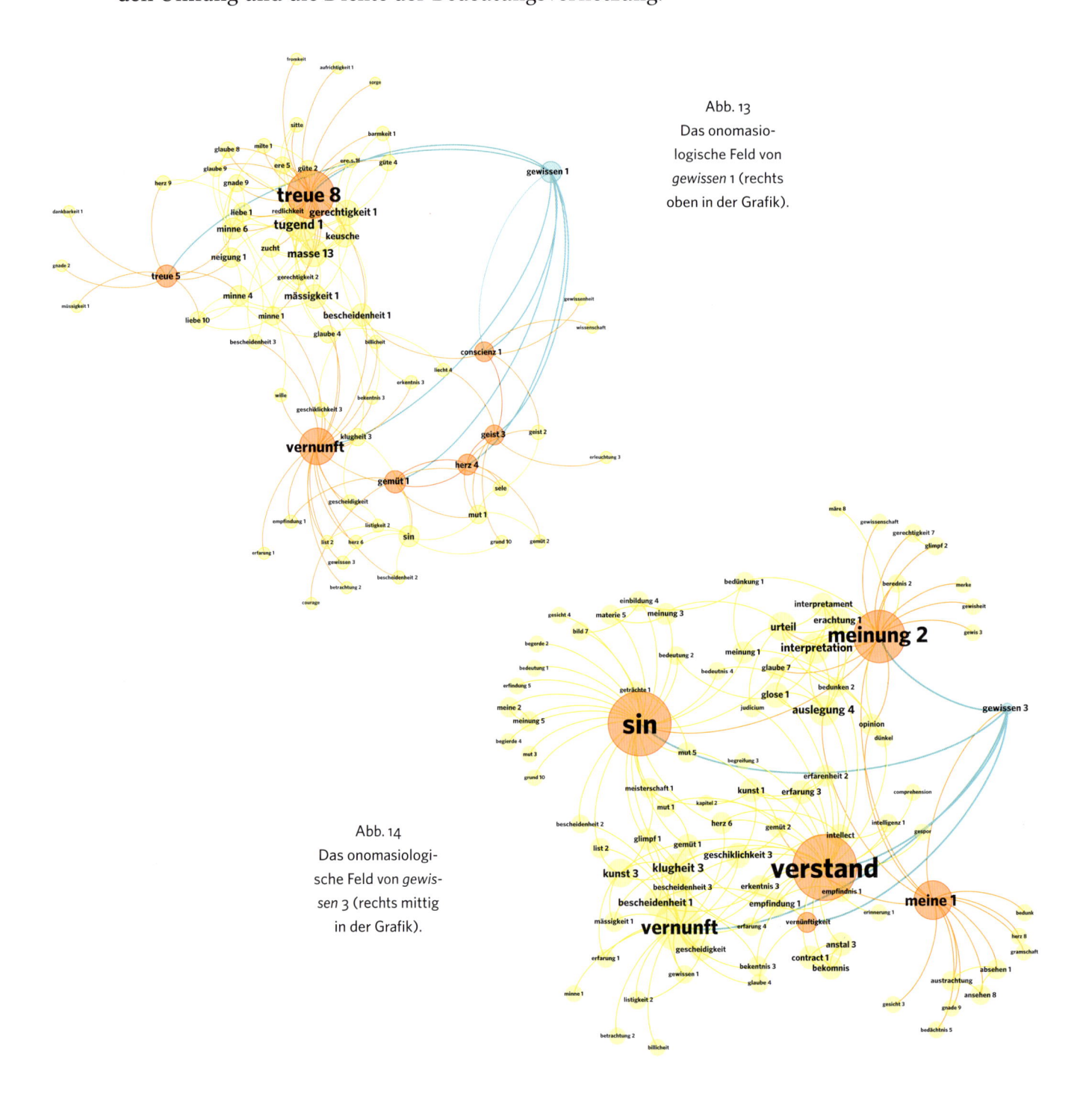

Abb. 13
Das onomasiologische Feld von *gewissen* 1 (rechts oben in der Grafik).

Abb. 14
Das onomasiologische Feld von *gewissen* 3 (rechts mittig in der Grafik).

Syntagmen: kontextuelles Vorkommen im Satz

Auch der Blick auf die Syntagmen, in denen das Wort in der ersten Bedeutung verwendet wurde, offenbart, wie vielschichtig *gewissen* in den Texten der Zeit konstituiert wird.

Gewissen im ersten Bedeutungsansatz wird nach dem FWB zum einen im Akkusativ als Patiens gebraucht, also als Größe, die der Mensch in irgendeiner Weise besitzt, der etwas widerfährt, die er erforschen oder kommunikativ zu Rate ziehen kann. Man kann »*das g.* [Gewissen] *abtun / aufrichten / beschweren* (oft) */ dringen / durchfaren / entladen / erforschen / erwecken / läutern / ledigen / nagen / rechtfertigen / trösten / unterrichten / verwirren, frei machen, zu rate ziehen, ein (gutes / böses) g. haben*«. Zum anderen erscheint *gewissen* in einem Subjektschub agentisch im Nominativ, also als handelndes Subjekt, das nun selbst »*beissen / nagen / zappeln, jn. drängen / drücken / engen / erschrecken / stechen / treiben, zu sünder machen, mit der sünde fechten, keine ruhe haben, das gemüt peinigen / plagen, ... das übel überwinden, am glauben hangen kann*«. Und es ist drittens oft mit der Präposition *in* metaphorisch als Raum konstituiert, wenn es heißt, dass »*jm. in seinem g. daheim*« ist, wenn »*die sünde jn. im g. schreckt*« oder dass man »*jm. (auch: sich) einen wurm in das g. setzen*« kann.

Geht man auf dieser Materialgrundlage genau auf diese Konstitutionsmetaphern und damit auf die zeitspezifische Gewissensertextung ein, dann zeigt sich, dass das *gewissen* sprachlich fundamental körperbezogen konstituiert wird mit einem hoch sensiblen Innenraum als Kern eines ganzleiblich vorauszusetzenden Menschenbildes. Unter *ganzleiblich* ist die ganze Person, der Leib, die Seele und der Geist gleichermaßen zu verstehen. Diese Ganzleiblichkeit bildet die Voraussetzung für eine aus ihr abzuleitende, diametral entgegengesetzte Bewegung, die man als Gewissens- bzw. Selbstfragmentierung bezeichnen könnte. Das Gewissen changiert in seiner Versprachlichung zwischen dem Zustand der Ganzheit und Gottesnähe, in dem es »*bei sich selbst daheim*« (s. o.), »*still*« und mit sich »*im Reinen*« ist, und einem Zustand gequälter Zerrissenheit.

Paradigmatische Einblicke gewährt der heilige Augustinus in seinen *Confessiones* (»Bekenntnissen«), in denen er, 2. Kor 13,3 folgend, den gewaltigen Kampf im Inneren seines Hauses (»*interioris domus meae*«)[21] und die sprachliche Selbstspaltung rhetorisch meisterhaft vorexerziert. Er vollzieht, was Charles Taylor die »radikale Reflexivität«[22] nennt, aus der es kein Entkommen gibt. Gott zwingt Augustinus aus seinem Versteck und stellt ihn sich selbst zu einer »grabenden Selbstschau«[23] gegenüber. Dabei lernt er, seine Sünde zu sehen und zu hassen, vielleicht auch ein Stück weit sich selbst: »du aber, o Herr, stelltest mich mir selbst vor Augen, indem du mich von meinem Rücken entferntest, wohin ich mich gestellt hatte, weil ich mich nicht schauen wollte, und stelltest mich vor mein Angesicht, daß ich sähe, wie häßlich ich wäre, wie verwildert und verunreinigt, wie befleckt und zerschlagen. Ich sah es und schauderte und hatte nicht, wohin ich hätte fliehen können vor mir. … So war der Tag gekommen, wo ich in meiner ganzen Blöße vor mir stand und mein Gewissen in mir schrie: Wo bist du, Sprache?«[24]

Im Folgenden soll die Frage »Wo bist du, Sprache?« etwas modifiziert aufgegriffen und dabei gezeigt werden, dass die Versprachlichungsstrategien Raum, Körper und Spaltung typisch sind für die Beschreibung des Gewissens und für die Sprache der Selbstreflexion, wohl nicht nur in frühneuhochdeutscher Zeit.

Das Gewissen zwischen intrapersonellem Körperraum und interpersonellem Dialograum

Lokal, spatial, korporal, instrumental, bestial und personal, dabei Agens und Patiens, berührend wie berührbar, empfindend wie empfindlich, handelnd wie behandelt. Das Gewissen ist sichtbar, hörbar und fühlbar, v. a. auch verletzbar. Es kann Schmerzen verursachen und doch auch glücklich machen: Die Sprache der Selbstreflexion lebt von Metaphern. Sie spiegelt die Gestelltheit des Körpers in der Raumdimension, in der das Ich sich selbst positioniert oder durch andere verortet wird (*innen / außen*) bzw. in der die verschiedenen Formen der Gestelltheit, der Annäherungen und Distanznahmen erfolgen.[25] In *De vera religione* rät Augustinus: »Geh nicht nach draußen, kehr dich in dich selbst zurück; im inneren Menschen wohnt die Wahrheit.«[26]

Nach Paracelsus ist nicht nur die Wahrheit, sondern auch das Gewissen im Menschen »eingeleibet«.[27] Es teilt sich das Inwendige mit einem ganzen Ensemble von Bewohnern. Meister Eckart listet die wichtigsten zusammen auf, wenn er den von Augustinus geforderten Rückzug als »abegescheidenheit« preist. Diese »reiniget die sêle und liutert die gewizzene und enzündet daz herze und wecket den geist«.[28] Im Buch der 7 Grade ist das Gewissen eine Art innerer Sinn, der im Geist zu finden ist: »si [geistliche leut] wandelns [Freude] von ußern sinnen | an die gewißen innen | und von dem libe an den gaist.«[29]

Verortet im Innenraum des Menschen, ist das Gewissen ein Ort des Sprechens wie des Hörens und doch zugleich auch – in Satzgliedschüben aller Art wie in den mit diesen verbundenen syntaktischen Ellipsen – selbst Sprecher und Hörer, ein Ort, an dem Geheimnisse verwahrt werden, und selbst ein Geheimnis, eines, das außer dem Gewissens- und Geheimnisträger nur Gott kennt. Ist der Innenraum des *gewissens* in den Belegen der Zeit *freundlich*, *lauter*, *rein* und *gut*, so ist es *ruhig*, *still* und *friedvoll*, gar das »Himmelreich«, ist der

Innenraum *schlecht, befleckt, unrein*, gar voll »Dreck«, so ist es dort stachelig, ein Ort der Unruhe, der Not, und der Gewissensängste.[30] Dann wird es zu einem Raum, in dem »die angst alle winckel des gewissens umbsůcht«,[31] damit ein Raum des Teufels, gar die Hölle selbst, denn »des Teuffels namen, hat ein raum Gewissen, verschlinget den Ehebruch, wie der Wolff eine můcken«.[32] Der Gewissensraum wird v. a. in der Reformationszeit argumentativ zum Gefängnisraum hochgerüstet,[33] bei dem das Gewissen selbst zum Gefangenen wird: »Man verwirfft die bicht (mit dero sy all conscientzen gefangen hand und nit uß der gefencknus gelassen, biß das inen ein thür loßgelt ggeben ward; …)«.[34]

Was die Menschen bindet und gefangen hält, sind reformationstheologisch wie konfessionspolemisch bei Zwingli wie bei Luther die Gesetze des Papsttums, die Speisegebote, die Eheverbote oder das Beichten, das Sebastian Franck in seinen Klagbriefen 1529 auch als »vilfessig weit außgespant netz« metaphorisiert, mit dem die Kleriker über »die gewissen der menschen herrschen«.[35] Für Luther ist »das gesetz des gewissens stockmeyster, ketten, strick und kercker«;[36] die Lehren des Papstes sind »mordtgruben und fegfeur der gewissen«.[37]

Mit den letzten Zitaten ist der semantische Übergang vom Ort, an dem etwas geschieht, zum Instrument, mit dem etwas geschieht, beschritten. Aus dem Instrument wird eine Kraft, ein anderes, das autonom und unhintergehbar im Inneren des Menschen handelt. Man kann das Gewissen nun *fühlen* und *spüren* als etwas, das im Leibe wirkt: »Ach ich ellender mensch / was treybt mich in meinem herzen mein gewissen.«[38]

Das Gewissen dient Gott als Instrument zur Peinigung, ist eine stechende Nadel oder der Stachel im Fleisch. Seit der Antike ist es immer wieder ein peinigendes Tier, ein *wurm siner gewizzenheit*,[39] der an einem *nagt* und den Geplagten *beisst*. Im Sprichwort hat das böse Gewissen Wolfszähne und »frist sich selbs«:[40] »Wann sy [vertampten] haben czu erste | dy pen von dem peissenden wurm, | irn gewissen, der sy mit sturm | hekt und peisset«.[41] Und: »der mentsch den sin conscienci bisset umb untugend und sich doch der vor nit hůtet, des betlin ist bedúrnet.«[42]

Das Gewissen ist im Diskurs der Zeit zudem auch ein Wächter, ein »guter Haußhund / der wacker die Dieb / Sůnd und Laster anbellt / schreckt und verscheucht«,[43] oder »des Verstandes getrewer Rahtgeb«.[44] Doch kann man ihm, v. a. seit der Reformation, nicht trauen, denn »die Band deß Gewissens seynd schlechte Fåden / die den Ochsen nicht halten«.[45]

Tatsächlich lässt einen das Gewissen nicht selten im Stich und verursacht »untregliche pein«, es »verzeret marck und beyne, fleisch und blut«, wenn es einem *absagt*.[46] Dies tut es als unbestechlicher Zeuge, der den Menschen mit seiner eigenen Handschrift vor dem »inneren Gerichtshof« überführt: »wie Paulus sagt zun Collosseren / das die handschrifft / welche vns vnsere schuldt halb vberweyset / außgetilget werde«,[47] denn, so in der Lutherbibel von 1545, »[n]ichts ist so hart wider vns / als unser eigen Gewissen, damit wir als mit eigner Handschrifft vberzeuget werden / wenn das Gesetz vns die sunde offenbaret / damit wir solche Handschrifft geschrieben haben.«[48]

Ob die Strafe erst durch den Richtergott am Ende kommt, ist fraglich, denn das schlechte Gewissen wird fast immer begleitet von seinen Geschwistern *Scham*, *Reue* und *Angst*, die die Hölle für den Gepeinigten schon auf Erden vorwegnehmen. Ist das Gewissen dagegen *erleichtert*, *geläutert*, *gereinigt*, durch die Beichte oder im Sinne Luthers frei, folgen ihm Leichtigkeit und Fröhlichkeit.[49]

Es zeigt sich, dass das Gewissen zwar als Rückzugsraum konstituiert ist, dass man dort aber nicht allein herrscht. Als Aushandlungsraum von Identität, moralischer Bewertung und zur Positionierung vor Gott ist es erstaunlich vielstimmig.

Der Andere oder Von der Spaltung des Ich zum inneren Dialograum

Spätestens seit Chrysostomos flankieren die genannten Metaphern das Bild des »inneren Gerichtshofes«, in dem das Gewissen gleichzeitig als Ankläger, Verteidiger und auch Richter sprechen kann. Tatsächlich ist die Gebrauchshäufigkeit der Personifikation semantisch gewissenskonstitutiv: »da man den armen gewissen in jr letzten not / anderst nicht denn von heyligen verdienst / vnnd fürbitt / vnnd gutten wercken hat fürgesagt.«[50]

Liest man wie bei Veit Dietrich von den »armen gewissen in jr letzen not«, steht Gewissen nicht nur als Pars pro Toto für den ganzen Menschen. Es impliziert völlig stimmig die Ganzleiblichkeit der Person. Diese wird in Bildern lebendig wie den »fleischern Taffeln des hertzen«,[51] in die Christus sich einschreibt, oder im Bild vom »inwendigen auge«, das die religiöse Erkenntnisfähigkeit versinnbildlicht (s. v. *auge* 6), aber v. a. dadurch, dass *gewissen* sprachlich konstituiert wird als leibliche bzw. leibhabende, erkenntnisfähige und belehrbare, v. a. aber emotionale Größe.

Das Gewissen handelt ganzleiblich, denn es *denkt*, *erkennt*, *fragt*, *fühlt*, *weiß* nicht nur, es kann *taub* sein, *lahm*, es *spricht*, *hungert*, *schläft* und es muss *aufgeweckt* werden. Es *zittert*, *bebt* und *zagt* (besonders häufig bei Luther), *erblasst* gar und *erkaltet*. Es *krümmt* sich und muss manchmal sogar *still gemacht* werden. Man kann es *kränken*, *erschlagen*, *ersticken*, *ermorden*: »das gewissen ist da, das fület und weis, das Gott den sundern feind ist …, darumb mus es zittern, beben und zagen, erblassen und erkalten als fur einem blitz oder donnerschlag.«[52]

Die Konstruktion des Gewissens als Körpergewissen hat sicher viele Funktionen. Eine davon besteht darin, kommunikativ-pragmatisch verstehbar, geradezu fassbar und nachfühlbar zu machen, was das Konzept *gewissen* sein soll. Es ist aber auch ein fundamentaler Akt der Subjektwerdung und der emotionalen Selbstidentifizierung: Ich bin nicht nur wie das Gewissen, ich bin das Gewissen, bin mein Gewissen.

Das Gewissen und die Nicht-Identität

Doch was geschieht, wenn das Gewissen mit sich selbst in Konflikt gerät, wenn, wie Augustinus schreibt, »die Gedanken« im Herzen gegeneinander streiten?[53] Dann wird das »Ich bin« wieder zurückgenommen, dann wird das Gewissen zur Instanz personaler Distanzierung, die meine Identität mit mir aufhebt. In dem Moment, in dem das Gewissen anthropomorphisiert, d. h. selbst zum fühlenden oder handelnden Subjekt wird, beginnt die rhetorische Spaltung des Ich, die Nicht-Identität.

Agiert das Gewissen eigenständig, so folgt die Entfremdung, die zur Fragmentierung führen kann: »so man trotzlich offt handelt wider eygen gewissen, wirt menschlich synn doll vnd kumpff, das hertz wirt hart.« (Eberlin von Günzburg; 1521)[54]

Das Gewissen führt ein kommunikatives Eigenleben, wird immer wieder zum kommunikativen Anderen. Es ist der Andere in mir, der mich sieht, um mich weiß und mich erkannt hat. Der Andere handelt in mir und durch mich, spricht mit mir, in mir und hört mir zu. Aber wer genau spricht da? Liest man *gewissen* als beratende, richtungsgebende oder urteilende Stimme eines anderen Ich, so repräsentiert der Andere das Ergebnis einer vorauszusetzenden inneren Spaltung. Diese aber ermöglicht erst die Selbstdistanz, mit der das Selbst sich und sein Handeln zu reflektieren vermag. Der sprechende Andere kann die Internalisierung der Stimme der Anderen sein, als Spur eines vorgängigen Sprechens des Teufels oder der Erziehung, also als einer Introjektion bzw. Verinnerlichung der moralischen Urteile der Gesellschaft, wie in 1. Kor 10. In den vorhandenen Belegen ist es erstaunlich selten die Stimme der Vernunft oder der Natur, es sei denn, es ist das »funkelin gotlichis lichtis ein ingedruckit bilde gotlicher nature«, wie es im *Paradisus anime intelligentis*[55] heißt.

Fast immer ist der innere Gewissensdialog ein »Anruf der Transzendenz«.[56] Rudolf von Biberach begründet ihn im Heiligen Geist.[57] Für Luther ist die Erkenntnis das Werk Gottes: »Das ist nun das erste werck Gotes, das wir uns selbs erkennen, wie wir verdampt seind, ellend, schwach und kranck.«[58]

Ob Gott vorgängig die Erkenntnisfähigkeit als Seelenfunke im Menschen wirkt, es, wie Meister Eckhart formuliert, als »ganster« möglich macht, dass der Mensch sich »selben in den augen«[59] sehen kann, oder ob Gott nachgängig im göttlichen Gnadensprechen wirkt, in jedem Fall wird das Gewissen zum inneren Begegnungsort mit ihm, »wan got ist vns innewendiger, denne wir vns selber sint, vnd sin innewendig triben oder wurken in vns«.[60] Gott ist der entscheidende Mitwisser, vor dem man nicht ausweichen kann. Er setzt, wie Augustinus schreibt, dem Menschen in seinem Inneren »mit strengem Erbarmen« zu, »mit der Geißel, die Furcht und Scham verdoppelt«.[61] Vor Gottes Gerechtigkeit erschrickt das Gewissen und erzittert.[62] Er prüft »hertzen vnd nieren«,[63] ist der Richter, vor dessen »Rechtstuhl« man als schuldig erkannt und vor dessen Gnadenstuhl man begnadigt wird.[64] Aber er ist eben auch Ansprechpartner und Tröster in der Gewissensnot: »die lauter gewissen die erwürbt grosse tröstung vnd hoffnung von got.«[65]

Im Gewissen ist der Mensch aufgerufen, Gott und sich selbst zu begegnen, damit er sich erkenne und bessere, oder wie Bonaventura es formuliert, dass »er [der Mensch] zu dem ersten sich selber scherpffy, zu dem andren sich selber vßspitze, zu dem dritten sich selber richty. Scherpffen sol er sich uß gedencken siner sünd, spitzen sol er sich in sechen vff sich selb, richten in betrachtung gütz«.[66]

Schluss

Das Gewissen spiegelt die Sehnsucht zurück in die Ganzheit Gottes wie den Wunsch des Menschen nach einem intrapersonalen Du. Die Ich-Rede setzt die Du-Rede voraus. Es ist somit anthropologisch notwendig, ein Du in sich zu haben, um »ich« sagen zu können. Übereinstimmendes Ziel frühneuhochdeutscher Selbstbetrachtung im Aushandlungsort Gewissen ist die moralische Besserung, das Leben in Übereinstimmung mit Gott und die Orientierung auf das soziale Gute. Im gesamten späten Mittelalter und der Frühen Neuzeit ist die Untrennbarkeit von Gott und dem Guten diskursprägend. Gott und die Idee des Guten ergeben zusammen, so Taylor,[67] »das Grundprinzip des Seins und der Erkenntnis«. Die Belege zeugen in erstaunlicher Weise von einem »menschliche[n] Verlangen nach Berührung mit dem Guten«,[68] und man muss ergänzen: mit Gott. Doch dieses Verlangen legt auch Zeugnis ab von einer ganz und gar nicht idealen, sicher oft gottfernen Alltagsrealität.

Dass die Zusammenschau von Gut und Böse und ihre Umsetzung in die Handlungswelt nicht immer einfach sind, spiegelt die Vielstimmigkeit des Gewissens als Ausdruck der inneren Zerspaltenheit des Menschen, bei der Agens und Patiens, Erkennender und Erkannter, Beurteilender und Berurteilter reziprok sprechen. Als Ich-Widerfahrnis im Selbst[69] meldet es sich v. a. dann zu Wort, wenn die Matrix einer in allen Belegen vorauszusetzenden Realität des Bösen und der Triebe mit dem Ich-Ideal des moralisch Guten im Sein und Handeln kollidiert. Dann ist das Gewissen deontisch »die Stimme am Wendepunkt, die in der Bewegung zu unterscheiden und zu entscheiden fordert«,[70] der Aushandlungsraum von metaphysischer Transzendenz, gesellschaftlicher Immanenz und interaktionaler Präsenz, wo sich der individuelle Leib seiner Gestelltheit vor Gott, den Menschen und nicht zuletzt sich selbst zu versichern hat, vielleicht der Ort, an dem der Mensch als Gegenstück zum Ideal Gottes am menschlichsten ist.

Das Gewissen des Kaisers
Karl V. zwischen Erasmus und Luther

Volker Gerhardt

Die Gewissensfrage auf dem Wormser Reichstag hat es nicht nur bei dem gegeben, der ausdrücklich von ihr spricht – also nicht nur beim vorgeladenen Reformator. Auch bei dessen institutionellem Gegenüber, dem Kaiser, gibt es eine beachtliche Regung seines Gewissens. Während Luther in der Nacht vor seiner Weigerung zu widerrufen mit sich hatte kämpfen müssen, ehe er sicher war, dass er das Ansinnen der Reichstagsversammlung ablehnen muss, hatte Karl in der Nacht danach Anlass, in sich zu gehen und seine Haltung zu prüfen. Durch Luthers eindrucksvolle Berufung auf seinen Gott sowie auf seinen »Herrn Jesus Christus« herausgefordert, sieht sich der 21-jährige Kaiser genötigt, sich selbst Rechenschaft darüber zu geben, warum er dem Reformator widersprechen muss.[1] Auch hier spielen der Glaube an Gott und sein dadurch auf den Plan gerufenes Gewissen eine Rolle.

Eine parallele Konstellation zweier Gewissen

Der Unterschied zwischen beiden ist, dass der eine, allein auf sich gestellt, einen sein Dasein gefährdenden Widerspruch wagt; während der andere sich in einer machtvollen Position befindet, in der er kaum mehr riskiert als seinen Ruf als König und Kaiser. Reicht das aber aus, um nur dem einen, nicht aber auch dem anderen ein »Gewissen« zu attestieren?

In den Annalen ist nicht vermerkt, wie der Kaiser sich in jener Nacht vom 18. auf den 19. April 1521 befunden und verhalten hat: Alles spricht dafür, dass er sich ohne Berater und ohne Sekretär zurückgezogen hat, um, unabhängig vom Druck der äußeren Umstände, für sich selbst zu klären, wo er eigentlich steht und was ihn sicher sein lässt, dass seine Entscheidung in der »Luthersache« nicht nur seinem Amtsverständnis, sondern auch seiner persönlichen Auffassung entspricht.[2]

Historisch bezeugt ist, dass Karl am Morgen danach den persönlich verfassten Text mit der Klärung seiner Position in Händen hält und seinen Sekretären für die Reinschrift übergibt, damit er noch am selben Tag den Reichsständen auf Deutsch vorgetragen werden kann. Tatsächlich wird der Text umgehend in die vorherrschenden Sprachen des Reiches übersetzt und findet sich heute in zahlreichen europäischen Archiven. Nur das handschriftliche Original hat sich bis jetzt noch nirgendwo gefunden.[3] Doch die Fassung in dem burgundisch eingefärbten Französisch, in dem der sorgfältig auf seine Rolle vorbereitete Thronfolger erzogen wurde, ist in einer Abschrift überliefert:

Karl V. erläutert, warum es ihm unmöglich ist, Luther den verweigerten Widerruf seiner Schriften durchgehen zu lassen. Auch er sieht sich seinem Gott verpflichtet und weiß sich damit in der Pflicht, die Kirche vor Angriffen zu schützen und sie vor der Spaltung zu bewahren. Aber – und darin liegt für ihn der entscheidende Unterschied – er steht nicht, wie Luther es für sich in Anspruch nimmt, allein in der gläubigen Nachfolge Jesu Christi! Als Spross eines großen Fürstengeschlechts, eingebunden in die Erbfolge von Kaisern und Königen, und mit einer Reihe anderer Fürstenhäuser verwandtschaftlich verbunden, verdankt er seine Stellung nicht allein sich selbst und seinem Glauben. In sein königliches Amt wurde ihm mit der mehrheitlichen Zustimmung der Kurfürsten verliehen, und mit Blick auf die noch bevorstehende Kaiserkrönung durfte er das Vertrauen zahlreicher kirchlicher Würdenträger, die auf seinen Schutz angewiesen sind, nicht enttäuschen. Auch das Volk setzte seine Hoffnung auf ihn und hegte die Erwartung, von diesem jungen Kaiser gut regiert zu werden. Luther selbst hatte sich zum Fürsprecher der vertrauensvollen Stimmung gemacht, als er 1520 davon sprach, der junge Kaiser habe »viel Herzen zu großer guter Hoffnung erweckt.«[4]

Gleichwohl ist sich Karl bewusst, in letzter Instanz Gott unterworfen zu sein. Dem weiß er sich in seinem Glauben verbunden und verpflichtet. Anders als Luther ist er jedoch davon durchdrungen, dass er sich vor Gott auch in dem zu rechtfertigen hat, was ihm im Namen Gottes an weltlichen Aufgaben übertragen worden ist. Und dazu gehört vorrangig das Wohl des Reiches, das aus Karls Sicht nur zu wahren ist, wenn es auch im kirchlichen Glauben einig bleibt.

So stehen sich mit dem Reformator und dem Kaiser nicht etwa der lautere religiöse Glaube auf der einen und das nackte Kalkül der Macht auf der anderen Seite gegenüber: Beide Männer sind gläubig, beide sehen sich als Personen vor dem Richterstuhl Gottes und beide wollen mit sich selber einig sein.

In der Haltung der beiden Kontrahenten kommt somit eine ethische Entschiedenheit zum Ausdruck, die sich weder in ihrem theologischen Fundament noch im Grad ihrer Verbindlichkeit unterscheidet. Einen Unterschied gibt es lediglich in der existenziellen Reichweite ihres Anspruchs: Während

Luther sich in seiner gleichermaßen individuellen wie menschheitlichen Heilserwartung exponiert, versteht sich der Kaiser vornehmlich als Erbe einer großen Tradition und als Träger einer Verantwortung, die er im Namen vieler Menschen übernommen hat. Ein weiterer, wenn auch äußerer Unterschied, für den die Moderne besonders empfänglich ist, besteht darin, dass der eine das vermeintlich Neue und der andere angeblich nur das Alte will.

Die prinzipielle Dimension der Differenz

Der zwischen dem Reformator und dem Kaiser liegende Unterschied liegt in der individuellen Zuspitzung der Gewissensprüfung beim einen und in der institutionellen Reichweite der Reflexion beim anderen. Diese Differenz ist charakteristisch für die Problemkonstellation im Streit um die theologische und philosophische Legitimität der Reformation. In ihrer reinsten Form tritt sie in der Freiheitsdebatte zwischen Luther und Erasmus zutage. Darauf laufen am Ende alle Versuche einer Klärung zu, die beiden Seiten gerecht zu werden versucht.[5]

Zuvor aber ist über eine Differenz im Verständnis Gottes und der Welt zu sprechen: Luther glaubt an einen in keiner Weise berechenbaren Gott, einen Gott, der uns nur in seiner durch seinen Sohn erwiesenen Gnade gegenwärtig sein kann. Ihm kann der Mensch allein im unbedingten Glauben dienen; und es ist nichts anderes als dieser durch das – zuweilen nur von Luther selbst verstandene – Wort vermittelte Glauben, der ihn zu seinem Handeln nötigt. Das macht es ihm möglich zu sagen, er habe »als einziger« abgelehnt, »was alle anderen einmütig bekennen«.[6]

In dieser – unter Umständen vollkommenen – Abgeschiedenheit von allen anderen gibt es für Luther nur die individuell erfahrene Autorität Gottes. Deren allgemeinen Willen entnimmt er der Schrift, genauer: dem Zeugnis der Worte, des Wirkens und des Leidens Jesu Christi. Und wo sie ihn binden, da lässt ihm das Gewissen keinen Raum – denn dieses Gewissen ist, wie er in seinem Schlusswort sagt, »in den Worten Gottes gefangen«![7]

In dieser Gewissheit hat Luther in der Nacht vom 17. auf den 18. April die – wie er es empfand – »teuflische« Versuchung, durch einen Widerruf straffrei auszugehen, abgewehrt. Nun muss er, nachdem er der Anfechtung widerstanden hat und in seiner Rede auf die Zumutung des bedingungslosen Widerrufs mit eindrucksvoller juridischer und theologischer Begründung reagiert hat, mit dem Schlimmsten rechnen. Zwar hatte er noch im Jahr zuvor die Wahl Karls zum deutschen König mit den Worten begrüßt: »Gott hat uns ein junges, edles Haupt gegeben und damit viel Herzen zu großer guter Hoffnung erweckt.« Daran erinnert er denn auch am 18. April 1521, wenn er von der »Regierung dieses jungen, edlen Fürsten Karl (auf den sich nächst Gott viel Hoffnung richtet)« spricht.[8] Gleichwohl kann er mit dem kaiserlichen Verständnis nicht rechnen. Und so besteht seine Gewissheit in der Überzeugung, dass Gott, der Herr, in seinen »Plänen« »wunderbar und schrecklich« ist.[9]

Für den Kaiser hingegen ist Gott kein *deus absconditus,* der den Menschen mit seinem Ratschluss gänzlich verborgen bleibt. Gott ist vielmehr die höchste Macht, die sich nicht erst im Opfertod Christi, sondern in der Schöpfung als ganzer – sowie in ihrer nachfolgenden Geschichte – offenbart. Also ist die Botschaft Jesu nicht das einzige Zeugnis für den Willen Gottes; es liegt vielmehr im weltlichen Sein und Werden insgesamt. Folglich kann auch das historisch Überlieferte als eine Quelle der Erkenntnis menschlicher Pflichten vor Gott angesehen werden. Und hier setzt Karl mit seiner Vergewisserung seiner eigenen Bestimmung an.

Damit ist die grundsätzliche Opposition zwischen dem Reformator und dem Kaiser kenntlich gemacht. Wie ernst dem Kaiser sein persönliches Bekenntnis ist, will ich im Folgenden nur so weit skizzieren, dass deutlich wird, mit welcher Entschiedenheit er sich von der Haltung Luthers abgrenzt und wie tief er sich in seinem dynastischen Bewusstsein zur Bewahrung der bestehenden Institutionen verpflichtet sieht. Und davon ist er nicht nur im Wissen von seiner fürstlichen Herkunft überzeugt: Hinzu kommt der Anspruch seiner ursprünglich menschlichen Verbindlichkeit, der ihm mit dem Humanismus, in dessen Geist er aufgewachsen ist, zur grundständigen Überzeugung geworden ist.

»Das Bekenntnis des Kaisers«

Der von Karl in der Nacht auf den 19. April 1521 verfasste dreiseitige Text ist zwar seit Längerem bekannt, wird in der Forschung aber erst seit dem Gedenken an den 400. Todestags des Kaisers im Jahre 1958 stärker beachtet. Der Historiker Hans Wolter hat ihn zu dem in Worms begangenen 450. Reichstagsjubiläum unter dem Titel »Das Bekenntnis des Kaisers« neu ediert und sorgfältig kommentiert.[10] Darauf stütze ich mich, wenn ich einige Aussagen des Textes wiedergebe:

Zunächst zählt Karl die lange Reihe seiner Vorläufer auf: »von den allerchristlichsten Kaisern der edlen deutschen Nation, von den katholischen Königen Spaniens, den Erzherzögen Österreichs« und den »Herzögen von Burgund, … die«, wie er schreibt, »alle bis zum Tod treue Söhne des römischen Reiches gewesen sind.«[11] Sie seien, wie er ergänzt, »immer Verteidiger des katholischen

Glaubens, der heiligen Zeremonien, Gesetze, Anweisungen und der heiligen Bräuche zur Ehre Gottes gewesen.«

Dann spricht er von sich selbst, indem er betont, dass diese Vorfahren ihm nach ihrem Tod »kraft angestammten Rechts« das Erbe, »die genannten heiligen katholischen Verpflichtungen« hinterlassen haben, damit er »ihnen gemäß leben und sterben« (!) kann. »Ihrem Beispiel« müsse und wolle er folgen! Und dem entsprechend verstehe er sich als der »wahre Nachahmer dieser unserer Vorgänger kraft der Gnade Gottes«; und so, das fügt er hinzu, habe er »bis heute gelebt«.[12]

Was Karl aufzählt, formuliert er gewiss nicht zum ersten Mal. Vieles klingt formelhaft und zeremoniell; er wird es so schon bei einigen anderen Anlässen aufgezählt haben. Aber die ausdrückliche Zuspitzung der verschiedenen Traditionen auf seine Person, insbesondere darauf, dass er sich ihnen auf Leben und Tod verpflichtet sehe und sein Leben eben danach führe, erfüllt den Charakter eines »Bekenntnisses«, auch weil es sich expressis verbis auf seinen Glauben erstreckt.

Im zweiten Abschnitt stellt Karl seine besondere Verpflichtung zur Wahrung des rechten, also des »katholischen Glaubens« heraus. Und so sei er für seine Person »fest entschlossen, alles aufrecht zu erhalten was meine genannten Vorgänger und ich bis zur Stunde aufrechterhalten haben«, insbesondere das, was auf dem Konstanzer Konzil vereinbart worden ist.[13]

Und dann kommt er indirekt auf Luther zu sprechen, den er namentlich zunächst gar nicht erwähnt: Es sei »gewiss«, so behauptet Karl, dass ein einzelner Ordensbruder »irrt mit seiner Meinung, die gegen die ganze Christenheit ist«. Dass einer gegen alle steht, gilt ihm offenbar bereits als Indiz für einen schweren Irrtum. Doch der Kaiser hat einen zusätzlichen Grund, der seiner Auszeichnung der Tradition entspricht und der eine besondere Spitze gegen Luther enthält: Hätte ein einzelner Ordensbruder mit seiner Auffassung recht, »dann wäre die ganze genannte Christenheit immer [sic!] im Irrtum gewesen und würde es noch heute sein.«[14] Dahinter steht die Auffassung, so, wie Luther es seit Kurzem tue, habe niemand je zuvor das Christentum verstanden; und damit gilt für ihn die Konsequenz: Durch diesen einen Mönch, nämlich Luther, werden die Christen zu allen Zeiten des Irrtums bezichtigt.

Legen wir die zahlreichen dogmatischen Irrungen und Wirrungen der frühen Christenheit zugrunde und stellen wir den langen, in der Tat aus unzähligen Revisionen und Korrekturen gezeichneten Weg der römisch-katholisch verfassten Kirche zugrunde, so ist das ein bemerkenswertes Argument – und wir verstehen sofort, warum es dem Kaiser besonders wichtig ist: Für ihn steht Luther als Angehöriger der römisch-katholischen Kirche, erst recht als geprüfter Theologe und als »Ordensbruder«, ob er es will oder nicht, in einer langen

Tradition – und so hätte er, in Analogie zur Geschichtstreue des Kaisers, auch die Pflicht, sich in ihr, in dieser Tradition, zu bewähren! Wenn aber Luther sich dieser Pflicht entzieht, verrät er den christlichen Glauben von den Anfängen der Kirche bis in die Gegenwart.

Die Zukunft kommt dann in der Reflexion des künftigen Urteils der folgenden Generationen zur Sprache. Er, der Kaiser, möchte sich nicht den Vorwurf seiner Nachfolger zuziehen, er habe während seiner Regentschaft nicht nur »Häresie«, sondern bereits »Häresieverdacht« zugelassen![15] Hier wird offenkundig, dass ihn die ganz persönliche Sorge umtreibt, der geduldige Umgang mit dem Ketzer werde ihm auch später noch als persönliche Schwäche ausgelegt. Spätestens hier wird deutlich, dass Karl von sich selbst als Individuum spricht. Er ist überzeugt, dass es ihm persönlich zur Last gelegt werde, wenn er Luther nicht von Anfang an entschieden entgegentritt.

Im letzten Absatz geht er dann auf das ein, was er am Tag zuvor von Luther hatte hören müssen. Und darauf gesteht es sich ein: Es reue ihn, »so lange gezögert zu haben, gegen den genannten Luther und seine falsche Lehre vorzugehen.«[16] Daher sei er nun »fest entschlossen, ihn ferner nicht mehr zu hören«. Luther solle so schnell wie möglich nach Wittenberg »zurückgeführt« werden, und dabei solle darauf geachtet werden, dass er unterwegs nicht predige und das Volk nicht aufwiegele. Karl garantiert also das freie Geleit, legt aber Wert auf Kontrolle, weil er Luther für einen »notorischen Häretiker« hält, der nicht nur unbelehrbar, sondern auch unberechenbar ist. Es folgt noch die an die Reichstagsteilnehmer gerichtete Bitte des Kaisers, sich »in dieser Sache als gute Christen« zu erweisen. Hier dürfte die Erwartung leitend sein, eine geschlossene Front der fest zur römisch-katholischen Kirche stehenden Gläubigen könne einem einzelnen Menschen, der glaubt, alle christlichen Lehrer vor ihm hätten geirrt, auch keine Chance eröffnen, eine neue Kirche zu gründen. Das dies dennoch gelingt, dürfte die vorrangige Sorge des Kaisers sein, weil jeder ihm dies als seine persönliche Schwäche auslegen kann. Denn wenn es nur kurzfristig gelänge, eine neue Kirche zu gründen, wäre nicht nur die Glaubenseinheit im Reich dahin; auch die politische Schwäche des Kaisers wäre erwiesen. Es kann also nicht als abwegig gelten, davon zu sprechen, dass der junge Kaiser die von ihm in Worms verlangte Entscheidung als eine Gewissenslast empfunden hat.

Humanität unter Bedingungen der Realität

Deutet man die Aussagen Karls V. in dem von zahlreichen Interessengegensätzen bestimmten Reichstagsgeschehen, darf man die in ihnen dominierende politische Klugheit nicht übersehen: Der Kaiser weiß, dass es unter den Reichsfürsten Sympathisanten Luthers gibt. Will er ihnen mit seiner Ächtung des widerständigen Mönchs nicht vor den Kopf stoßen, hat er seine Begründung so anzulegen, dass sich niemand ausgeschlossen fühlen muss. Daher spannt er den Horizont seiner Begründung so weit wie möglich aus.

Tatsächlich findet seine Erklärung am 19. April einmütige Zustimmung. Sie macht das Wormser Edikt vom 8. Mai 1521, in dem die »Reichsacht« gegen Luther verhängt wird, möglich. Allerdings hat Karl dem sächsischen Kurfürsten in einer Nachverhandlung zugesichert, das Edikt in Sachsen nicht auszuhängen. So steht Friedrich der Weise, der sich auch hier seines Beinamens würdig erweist, nicht in der Pflicht, Luther zu verfolgen.

Aber der junge Kaiser handelt nicht allein nach den Klugheitsregeln des Traditions- und Machterhalts. Er hegt selbst Sympathien für die Kritik an der herrschenden Kirchenpraxis, hat also grundsätzlich Verständnis für den Reformimpuls Luthers! Nur kann er nicht dulden, dass darüber zwei gegeneinander auftretende Religionen in zwei voneinander getrennten (und sich vermutlich befehdenden) Kirchen entstehen. Mit ihnen, so fürchtet er nicht ohne Grund, würde das Reich zerfallen. Also hat die Sorge um die politische Einheit des Reiches Vorrang. Dass Karl diese Einheit mit der Festigung seiner eigenen Herrschaft verknüpft, ist nicht nur verständlich: Die Einheit ist zwingend, wenn er sie im Bewusstsein persönlicher Verantwortung wahrzunehmen gedenkt. Und man darf ihm glauben, dass er diese Verantwortung mit dem Ziel der Friedenssicherung unter Beweis stellen möchte.

Darauf lässt uns nicht nur die Erziehung schließen, die Karl als Kronprinz, zusammen mit seinem Bruder Ferdinand, genossen hat. Er bleibt zeit seines Lebens seinen Lehrern, vornehmlich Adrian von Utrecht und Erasmus von Rotterdam, dem Verfasser des erstens Friedensrufes im neuzeitlichen Europa, verpflichtet und versteht sich, gerade auch in seinem Eifer für die Einheit der Kirche und die Wahrung der staatlichen Autorität als – Humanist.

Das ist eine starke Aussage, die vielen als hoch problematisch erscheinen wird. Wer in einer Zeit größter politischer und religiöser Umbrüche fast vier Jahrzehnte lang in seinen Ämtern als König und Kaiser zahllose Kriege führen und seine dynastischen Interessen wahren muss; wer seine Truppen so wenig in der Gewalt hat, dass sie im Sacco di Roma (1527) plündernd und brandschatzend Europas erste Hauptstadt zerstören können; wer für den größten Teil seiner Aktivitäten unablässig Unmengen von Geld, Gold und Silber benötigt, die ihm nicht aus den üblichen Staatseinnahmen zur Verfügung stehen; und wer sich spätestens nach seiner Begegnung mit Luther zur entschiedensten Abwehr der Reformation berufen fühlt – wie kann der jemals mit dem Humanismus in Verbindung gebracht werden?

Diese Frage zu beantworten, fehlt hier der Raum. Man müsste nicht nur Aspekte des frühneuzeitlichen Begriffs des Humanismus, dem von ihm aktualisierten Begriff der Freiheit, sondern auch Momente der großen Tradition des Gewissens behandeln. Schließlich müsste auch auf Besonderheiten der exklusiven humanistischen Erziehung durch Erasmus von Rotterdam eingegangen werden, die Karl nachweislich beeindruckt hat. Ich belasse es bei der Feststellung, dass man Karls Haltung sehr wohl als humanistisch und als in höchstem Maß verantwortungsbewusst bezeichnen kann. Nach langer Vorbereitung bemüht er sich 1530 auf dem Augsburger Reichstag um einen Religionsfrieden, dem Melanchthon bereits zugestimmt hat, der aber am Widerspruch Luthers scheitert. Karl hält in Spanien über Jahrzehnte hinweg seine schützende Hand über den Anwalt der Indios, den Dominikaner Bartholomé de Las Casas, dem wir den Begriff des Menschenrechts verdanken; und er folgt dem weltoffenen Freiheitsverständnis des Erasmus, der auch Andersgläubigen eine freie Entscheidung zugesteht. Schließlich blitzt in seinem freiwilligen Amtsverzicht im Herbst 1555 eine Tiefe des persönlichen Gewissens auf, die unter Politikern seines Formats als absolute Ausnahme gelten darf.[17]

Freiheit und Gewissen

Das Gewissen, auf das sich Luther in seinem Schlusswort in Worms so eindrucksvoll beruft, bewegt uns bis heute. Ein bedrängter Einzelner steht einer weltlichen Übermacht gegenüber, die von ihm verlangt, dem abzuschwören, was er als innerste Überzeugung ansieht. Diese Zumutung kann Luther nur unter Anrufung des Beistands seines Gottes abwehren. Das geschieht in Worms mit einer Entschiedenheit, die in ihrem Mut, ihrer theologischen Unbedingtheit und in ihren Folgen von weltgeschichtlicher Bedeutung war und es weiterhin ist.

Luthers Berufung auf sein Gewissen hat paradigmatischen Charakter: Ein in die Enge getriebener Mensch, der gegen seine Überzeugung handeln soll und dem Kompromisse ebenso verwehrt sind wie die Beratung über weitere Argumente, der kann sich letztlich nur auf sein Gewissen berufen. Dabei kann es ihn entlasten, sich mit seinen Gründen auf eine überindividuelle Instanz berufen zu können – möglichst eine, von der er annehmen kann, dass ihr auch die andern unterstehen. Das kann, wie im Fall Luthers, die göttliche Allmacht sein; man kann aber auch die Wahrheit, die Überlieferung, die Liebe oder ein gegebenes Versprechen heranziehen.

Der mit dem Beispiel Luthers konturierte Sinn hat den Begriff des Gewissens bis heute geprägt. Immer wieder ist zu lesen, die Bedeutung von Gewissen gehe »wesentlich auf Martin Luther zurück«. Doch man darf nicht vergessen, dass es im *daimonion* des Sokrates eine vergleichbare Funktion des Gewissens gibt. Es ist aber nicht allein die lediglich warnende und abwehrende innere Stimme, von der sich Sokrates leiten lässt. Die ihm von seinem Schüler Kriton eröffnete Flucht aus dem Gefängnis, mit der er sich der Todesstrafe hätte entziehen können, lehnt Sokrates mit guten Gründen ab. Hier hat ihm sein Gewissen geraten, den Gesetzen der Stadt Athen zu folgen.[18] Und in diesem Sinn finden wir an verschiedenen Stellen nicht nur der antiken Literatur, sondern auch im Alten wie im Neuen Testament Äquivalente des Gewissens, ehe Augustinus und Thomas von Aquin daraus einen terminologisch ausgezeichneten Topos machen.

Das erwähne ich hier abschließend nur, um kenntlich zu machen, dass uns die große Tradition des Gewissens erkennen lässt, wie eng sie nicht nur mit der Geschichte der Philosophie und insbesondere mit dem Anspruch auf die Freiheit des menschlichen Willens verbunden ist. Sie gehört bereits zu den Anfängen des Christentums, seit Paulus in einer für Luther richtungsweisenden Stelle den Galatern schreibt: »Zur Freiheit hat uns Christus befreit.« (Gal 5,1). Den Korinthern erklärt Paulus es mit Worten, die auch von Platon oder Cicero stammen könnten: »Der Herr ist Geist, und wo der Geist des Herrn wirkt, da ist Freiheit.« (2. Kor 3, 17)

Wer sich, mit welchem Ausdruck auch immer, auf sein Gewissen beruft, der nimmt bereits darin seine individuelle Freiheit in Anspruch. Und diese Freiheit muss man ihm zugestehen, unabhängig von der Richtung, in die er sich vom Ruf seines Gewissens lenken lässt.

Das macht die Differenz zwischen Luther und Erasmus aus: Luther kann, theologisch durchaus verständlich, die wahre Freiheit nur dort erkennen, wo sie den Menschen zum wahrhaften Glauben führt; für Erasmus ist sie hingegen bereits dort gegeben, wo ein Mensch seiner eigenen Einsicht folgt – ganz gleich, wohin sie ihn leitet. Für Luther ist die Freiheit Ausdruck der göttlichen Gnade, und das Gewissen gewinnt seine Verbindlichkeit allein aus dem Anspruch, sich dieser Gnade würdig zu erweisen. Erasmus hingegen sieht in der Freiheit eine basale Eigenart menschlichen Handelns, durch die jeder für sein eigenes Tun zuständig ist. Damit steht alles, was der Mensch mit wachen Sinnen tut, unter der Prämisse der Freiheit. Sie bezieht sich auf sein gesamtes Tun in der Welt, während Luther die Freiheit unter die Prämisse des Glaubens stellt, durch den ihm Gott die Möglichkeit eröffnet, sich aus allen weltlichen Zwängen zu lösen.

Vor diesem Hintergrund kann es nicht überraschen, dass ein Kaiser, der seine Aufgabe darin sieht, ein Reich, das eine wachsende Vielfalt von »Opinionen und Meinungen« zu einer politisch handlungsfähigen Einheit zu bringen hat, der Auffassung nahesteht, welche die Freiheit bereits im Zugeständnis der Gewissensfreiheit gegeben sieht, und nicht erst in der göttlichen Gnade, zu der sie, falls Gott gnädig ist, den Zugang eröffnet.

Das von Erasmus vertretene humanistische Verständnis der Freiheit optiert für einen Gewissensbegriff, der jedem zugestanden werden muss: Dem Christen, sei er nun Katholik oder Protestant, nicht anders als dem Juden, dem Türken oder dem sogenannten »Indio«. Selbst wenn das dem 21 Jahre alten Karl 1521 in Worms noch nicht in dieser Deutlichkeit vor Augen gestanden haben mag: Im Frühjahr 1530, als er die Einladung zum Reichstag in Augsburg verschickte, war es ihm klar.

Es ist eine Lehre, die wir gerade heute nicht vergessen dürfen: Der Frieden zwischen den Religionen, der bis zum heutigen Tag eine zentrale Bedingung des Weltfriedens ist, lässt sich ohne die jedem Menschen gewährte Gewissensfreiheit nie erreichen. Luther, der sich auf seinen Gott beruft, kann gar nichts Höheres und Größeres in Sinn gehabt haben, wenn er sich seinem Gewissen verpflichtet sieht. Aber der Kaiser, der die Vielfalt der Länder und Völker seines Reichs als Einheit bewahren will und der den unterschiedlichen Ansprüchen und Erwartungen der Menschen gerecht werden muss, hat in seinem Verständnis des Gewissens der Mannigfaltigkeit der Kulturen, Traditionen und – auf dem Reichstag in Augsburg auch: der Konfessionen – Raum zu geben. Er hat die politische Dimension des Gewissens zur Geltung zu bringen, während Luthers Berufung auf das Gewissen allein darauf gerichtet ist, den Ratschluss seines Gottes anzunehmen.

Es steht mir fern, hier eine Gewichtung der Gründe und ihrer Reichweite vorzunehmen. Dem vorgeladenen Luther musste es darum gehen, Zeugnis für seinen Gott abzulegen, während der Kaiser einer von vielen Interessen bestimmten Versammlung einen Beweis seiner Entschlossenheit sowie ein Exempel seiner Handlungsfähigkeit zu geben hatte. Aber auch darauf kommt es in Leben der Menschen an – und je größer die Vielfalt und je schärfer die Interessengegensätze sind, desto größer ist das Verlangen nach Freiheit, eine selbst verantwortete persönliche Entscheidung zu treffen und seinen eigenen Weg gehen zu können.

Der König und Kaiser, so jung er 1521 auch war, hatte bereits zahllose Meinungs- und Interessengegensätze als Teil der Realität erfahren, in der er sich als Regent zu bewähren hatte. Er wusste, dass man als Oberhaupt einer Vielzahl verschiedener Länder vorstehen kann, in denen unterschiedliche Sprachen gesprochen werden, in denen viele voneinander abweichende Traditionen vorherrschen und selbst der gemeinsame Glaube in unvereinbar erscheinenden Weisen praktiziert wird. Hier muss man vieles gerade auch in seiner Unterschiedlichkeit gelten lassen, wenn es eine Übereinstimmung in vorrangigen Fragen des Rechts, der Sittlichkeit und auch des religiösen Glaubens geben können soll. Dazu bedarf es der politischen Klugheit. Und dennoch kommt man auch in der Stellung eines klugen Herrschers, so viele Gründe und Gegengründe er auch abzuwägen versucht, zuweilen nicht ohne Entscheidungen aus, die ihm das eigene Gewissen anraten oder gebieten kann. 1521 musste der 21-jährige Kaiser den erstmals um ihn versammelten Großen seines Reiches seine Vertrauenswürdigkeit und seine Entschlossenheit beweisen. Dazu versicherte er sich in der Nacht vom 17. auf den 18. April seiner guten Gründe und war danach, gerade angesichts der Unabwägbarkeit möglicher Folgen, in der Lage, sich nach seinem Gewissen zu entscheiden.

Worms als multireligiöse und multikonfessionelle Stadt
Vom Zusammenleben der Konfessionen in Geschichte und Gegenwart

Ulrich Oelschläger

In Worms leben Juden, Muslime und Christen verschiedener Konfessionen – Katholiken, Protestanten, Syrisch-Orthodoxe, Mennoniten, Freie Protestanten, Neuapostolische und weitere Sondergemeinschaften – relativ harmonisch zusammen in der Stadtgemeinschaft. Diese religiöse Toleranz gehört zum Wormser Selbstverständnis als »Stadt der Religionen«. Im Rahmen der 2008 ausgerufenen und bis zum Jubiläumsjahr des Thesenanschlags 2017 durch Themenjahre gestalteten Reformationsdekade hat Worms einen besonderen Schwerpunkt im Themenjahr »Reformation und Toleranz« (2013) gesetzt.[1] Das Themenjahr wurde am 31. Oktober 2012 in der Dreifaltigkeitskirche, der Reformationsgedächtniskirche, eröffnet. Im April 2013, in der Nähe zum Reichstagsdatum von 1521, wurde dann in Erinnerung an die – damals erfolglosen – Wormser »Reichsreligionsgespräche« von 1540/41 und 1557 ein Religionsgespräch zwischen je einem Vertreter, einer Vertreterin der Katholischen Kirche, der Evangelischen Kirche, des Judentums, des Islam und der Philosophie durchgeführt. Die »Wormser Religionsgespräche der Gegenwart« wurden 2016 und 2020 fortgesetzt und sollen regelmäßig stattfinden. Dabei ist durchaus zu bedenken, dass die Dialoge der Gegenwart nicht als Fortsetzung der Reichsreligionsgespräche des 16. Jahrhunderts gesehen werden können, da Letztere vom Kaiser angeordnet und in erheblichem Maße politisch motiviert waren, galt es doch die Einheit der Konfession zu wahren bzw. auf ihre Wiederherstellung hinzuwirken.[2] Bei den gegenwärtigen Gesprächen geht es schon aufgrund einer Beteiligung über christliche Konfessionen hinaus vorrangig um Entwicklung einer Toleranz, die im Sinne von Rainer Forst über eine »Duldung« hinausgeht und zur Anerkennung des Gegenübers führt.[3]

Die Wormser Religionsgespräche des 16. Jahrhundert

Die Religionsgespräche der Jahre 1540/1541 und 1557 waren vom Kaiser angeordnete Versuche, die Einheit der Konfession zu wahren, nachdem es nicht möglich war, das Wormser Edikt durchzusetzen, und nachdem auch auf dem Reichstag zu Augsburg im Jahre 1530 eine Einigung nicht zustande kam. Die Confessio Augustana wurde vom Kaiser und den Altgläubigen nicht anerkannt. So kam es zum ersten Wormser Religionsgespräch zum Jahresende 1540 unter prominenter Beteiligung. Nachdem man sich v. a. bei den Verfahrensfragen verhakt hatte, setzte Nicolas Perrenot de Granvelle, der als Chefdiplomat vom Kaiser mit der Leitung der Gespräche beauftragt war, auf Geheimverhandlungen zwischen Martin Bucer und Wolfgang Capito auf evangelischer sowie dem Kölner Domherren Johannes Gropper und dem kaiserlichen Rat Gerhard Veltwyk auf katholischer Seite. Das »Wormser Buch«, ein einzigartiges Konsensdokument, konnte jedoch nur als Material für die Fortsetzung der Gespräche in Regensburg (1541 und 1546) genutzt werden, nachdem der Kaiser am 18. Januar 1541 befahl, das Wormser Gespräch abzubrechen. Das zweite Wormser Religionsgespräch fand 1557 statt – bezeichnenderweise, nachdem 1555 im Augsburger Religionsfrieden die lutherische Konfession reichsrechtlich anerkannt und die Entscheidung über die konfessionelle Zugehörigkeit der Untertanen in die Hand des jeweiligen Landesherren gelegt worden war. Das Gespräch machte v. a. deutlich, dass mit dem Religionsfrieden das Ringen um die Einheit nicht beendet war. In diesem Gespräch kam es zu einem »Schisma der Augsburger Konfessionsverwandten«, den strengen Gnesiolutheranern und den sogenannten Philippisten, die sich an dem kompromissbereiteren Philipp Melanchthon und der Confessio Augustana variata, die Melanchthon im Zusammenhang des Gesprächs von 1540 geschaffen hatte, orientierten. Am Rande des Gesprächs von 1557 fanden in Pfeddersheim Verhandlungen mit den Täufern statt, die jedoch zu keinem Ergebnis führten und in deren Folge gegen die Täufer in der Kurpfalz scharf vorgegangen wurde.[4]

Vom Zusammenleben mit Juden in der Stadt

Das Miteinander von Konfessionen und Religionen ist in Worms historisch vorgeprägt. Die Gründungsinschrift der Synagoge von 1034 und Gräber aus dem 11. Jahrhundert zeugen von der tausendjährigen jüdischen Geschichte in Worms, die erst 1942 mit dem Abtransport der Juden in die Vernichtungslager ein vorübergehendes Ende fand. Die Situation der Wormser Juden war, wie Fritz Reuter differenziert dargestellt hat, zunächst im frühen Mittelalter – seit dem 10. Jahrhundert sind Juden in Worms ansässig – rechtlich gegenüber späterer Zeit noch komfortabel und verschlechterte sich erst im späten Mittelalter, als es dann auch zu einer Gettobildung kam.[5] Als Heinrich IV. 1073 des bewaffneten Schutzes bedurfte, sollen sich auch Juden daran beteiligt haben.[6] Für 1201 ist ihr Recht, Waffen zu tragen, nachgewiesen.[7] Im frühen Mittelalter war Worms nicht nur durch den berühmten Talmudkommentator Raschi ein Zentrum jüdischer Gelehrsamkeit. Weitere Gelehrte wie Eleasar haLevi oder Jakob ben Moses Molin haLevi (der Maharil) haben hier gewirkt. Wie in anderen europäischen Zentren verminderte sich die Bedeutung von Worms als Zentrum solcher Gelehrsamkeit aus verschiedenen Ursachen. Das hängt nicht zuletzt mit der wachsenden Bedeutung Frankfurts als Messestadt v. a. in ökonomischer Hinsicht zusammen.[8]

Von besonderem Interesse für die Geschichte des Reichstages von 1521 ist die Überlieferung, zwei Juden hätten Luther in seinem Quartier aufgesucht, um bei ihm geistliche und theologische Hilfe zu suchen und mit ihm über Probleme der Übersetzung des Alten Testaments bzw. des Tanach zu diskutieren. Der 1943 in Auschwitz ermordete Rabbiner Reinhold Lewin hat die Episode in seiner Dissertationsschrift von 1911 relativ ausführlich erzählt. Danach seien die Juden mit Luthers Einverständnis vom Reichsherold Caspar Sturm vorgelassen worden, nachdem sie dem Herold versichert hätten, gehört zu haben, »daß in dem Hause der trefflichste Mann weile, der jetzt lebe; er sei zugleich hochgelehrt, und sie wollten von ihm in etlichen Dingen, in denen sie zweifelhaft seien, sich unterweisen lassen; sie brächten auch einige Geschenke mit, um ihn nach Gebühr zu verehren.«[9] Sie hätten Luther dann einige Flaschen Wein überreicht, und als sie ihn aufgefordert hätten, ihnen etwas aus der Schrift auszulegen, sei Luther sogleich auf Jes 7,14 gekommen: »Siehe, eine Jungfrau ist schwanger«, in Luthers Übersetzung. Die Juden hätten betont, dass das hebräische Wort עלמה (*'almah*) »ein junges Weib« bedeute. Als Luther, der auch das παρθένος (*parthenos*) und *virgo* der Septuaginta und der Vulgata vor Augen gehabt habe, dies nicht akzeptiert habe, sei es zum zum Streit gekommen und die Juden schließlich hinausgeworfen worden.[10]

Wenn die Historizität dieser Episode auch zweifelhaft bleibt, so zeigt sie doch, dass eine solche Begegnung nicht völlig ungewöhnlich war, bedenkt man zudem, dass die erste Überlieferung der Episode durch Nikolaus Selnecker 1575 bzw. 1577 datiert. Ein anderes Beispiel mag diese Hypothese stützen. 1527 übersetzten Hans Denck und Ludwig Hätzer in Worms sämtliche Prophetenbücher des Alten Testaments aus dem Hebräischen und kamen damit sowohl Luther als auch Zwingli zuvor. Die Übersetzung war erfolgreich und erlebte innerhalb eines Jahres zehn Auflagen. Luther kannte diese Übersetzung und hatte sie im *Sendbrief vom Dolmetschen* gelobt, sie allerdings abgelehnt, da sie einerseits von Schwarm- und Rottengeistern – Denck und Hätzer waren Randfiguren der Täuferbewegung –, andererseits mit jüdischer Hilfe angefertigt worden sei.

Durch eine philologische Untersuchung der Übersetzung konnte ich in einem Aufsatz wichtige Argumente entfalten, die Luthers Vorwurf der Beteiligung von Juden, sei es auch nur durch die Benutzung einer der Anfang des 16. Jahrhunderts gedruckten Rabbinerbibeln samt ihrer Kommentare, belegen könnten.[11] Zu beachten sind in dem Zusammenhang besonders die von Denck und Hätzer dargelegten Begründungen einzelner Übersetzungsentscheidungen, die häufig auf jüdische Lesarten verweisen. Hinzu kommt, dass es Beispiele dafür gibt, dass Juden, insbesondere Karäer, die sich allein auf die Schrift ohne die Auslegungstradition berufen, ihre Bestätigung bei christlichen Antitrinitariern suchten, zu denen Ludwig Hätzer gerechnet wird. Auch hier wird sichtbar, dass es eine fruchtbare Begegnung von Juden und Christen trotz aller Verfolgungssituationen infolge der Kreuzzüge, etwa 1096, oder des Pestpogroms 1349, gab. Die Blütezeit jüdischer Gelehrsamkeit, die Zeit eines Raschi oder eines Philosophen wie Maimonides, war zu dieser Zeit auch in Worms vorbei. Wie im Judentum allgemein war auch in der Wormser Gemeinde eine stärkere Hinwendung zur orthodoxen Tradition zu beobachten, die parallel zur oben bezeichneten Gettobildung verlief.

Infolge der Aufklärung und im 19. Jahrhundert zeigt sich dann parallel zur Auflösung des Gettos eine verstärkte Integration und Assimilation. Die Grabsteine des 19. Jahrhunderts auf dem Wormser jüdischen Friedhof Heiliger Sand sind meist zweisprachig gestaltet: die Vorderseite auf Hebräisch, die Rückseite auf Deutsch. So ist auf dem Grabstein der Frau des Fruchthändlers Leopold Levy auf der Vorderseite das Jahr 631 der kleinen Zählung als Todesdatum angegeben, also ist 5000 zu ergänzen, ergo 5631 nach Erschaffung der Welt. Das jüdische Jahr 5000 entspricht dem Jahr 1240 n. Chr. bzw. der allgemeinen Zeitrechnung. Addiert man 1240 und 631, kommt man auf die Jahreszahl, die auf der deutschen Rückseite mit 1871 angegeben ist. Auch werden auf beiden Seiten unterschiedliche Vornamen angegeben, statt Leopold etwa Jehuda Leib. Ludwig Lewysohn widmet seine *Zoologie des Talmuds* seinen älteren Brüdern Abraham und Salomon. Auf dem Titelblatt ist 1858 als Erscheinungsjahr angegeben, in der Widmung als Erscheinungsdatum eines Werks des Bruders Salomon 5615, das eines Buches des anderen Bruders mit 1846.

Diese Beispiele zeigen, dass Anpassung an die Mehrheitsgesellschaft und Wahrung der Tradition eine Verbindung eingingen, die auch am Bau und der Einweihung einer zweiten Synagoge im Jahre 1875 sichtbar wurde. Levy reagierte damit auf eine drohende Spaltung der Gemeinde, indem er nach Aufstellung einer Orgel gemäß der Anpassung des Reformjudentums an die Gestalt des evangelischen Gottesdienstes in der zweiten Synagoge den Gottesdienst nach traditionellem Ritus ermöglichte.[12] Einer der Höhepunkte der Integration war sicherlich im Jahre 1849 die Ernennung des jüdischen Kaufmanns Ferdinand Eberstadt zum Bürgermeister. Das großherzogliche Innenministerium hat ihn zwei Personen des demokratischen Lagers mit größerer Stimmenzahl vorgezogen.[13] 1850 wurde Eberstadt im Nachgang zu einem angeblichen Engagement im Rahmen der 1848er Bewegung für die Bewaffnung der Bürger des Hochverrats angeklagt und freigesprochen. Er legte sein Amt nieder und emigrierte mit seiner Frau und den zehn Kindern nach Mannheim.[14]

Die Einführung der Reformation und die konfessionelle Entwicklung

In Worms war das späte Mittelalter eine religiös bewegte Zeit. Dafür mag auch die Aufnahme der frühen europäischen Reformatoren in das Wormser Lutherdenkmal symbolisch sein. »Es hat in der deutschen Geschichte keine Zeit gegeben, in der das Interesse an den Fragen der Theologie und ihre selbständige Kenntnis bei Menschen aller Stände und Berufe derart verbreitet gewesen ist wie in den ersten Jahren der Reformation.«[15] In der Auseinandersetzung mit dem Bischof, dem Stadtherrn, bedeutete in Worms die frühe Hinwendung der Bürgerschaft zur Reformation auch ein Stück Emanzipation. Dass Luther selbst bei seinem zehntägigen Aufenthalt in der Wormser Magnuskirche gepredigt haben soll, ist eine schöne Legende, die aber historisch unmöglich ist. Das wäre einem Gebannten bei Anwesenheit des Kaisers in der Stadt sicher nicht möglich gewesen. Die Legende weist aber möglicherweise auf eine frühe evangelische Predigt in der zum Andreasstift gehörenden Pfarrkirche hin, die wohl noch vor Luthers Auftritt in Worms begann. So hatte beispielsweise der Magnuspfarrer Ulrich Preu bei Luther in Wittenberg studiert; 1520 wurde der spätere Reformator Wolfgang Capito Pfarrer am Dom in Mainz. 1523 heiratete Ulrich Sitzinger, Kanoniker an St. Andreas, in der Magnuskirche, die zur reformatorischen Kirche wurde. Spätestens 1527 war die Reformation in Worms endgültig eingeführt, nachdem auch das Barfüßerkloster in eine städtische Lateinschule umgewandelt war.[16]

Bildeten die Lutheraner auch bald die Mehrheit in der Stadt und nahmen die Stellen im Rat ein, in den dann Angehörige anderer Konfessionen auch nicht aufgenommen wurden,[17] so blieb die Stadt aufgrund der besonderen Rechtsverhältnisse einer Freien Stadt, nicht zuletzt auch, da ja der Bischof als Stadtherr blieb und auch für die Einsetzung der lutherischen Ratsmitglieder zuständig war, zweikonfessionell. Auch die Bestimmungen des Augsburger Religionsfriedens, die andernorts, im Norden etwa, zu konfessioneller Homogenität führten, änderten daran nichts. Durch die Kriege im 17. Jahrhundert, den Dreißigjährigen Krieg, v.a. aber den Pfälzischen Erbfolgekrieg und die damit verbundene verheerende Stadtzerstörung von 1689, hatte Worms große Bevölkerungsverluste zu verkraften. Zuwanderer und Flüchtlinge waren daher willkommen. So kamen ab Ende des 17. Jahrhunderts Reformierte in die Stadt, die dann 1744 auch ihre eigene Kirche bekamen, die nach dem Schirmherrn des Bauvorhabens, Friedrich II. von Preußen, bis heute den Namen »Friedrichskirche« trägt.

Die Täufer in Worms

Bereits im 16. Jahrhundert sind auch die Täufer in Worms zahlenmäßig bedeutsam vertreten. Peter Schöffers Druck der erwähnten Prophetenübersetzung in zwei Ausgaben im Jahre 1527 in Worms, die, wie dargestellt, zwei Täufer noch vor Luther und Zwingli erarbeitet hatten, mag ein Beleg dafür sein. Im Vorwort zu der Übersetzung klagt Ludwig Hätzer, er und sein Gefährte Hans Denck hätten intensiv geforscht, »kein Lesen unterlassen, nichts verachtet« und ringt um faires Urteil. Bei aller Offenheit für sachliche Kritik klagt er jedoch, es gebe Leute, denen nichts recht sei, es schmecke denn nach ihrer eigenen Küche.[18] Denck und Hätzer waren nicht die einzigen Personen, die in Worms der Täuferbewegung zuzurechnen waren. Vor allem der Prediger Jacob Kautz, der am 9. Juni 1527 mit dem Anschlag von sieben Thesen an die Tür der Dominikanerkirche von sich reden machte, sowie Melchior Rink und Melchior Hoffmann sind zu erwähnen. Die sieben Thesen Kautz' zeigen wegen ihrer spiritualistischen Tendenzen eine Nähe zu Denck. Das kam z.B. in der These von der Trennung von innerlichem und äußerlichem Wort, der These von der Erlösung aller (ἀποκατάστασις πάντων, *apokathastasis panton*) sowie der Abwertung der Sakramente in ihrer Funktion für das Heil des Menschen zum Ausdruck. Zusammen mit Denck und Hätzer wurden Kautz, Rink und Hoffmann noch im Juni 1527 aus Worms ausgewiesen.[19] Peter Schöffer der Jüngere, der seine Druckerwerkstatt in Worms betrieb und Denck und Hätzers Prophetenübersetzung 1527 im April und im September in zwei Auflagen druckte,[20] konnte sich bis 1529 in Worms halten, bevor er notgedrungen nach Straßburg gehen musste. In der Septemberausgabe ließ der Drucker vorsichtshalber Hätzers Motto »O Gott erlöß die gefangnen« sowie seine Vorrede weg. Trotzdem wurde er mit der Täuferszene in Zusammenhang gebracht. In seiner 1529 gedruckten »Wormser Bibel«, der ersten Vollbibel aus der Reformationszeit, benutzte er die Übersetzung Dencks und Hätzers nicht mehr, sondern kombinierte die fertigen Teile der Lutherbibel mit denen der Zürcher Bibel.[21] Hans Denck starb noch im Jahr der Ausweisung in Basel an der Pest, Hätzer wurde 1529 in Konstanz wegen angeblicher Bigamie hingerichtet.[22]

Die konfessionelle Entwicklung seit dem 18. Jahrhundert

Nicht immer lebten die Religionen und Konfessionen in Harmonie und Frieden zusammen in Worms. Dass die Geschichte sie jedoch in eine Stadtgemeinschaft »gezwängt« hat, hat zur Einübung von Toleranz verpflichtet und letztlich zu einem harmonischen Zusammenleben geführt.

Will man Worms Mehrkonfessionalität nicht isoliert betrachten, bietet sich auf der einen Seite ein Vergleich mit anderen Freien Städten oder Reichsstädten wie Augsburg oder Speyer an. Da Worms aber auch im kurpfälzischen und kurmainzischen Spannungsfeld liegt, lohnt sich auf der anderen Seite auch ein Blick auf die spezifischen historischen Konstellationen Rheinhessens.

Rheinhessen entstand beim Wiener Kongress im Grunde durch eine Art »Geschachere«. Denn der Großherzog von Hessen-Darmstadt bekam Rheinhessen durch einen Tausch zugesprochen, wie Artikel 47 der Wiener Kongressakte vom 8. Juni 1815 festhält:

»Se. Kön. Hoh. der Großherzog von Hessen erhält für das dem Könige von Preussen abgetretene Herzogthum Westphalen eine Länderfläche auf dem linken Rheinufer, im ehemaligen Departement Donnersberg, mit 140 000 Seelen. Se. Königl. Hoheit werden dieses Gebiet als völliges souveraines Eigenthum besitzen; auch werden sie den Theil der Salzwerke von Kreuznach, welcher auf dem linken Ufer der Nahe liegt, erhalten; Preussen behält jedoch die Souverainität.«[23]

Zu den Vorzügen dieses Gebietes, die man dem Großherzog der Überlieferung nach anpries, soll der schon damals umfangreiche Weinbau gehört haben. Dem Herzog war der Tausch anfangs nicht geheuer, insbesondere mit den in der Franzosenzeit erworbenen Freiheitsrechten hatte er seine Probleme. Das Gebiet war alles andere als homogen. Nach den Angaben des Historikers Gunter Mahlerwein musste man, wenn man sich im späten 18. Jahrhundert entlang des Rheins auf den Weg von Bingen nach Worms machte, 16 Landesgrenzen überschreiten.[24] 94 Gemeinden gehörten seinen Angaben zufolge zur Kurpfalz, Kurmainz regierte über 31 Gemeinden, über die restlichen 64 Gemeinden residierten 30 verschiedene Ortsherren. Fruchtbare Böden und die Verkehrslage sowie unter anderem die umliegenden Grafschaften und Klöster, die an dem Besitz interessiert waren, führten zur herrschaftsmäßigen Zersplitterung der Region. Das hatte auch für die Konfessionsstruktur deutliche Folgen.

Das lässt sich am Beispiel von Leiselheim, das heute seit Langem in Worms eingemeindet ist, im frühen 18. Jahrhundert veranschaulichen. Das Jahr der Einweihung der reformierten Kirche des damals zur Kurpfalz gehörenden Leiselheim war 1716, so liest man es, eingeritzt von einem Steinmetzen, auf dem Bogen über dem Seiteneingang dieser Kirche. Der letzte Krieg, der 1689 zur Zerstörung von Worms geführt und auch in den kurpfälzischen Dörfern zu

Zerstörungen und Verwüstungen geführt hatte, war nahezu 20 Jahre her, jedoch kaum ohne Nachwirkung in die Zeit des Kirchbaus. In den meisten Stadtführern ist die verheerende Wirkung dieses Krieges im Bezug zum historischen Gebäudebestand benannt, seine Auswirkung auf die Bevölkerung wird jedoch oft vernachlässigt. Nachdem in Leiselheim die Laurentiuskirche den Katholiken zugesprochen worden war, brauchten die Reformierten eine neue Kirche. Die konfessionellen Verhältnisse waren im Laufe des 17. Jahrhunderts kompliziert geworden. Der Westfälische Frieden von 1648, mit dem der Dreißigjährige Krieg ein Ende fand, bestimmte, dass ein Zwang zum Konfessionswechsel durch den Landesherrn nicht mehr erfolgen durfte. Schwieriger war es dagegen mit dem Besitz und der Zuteilung von Gebäuden. Hier wurde im Vertrag von Osnabrück zunächst der Status von 1624 festgeschrieben. Dann kam es aber unter der Regie Frankreichs einerseits und der von Kurfürst Johann Wilhelm von der Pfalz, einem Vertreter der katholischen Pfalz-Neuburger Linie, andererseits zu starken Begünstigungen der katholischen Konfession. Die rheinhessischen Simultankirchen, Kirchen, die sowohl von Katholiken als auch von Protestanten genutzt werden, wie wir sie in Worms-Pfeddersheim haben, waren diesen etwas wirren Verhältnissen des 17. Jahrhunderts geschuldet und kaum eine die Konfessionen zufriedenstellende Einrichtung, war doch den Protestanten z. B. das Läuten der Glocken vorrübergehend verboten. Häufig wurden die Kirchen durch Mauern geteilt. Insofern war der Bau einer eigenen Kirche in Leiselheim für die evangelische – genauer: reformierte – Seite ein Gewinn. Zwischen dem Ende des Pfälzischen Erbfolgekrieges durch den Friedensvertrag von Rijswijk 1697 und 1705 hatte Leiselheim ein immenses Bevölkerungswachstum zu verzeichnen. War die Bevölkerung durch Krieg und Plünderungen, die auch zu Flucht und Migration zwangen, zu Beginn dieses Zeitraums auf 80 Personen dezimiert, so waren es 1705 bereits wieder 193 Einwohner. Zuwanderer waren willkommen. Die Landesherren waren um Zuzug tüchtiger Menschen bemüht und deshalb auch zu Konzessionen an religiöse Minderheiten bereit. 1783 gab es bereits 410 Einwohner – bei allerdings sinkendem Wohlstand, was daran ersichtlich ist, dass der Bestand von 18 Pferden seit 1705 gleich geblieben war, lediglich zusätzliche sechs Ochsen sind belegt. Es kamen aber auch wieder bessere Zeiten. Jedenfalls waren Zuwanderung und Aufschwung in der Region, die vor 200 Jahren zu Rheinhessen wurde, eng miteinander verbunden. Der Dramatiker Carl Zuckmayer hat dazu in seinem wunderbaren und viel zitierten Bild von der Völkermühle einen Bogen bis in die Römerzeit gespannt,[25] wobei der Blick in die unmittelbare Vorgeschichte Rheinhessens aufschlussreich ist. Hier kamen Menschen zusammen, die sich aneinander gewöhnen mussten, Toleranz war nötig geworden und musste eingeübt werden. Alle drei Konfessionen, die Katholiken, die Lutheraner und die Mehrheitskonfession des ehemals kurpfälzischen Leiselheim, die Reformierten, waren 1716 vertreten und lebten hier zusammen.

Schlicht war sie, die reformierte Kirche von Leiselheim.[26] Der durch Kriege hervorgerufene Bevölkerungsschwund ließ die Herrscher Zuwanderer anlocken und gab gleichzeitig einen Impuls zu mehr religiöser Toleranz. Schon 1664 hatte Kurfürst Ludwig von der Pfalz die sogenannte »Mennistenkonzession« erlassen. Sie erlaubte den Mennoniten, die als sehr tüchtig galten, eine Ansiedlung in der Pfalz, nachdem nach dem gescheiterten Gespräch mit den Täufern 1557 in Pfeddersheim zunächst scharf gegen die Täufer in der Kurpfalz vorgegangen worden war. Heute dürfte die Mennonitengemeinde in Worms-Ibersheim mit ihrer eigenen, schlichten, 1836 erbauten Kirche die bekannteste unter den Täufergemeinden sein,[27] aber auch die Gemeinden in Monsheim, Kriegsheim und v. a. dem Weierhof bei Kirchheimbolanden sind zu erwähnen.

Insgesamt kann festgehalten werden, dass es im Gebiet des späteren Rheinhessens ein Zusammenleben von Katholiken, Lutheranern und Reformierten sowie von Minderheiten wie Mennoniten und Juden gab. Hinzu kamen im 19. Jahrhundert die Freien Protestanten, die sich v. a. gegen die neu eingeführte Steuergesetzgebung wehrten. Diese Konfession wurde 1876 in Worms gegründet.[28] Im Zusammenleben der Konfessionen gab es durchaus Konflikte, die aus Vorrechten der jeweils dominanten Mehrheitskonfession, der *religio dominans*, resultierten. Letzteres ist besonders für die ehemals kurmainzischen Gemeinden, v. a. um Mainz herum, zu vermerken. Hier waren die Protestanten eine kleine Minderheit. Erst in napoleonischer Zeit 1802 wurde in Mainz die erste evangelische Gemeinde gegründet, die schon uniert war.[29] Öffentlicher Gottesdienst war den Protestanten vorher untersagt gewesen, wie auch der Gebrauch von Glocken eingeschränkt war. Es war der Bischof Joseph Ludwig Colmar, der in seiner Zeit in Mainz zwischen 1802 und 1818 den Franzosen die Genehmigung öffentlicher Gottesdienste im Freien für beide Konfessionen abrang.[30] In einer alten Biografie von Ludwig I., dem Großherzog von Hessen und bei Rhein, findet sich für 1816 für das gesamte Großherzogtum eine Angabe von 490 000 Protestanten und 120 000 Katholiken, die meisten der Letzteren lebten in Rheinhessen.[31] In Worms hingegen haben – trotz mehrheitlicher Zuwendung zum Luthertum im Kampf um die Stadtherrschaft mit dem Bischof – seit dem 16. Jahrhundert Lutheraner und Katholiken zusammengelebt, 1699 kamen die Reformierten dazu. Ihnen wurde, wie dargestellt, in diesem Jahr eine freie Religionsausübung gestattet und sie wurden zu den Zünften zugelassen. 1744 bekamen sie eine eigene Kirche, benannt nach Friedrich II., dem Großen, der die Schirmherrschaft für den Bau übernommen hatte. In Rheinhessen kam es nach solcher Vorprägung 1822 zu einer echten Kirchenunion der 53 reformierten und 52 lutherischen Gemeinden in Rheinhessen. Der Kirchenhistoriker Heinrich Steitz nennt sie auch eine Bekenntnisunion, was er an den Paragrafen 1 und 2 der Unionsurkunde von 1822 festmacht:

»In § 1 wird der Name ›vereinte evangelisch-christliche Kirche‹ festgelegt. Die wichtigste Bestimmung enthält § 2 mit der Lehre vom heiligen Abendmahl. Das Abendmahl ist die von Jesus eingesetzte heilige Handlung. Bei der Feier des heiligen Abendmahls wird weißes Brot gebrochen, Brot und Kelch dem Kommunikanten in die Hand gegeben. Die ›Einsetzungsworte‹ sind aus 1 Kor. 10, 11 (sic!, richtig: 1 Kor 11,23b-25) und die Darreichungsworte aus Luk. 22, 19-20 genommen. Grund und Richtschnur des Glaubens ist nach § 3 die Heilige Schrift. Die den beiden Konfessionen bisher gemeinschaftlichen symbolischen Bücher sollen auch fernerhin Lehrnorm bleiben, mit Ausnahme der Abendmahlslehre, die durch § 2 zu ersetzen ist. Der kleine Katechismus Martin Luthers und der Heidelberger Katechismus können zunächst nebeneinander gebraucht werden, bis ein neues Lehrbuch dargeboten werden kann. Jedoch muß in beiden Katechismen die Abendmahlslehre nach § 2 der Vereinigungsurkunde verstanden werden. Das Gebet des Herrn soll – so bestimmt § 5 im Gottesdienst nur einmal gesprochen werden, und zwar wörtlich so, wie es bei Matth. 6, 9-13 steht. Während des Gebets läutet eine Glocke.«[32]

Die von Steitz beschriebenen Charakteristika zeigen einen Kompromiss bei der Vereinigung. Man spricht dabei, anders als bei der Evangelischen Kirche der Altpreußischen Union von 1817, eigentlich nicht von einer Bekenntnis-, sondern von einer Konsensunion. Bekenntnisschriften, v.a. die Katechismen, können nebeneinander benutzt werden und sind auch nie ersetzt worden. Insbesondere beim stärksten Streitpunkt der beiden evangelischen Konfessionen, der Abendmahlslehre, wird eine einheitliche Form beurkundet, die verbindlich ist. Wie heikel gerade dieser Punkt ist, wird daran deutlich, dass eine volle Abendmahlsgemeinschaft der evangelischen Konfessionen – lutherisch, reformiert, uniert – erst in der Leuenberger Konkordie von 1973 erreicht werden konnte. Im gesamten Großherzogtum blieb die 1832 vollzogene Kirchenunion lediglich eine Verwaltungsunion. Die konfessionellen Besonderheiten der einzelnen Gemeinden, die Darreichung des Abendmahls in Form von weißem Brot, sind in vielen rheinhessischen Gemeinden üblich. Während im Zusammenhang mit der Idsteiner Union von 1817 ein Brotstempel, eine Art Stanzmaschine, die Brotstücke ausstanzt, um sie mit Oblaten zu verkleben, bekannt ist,[33] ist eine solche Tradition aus Rheinhessen nicht bekannt. Eine karge Liturgie habe ich in der Dorfgemeinde Fürfeld in den 50er- und 60er-Jahren erlebt, die außer einem Halleluja nach der Schriftlesung keine Response der Gemeinde kannte. Heute sind auch hier reichere liturgische Formen eingeführt. In der Magnusgemeinde in Worms etwa wird das Abendmahl in der Form von Oblaten gereicht.

Die heutige EKHN verdankt ihre Entstehung einer Vereinigung der drei Landeskirchen Frankfurt, Nassau und Hessen zunächst als eine Zwangsvereinigung 1933. Landesbischof wurde damals Ernst Ludwig Dietrich, der in Worms Abitur gemacht hatte und seit 1932 Mitglied der NSDAP war. Die Kirche nannte sich damals Evangelische Landeskirche Nassau Hessen (ELKNH). Die Geschichte im Nationalsozialismus machte eine Neugründung 1947 notwendig. Der Grundartikel ihrer Kirchenordnung schreibt die Achtung unterschiedlicher Bekenntnistraditionen einzelner Gemeinden vor und bekennt sich zur bleibenden Erwählung der Juden.

Worms als Austragungsort des Reichstags von 1521
Eine Reichsstadt als Akteur und Bühne

Gerold Bönnen

Es ist wohl kaum ein größerer Kontrast zwischen der Bedeutung eines Reichstags zum einen und dem mangelnden Wissen um die lokalen Umstände an seinem Austragungsort zum anderen denkbar als im Falle des Wormser Reichstags von 1521. An dem vom seinerzeitigen Stadtarchivar Fritz Reuter in dem immer noch einschlägigen Sammelband des letzten Jubiläumsjahres 1971 formulierten überlieferungsbedingten »Zukurzkommen der lokalen Kompo-

Abb. 1
Stadtansicht des Monogrammisten HSD, aus der *Cosmographia* von Sebastian Münster, 1550, Holzschnitt koloriert, frz. Ausgabe; Stadtarchiv Worms Abt. 170/35 Nr. Ü 4

nente« hat sich kaum etwas geändert.[1] Im Vergleich zu den vorausgegangenen Wormser Reichstagen von 1509 (der 2017 in der Reihe der Reichstagsakten grundlegend aufgearbeitet wurde[2]) und v. a. 1495[3] fehlen zu 1521 bekanntlich erzählende und amtliche Quellen aus städtischer Perspektive – und daran vermag auch der vorliegende Beitrag nichts zu ändern. Stattdessen geht es im Folgenden darum, für die Stadt Worms, die als Reichsstadt mittlerer Größe (etwa 6000–7000 Einwohner) schon aufgrund ihrer Lage und der Erfahrungen in der Durchführung eines solchen Ereignisses während der jüngeren Vergangenheit zu ihrer organisatorischen Bewältigung prädestiniert zu sein schien, dominierende Entwicklungen und prägende Tendenzen in der Stadtverfassung auszumachen und die Bedeutung des Reichstags für die Reichsstadt und ihre Verfassung bzw. den Rat als Obrigkeit zur Diskussion zu stellen. In einem knappen Ausblick soll dann das Verhalten der Ratselite gegenüber den vielfältigen religiösen Institutionen seit den 1520er-Jahren und der generelle Stellenwert der Religionsfragen im politischen Handeln der Stadtspitze in den 20er- und 30er-Jahren des 16. Jahrhunderts skizziert werden.[4]

Entwicklungstendenzen seit um 1500

Der Reichstag von 1521[5] stand für den Rat der Stadt Worms im Zeichen der seit mehr als 25 Jahren gesammelten und nicht zuletzt schriftlich aufgezeichneten Erfahrungen in der Durchführung und virulenten politischen Bedeutung dieser Art von Großveranstaltung. Es war ein Ereignis, dem ratsseitig zunächst einmal als politische Bühne und Instrument für die Erreichung ureigener Ziele vor dem Hintergrund von Strategien zur Absicherung der Herrschaft nach innen und außen große Bedeutung beigemessen werden musste.

Seit den 1480er- und 1490er-Jahren hatte der Rat den Status von Worms als Reichsstadt in ganz neuartiger, heftiger als je zuvor zu beobachtender Konfrontation zu den bischöflichen Stadtherrschaftsansprüchen betont und in vielfältiger medialer und rechtlich wirkmächtiger Weise nach innen gegenüber der Stadtbevölkerung und nach außen im politischen Raum herausgestellt.[6] Die juristisch, historiografisch und symbolisch vielfältige Absicherung und Verstärkung der reichsstädtischen Identität auf Kosten von Bischof und Stiftsklerus, eingebettet in eine virulente Kirchen- und Kleruskritik, hatte seit dem spektakulären, mehr als zehn Jahre andauernden Auszug großer Teile der Geistlichkeit ab 1499 ein ganz neues Stadium erreicht.

Der Stadtrat, der nun zunehmend auch als Obrigkeit nach innen auftrat, rechtlich abgesichert durch seit den 1480er-Jahren immer zahlreichere Herrscherdiplome, unterstrich seine Ansprüche auf vielfältige Weise:

- durch ein 1499 in Kraft gesetztes neues, römisch-rechtlich geprägtes und bis zum Ende der reichsstädtischen Zeit 1798 gültiges Stadtrecht
- die Prägung kaiserlich privilegierter Goldmünzen (ab 1510, Abb. 2)
- ein neues Stadtsiegel
- intensive Bemühungen um die Darstellung der eigenen Position in Geschichtswerken und -erzählungen seit 1497 (»Acta Wormatiensia«)
- baulich-künstlerische Anstrengungen v. a. an der »Münze« (Abb. 5) als neu ausgestattetem Repräsentationsbau und Kontrapunkt zum Dom ab 1493[7]
- die Beanspruchung bisher den Bischöfen zustehender Rechte und Rituale, darunter die demonstrative Huldigung gegenüber dem Reichsoberhaupt 1494[8]
- den Einsatz des Mediums Druck zur Rechtfertigung des Handelns schon 1499

und anderes mehr. Der Stadtrat erließ in den Jahren zwischen 1488 und 1500 allein 16 Verordnungen; mit dieser Gesetzgebungspraxis erreichte er in vorreformatorischer Zeit einen bisher nicht gekannten Höhepunkt.[9] Oberstes Ziel musste im Kampf mit dem Bischof und der Stiftsgeistlichkeit auch 1519/20 die weitere Absicherung der politischen Spielräume im Einvernehmen gerade auch mit dem neuen habsburgischen Kaiser und seinem Umfeld sein.

Wichtig auch für die Zeit um 1500 sind zwei weitere, die Politik des Rates bestimmende Faktoren: Zum einen die räumlich umschließende Nähe bzw. erstarkende direkte Nachbarschaft der Kurpfalz als eine die reichsstädtisch-autonome Stellung stets potenziell bedrohende Macht,[10] zum anderen ein (allerdings nach 1500 nur noch zunehmend abgeschwächt wirksames) Netzwerk zwischenstädtischer Kontakte und städtebündischer Solidaritätsbande

Abb. 2
Goldmünze der Stadt Worms, 1510;
Museum der Stadt Worms im Andreasstift;
Umschrift: »Sub umbra alarum tuarum
protege nos« = beschirme uns unter dem
Schatten Deiner Flügel = Ps. 17, 8)

Gerold Bönnen

mit »Ratsfreunden« aus den benachbarten Reichsstädten Speyer, Straßburg und Frankfurt.[11] Die Stadt Mainz hingegen war nach dem Verlust aller eigenständigen Rechte an den erzbischöflichen Stadtherrn 1462[12] als Partner im Städtenetz ausgefallen – ein Menetekel auch für den Rat der Stadt, der ab 1400 seine Bemühungen um Herrschaft mittels Schriftlichkeit und Verwaltung ausbaute, eine Tendenz, die nicht zufällig nach 1520 nochmals verstärkt zu beobachten ist.

Seit dem Kampf um die Stadtherrschaft gegen den mit der benachbarten Kurpfalz verbündeten Bischof Johann von Dalberg (reg. 1482 bis 1503[13]) hatte sich also ein ganzes Arsenal von Argumenten, Medien, Schlagworten, Strategien und Rechtsansprüchen herausgebildet, welches für das Selbstverständnis des Handelns der städtischen Obrigkeit bis weit in das 16. Jahrhundert hinein prägend blieb – und zwar unverändert auch über die Zeit des konfessionellen Wandels der im Grunde erst seit den 1550er-Jahren lutherisch gewordenen Stadt hinweg.

Schon der 1495 in Worms ausgetragene Reichstag hatte eine weitere Stärkung der Reichsbindungen mit sich gebracht. So formulierte der schon erwähnte, zwischen 1495 und 1516 mehrfach als Bürgermeister amtierende Reinhard Noltz in seinem »Tagebuch« zu diesem Jahr, die gemeine Bürgerschaft sei vor den König Maximilian gekommen und habe ihn »underteniglich« gebeten, sie bei dem zu behalten, was ihnen sein Vater Kaiser Friedrich III. zugestanden hätte. Vor allem wollten sie keinem Pfaffen mehr untertan sein, »*sonder allein des Römischen richs als frie burger als sie auch allwegen sin gewest.*«[14] Genau hieran galt es 25 Jahre danach anzuknüpfen.

Der demonstrative Wegzug des Stiftsklerus bis 1509, der bei seiner Entscheidung eine fatale Fehleinschätzung an den Tag gelegt hatte, in Verbindung mit einer intensiven, durch Einblattdrucke nach außen offensiv vertretenen Rechtfertigungspropaganda des Rates gingen einher mit 1499 umgehend einsetzenden Regelungen des Rates zur Absicherung des religiösen als integralem Teil des öffentlichen Lebens.[15] Eine ratsseitige Religionspolitik ohne den etablierten Stiftsklerus (einschließlich der Durchführung von Prozessionen, Anstellung und Bezahlung von Geistlichen zur Sicherung der gottesdienstlichen Versorgung, des verstärkten Einsatzes von Ratspflegern in Klöstern und Konventen), gestützt auf jetzt durchweg juristisch gebildetes Personal, war zum Zeitpunkt des Reichstags von 1521 bereits mehr als 20 Jahre lang erfolgreich praktiziert worden und verweist in vielen Punkten bereits vorreformatorisch auf die seit den 1520er-Jahren (mit vielen Rücksichtnahmen) erfolgende, eher vorsichtige Übernahme geistlicher Aufgaben. Der Rat suchte der Gemeinde und dem Klerus gleichermaßen zu beweisen, dass man die »*pfaffheit*« nicht benötige und die religiöse und damit öffentliche Ordnung nicht von den alten Institutionen abhinge, ja, dass das religiöse Leben sogar noch gesteigert werden könnte. Der

Stiftsklerus, über den dringend weitere Forschungen nötig sind, war also um 1520 bereits ein erhebliches Stück »entzaubert« worden. Ob diese Probleme in den Kollegiatstiften eine Erklärung dafür sein mögen, dass ausgerechnet das Andreasstift zu einem der Ausgangsorte für die reformatorischen Neuerungen 1521/22 geworden ist, müsste noch genauer untersucht werden.

Wie kurz zuvor 1512 in der Schwesterstadt Speyer, so war es 1513/14 auch in Worms zu einem Bürgeraufstand, zu Unruhen gekommen, die sich gegen den Rat als Obrigkeit wandten, was für die oligarchisch gefügte Stadtspitze durchaus bedrohlich war und auch so empfunden wurde.[16] Für diese Art innerstädtischer Konflikte und ihre sozial-ökonomischen Hintergründe finden sich im Reich um diese Zeit im Übrigen eine ganze Fülle von weiteren Beispielen. Wie schon 1499/1500 bediente sich der Rat auch diesmal des Mittels der Druckerpresse, um seine Position nach der Niederwerfung des Aufstandes 1515 offensiv zu vertreten, eine öffentliche Darstellung in propagandistischer Absicht, gerichtet an einen größeren, v. a. auch außerstädtischen Adressatenkreis.[17] Seine Legitimation führte der Rat jetzt in aller Deutlichkeit auf den Kaiser als der Stadt obersten Herrn zurück. Angriffe gegen ihn und besonders der Versuch, die kaiserlich gesetzte Ratsordnung zu verändern, galten daher (schon seit der Festschreibung des erwähnten Stadtrechts 1499) als Majestätsverbrechen. Mit entsprechender Härte und Konsequenz wurden 1514 Hinrichtungen an den Rädelsführern vollzogen, andere verbannt oder ihr Eigentum konfisziert. Die »quasikaiserliche Hoheitsgewalt des Stadtrats [war] anerkannt« und »die Konstituierung des Stadtrats als einer vom Kaiser legitimierten Obrigkeit … abgeschlossen«.[18] Diese bedrohliche innere Lage stand den Verantwortlichen 1521 noch klar vor Augen und machte die Absicherung der Herrschaft zum obersten Gebot des Ratshandelns.

Die Unruhen und Proteste des Jahres 1513/14 standen im Kontext zu einem weiteren, über Flugschriften verbreiteten Protestdiskurs über die Ebene der Politik hinaus in die Felder der neu diskutierten Glaubensinhalte (Wissen, Wahrheit, Heil).[19] Wenn 1521 Aleander und der englische Reichstagsgesandte von der Verbreitung und befürchteten subversiven Kraft deutscher und lateinischer lutherischer Schriften in Worms berichten, dann macht das den Stellenwert des Mediums Druck für die Protestlage seit den 1510er-Jahren vor Ort deutlich. Eine auffallend lebhafte und frühe Rezeption reformatorischer Lehrauffassungen ist dabei für die Stadt und das Umland (Stichwort 1525 Bauernkriegsunruhen in der Region) gleichermaßen zu beobachten. Wichtig waren dafür unter anderem die neuen Medien: Seit 1518 in Worms nachweisbar, förderte der Drucker Peter Schöffer d. J.[20] recht bald eine ebenso frühe wie lebhafte Rezeption reformatorischer Lehrauffassungen. Er blieb (und das stellte sich als wichtiger Faktor für die Entfaltung und Verbreitung neuer Ideen heraus)

Abb. 3
Herbergsordnung (Ausschnitt), Einblattdruck, 2. Dezember 1520; Stadtbibliothek Worms

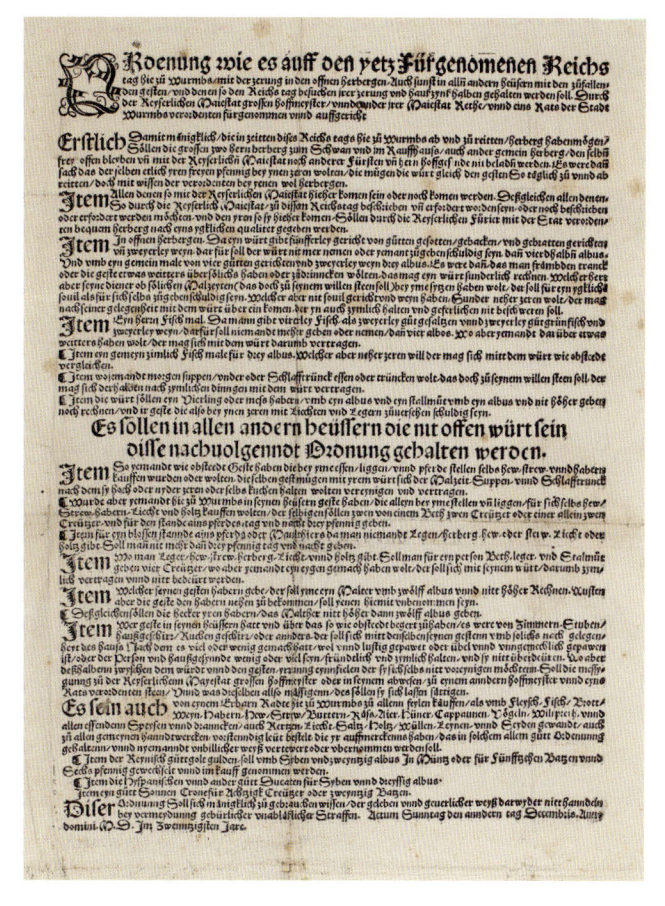

bis zu seinem Wegzug nach Straßburg 1529 aktiv im Dienst der neuen Lehre mit erkennbarem Schwerpunkt auf seinem Engagement zugunsten der lange Zeit unterschätzten täuferischen Bewegung.[21] Dem Wormser Diskurs über religiöse Fragen sind nach Sabine Todt für die Jahre 1520 bis 1522 mindestens 37 deutsche und neun lateinische Flugschriften zuzurechnen. Es gärte also vielfältig, als der Reichstag faktisch Ende 1520 begann.

Zur Bedeutung des Reichstags für die Stadt und ihre Verfassung bzw. den Rat

Bei der Bewältigung der erheblichen organisatorischen Herausforderungen des Reichstags kam es erst einmal auf die Absicherung der dem Rat obliegenden Sicherstellung der öffentlichen Ordnung an. Dem diente die in einem Exemplar der Stadtbibliothek erhaltene gedruckte Herbergsordnung vom 2. Dezember 1520 (Abb. 3)[22] mit normativen Regelungen zu den zu erwartenden Folgen des im Monat darauf beginnenden Reichstagsgeschehens. Politisch ging es dem Rat um die Fortsetzung der skizzierten Absicherungs- und Unabhängigkeitspolitik. Nach 17 Jahren Abwesenheit eines Bischofs in seiner Stadt gelang dem schon 1503 ernannten Reinhard von Rüppurr (1458–1533, Bischofwahl als Verbündeter der Kurpfalz 1503, Weihe August 1504, Niederlegung des Bischofsamtes 1523) im September 1520 ein feierlicher Einritt in die Stadt, nachdem er zuvor die Rechte der Stadt formell anerkennen musste und eine Urkunde für den »*ersamen unnd weisen stettmeister burgermeister und rat des heiligen reichs statt wormbs*«[23] ausgestellt hat. Umso wichtiger war daher für den Rat nach der Regalienverleihung an den nun faktisch entmachteten Oberhirten durch Karl V. (der Herrscher befand sich seit November 1520 in der Stadt) im Januar 1521 die Bestätigung der traditionellen städtischen Rechte und Privilegien. Auf dem Reichstag trat der Wormser Bischof[24] nicht hervor und gab sein Amt angesichts der verfahrenen Lage in Worms schon 1523/24 wieder auf.

Die für den Rat so elementare Bestätigung aller Rechte und bisherigen, vollständig inserierten Privilegien gewährte Kaiser Karl V. der Stadt am 22. April

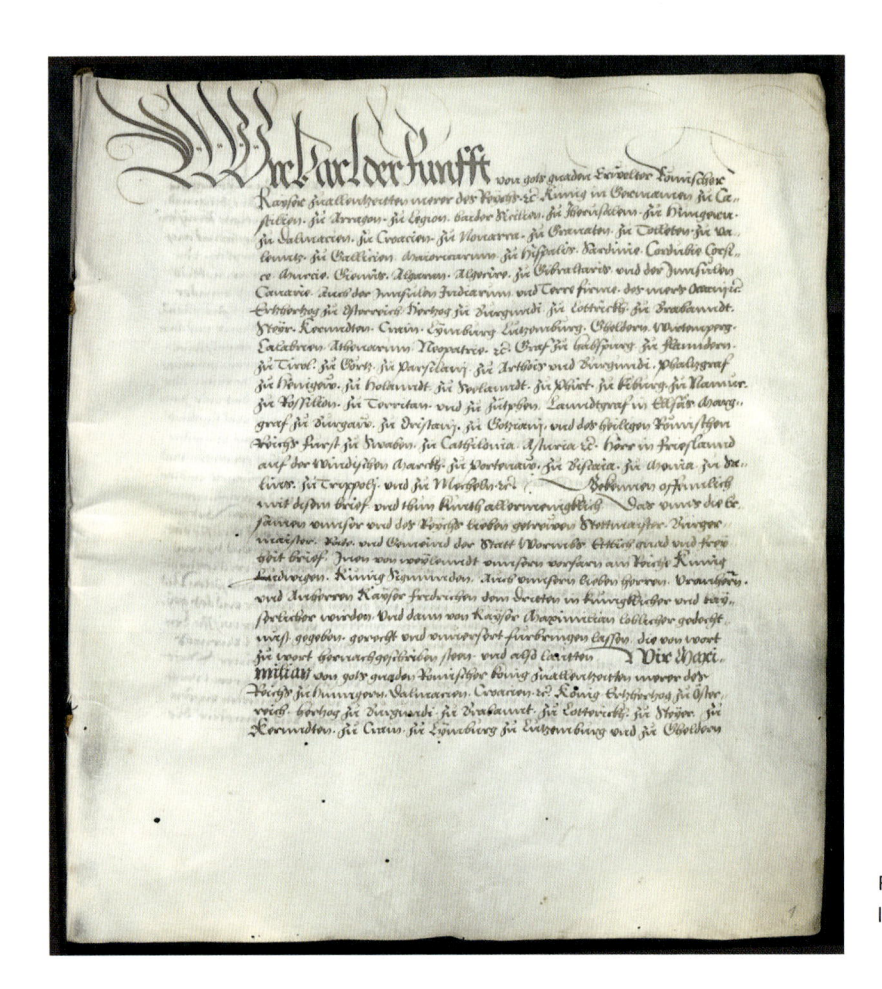

Abb. 4
Privileg Kaiser Karls V. mit Bestätigung der Rechte der Reichsstadt Worms (Pergamentlibell, 22. April 1521; Stadtarchiv Worms Abt. 1 A I Nr. 718, erste Seite

Abb. 5
Haus zur Münze: Beratungsort des Reichstags, Zeichnung von Peter Hamann; Stadtarchiv Worms Abt. 1 B 48, Zustand 1689/90

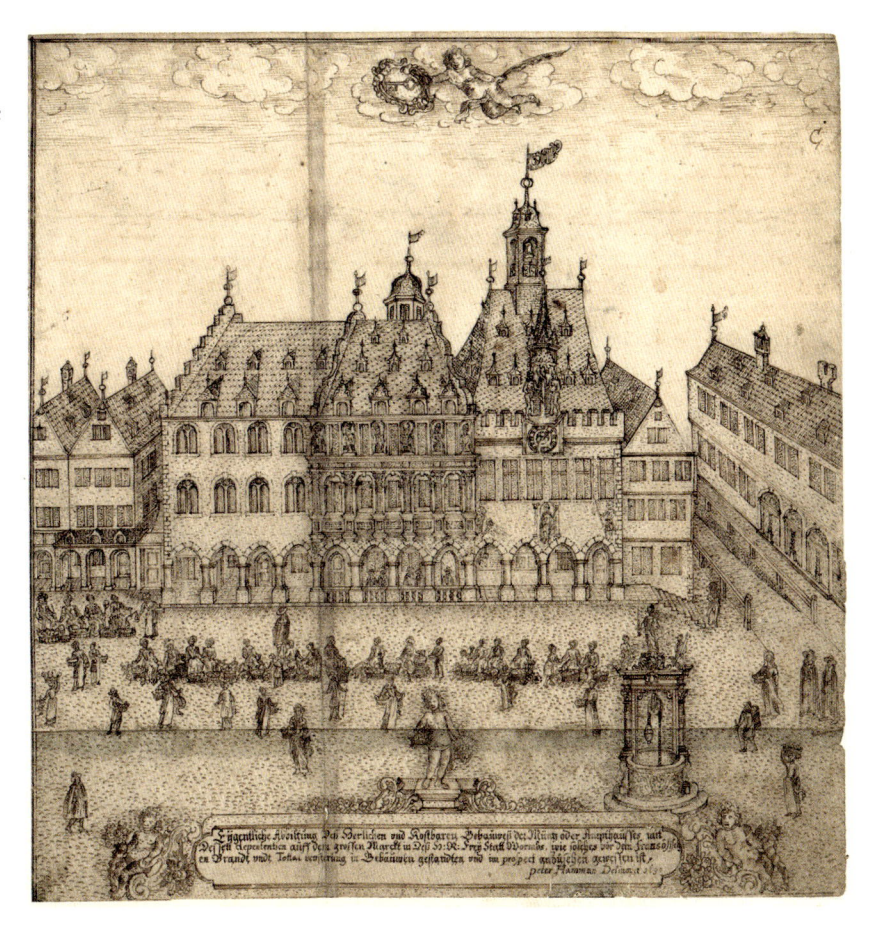

1521, also wenige Tage nach dem Lutherverhör, in einem im Stadtarchiv verwahrten Pergamentlibell (Abb. 4).[25] Gleichzeitig liefen im Mai 1521 erneute bzw. weitere Verhandlungen wegen der immer noch latent umstrittenen Verträge über das seit dem späten Mittelalter immer wieder heftig umkämpfte Verhältnis von (vereinfacht formuliert) Geistlichkeit und Rat.[26] Letzterer nutzte die auch durch die reformatorischen Ideen angeheizte Opposition gegen den altgläubigen Klerus, um weitere eigene politische Interessen gegen den Bischof durchzusetzen: Ende 1522 schuf die Bürgerschaft ein 13er-Ratskollegium ohne bischöfliche Zustimmung; dieser 13er-Rat blieb bis zum Ende des Alten Reiches bzw. der reichsstädtischen Zeit im Linksrheinischen im Jahre 1798 die entscheidende Machtspitze der Stadt.[27] Der Bischof hatte faktisch ausgespielt. Die religiösen Fragen im Umfeld des Lutherauftritts selbst waren vor diesem Hintergrund aus Sicht des Rates eher ein Nebengleis.

Für den Rat war wichtig, dass die Beratungen in »seinem« Rathaus, genauer der Münze und seinen mit Reichssymbolen versehenen Räumlichkeiten,[28] stattfanden (Abb. 5 und 6).

Abb. 6
Die sogenannte Kaiserstube im Rathauskomplex/Münze nach J. P. Hamann – »Perspectivische Abbildung der Keyser Stuben auff dem Rathauß der Bürgerhoff genandt zu Wormbs, worinnen die Röm[ischen] Key[ser] auff den Reichs-tägen ihre Sesion haben pflegen zu halten, wie dann Keyser CAROLUS V in höchster Person A[nno] 1519 auf damahligem grossen Reichßtag … in dieser stuben versamlet gewessen, worinnen auch der Keys[erliche] Trohn zusehen und biß auff den frantzös[ischen] brandt stehen bliben« (Zustand vor 1689); Stadtarchiv Worms Abt. 1 B 48/E [29]

Ausblick

Als Gradmesser für die bestimmenden Motive des Rates in religiösen Angelegenheiten und zur Beantwortung der Frage, welche Ziele für die (mangels Quellen hinsichtlich ihrer Zusammensetzung leider kaum greifbare) Stadtelite seit den 1520er-Jahren vordringlich wichtig waren, wurde bisher das Verhalten gegenüber den religiösen Institutionen kaum herangezogen. Hierzu bergen die Wormser kommunalen Archivbestände (ungeachtet des katastrophalen Überlieferungsverlusts infolge der fast totalen Stadtzerstörung von 1689) noch etliches, bislang ungenutztes Quellenmaterial. Bereits seit dem späten Mittelalter gehörte es zur erprobten Praxis des Rates, zur Vermögens- und Verwaltungskontrolle der Konvente, Pfarrkirchen, Spitäler und Beginenhäuser Kirchenpfleger als Wirtschaftsprüfer einzusetzen, die zugleich die herrschaftliche und ökonomische Aufsicht ausübten. In den 1520er-Jahren intensivierte er diesen Zugriff und verschriftlichte und bürokratisierte ihn gleichzeitig deutlich, worauf hier nur am Beispiel von Inventaren des Karmeliterklosters seit dem Bauernkriegsjahr 1525[30] verwiesen sei.

Abb. 7
Fassadenstein mit Reliefdarstellung Kaiser Ferdinands I. vom 1689 zerstörten Haus zur Münze, heute im Museum der Stadt Worms im Andreasstift (Foto um 1925, Glasnegativ); Stadtarchiv Worms, Fotoabteilung Neg.-Nr. Füller 06560

Zu ebendieser Zeit setzte sich die reformatorische Bewegung zügig durch. Befördert wurde sie auch durch einen massiven Prestigeverlust der Stiftsgeistlichkeit, den der Auszug des Klerus ab 1499 nach sich gezogen hatte. Der Rat hatte aus »außenpolitischen« Erwägungen gute Gründe, die neue Bewegung nicht zu forcieren oder zu fördern, und verhielt sich ihr gegenüber entsprechend mit äußerster Zurückhaltung. Der Aufwind auf reformatorischer Seite änderte zumindest nichts daran, dass man den habsburgischen Herrschern demonstrativ öffentliche Huldigungen zuteil werden ließ. Dies zeigt sich eindrucksvoll beim feierlichen Empfang des 13er-Rates für Kaiser Karl V. bei seinem Besuch in Worms Anfang September 1548, also direkt nach der militärischen Niederlage der Protestanten im Schmalkaldischen Krieg. Kurz zuvor hatte der Rat gemäß den Bestimmungen des Augsburger Interims die beiden lutherischen Prediger entlassen müssen. Der Rat trug dem erstmals ratsseitig feierlich empfangenen Habsburger die Stadtschlüssel entgegen, Stättmeister und Stadtschreiber hielten Ansprachen, woran sich ein weiterer Empfang im Beisein der Ratselite anschloss.[31] Die hier ostentativ betonte Loyalität, drei Jahre nach einem weiteren Reichstag in Worms 1545,[32] war offensichtlich auch unter den gerade für die protestantisch gesinnten Städte so überaus schwierigen politisch-konfessionellen Rahmenbedingungen von zentraler Bedeutung. Die nach außen demonstrative zeichenhafte Verehrung für das Reichsoberhaupt fand ungeachtet der v.a. in den 1550er-Jahren im Windschatten der Wandlungen in der Kurpfalz unter Pfalzgraf Ottheinrich deutlich fortschreitenden Konfessionalisierung im lutherischen Sinne ihre Fortsetzung: So wurden noch im Jahre 1581, als das reichsstädtische Gerichtshaus (Mittelteil des Rathaus-Münze-Komplexes) erneuert wurde, in der dortigen Fassade Kaiserbildnisse bzw. schmückende Büsten habsburgischer Reichsoberhäupter seit Kaiser Friedrich III. angebracht, ergänzt um eine Inschrift, die sich explizit auf die Kaiser seit Friedrich III. als Garanten der Stadtfreiheit (»Libertas«) bezogen (Abb. 7).[33]

Doch zurück in die 20er-Jahre: Gebremste Konfessionsbildung, Rücksichtnahmen auf politische Rahmenbedingungen und vorsichtiges Taktieren, bekenntnismäßig lange Zeit Offenheit, Fortsetzung länger angelegter Strategien des politischen Handels im Sinne einer Machterweiterung auf Kosten des Klerus ohne eigenes Hervorkehren religiösen Eifers. Dies sind die Zeichen für die unfertige Konfessionsbildung in jener Zeit.

Es ist keineswegs ein Zufall, dass im direkten zeitlichen Umfeld, im Jahre 1524, Stättmeister, Bürgermeister und Rat auch erstmals eine eigentliche Judenordnung erließen.[34] Diese normative Regelung muss als Beleg für die neuartige Verschärfung von Herrschaftsansprüchen auch gegenüber der seit der Mitte des 14. Jahrhunderts dem Rat unterstehenden und von ihm nun intensiver als je zuvor besteuerten und beaufsichtigten religiösen Minderheit in der Stadt betrachtet werden – bereits im Jahre 1500 hatte der Rat erstmals (überliefert) eine aktenmäßig dokumentierte »Besichtigung der Juden hüser« und deren Kennzeichnung durchführen lassen.[35]

Es ging dem Rat seit dem späten Mittelalter immer zuerst um die Ausweitung, mindestens aber die Durchsetzung obrigkeitlicher Herrschaftsansprüche und Rechtsgewalt gegenüber allen Bürgern und Bewohnern und damit die Sicherung von Eintracht im Interesse der Wahrung der Reichs- und Stadtfreiheit, die Erlangung von Einfluss auf die religiösen Gemeinschaften, die Sicherung einer ratsoffiziellen Religionsaufsicht, die Reduzierung der rechtlichen Sonderrolle des Klerus, Einblick in die Wirtschaftsführung und Vermögensverwaltung der Konvente, Pfarrkirchen und Spitäler. Diese »Ideologie« blieb während der 1520er-Jahre leitend für das Handeln des oligarchisch gefügten Rates gegenüber den religiösen Fragen, die im engeren Sinne längere Zeit eben ausdrücklich nicht direkt geregelt wurden. Eine offene und formal neutrale Haltung in Bekenntnisfragen[36] war Ausdruck politischen Realismus angesichts der Stellung von Kaiser, Bischof und Kurpfalz. Das Jahr 1521 mit ihm das Großereignis des Reichstags erweist sich für den Rat und die Entwicklung der Stadt daher nicht als Einschnitt oder Zäsur; er steht hier vielmehr in einer Kontinuität zu den Großereignissen seit 1495 und erhielt erst viel später eine andere Deutung als Beginn von etwas Neuem. Das war aber damals nicht zu ahnen.

Gerold Bönnen

Peter Schöffer der Jüngere, Worms und Luther
Typenpunzen und Federkeil im Dienste der Reformation

Alejandro Zorzin

Peter Schöffer d. J. wurde als dritter Sohn des Mainzer Druckers Peter Schöffer d. Ä. und seiner Ehefrau Christina Fust um 1475/80 geboren. Im Umfeld der väterlichen Druckwerkstatt, dem Offizin, erlernte er die Fertigkeit der Drucktypenherstellung und betätigte sich fortan nicht allein als Drucker, sondern zeitlebens auch als Stempelschneider und Schriftengießer.[1] Mit bisher insgesamt 149 nachweisbaren Drucken, verteilt über eine Zeitspanne von 32 Jahren (Abb. 1), gehörte Schöffers Offizin zu den kleineren jener Zeit. Seinen Lebensunterhalt wird er mit der zusätzlichen Produktion und Justieren von Typenmaterial für andere Druckbetriebe abgesichert haben.

Um 1510/11 ist Schöffer d. J. erstmals als eigenständiger Buchdrucker in Mainz belegt; bis 1518 sind 28 von ihm in Mainz hergestellte Drucke nachweisbar. In den letzten drei Jahren (1516–1518) druckte er dort auch unfirmiert lateinische Spottschriften aus den Humanistenkreisen um Ulrich von Hutten (1488–1523)[2] und Hermann von dem Busche (um 1468–1534).[3] So z. B. Nachdrucke der »Dunkelmännerbriefe«[4] oder das (fiktive) Gespräch des 1513 verstorbenen Papstes Julius II.[5] vor der ihm verschlossenen Himmelstüre mit dem Apostel Petrus.[6]

Im Laufe des Jahres 1518 begann Peter Schöffer d. J. auch in Worms Drucke herzustellen, wohin er bis 1520 ganz übersiedelte.[7] Dort blieb seine Offizin bis 1529 tätig. Mit insgesamt 82 in Worms gedruckten Werken ist diese Produktionsphase die wichtigste in Schöffers gesamter Druckproduktion. Die Bandbreite der abgedeckten Rubriken ist groß: Musikalien, Traktate, Streitschriften und Bibeln. Zu seinen herausragendsten Wormser Publikationen gehören die von Hans Denck[8] und Ludwig Hätzer[9] vorgelegte erste deutsche Übersetzung der alttestamentlichen Propheten (1527)[10] und 1529 die erste kombinierte deutsche Vollbibel.[11] Insgesamt gaben sich jedoch nur 22 Prozent von Schöffers Wormser Drucken als Erzeugnisse seiner Offizin zu erkennen.

	Mainz	1518	Worms	1529	Straßburg	Venedig	Basel
Titel	**28**		**82**		**32**	**7**	

Abb. 1
Druckprofil Peter Schöffers d. J.

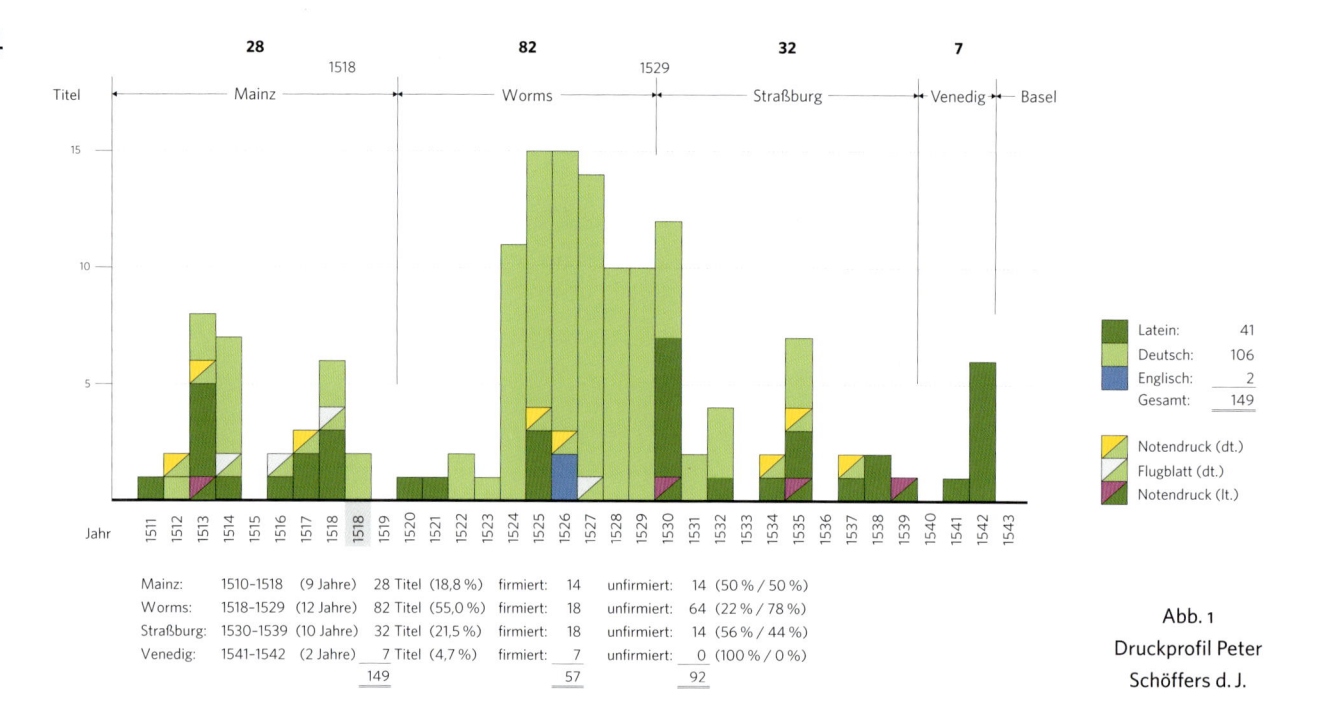

Legende:
- Latein: 41
- Deutsch: 106
- Englisch: 2
- Gesamt: 149
- Notendruck (dt.)
- Flugblatt (dt.)
- Notendruck (lt.)

Mainz:	1510–1518 (9 Jahre)	28 Titel (18,8 %)	firmiert: 14	unfirmiert: 14	(50 % / 50 %)
Worms:	1518–1529 (12 Jahre)	82 Titel (55,0 %)	firmiert: 18	unfirmiert: 64	(22 % / 78 %)
Straßburg:	1530–1539 (10 Jahre)	32 Titel (21,5 %)	firmiert: 18	unfirmiert: 14	(56 % / 44 %)
Venedig:	1541–1542 (2 Jahre)	7 Titel (4,7 %)	firmiert: 7	unfirmiert: 0	(100 % / 0 %)
		149		57	92

Schöffer in Worms

Wie der im April 1521 in seinen Vierzigern stehende Peter Schöffer den Wormser Reichstag erlebt bzw. Luther wahrgenommen haben könnte, lässt sich nur indirekt eruieren.

Unfirmiert druckte Schöffer eine auf April 1521 datierte, anonyme, satirisch-fiktionale lateinische Schrift, die den in Freiburg dozierenden Philipp Engelbrecht (1493–1543) verhöhnt.[12] Dieser hatte in Wittenberg studiert, trat als Dozent der Poetik an der Universität Freiburg offen für Luther ein und war nach Worms gekommen, um hier vom Kaiser die Poetenauszeichnung zu erlangen.[13] Im direkten Umfeld des Wormser Reichstages hatte Schöffer also keine Bedenken, ein Werk zu drucken, das einen Lutheranhänger der Lächerlichkeit preisgab.

Wohl in der zweiten Hälfte des Jahres 1522 druckte Schöffers Wormser Offizin einen anonymen, fiktiven Dialog zwischen einem Dorfbauern (aus Dudenhofen) und einem Stiftsglöckner zu Speyer.[14] Besonders der Regionalbezug macht diese Publikation im Hinblick auf die Frage eines vielleicht bei Schöffer nachwirkenden »Luther-Worms-Effekts« interessant. Der Bauer möchte seine kirchlichen Abgaben in Naturalien übergeben, trifft jedoch in Speyer den dortigen Pfründeninhaber nicht an. Der vor Ort anwesende Glöckner will die Lieferung nicht entgegennehmen und vermutet – wegen der kritischen Äußerungen des Bauern – in ihm einen Anhänger Luthers. Das weist der Bauer vehement zurück und verteidigt seinen Glauben selbstbewusst mit Bibelargumenten, die den Glöckner schließlich überzeugen und umstimmen. Im langen Gespräch beider Akteure fällt auf, welche Zentralität immer wieder Martin Luther zukommt: »Glöckner: Ich vermerck buer/ das du auch Lutherisch bist. Bauer: Nit Lutherisch/ aber Evangelisch. Gl[öckner]: Du bist ein Lutherischer buer. B[auer]: Ich bin ein Christ </> der Luther ist nit mein got/ hat mich nitt erlöst/ ist auch nitt vor mich gestorben/ allein Christus/ als uns Paulus leret/ In der ersten episteln zu den Cor. … Gl[öckner]: Du volgest dannoch seiner Neuen ketzerischen leer nach/ und hengst iem an </> hör ich wol. Bau[er]. Lieber glockner laß mich gütlich mit dir reden/ hastu je Luthers lere geleßen? Glö[ckner]. Nein. B[auer]. Wie kanstu dan das ketzrisch heyssen das du nit geleßen hast/ Darumb hüt dich/ urteyl nitt/ den das Luther lert/ das lert und redt er nit auß seim kopff oder menschen büchern/ er redt es auß der heyligen götlichen waren schrifft/ in welcher Christus verborgen leit/ … / also wöllen wir Luthern (wie wol er recht schreibt) nit glauben/ aber der schrifft die er fürt </> darumb ist es nit Lutherisch ler/ es ist die ler Christi/ und gottes/«.[15]

Auch wenn Schöffer als Druckherr die Ansichten einer in seiner Offizin unfirmiert vervielfältigten Schrift nicht teilen musste, lässt sich vermuten, dass er den Inhalt kannte und nicht prinzipiell ablehnte. Da es sich bei dem Dialog um ein Werk handelt, das allein Schöffer d. J. in Worms veröffentlichte, ist sein agitatorisches Potenzial und die Fokussierung auf Luther für die Frage nach Schöffers Sympathien aufschlussreich. Auffallend und bisher nicht bemerkt worden[16] ist, dass der Bauer in seiner Belehrung des Speyrer Stiftsglöckners ganze Passagen aus dem 1521 in Wittenberg entstandenen *Passional Christi und Antichristi* im Munde führt.[17] Dieser durch Schöffers Wormser Offizin verbreitete Dialog ist somit nicht nur »lutheraffin«, sondern vertritt eine radikale Kritik an der Papstkirche und ihren Vertretern, die an Schärfe kaum zu überbieten ist.[18] Als Konsequenz der überzeugenden Argumentation des Bauern entscheidet der Glöckner: »… ich will mir forter das Neu Testament zu teusch kauffen/ und etzlich Lutherisch büchlein/ mich mit fleiß dar uff geben/ und die Laussige kuttenhengst/ mit iren teuflischen fabelen faren lassen/ und in ire predig gar nit mehr gan/…«.[19]

Peter Schöffer d. J. druckte nur wenige in Wittenberg entstandene Schriften nach. Das zeigt ein Vergleich mit der Anzahl solcher Nachdrucke aus der Offizin seines Bruders Johann Schöffer (Mainz) oder der von Johann Eckhart (Speyer) deutlich.[20] Aus Schöffers Wormser Offizin stammt 1523 ein Nachdruck von Luthers *Sermon auf das Evangelium von dem Reichen Mann und armen Lazarus. (Lk 16)*[21] und 1525 die von Luther gegen Andreas Karlstadt gerichtete Schrift *Wider die himmlischen Propheten, von den Bildern und Sacrament.*[22] Dennoch trägt eine 1524 wiederum nur in Schöffers Wormser Presse vervielfältigte

Reformationsflugschrift – besonders durch den ausdrucksstarken Holzschnitt auf dem Titelblatt – zur »Heroisierung« Luthers bei.[23] Im kräftemessenden Strebkatzspiel zwischen Luther und dem Papst stemmt sich der Wittenberger einer dem unterliegenden Papst zur Hilfe eilenden Schar reformfeindlicher Theologen entgegen.

Als versierter Notendrucker veröffentlichte Schöffer 1525 das von Johann Walter 1524 in Wittenberg zusammengestellte *Geistlich Gesangbüchlein* – diesmal mit dem Impressum: »Erstlich zů Wittenberg, vnd vol=|gend durch Peter Schöffern | getruckt, im jar.| M.D.XXV.«[24]

Während Schöffers Produktion nur wenige Drucke von Werken Luthers aufweist, veröffentlichte er ab 1527 eine vergleichsweise hohe Anzahl von Schriften aus dem täuferischen Milieu:[25] Neu- und Nachdrucke der Schriften von Hans Denck[26] und Ludwig Hätzer;[27] einen Plakatdruck, mit dem der Wormser Prediger Jakob Kautz[28] (1527) Thesen für eine öffentliche Disputation mit den lutherisch gesinnten Predigern zur Einführung täuferischer Grundlagen im Wormser Kirchenleben verbreitete;[29] die täuferischen Artikel der *Brüderliche(n) Vereinigung* in Schleitheim,[30] mit dem Abschiedsbrief des in Rottenburg am Neckar hingerichteten Täufers Michael Sattler.[31]

Einblick in Schöffers Geisteshaltung gegen Ende seiner Wormser Tätigkeit gibt ein 1528 von ihm verfasstes Vorwort zu einer von Hätzer angefertigten Überarbeitung der *Theologia Deutsch* – ein Werk, das erstmals 1516, und erneut 1518 von Luther herausgegeben worden war.[32] In seinem Vorwort würdigt er die sprachliche Überarbeitung dieser Neuausgabe, die ihm einen »knecht Gottes« [= Hätzer] zuschickte. Vorher gedruckte Ausgaben des Büchleins – so Schöffer – hätten viele Leser als »dunckel/ grob und unverstendig« eingeschätzt, obwohl das Werk »verstendig/ und gantz nit verworren inn im selbst ist«. Hierbei könnte unterschwellig Kritik an Luthers mehr als eine Dekade zurückliegender Erstedition dieses Traktats anklingen.

Zwischen 1527 und 1529 druckte Schöffer in Worms, in überwiegend unfirmierten Drucken, »ein jenseits des Hauptstrangs der zeitgenössischen theologischen Literatur loziertes Meinungs- und Interessensspektrum ... Mit der klandestin verbreiteten radikal-reformatorischen Milieuliteratur ist es [ihm] gelungen, für eine gewisse Zeit eine ›Lücke‹ in der zeitgenössischen Marktstruktur des Druckgewerbes zu finden und zu nutzen.«[33] Bei dieser während Schöffers Wormser Tätigkeit beobachteten Verschiebung hin zum »reformatorischen Rand«, werden neben Marktkalkül noch weitere Motive mitgespielt haben. Ein von Peter Schöffer d. J. erstmals 1528 auf der Schlussseite seiner Druckausgabe der *Theologia Deutsch* verwendeter Holzschnitt zeigt die Szene des weihnachtlichen Engelsgrußes an die Schäfer auf dem Feld.[34] Das Sujet seiner bis dahin verwendeten Druckermarken (dudelsackspielender Schäfer mit Hürdenhund und Schafen) wurde nun in die biblische Offenbarungsszene der Heilsnachricht an die Hirten (Lk 2,8–14) integriert. In weiteren während Schöffers Straßburger Periode (1530–1539) angefertigten Drucken verwendete er diesen Holzschnitt eindeutig als Signet. Am Motiv direkter Offenbarung durch einen Himmelsboten hielt Schöffer d. J. auch weiterhin fest, wie es das Titelblatt eines späten Druckes von ihm in Venedig (1542) belegt.[35] Möglicherweise lebte Peter Schöffer d. J. seinen Glauben in gewisser Distanz zu zeitgenössisch-kirchlichen Leitfiguren und institutionell gebundener Heilsvermittlung.

Pragmatische Toleranz
Gewissensfreiheit in den frühneuzeitlichen Niederlanden

Sabine Hiebsch

Zum Reformationsjubiläum 2017 fand auch in den Niederlanden, im Museum Catharijneconvent in Utrecht, eine nationale Ausstellung über Martin Luther statt. Eines der Exponate war eine Europakarte, auf der die Präsenz der verschiedenen Konfessionen als Folge der Reformationsprozesse des 16. und 17. Jahrhunderts in unterschiedlichen Farben wiedergegeben wurde: blau für den Calvinismus, grün für das Luthertum und rot für den Katholizismus. Obwohl die Ausstellung eine Reihe von Exponaten über die lutherische Tradition in den Niederlanden zeigte, die meisten aus lutherischen Gemeinden, waren die Niederlande auf der Europakarte calvinistisch blau, mit einigen kleineren roten Flecken für die katholischen Gebiete im Süden. Grüne Punkte für das in der Ausstellung gezeigte niederländische Luthertum gab es nicht.

Diese Darstellungsperspektive des Reformationszeitalters in den Niederlanden hat Parallelen zur reformierten Historiographie, in der oftmals ein konfessionell gefärbtes, triumphalistisches Narrativ überwiegt, demzufolge die Calvinisten die Gewinner der niederländischen Reformation sind.[1] Aus den historischen Quellen ergibt sich jedoch ein anderes, nuancierteres Bild, in dem Gewissensfreiheit und pragmatische Toleranz einen zentralen Platz haben.[2]

Dieser Artikel untersucht, was Gewissensfreiheit und pragmatische Toleranz in den frühneuzeitlichen Niederlanden bedeuteten und wie beide miteinander verbunden sind. Am Fallbeispiel der niederländischen Lutheraner, eine der religiösen Minderheiten, wird schwerpunktmäßig aufgezeigt, wie pragmatische Toleranz in der Praxis des alltäglichen Lebens funktionierte.

Die Frage der Religion

Ein bedeutsames Ergebnis von Aufstand und Reformation in den Niederlanden war die Entstehung eines neuen Staates am Ende des 16. Jahrhunderts:

die Republik der Vereinigten Niederlande. Nachdem die Provinzialstände die Souveränität an sich gezogen hatten, bestand die Republik bei ihrer Konsolidierung in den 1590er-Jahren aus sieben mehr oder weniger souveränen Staaten: Gelderland, Holland, Seeland, Utrecht, Friesland, Overijssel und Groningen. Die Provinz Drenthe und später eroberte Gebiete wurden als Generalitätslande zusammengefasst und unmittelbar von Den Haag aus regiert, dem Sitz der Generalstände. Die Staaten hatten ihre Außenpolitik und Kriegsführung an die Generalstände, als föderales Organ, delegiert. Die meisten Regierungsfunktionen wurden dezentralisiert in den jeweiligen Staaten und innerhalb dieser oftmals auf lokaler Ebene wahrgenommen, jedoch entwickelten die Generalstände sich auch in Inlandsangelegenheiten zu einer wichtigen Einrichtung.

Der Umgang mit der Frage der Religion wurde 1579 im Vertrag der Union von Utrecht beschrieben. Artikel XIII lautet: »Was die Religion betrifft: Holland und Seeland werden nach eigenem Ermessen handeln. Die anderen Provinzen dieser Union dürfen sich an den Religionsfrieden halten, wie er bereits von Erzherzog Matthias – Gouverneur und Generalkapitän dieser Länder – in Zusammenarbeit mit seinem Rat auf Anraten der Generalstände konzipiert wurde. Eine andere Möglichkeit ist, dass sie gemeinsam oder einzeln – ohne von einer anderen Provinz daran gehindert oder zurückgehalten zu werden – Regeln aufstellen dürfen, die sie für den Frieden und den Wohlstand der Provinzen, Städte und einzelne Mitglieder, und für den Erhalt jeder einzelnen Person – es sei geistlich oder weltlich – deren Eigentum und Rechte als angemessen erachten werden, vorausgesetzt, dass jede Person in Übereinstimmung mit der Pazifikation von Gent in ihrer Religion frei bleiben kann und dass niemand verfolgt oder verhört wird über seine Religion.«[3]

Die Union von Utrecht war nicht der erste Versuch, die Frage der Religion zu regeln. Obwohl er in Artikel XIII nicht genannt wird, ist Wilhelm von Oranien (1533–1584) der prominenteste Name, der mit diesen Versuchen verbunden war.[4] Als Graf von Nassau wuchs er auf in Schloss Dillenburg, in einer lutherisch geprägten Familie, bis er im Alter von elf katholisch wurde, um das Erbe des französischen Fürstentums Oranien antreten zu können. Als Stütze Karls V. wurde er 1559 von dessen Sohn und Nachfolger Philipp II. zum Statthalter von Holland, Seeland und Utrecht ernannt. Innerhalb weniger Jahre wurde Oranien jedoch zum Anführer derer, die sich den zentralistischen Bestrebungen des spanischen Königs widersetzten. Silvester 1564 hielt er eine Rede vor dem Staatsrat, in der er sich vehement für eine Staatsreform im ständischen Sinne aussprach und für die Duldung einer konfessionellen Koexistenz. Zwei Jahre später gab er, als Burggraf von Antwerpen und Vertreter der Generalstatthalterin Margarethe von Parma, den dortigen Calvinisten und Lutheranern die Erlaubnis, Gemeinden zu gründen und, statt im Verborgenen, öffentliche

Gottesdienste zu halten. Katholische Gottesdienste durften nicht behindert werden. Dieses sogenannte »Wunderjahr« dauerte allerdings nur von September 1566 bis April 1567, als die Stadt wieder unter die strenge Kontrolle spanischer Truppen kam und sowohl Protestanten als auch Oranien wegzogen. In dieser kurzen Periode wurden in der lutherischen Gemeinde, unter der Leitung von deutschen, lutherischen Theologen, Strukturen geschaffen, die für die spätere Gemeindebildung in den nördlichen Provinzen grundlegend waren.[5]

1573 stellte Oranien sich öffentlich an die Seite der Calvinisten. Aber das Vorgehen des fanatischeren Teils dieser Gruppe konnte er nicht unterstützen. Er versuchte in erster Linie, die Einheit der Niederlande im Aufstand gegen den spanischen König und das Ziel der religiösen Koexistenz festzuhalten. Die Pazifikation von Gent (8. November 1576), die dies ermöglichen sollte, hielt jedoch nicht stand, als Teile der südlichen Provinzen sich im Januar 1579 in der Union von Atrecht vereinten. Die Gründung der Union von Utrecht noch im selben Monat war die Reaktion der nördlichen Provinzen. 1580 folgte die Ächtung Oraniens durch Philipp II., die dieser mit seiner *Apologie* (1581) beantwortete, in der er an den Werten von Freiheit und Duldsamkeit festhielt. Mit einer Abschwörungserklärung, dem *Plakkaat van Verlatinghe*, erklären die aufständischen Provinzen daraufhin im selben Jahr ihre Unabhängigkeit von Philipp II. Der endgültige Bruch wurde 1588, vier Jahre nach der Ermordung des Oraniers, vollzogen.

Gewissensfreiheit in der Praxis: die niederländischen Lutheraner als Fallbeispiel

In den nördlichen Provinzen, die sich 1581 von Philipp II. losgesagt hatten, wurde die reformierte Kirche die privilegierte, öffentliche Kirche. Sie bekam die meisten Rechte, die größte Sichtbarkeit und finanzielle Unterstützung, und war dennoch keine Staatskirche. Kultusfreiheit[6] war zwar den Mitgliedern der reformierten Kirche vorbehalten, aber die individuelle Glaubens- und Gewissensfreiheit von nichtreformierten Personen war in der Union von Utrecht verankert. Die Formulierung von Artikel XIII widerspiegelte einerseits die seit den Anfängen der Reformationsbewegungen in den Niederlanden bestehende Realität der religiösen Diversität. Andererseits schuf sie durch die Garantie der Gewissensfreiheit und den grundlegenden Charakter, den die Union von Utrecht bekommen sollte, dauerhafte Rahmenbedingungen für religiöse Koexistenz. Das machte die Republik attraktiv für große Gruppen Migranten und dadurch zu einem internationalen Zentrum für Handel und Gewerbe.

Sabine Hiebsch

Holland als maritime Provinz mit einem hohen Urbanisationsgrad entwickelte sich zur reichsten und einflussreichsten Provinz der Republik. Amsterdam löste in allen wichtigen Aspekten – Handel, Gewerbe, Migration, Information, Kultur und gehobener Lifestyle – Antwerpen ab, das niederländische Zentrum vor dem Aufstand. Amsterdam erlangte den Status einer Metropole von internationalem Rang und versinnbildlichte den Aufstieg und wachsenden Erfolg der Republik. Religiöse Diversität war nirgendwo in der Republik so tastbar und umfassend wie in Amsterdam und machte die Stadt besonders anziehend für Migranten. Umgekehrt waren die Migranten mit ihren Fähigkeiten und internationalen Kontakten ein entscheidender Faktor für den Erfolg der Stadt. Das widerspiegelt sich im schnellen Wachstum der Einwohnerzahl: Von 30 000 um ca. 1550 auf 200 000 bis 220 000 um ca. 1670.[7] Amsterdam war nach Paris (430 000) und London (400 000) die drittgrößte Stadt Europas geworden.[8]

Ein Großteil der Migranten, die es in die Republik und insbesondere nach Amsterdam zog, kam aus den deutschen Gebieten des Reiches und den skandinavischen Ländern. Diese geographischen Zonen waren seit dem späten Mittelalter wichtige Handelsgebiete für die Niederlande. Inzwischen hatte sich dort aber die lutherische Reformation etabliert, wodurch große Gruppen der Migranten lutherisch waren. Diese internationalen Einflüsse waren ein entscheidender Faktor im Entstehungsprozess der niederländischen lutherischen Gemeinden im 16. und 17. Jahrhundert. Zwischen 1565 und 1700 entstanden 41 lutherische Gemeinden, die alle deutsche und skandinavische (Gründungs-)Mitglieder hatten.[9] .

Die zentrale Position Amsterdams in der Republik widerspiegelte sich in der schnell wachsenden lutherischen Gemeinschaft: Die Amsterdamer Gemeinde hatte die zentrale Machtposition und entwickelte sich in organisatorischer, finanzieller und theologischer Hinsicht zur leitenden lutherischen Gemeinde der Republik.[10]

Als der englische Schriftsteller und Politiker Sir William Brereton 1634 Amsterdam besuchte, erwähnte er in seinem Reisebericht mit Erstaunen die lutherische Kirche. Die Lutheraner seien zwar nur geduldet, aber hätten eine riesige Gemeinde und eine geräumige Kirche. Das zentrale Wort in seinem Bericht ist »geduldet« (»connived at«).[11] Das ist, was Toleranz in der frühneuzeitlichen Republik war: Ein hierarchisches Gefüge, in dem die Machthaber Toleranz, Duldung gewährten, aber auch wieder entziehen konnten. Diese Art der Toleranz ist deutlich von der modernen Auffassung zu unterscheiden, die auch Anerkennung, Gleichwertigkeit und Akzeptanz impliziert.

In der englischsprachigen Forschung zu religiöser Toleranz in der frühneuzeitlichen Periode findet man die Differenzierung zwischen »tolerance« und

»toleration«, eine Möglichkeit, die die deutsche oder französische Sprache (noch) nicht kennt. »Tolerance« bezeichnet den ideologischen Rahmen, die Theorie, während »toleration« die alltägliche Praxis in spezifischen, lokalen Situationen beschreibt. Der Historiker Mario Turchetti[12] hat das Fundament für diese Differenzierung gelegt und Alexandra Walsham[13] und Benjamin Kaplan[14] haben dies weiter ausgearbeitet.[15] Auch in meinen Forschungen zum niederländischen Luthertum hat sich dies als sinnvoll erwiesen.[16] Artikel XIII der Union von Utrecht beschreibt »tolerance«, aber wenn ich im Folgenden die praktische Umsetzung dieser Theorie analysiere, meine ich mit Toleranz die Konnotation des englischen »toleration«.

Die Kirche, die Sir Brereton gesehen hatte, ist die Oude Lutherse Kerk, die 1633, ein Jahr vor seinem Besuch, eingeweiht worden war. Es war eine von der Straße sichtbare Kirche, an zentraler, prominenter Stelle gelegen, in der 6000 Personen Gottesdienst feiern konnten. Es war dennoch keinesfalls selbstverständlich, dass die Amsterdamer Lutheraner, als religiöse Minderheit, eine derartige Kirche bauen konnten. Ihre Vorgeschichte veranschaulicht den langwierigen Entwicklungsprozess der Gemeinde und die Hürden, die dabei überwunden werden mussten. Und er illustriert exemplarisch, wie Toleranz einer religiösen Minderheit in der Republik funktionierte.

Es gab auch vor dem Fall von Antwerpen (1585) Lutheraner in Amsterdam, aber nicht in gemeinschaftlich organisierter Form. Erst durch den großen Zustrom aus Antwerpen entstand das Bestreben, eine Gemeinde zu gründen. Auf Basis von Artikel XIII entschieden die Lutheraner, sich in Privathäusern zu religiösen Zusammenkünften zu treffen. Dies stieß auf Protest einiger reformierter Pfarrer, an vorderster Front Petrus Plancius[17] und Jean Hochede.[18], die gegen diese lutherischen Zusammenkünfte agierten. Sie stellten die interessante Frage, ob man derartige Zusammenkünfte noch privat nennen könnte. Es ginge ja nicht mehr um eine einzelne Person, die sich auf die Gewissensfreiheit berief, sondern um eine ganze Gruppe. Plancius und Hochede beschwerten sich beim Magistrat und erreichten ein Verbot der lutherischen Zusammenkünfte. Es kam noch erschwerend hinzu, dass die beiden reformierten Pfarrer bereits in Antwerpen mit den Lutheranern gestritten hatten, v.a. über die Realpräsenz im Abendmahl und anverwandte Themen wie Himmelfahrt.[19] In Antwerpen waren allerdings beide Gruppen, Lutheraner und Reformierte, religiöse Minderheiten, die sich gegenüber der katholischen Obrigkeit zu behaupten versuchten. In Amsterdam sahen Plancius und Hochede sich als Vertreter der Machthaber und erwarteten, dass der Magistrat ihre reformierten Interessen vertreten würde. Die Lutheraner wandten sich daraufhin an die Staaten von Holland, die, unter Berufung auf Artikel XIII der Union von Utrecht den lutherischen Standpunkt unterstützten und dem Amsterdamer Magistrat den

Auftrag gaben dafür zu sorgen, dass die lutherischen Zusammenkünfte nicht mehr gestört würden. Die Lutheraner konnten daraufhin 1588 ihren ersten Krankentröster/Pfarrer berufen.[20]

1600 erhielt die lutherische Gemeinde die Erlaubnis, ein größeres Gebäude für ihre Gottesdienste zu mieten: ein kombiniertes Wohn-und-Speicherhaus, eine sogenannte versteckte Kirche (*schuilkerk*), die von der Straße nicht als Kirche erkannt werden konnte. »Versteckt« war jedoch nicht wirklich versteckt.[21] Es war allgemein bekannt, wo sich diese Kirchen befanden, aber da sie von der Straße aus nicht als Kirche sichtbar waren, konnte man sie übersehen. Mit diesem Arrangement sollte gewährleistet werden, dass nur die öffentliche reformierte Kirche auch öffentlich repräsentiert war. Einigen reformierten Pfarrern war dies jedoch trotzdem ein Dorn im Auge. Sie waren nicht bereit zu übersehen, was sich hinter den Mauern verbarg, obwohl sie es von außen nicht sehen konnten. Das führte 1603 zu einem erneuten Konflikt, der dermaßen eskalierte, dass die lutherischen Gottesdienste von Reformierten mit Gewalt unterbrochen und schließlich vom Magistrat verboten wurden. Nach einem vergeblichen Appell beim Magistrat, wandten die Lutheraner sich an Johan van Oldenbarnevelt (1586–1619), den Landesadvokaten persönlich. Er galt zu dem Zeitpunkt als der mächtigste Mann der Republik und es war bekannt, dass er das Prinzip der Gewissensfreiheit ernst nahm. Die Amsterdamer Lutheraner hatten zu ihrer Unterstützung ein Empfehlungsschreiben des dänischen Königs, an den sie sich mangels einer eigenen lutherischen Obrigkeit, die sie schützen konnte, um Hilfe gewandt hatten. Christian IV. hatte die Macht, die Abgaben festzulegen für alle Schiffe, die den Öresund, die Meerenge zwischen Dänemark und Schweden, passierten, der sogenannte Sundzoll.[22] Die Kontrolle des Öresund gab ihm auch Kontrolle über den Handel im Ostseeraum, das wichtigste Gebiet für den niederländischen Handel mit Massengütern wie Getreide und Holz als wirtschaftliche Basis für den Erfolg der Republik. Die Lutheraner hatten wiederum eine gute Taktik ausgewählt, denn Van Oldenbarnevelt, hauptverantwortlich für die Außenpolitik der Republik, begriff die Schlüsselposition des dänischen Königs sehr gut.

Nach der Intervention des Landesadvokaten konnten die Amsterdamer Lutheraner ihre Gemeinde weiter ausbauen. Zwischen 1604 und 1631 konnten sie an der Stelle, wo sie ein Haus gemietet hatten, acht benachbarte Häuser kaufen. 1631 erhielten sie schließlich die Genehmigung, diese Häuser abzureißen und eine neue Kirche zu bauen. Während die reformierte Kirche die mittelalterlichen katholischen Kirchengebäude übernommen und neue Kirchen gebaut hatte, dauerte es bei den Lutheranern nach der Berufung des ersten Pfarrers (1588) noch 45 Jahre bis zur Einweihung ihrer ersten, von der Straße sichtbaren Kirche (1633). Bauauflagen waren dabei, dass die Kirche keine allzu auffällige Architektur haben durfte und keinen Turm und Glocken, so dass keine Konkurrenz zur reformierten Kirche entstehen konnte.

Das Fallbeispiel der lutherischen Gemeinde in Amsterdam illustriert zentrale Aspekte der pragmatischen Toleranz. 1. Die reformierte Kirche war zwar die privilegierte, öffentliche Kirche, musste sich aber dennoch mit der Gewissensfreiheit und Toleranz Andersgläubiger arrangieren. Sie tat das oftmals nicht freiwillig und deshalb entwickelten die Lutheraner Strategien, um mit dieser reformierten Opposition umzugehen. 2. Streitigkeiten über religiöse Angelegenheiten konnten von wirtschaftlichen Vorteilen und Handelsinteressen beeinflusst und überstimmt werden, denn diese standen über dem Bestreben von Teilen der reformierten Kirche nach Theokratie und konfessioneller Uniformität. 3. Toleranz war kein statisches, sondern ein dynamisches Konzept. Die Tatsache, dass in der Union von Utrecht nicht festgelegt wurde, wie Gewissensfreiheit genau in die Praxis umgesetzt werden sollte, bot Verhandlungsspielraum. Pragmatische Toleranz wurde damit auch zu einer Frage von Geben und Nehmen. Die Lutheraner wussten diesen Verhandlungsspielraum zu ihrem Vorteil zu nutzen, denn sie hatten einiges einzubringen, was zum wirtschaftlichen Vorteil von Amsterdam beitrug: Eine größere Gruppe der Gemeindemitglieder gehörte zur sozialen Elite. Die Gemeinde hatte ein weitreichendes internationales ökonomisch-politisches und intellektuelles Netzwerk mit dem lutherischen Ausland. 4. Und die Lutheraner wurden nicht als hoher Risikofaktor für Aufruhr und Störung der öffentlichen Ordnung eingestuft.

Eine Hierarchie der religiösen Minderheiten

Die reformierte Kirche wurde zwar die privilegierte öffentliche Kirche der Republik, numerisch gesehen blieb sie indes noch während des gesamten 17. Jahrhunderts eine Minderheit unter den Minderheiten. In Seeland, Drenthe, Friesland und Groningen war um 1650 zwar mehr als 80 Prozent der Bevölkerung reformiert, in Holland, Utrecht, Gelderland und Overijssel dagegen nur zwischen 45 Prozent und 55 Prozent.[23] In Amsterdam lag der Anteil der Reformierten um 1600 auf 10 Prozent; und stieg bis 1700 auf 45 Prozent.[24]. Dafür lassen sich v.a. zwei Gründe anweisen: 1. In der Republik wurde niemand verpflichtet, reformiert zu werden, da die individuelle Gewissensfreiheit garantiert war. Hohe Positionen der Politik und des öffentlichen Lebens waren offiziell nur für Mitglieder der reformierten Kirche zugänglich. Aber in der Praxis gab es genügend Ausnahmen. So war der Lutheraner Hans Hunger einer der ersten Gouverneure der Niederländischen Ostindien-Kompanie. 2. Die reformierte Kirche selber stellte hohe Anforderungen an die Mitgliedschaft. Im Anschluss an Artikel 29 der Confessio Belgica (1561) wurde die Kirchenzucht neben der rechten Verkündigung des Evangeliums und der ordnungsgemäßen Verwaltung der Sakramente zum dritten Kennzeichen der wahren Kirche (*nota ecclesiae*).

Von einer reformierten Republik zu sprechen, ergäbe jedoch ein verzerrtes Bild der historischen Realität. Die Republik hatte eine reformierte Fassade, hinter der andere religiöse Gemeinschaften als tolerierte Minderheiten einen Modus Vivendi fanden. Das Ausmaß der Toleranz war allerdings nicht für alle religiösen Minderheiten gleich, und auch innerhalb einer Glaubensgemeinschaft gab es deutliche regionale Unterschiede. Das hatte zum einem damit zu tun, dass Artikel XIII der Union von Utrecht aufgrund der dezentralisierten politischen Struktur der Republik in den jeweiligen Provinzen sehr verschieden interpretiert und umgesetzt wurde. Zum anderen schätzten die politischen Autoritäten den Risikofaktor für Aufruhr und Störung der öffentlichen Ordnung nicht für alle Minderheiten gleich ein.

Daraus ergab sich in der Praxis eine Hierarchie der religiösen Minderheiten. Die Katholiken, als Repräsentanten der besiegten Machthaber, standen in dieser Rangordnung auf unterster Stufe.[25] Obwohl die Gruppe noch bis tief ins 17. Jahrhundert numerisch gesehen groß war, blieb sie am längsten in der Öffentlichkeit unsichtbar und wurde stärker ausgeschlossen. Das widerspiegelt sich in der Anzahl der »versteckten« katholischen Kirchen. In Haarlem waren um 1620 sieben der elf »versteckten« Kirchen katholisch. In Utrecht waren es um 1700 elf von insgesamt 15 und in Amsterdam waren von 30 »versteckten« Kirchen 20 katholisch.[26] Die bekannteste ist die Dachbodenkirche Ons' Lieve Heer op Solder, die weniger als 200 Meter von der zentralen, reformierten Oude Kerk entfernt liegt.

Die Lutheraner sind ein gutes Beispiel dafür, dass das Ausmaß der Toleranz innerhalb einer Glaubensgemeinschaft regional sehr unterschiedlich sein konnte. Während die lutherische Gemeinde in Amsterdam 1671 mit der Ronde Lutherse Kerk ihre zweite öffentlich sichtbare Kirche hatte und damit ihre zentrale Machtposition weiter ausbaute, mussten z. B. die Lutheraner in Friesland immer noch darum kämpfen, sich überhaupt in Privathäusern treffen zu können. Da Friesland eine andere politische Struktur hatte als Holland, mussten nicht nur die Magistrate einer Stadt, sondern auch die Provinzialstände überzeugt werden. Die lutherische Gemeinde Amsterdam bot den Lutheranern in Friesland dabei Hilfestellung, indem sie Ihre Verbindungen zum ausländisch-lutherischen Diplomaten- und Fürstennetzwerk einsetzte. Amsterdam half auch bei der Finanzierung anderer lutherischer Gemeinden, z. B. im friesischen Leeuwarden und in Utrecht.[27]

In Amsterdam waren die Lutheraner die erfolgreichste christliche Minderheit. Während ihre Oude Lutherse Kerk sichtbar, an einer prominenten Stelle der Stadt lag, war eine der Kirchen der Mennoniten, die direkt gegenüber lag, »versteckt«, obwohl sie auch Anfang der 1630er-Jahre gebaut war. Und 1700 gab es in Amsterdam immer noch sechs »versteckte« mennonitische Kirchen.

1630 wurde in Amsterdam auch eine »versteckte« Kirche der Remonstranten gebaut. Remonstranten waren die erste religiöse Minderheit, die aus einem Konflikt in der reformierten Kirche entstanden war. Die Anhänger des Theologen Jakob Arminius (1560–1609), der in der Tradition des Reformators Heinrich Bullinger stand, waren in einen heftigen Streit verwickelt mit den Anhängern des Theologen Franciscus Gomarus (1563–1641), der mehr von den Reformatoren Johannes Calvin und Theodor Beza beeinflusst war. Ein theologischer Streit um die Gnadenlehre und die Prädestination bekam politische Dimensionen, die die nationale Synode von Dordrecht (1618–1619) dominierten.[28] Die Gomaristen gewannen diesen Streit; die Anhänger von Arminius gründeten im Exil in Antwerpen die Remonstrantse Broederschap.[29] Als sie in die Republik zurückkehrten, fanden ihre Zusammenkünfte zuerst in »versteckten« Kirchen statt. In der zweiten Hälfte des 17. Jahrhunderts fanden die Remonstranten immer mehr einen Platz in der Öffentlichkeit.

Das Ausmaß der Toleranz für eine religiöse Minderheit wurde nicht nur von deren Verhältnis zu den politischen Mächten und zur reformierten Kirche beeinflusst, sondern auch vom Status quo der anderen religiösen Minderheiten. So wurden während der Synode von Dordrecht in den lutherischen Gemeinden in Rotterdam und Amsterdam Kinder von Remonstranten heimlich getauft und finanzielle Unterstützung zur Verfügung gestellt für Remonstranten, die in die deutschen Länder ausweichen wollten. Gleichzeitig wurde von der Kanzel davor gewarnt, sich nicht in den inner-reformierten Streit einzumischen. Als 1619 in der lutherischen Gemeinde in Rotterdam eine heftige Diskussion entstand, ob man wie bisher Hostien beim Abendmahl benutzen sollte, oder Brot wie die Reformierten, kam das lutherische Konsistorium in Amsterdam sofort in Aktion. Rotterdam lag nur 25 Kilometer von Dordrecht entfernt. Die Gemeinde durfte gerade während dieser kritischen Periode in der reformierten Kirche nicht unnötig und negativ auf sich aufmerksam machen, denn das hätte sich nachteilig auf den religiösen Freiraum der Gemeinde auswirken können.[30]

Außer für die Lutheraner wurde Amsterdam auch für die Juden die zentrale Stadt ihrer Gemeinschaft. Sie waren 1592/1593 nicht als Juden, sondern als spanische oder portugiesische katholische *nuevos christianos* (»neue Christen«) gekommen, auf der Flucht vor der Inquisition auf der Iberischen Halbinsel. Unter ihnen waren sehr erfahrene Kaufleute und Händler, mit einem großen transnationalen Netzwerk, das sich auf die Levante und die wohlhabenden und florierenden Handelsposten des portugiesischen Kolonialreiches richtete. Sie wurden vom Magistrat in erster Linie als eine weitere nicht-reformierte Gruppe gesehen, die sich auch auf die Gewissensfreiheit berufen konnte. Aber in den ersten Jahren in Amsterdam entschied die Mehrheit der Gruppe sich, neue Juden zu werden. Zum einen hatten die Katholiken die meisten Restriktionen, zum anderen war es nicht mehr notwendig, in der Konfession zu bleiben, die die meisten nicht freiwillig angenommen hatten. Die erlebte pragmatische Toleranz in Amsterdam ließ diese Entscheidung denkbar werden.[31] In den ersten Jahrzehnten des 17. Jahrhunderts entstanden drei portugiesische Gemeinden, die sich 1639 zu einer Gemeinde zusammenschlossen. Deren Erfolg wird am deutlichsten durch den Bau der Synagoge 1675 symbolisiert, der damals weltweit größten. Gemäß der dezentralisierten politischen Struktur blieb es den einzelnen Provinzen und Städten überlassen, ob sie Juden tolerieren wollten. Im Gegensatz zu Amsterdam gab zum Beispiel Utrecht keine Genehmigung zur Niederlassung.

Pragmatische Toleranz: ein Fazit

In den deutschen Ländern des Reiches wurde der Umgang mit der Frage der Religion im Augsburger Religionsfrieden (1555) als Kernbestandteil des Programms zur Wahrung des Reichslandfriedens rechtlich verankert: Die Reichsstände hatten in ihren Territorien die Kirchenhoheit (*ius reformandi*), den Untertanen wurde zugestanden auszuwandern (*ius emigrandi*). Nachträglich vereinfacht ausgedrückt mit dem Prinzip: *cuius regio, eius religio* (»wessen Gebiet, dessen Religion«).

In den Niederlanden waren alle Versuche, die Frage der Religion auf ähnliche Weise zu regeln, gescheitert. Die Union von Utrecht kann durchaus auch als Ausdruck dieses Scheiterns gesehen werden. Artikel XIII ist eine Minimalformulierung, die sich auf die Verankerung individueller Gewissensfreiheit und Freiheit von Verhör und Verfolgung in Glaubensfragen beschränkt.

Obwohl bei der Vertragsunterzeichnung 1579 noch nicht vorauszusehen war, dass dieser Text zu den Schlüsseltexten der späteren Republik gehören würde, entpuppte Artikel XIII sich als eines der zentralen Elemente in der Entwicklung der pragmatischen Toleranz.

Der Umgang mit der Frage der Religion wurde von der theologischen Wahrheitsfrage abgekoppelt. Die reformierte Kirche wurde zwar die privilegierte öffentliche Kirche, ihr Monopolanspruch jedoch durch die Toleranz religiöser Minderheiten in seine Grenzen gewiesen. Oberstes Ziel der Republik war Frieden und Wohlstand der Provinzen und Städte und ihrer einzelnen Mitglieder (Artikel XIII); eine Fortsetzung der Glaubenskriege war diesem Ziel nicht dienlich. Nicht theologische und philosophische Diskussionen, sondern nüchterner Pragmatismus gaben dabei den Durchschlag.

Die niederländische Form der pragmatischen Toleranz kann umschrieben werden als ein dynamischer, nichtlinearer Prozess komplexer Interdependenz. Das Ziel von Wohlfahrt und sozialer Harmonie ließ einen Verhandlungsspielraum entstehen, den religiöse Minderheiten, abhängig von dem, was sie einzubringen hatten, zu ihrem Vorteil nutzen konnten. Das machte diese religiösen Minderheiten auch zu Akteuren, die die Praxis der Toleranz mitgestalteten. Aufgrund der dezentralisierten politischen Struktur der Republik war dieser Spielraum, auch innerhalb einer Glaubensgemeinschaft, nicht überall gleich. Erfolgreiche Minderheiten wie Lutheraner und Juden prägten mit ihren Kirchen und Synagogen im Laufe des 17. Jahrhunderts in manchen Orten auch die religiöse Topografie des öffentlichen Raums, obwohl das nicht ihren Status als lediglich tolerierte Minderheit veränderte. Pragmatische Toleranz war keine Theorie, sondern immer wieder situations- und kontextgebunden und gerade das machte sie als Konzept tragfähig.

Die britischen Nordamerikakolonien als Experimentierfeld von Gewissens- und Religionsfreiheit
Zwischen Staatsräson und radikalem Protestantismus

Jan Stievermann

Mit dem ersten Zusatzartikel (1791 in Kraft getreten) zur Verfassung der Vereinigten Staaten von Amerika (1787 ratifiziert) verankerte erstmals eine westliche Nation die Trennung von Staat und Kirche sowie das Recht auf freie Religionsausübung in seiner Grundordnung. »Der Kongress darf kein Gesetz erlassen«, heißt es dort, »das die Einführung einer Staatsreligion zum Gegenstand hat, [oder] die freie Religionsausübung verbietet«. Auch die Einzelstaaten des Bundes gewährten in ihren neuen Verfassungen weitgehende Religionsfreiheit; bis 1833 waren auch die letzten Reste des Staatskirchentums in Neuengland verschwunden.[1]

Wie kam es zu dieser bemerkenswerten Entwicklung, die über die Gewissensfreiheit (im Sinne eines Schutzes vor Glaubenszwang) und Toleranz hinausführte und ein subjektives Recht auf »free exercise« für Bürger aller Konfessionen begründete? Die amerikanische Pionierleistung in Sachen individueller Religionsfreiheit wird häufig als Errungenschaft der Aufklärungsphilosophie dargestellt, durch welche die Gründerväter der USA wie Thomas Jefferson oder James Madison beeinflusst waren. Das ist natürlich nicht falsch, greift aber historisch doch zu kurz und ist als ausschließliches Erklärungsmodell problematisch. Etwas überspitzt lässt sich argumentieren, dass die Gründerväter im Wesentlichen die religiösen Verhältnisse in den unterschiedlichen Kolonien und die dortigen Erfahrungen mit Toleranz und Freiheit philosophisch-naturrechtlich deuteten bzw. begründeten und sie dann in der Verfassung kodifizierten. Die entscheidenden Weichen, so das hier vertretene Argument, waren bereits vor der Mitte des 18. Jahrhunderts gestellt, und auf dieser Phase der Kolonialzeit soll im Folgenden auch das Hauptaugenmerk liegen.

Während im Europa des 17. Jahrhunderts die Religionskriege wüteten, experimentierten einige der britischen Nordamerikakolonien mit für die Zeit sehr umfassenden Modellen der Gewissensfreiheit und innerprotestantischen Toleranz, ja der positiven Religionsfreiheit für alle Christen und auch Juden. So sammelten sie neuartige Erfahrungen mit religiösem Pluralismus. Dass die Kolonien sich zu solchen Experimentierfeldern entwickeln sollten, war keinesfalls vorprogrammiert und geschah aus unterschiedlichen Gründen, die sich häufig untrennbar miteinander vermischten. Staatsräson und Ökonomie waren in vielen Fällen mitbestimmend. Teilweise war die Eröffnung von religiösen Freiräumen den chaotischen Bedingungen bei der Besiedlung, der institutionellen Schwäche von Staat und Kirchen und nicht zuletzt der schieren Entfernung und Größe der Kolonien geschuldet. Dann sind die Wechselfälle der (Kirchen-)Geschichte des Mutterlandes von der Thronbesteigung Jakobs I. (1603) bis zur Glorreichen Revolution (1688) als ausschlaggebende Faktoren zu nennen. Sie waren wesentlich dafür verantwortlich, dass sich im britischen Nordamerika staatskirchenähnliche Strukturen allenfalls ansatzweise ausbilden konnten. Eine ganz wichtige Rolle spielten aber eben auch religiöse Motivationen, v. a. die Idealvorstellungen radikaler Protestanten, die ein Staatskirchentum prinzipiell ablehnten. So kam es im britischen Nordamerika zur Gründung von Gemeinschaftswesen, in denen man teils aus pragmatisch-politischen Gründen, teils aus Überzeugung, die konfessionelle Religionspolitik nach europäischem Muster stark abschwächte oder auch ganz aufgab. Schließlich entfaltete die faktische Realität der wachsenden ethno-religiösen Diversität der Bevölkerung in den Kolonien, welche die englischen Eroberungen und die aus wirtschaftlichen Erwägungen beförderte Einwanderung aus verschiedenen Teilen Europas mit sich brachte, eine eigene Dynamik, die den Aufbau bzw. Erhalt in sich geschlossener, konfessioneller Kulturen dauerhaft konterkarierte. Die Gründerväter hatten dieser Dynamik beim Aufbau des neuen Staatswesens Rechnung zu tragen und eine Ordnung zu finden, die das friedliche Zusammenleben dauerhaft ermöglichen würde.

Der englische Hintergrund und die koloniale Gründungsphase

Die Krone spielte in der frühen Phase des englischen Kolonialismus in Nordamerika, die erst wirklich unter dem Stuart-König Karl I. begann, nur mittelbar eine Rolle. Die ersten dauerhaften englischen Kolonialprojekte in Nordamerika waren privat finanzierte Unternehmungen in Form von Handelskompanien, die zwar im Namen der Krone und mit königlichen Privilegien operierten, auf die aber die Stuart-Monarchen zunächst nur wenig direkten Einfluss nahmen. Selbst da, wo man später einen königlichen Gouverneur einsetzte, mangelte es an der Entschlossenheit und an der Fähigkeit zur umfassenden Kontrolle. Die wesentlichen Instrumente von Herrschaft und Verwaltung fehlten schlicht oder standen weitgehend unter lokalem Einfluss. Das galt auch für die Religion. Anders als in den spanischen und auch in den französischen Amerikakolonien wurde im britischen Nordamerika das Staatskirchentum des Mutterlandes (d. h. die Church of England) nur in schwacher Form, wie in Virginia, oder, wie in Neuengland, gar nicht etabliert. Während der Zeit des Englischen Bürgerkriegs und des Interregnums (1642–1660) erhielten die überseeischen Besitzungen nur wenig Aufmerksamkeit, sodass zwischen der Gründung der ersten dauerhaften Kolonie (Virginia, 1607) und der Stuart-Restauration 1660 fast ein halbes Jahrhundert verging, in dem die Kolonien in vielerlei Hinsicht sich selbst überlassen waren. Dies hatte bedeutende religionspolitische Konsequenzen, die sich aber in den verschiedenen Kolonien unterschiedlich niederschlugen.[2]

Die Kolonien der Chesapeake Bay: Wie ihre spanischen und französischen Rivalen trug die englische Krone dafür Sorge, in ihrer Erstlingskolonie Virginia das nationale Kirchenwesen mit seiner Parochialstruktur, Gottesdienstordnung und seinen Konfessionsurkunden zu etablieren. Nur die Church of England genoss staatliche Unterstützung und Schutz, hatte das alleinige Recht, öffentlichen Gottesdienst abzuhalten, und nur sie konnte »Nonkonformisten« mithilfe des Magistrats bestrafen oder ausweisen. Nur Anglikaner – sofern sie zu den freien weißen Landeigentümern gehörten – besaßen das Recht zu wählen und öffentliche Ämter zu bekleiden. Wegen der enormen Größe der Sprengel und des chronischen Mangels an Priestern blieb die »Verkirchlichung« Virginias aber bis ins späte 17. Jahrhundert partiell und oberflächlich. Anders als Spanien und Frankreich in ihren Besitzungen schuf England auch keinen amerikanischen Bischofssitz. Die kolonialen anglikanischen Gemeinden blieben offiziell unter der Autorität des weit entfernten und oftmals für ihre Anliegen unempfänglichen Bischofs von London. Erst 1689 wurde ein Kommissar des Bischofs eingesetzt. Einen obersten Kirchenrat, Visitationen oder synodale Versammlungen gab es weder in Virginia noch später in anderen anglikanischen Kolonien. Damit fehlten wesentliche Voraussetzungen und Instrumente der Konfessionalisierung nach europäischem Muster.

Obwohl Virginia bereits 1625 in eine Kronkolonie verwandelt wurde, war die Macht des vom König eingesetzten Gouverneurs beschränkt und die administrative Durchdringung schwach. Die faktische Kontrolle über die anglikanischen Gemeinden und ihre Pfarrer in der Chesapeake Bay lag nicht bei einer Zentralregierung, sondern bei den von der lokalen Elite beherrschten Gemeindevorständen (»vestries«). Die Plantagenbetreiber Virginias hatten wenig Interesse an der geistlichen Versorgung der weit verstreut lebenden Siedler; ihr religiöses Leben verkümmerte eher. Es herrschten strenge Gesetze zur allgemeinen Sittenzucht der Bevölkerung, die immer wieder auch mit drakonischer Härte durchgesetzt wurden. Einzelne religiöse Dissenter wurden bestraft oder sogar vertrieben. Im Kontext des Bürgerkrieges verstärkte sich der Zwang zur äußeren Konformität. Tiefer greifende Bemühungen um eine Förderung und Homogenisierung des religiösen Lebens der Bevölkerung (etwa durch Schulwesen oder Katechese) nach konfessionellen Normen fanden allerdings bis zum Ende des Jahrhunderts fast gar nicht statt. Gerade im Hinterland von Virginia gab es so trotz Staatskirchentum eine Art Toleranz *ex negativo* oder Freiheit mangels Kontrolle, die sich auch in einer weitverbreiteten religiösen Indifferenz, in heidnisch-magischen Praktiken sowie in mehr oder minder durch äußere Konformität bemänteltem Dissentertum manifestierte.[3]

Ein Großteil der Puritaner, welche sich diesem äußeren Konformitätsdruck nicht beugen wollten, wanderten in das benachbarte Maryland aus, das 1634 von Virginia abgetrennt und der katholischen Familie der Calverts, Lords of Baltimore, als Eigentümerkolonie übertragen worden war. Die Calverts waren treue Anhänger des Königs, der, aus persönlicher Neigung und bedingt durch seine Heirat mit der Bourbonin Henrietta Maria, Sympathien für den Katholizismus hegte. Daher stimmte Karl I. der Gründung der Kolonie von Maryland nicht nur aus wirtschaftlichen Gründen zu, sondern auch, weil er damit seinen zumeist adeligen katholischen Untertanen einen Zufluchtsort bot vor der in England herrschenden Intoleranz gegenüber Altgläubigen. Hier zeigt sich eine weitere Besonderheit der englischen Religionspolitik in der Phase vor dem Bürgerkrieg, aber auch nach der Restauration: Während die Stuarts nach innen den Druck auf die Hauptgruppierungen des Puritanismus erhöhten, die den Kern der politischen Opposition bildeten, waren sie gleichzeitig bereit, religiösen Außenseitern, wie den Katholiken, Quäkern und Baptisten, weitgehende Privilegien in ihren kolonialen Besitzungen zu gewähren. In Maryland entwickelte sich so ein von Anfang an prekäres Experiment mit einem Gemeinschaftswesen ohne offizielle Kirche oder Religionszwang. Das war für die Calverts der einzige Weg, um sowohl das zunehmend von Puritanern dominierte englische Parlament milde zu stimmen als auch mehr Siedler und Arbeiter anzulocken.

Spätestens als mit der Hinrichtung Karls I. 1649 die Niederlage der royalistischen Seite im Bürgerkrieg besiegelt war, bemühte sich Cecil Calvert, der zweite Lord Baltimore, die Rechte der Katholiken durch eine offizielle Toleranzakte (*An Act Concerning Religion,* 1649) dauerhaft zu sichern. Mit seiner über das traditionelle Verständnis von Toleranz hinausgehenden Gewährung von positiven religiösen Freiheitsrechten ist dieser Erlass in die amerikanische Geschichte eingegangen: Er verfügte, dass kein trinitarischer Christ »wegen oder hinsichtlich seiner Religion gestört, belästigt oder missbilligt werden sollte, ebenso wenig wie in der freien Ausübung derselben«.[4] Ein weiterer Aufstand von Puritanern in Maryland hebelte die Bestimmungen der Toleranzakte aber sehr bald wieder aus. Erst mit der Stuart-Restauration in England kehrte die alte Eigentümerregierung und damit ihre Politik in die Kolonie zurück. Für weitere vier Jahrzehnte gab es kein offizielles Kirchenwesen und keine Konfessionalisierungspolitik. Maryland unter den Calverts wurde so ein berühmt-berüchtigter Zufluchtsort für Sektierer aller Art; zugleich ließ die Quasi-Privatisierung der Religion die Großzahl der einfachen Siedler weitestgehend ohne jede geistliche Versorgung.

Die Neuengland-Kolonien: Während die Calverts Maryland aufzubauen begannen, hatten nördlich der Chesapeake Bay Puritaner ihre eigenen Kolonien gegründet. Hier suchten sie Zuflucht vor dem anglikanischen Staatskirchentum in ihrer Heimat, das sie als nicht wahrhaft evangelisch, ja papistisch wahrnahmen, und das sich Kritikern gegenüber zunehmend repressiv gebärdete. Für die Puritaner bot sich auf der anderen Seite des Ozeans die Möglichkeit, ihre Vorstellung von einem vollkommen schriftgemäßen Kirchenwesen und einer durch und durch reformierten Gesellschaft zu realisieren. Allerdings kamen die in England Verfolgten keineswegs auf der Suche nach religiöser Freiheit in die Neue Welt; Religionsfreiheit an sich war kein Wert für sie. Es ging ihnen um die Freiheit, das, was sie als die eine wahre Religion ansahen, leben zu können. Und dennoch wohnte ihrem nonkonformistischen Protestantismus eine Dynamik inne, die dem Aufbau eines konfessionellen Staatskirchentums entgegenwirkte und langfristig einer innerprotestantischen Toleranzpolitik Vorschub leistete.[5] Die erste Gruppe von puritanischen Siedlern, die sich 1620 in Neuengland niederließen und Plymouth Plantation gründeten, waren größtenteils Separatisten. Sie lehnten das englische Modell der umfassenden Staatskirche mit ihrer Vermischung von weltlicher und geistlicher Gewalt als Ausgeburt des Antichristen ab. Sie glaubten nicht mehr an die Reformierbarkeit der anglikanischen Kirche und betrachteten sich selbst nicht länger als deren Mitglieder. Die Mehrheit der puritanischen Reformer in England bevorzugte daher ein presbyterianisches Staatskirchenmodell nach schottischem Vorbild. Die Plymouth-Kolonie machte hingegen den ersten Versuch einer strikt kongregationalistischen Kirchenverfassung ohne jede hierarchische Struktur, die auf dem Prinzip der Unabhängigkeit jeder Gemeinde basierte, welche sich jeweils als Sammlung von Gläubigen im Bund mit Gott zusammenschloss. Gleichwohl akzeptierten die Puritaner keine nichtreformierten Kirchen in ihrer Kolonie. Diese Kolonie bestand insgesamt aber nur etwas mehr als ein halbes Jahrhundert und wurde nach der Glorreichen Revolution mit der viel größeren Nachbarkolonie Massachusetts Bay vereinigt.

Die Massachusetts-Bay-Kolonie war 1630 ebenfalls von einer puritanisch dominierten Handelskompanie gegründet worden und hatte sich rasch zu einem wirtschaftlichen sowie demografischen Erfolgsmodell entwickelt. Die Ausgründungen Connecticut (1636) und New Hampshire (1638) folgten im Großen und Ganzen dem politischen und kirchlichen Modell der Mutterkolonie. Im Gegensatz zu ihren Glaubensgenossen in Plymouth waren die Puritaner von Massachusetts und Connecticut keine Separatisten. Sie betrachteten den neuenglischen Kongregationalismus als Reformmodell. Was in den Kolonien Neuenglands entstand, war eine Art »dritter Weg« des Protestantismus (kodifiziert in der *Cambridge Platform* von 1648), der das Ideal des freiwilligen Zusammenschlusses der Gläubigen in einer sich selbst leitenden und disziplinierenden Gemeinschaft mit dem europäischen Modell einer umfassenden territorialen Kirche als »Gnadenanstalt« für alle zu versöhnen suchte. Die Puritaner der Massachusetts-Bay-Kolonie zielten auf eine reine Kirche der sichtbaren Heiligen (»visible saints«) ab, die Zeugnis von ihrer Erwählung ablegen und dieses auch im Sinne des *syllogismus practicus* durch ihren Lebenswandel bekräftigen konnten. Zugleich insistierten sie aber darauf, dass alle Mitglieder der Gesellschaft, unabhängig davon, ob sie eine Berufung im Glauben erfahren hatten oder nicht, einer Kirchengemeinde angehörten und dort auch den Gottesdienst besuchten. Es entwickelte sich so ein »parochial Congregationalism« mit einem zweistufigen System der Kirchenmitgliedschaft.[6] Zugleich legten die Puritaner fest, dass es in ihren Kolonien nur kongregationalistische Kirchen geben durfte, deren privilegierte Stellung und Integrität auch durch die weltliche Obrigkeit zu schützen sei. Insofern kann von positiver Religionsfreiheit im frühen Neuengland keine Rede sein. Entsprechend Ihrem ausgeprägten Antikatholizismus verfolgten die Puritaner vereinzelt Altgläubige, die sich nach Neuengland verirrt hatten. Den Aufbau anderer protestantischer Kirchen unterdrückten sie bis zur Glorreichen Revolution ebenfalls konsequent, wobei sie Angehörigen reformierter Schwesterkirchen, wie etwa Presbyterianern oder geflüchteten Hugenotten, allerdings bereitwillig die Aufnahme in ihre Gemeinden anboten.

Während die Gemeinden fast uneingeschränkte Eigenverwaltungsrechte hatten (insbesondere bei der Wahl und Abwahl des Pfarrers, der Aufnahme von Mitgliedern und der Kirchenzucht), behielt sich die Obrigkeit die Rolle des Beschützers der Kirchen vor. Ihr oblag es im Extremfall auch, der Ausbreitung heterodoxer Lehren entgegenzuwirken, Feinde der Kirchen zu entfernen und deren Reinheit zu schützen, sowie allgemein im Staat für die Durchsetzung des Sittenrechts zu sorgen. Der *Massachusetts Body of Liberties* (1641) enthielt, neben Standardelementen des English Common Law, zahlreiche alttestamentliche Gesetze, die z. B. Götzendienst oder Ehebruch unter strengste Strafen stellte, aber auch den Zinswucher verboten. Magistrat und Kirchen arbeiteten somit eng zusammen. Dennoch war Neuengland keine Theokratie. Tatsächlich lässt sich das Verhältnis von Staat und Kirche eher als kooperative Trennung beschreiben. Von der direkten Teilhabe an der staatlichen Macht war die Kirche ausgeschlossen. Es gab keine geistliche Gerichtsbarkeit und Pfarrer durften keine politischen Ämter innehaben. Umgekehrt hatten weder der von allen freien Männern mit voller Kirchenmitgliedschaft gewählte Gouverneur noch die Versammlungsmitglieder das Recht, geistliche Ämter zu besetzen, oder sich in die inneren Angelegenheiten der Kirche einzumischen.

Ohne Zweifel existierten in den Neuenglandkolonien also staatskirchenähnliche Strukturen – wenn auch sehr speziell ausgeformte – und eine starke Sozialdisziplinierung, die auf Aufbau und Erhalt einer mehr oder minder homogenen Konfessionskultur zielten.[7] Diese Konfessionalisierung kam aber wesentlich »von unten«, also aus den Gemeinden und Familien, die sie meist freiwillig mittrugen.[8] Gleichwohl herrschten aus unserer heutigen Sicht unerträgliche Formen und Ausmaße des Zwanges, die besonders die praktische Lebensführung (z. B. Sexualmoral) betrafen. Wie verhielt es sich nun aber speziell mit Fällen von religiösem Dissens?

Wie kaum eine andere Form des Protestantismus betonte der Puritanismus die Unmittelbarkeit jedes Individuums zu Gott und die Notwendigkeit, sich persönlich mit seiner Offenbarung auseinanderzusetzen. Auch erkannte der Kongregationalismus weder übergeordnete Kirchenstrukturen (d. h. weder episkopale noch synodale Hierarchien) noch Bekenntnisurkunden mit bindender Autorität an. Eine kongregationalistische Version der *Westminster Confessions* (die *Savoy Declaration* von 1658) fasste er lediglich als Richtlinie des Glaubens auf. Aus dem Prinzip der alleinigen Autorität der Bibel erwuchs fast zwangsläufig eine Kultur des theologischen Streits, des individuellen Widerspruchs und häufiger Gemeindespaltungen. Seinem Ruf als theokratisches Unterdrückungsregime, den der Puritanismus bis heute hat, muss man als vergleichender Historiker entgegenhalten, dass es in Massachusetts und Connecticut nur zu wenigen direkten Verfolgungen Andersgläubiger kam und es durchaus Spielraum für Dissens gab. Solange es nicht um unverhandelbare Axiome ging und der Dissens im normativen Bezugsrahmen des Schriftprinzips vorgetragen wurde, duldete und schützte man abweichende Meinungen, auch von Laien, als Ausdruck der Gewissensfreiheit vor Gott. Über Eschatologie etwa oder das genaue Verständnis der Gnadenwahl wurde ausgiebig und kontrovers diskutiert. Auch gab es erhebliche Unterschiede in der Praxis der Gemeinden, etwa wie genau sie im Einzelnen die Zulassung zur Vollmitgliedschaft handhaben. Diese Toleranzspielräume endeten allerdings dort, wo Abweichler an den Grundlehren des reformierten Protestantismus rührten oder das Kirchenwesen prinzipiell infrage stellten.

Gleichwohl versuchten die puritanischen Kirchen in der Regel zunächst innergemeindlich durch Ermahnen und Schlichten zu einer Lösung zu kommen. Am häufigsten waren Konflikte um baptistische Positionen. Ein prominentes Beispiel ist Henry Dunster (1609–1659), der erste Präsident von Harvard, der nach langwierigen Debatten mit seinen Kollegen schließlich freiwillig die Kolonie verließ. Weniger angesehene Baptisten mussten hingegen mit Geld- und Zuchtstrafen rechnen. Der bekannteste Fall dieser Art ist der Anne Hutchinsons (1591–1643) und ihren Anhängern. Da Hutchinson »antinomische« Positionen vertrat, mit welchen sie in Abrede stellte, dass die äußere Konformität mit dem göttlichen Gesetz irgendeine Evidenz hinsichtlich der Gnadenwahl habe, und sie somit am gesamten System der Sammlung der sichtbaren Heiligen rüttelte, wurde sie der Kolonie verwiesen.[9] Noch unnachgiebiger war die Obrigkeit im Umgang mit Eindringlingen. Berühmt-berüchtigt ist die Unterdrückung von Quäkern, die im frühen Massachusetts missionierten bzw. Konventikel zu etablieren suchten. Vier solcher Missionare wurden nach wiederholten Ermahnungen, Strafen und Ausweisungen schließlich hingerichtet. Verglichen mit Europa, ist die Zahl solcher Opfer religiöser Intoleranz jedoch verschwindend gering. Dies liegt nicht zuletzt an der Möglichkeit, in benachbarte Kolonien auszuweichen, v. a. in das kleine Rhode Island.

Rhode Island, Exklave puritanischer Abweichler, wurde unter der Führung von Roger Williams (1603–1683), einem ehemaligen Pfarrer aus Massachusetts, gegründet, der dort wegen seines radikalen Separatismus mit den Obrigkeiten in Konflikt geraten war. Williams erhielt ein königliches Patent für seine kleine puritanische Kolonie und ärgerte seine größeren Nachbarn, indem er jegliche Form von staatskirchlichen Strukturen untersagte und protestantischen Minderheiten, Katholiken und Juden Religionsfreiheit gewährte. Neben New York wurde Rhode Island zum Ort der frühesten jüdischen Gemeindebildung im britischen Nordamerika. Allerdings konnten nur Christen die vollen Bürgerrechte erwerben. Williams für seine Zeit absolut bemerkenswerte Politik der strikten Trennung von Staat und Kirche beruhte auf einem extremen »christlichen Primitivismus«. Er erwartete die Wiederkehr Christi, die unmittelbar bevorstehe, und damit die Restitution der reinen Kirche des Neuen Testaments. Wie diese im Einzelnen verfasst sein würde, könne diesseits des tausendjährigen Reiches nicht entschieden werden. Die vermeintlich reine Kirche hier und jetzt mit Zwangsmaßnahmen aufrichten zu wollen, führe zwangsläufig zur Fortsetzung der sündhaften Korrumpierungen, die seit der konstantinischen Wende in die Kirche Einzug gehalten hatten. Williams war daher alles andere als ein moderner Liberaler. Vielmehr ging es ihm um die schützende Trennung der Kirche (des »Garden of the Church«) von der durch die Sünde dominierten Welt (der »Wilderness of the World«). Sein Ziel war die fortschreitende Vervollkommnung des christlichen Glaubens jenseits aller Konfessionsbildungen und -streitigkeiten. Williams vertrat also eine Art postkonfessionellen Protestantismus; auch eine zeitweilige Affiliation mit der baptistischen Kirche löste er. Er bezeichnete sich als »Suchender« im christlichen Glauben. In Rhode Island sollte Religion absolut freiwillig und die Rolle der Obrigkeit auf die Wahrung von Recht, Gesetz und die allgemeine Sittenzucht beschränkt sein. Zwang in Religionsdingen und die Einschränkung der von Gott gegebenen Gewissensfreiheit brandmarkte Williams in Schriften wie *The Bloudy Tenent of Persecution, for Cause of Conscience* (1644) als »soule or spiritual rape« – eine Sünde, derer er im öffentlichen Streit mit seinem ehemaligen Kollegen John Cotton (1585–1652) aus Massachusetts auch das kongregationalistische Establishment Neuenglands bezichtigte.[10]

Die Entwicklung der Religionsfreiheit im Gefolge von Restauration und Glorreicher Revolution

Nach dem Sturz der Cromwell-Regierung in England und der Restauration der Stuart-Monarchie konnte Rhode Island seine ursprünglichen Privilegien dauerhaft sichern, während seine großen Nachbarn als Horte der vormaligen puritanischen Opposition nun zunehmend ins Visier Karls II. gerieten. Unter seinem Bruder Jakob II. verloren diese ihre Gründungsprivilegien; 1684 wurden sie unter königliche Direktverwaltung gestellt, in Boston die ersten anglikanischen Kirchen etabliert und die Zulassung nicht kongregationalistischer Protestanten erzwungen. Diese Maßnahmen sind im Zusammenhang zu sehen mit der Unterdrückung von Dissentern im Mutterland nach der Restauration. Sie läuteten auch eine zweite, stark von absolutistischen und merkantilistischen Ideen beeinflusste Phase der Kolonialherrschaft ein, in der die Krone strengere Kontrolle über die Kolonien und den kolonialen Handel sowie die Religionspolitik zu gewinnen suchte. Zugleich strebte die Stuart-Monarchie die Erweiterung des Herrschaftsgebietes entlang der atlantischen Küste an. Zwischen den 1660er- und den 1680er-Jahren verlieh sie Gründungsprivilegien für eine Reihe von neuen Eigentümerkolonien.[11] Dabei waren die Stuarts, teils aus politischen Gründen, teils aber auch aufgrund ihrer persönlichen Neigungen zum Katholizismus, nicht daran interessiert, in diesen überseeischen Besitzungen ein uniformes anglikanisches Staatskirchentum durchzusetzen und erlaubten z. T. weit gehende Experimente mit Religionsfreiheit.

Die Carolinas und mittelatlantischen Kolonien: Die ersten neuen Eigentümerkolonien entstanden mit den 1663 von Virginia abgetrennten Carolinas. Um Anreize für neue Siedler zu setzen, bot die Verfassung der Carolinas, die mithilfe John Lockes und des Earls von Shaftesbury entworfen wurde, großzügige Möglichkeiten der freien Glaubensausübung für alle Christen sowie Toleranz für Juden. Diese unter den südlichen Kolonien einmalige Liberalität zog Quäker und andere englischsprachige Dissenter an, aber auch eine beachtliche Zahl exilierter französischer Hugenotten. In South Carolina entwickelte sich die Hauptstadt Charleston sogar zu einem kleinen Zentrum jüdischen Lebens.

Das 1664 eroberte Gebiet der Neu-Niederlande-Kolonie in der mittelatlantischen Region zwischen Connecticut und der Chesapeake Bay wurde in mehrere neue englische Kolonien aufgeteilt. Im gesamten Raum entstanden Gemeindewesen, in denen, mit gewissen Abstufungen, weitgehende Religionsfreiheit herrschen sollte. Sie übten alsbald enorme Anziehungskraft auf religiöse Minderheiten und Verfolgte aller Art aus. Dass dies so kam, war auch eine Sache der Staatsräson: Die niederländische Kolonie und insbesondere Neu-Amsterdam waren bei der Eroberung bereits von großer religiöser Vielfalt (inklusive Juden) geprägt; diese Verhältnisse hätten sich schwerlich wieder revidieren lassen. Im Fall von New York, das als Kronkolonie organisiert war, erließ der Duke of York daher einen pragmatischen Erlass: Bekenntnisfreiheit auch für Katholiken und Juden. Allen christlichen Kirchen wurde die Möglichkeit zum freien und öffentlichen Gottesdienst garantiert, solange dem Gouverneur Zeugnisse über die Ordination und das gute Ansehen der entsprechenden Pfarrer vorgelegt werden konnten.

Bei der Gründung und Entwicklung der Jerseys und der benachbarten Kolonie Pennsylvania spielten die Quäker (»Society of Friends«) eine zentrale Rolle. Diese Bewegung am »linken Flügel« des Puritanismus war gekennzeichnet durch eine spiritualistische Christologie und Ekklesiologie und neigte mithin zu einem kompromisslosen Antikonfessionalismus, Antiformalismus und zu einer pauschalen Ablehnung von Priesteramt und Amtskirche. Diese »häretischen« Lehren, zusammen mit ihren Forderungen nach einem ständelosen und wehrlosen (d. h. pazifistischen) Christentum hatten den Quäkern in England intensive Verfolgungen eingebracht. In der Neuen Welt bot sich nun die Möglichkeit, einen sicheren Raum zur freien Entfaltung zu schaffen. Daher erwarb ein Konsortium von Quäker-Kaufleuten die Privilegien für die neu entstandenen West und East Jersey-Kolonien. Beide Eigentümergesellschaften verzichteten auf den Aufbau eines offiziellen Kirchenwesens und verliehen ihren Teilen der Kolonie Verfassungen mit beinahe uneingeschränkter Religionsfreiheit. Bald lockten die beiden Jerseys nicht nur tausende Quäker, sondern auch andere protestantische Gruppen aus unterschiedlichen Teilen Europas an, die sich neben den altansässigen Niederländisch-Reformierten Gemeinden ansiedelten.

Einer der an dem Jersey-Unternehmen beteiligten Quäker war William Penn (1644–1718).[12] Als Erbe einer reichen Familie war er 1667 der »Gesellschaft der Freunde« beigetreten. Jahrelang hatte Penn in England vergeblich für Toleranz gegenüber den Quäkern geworben. Er veröffentlichte eine Reihe theologischer Schriften wie *The Great Cause of Liberty of Conscience* (1670), ein Buch, in dem er wahre Gewissensfreiheit als positive Religionsfreiheit deutete und als gottgegebenes Recht bezeichnete. In Amerika sah er schließlich die Möglichkeit, seine religiöse Utopie ins Werk zu setzen; 1681 erwarb er das Patent für Pennsylvania. Die Grundlage von Penns »heiligem Experiment« war die Trennung von Kirche und Staat. Niemand, der »den allmächtigen und ewigen Gott als Schöpfer« anerkannte und einwilligte, »friedlich und gesetzestreu als Teil der Zivilgesellschaft zu leben«, wie es in Artikel 35 von Penns *Laws Agreed upon in England* (1682) hieß, würde »wegen seiner religiösen Überzeugung oder Praxis in Angelegenheiten des Glaubens und des Gottesdienstes in irgendeiner Weise belästigt oder voreingenommen behandelt werden; und es solle auch niemand jemals gezwungen werden, irgendeinen Gottesdienst, religiösen Ort oder geistlichen Amtsträger aufzusuchen oder zu unterstützen«.[13] Wie in Rhode Island wurde die Rolle der Obrigkeit in religiösen Angelegenheiten auf die Überwachung der allgemeinen Sittenzucht beschränkt. Allerdings war Pennsylvania viel größer sowie bald schon bevölkerungsreicher und wirtschaftsstärker als Rhode Island, sodass seiner Vorreiterrolle in Sachen Religionsfreiheit eine besondere Bedeutung zukam. Auch konnte sich die politische Vorherrschaft der Quäker in Pennsylvania bis zum Vorabend der Revolution halten.[14]

Von Anfang an hatte Penn protestantische Minderheiten eingeladen, sich in der Kolonie niederzulassen, sofern sie seine Ideale teilten. Schon vor 1700 siedelten einige englische und walisische Baptisten in Pennsylvania. Weitere frühe Siedlergruppen stammten aus der kontinentaleuropäischen Täufertradition – namentlich die Mennoniten und Amish – oder gehörten radikal pietistischen Gruppierungen an, die sich von ihren lutherischen oder reformierten Staatskirchen losgesagt hatten. 1683 gründeten deutsche Quäker, Mennoniten und Pietisten Germantown. Diese frühen deutschsprachigen Siedler in Pennsylvania waren aber nur die Vorboten späterer Wellen von Massenauswanderung aus dem Reich, die aber immer weniger religiös und zunehmend sozioökonomisch motiviert waren. Bis zur amerikanischen Revolution folgten fast 100 000 deutsche Aussiedler, mehrheitlich Lutheraner und Reformierte, die dort ungestört und ohne jegliche Unterstützung durch die Obrigkeit ihr Kirchenwesen aufbauten.[15] Bemerkenswert ist auch die katholische Präsenz in Pennsylvania (inklusive Jesuitenseminar in Philadelphia), die bald stärker war als in Maryland und New York.

Die Phase nach der Glorreichen Revolution

Die Glorreiche Revolution und die Thronbesteigung durch William und Mary bedeutete nicht zuletzt religionspolitisch einen Wendepunkt. Das britische Reich und seine Kolonien wurden nun administrativ viel stärker von London aus kontrolliert und eingebunden; eine Welle von Umwandlungen in Kronkolonien folgte. Damit einher gingen Bestrebungen, die Rolle der anglikanischen Kirche überall im britischen Nordamerika zu stärken. Allerdings standen diese Bestrebungen unter den Vorzeichen der neuen, in England durch die Toleranzakte von 1689 abgesicherten Religionspolitik, welche den protestantischen Dissentern – mit Ausnahme der Unitarier und unter der Bedingung des Treueschwurs auf die Krone – die freie Religionsausübung garantierte. Hinsichtlich ihrer politischen Rechte blieben die Dissenter im Mutterland freilich noch benachteiligt. Insbesondere durch die Kriege gegen Frankreich und Spanien, welche auch in den Kolonien ausgetragen wurden, förderte diese Religionspolitik aber letztlich das Entstehen einer britischen, die Dissenter einschließenden, panprotestantischen Identität. Für diese Identität wurde die Idee der evangelischen Freiheit ebenso wesentlich wie ein verschärfter Antikatholizismus. In den einzelnen Kolonien manifestierte sich dieser doppelte Prozess von Anglikanisierung einerseits und Förderung der innerprotestantischen Toleranz andererseits jedoch auf unterschiedliche Weisen.[16]

Die Anglikanisierung fiel mit Abstand am stärksten in Virginia aus. Hier entwickelte sich um die Wende zum 18. Jahrhundert tatsächlich so etwas wie ein extraterritoriales, anglikanisches Staatskirchentum mit großer institutioneller Eigenmacht und vielen Kontrollmöglichkeiten. Die anglikanische Missionsgesellschaft »Society for the Propagation of the Gospel in Foreign Parts« entfaltete umfangreiche Aktivitäten zur Stärkung des religiösen Lebens. Im frühen 18. Jahrhundert hatte sich Virginia zum Zentrum der Church of England in Nordamerika entwickelt; eine Stellung, die es bis über die Revolutionszeit hinaus behielt. Im Laufe der folgenden Jahrzehnte wuchs allerdings besonders im westlichen Hinterland die Zahl der Dissenter (v.a. Baptisten und Presbyterianer) stark. Im Sinne einer Peuplierungspolitik und aus Gründen des Grenzschutzes hatte Virginia durchaus ein Interesse an deren Ansiedlung. So gewährte man immer wieder Ausnahmegenehmigungen für Dissenter-Prediger und -Gemeinden, die freilich weiterhin zum Unterhalt der anglikanischen Kirchen beitragen mussten und auch häufig unter anderen Formen der Benachteilung bzw. Drangsalierung zu leiden hatten. Als die Erweckungsbewegungen, die in den mittleren Dekaden des 18. Jahrhunderts ganz Britisch-Nordamerika durchliefen, viele Dissentergemeinden in Virginia erfassten, potenzierten sich naturgemäß die Konflikte – speziell mit den erwecklichen Baptisten, welche jede Kooperation mit der Amtskirche ablehnten. Es ist daher auch kein Zufall, dass Virginia im Gefolge der Unabhängigkeitserklärung 1776 Ausgangspunkt einer Kampagne wurde, die zunächst anstrebte, die anglikanische Kirche in diesem Staat zu entmachten und dann auch wesentlich dazu beitrug, eine Staatskirche auf Bundesebene zu verhindern.[17]

Diese Kampagne wurde angeführt von einer kleinen politischen Elite, die stark durch die Aufklärungsphilosophie und den Deismus beeinflusst war und für die in Sachen Gewissens- und Religionsfreiheit insbesondere John Lockes *A Letter Concerning Toleration* (1695) wegweisend war. 1777 machte der Parlamentsabgeordnete und spätere Gouverneur von Virginia Thomas Jefferson (1743–1826) – ein führender Vertreter des Deismus in den Kolonien – mit der von ihm 1779 eingebrachten Bill for Establishing Religious Freedom (Erstentwurf 1777) den Anfang: Religion sei eine Angelegenheit zwischen Individuum und Gott, in die sich der Staat nicht einzumischen habe, wie auch umgekehrt die Kirchen keinen direkten Einfluss auf die weltliche Politik nehmen dürften. Folglich sei festzulegen, dass kein Bürger zur Unterstützung oder gar zur Mitgliedschaft in einer Kirche genötigt werden könne oder aufgrund seiner religiösen Überzeugungen benachteiligt werden dürfe. Vielmehr sei zu gewährleisten, »dass alle ihre Meinung in Religionsdingen frei äußern und vertreten können und dass niemand durch dieselben eine rechtliche Bevorteilung, Einschränkung oder sonstige Beeinträchtigung widerfahre.«[18] Die legislative Umsetzung der Initiative trieb Jeffersons Freund James Madison erfolgreich voran, der in diesem Zusammenhang auch seine berühmte Programmschrift *Memorial and Remonstrance Against Religious Assessment* (1785) verfasste. Der Erfolg der Kampagne war aber nur mit der breiten Unterstützung der frommen Dissenter möglich. Nachdem sie jahrelang behindert und schikaniert worden waren, sahen sie nun ihre Chance gekommen, sich aus dem Würgegriff der staatskirchlichen Strukturen zu befreien. 1786 wurden in Virginia Staat und Kirche getrennt, die Religion auf eine gänzlich freiwillige Grundlage gestellt. Virginia sollte zum Vorbild werden für andere Kolonien, in denen die anglikanische Kirche staatskirchenähnliche Privilegien besaß.

Maryland war im Jahr 1700 als königliche Kolonie mit einem »Anglican establishment« neu gegründet worden. Die staatskirchlichen Strukturen blieben bestehen, als der zur Church of England konvertierte Charles Calvert 1715 die Eigentümerrechte wiedererlangte. Schon bald wurden Gesetze verabschiedet, die Marylands protestantischen Dissentern die gleiche Religionsfreiheit, wenn auch nicht zivile Gleichrangigkeit, garantierten, die sie nach 1689 auch in England genossen. Zugleich schränkten diese Gesetze die religiösen und politischen Rechte der Katholiken ein. In den ersten Jahren des 18. Jahrhunderts war die Church of England auch in den beiden Carolinas zur offiziellen Kirche erklärt worden. Dies hatte das Machtmonopol der anglikanischen Elite gestärkt sowie die Zahl anglikanischer Gemeinden und Kirchen vermehrt. Doch finanziell und organisatorisch blieb die Church of England hier im Vergleich zu Virginia relativ schwach. Letztlich sah man sich aus pragmatischen Überlegungen weiter genötigt, die Politik weitgehender Toleranz mehr oder minder fortzusetzen. Die anglikanische Vorherrschaft war deshalb eher nomineller Natur. Dies blieb auch so, nachdem beide Carolinas, am Ende langwieriger Auseinandersetzungen zwischen Gouverneuren und repräsentativer Versammlung, 1729 unter die unmittelbare Herrschaft des Königs gestellt wurden. Der Schritt zum »disestablishment« nach der Revolution war hier somit deutlich kleiner und weniger umkämpft als in Virginia. Ganz ähnlich verlief auch die Entwicklung in Georgia, der letzten kolonialen Neugründung Englands in Nordamerika, wo es ebenfalls ein »Anglican establishment« gab.

Wie in den Carolinas machte es auch in New York die bestehende religiöse Vielfalt unmöglich, eine tiefer greifende Anglikanisierung tatsächlich durchzusetzen, obwohl ab 1693 in vier der zehn Grafschaften die Church of England als offizielle Kirche etabliert worden war. Die Verfassungen der anderen mittelatlantischen Kolonien, Pennsylvania und Jersey, wurden hingegen im Gefolge der Glorreichen Revolution gar nicht angetastet. Die ethno-religiöse Pluralisierung dieser Region ging folglich ungebremst weiter. Nach dem Unabhängigkeitskrieg (1776–1783) gaben sich die mittelatlantischen Kolonien (bzw. dann Staaten) neue Verfassungen, die mit ihrer strikten Trennung von Staatswesen und Kirche sowie ihren umfassenden Garantien religiöser Freiheitsrechte lediglich einen über fast einhundert Jahre gewachsenen Status quo fortschrieben. Etwas anders verlief die Entwicklung Neuenglands nach 1688.

Massachusetts und Connecticut wurden als Konsequenz der Glorreichen Revolution in Kronkolonien umgewandelt, die zwar wesentliche Privilegien behalten durften, aber entsprechend der englischen Toleranzakte allen Protestanten Gewissensfreiheit und ungehinderte Religionsausübung zu gewähren hatten. Katholiken waren von dieser Regelung aber weiterhin ausgeschlossen. Die Koppelung des Wahlrechts an die volle Kirchenmitgliedschaft in einer kongregationalistischen Gemeinde wurde verboten. Damit verlor der Kongregationalismus seine politische Vorherrschaft und einer innerprotestantischen Pluralisierung war das Tor geöffnet. Nach anfänglichem Hadern stellte sich die weltliche wie geistliche Elite Neuenglands auf diese neue Ordnung ein und lernte die Vorteile zu schätzen. Man engagierte sich nun nachhaltig für innerprotestantische Toleranz, um die eigenen Rechte als Dissenter in einem zunehmend zentralistischen britischen Reich dauerhaft zu sichern. Ja, einige Neuengländer profilierten sich sogar als Vorreiter einer neuen Empire-Ideologie, deren wesentliche Elemente religiöse Freiheit im Rahmen eines Panprotestantismus und die konstitutionelle Monarchie waren. Ein bekanntes Beispiel ist Elisha Williams (1694–1755), dessen *Essential Rights and Liberties of Protestants* (1744) als Meilenstein des amerikanischen Lockeanismus gilt. Schrittweise entwickelten sich Massachusetts und Connecticut so zu einem »general Protestant establishment« hin, das allen staatstreuen Protestanten Religionsfreiheit und uneingeschränkte Bürgerrechte zugestand. Die Obrigkeit wachte noch über die Sittenzucht und kontrollierte den Erhalt des Kirchenwesens sowie den Unterhalt von Pfarrern in den Gemeinden durch die weiterhin für alle Bürger obligatorischen Abgaben. Diese Unterstützung kam zwar in der Regel noch den vorhandenen kongregationalistischen Kirchen zu, Ausnahmen konnten aber beantragt werden.

Als im Zuge der Erweckungsbewegung die Zahl der separatistischen Gemeinden stark anstieg, wurde auch diese Schwundstufe des Staatskirchentums Gegenstand heftiger Debatten. Baptistische Kirchenführer wie Isaac Backus (1724–1806) und John Leland (1754–1841) propagierten eine vollständige Säkularisierung des Staatswesens, wobei sie in ihrer Argumentation die auf den separatistischen bzw. baptistischen Puritanismus zurückgehende ekklesiologische Traditionslinie mit dem neuen Naturrechtsdenken verbanden. »Das Leitbild eines christlichen Staates«, schrieb Leland, »sollte man für immer aus der Welt schaffen«. Die unveräußerlichen Rechte des Menschen dürften nicht auf Grund ihrer religiösen Überzeugungen vom Staat beschnitten werden. Aus Sicht der frommen Dissenter musste das Individuum in Glaubensdingen vollkommen frei sein und nach bestem Wissen und Gewissen die Schrift für sich auslegen und befolgen können. »Nichts als der freiwillige Gehorsam gegenüber Gott kann als wahre Religion gelten«, so formulierte Backus einprägsam.[19]

Trotz solcher Strömungen und der wachsenden Pluralisierung schrieben auch noch die neuen, postrevolutionären Verfassungen von Massachusetts und Connecticut das System eines »general Protestant establishment« fest. Erst 1833 beseitigte Massachusetts jede Art des »religious establishment«, nachdem Connecticut diesen Schritt schon einige Jahre zuvor gegangen war. Damit holte Neuengland nach, was die anderen Staaten und der Bund schon vollzogen hatten.

Schlussbemerkungen

Die amerikanische Verfassung ist eine säkulare Rechtsordnung. Lediglich eine einzige Bestimmung (Artikel 6.3.) erwähnt die Religion: Sie untersagt es, den Zugang zu politischen Ämtern auf Bundesebene an einen »religious test« zu knüpfen. Aber gleich der erste der zehn Verfassungszusätze, welche unveräußerliche Grundrechte für alle Bürger definieren, verwehrt es der Bundesregierung, eine bestimmte Kirche zur offiziellen Staatskirche zu machen oder Bürger in ihrer freien Religionsausübung einzuschränken. Das bedeutete freilich keinen Laizismus in dem Sinne, dass Religion ganz grundsätzlich aus dem öffentlichen Leben verbannt oder jede Form der staatlichen Unterstützung verboten worden wäre. Die Ausgestaltung des Religionswesens oblag bis weit ins 20. Jahrhundert völlig den Einzelstaaten. Und obgleich sie alle letztlich ebenfalls den Weg des »disestablishment« beschritten, förderten viele im 19. Jahrhundert z.B. den Religionsunterricht an Schulen oder auch Missionsgesellschaften. Zudem gab es in den Verfassungen einiger Staaten weiterhin »religious tests« für Amtsträger, die sich durch einen Eid zu Gott, zur Bibel oder auch zum (protestantischen) Christentum bekennen mussten. Aber die Privilegierung einzelner Kirchen wurde überall beendet und mit ihr das konfessionelle Staatskirchentum europäischer Prägung.

Dies waren unzweifelhaft revolutionäre Schritte, aber eben nicht in dem Sinne, dass hier – betrieben durch Vertreter der radikalen Aufklärung – religionspolitisch die Verhältnisse total umgewälzt worden wären. Vielmehr ist, im Sinne der eingangs formulierten These, die aus der Revolution hervorgegangene religionspolitische Ordnung ein Kulminationspunkt, auf den eine Reihe von langfristigen, letztlich kontingenten Entwicklungen hingewirkt hatten. Am Ende des 17. Jahrhunderts hatten diese Entwicklungen eine Realität des religiösen Pluralismus geschaffen und eine Art normative Kraft des Faktischen entfaltet, die kaum noch umzukehren war. Im weiteren Verlauf des 18. Jahrhunderts verstärkte sich durch erneute Einwanderungswellen diese Pluralisierung noch einmal dramatisch. Als die Gründerväter nach der Revolution darangingen, ihre *Novus ordo seclorum* aufzubauen, war eine nationale Staatskirche kaum mehr realistisch, selbst wenn sie diese gewollt hätten.

In der religionspolitischen Neuordnung im Zuge der amerikanischen Revolution liefen verschiedene theologische und philosophische Traditionslinien zusammen. Am wichtigsten war die des puritanischen Dissentertums, insbesondere seine radikalen Zweige der Baptisten und Quäker. Die Kirchenkritik und das Naturrechtsdenken der Aufklärung schloss in Amerika an diese Tradition an, verband sich teilweise mit ihr und begründete die Forderung nach Religionsfreiheit philosophisch und rechtlich neu. Es kam zu einem

Jan Stievermann

spannungsgeladenen, vielfach in sich widersprüchlichen Zusammenwirken der »Dissenting tradition« mit dem aufklärerischen Projekt der Säkularisierung. Aus Sicht eines Jefferson oder Madison zielte die Trennung von Staat und Kirche darauf ab, den problematischen Einfluss der Kirchen und des Klerus (nicht aber der Religion allgemein bzw. der von ihr gestifteten Moral) auf das Staatswesen möglichst zu begrenzen. Für die radikalen Dissenter hingegen war die Säkularisierung des Staates ein Mittel zur Förderung der wahren Religion, die in ihren Augen freiwilliger Natur war. Einerseits entstand so ein Staat, der seinen weißen Bürgern, inklusive Katholiken und Juden, ein damals beispielloses Maß an Religionsfreiheit ermöglichte und die Kirchen in den Voluntarismus entließ. Andererseits sollte natürlich nicht übersehen werden, dass die religiösen Traditionen und Praktiken der vielen Menschen in den USA ohne Bürgerrechte – namentlich afrikanische Sklaven und die indigene Bevölkerung – in der Regel gar nicht als Menschen und somit nicht als irgendwie schützenswert anerkannt wurden. Aber das zu entfalten, wäre Thema eines eigenen Beitrages.[20]

Moses Mendelssohn
Gewissensfreiheit und Emanzipation der Juden in Deutschland[1]

Dominique Bourel

Das Andachtshaus der Vernunft bedarf keiner verschlossenen Thüren.
—Moses Mendelssohn

Moses Mendelssohn, der 1729 (vielleicht auch 1728) in Dessau geboren wurde – im selben Jahr wie Lessing – und 1786 – im Todesjahr Friedrichs des Großen – in Berlin starb, gilt als der erste Aufklärer in Deutschland[2] und zugleich als der Begründer der jüdischen Aufklärung, der Haskalah.[3] Wir wissen relativ viel über ihn und seine Welten; die wissenschaftliche Ausgabe, die 1929 als Krönung der gelungenen Emanzipation in Deutschland begonnen wurde, wird demnächst zum Abschluss gebracht. Den Bemühungen des Mendelssohn-Forschers Alexander Altmann (1906–1987) ist es zu verdanken, dass seit den 1970er-Jahren diese Ausgabe[4] wieder für die Veröffentlichung vorbereitet wird. Von ihm kommen aber auch wesentliche Impulse in der Mendelssohn-Forschung, denn er hat nicht nur eine große Biografie[5] geschrieben, sondern auch verschiedene Texte und Briefe Mendelssohns sorgfältig kommentiert.

Eine Jugend in Berlin

Im traditionellen Judentum in Dessau geboren, erhielt Mendelssohn seine Bildung durch einen »modernen« Rabbiner, David Fränkel (ca. 1704–1762). Fränkel war als Rabbiner nicht nur im Talmud und inbesondere im Yerushalmi bewandert, sondern las und empfahl auch Maimonides, was damals selten und gefährlich war. 1743 kam Mendelssohn nach Berlin, weil David Fränkel dort seit 1742 als Rabbiner tätig war. Sein ganzes Leben blieb er ein frommer Jude,[6] wie übrigens damals die gesamte jüdische Gemeinde.

Berlin, unter Friedrich II. seit 1740 zur geistigen Metropole erblüht, war bei Mendelssohns Ankunft eine multikulturelle Stadt: 1750 lebten dort 2188 Juden,[7] außerdem 6592 Hugenotten; 20 Jahre später, 1770, 3842 Juden.[8] Im Bereich der politischen Philosophie leisteten die Hugenotten einen wesentlichen Beitrag.[9] Sie waren ja nach der Revokation des Ediktes von Nantes 1685 aus Frankreich verjagt worden. Der Große Kurfürst und die preußischen Herrscher nahmen die französischen Calvinisten bereitwillig auf. Die Gesellschaft war also durchmischt: Calvinisten aus Frankreich, Reformierte aus Deutschland und aus der Schweiz, Lutheraner – dazu Pietisten – sowie Katholiken. Bekannt als Philosoph und Prosaist, lud Friedrich der Große die besten Köpfe Frankreichs zu sich an den Hof, besonders Voltaire, d'Alembert und andere. Zudem hatte in Berlin die berühmte Akademie der Wissenschaften ihren Sitz, die 1700 von Friedrich III. gegründet worden und in der Franzosen und Schweizer ein und aus gingen.[10] Mendelssohn hat insbesondere mit Lessing und dem Berliner Aufklärer Friedrich Nicolai philosophiert. Sehr bald schrieb er dann auch in so vorzüglichem Deutsch, dass sogar Kant in seinen *Prolegomena* hervorhob: »Es ist nicht jedermann gegeben … so gründlich und dabei so elegant als Moses Mendelssohn (zu schreiben).«[11] Er lernte Latein, Griechisch, Englisch und Französisch, das damals die Sprache des Hofes und der Akademie war. Dass er Hebräisch und Jiddisch beherrschte, liegt auf der Hand. Sein ganzes Leben lang hatte er keine Universität besucht. 1755 erschienen die *Philosophischen Gespräche,* die *Briefe über die Empfindungen* und eine Übersetzung von Jean-Jacques Rousseau.

1763 stellte die Akademie, wie es damals in Europa üblich war, ihrer philosophischen Klasse eine Aufgabe. Sie lautete: »On demande si les vérités métaphysiques en général et en particulier les premiers principes de la théologie naturelle et de la morale sont susceptibles de la même évidence que les vérités mathématiques, et au cas qu'elles n'en soient pas susceptibles, quelle est la nature de leur certitude, à quel degré elle peut parvenir, et si ce degré suffit pour la conviction.«[12] Nach Sichtung der anonym eingereichten Antworten war das Erstaunen groß, als die beste Abhandlung sich als Mendelssohns Werk erwies. Ihm wurde der erste Preis zuerkannt: einem Autodidakten,[13] dessen Muttersprache nicht Deutsch war, und noch dazu einem Juden. Den zweiten Preis erhielt ein damals noch weitgehend unbekannter Professor aus Königsberg, ein gewisser Immanuel Kant. 1764 veröffentlichte Mendelssohn die *Abhandlung über die Evidenz in metaphysischen Wissenschaften.*[14] Inzwischen war er ein bekannter Kritiker und ein besonderer Leibnizianer. Sein *Phädon* 1767 wurde einer der Bestseller der Aufklärung und noch vor Ende des Jahrhunderts in zehn Sprachen übersetzt. Er war nun eine in ganz Europa bekannte Persönlichkeit.[15] Wer nach Berlin reiste, musste ihn gesehen oder, noch besser, mit ihm gesprochen haben. Das taten nicht nur Intellektuelle, Professoren und Pastoren, sondern auch gekrönte Häupter wie die Schwester Friedrichs des Großen, Luise Ulrike, Königin von Schweden, oder der Fürst Wilhelm zu Schaumburg-Lippe. Johann Kaspar Riesbeck schrieb:

»[Mendelssohn] ist einer der merkwürdigsten Schriftsteller Deutschlands. Seine Werke haben eine Eleganz und seine Sprache ist so reich, rund und bestimmt, dass er mit der Zeit klaßisch werden muss. Er ist Direktor einer ziemlich beträchtlichen Handlung und übt seine Philosophie aus, so viel er kann. Jetzt beschäftigt er sich in seinen Nebenstunden mit Beyträgen zur Aufklärung seiner zerstreuten Glaubensgenossen. Er hat auch in seinem Umgang die Eleganz, die ihn als Schriftsteller auszeichnet, und die seine unvortheilhafte körperliche Bildung überwiegend verbessert.«[16]

Friedrichs Judeophobie ist bekannt; er nahm kaum von Mendelssohn Notiz. Doch auch sonst hatte Mendelssohn aufgrund seines Glaubens Diskriminierungen zu erleiden. So kam es in der Akademie, in der Mendelssohn sich unter vielen Freunden wähnte, zu einer besonderen Blamage. Als dort eine Stelle frei wurde und sein Name selbstverständlich auf der Vorschlagsliste stand, fiel am Ende die Entscheidung doch zu seinen Ungunsten aus; wahrscheinlich hatten die Akademiker selbst nicht den Mut, ihn zu wählen.[17] Noch peinlicher geriet ein Besuch des bekannten Schweizer Theologen Johann Kaspar Lavater in Berlin. Nach langen Gesprächen 1764 wollte er 1769 Mendelssohn zur Konversion bewegen, oder, wie er selbst formulierte, ihm raten zu tun, »was Socrates selbst getan hätte«.[18] Heute, nachdem neue Dokumente in der Schweiz veröffentlicht wurden, versucht man diese Version zu revidieren.[19] Ob es sich dabei allerdings nur um eine reine philosophische Auseinandersetzung oder eine religiöse Debatte handelte, wird heute noch in der Forschung diskutiert.

Am 13. März 1770 schrieb Mendelssohn an Jacob Hermann Obereit (1725–1798): »Nichts presst unser Herz so sehr zusammen, als eine ausschließende Religion.«[20] Viele erstaunte es, dass man gleichzeitig Aufklärer und orthodoxer Jude sein konnte. Im Rahmen der Debatte über die Juden im 18. Jahrhundert verdient außerdem das epochemachende Buch des preußischen Staatsbeamten Christian Wilhelm (von) Dohm (1751–1820) erwähnt zu werden. Mendelssohn kannte Dohm und sein Anliegen, sich mit der jüdischen Emanzipation auseinanderzusetzen, sehr gut und reagierte darauf in drei Schriften: in der Vorrede (1782) für die deutsche Übersetzung von Menasse ben Israels (1604–57)[21] apologetischer Schrift *Die Rettung der Juden*,[22] in einem Anhang zu Dohms Abhandlung *Über die bürgerliche Verbesserung der Juden* und in *Jerusalem* (1783).

Mendelssohn diskutierte mit Dohm über seine Thesen und verbesserte 1782 die vom Astronomen und Mathematiker Jean Bernoulli (1744–1807) verfasste französische Übersetzung[23] sowie 1783 die zweite Auflage des deutschen Textes.

Daraus entsprang seine zentrale Schrift *Jerusalem oder über religiöse Macht und Judentum* (1783). Im selben Jahr veröffentlichte er die Psalmen und eine Bibelübersetzung, damit die Juden Deutsch lernen konnten. Es war also das erste Mal, dass er die jüdische Bibel in Hochdeutsch schrieb, aber mit hebräischen Lettern und mit hebräischen Kommentaren gedruckt wurde. Die Psalmen wurden in lateinischer Schrift gedruckt. An seinem Lebensabend erwartete ihn insofern eine große Herausforderung, als er sich genötigt sah, seinen 1781 verstorbenen Freund Lessing zu verteidigen. Lessing wurde von Friedrich Heinrich Jacobi des Spinozismus verdächtigt, was damals einem Todesurteil gleichkam. Diesem Vorwurf begegnete Mendelssohn nicht nur mit einer kleinen Schrift, sondern widmete der Verteidigung Lessings auch drei Kapitel in seinem metaphysischen Testament *Morgenstunden*. Am 5. Januar 1786 starb er – angeblich, weil er sein Manuskript bei kaltem Berliner Wetter zum Verlag gebracht hatte.

Über die bürgerliche Verbesserung der Juden (1781) ist die bekannteste Schrift Dohms, der damals preußischer Archivar in Berlin war. Sie ist ein Produkt der Berliner Aufklärung, wollte aber die Judenfrage entprovinzialisieren und allgemein betrachten. So wurde sie auch weithin interpretiert.[24] 1783 erschien bereits eine zweite Ausgabe, die Punkte wichtigster Rezensionen aufnahm. Er argumentierte mit Geschichte und politischer Philosophie sowie mit seinem Leitspruch: »Der Jude ist noch mehr Mensch als Jude.«[25] Dohm argumentierte in neun Punkten:

1. Die Juden müssen vollkommen gleiche Rechte wie alle übrigen Untertanen erhalten und 2. die vollkommenste Freiheit der Beschäftigung. 3. Sie dürfen Ackerbau frei treiben. 4. Jede Art des Handels sollte den Juden unverwehrt sein, aber keine dürfe ausschließlich ihnen überlassen werden. 5. Jede Kunst, jede Wissenschaft steht dem Juden offen wie andern Menschen. 6. Es müsste ein besonders angelegenes Geschäft einer weisen Regierung sein, für die sittliche Bildung und Aufklärung der Juden zu sorgen. 7. Mit der sittlichen Verbesserung der Juden müsste es dann auch aber auch gelingen, den Christen ihre Vorurteile und ihre lieblosen Gesinnungen zu nehmen. 8. Ein wichtiger Teil des Genusses aller Rechte der Gesellschaft würde auch dieser sein, dass den Juden an allen Orten eine völlig freie Religionsübung, Anlegung von Synagogen und Anstellung von Lehrern auf ihre Kosten, gestattet würde. Das Bannrecht des Rabbiners bleibt dann bestehen. 9. Schließlich, »wenn man ihnen also einen vollkommenen Genuss der Rechte der Menschheit bewilligen will, so ist es nothwendig, ihnen zu erlauben, dass sie nach diesen Gesetzen (die von Moses) leben und gerichtet werden.«

Die neun Punkte wurden kurz und bündig entwickelt und prägnant dargestellt; ebenso wurden die Gegenargumente diskutiert. Die französische

Übersetzung (1782) und die zweite deutsche Ausgabe (1783)²⁶ nahmen eine wichtige Änderung im achten Punkt vor, also dem Punkt, der den Rabbinern das Recht der Exkommunikation gewährte – was für Mendelssohn nicht infrage kam.²⁷

»Nach demselben (Bannrecht) dürfte die Obrigkeit aber einem Rabbi nie gestatten, ein solchen Bann über ein Glied seiner Gemeine auszusprechen, der dasselbe von allen Umgange mit seinen übrigen Glaubensgenossen ausserhalb der Synagoge ausschliesst, ihn bey denselben herabsetzt, seine Geschäfte unterbricht oder ihn gar der Verfolgung des Pöbels überliefert. Auch Geldstrafen scheinen bey Übertretung der vermeynten Gebote des Himmels nicht schicklich zu seyn. Der Missbrauch der von der Gewalt des Rabbi bey Auflegung dieser Strafen gemacht werden kann und auch wirklich oft gemacht ist,²⁸ macht die beständige Aufsicht der Regierung über die Ausübung dieser Gewalt nothwendig. Nie darf diese in dem übertretenden Juden, den Menschen und den Bürger strafen, nur Auffschliessung von der kirchlichen Gesellschaft und den Wohlthaten derselben darf die Folge einer Verleztung ihrerr Vorschriften seyn.«²⁹

Der berühmte Fall Spinozas war für alle damals eine aktuelle zeitgenössische Frage in Europa. Dohm und Mendelssohn waren gegen das sogenannte Bannrecht, weil sie Juden-Menschen-Bürger zusammen dachten; Mendelssohn sah sich gezwungen, seine eigene Theorie des Judentums darzulegen: So schrieb er in der Vorrede zu captatio benevolentiae:

»Ich lebe in einem Staate, in welchem einer der weisesten Regenten, die je Menschen beherrscht haben, Künste und Wissenschaften blühend, und vernünftige Freyheit zu denken so allgemein gemacht hat, dass sich ihre Wirkung bis auf den geringsten Einwohner seiner Staaten erstrecket. Unter seinem glorreichen Zepter habe ich Gelegenheit und Veranlassung gefunden, mich zu bilden, über meine und meiner Mitbrüder Bestimmung nachzudenken, und über Menschen, Schicksal und Vorsehung, nach Maßgabe meiner Kräfte, Betrachtungen anzustellen.«³⁰

Er freue sich, dass Dohm die Materie »fast erschöpft« habe. Seine Absicht sei, weder für das Judentum noch für die Juden eine Apologie zu schreiben. Er führe bloß die Sache der Menschheit und verteidige ihre Rechte. »Ein Glück für uns, wenn diese Sache auch zugleich die unsrige werde, wenn man auf die Rechte der Menschheit nicht dringen könne, ohne zugleich die unsrigen zu reklamieren.«³¹ Er kommentiert Dohm, präzisiert einige Aspekte in der Geschichte der Antijudaismus; versichert, dass »Itzt hat der Bekehrungseifer nachgelasset« und schreitet dann direkt zum Thema:

»Kirchliche Rechte, Kirchliche Gewalt und Macht – Ich muss gestehen, dass ich mir von diesen Redensarten keinen deutlichen Begriff machen kan, und mein Adelung³² will mich nicht keines bessern belehren. Ich weis von keinem

Rechte auf Personen und Dinge, das mit Lehrmeinungen zusammenhänge, und auf denselben beruhe; das die Menschen erlangen, wenn sie in Absicht auf ewige Wahrheiten gewissen Sätzen beystimmen und verlieren, wenn sie nicht einstimmen können, oder wollen. Am wenigsten weis ich von Rechten und Gewalt über Meinungen, die die Religion ertheilen und der Kirche zukommen sollen. Die wahre, göttliche Religion masst sich keine Gewalt über Meinungen und Urtheile an; giebt und nimmt keinen Anspruch auf irdische Güter, kein Recht auf Genuss, Besitz und Eigenthum; kennet keine andere Macht, als die Macht durch Gründe zu gewinnen, zu überzeugen, und durch Überzeugung glückseelig zu machen. Die wahre, göttliche Religion bedarf weder Arme noch Finger zu ihrem Gebrauche; sie ist lauter Geist und Herz.«[33]

Und Mendelssohn will nicht nur über das Judentum weiterdenken:

»Und nun vollends ein Recht über Meinungen, über die Urtheile unserer Nebenmenschen, in Absicht auf ewige, nothwendige Wahrheiten; welcher Mensch, welche Gesellschaft von Menschen darf sich sich dieses anmassen? da sie nicht unmittelbar von unserem Willen abhängen; so kömmt uns selbst kein anderes Recht zu, als das Recht sie zu untersuchen, der strengen Prüfung der Vernunft zu unterwerfen, ohne ihre Einstimmung, unser Urtheil, zu verschieben usw.«[34]

Im Rahmen der Frage des »Recht der Ausschliessung« formuliert er:

»Jede Gesellschaft, dünkt mich, hat das Recht der Ausschliessung, nur keine kirchliche; denn es ist ihrem Endzweck schnurstracks zuwider. Die Absicht derselben ist gemeinschaftliche Erbauung, Theilnehmung an der Ergiessung des Herzens, mit welcher wir unsere Danksagung gegen die Wohlthaten Gottes, und unser kindliches Vertrauen auf die Allgütigkeit Desselben zu erkennen geben. Mit welchem Herzen wollen wir einem Dissidente, Andersdenkenden, Irrdenkenden oder Abweichenden den Zutritt verweigern, die Freyheit versagen an dieser Erbauung Antheil zu nehmen? ... Das Andachtshaus der Vernunft bedarf keiner verschlossenen Thüren.«[35]

Mendelssohn und die Verwirklichung der Gedankenfreiheit

Jerusalem oder über die religiöse Macht des Judentums[36] ist nicht nur eines der wichtigsten Werke Mendelssohns, sondern auch in der Geschichte des europäischen Judentums und der deutschen Aufklärung. Dass die Freiheit des Gewissens ein Hauptanliegen der Aufklärung war, liegt auf der Hand. Voltaire sagte mehr als 30 Jahre vor Kant in seinem *Dictionnaire Philosophique* (1764): »Osez penser par vous même.«[37] Für ihn gäbe es ohne die Gewissensfreiheit kein Christentum: »Si les premiers chrétiens n'avaient pas eu la liberté de penser, n'est-il pas vrai qu'il n'y eut point de christianisme.«[38] Da das *Dictionnaire* mit Zurückhaltung aufgenommen wurde, fügte Voltaire im Jahre 1765 ihm einige Artikel hinzu, darunter die Artikel »Toleranz« und »Gedankenfreiheit.«

Jerusalem ist die »Magna Charta« des modernen Judentums. Erstens legte er seine Theorie des Judentums als eine nur für die Juden geltende, offenbarte Gesetzgebung vor:[39] »Ich glaube, das Judentum wisse von keiner geoffenbarten Religion, in dem Verstande, in welchem dieses von den Christen genommen wird. Die Israeliten haben göttliche Gesetzgebung. Gesetze, Gebote, Befehle, Lebensregeln, Unterricht vom Willen Gottes, wie sie sich zu verhalten haben, um zur zeitlichen und ewigen Glückseligkeit zu gelangen; dergleichen Sätze und Vorschriften sind ihnen durch Mosen auf eine wunderbare und natürliche Weise geoffenbaret worden; aber keine Lehrmeinungen, keine Heilswahrheiten, keine allgemeine Vernunftsätze. Diese offenbaret der Ewige uns, wie allen übrigen Menschen, allezeit durch Natur und Sache, nie durch Wort und Schriftzeichen.«[40] In diesem Sinn habe das Judentum also keine Dogmen und sei eine Religion der Orthopraxie, in der die 613 Gebote nur für die Juden gälten. Die Frage, ob das Judentum Dogmen habe, war ein über die Zeit immer wieder behandeltes Thema.

In seinen Ausführungen über die Beziehungen zwischen Staat und Kirche[41] entwickelte er eine neue Theorie der Gewissensfreiheit. Alexander Altmann hat die Genealogie dargestellt, mit Zitaten von Philosophen und Juristen seiner Zeit, wie etwa John Locke, Samuel Pufendorf, Christian Thomasius, Justus Henning Boehmer, Johann Franz Buddeus und Christoph Mattheus Pfaff.[42] Generell könnte man sagen, dass die sich langsam entwickelnde irenische Theologie auch die Gewissensfreiheit in den Blick nahm, aber nicht die Beziehungen mit dem Judentum.[43] Und im gleichen Jahr lesen wir bei Burlamaqui: »C'est sur l'évidence des raisons, & sur les sentiments de la conscience, que la religion de chaque particulier doit être fondée, & les seuls moyens que l'on puisse employer pour cela sont, l'examen, les raisons, les preuves, & la persuasion; au contraire, les menaces, la force, la violence, les supplices, sont des moyens également inutiles & injustes. Inutiles, parce qu'ils ne sauroient produire une persuasion réelle & sincère, injustes, parce qu'ils sont directement contraires au droit naturel de l'homme.«[44] Dass es auch eine europäische Diskussion darüber gab, besonders in Holland und in Frankreich, braucht nicht betont zu werden. Die besondere Lage Berlins, mit seiner Kolonie von Hugenotten und der Calvinismus des preußischen Hauses spielen hierbei eine Rolle. Zudem bestand ein Unterschied zwischen *tolerantia* und *approbatio* anderer Konfessionen. Nicht nur für die Juden war es in der Zeit der josephinischen Toleranzedikte (1781/82) und des neuen Religionsgesetzes König Gustavs III. in Schweden[45] eine wichtige Frage, ob man auch Atheisten tolerieren sollte.

Der erste Abschnitt behandelte verschiedene historische Aspekte, wobei er schnell feststellte:

»Hier zeigt sich also schon ein wesentlicher Unterschied zwischen Staat und Religion. Der Staat gebietet und zwinget; die Religion belehrt und überredet; der Staat ertheilt Gesetze, die Religion Gebote. Der Staat hat physische Gewalt und bedient sich derselben, wo es nöthig ist; die Macht der Religion ist Liebe und Wohlthun. Jener giebt den Ungehorsamen auf, und stößt ihn aus; diese nimmt ihn in ihren Schoos, und sucht ihn noch in dem letzten Augenblicke seines gegenwärtigen Lebens, nicht ganz ohne Nutzen, zu belehren, oder doch wenigstens zu trösten.«[46] Es gebe zwei Sphären: »Der Staat behandelt den Menschen als unsterblichen Sohn der Erde; die Religion als Ebenbild seines Schöpfers.« Kirche ist hier als Symbole für Klerikatur – die eben im Judentum nicht existiert – zu verstehen. Und Mendelssohn fuhr fort: »Weder Kirche noch Staat haben also ein Recht, die Grundsätze und Gesinnungen der Menschen irgend einem Zwange zu unterwerfen. Weder Kirche noch Staat sind berechtiget, mit Grundsätzen und Gesinnungen Vorzüge, Rechte und Ansprüche auf Personen und Dinge zu verbinden, und den Einfluss, den die Wahrheitskraft auf das Erkenntnißvermögen hat, durch fremde Einmischung zu schwächen.« Es sei klar: »Bann und Verweisungsrecht, das sich der Staat zuweilen erlauben darf, sind dem Geiste der Religion schnurstracks zuwider.«[47]

Der zweite Abschnitt von Jerusalem beginnt mit einer ähnlichen *captatio benevolentiae* wie in der Vorrede: »Ich habe das Glück, in einem Staate zu leben, in welchem diese meine Begriffe weder neu, noch sonderlich auffallend sind. Der weise Regent, von dem er beherrscht wird, hat es, seit Anfang seiner Regierung, beständig sein Augenmerk seyn lassen, die Menschheit in Glaubenssachen, in ihr volles Recht einzusetzen. Er ist der erste unter den Regenten unsers Jahrhunderts, der die weise Maxime, in ihrem ganzen Umfange, niemals aus den Augen gelassen: *die Menschen sind für einander geschaffen: belehre deinen Nächsten, oder ertrage ihn!*«[48] Selbstverständlich denken wir an Friedrichs Motto »selig jeder nach seiner Fasson«.

»Ich erkenne«, sagt Mendelssohn, »keine andere ewige Wahrheiten, als die der menschlichen Vernunft nicht nur begreiflich, sondern durch menschliche Kräfte dargethan und bewährt werden können.«

Dann entwickelt er seine Theorie der Gewissensfreiheit: »(Das alte Judentum hat) keine symbolische Bücher, keine Glaubensartikel. Niemand durfte Symbola beschwören, niemand ward auf Glaubensartikel beeidiget; ja, wir haben von dem, was man Glaubenseide nennt, gar keinen Begriff, und müssen sie, nach dem Geiste des ächten Judentums, für unstatthaft halten.« Im Judentum gebe es also keine Glaubensfesseln und deshalb eine Gewissensfreiheit, die bei den Christen – egal ob Protestanten oder Katholiken – nicht zu finden sei. Der Staat könne nicht im Bereich des Glaubens präskriptiv sein. So lange die Ordnung der Gesellschaft nicht infrage gestellt werde, sei Glauben eine Privatsache. Und das gelte auch für diejenigen, die nichts glauben, also die Atheisten. Die Freiheit zu denken, sei ein »edelstes Kleinod«.[49]

»Haltet auf Thun und Lassen der Menschen; ziehet dieses vor den Richterstuhl weiser Gesetze, und überlasset uns das Denken und Reden, wie es uns unser aller Vater, zum unveräusserlichen Erbgute beschieden, als ein unwandelbares Recht eingegeben hat.« »Leider!«, fügte er hinzu, »hören wir auch schon den Congress in Amerika das alte Lied anstimmen, und von einer herrschenden Religion sprechen.«

Der letzte Absatz von *Jerusalem* lautet:

»Belohnet und bestrafet keine Lehre, locket und bestechet zu keiner Religionsmeinung! Wer die öffentliche Glückseligkeit nicht stöhret, wer gegen die bürgerliche Gesetze, gegen euch und seine Mitbürger rechtschaffen handelt, den lasset sprechen, wie er denkt, Gott anrufen nach seiner oder seiner Väter Weise, und sein ewiges Heil suchen, wo er es zu finden glaubet. Lasset niemanden in euern Staaten Herzenskündiger und Gedankenrichter sein; niemanden ein Recht sich anmaßen, das der Allwissende sich allein vorbehalten hat!« In seinem Votum *Die Frage von der Freiheit, seine Meinung zu sagen* zu einer in der Mittwochsgesellschaft geführten Diskussion[50] bemerkte er ironisch:

»Wenn die Frage von der Freiheit, seine Meinung zu sagen, bei einer Nation öfters vorkömmt und öffentlich untersucht werden darf, so ist dieß kein zweideutiger Beweis, daß diese Nation entweder schon aufgeklärt sei, oder im Begriff stehe es nächstens zu werden. Die Untersuchung selbst setzt den Gebrauch der Freiheit schon voraus; ... Wenn die Freiheit des Menschen, seine Meinung zu sagen, eingeschränkt werden soll, so muss die eiserne *Macht* es thun und nicht die *Vernunft*.«

Eine verwandte Frage wurde damals ebenfalls diskutiert: »Est-il utile de tromper le peuple?«[51] Seine Antwort: »Dergleichen Untersuchungen gehören bloß für das Closet, für geschlossene Gesellschaften, wie die unsrige, wo der aufklärende Theil der Nation unter sich in Freundschaft und gegenseitigem Zutrauen ihre Meinungen vorbringen und die Schranken verabreden können, innerhalb welcher dasjenige bleiben muss, was man verschweigen zu müssen glaubt.« Das Problem der Beschränkung der Freiheit solle nicht evakuiert werden: »Censurgesetze überhaupt setzen voraus, dass es nicht erlaubt sei, alles öffentlich zu sagen, was man im Herzen für wahr hält; dass also manches wahr sei, was aus Absichten verschwiegen werden müsse. Ist aber dieses, so muß kein Geheimniß heiliger seyn, *als eben diese nothwendige Duldung der Unwahrheit und des Vorurtheils; und die Gesetze selbst unterstehen sich, dieses Geheimniß zu divulgiren?*«

In seinem 1784 in der Berlinischen Monatsschrift[52] veröffentlichten Artikel »Ueber die 39 Artikel der englischen Kirche und deren Beschwörung« kommentierte er nicht nur Besprechungen *Jerusalems,* sondern fragte nach den Artikeln und Dogmen in der Christenheit. Erneut stand die Frage der Exkommunikation im Zentrum seiner Überlegungen, wobei die Frage der 39 Artikel der englischen Kirche auch im Briefwechsel zwischen Jablonski und Leibniz diskutiert wurde.[53]

Nach seiner Lektüre von *Jerusalem* schrieb Kant:

»Herr Friedländer wird Ihnen sagen, mit welcher Bewunderung der Scharfsinnigkeit, Feinheit und Klugheit ich Ihren Jerusalem gelesen habe. Ich halte dieses Buch für die Verkündigung einer großen, obzwar langsam bevorstehenden und fortrückenden Reform, die nicht allein Ihre Nation, sondern auch andere treffen wird. Sie haben Ihre Religion mit einem solchen Grade von Gewissensfreiheit zu vereinigen gewußt, die man ihr gar nicht zu getrauet hätte und dergleichen sich keine andere rühmen kann. Sie haben zugleich die Nothwendigkeit einer unbeschränkten Gewissenfreyheit zu jeder Religion so gründlich und so hell vorgetragen, daß auch endlich die Kirche unserer Seits darauf wird denken müssen, wie sie alles, was das Gewissen belästigen und drücken kan, von der ihrigen absondere, welches endlich die Menschen in Ansehung der wesentlichen Religionspuncte vereinigen muss; denn alle das Gewissen belästigende Religionssätze kommen uns von der Geschichte, wenn man den Glauben an deren Wahrheit zur Bedingung der Seeligkeit macht.«[54]

Später setzte sich David Friedländer mit wesentlichen Beiträgen für die Verbesserung der Lage der Juden in Preußen ein.[55]

Wenige Jahre später schrieb der noch nicht so bekannte Marquis de Mirabeau (1749–1791), der in geheimer Mission nach Berlin geschickt worden war, um über das Ende Friedrichs des Großen zu berichten, eine der ersten Biografien des inzwischen berühmten Mendelssohn:

»Ein Mann, von der Natur in den Schooß einer verachteten Horde geworfen, gebohren ohne alles Glück, mit einem schwächlichen und sogar kränklichen Körper, einem furchtsamen Charakter, einer fast übertriebenen Sanftmuth, sein ganzes Leben hindurch an ein fast mechanisches Gewerbe gefesselt, schwang sich bis zu dem Range der größten Schriftsteller, welche dieß Jahrhundert in Teutschland gesehen hat. Er war einer der Ersten, wenn nicht der Erste, der eine Sprache, welche nicht einmal die seinige war, Deutlichkeit, Wohlklang, Annehmlichkeit und Energie brachte. Die Teutschen haben ihm den Titel des neuern Plato zuerkannt; man bestimmt ihm ein öffentliches Denkmal in dem Vaterlande, welches seine Verdienste, anstatt der Gesetze, ihm erworben haben. Merkwürdiger noch durch seinen Charakter als durch seine Talente, hatte er Einfluß auf seine Nation, und vielleicht in einem gewissen Grade auf das Land, in welchem das Schicksal ihn angesetzt hatte; durch das Übergewicht einer tiefforschenden Vernunft und eines so unbefleckten Wandels, daß Bigottismus und Verleumdung ihn auch nicht einmal haben beschmitzen können, dieser Mann ... dieser philosophische Jude verdient einige Aufmerksamkeit.«[56]

In Paris liegt ein Exemplar von Dohms Werk *Au citoyen Grégoire, Membre du Conseil des cinq cent, de la part de M. de Dohm,*[57] das die späteren Debatten über die Juden während der Französischen Revolution bestätigen wird, und zu denen Dohm bereits einige Argumente beisteuerte.[58] Schließlich darf nicht vergessen werden, dass ein anderer Schüler Mendelssohn, Lazarus Bendavid (1762–1832), die Texte über die Juden während die Französischen Revolution ins Deutsche übersetzt hat[59] und dass ein norddeutscher Jakobiner, Friedrich Wilhelm von Schütz (1757–1834), die erste deutsche Biografie über Mendelssohn veröffentlichte.[60]

Dass Mendelssohns Jerusalem einen wichtigen Platz in der Geschichte der Gewissensfreiheit Deutschlands, aber auch Europas, einnimmt, sollte durch diese Ausführungen deutlich geworden sein. Ob es damals schon gleich eine effektive Rolle spielte,[61] muss noch untersucht werden, denn wir wissen heute, dass die Parole »Krieg gegen die Aufklärung«[62] der Französischen Revolution und den Kriegen in Europa der politischen Agenda eine andere Richtung gegeben haben.

Die Heroisierung Martin Luthers im 19. Jahrhundert
Kulturgeschichtliche Aspekte

Michael Maurer

Bibelübersetzer, Theologieprofessor, Kirchenreformer: Martin Luther war für die Menschen des 19. Jahrhunderts weit mehr als nur das. Er war für sie zu einer geradezu mythischen Figur geworden, in der sich ein Leitbild der Moderne verkörperte: das selbstmächtige Individuum, das Genie, der Heros. So sehr dies auch mit seiner eigenen Theologie kontrastieren mochte, galt Luther doch als eine öffentlich wirksame und mächtige Figur autonomen menschlichen Strebens, ein Held der Tat, ein Kämpfer für Freiheit.

Mochte auch die konfessionelle Landschaft des 19. Jahrhunderts ausgesprochen vielfältig gestaltet gewesen sein, die verschiedenen Lutherbilder beruhten doch grundsätzlich auf dem doppelten Erbe des 18. Jahrhunderts: dem freien Denker Luther und dem Heros der Deutschen.[1]

Luther – ein Heros

»Außer etwa Luther bei den Protestanten – welches könnten auch unsere Helden sein, die wir nie eine Nation waren?« Das ist ein Satz des jungen Hegel,[2] des Philosophen, der sich auch in seinen späteren Werken darum bemühte, den hervorragenden Ort Luthers in der Weltgeschichte zu bezeichnen. Er erklärte den »Eigensinn« des Menschen, alles erst mit seiner Vernunft prüfen zu wollen, für »das eigentümliche Prinzip des Protestantismus« und zog eine kühne Entwicklungslinie vom »Glauben im Gefühl« (Luthers) zum gereiften Denken in Begriffen (seinem eigenen).[3] Hegel würdigte Luthers Leistung als Ergebnis einer spezifisch deutschen Entwicklung: Während andere Völker expandierten und fremde Erdteile kolonisierten, sei es »die alte und durch und durch bewahrte Innigkeit des deutschen Volkes«, das aus seinem »einfachen, schlichten Herzen« den Umsturz vollbracht habe, der darin bestand, dass »die unendliche Subjektivität, d. i. die wahrhafte Geistigkeit, Christus, auf keine Art in äußerlicher

Weise gegenwärtig und wirklich ist, sondern als Geistiges überhaupt nur in der Versöhnung mit Gott erlangt wird – im Glauben und im Genusse«.[4] Luther wurde so zum entscheidenden Bahnbrecher neueren Denkens, indem er die Wahrheit in der Subjektivität realisiert sah. Hegel betonte den Aufstand Luthers gegen die Autorität und die grundlegende Veränderung in der Umstellung auf die Bibel als Legitimationsquelle. Luthers Bibelübersetzung sei »von unschätzbarem Werte für das deutsche Volk gewesen«, welches dadurch »ein Volksbuch erhalten, wie keine Nation der katholischen Welt ein solches hat.«[5] Wenn die Weltgeschichte, wie Hegel formulierte, »der Fortschritt im Bewusstsein der Freiheit« war,[6] gebührte Luther in diesem Prozess eine besondere Ehrensäule, weil er es gewagt hatte, eine nur auf Autorität gestützte Meinung revolutionär herauszufordern.

Beim Philosophen Hegel in Berlin hatte auch der Dichter Heinrich Heine einige Semester gehört. Wenn er in seinen Schriften die Spezifik der deutschen Kultur herauszuarbeiten bemüht war, stand auch immer die Eigenart des Protestantismus als Differenz und die Rolle Luthers im historischen Prozess zur Debatte. Dabei erwies sich Heine als »der große Lutheraner unter den deutschen Schriftstellern«.[7] »Geistesfreiheit und Protestantismus« standen für ihn in engstem Zusammenhang: Indem durch die protestantische Kirche »die freie Forschung in der christlichen Religion erlaubt und die Geister vom Joche der Autorität befreit wurden, hat die freie Forschung überhaupt in Deutschland Wurzel schlagen und die Wissenschaft sich selbständig entwickeln können.« Die deutsche Philosophie, gipfelnd in Hegel, sei die »Tochter« des Protestantismus.[8] Ähnlich wie Hegel würdigte er Luther als Bibelübersetzer und spitzte zu: »Er schuf die deutsche Sprache.«[9]

Farbenfroh beschrieb Heine die Szene vor dem Wormser Reichstag; dabei konnte man in der Tat den Eindruck gewinnen, Heine identifiziere sich mit Luther.[10] Aber noch stärker ist der Eindruck, dass Heine hier den Reformator beschrieb, wie er ihn aus dem Drama Zacharias Werners kannte, wenn er etwa ausführte: »Er war zugleich ein träumerischer Mystiker und ein praktischer Mann der Tat. Seine Gedanken hatten nicht bloß Flügel, sondern auch Hände; er sprach und handelte. Er war nicht bloß die Zunge, sondern auch das Schwert seiner Zeit. Auch war er zugleich ein kalter scholastischer Wortklauber und ein begeisterter, gottberauschter Prophet.« Luther sei »nicht bloß der größte, sondern auch der deutscheste Mann unserer Geschichte«, der »in seinem Charakter alle Tugenden und Fehler der Deutschen aufs großartigste« vereinigte, so »daß er auch persönlich das wunderbare Deutschland repräsentiert«.[11] »Er war ein kompletter Mensch, ich möchte sagen: ein absoluter Mensch, in welchem Geist und Materie nicht getrennt sind. ... Wie soll ich sagen, er hatte etwas Ursprüngliches, Unbegreifliches, Mirakulöses, wie wir es bei allen providentiellen Männern finden, etwas Schauerlich-Naives, etwas Tölpelhaft-Kluges, etwas Erhaben-Borniertes, etwas Unbezwingbar-Dämonisches.«[12]

Mit dieser Laudatio haben wir, bei allen Abschattierungen des Lutherbildes zwischen Goethe und Schopenhauer, Engels und Nietzsche, entscheidende Elemente beisammen: eine Heldengestalt, die ins Deutsche modelliert wird; Auffassung der theologisch motivierten Wirksamkeit Luthers als Kampf für die Freiheit des Denkens und Schreibens (was gerade in der Zeit der Restriktion der Öffentlichkeit besonders aktuell war); und Luthers Menschlichkeit als überzeitlich attraktives Vorbild.[13]

Wenn wir uns im Folgenden unter kulturgeschichtlichen Prämissen mit der Heroisierung Luthers im 19. Jahrhundert befassen, gilt das in erster Linie der Nachzeichnung der kulturell vielfältigen Realisationen dieses Konstrukts in den verschiedenen Künsten. Dabei ist nicht die Frage nach der historischen Wahrheit leitend, auch nicht die nach der theologischen Stimmigkeit; es geht um nichts anderes als um die kulturelle Bearbeitung einer kanonischen Überlieferung. In der Arbeit an diesem Stoff zeigt sich aber auch, dass die Deutungshoheit über die Figur Luther, die von allen theologischen Richtungen beansprucht wurde, beim Übergang in die verschiedenen Künste nicht aufrechtzuerhalten war; Luther wurde zu einer säkularisierten Heldenfigur von umkämpfter Bedeutung.

Lutherjubiläen und Lutherfeiern

Die neuzeitliche Jubiläumskultur und damit die Institutionalisierung eines rekurrenten Memorialmechanismus begann mit dem 100-jährigen Jubiläum des Thesenanschlags 1617.[14] Die neue, protestantische Konfession hatte damit eine Kulturform gefunden, die ihr Legitimation aus der Geschichte verschaffte, und diese Protesttradition war an die Figur Martin Luthers geknüpft.

Doch auch für nichtprotestantische Deutsche konnte Luther im 19. Jahrhundert zu einer Identifikationsfigur werden. Reformationsjubiläen wurden 1817 und 1830 in einem konfessionsübergreifenden Geiste gefeiert.[15] Luther wurde von den Studenten beim Wartburgfest 1817 als ihr Held angesehen, als ein bürgerlicher Vorkämpfer für die Freiheit des Denkens und für politische Freiheit.[16]

Das Luthergedenken, die Arbeit am Mythos, wurde beständig aktualisiert durch Feste. Zu den großen, nationsweiten Jubiläen 1817, 1830, 1883 und mancherorts 1846 sowie 1867 trat das Gedenken im Jahreslauf, wobei nicht nur an den allgemeinen Reformationstag am 31. Oktober zu denken ist, sondern auch an die Jubiläen, die jeweils zum Termin der Einführung der Reformation in einer bestimmten

Stadt oder in einem bestimmten Territorium gefeiert wurden. Dabei konnte das Gedenken an den nationalen Luther ergänzt und vertieft werden durch die Einbeziehung der am jeweiligen Ort wichtigen Figuren der Reformation.

Freilich: Während die früheren Jubiläen zwar schon den Nationalhelden kannten, ihn aber als Glaubensmann, Kulturschöpfer und Freiheitskämpfer interpretierten, wurde diese Auslegung nach der Gründung des Deutschen Reiches immer enger. Im Kontext des »Kulturkampfes« erschien Luther nun preußisch-deutsch, seine Religion antikatholisch, sogar mit antisemitischen Zügen.[17] Im Lutherjubiläum von 1883 kulminierte der nationale Luthermythos.[18] Übertroffen wurde diese Zuspitzung dann noch in der propagandistischen Vereinnahmung Luthers im Kriegsjahr 1917.[19]

In diesem historistischen Zeitalter einer forcierten Gedenkkultur erlebte Luther nun auch eine massenhafte Gestaltung: in der Literatur, in der Musik, in der bildenden Kunst. Außerdem wurden seine Lebensstationen in Eisleben, Eisenach, Erfurt, auf der Wartburg, in Wittenberg und anderswo zu Luthergedenkstätten ausgebaut.[20] Man sammelte und vertrieb Lutherreliquien und Lutherdevotionalien und ergriff jeden möglichen Anlass zu Feiern für den Helden des deutschen Volkes.[21] Als historisch neue Form traten die Feiern zu Denkmalenthüllungen hinzu. Das Luthergedenken verlagerte sich zunehmend vom kirchlichen in den öffentlichen Raum. Der protestantische Luther wurde zu einer nationalen Heldenfigur.

Beim Luthergedenken blieb in vielen Fällen unklar, ob es sich um eine missionarische Expansion konfessionellen Gedenkens ins Politische handelt oder um eine kulturelle Übernahme und Modifikation durch immer breitere Kreise der deutschen Nation. In jedem Falle lohnt es sich, die kulturellen Felder abzuschreiten, auf denen die Auseinandersetzung darüber ausgetragen wurde.

Luther im Drama

1806 brachte Zacharias Werner auf dem Berliner Nationaltheater mit August Wilhelm Iffland in der Hauptrolle ein Drama zur Aufführung, das er selber so annoncierte: »Einen deutschen Helden wollte ich den Deutschen darstellen, in einer Zeit, wo selbst Heldenseelen dem Drucke der Verhältnisse, wo nicht erliegen, doch weichen müssen.«[22] Werner verkehrte in Berlin auch im Kreise Fichtes. Luther wird von ihm zu einer Leitfigur nationaler Erhebung stilisiert.[23] Trotzdem lässt sich bei genauerer Betrachtung feststellen, dass es sich um ein vielschichtiges Drama handelt.

Das Drama beginnt (nach einem Vorgespräch der Bergleute) mit der Verbrennung der Bannandrohungsbulle, in der sich Katharina als heftige, konservative

Verteidigerin der alten Kirche profiliert, die jedoch bei Luthers Auftreten wie vom Blitz getroffen ausruft: »Mein Urbild!«[24]

Im zweiten Akt wird Luther als ein entrückter Somnambuler eingeführt, der über seiner Übersetzungstätigkeit an den Psalmen, für die Außenwelt unansprechbar, drei Tage nichts gegessen hat, bis sein Vater gewaltsam die Tür zu seinem Arbeitszimmer aufbricht. In einfacher Sprache sucht er seinen Eltern die reformatorische Lehre zu erklären.

Der weltgeschichtlichen Begegnung von Worms ist eine Szene zur Einführung des jungen Kaisers vorgeschaltet, der sich dem Publikum im Geplänkel mit seinem Narren vorstellt. Sie gipfelt in Karls Selbstverständnis: »Hier bin ich Gott«,[25] womit der Konflikt auch begrifflich zugespitzt ist, weil sich Luther zuvor schon als Werkzeug Gottes dargestellt hatte. Karl V. ist aber auch infolge seiner Herkunft und Erziehung als Antipode scharf hervorgehoben, er lässt sich hinreißen zu dem Ausruf: »Abscheulich Volk, die Deutschen!«[26]

Die Szene von Worms bietet Gelegenheit zum großen Drama, wobei die Kurfürsten sich einzeln profilieren dürfen durch ihre Reden und Voten. Dabei werden Konflikte zwischen Deutschen und Ausländern, weltlichen und geistlichen Fürsten, Anhängern der alten und der neuen Lehre ausdifferenziert, bevor Luther zu Beginn des vierten Aktes seine bekannte Verteidigungsrede hält.

Dieser Zuspitzung auf der großen Bühne wird in der zweiten Szene des vierten Aktes die Gefühlswelt Katharinas und einiger Gefährten Luthers gegenübergestellt, die singend unter Waldhornbegleitung im Walde lagern. Katharina, anfangs eine wortmächtige Verteidigerin der alten Kirche, ist nun von Luthers Wort gefangen: »Er hat den Tod besiegt – er ist ein Heiland!«[27]

Hier sollte das Drama ursprünglich enden, doch nahm Werner einen Vorschlag des Berliner Kriegsrates von Beyme auf und fügte einen fünften Akt hinzu, in dem er Luther im Kampf gegen die Bilderstürmer in Wittenberg nochmals aktiv auftreten lässt; am Ende steht die widerstrebende Hinwendung zur liebenden Frau, die ihm ein neues Leben verheißt. Zuvor jedoch mussten die mystischen Parallelfiguren sterben: Therese für Katharina und Theobald für Luther.

Dramaturgisch ist dieses Umkippen des Dramas ins Mystische zweifelhaft. Aber durch sein Hybrid von weltgeschichtlichen Szenen und romantischer Waldesidylle ist Werner etwas gelungen, was von wilhelminischen Gestaltungen nicht mehr erreicht werden konnte: ein Luther, der kenntlich ist durch die in der Überlieferung herausgestellten Charakterzüge – und gleichzeitig unnachahmlich differenziert in seiner Gefühls- und Gedankenwelt. Sein träumerisches Wesen lässt Tiefen ahnen, die ihn im Kontrast mit den rational Handelnden mit jener Spiritualität ausstatten, die ihn zu einem »Heiland« machen. Er wird als Deutscher zum Erlöser, aber er soll ja auch die Deutschen erlösen. Der Kurfürst von Mainz ruft vor dem Reichstag aus: »eine Säule baut dem Luther,/ Der Euch lehret Deutsche sein!«[28] Die katholische Kirche wird als römisch und mithin fremd gekennzeichnet; der Kaiser ist ein stolzer Spanier, der sich weder in der Reichsverfassung noch in der Gemütslage der Deutschen zurechtzufinden vermag.

Das Drama *Martin Luther oder Die Weihe der Kraft* ist auch insofern ein romantisches, als es durchzogen ist von Musik. Luthers und Theobalds Instrument ist die Flöte (entgegen der ikonografischen Tradition, die Luther mit Laute zeigt),[29] das Waldhorn gehört zu Hubert. Schon die Szene unter Bergleuten ist bestimmt von Gesang und einer Verteidigung des Singens als Gebet. Die Szene von Worms ist unterlegt mit einer Glocke. Immer wieder wird *Ein' feste Burg* angestimmt, was Luther selber eher singt, um sich Mut zu machen, wie ein Ängstlicher im Walde pfeift, die aber in der Übernahme durch andere immer mehr bekräftigenden, schließlich triumphalen Charakter annimmt.

Fast gleichzeitig mit dem in Berlin durch Iffland aufgeführten Drama Zacharias Werners inszenierte in Braunschweig August Klingemann ein weiteres Drama mit dem Titel *Martin Luther. Ein dramatisches Gedicht* (ebenfalls 1806), das freilich weniger Beachtung fand.[30] Auf *Johann Tetzel. Ein Vorspiel* über die Praxis des Ablasshandels in Jüterbog folgte eine Tragödie in sechs Abteilungen. Luther wird nicht als Religionsstifter gesehen, sondern als Herold einer neuen Zeit, für die im Prolog schon Christoph Kolumbus aufgerufen wird.[31]

Die vierte Abteilung bringt als Zentrum des Dramas Luthers Verhandlung in Worms. Nach Vorgesprächen folgt der große Auftritt Luthers vor Kaiser und Reich, in dem sich Klingemann eng an die historische Überlieferung hält, allerdings besonders herausstellt, dass bei der Verhandlung eine Bibel, auf die sich Luther beziehen wollte, nicht vorhanden gewesen sei, was den Reformator zu dem höhnischen Ausruf veranlasst: »Gott ist nicht mehr, wir beten zu dem Papste.«[32] Der Kaiser zeigt sich beeindruckt vom furchtlosen Auftritt des Reformators. Sickingen will ihn mit Waffengewalt in Sicherheit bringen, doch Luther besteht darauf, dass ihn allein das Wort retten könne, nicht das Schwert.

Obwohl Klingemann keine der bühnenwirksamen Legenden auslässt, die Luthers Sonderstellung unter den Menschen belegen sollen, ist es im Vergleich mit dem Drama Zacharias Werners doch ein aufklärerisches Werk. Das erweist sich in der dokumentarischen Absicht, die dem Lesedrama verschiedentlich Fußnoten beigibt, welche die Authentizität der Aussprüche Luthers belegen sollen, wie auch in der Betonung des Kampfes für Gedankenfreiheit. Die Szene von Worms bildet den Mittelpunkt des Dramas als öffentliche Auseinandersetzung mit den Mächten, die Zwang auf das Denken ausüben wollen. Zwar werden die »Römlinge« als äußert verschlagen dargestellt (auf der Gegenseite wird immer wieder die deutsche Geradheit hervorgehoben), doch sind die nationalen Aspekte der weltgeschichtlichen Szene, die im späteren 19. Jahrhundert so stark in den Vordergrund gerückt wurden, noch kaum entwickelt, und auch ein Bezug auf Preußen ist nicht vorhanden. Als Glaubensheld vertrat Luther die Sache der Menschheit, wie Karl V. seinerseits in seinem Handeln durch die politische Situation bestimmt war. In diesem Drama über einen weltgeschichtlichen Augenblick, den Beginn der Neuzeit, fanden Kolumbus und Cortés, die Erfindung des Schießpulvers und des Buchdruckes genauso Erwähnung wie der Beitrag eines Wittenberger Theologen zur Erringung der Freiheit der Menschheit.

Nach der Jahrhundertmitte wurden Lutherdramen geradezu Mode; über ein Dutzend von ihnen sind bekannt.[33] August Trümpelmann hat sein Bühnenstück *Luther und seine Zeit* genannt (1869).[34] Otto Devrient fokussierte sich in seinem 1883 in Jena aufgeführten Werk mehr auf Luther selber, auf ein »Historisches Charakterbild«.[35] Freilich ist die Frage nicht nur, wie weit jeweils der Held im Vordergrund stehen soll oder die Epoche, sondern auch, welches eigentlich der Ort des Theaters in der Gesellschaft ist. Denn Hans Herrig beispielsweise verknüpfte sein Engagement für Luther mit einem Eintreten für eine Volksbühne, die er in seiner Schrift *Luxustheater und Volksbühne* (1887) explizit dem Kunstdrama der etablierten Theater entgegenstellte.[36] Den Aufwand künstlerischer Kulissen wollte er ersetzen durch schlichte braune Tücher. Das »kirchliche Festspiel«, das er zum 400. Jubiläum des Luthergeburtstages für die Stadt Worms schuf (und das später in vielen anderen deutschen Städten aufgeführt wurde), war als Volkstheater konzipiert, in dem die Bürger selber in Massen auftraten.[37] Er griff dabei auf ältere Formen des Theaters zurück, wenn er kommentierende Rahmenfiguren wie Ehrenhold und den Ratsherrn zwischen die Schauspieler und das Publikum postierte. Die komplexe Bühnensprache der deutschen Klassiker wurde reduziert auf paargereimte Knittelverse.

Die Handlung wurde in einer vereinfachten Szenenfolge dargeboten, wie sie sich in den meisten Lutherdramen dieser Zeit herausgebildet hatte: Anfangs muss der Held in seiner Studierstube den Durchbruch des Glaubens schaffen, sodann schlägt er die Thesen an und verbrennt die Bannandrohungsbulle, verantwortet sich vor Kaiser und Reich in Worms, wird auf die Wartburg in Sicherheit gebracht, wo er das Neue Testament übersetzt, aber dann in Wittenberg eingreifen muss, wo er sich gegen Bilderstürmer und Schwärmer im Sinne von Ruhe und Ordnung durchsetzt, bis er zum Schluss, nachdem er seine Käthe geheiratet hat, im Kreise seiner Familie sein Glück genießt und einem ruhigen Lebensabend mit beruhigtem Gemüt entgegensehen kann.

Das Volksschauspiel in Worms wurde in einer Kirche aufgeführt; Choräle und Orgelspiel gliedern das Gesamtwerk effektiv. Herrig nannte es explizit »ein kirchliches Festspiel«. Einerseits wurde damit eine breite Öffentlichkeit angesprochen und einbezogen, andererseits bot der Raum der Kirche die Möglichkeit einer ambivalenten Transposition. An anderen Orten blieb es umstritten, ob Luther ein Held auf der Bühne sein könne. In Halle war 1817 das Stück *Luthers Entscheidung* von Heinrich Schorch von kirchlichen Kreisen verhindert worden.[38] Auch der Jenaer Kirchenhistoriker Karl von Hase legte gegen die Aufführung von Luther-Dramen Protest ein.[39] Der Glaubensheld Luther sollte nicht durch sinnliche Bühnenkunst profaniert werden.

Dass Luther in der Zeit nach 1870 mehr und mehr vom Glaubensmann zum Nationalhelden wurde, lag auch daran, dass sich sein Erbe instrumentalisieren ließ im Sinne eines preußischen Deutschtums. Fast alle Autoren eröffnen Blicke aus der Reformationszeit auf die eigene Lebenszeit. Hans Herrig beispielsweise lässt Luther in seinem Schauspiel sinnieren über die Bezeichnung »Römischer Kaiser« und folgern: »Aber Rom ward schon dazumalen/ Zerstört von Gothen und Vandalen,/ Und deßhalb dünkt es mich viel weiser,/ Wir hätten einen *deutschen* Kaiser.«[40]

Luther in der Musik

In der Musik war Luther durch die Jahrhunderte der Neuzeit präsent durch seine eigenen Lieder und Choräle, wie sie insbesondere über die Werke Johann Sebastian Bachs Einzug in musikalische Großformen gefunden hatten.[41] 1829 war dieses Erbe mit der Wiederaufführung der *Matthäus-Passion* durch Felix Mendelssohn Bartholdy aktualisiert worden. Im Hinblick auf das bevorstehende Jubiläum der *Confessio Augustana* arbeitete dieser auch zur gleichen Zeit an einer *Reformationssymphonie,* die im vierten Satz sieghaft im Lutherchoral »Ein' feste Burg« gipfelte.

Neu war im 19. Jahrhundert eine Dramatisierung der Figur Luther in der Form des Oratoriums.[42] Mendelssohn Bartholdy hatte durch seine Oratorien *Paulus* (1836) und *Elias* (1846) zur Popularität geistlicher Werke für Soli, Chor und Orchester beigetragen, die nicht an Messe und Requiem gebunden waren, sondern außer in Kirchen auch in Konzertsälen aufgeführt wurden. Sie suchten stilistisch romantische Gefühlswelten mit den musikalischen Grundlagen von Bach und Händel zu vereinen und hatten im bürgerlichen Konzertleben durchaus ihren Ort gefunden.

Ludwig Siegfried Meinardus komponierte 1871/72 auf Anregung von Franz Liszt ein Oratorium *Luther in Worms*.[43] Es wurde 1874 in der Stadtkirche in Weimar (»Herder-Kirche«) uraufgeführt, mehrfach anderwärts übernommen, im Lutherjahr 1883 in mehr als 50 Städten aufgeführt, 1921 wiederum in Worms mit Leben erfüllt und im Lutherjahr 1983 noch einmal in Göttingen ausgegraben. Meinardus hat noch weitere Oratorien komponiert. Dass nur *Luther in Worms* die Zeiten überdauert hat, lässt sich auf die Popularität des Stoffes zurückführen, die Heldenqualität Martin Luthers, die gerade nach der Reichseinigung und in den Zeiten des preußischen »Kulturkampfes« von Neuem attraktiv schien.

Für *Luther in Worms* legte er ein Textbuch des sachsen-meiningischen Prinzenerziehers Wilhelm Rossmann zugrunde, das viele Bezüge auf authentische historische Quellen und Lieder Luthers enthält, aber den bekannten Stoff frei gestaltet.[44] Es besteht aus zwei Teilen: zuerst der Zug Luthers nach Worms, dann sein Auftreten vor Kaiser und Reich. Ein einleitender Chor soll die Stimmung der deutschen Nation schildern. Der Zug nach Worms wird als »Wallfahrt« bezeichnet, auf der Luther drei Begegnungen erfährt. Man kommt an einem Nonnenkloster vorbei, wo das *Miserere* gesungen wird, das nicht nur eine gottesdienstliche Reminiszenz der alten Kirche bietet, sondern auch einen Hilferuf der eingesperrten Nonnen. Eine mit Namen Katharina verlässt das Kloster und begleitet die Pilgernden. Die zweite wegweisende Begegnung ist die mit dem päpstlichen Abgesandten Glapio, der Luther in der Gestalt eines Versuchers entgegentritt und ihm für den Fall seines Widerrufs eine Karriere in der römischen Kirche verspricht. Die dritte Begegnung ist die mit Ulrich von Hutten, der Luther seine Ritterscharen zur Verfügung stellt und damit die weltlichen Verlockungen anspricht, die Luther ebenfalls zurückweist.

Der zweite Teil des Oratoriums gibt zunächst Kaiser Karl V. die Gelegenheit, in einer Arie seine Position darzustellen. Dagegen wird Luthers innerlicher Kampf durch reine Instrumentalmusik ausgedrückt. Die konfligierenden Positionen werden von Doppelchören vorgetragen. Der Kaiser lehnt die Entscheidung der Glaubensfrage schließlich ab, verhängt aber politisch die Reichsacht. Während die Päpstlichen Luthers sofortige Verbrennung fordern, Glapio die Glaubensspaltung vollzogen sieht und Luther prophetisch deren einstige Überwindung verkündigt, kommt es zum Schluss: Luther stimmt zunächst allein und unbegleitet, sich selber Trost zusprechend, sein Lied »Ein' feste Burg ist unser Gott« an, das auch schon zuvor leitmotivisch angeklungen war. Das Lied wird dann von immer mehr Stimmen aufgegriffen, die in einen mächtigen Schlusschoral münden, womit die Ausbreitung der reformatorischen Lehre symbolisch in Musik gesetzt wird.

Manche Kritiker stießen sich am Opernhaften des Oratoriums, das einem solchen Gegenstand nicht angemessen sei. Damit forderten sie auch eine schärfere Trennung der geistlichen von der weltlichen Sphäre; sie beanspruchten die Rückholung der Lutherfigur in den Bereich des Religiösen, wo frühere wohlmeinende Kritiker gerade die gelungene Verbindung von Frömmigkeit und modernem Kunstwollen positiv hervorgehoben hatten.[45] Das Oratorium *Luther in Worms* von Ludwig Siegfried Meinardus erscheint als gelungene Transposition in den Bereich des Musikalischen für den, der eine solche Verschiebung des Religiösen in den Raum des Säkularen nicht grundsätzlich ablehnt.

Ein weiterer Aspekt: Während in den Oratorien zuvor Personen des Alten und Neuen Testamentes eine Stimme verliehen bekommen hatten, rückt der Reformator nun zu diesen auf. Er stand nun bei Paulus, Simon Petrus, König Salomo. Er wurde gewissermaßen kanonisiert. Die Möglichkeit dazu scheint Liszt mit seiner *Legende von der heiligen Elisabeth* (1865) eröffnet zu haben. Sie war eine vorbildliche Heilige, an der sich die fromme Fantasie entzündete – Luther nicht minder!

Luther in der bildenden Kunst

Im 19. Jahrhundert schreckte man auch nicht vor einer veritablen Apotheose zurück, die Luther wie einen katholischen Heiligen im Himmel ankommend darstellte. In einem Kranz von elf biografischen Szenen ließ Johann Erdmann Hummel 1806 den Wiederhersteller der religiösen Freiheit unter Engelsmusik und Überreichung eines Palmzweiges in die himmlischen Gefilde eingehen.[46]

In dieser Epoche entstanden Druckwerke mit Folgen von Kupferstichen und Radierungen zu wesentlichen Stationen von Luthers Leben, die in großen Auflagen verbreitet wurden. Weit bekannt waren die Stichfolgen von Baron Wilhelm von Löwenstern (ab 1827).[47] Der umfassendste dieser Zyklen (von Gustav König, 1851) zeigte nicht weniger als 48 Szenen aus dem Leben Luthers![48] Bei allen biografischen Zyklen gehörte jeweils Luthers Auftritt in Worms 1521 zum Programm. Ja, der trotzige Widerstand eines Einzelnen gegen die politische Macht entwickelte sich zu einer zentralen Symbolszene, die dem Bürger des 19. Jahrhunderts eine eigene Botschaft vermittelte.[49]

In einer Raffaels *Schule von Athen* nacheifernden Großkomposition stellte Wilhelm von Kaulbach Martin Luther mit über dem Kopf gehaltenem Buch ins Zentrum eines vielfigurigen Monumentalgemäldes für das Treppenhaus des Neuen Museums in Berlin (1864).[50] Es trägt den Titel *Das Zeitalter der Reformation* und kombiniert die Helden des neuen Glaubens mit den Meistern der Künste, den Großen der Literatur, den epochemachenden Entdeckern, Kosmografen, Naturwissenschaftlern. Das Zeitalter der Reformation bedeutete in dieser Sicht den Beginn der Neuzeit, die Grundlegung der eigenen Epoche.

Einerseits über menschliches Maß entrückt und heroisiert, wurde der Reformator andererseits auch zu einem nahen Menschen gemacht, den man anfassen und mit dem man sich identifizieren konnte. In biedermeierlicher Weise wurde er verbürgerlicht, etwa auf den Stichen von Carl August Schwerdgeburth, Wilhelm Beste und Gustav König.[51] Und selbstverständlich wurde Luther auch zu einem beliebten und bevorzugten Sujet im Fache der Historienmalerei.

Dazu hier einige Beispiele, die zeigen werden, dass es fast unmöglich war, sich von den Bildnistypen freizumachen, die Lucas Cranach einst geschaffen hatte.[52] Ein Luther, der nicht wie Cranachs Luther aussah, erschien den Menschen des 19. Jahrhunderts unähnlich, unwirklich, unecht.

Während andere Aspekte bloß persönlichen, biografischen Charakter trugen (Luther als Kurrendeschüler in Eisenach, Luthers Eintritt ins Kloster, Luther im Kreise seiner Familie, Luther auf dem Sterbebett usw.), betrat man mit den herausgehobenen Szenen der Reformation wie dem Thesenanschlag, der Leipziger Disputation, der Verbrennung der Bannandrohungsbulle vor dem Elstertor in Wittenberg die große Bühne des symbolischen Handelns vor den Augen der ganzen Kirche und des deutschen Volkes. Diese Szenen waren besonders beliebt in der Historienmalerei, wurden jedoch noch übertroffen von der Szene in Worms, dem Auftritt vor Kaiser und Reich. Während der Thesenanschlag und die Bullenverbrennung sich als rebellische Taten zur Darstellung anboten, lag in ihnen doch auch eine Prise Anarchismus. Dagegen war die große Verantwortungsszene zwar auch von persönlichem Mut bestimmt, aber doch als kultivierte Redehandlung im Rahmen der verfassungsmäßigen Institutionen darzustellen. Während die anderen Szenen das aufrührerische Verhalten des Reformators in theologischen und juristischen Fragen betrafen, ging es nun um das Verhältnis von Staat und Kirche, von persönlicher Gewissensentscheidung und Religionszwang, mithin um Fragen, die im 19. Jahrhundert erneut und nun forciert in der Diskussion standen. Die Wormser Szene wurde in dieser neuen Zeit aufgefasst als Symbolhandlung für die Freiheit des Denkens, des Wortes, der religiösen Überzeugung. Und diese Freiheit, die den Liberalen und Fortschrittlichen so sehr am Herzen lag, konkretisierte sich in der Absage Luthers an den äußeren, kirchlich-staatlichen Zwang. Wobei sich dieses ideale Anliegen noch mischte mit einem gewissen Antiklerikalismus, der nun eher den (preußischen) Staat als Hüter der (protestantischen) Meinungsfreiheit ansah als die (katholische) Kirche. Und damit überkreuzte sich die nationalistische Vorstellung einer germanischen Freiheit, die gegen die romanische Schläue der römischen Kurie zu verteidigen sei.

Eine besondere Verbreitung erzielte das Werk von Hermann Freihold Plüddemann in der Lutherhalle Wittenberg (1864),[53] weil sich Kaiser Wilhelm I. dafür einsetzte, einen Öldruck dieses Bildes in allen Schulen Preußens aufzuhängen.[54] Luther in Mönchskutte steht als zentrale Figur inmitten einer Menschenmenge dem unter einem links aufgebauten Baldachin mit verschattetem Antlitz sitzenden Kaiser gegenüber. Luthers hell erleuchtetes Gesicht ist zum Himmel gerichtet; seine Linke ruht auf dem Stapel seiner Bücher, seine übermäßig lang dargestellte Rechte ragt pathetisch zum Himmel empor. Doch wird der Blick des Betrachters damit gleichzeitig auch auf eine Darstellung des Gekreuzigten an der Wand gelenkt. Licht fällt auch auf den wie ein Kardinal gekleideten päpstlichen Gesandten Aleander, der noch zweifelnd blickt, während ein Mönch auf ihn einredet. Im Hintergrund drängt eine zahlreiche Volksmenge durch einen Türbogen in den Saal. Man sieht, wie Licht angezündet wird: Luther ist der Lichtbringer, die Heldengestalt, die erleuchtet und selbstbewusst vor Kaiser und Reich auftritt, nicht mehr bescheiden und unsicher.

Um eine vorsichtigere Haltung musste sich der Reformierte Julius Schnorr von Carolsfeld bei seinem Auftrag für den katholischen Maximilian II. von Bayern bemühen.[55] Anlässlich der Ausgestaltung des Maximilianeums in München (1869) ging es nicht um die Verherrlichung Luthers oder der Reformation, sondern um eine der historisch bedeutsamsten Szenen der neueren Geschichte. Bei dem Gemälde in repräsentativer Größe (2,85 × 3,65 m) wurde auf historische Kostümstudien und Exaktheit der Ausarbeitung höchster Wert gelegt. In den Nebenfiguren sind zahlreiche sorgfältige Porträts enthalten. Der Maler hat das Geschehen in den würdigen Rahmen einer gotischen Halle verlegt und damit den kirchlich-religiösen Charakter betont. Hinter dem Kaiser links im Bild auf einem Thron sitzen die geistlichen Kurfürsten, rechts hinter Luther die weltlichen Kurfürsten. Der Reformator steht in seiner schlichten Mönchskutte, die Linke beteuernd auf dem Herzen, mit der Rechten die Autorschaft seiner vor ihm aufgebauten Bücher bekräftigend. Das Licht fällt in Strahlen von rechts oben ein und trifft natürlich den Helden, aber auch den neben dem Kaiser sitzenden Ferdinand, seinen Nachfolger im Reich, der für protestantische Ideen offener war als Karl V. Luther erscheint nicht trotzig, sondern vorsichtig, bescheiden. Schnorr von Carolsfeld malte eine welthistorische Szene mit religiösem Charakter, nicht nationalem.[56] Wenn man der Unterscheidung von Armin Kohnle folgt, der bei Luther einen »Glaubenshelden« von einem »Nationalhelden« abhebt,[57] sehen wir hier Luther als »Glaubenshelden«.

Paul Thumann hat dasselbe Sujet in seinem Gemälde für den Wartburg-Zyklus (1872) dramatisiert,[58] indem er eine Perspektive von rechts unten nach links oben bildete, in welcher der Blick über die rotgewandeten Kurfürsten auf den rotgewandeten Kaiser gelenkt wird, Luther aber, zentral gestellt, fast von hinten gesehen wird, mit dem Gesicht im Profil. Er steht in einem Schatten und hebt sich eben als Dunkelfigur mächtig vor den hellen Gewändern der anderen ab. Er trägt die Tonsur des Mönches und spreizt die Finger beider nach unten zeigenden Arme und Hände zur Ergebungsgeste des »Ich kann nicht anders!« ab. Die meisten der Personen im Saal, die ganz verschieden individualisiert sind, wenden ihre Aufmerksamkeit auf Luther. Es ist der Auftritt eines Propheten, der alle in seinen Bann zieht. Thumann bringt, wie sein Lehrer Ferdinand Pauwels, der die ersten sieben Gemälde des Zyklus schuf, das lebhafte Kolorit der belgischen Schule voll zum Einsatz.

In Anton von Werners Ölgemälde mit demselben Thema, in einer früheren Fassung von 1870 für die Aula des Kieler Gymnasiums gemalt, heute nur noch in einer späteren Fassung von 1877 in der Staatsgalerie Stuttgart erhalten,[59] ähnelt der kaum geschmückte, kahle Saal mit dem Reichsadler an der Wand eher einem Gerichtssaal; der Kaiser, dessen Gesicht von einem Baldachin verschattet wird, sitzt zwar auf einem Thron, doch ziehen die Kirchenmänner, die ihn beraten, durch ihre bunten und kostbaren Gewänder alle Blicke auf sich. Hier ist nun der Mann in der Mönchskutte, der als einzelne Figur deutlich von allen anderen getrennt wurde und in seinem Typus dem »kleinen Luther« Cranachs folgt, eindeutig die Trotzfigur, die gegen Kaiser und Reich aufbegehrt: Mit pathetischer Geste presst er die abgespreizten Finger der rechten Hand auf seine Brust und weist mit der Linken auf seine am Boden liegenden Schriften. Forsch hat er den rechten Fuß vorgesetzt. Der hagere kleine Mönch wird zum Recken.[60] Nach der Reichsgründung fand sich Preußen-Deutschland einig im protestantischen Geist; die Katholiken wurden gleichzeitig durch Bismarcks Kulturkampf ausgegrenzt. In dieser Sicht war Luther einst für Deutschland gegen den ausländischen Habsburgerkaiser aufgetreten wie Bismarck nun gegen die Franzosen. Die protestantisch-preußisch-deutschen Ideen waren siegreich geblieben; Luthers Geist lebte fort in jedem aufrechten Deutschen.

Historiengemälde, welche Luther inszenierten, sind im 19. Jahrhundert ausgesprochen zahlreich.[61] Nur wenige konnten hier exemplarisch herausgegriffen werden. Dabei wurde zumindest angedeutet, dass die Interessenlage des Auftraggebers wie auch die persönliche Sichtweise des Künstlers die Arbeit am Mythos beeinflussten. Historiengemälde zeigten Luther auf der großen Bühne; sie dramatisierten die Figur. Im Gegensatz zum Porträt, das gleichwohl bildprägend geblieben ist, wurde Luther im Historienbild vom Reflektierenden zum Handelnden. Auch wo er Mitwirkender in einem weltgeschichtlichen Drama war, das durchaus tragische Züge annehmen konnte, wurde er im Zentrum eines Historiengemäldes zu einem Helden, einem erhöhten, ja überhöhten Menschen. In ihm bündelten sich die Strahlen der Geschichte; er stand symbolisch für etwas Größeres.

Luther-Denkmäler

Als adäquate Form, Helden zu ehren, entwickelte man im 19. Jahrhundert bevorzugt die Form des Denkmals. Während Personendenkmäler aus Bronze oder aus Stein im öffentlichen Raum bis dahin Fürsten vorbehalten waren,[62] zeigten sich seit dem späten 18. Jahrhundert schon verschiedentlich Bestrebungen, auch bürgerliches Verdienst durch Denkmäler zu ehren. Martin Luther bot sich als Identifikationsfigur an, weil sich in seiner Person religiöses Charisma und kulturelle Bedeutung zusammenfanden.

Im 19. Jahrhundert, dem Jahrhundert des Denkmals, wurden allein in Deutschland an die 100 Luther-Denkmäler geschaffen – im protestantischen Deutschland, versteht sich.[63] Einzig Bismarck dürfte diese Zahl am Ende des Jahrhunderts noch übertroffen haben.[64] Zwei Denkmäler sind es, die aus der Masse herausragen und besondere Würdigung verdienen: Wittenberg und Worms. Wittenberg war das früheste Denkmal, und Worms das größte.

Auf eine Mansfelder Anregung[65] legten bedeutende Künstler und Architekten wie Heinrich Gentz, Leo von Klenze, Karl Friedrich Schinkel und Johann Gottfried Schadow dazu Entwürfe vor.[66] Das Jubiläum von 1817 führte dann in Wittenberg zur Grundsteinlegung, nachdem sich der preußische König in die Mansfelder Initiative eingeschaltet hatte. Während in älterer Zeit Sachsen als Schutzmacht des Protestantismus fungiert hatte, dessen Dynastie inzwischen katholisch geworden war, wollte nun Preußen an seine Stelle treten. Das kursächsische Wittenberg war infolge des Wiener Kongresses an Preußen gefallen; hier schien Integrationspolitik am vielversprechendsten. Und die Hohenzollerndynastie, längst schon zum Calvinismus übergegangen, profilierte sich mit Friedrich Wilhelm III. als aktive Fürsprecherin einer protestantischen Union, nicht zuletzt auch im Versuch einer Vereinnahmung des Luthertums.

Der preußische Staatsbildhauer Johann Gottfried Schadow schuf im Auftrag des Königs die von einem Baldachin mit gotischen Zierraten (von Karl Friedrich Schinkel) überwölbte, 1821 enthüllte Bronzefigur, die auf das Bild des späten, wohlgenährten Luther in faltenreichem Talar, mit standfest sichtbarem Fuß, barhäuptig, auf die geöffnete Bibel verweisend, zurückgreift. Auch in späteren Denkmälern inszenierte man Luther immer wieder in dieser Pose: solide, erdverbunden, auf das Wort der Heiligen Schrift verweisend, zuweilen mit einem geschlossenen Buch, selten nur mit Kopfbedeckung, nie als junger Mann, nur in zwei Fällen sitzend.[67] Während Reiterstandbilder den Fürsten vorbehalten blieben[68] und gelehrtes Verdienst in aller Regel nur durch öffentliche Büsten angezeigt wurde, kommt dem Wittenberger Luther als frühe herrschaftliche Ganzfigur eine einzigartige kulturhistorische Bedeutung zu.

Anderen Charakter hat die Denkmalsanlage von Worms. Durch Assistenzfiguren in unterschiedlicher Stellung und Entfernung zur Hauptfigur enthält sie eine komplexe Deutung der Reformation, sodass man begründet die Meinung vertreten kann, es handle sich nicht um ein Lutherdenkmal, sondern um ein Reformationsdenkmal.⁶⁹ Am Sockel sitzen unterhalb der eindeutig dominierenden Zentralfigur des Reformators die »Vorläufer« (Jan Hus, John Wyclif, Petrus Valdes, Girolamo Savonarola). Die jeweils dreigliedrigen Seitensockel zeigen als weltliche Schirmherren der Reformation: Friedrich den Weisen von Sachsen und Philipp von Hessen vorne, hinten die philologischen Fundamente, nämlich Reuchlin und Melanchthon, dazwischen sitzend noch Personifikationen reformationsverbundener Städte (protestierendes Speyer, friedestiftendes Augsburg, leidendes Magdeburg). Dass auch Zwingli und Calvin noch in Form von Porträtmedaillons vertreten sind, verweist darauf, dass das größte Reformationsdenkmal 1868 mit Spenden aus der ganzen protestantischen Welt errichtet wurde.⁷⁰ In dieser Hinsicht kann es mit dem späteren internationalen Reformationsdenkmal in Genf verglichen werden, bei dem der deutsche Reformator freilich zurücktreten musste.⁷¹

Das Wormser Reformationsdenkmal sticht nicht nur heraus durch seine schiere Größe und Vielfigurigkeit, sondern auch durch seine Anlage als begehbare Bühne. Man ist nicht gezwungen, die Statuen ehrfurchtsvoll aus der Ferne zu betrachten, sondern kann sich ihnen nähern, zu ihnen hinaufsteigen und sich zwischen ihnen positionieren. Diese revolutionäre Denkmalskomposition einer bühnenartigen Gestaltung wurde später beim (nicht erhaltenen) Lutherdenkmal in Berlin von Martin Paul Otto und Richard Toberentz erneut realisiert (1895).⁷²

Ernst Rietschel, der in Weimar mit dem Goethe- und Schiller-Denkmal den Typus des Freundschaftsdenkmals aufgriff und zum Nationaldenkmal erhob,⁷³ schuf für Worms eine Lutherstatue, die im Typus dem Wittenberger Denkmal von Schadow ähnlich ist und ihrerseits zum Typus für eine ganze Reihe späterer Denkmäler wurde: beispielsweise in Speyer, Dippoldiswalde, Annaberg-Buchholz, Prenzlau, Wernigerode, Erfurt, Eisleben, Eisenach, Braunschweig, Norderney, Hamburg und Dresden.⁷⁴

Das vielfigurige Wormser Denkmal verbindet die Würdigung des Ereignisses und seiner politischen und gelehrten Zusammenhänge mit der Hervorhebung des bürgerlichen Helden der Reformation. In Bezug auf die Zentralfigur Luthers bewirkte die Durchsetzung eines maßgeblichen Heldenentwurfs jedoch eine Vereindeutigung: Der in manchen Gemälden und Dramen noch zaudernde Luther, der nachdenkliche und um Inspiration ringende, wurde nun reduziert auf den feststehenden, soliden, unerschütterlichen. Während das frühe Denkmal von Ferdinand Müller in Möhra (1846–1861) ihn noch offen und gebend zeigen konnte,⁷⁵ ist der Schadow-Rietschel-Typus, ob nun mit geöffnetem oder geschlossenem Bibelbuch, ein Held ohne Zweifel, ein Unerschütterlicher. Das In-sich-Ruhende dieses Typus verweist auf ein klassisches Ideal. Auch die dynamischere, vorwärtsdrängende Version von Rietschel bewegt sich noch im Rahmen des Klassischen. Dagegen werden expressivere

Versionen zunehmend eliminiert, etwa der begeisterte, mit der Rechten gen Himmel weisende, den der Entwurf von Bertel Thorvaldsen um 1843[76] oder das Denkmal in Hannover von Carl Dopmeyer 1900[77] zeigen. Der klassische Luther ist zugleich ein innerlicher Deutscher und ein unerschütterlicher Rechthaber. Er hat das Feuer der Jugend abgelegt und wird mehr und mehr dem greisen Feldherrn Bismarck angenähert.[78]

Die Heroisierung Luthers im 19. Jahrhundert

Wir sollten nicht vergessen: Luther blieb im 19. Jahrhundert umstritten, wie es bei der konfessionellen Gemengelage Deutschlands nicht anders sein kann. Dabei ist nicht nur die Gegenüberstellung von Protestanten und Katholiken zu bedenken;[79] auch die unterschiedlichen Ausrichtungen innerhalb des Protestantismus gewannen hier prägenden Einfluss. Beispielsweise wurde nachgewiesen, dass in Baden, wo die Evangelischen ein Drittel der Bevölkerung ausmachten und seit 1821 in einer Kirchenunion von Lutheranern und Reformierten lebten, kirchenamtlich ein spezifisches Gedenken an Luther gedämpft wurde, um nur ja keine alten Fronten heraufzubeschwören.[80]

Wohl gab es Brückenvorstellungen: der Kämpfer für die Freiheit des Geistes, der Sprachschöpfer, die Integrationsfigur in Abwehr äußerer Einflüsse auf Deutschland. Trotzdem: König Ludwig I. von Bayern, der schon 1831 bei Ernst Rietschel eine Lutherbüste in Auftrag gegeben hatte, wagte es nicht, diese bei der Eröffnung der Walhalla 1842 zu präsentieren. (Fünf Jahre später wurde diese Aufstellung nachgeholt.[81])

In konfessionell gemischten Städten wie Augsburg gab es keine Lutherdenkmäler: Eine auf Dauer gestellte Lutherehrung hätte eine Parteiergreifung bedeutet. Auch im reformierten Heidelberg verfing der Vorschlag eines Luther-Denkmals nicht.[82]

Im 19. Jahrhundert waren Denkmalsenthüllungen grundsätzlich mit Festen verbunden, die auch mehrere Tage dauern und zu groß inszenierten Massenereignissen werden konnten wie in Worms 1868.[83] An neuen Festformen entwickelte man Straßenumzüge mit historisierend verkleideten Figuren, die von Schauspielern dargestellt wurden.[84] Neben der Tendenz zur Perpetuierung im Denkmal entfaltete sich eine Tendenz zur Aktualisierung des Luthergedenkens in der Eventkultur. In Gedichten, Schaustellungen und Lesebuchtexten wurde ein »Luther zum Anfassen« geboten, kein Schatten aus fernen Sagen wie Hermann oder Siegfried. Ebenso wie die katholische Kirche ihre Heiligen verehrte und im Laufe des 19. Jahrhunderts in einer intensivierten Jubiläumskultur immer neue vorbildliche Bezugspersonen anzubieten verstand,[85] hatten die Protestanten ihren Luther, dessen dingliche Hinterlassenschaften man sammelte und ausstellte und von dessen Möbeln man sich Späne als Reliquien abschnitt, bis nichts Originales mehr übrig blieb.[86] Im Ausbau der Personengedenkstätten auf der Wartburg, in Eisleben (Luthers Geburtshaus und angebliches Sterbehaus) und in Wittenberg manifestierte sich ein volkstümliches Bedürfnis – wie man in der katholischen Welt Wallfahrten zu den geheiligten Stätten unternahm und den Kontakt mit dem Jenseitigen suchte.

Die Faszination, die von der Heldengestalt Martin Luthers ausging, bestand darin, dass er 1. die religiöse Identitätssuche verband mit der nationalen; dass er 2. auch für schlichte Gemüter etwas zu bieten hatte, nicht nur für Gelehrte; dass er 3. als Heros entrückt werden konnte, ohne dabei seine Bodenständigkeit als konkrete historische Gestalt zu verlieren.

Von Luthers Gewissensentscheidung zur heutigen Religionsfreiheit
Verfassungsgeschichte eines Grund- und Menschenrechts

Antje von Ungern-Sternberg

Es liegen Welten zwischen dem Wormser Edikt von 1521, das über Luther und seine Anhänger die Reichsacht verhängte und die Verbreitung seiner Schriften verbot, und dem heutigen Recht, das die Gewissens- und Religionsfreiheit umfänglich garantiert. Dieser Beitrag möchte nachzeichnen, wie sich das heutige Recht entwickelt hat. Dem Geschehen von 1521 kommt hierbei eine zentrale Rolle zu; gerade aus evangelischer Sicht wird häufig betont, welchen Beitrag die Reformation oder einzelne aus ihr hervorgegangene religiöse Strömungen zur Entwicklung der Religionsfreiheit und des Menschenrechtsschutzes insgesamt geleistet haben.[1] Auch aus rechtswissenschaftlicher Perspektive ist die Reformation ein entscheidender Faktor für die Entwicklung der Gewissens- und Religionsfreiheit. Im Folgenden seien zunächst zwei wichtige Thesen zum Verhältnis von Reformation und Religionsfreiheit vorgestellt, bevor die allgemeine Entwicklung des Grundrechtsschutzes und die Etappen der Religionsfreiheit in Deutschland skizziert werden.

Zwei Thesen zum Einfluss der Religion auf die Entstehung der Grund- und Menschenrechte

Die Bedeutung von Religion, Reformation und Säkularisation für die Geschichte von Grund-und Menschenrechten wird in den Rechtswissenschaften schon seit längerem thematisiert. Zwei Thesen sind besonders wirkmächtig.

Zunächst hat der Staatsrechtslehrer Georg Jellinek (1851–1911) in seiner 1895 erschienenen Schrift »Die Erklärung der Menschen- und Bürgerrechte« die Idee universeller subjektiver Rechte auf die Reformation zurückgeführt: »Die

Idee, unveräußerliche, angeborene, geheiligte Rechte des Individuums gesetzlich festzustellen, ist nicht politischen, sondern religiösen Ursprung. Was man bisher für ein Werk der Revolution gehalten hat, ist in Wahrheit eine Frucht der Reformation und ihrer Kämpfe. Ihr erster Apostel ist nicht Lafayette, sondern jener Roger Williams, der, von gewaltigem, tiefreligiösem Enthusiasmus getrieben, in die Einöde auszieht, um ein Reich der Glaubensfreiheit zu gründen, und dessen Namen die Amerikaner heute noch mit tiefster Ehrfurcht nennen.«[2] Jellinek zeichnet in seinem bahnbrechenden Werk nach, dass nicht die – von Lafayette in die Nationalversammlung eingebrachte – französische Erklärung der Menschen- und Bürgerrechte vom 26. August 1789, sondern ihr Vorbild, die Bill of Rights von Virginia (1776), zum ersten Mal die revolutionäre Idee universeller Menschenrechte proklamierte. Die Virginia Bill of Rights und ähnliche Grundrechtekataloge in weiteren Staaten der amerikanischen Union unterschieden sich in wesentlichen Punkten von den bisherigen rechtlichen Verbürgungen im englischen Mutterland: Die proklamierten Rechte – darunter die Religionsfreiheit[3] – sind subjektive Rechte eines jeden Menschen ungeachtet der Nation, der Religion oder des Standes, sie sind angeboren und unveräußerlich, müssen also nicht auf bestehendes Recht gegründet werden, und stehen im Rang über dem einfachen Gesetz.

Jellinek führt diese Entwicklung in Nordamerika auf die ausgewanderten Religionsflüchtlinge zurück, die in den neu gegründeten Kolonien nicht nur die Idee des Gesellschaftsvertrages umsetzten, sondern auch die Gewissensfreiheit als angeborenes Recht anerkannten, das von keiner irdischen Macht geschmälert werden dürfe. Das Ausmaß des Schutzes fiel hierbei sehr unterschiedlich aus (was auch Jellinek nicht verschweigt) und reichte von Kolonien mit staatskirchlichem Regiment ohne Duldung anderer Religionen über die Toleranz gegenüber den (protestantischen) Mitchristen[4] bis hin zum »Urrecht der religiösen Freiheit« in Rhode Island.[5] Jellinek betont die maßgebliche Rolle von Roger Williams, der sich auf der Grundlage seines Glaubens für die religiöse Freiheit nicht nur von Christen, sondern auch von Juden, Türken, Heiden und antichristlich Gesinnten einsetzte und die rechtliche Verwirklichung dieser Freiheit in Rhode Island bewirkte. Von einem Urrecht der religiösen Freiheit spricht Jellinek deshalb, weil hier zum ersten Mal ein spezifisches Grundrecht jenseits allgemeiner naturrechtlicher Freiheits- und Gleichheitsvorstellungen formuliert und umgesetzt worden sei, und zudem die weiteren speziellen Rechte wie die Meinungs- oder die Versammlungsfreiheit, wie sie dann beispielsweise John Locke entfaltete, einen Bezug zu den Religionskonflikten der damaligen Zeit aufwiesen.[6]

Ferner hat der Staatsrechtslehrer und spätere Verfassungsrichter Ernst-Wolfgang Böckenförde (1930–2019) mit seinem Aufsatz »Die Entstehung des Staates als Vorgang der Säkularisation« die Ablösung der politischen Ordnung von der Religion in ihren Etappen vom Investiturstreit über die Bewältigung der Konfessionskriege bis zur Französischen Revolution nachgezeichnet.[7] Der breiten Öffentlichkeit ist dieser Aufsatz wegen einer Schlussfolgerung bekannt, die inzwischen zum Böckenförde-Diktum avanciert ist: »Der freiheitliche, säkularisierte Staat lebt von Voraussetzungen, die er selbst nicht garantieren kann.«[8] Zuvor geht Böckenförde der Frage nach, wie der heutige Staat entstanden ist, indem er sich aus kirchlich-geistlicher Observanz und Herrschaft gelöst hat. Die erste Etappe bildet der Investiturstreit, an dessen Ende die Vorstellung einheitlicher christlicher Herrschaft der Idee getrennter – geistlicher oder weltlicher – Herrschaftssphären weichen musste. Das Wormser Konkordat von 1122, das den Streit beendete, wies dem Papst das Recht zur Einsetzung in das (geistliche) Bischofsamt zu, während die (weltlichen) Herrschaftsrechte vom Kaiser verliehen wurden.[9] Zugleich, so Böckenförde, sei bei dieser Lösung die Suprematie der geistlichen über die weltliche Herrschaft anerkannt worden. Dies änderte sich mit der zweiten Etappe aufgrund der Reformation und der Glaubenskriege. Um Frieden zu sichern, beanspruchte die weltliche Herrschaft nun Vorrang vor Glaubensfragen und berief sich hierfür auf rein innerweltliche Herrschaftszwecke, nämlich die Sicherung elementarer, auf die äußere Existenz des Menschen bezogener Lebensgüter (Thomas Hobbes). Herrschaft wurde damit säkular, innerweltlich begründet, auch wenn weder in der Herrschaftspraxis noch in den Herrschaftslehren ein sofortiger und vollständiger Bruch mit der Religion festzustellen ist. Diese Entwicklung wurde – als dritte Etappe – schließlich durch die förmliche Anerkennung der Religionsfreiheit seit der Französischen Revolution vollendet.[10]

Jellinek und Böckenförde betonen somit zwei unterschiedliche Aspekte bei der Entwicklung der Religionsfreiheit: Jellinek die positive Rolle protestantischer Lehren in den nordamerikanischen Kolonien für die Einforderung von Religionsfreiheit und Böckenförde die bedrohliche Rolle des Glaubensstreits in Europa als Begründung für den säkularen Staat. Bei Böckenförde tritt aber noch ein zweites hinzu. Während sein Diktum häufig als Sorge um die geistigen Wurzeln des weltlichen Gemeinwesens gelesen wird, ist sein Text aber auch im Kontext des 2. Vatikanischen Konzils zu verstehen. Er entstand nämlich noch vor dem Konzil, auf dem die katholische Kirche 1965 die Religionsfreiheit anerkannte, und liest sich auch als Appell des überzeugten Katholiken Böckenförde an seine Kirche und ihre Mitglieder, sich zur Religionsfreiheit zu bekennen und dem säkularen Staat nicht länger distanziert gegenüberzustehen, sondern ihn anzunehmen.[11]

Die allgemeine Entwicklung des Grundrechtsschutzes

Um die vorgestellten Thesen Jellineks und Böckenförde einordnen zu können, sei skizziert, was man unter Grundrechten versteht. Zunächst lassen sich Grund- und Menschenrechte voneinander abgrenzen. Im juristischen Sprachgebrauch gibt es zwar keine allgemeingültige Definition dieser beiden Begriffe, doch unterscheidet man überwiegend zwischen positiv in einer Rechtsordnung verbürgten »Grundrechten« und vor- oder überstaatlichen Menschenrechten. Grundrechte werden nach geltendem Recht in Deutschland und der Europäischen Union durch das Grundgesetz und die Europäische Grundrechtecharta garantiert, während Menschenrechte zum einen das Ideal von Natur- oder Vernunftrechtstheorien und zum anderen die universellen Rechte auf völkerrechtlicher Grundlage bezeichnen. Man kann daher die Geschichte der Menschenrechtsidee und die der Grundrechtsverbürgungen voneinander unterscheiden, auch wenn Grund- und Menschenrechte seit dem ausgehenden 18. Jahrhundert in Gestalt verbindlicher Grund- und Menschenrechtskataloge häufig zusammenfallen.

In der Sache sind Grundrechte nach heutigem Verständnis subjektive Rechte des Einzelnen gegen den Staat, die Verfassungsrang besitzen und jedem Menschen kraft seines Menschseins zustehen. Als subjektive Rechte sind die Grundrechte von ihren Inhabern gerichtlich einklagbar – anders als (allein) objektives Recht. Als Rechte gegenüber dem Staat[12] (und heutzutage auch gegenüber überstaatlicher Gewalt, etwa der Europäischen Union[13]) stellen die Grundrechte eine Reaktion auf die Gefährdungen dar, die von staatlicher (und überstaatlicher) Herrschaft ausgehen. Hiervon zu unterscheiden sind die Gleichordnungsverhältnisse des Privatrechts, die typischerweise durch Vertrag geregelt werden und auf die Grundrechte nur mittelbar ausstrahlen.

Als Rechte mit Verfassungsrang binden die Grundrechte nicht nur die Exekutive und die Judikative, sondern auch die Legislative, also den parlamentarisch gewählten Gesetzgeber. Die Unterscheidung von Normen unterschiedlicher Hierarchie – an der Spitze die Verfassung, dann die parlamentarischen Gesetze, schließlich die Verordnungen und Satzungen der Exekutive – entspricht einem modernen Rechtsverständnis, wonach Normen grundsätzlich nach Belieben positiv gesetzt werden können (ohne in Tradition oder Gewohnheit zu gründen), und ermöglicht zugleich einen besonderen Schutz gegen Rechtsänderungen. Denn Verfassungen zeichnen sich nicht nur durch ihren Vorrang vor einfachem Recht, sondern auch durch ihre erschwerte – und teilweise sogar mangelnde – Abänderbarkeit aus.[14] Da Grundrechte subjektive Rechte im Verfassungsrang darstellen, können sie in Deutschland nicht nur in jedem gerichtlichen Verfahren, sondern auch eigens mit der Verfassungsbeschwerde zum Bundesverfassungsgericht geltend gemacht werden, was auch zu einer Nichtigerklärung von Parlamentsgesetzen führen kann.[15]

Inhaltlich schließlich garantieren Grundrechte wesentliche Rechtspositionen eines jeden Menschen, wobei der Katalog spezifizierter Rechte jeweils zeittypische Gefahrenlagen und Rechtsvorstellungen widerspiegelt. Beispielsweise bildete die heute selten erwähnte Freiheit zur Auswanderung (ohne rechtliche Sanktionen oder Besteuerung) im 19. Jahrhundert ein zentrales Grundrecht. Und die heute fundamentale Menschenwürde fand erst seit den entwürdigenden Praktiken der totalitären Regime im 20. Jahrhundert Eingang in viele Verfassungen. Jenseits dieser Unterschiede beanspruchen Grundrechtekataloge einen umfassenden Schutz zumindest der menschlichen Freiheit und Gleichheit für jedermann. Während die Magna Charta von 1215 Rechte des Adels gegenüber dem englischen König verbriefte, der Westfälische Friede 1648 die Rechte der Reichsstände im Heiligen Römischen Reich Deutscher Nation bestimmte und die Bill of Rights 1689 dem englischen Parlament und seinen Mitgliedern Mitsprache und Redefreiheit zusicherte, stehen Grundrechte jedem Menschen als Menschen oder als Mitglied der politischen Gemeinschaft zu. Bei näherer Betrachtung zeigt sich allerdings auch hier, dass der umfassende Freiheits- und Gleichheitsanspruch geschichtlich eingebettet ist. Sklaven, Juden und andere religiöse Minderheiten oder Frauen mussten beispielsweise noch lange auf gleiche Rechte warten.[16] Auch heute steht die Reichweite von Freiheits- und Gleichheitsrechten im Streit, beispielsweise beim Wahlrecht für Strafgefangene[17] oder psychisch Kranke[18] oder bei positiven Leistungs- und Schutzpflichten des Staates, etwa zur effektiven Gleichstellung von Frauen.

Diese Überlegungen zeigen schon, dass man bei der Geschichte des Grundrechtsschutzes an unterschiedliche Entwicklungsstränge anknüpfen kann, je nachdem, ob man die Stärkung von Individuum und subjektiven Rechten, die Herausbildung von Verfassungsrecht oder den Inhalt von Freiheits- und Gleichheitsverbürgungen in Bezug nimmt, und je nachdem, ob man hierbei die Ideengeschichte oder das Recht und die Rechtswirklichkeit betrachtet.[19] Es kann daher auch nicht überraschen, dass mehrere Wurzeln für den Grundrechtsschutz ausgemacht werden: Ideengeschichtlich sind zunächst die Natur- und Vernunftrechtslehren seit dem 18. Jahrhundert zu nennen, nach denen der Mensch angeborene Rechte besitzt und die staatliche Herrschaft zum Schutz dieser Rechte bestimmt ist.[20] Diese wiederum entstanden vor dem Hintergrund der antiken Philosophie der Stoa und des Humanismus[21] sowie des Christentums, das den Gedanken der Gottesebenbildlichkeit des Menschen, der Gleichheit aller vor Gott und der Universalität des Glaubens (der sich dann auf anderer Wahrheiten übertragen ließ) herausgebildet hatte[22]. Für den Beitrag reformatorischer Lehren ist zu differenzieren: Während sich – wie Jellinek und Troeltsch betonen[23] – bei Calvinisten und englischen Dissentern durchaus Verfechter von Menschenrechten und Gewissensfreiheit finden lassen,[24] ist Luthers Theologie zur menschlichen Freiheit und Gleichheit innerreligiös konzipiert und nicht auf die weltliche Sozialordnung gemünzt.[25] Tatsächlich sollten die evangelische und die katholische Kirche Menschenrechte ja auch erst nach dem Zweiten Weltkrieg anerkennen.[26]

Blickt man weniger auf die Ideengeschichte als vielmehr auf tatsächliche Rechtsverbürgungen und ihre praktischen Wirkungen, so kann man den Grundrechtsschutz entweder mit den Grundrechtskatalogen seit der amerikanischen Unabhängigkeitserklärung und der Französischen Revolution beginnen lassen oder schon zuvor bestehende Rechtspositionen in den Blick nehmen. Beide Ansätze haben ihre Berechtigung. Gerade für Rechtsordnungen, in denen die Herausbildung von wirksamen Grundrechtekatalogen noch länger auf sich warten lassen sollte (in Deutschland auf nationaler Ebene bis 1919, im Vereinigten Königreich bis 1998[27]), bietet es sich an, die Entwicklung eines wirksamen Schutzes von Freiheits- und Gleichheitsrechten als evolutiven Prozess darzustellen. Für Deutschland kann man hier auf tradierte Rechte verweisen, die zu Zeiten des Heiligen Römischen Reiches Deutscher Nation gegebenenfalls auch ein einfacher Untertan vor Gericht, selbst dem Reichskammergericht, geltend machen konnte,[28] oder auf die Anerkennung neuer Rechte durch aufgeklärte Landesherren, beispielsweise im Preußischen Allgemeinen Landrecht von 1794.[29]

Vor diesem Hintergrund beleuchten die Thesen von Böckenförde und Jellinek auch heute zentrale Aspekte der Grundrechtsentwicklung. Mit Böckenförde kann man auch heute davon ausgehen, dass die Reformation zu einer erheblichen Stärkung der Staatsgewalt und einer Überordnung der weltlichen über die religiöse Herrschaft geführt hat, die sodann die Frage nach den Grenzen der Staatsgewalt aufwerfen sollte.[30] Und mit Jellinek kann man die Geschichte des Grundrechtsschutzes weit vor der Französischen Erklärung der Menschen- und Bürgerrechte ausmachen, wobei das Gedankengut der englischen Dissenter eine von mehreren Wurzeln bildet und sich die Idee eines Urgrundrechts der Religionsfreiheit bei näherer Betrachtung wohl zugunsten weiterer Verbürgungen relativiert.[31]

Von Grundrechten im engeren, oben genannten Sinn lässt sich in Deutschland erst im 19. Jahrhundert sprechen. Abgesehen von den Verfassungsurkunden, die auf den unmittelbaren Einfluss Napoleons zurückzuführen sind, wurden seit Gründung des Deutschen Bundes 1815 in vielen deutschen Staaten Verfassungen mit Grundrechtskatalogen erlassen: zunächst in den süddeutschen Staaten (v.a. Baden 1818, Bayern 1818, Württemberg 1819, Hessen-Darmstadt 1820), dann in den mitteldeutschen Staaten (Kurhessen 1831, Sachsen 1831,

Hannover 1833) und schließlich in Preußen (1848/1850).[32] Diese Verfassungen des sogenannten deutschen Konstitutionalismus behielten die monarchische Regierungsform bei, beschränkten die monarchische Macht zugleich aber durch Parlament und Grundrechte.[33] Die gewährleisteten Grundrechte umfassen die auch heute noch klassischen Freiheits- und Gleichheitsrechte. In der Verfassung des Großherzogtums Hessen-Darmstadt, zu dem auch Worms zählte, finden sich beispielsweise die Gleichheit aller Hessen vor dem Gesetz, der Schutz von Freiheit und Eigentum, das Recht zur Auswanderung, die Aufhebung der Leibeigenschaft sowie die Gewissens-, die Presse- und die Berufsfreiheit.[34] Auf einem anderen Blatt steht, ob diese Verbürgungen in der Praxis auch respektiert wurden. Die harschen Reaktionen des Deutschen Bundes auf Bestrebungen nach nationaler Einheit und Freiheit – von den Karlsbader Beschlüssen 1819 bis zur Reaktion auf die Revolution von 1848/1849 – jedenfalls setzten sich über zentrale Grundrechte eindeutig hinweg. Auch die gescheiterte Revolution von 1848/1849 sah in der Paulskirchenverfassung einen weitreichenden Grundrechtekatalog vor. Ihm blieb die praktische Wirkung versagt, doch hatte er Vorbildcharakter für die Grundrechte der Weimarer Verfassung von 1919 und des Grundgesetzes von 1949.

Der Deutsche Bund, in dem die deutschen Staaten seit dem Wiener Kongress zusammengefasst waren, gründete auf zwei völkerrechtlichen Verträgen, der Deutschen Bundesakte von 1815 und der Wiener Schlussakte von 1820, die nur vereinzelt Individualrechte wie etwa die Freizügigkeit im Bundesgebiet vorsahen.[35] Auch das deutsche Kaiserreich von 1871 besaß zwar eine Reichsverfassung, jedoch ohne Grundrechtekatalog. Individualrechte wurden im Kaiserreich auf parlamentarischem Wege eingeräumt. Hierzu zählen insbesondere die wirtschaftlichen Freiheiten (Gewerbefreiheit, Eigentum), die rechtstaatlichen Garantien sowie später auch politische Rechte (Vereinigungsfreiheit, Versammlungsfreiheit).[36]

Erst die Weimarer Reichsverfassung von 1919 wies einen umfassenden Grundrechtekatalog auf nationaler Ebene auf. Neben den klassischen, vielfach an die Paulskirchenverfassung anknüpfenden bürgerlichen Freiheitsrechten enthielt er auch Regelungen zum Gemeinschaftsleben (Ehe, Familie), zum Verhältnis von Staat und Religionsgemeinschaften, zu Bildung und Schule sowie zum Wirtschaftsleben.[37] Auch wenn die neuen Verbürgungen zu grundlegenden Debatten in der Staatsrechtslehre führten,[38] war ihnen – wie der Weimarer Republik insgesamt – keine lange Wirksamkeit beschieden.

Der umfassende Grundrechtsschutz in der Bundesrepublik Deutschland stellt eine bewusste Abkehr vom nationalsozialistischen Unrechtsregime – und auch einen Gegenentwurf zur Diktatur der Deutschen Demokratischen Republik – dar. Der Grundrechtekatalog beginnt mit der unantastbaren Menschenwürde und steht an der Spitze des Verfassungstextes. Die Bindung aller Staatsgewalt, auch der Legislative, wird ausdrücklich angeordnet, während man in Weimar Grundrechte teilweise noch als unverbindliche Programmsätze ansah.[39] Die Verfassung ist außerdem gegenüber Abänderungen und vor ihren Feinden in besonderer Weise geschützt.[40] Vor allem aber lässt sich die praktische Wirksamkeit der Grundrechte in der Bundesrepublik auf das Bundesverfassungsgericht zurückführen, das auf Anrufen von Verfassungsorganen, Gerichten, aber eben auch von jedermann im Rahmen der Verfassungsbeschwerde Grundrechtsverletzungen feststellen und für Abhilfe sorgen kann[41] und diese Aufgabe selbstbewusst wahrnimmt.

In den letzten Jahrzehnten tritt zum Grundrechtsschutz des Grundgesetzes vermehrt der Schutz durch die Europäische Menschenrechtskonvention, die 1950 als völkerrechtliches Sicherheitsnetz über die Staaten des Europarats gespannt wurde und durch den Europäischen Gerichtshof für Menschenrechte verbindlich ausgelegt wird, sowie der Grundrechtsschutz in der Europäischen Union, nunmehr auf Grundlage der Europäischen Grundrechtecharta von 2000/2009, der in der Rechtsprechung des Europäischen Gerichtshofs eine zunehmend prominente Rolle spielt. Angesichts dieses umfänglichen Schutzes diskutiert man heutzutage in den Rechtswissenschaften schon darüber, ob man eine Überkonstitutionalisierung – also eine Ausdehnung des Verfassungsrechts zu Lasten insbesondere der Entscheidungsspielräume des Gesetzgebers – diagnostizieren[42] und wie man das Nebeneinander unterschiedlicher europäischer Grundrechtsregime konfliktfrei ausgestalten kann.[43]

Etappen in der Geschichte der Gewissens- und Religionsfreiheit

Wie verlief vor diesem Hintergrund nun die spezifische Entwicklung des Rechts auf Gewissens- und Religionsfreiheit? Auch hier seien zunächst zentrale Charakteristika dieses Rechts und dann seine geschichtliche Entwicklung thematisiert.

Begrifflich unterfällt das, was früher als Gewissensfreiheit bezeichnet wurde, heute der »Religionsfreiheit«. Die Religionsfreiheit ist nach Artikel 4 des Grundgesetzes,[44] nach Artikel 9 der Europäischen Menschenrechtskonvention und nach Artikel 10 der Europäischen Grundrechtecharta anerkannt und gewährleistet die Freiheit, einer Religion oder Weltanschauung anzuhängen, sich zu ihr bekennen und ihren Lehren gemäß zu leben. Nach heutigem Verständnis ist also auch Luthers Bekenntnis zu seinen religiösen Lehren vollumfänglich von der Religionsfreiheit gedeckt. Auch die Gewissensfreiheit findet sich in den genannten Grundrechtsverbürgungen. Sie schützt (grundsätzlich) Gewissensentscheidungen als Verhaltensweisen, die an einer inneren Instanz ausgerichtet werden, deren »Forderungen, Mahnungen und Warnungen für den Menschen unmittelbar evidente Gebote unbedingten Sollens sind«.[45] Da religiöse Gewissensentscheidungen typischerweise schon von der weiten Religionsfreiheit umfasst sind, kommt die Gewissensfreiheit heutzutage gerade in Konstellationen ohne Religionsbezug zum Tragen, beispielsweise bei der Ablehnung von Tierversuchen aus Gewissensgründen.[46]

Träger der Religionsfreiheit sind alle natürlichen Personen. (Zugleich erstreckt sich die Religionsfreiheit auch auf Kirchen und andere juristische Personen, deren Rechte seit der Reformation ebenfalls heftig umkämpft sind.[47]) In sachlicher Hinsicht unterscheidet man den Schutz des *forum internum,* also der inneren Freiheit, seinen Glauben auszubilden, und des *forum externum,* also der nach außen gerichteten Freiheit zum religiösen Bekenntnis und zur Religionsausübung.[48] Die heutige Religionsfreiheit reicht somit weiter als das geschichtliche Verständnis der Gewissensfreiheit, das sich auf innere Vorgänge oder allenfalls die Hausandacht beschränkte.[49] In Deutschland reicht sie besonders weit und schützt nach dem Verständnis des Bundesverfassungsgerichts sämtliche religiös motivierten Verhaltensweisen.[50] Der Staat kann derartige Verhaltensweisen dennoch beschränken oder verbieten, er muss dies allerdings hinreichend mit anderen Verfassungsgütern rechtfertigen. So wird etwa die Schulpflicht auch entgegen das religiöse Erziehungsrecht der Eltern mit dem staatlichen Bildungsauftrag[51] oder das Kopftuchverbot für Jurareferendarinnen mit der Neutralität des Staates und der Funktionsfähigkeit der Rechtspflege begründet.[52] Gerade wegen neuer religiöser Minderheiten und der allgemeinen Pluralisierung des religiösen und weltanschaulichen Lebens besitzt die Religionsfreiheit auch heute große Bedeutung. Allerdings wird auch hier der besonders weitreichende Schutz der Religionsfreiheit durch das Bundesverfassungsgericht gelegentlich kritisch gesehen.[53]

Für die Entwicklung der Religionsfreiheit in Deutschland[54] sollte man zunächst die Vorläufer in Gestalt punktueller Verbürgungen in den Blick nehmen, bevor man sich der Religionsfreiheit als umfassendem Grund- und Menschenrecht zuwendet, das seit der Aufklärung eingefordert und seit dem deutschen Konstitutionalismus zunehmend umgesetzt wird.

Erste Vorläufer der Religionsfreiheit lassen sich im Augsburger Religionsfrieden von 1555 und im Westfälischen Frieden von 1648 verorten. Allerdings darf man hierfür nicht auf das *ius reformandi* abstellen, also das Recht der weltlichen Landesherren, sich mit Wirkung für ihre Untertanen für die katholische oder die evangelisch-lutherische Konfession (seit 1555) oder für das reformierte Bekenntnis (seit 1648) zu entscheiden. Das *ius reformandi* war ein Herrschaftsrecht, kein Individualrecht.[55] Entscheidend ist stattdessen, dass der Augsburger Reichstagsbeschluss diese Herrschaftsmacht durch das Verbot der Zwangsbekehrung und das Recht zur Auswanderung begrenzte.[56] Dieses *ius emigrandi* wird in der Rechtswissenschaft durchaus als bescheidener Anfang der Religionsfreiheit eingestuft (wenngleich es nicht die Religion, sondern die Auswanderung schützte)[57] und war in der Praxis auch relevant.[58]

Der Westfälische Friede dehnte nicht nur den Kreis der anerkannten Konfessionen von der Glaubenszweiheit (Katholizismus und lutherisches Bekenntnis nach dem Augsburger Bekenntnis) auf die Glaubensdreiheit, d.h. auf die calvinistisch-reformierte Lehre, aus. Insbesondere verpflichtete er den jeweiligen Landesherren weitergehend auf Rechte andersgläubiger Untertanen. Er musste zum einen die konfessionelle Praxis des Referenzjahres 1624 respektieren, was die Religionsausübung mit eingeschränkter Sichtbarkeit (*exercitium privatum*) oder die volle Religionsausübung mit Turm und Glocken (*exercitium publicum*) beinhalten konnte.[59] Darüber hinaus durfte der Landesherr andersgläubige Untertanen zwar ausweisen. Tat er es nicht, so hatte er aber ein Minimum an Religionsausübung zu dulden, insbesondere die Hausandacht, den grenzüberschreitenden Gottesdienstbesuch und die religiöse Erziehung.[60] Diese »Gewissensfreiheit«[61] stellt nun in der Tat eine erste punktuelle Verbürgung der Religionsfreiheit dar.[62] Im Gegensatz zur heutigen Religionsfreiheit gewährte sie eben nur einen Schutz, der personell auf die drei anerkannten Konfessionen und sachlich auf die genannten Aspekte beschränkt war. Schließlich wurde die landesherrliche Macht auch nicht deshalb beschränkt, weil man an die Idee der religiösen Toleranz oder des Menschenrechts auf Religionsfreiheit glaubte, sondern weil man die Religionskriege beenden und eine friedliche Koexistenz der Religionen nach Maßgabe der politischen Kräfteverhältnisse herstellen wollte.

In der Folgezeit unterschied sich die Religionspolitik in den deutschen Territorien erheblich. Sie reichte von der Unterdrückung und Vertreibung religiöser Minderheiten bis hin zu ihrer Gleichstellung und gezielten Ansiedlung, beispielsweise in Brandenburg-Preußen.[63] Besonders weit ging das Preußische Allgemeine Landrecht von 1794, das jedem Einwohner im Staate »eine vollkommene Glaubens- und Gewissensfreiheit« gestattete[64] und bestimmte, dass niemand »wegen seiner Religionsmeinungen beunruhigt, zur Rechenschaft gezogen, verspottet, oder gar verfolgt werden« dürfe.[65] Die Motive für diese aufklärerische Politik bestanden zum einen in handfesten Vorteilen, da ein Landesherr so mit Hilfe loyaler religiöser Minderheiten Gebiete besiedeln, das Gewerbe fördern und seine Herrschaft festigen konnte. Zum anderen brach sich aber auch der Gedanke religiöser Toleranz zunehmend Bahn.[66]

Auch im Deutschen Bund blieben die Einzelstaaten die maßgeblichen Akteure für die Gewährung der Religionsfreiheit, die nun zunehmend – zusammen mit weiteren Rechten – als Grundrecht in den Katalogen des süd- und mitteldeutschen Konstitutionalismus verbürgt wurden. Die Rechte umfassten typischerweise die »volle Gewissensfreiheit« sowie teilweise auch die Freiheit zumindest zur

Hausandacht und sie galten nun nominell für alle Religionen, auch jenseits der drei bislang anerkannten Konfessionen.[67] Eine zentrale Verbürgung stellte ferner die Gleichstellung der – christlichen – Konfessionen bei den bürgerlichen und staatsbürgerlichen Rechten dar, die im Übrigen auch einer zentralen Vorgabe für alle Staaten des Deutschen Bundes nach der Bundesakte entsprach.[68] Allerdings galt diese Gleichheit nicht für Juden.[69]

Erst der Grundrechtekatalog der gescheiterten Revolution von 1848/1849 – zunächst als eigenständiges Gesetz 1848 erlassen und dann in die Paulskirchenverfassung 1849 aufgenommen – enthielt auch das Recht zur öffentlichen Religionsausübung sowie die vollständige Rechtsgleichheit aller Religionsangehörigen.[70] In der Preußischen Verfassung von 1850 waren Religionsausübung und Rechtsgleichheit ebenfalls verbürgt, auch wenn die Gleichstellung der Juden an vielen Stellen noch nicht umgesetzt wurde.[71] Die gliedstaatliche Zuständigkeit für den Schutz der Religionsfreiheit blieb auch im Kaiserreich bestehen; für einen gesetzlichen Schutz der Religionsfreiheit auf Reichsebene fanden sich im Reichstag keine Mehrheiten.[72]

Die Weimarer Reichsverfassung hat die Religionsfreiheit schließlich umfänglich verfassungsrechtlich verbürgt.[73] In Erweiterung zur Religionsfreiheit der Paulskirche kam die Freiheit nunmehr jedem Einwohner und nicht mehr nur den Deutschen zugute. Zudem wurde das weltanschauliche Bekenntnis der Religion gleichgestellt.[74] Ferner wurde der Religionsfreiheit von Minderheiten nun in zwei relevanten Lebensbereichen praktisch Rechnung getragen, indem jedermann die Eidesleistung nun auch ohne religiösen Zusatz leisten und die Teilnahme am Religionsunterricht verweigern konnte.[75] Unter dem Nationalsozialismus waren sämtliche individualrechtliche Verbürgungen sodann faktisch abgeschafft, die europäischen Juden wurden millionenfach entrechtet und ermordet. Auch Zeugen Jehovas sowie regimekritische Katholiken und Protestanten fielen der nationalsozialistischen Verfolgung zum Opfer.[76]

Vor dem Hintergrund dieser Erfahrungen haben die Väter und Mütter des Grundgesetzes die Religionsfreiheit in besonderer Weise hervorgehoben: als ein Grundrecht, über dessen Formulierung und Reichweite man im Parlamentarischen Rat kaum diskutieren musste, das an prominenter Stelle gleich nach dem allgemeinen Recht auf Freiheit, Leben und körperliche Unversehrtheit (Artikel 2 Grundgesetz) und dem allgemeinen Gleichheitsrecht (Artikel 3 Grundgesetz) seinen Platz findet und das nicht, wie die allermeisten Grundrechte, durch einen allgemeinen Gesetzesvorbehalt beschränkt ist.[77]

Die Frage nach dem Umgang mit religiöser Vielfalt, die mit Luthers Gewissensentscheidung auf dem Reichstag zu Worms aufgeworfen wird und heute mit ungeminderter Aktualität gilt, beantwortet das Grundgesetz daher mit einer größtmöglichen Zuerkennung von Freiheit.

Eine »lange Tradition«?
Gewissensfreiheit und Menschenrechte im 20. Jahrhundert

Annette Weinke

Aus guten Gründen ist das 20. Jahrhundert in der öffentlichen Wahrnehmung bis heute durch scharfe Kontraste und gegenläufige Strömungen geprägt. Auf der einen Seite steht die Erinnerung an ein Säkulum der Gewalt, dessen hervorstechendste Merkmale zwei Weltkriege und die exzessive Verfolgung von Menschen aufgrund ihrer Religion, politischen Überzeugungen, ethnischen Zugehörigkeit, ihrer vermeintlichen »Rasse« oder ihres Geschlechts waren. Dem lässt sich jedoch auch ein anderes Bild entgegenhalten: So kann man das 20. Jahrhundert auch als eine Epoche betrachten, in der die kritische Auseinandersetzung mit verschiedenen Formen staatlicher und nichtstaatlicher Gewalt sowohl national als auch international einen ersten Höhepunkt erreichte. Manifest wurde dies insbesondere in einer globalen Bewegung für die Menschenrechte, die sich zur Jahrhundertmitte in der ersten universellen Menschenrechtserklärung und einer Reihe regionaler Kodifikationen niederschlug. Geradezu paradigmatisch kommt die entschiedene Abgrenzung gegenüber Krieg und Gewalt in der Präambel der Allgemeinen Erklärung der Menschenrechte (AEMR) zum Ausdruck, die die UN-Generalversammlung am 10. Dezember 1948 verabschiedete. Die »Nichtanerkennung und Verachtung der Menschenrechte«, so heißt es dort, habe zu fürchterlichen »Akten der Barbarei« geführt, die das »Gewissen der Menschheit« mit Empörung erfüllten.[1]

Wie unter anderem die Kontroverse um die Thesen des österreichischen Staatsrechtlers Georg Jellinek zur Entstehungsgeschichte der modernen Menschenrechte zeigt, wurde das Verhältnis von Christentum und Menschenrechten lange in Form zweier sich gegenseitig ausschließender Meistererzählungen diskutiert. Als der in Heidelberg lehrende Staats- und Verfassungsrechtler 1895 sein viel beachtetes Buch »Die Erklärung der Menschen- und Bürgerrechte. Ein Beitrag zur modernen Verfassungsgeschichte« herausbrachte, löste er damit eine hitzige Debatte unter französischen Kritikern und deutschen Vertretern der katholischen Kirche aus.[2] Beide Seiten warfen ihm mit jeweils unterschiedlichen Argumenten vor, einen protestantisch-deutschnationalen Anspruch auf Alleinurheberschaft an den Menschenrechten behaupten zu wollen.[3]

In seinem Buch, das bald in mehrere Sprachen übersetzt wurde, hatte Jellinek eine provokante Deutung zum Ursprung der Menschenrechte vorgelegt. So widersprach er der bis dahin gängigen Interpretation führender konservativer Intellektueller wie Edmund Burke, Joseph de Maistre und Charles de Lacratelle, die die Menschenrechte auf den teils antiklerikalen, teils offen religionsfeindlichen Geist der Französischen Revolution von 1789 zurückführten.[4] Nicht nur hielt Jellinek den Kampf um die Religionsfreiheit für den eigentlichen Motor der fortlaufenden Institutionalisierung der Menschenrechte. Er behauptete auch, die Menschenrechte hätten einen klar bestimmbaren ideengeschichtlichen Ursprung, den er v. a. im Rhode Island des 17. Jahrhunderts und in der Person des calvinistisch-puritanischen Predigers Roger Williams verortete.[5] So hielt er in kaum verhüllter Bewunderung für die spirituellen Gründerväter der amerikanischen Unabhängigkeit fest: »Die Idee, unveräußerliche, angeborene, geheiligte Rechte des Individuums gesetzlich festzustellen, ist nicht politischen, sondern religiösen Ursprungs. Was man bisher für ein Werk der Revolution gehalten hat, ist in Wahrheit eine Frucht der Reformation und ihrer Kämpfe. Ihr erster Apostel ist nicht Lafayette, sondern jener Roger Williams, der, von gewaltigem, tief religiösem Enthusiasmus getrieben, in die Einöde auszieht, um ein Reich der Glaubensfreiheit zu gründen, und dessen Namen die Amerikaner heute noch mit tiefster Ehrfurcht nennen.«[6]

Dieser Beitrag möchte sich dem wechselvollen Verhältnis von Menschenrechten und Religionsfreiheit im 20. Jahrhundert nähern, indem er die Entwicklung v. a. aus der Perspektive von Akteuren und Institutionen des humanitären Völkerrechts betrachtet. Als verbindendes Element dient dabei unter anderem die Frage, in welcher Weise Vertreter staatlicher und nichtstaatlicher Einrichtungen das Konzept der Religions- und Gewissensfreiheit heranzogen und zur Begründung unterschiedlicher ordnungspolitischer Visionen und Vorstellungen benutzten. In Anlehnung an neuere geschichtswissenschaftliche Veröffentlichungen zum Thema werden die Debatten über Religionsfreiheit somit nicht als Ankerpunkte einer imaginierten »langen Tradition« aufgefasst, die sich von der Virginia Declaration über die Völkerbundgründung bis zu den zwei UN-Menschenrechtspakten zieht.[7] Vielmehr soll hier mit Blick auf verschiedene Diskussionszusammenhänge und Kontexte gezeigt werden, dass unserem heutigen Verständnis von Religionsfreiheit eine Entwicklung zugrunde liegt, die durch zahlreiche Brüche und Kontingenzen gekennzeichnet war. So war es vielfach spezifischen Ausgangsbedingungen und machtpolitischen Konstellationen geschuldet, dass die Forderung nach Religions- und Gewissensfreiheit in einer menschenrechtlichen Sprache[8] formuliert wurde. Schließlich widmet sich ein kurzes Fazit der kontrovers diskutierten Frage, inwieweit diese Konstellation als Ursache für den Durchbruch der Menschenrechte im 20. Jahrhundert gelten kann.

Die Vorgeschichte des Völkerbunds

Auch wenn sich die Zeitgeschichtsforschung heute weniger denn je darüber einig ist, ab wann eigentlich vom Beginn eines modernen Menschenrechtsdiskurses gesprochen werden kann, ragen die 1940er-Jahre in dieser Hinsicht aus verschiedenen Gründen besonders heraus.[9] Für die These, dass die Menschenrechte zu dieser Zeit ihre »eigentliche Ankunft in der internationalen Politik« erlebten,[10] sprechen gleich mehrere Gründe. Die wichtigste Neuerung lag zweifelsohne darin, dass die Menschenrechte zum ersten Mal in den Status eines individuell einklagbaren internationalen Rechts erhoben wurden, dem nach Vorstellung seiner Urheber eine höherrangige Geltung gegenüber nationalstaatlichen Rechtsordnungen zukommen sollte. Auch wenn der neue Rechtsmaßstab zunächst mehr Anspruch als Realität blieb, wirkte das Versprechen, das von jener »doppelten Universalisierung« ausging,[11] auf Befürworter und Gegner der Menschenrechtsidee mobilisierend. Insofern etablierte sich mit der ersten globalen Kodifikation universeller Menschenrechte auch nach und nach eine andere Sicht auf die Welt, die nicht nur von rechtlicher Gleichheit, sondern tendenziell auch von der Idee gemeinsamer moralischer Normen, Überzeugungen und Werte ausging.

Dass die menschenrechtlichen Entwicklungen der 1940er-Jahre tatsächlich so etwas wie eine Zäsur waren, wird besonders dann greifbar, wenn man die Debatten zur Ausgestaltung des Rechts auf Religionsfreiheit betrachtet. Dessen Stellenwert machte sich bereits 1945 in der Präambel zur UN-Charta bemerkbar, wo von der »Würde und dem Wert der menschlichen Persönlichkeit« die Rede war.[12] Drei Jahre später verabschiedete die UN-Generalversammlung in Paris mit 48 zu 0 Stimmen und acht Enthaltungen[13] den Text zu einer »Universal Declaration of Human Rights«. Zwar fehlte es ihr bis zum Inkrafttreten der UN-Zivil- und Sozialpakte Mitte der 1970er-Jahre an rechtlicher Verbindlichkeit. Die aus 30 Artikeln bestehende Erklärung avancierte jedoch in den folgenden Jahrzehnten zum Inbegriff und überragenden Vorbild aller weiteren Menschenrechtstexte weltweit.

Bemerkenswerterweise konzipierte die Erklärung die Religionsfreiheit als ein individuelles Recht, von dem kollektive Rechte lediglich abgeleitet werden sollen. So hieß es in Artikel 18 der AEMR: »Jeder hat das Recht auf Gedanken-, Gewissens- und Religionsfreiheit; dieses Recht schließt die Freiheit ein, seine Religion oder seine Überzeugung zu wechseln, sowie die Freiheit, seine Religion oder seine Überzeugung allein oder in Gemeinschaft mit anderen, öffentlich oder privat durch Lehre, Praxis, Gottesdienst und Observanz zu bekunden.«[14]

Es war nicht zuletzt diese individualrechtliche Rahmung der Religionsfreiheit, mit der sich die UN-Menschenrechtserklärung deutlich vom Vorgängersystem des Völkerbunds unterschied. Der amerikanische Präsident Woodrow Wilson, von dessen 14-Punkte-Programm die Völkerbundgründung ursprünglich ausgegangen war, hatte im Vorfeld der Pariser Verhandlungen auch einige entscheidende Initiativen zur Stärkung der Religions- und Gewissensfreiheit entwickelt. Dass er diesem Prinzip einen besonderen Stellenwert für die von ihm avisierte neue Weltordnung zuweisen wollte, hing v. a. mit Wilsons ausgeprägtem Interesse für das Schicksal der osteuropäischen Juden und der verfolgten Christen in Armenien zusammen. So beabsichtigte er, den Schutz religiöser Minderheiten künftig als obligatorisches und universelles Prinzip in der Völkerbundsatzung zu verankern. Maßgeblich dafür war, dass Wilson die Diskriminierung religiöser Minderheiten und die Unterdrückung des individuellen Rechts auf freie Religionsausübung generell für »fertile sources of war«, also für die Hauptverursacher kriegerischer Auseinandersetzungen hielt.[15] Nach seiner Auffassung waren sie die größten Bedrohungen für die internationale Sicherheit überhaupt, die sein Projekt einer weltweiten Friedensordnung zu unterminieren drohten. Wilsons Engagement für eine Universalisierung und Institutionalisierung des Rechts auf Religionsfreiheit lag außer seinen eigenen religiösen Überzeugungen auch eine idealisierende Sicht auf das amerikanische Verfassungsmodell zugrunde, das er mit seinem Motto der »first liberty« und dem damit einhergehenden »religiösen und polyglotten Patchwork« zu einem Bollwerk der Stabilität und Toleranz stilisierte.[16] Der geradezu legendäre missionarische Eifer, mit dem sich Wilson für die Universalisierung seines Modells einsetzte, wurde durch protestantische Missionare und amerikanisch-jüdische Organisationen zusätzlich befeuert. Jene suchten zu dieser Zeit mit verstärkter Lobbyarbeit auf die amerikanische Nahost- und Europapolitik Einfluss zu nehmen.

Wie bereits vielfach beschrieben, endete Wilsons Plan, sein Projekt einer Weltorganisation mit einem transnationalen Rechtsregime zum Schutz religiöser und ethnischer Minderheiten zu krönen, in einem Debakel. Eine Hauptursache dafür war, dass sich der US-Präsident zu Beginn der entscheidenden Verhandlungen bereits nicht mehr in Europa befand. Zum Scheitern seines Vorhabens trug außerdem bei, dass die japanische Delegation den geplanten

Artikel um eine Bestimmung erweitern wollte, die neben dem Schutz vor religiöser Verfolgung auch das Verbot rassischer Diskriminierung durchsetzen wollte. Dieser Vorschlag, der von der Essenz auf eine Gleichstellung aller Rassen und Nationalitäten hinauslief, war jedoch nicht nur für die europäischen Großmächte inakzeptabel, sondern stellte sich auch für die USA selbst als unannehmbar heraus.

Die Völkerbundsatzung, die schließlich im April 1919 von zunächst 32 Staaten unterzeichnet wurde, hatte insofern nur noch entfernt mit Wilsons ursprünglichen Visionen zu tun. Ihr Artikel 22 erwähnte die Religionsfreiheit nur lapidar und mit Bezug auf die künftigen Bewohner der sogenannten Mandatsgebiete, denen unter Einschränkungen »Religions- und Gewissensfreiheit« eingeräumt werden sollten.[17] Auch in Artikel 2 des Minderheitenvertrags, im selben Jahr zunächst mit Polen geschlossen, wurde Religionsfreiheit nicht als einklagbares Recht, sondern als Pflicht der Mitgliedsstaaten des Völkerbunds konzipiert.[18] Wie Taina Tuori in ihrer Analyse zu den Völkerbunddebatten der 1920er- und 1930er-Jahre herausstellt, nahmen diese Debatten häufig Bezug auf das Prinzip der »Gewissensfreiheit«. Doch umschrieb dieser Begriff in der Regel nicht die innere Religionsfreiheit der ehemals kolonisierten Bevölkerungen, sondern den Status europäischer Missionare in den unter Völkerbundverwaltung stehenden Mandatsgebieten.[19] Insofern existierten zwar tatsächlich keine direkten Verbindungen zwischen dem Völkerbund und dem späteren Menschenrechtssystem der Vereinten Nationen. Jedoch bildeten die beiden bedeutendsten rechtlichen Innovationen des Völkerbunds – das Mandatssystem und der Minderheitenschutz – eine Vorgeschichte, ohne die spätere Entwicklungen kaum verstanden werden können.

Eine konservative Menschenrechtsrevolution?

Der Menschenrechtsdiskurs zur Zeit des Zweiten Weltkriegs speiste sich aus verschiedenen Quellen. Einen ersten wichtigen Impuls lieferte Franklin D. Roosevelts sogenannte Four-Freedoms-Rede vom Januar 1941. Darin beschwor der amerikanische Präsident als eine von vier Freiheiten das universelle Recht auf freie Religionsausübung.[20] Wörtlich sprach er davon, dass jede Person überall auf der Welt das Recht haben sollte »to worship God in his own way«.[21] Roosevelts Rhetorik beeinflusste nicht nur die Kriegszieldiskussionen der westlichen Alliierten, sondern animierte darüber hinaus mehrere amerikanische NGOs und Thinktanks, erste Entwürfe für eine universelle Menschenrechtserklärung auszuarbeiten. Noch kurz vor Kriegsende beauftragte das American Jewish Committee (AJC), die größte aller nichtzionistischen jüdischen Organisationen, den renommierten britischen Völkerrechtler Hersch Lauterpacht damit, einen Katalog individueller Menschenrechtsgarantien zu erarbeiten, den er kurz nach Kriegsende veröffentlichte. Die AJC-Initiative kulminierte zur Jahreswende 1944/1945 in der International Bill of Rights, der bis dahin größten und erfolgreichsten menschenrechtspolitischen PR-Aktion überhaupt. Die Erklärung des AJC zeichnete sich durch eine bewusst inkludierende Sprache aus, die gleichermaßen säkulare und religiöse Referenzen enthielt.

Die »International Bill of Rights«, so das Urteil James Loefflers, war ein durchaus »kurioses Dokument«, das Versatzstücke der amerikanischen Verfassung mit dem Bekenntnis zu einer christlichen Ökumene verband, ohne die jüdisch-amerikanischen Urheber hinter der Initiative zu erwähnen.[22] Schließlich bildete sich zu dieser Zeit noch ein dritter Diskursstrang heraus, der vom Vatikan und einigen katholischen Intellektuellen ausging. Nachdem Papst Pius XII. in seiner Weihnachtsbotschaft vom Dezember 1942 erstmals von der »Würde des Menschen« und seinen »fundamentalen persönlichen Rechten« gesprochen hatte, griffen katholische Denker wie der Franzose Jacques Maritain und der Libanese Charles Malik die Verknüpfung von »Würde« und »Religionsfreiheit« auf. Wie zuletzt Robert Brier betonte, war die Annäherung der katholischen Kirche an den aufkommenden Menschenrechtsdiskurs einer der »spektakulärsten doktrinären Kurswechsel« der jüngeren Religionsgeschichte, hatte der Vatikan doch bis dahin zu den schärfsten Kritikern der Idee unveräußerlicher individueller Freiheitsrechte gehört.[23] In ihrer Gesamtheit trugen derartige Rekonfigurationen und Konversionen dazu bei, dass sich nach Kriegsende im Umfeld der UN-Menschenrechtskommission ein starkes Spannungsverhältnis zwischen konkurrierenden Rechtskonzeptionen herausbildete, die vielfach religiöse Wurzeln hatten. Die Wende von den Minderheitenrechten zu den Menschenrechten, die sich bereits in der UN-Charta niederschlug, kam also weder »überraschend«, noch war sie ausschließlich durch das säkular-individualistische Motiv der Freiheit des Einzelnen von staatlicher Gewaltherrschaft motiviert.[24]

Während sein demokratischer Vorgänger 1919 noch mit dem Vorschlag gescheitert war, eine universelle Rechtsgarantie auf Religionsfreiheit in die Völkerbundsatzung aufzunehmen, konnte Präsident Roosevelt seine Vorstellungen 20 Jahre später, nun gegenüber den Vereinten Nationen, ungehindert durchsetzen. Während viele Historiker und etliche Vertreter der Sozial- und Rechtswissenschaft bis heute davon ausgehen, der Menschenrechtsdiskurs der frühen Nachkriegszeit sei gleichsam als natürliche Antwort auf den nationalsozialistischen Angriffskrieg und die deutschen Verbrechen an den europäischen Juden zu verstehen, haben neuere Forschungen diese Interpretation stark relativiert. Anna Su weist beispielsweise darauf hin, dass Religionsfreiheit und Demokratie für Roosevelt eine unauflösbare Einheit bildeten. So meinte der US-Präsident 1939 mit Blick auf die NS-Diktatur: »Where freedom of religion has been attacked, the attack has come from sources opposed to democracy. Where democracy has been overthrown, the spirit of free worship has disappeared. And where religion and democracy have vanished, good faith and reason in international affairs have given way to strident ambition and brute force …«[25] Roosevelts Einsatz für eine menschenrechtliche Verankerung der Religionsfreiheit hatte also eine starke sicherheitspolitische Dimension. Insgesamt ging es ihm weniger um religiöse Autonomie als vielmehr um den Aufbau einer stabilen Friedensordnung auf der Grundlage des westlich-liberalen Demokratiemodells.

Als etwa zwei Jahre nach Roosevelts Tod die UN-Kommission für Menschenrechte 1947 mit den Vorarbeiten für eine Deklaration und eine rechtsverbindliche Konvention begann, hatte sich der Antagonismus zwischen den Westmächten und der Sowjetunion bereits deutlich verschärft. Die Verurteilung des Zagreber Erzbischofs Aloysius Stepinac in einem kommunistischen Schauprozess löste große Empörung in den westlichen Öffentlichkeiten aus, sodass sich der amerikanische Außenminister Dean Acheson gezwungen sah, bei der Tito-Regierung gegen die Verletzung der Religionsfreiheit und des »rule of law« zu protestieren.[26] Angesichts der Tatsache, dass den klassischen liberalen Abwehrrechten und gerade auch der Religionsfreiheit im Zeitalter des beginnenden Kalten Kriegs ein hoher Symbolwert im Kampf gegen den Kommunismus zukam, ist es erklärungsbedürftig, dass die UN-Menschenrechtskommission am Ende ihrer Verhandlungen einen Text annahm, in dem in Sachen Religionsfreiheit einige bemerkenswerte Akzente verschoben waren.

So macht eine neuere Untersuchung des schwedischen Historikers Linde Lindkvist darauf aufmerksam, dass sich die 47 Wörter umfassende Formulierung des Artikels 18 AEMR weder zum Schutz religiöser Gemeinschaften noch zum Existenzrecht religiöser Institutionen äußerte. Anders als die klassischen Kodifikationen des 18. Jahrhunderts, die Völkerbundsatzung oder Lauterpachts »Bill of Rights« legte der UN-Artikel den Schwerpunkt nicht etwa auf den äußeren Aspekt der Religionsausübung, sondern auf die inneren Dimensionen der Gewissens- und Glaubensfreiheit.[27] Damit, so folgert Lindkvist, sei die alte dualistische Trennung zwischen einem forum internum, das keinen Einschränkungen unterliege, und einem forum externum, das nur mit Einschränkungen gewährt werde, erstmals zu einem Rechtsgrundsatz des humanitären Völkerrechts erhoben worden.[28] Mit dieser Neuerung, die später auch in Artikel 9 der Europäischen Menschenrechtskonvention eingeflossen sei, hätten die Schöpfer des UN-Artikels dazu beigetragen, dass sich der Charakter der Religionsfreiheit auf internationaler Ebene in der zweiten Jahrhunderthälfte zunächst unmerklich, aber doch dauerhaft gewandelt habe.

Lindkvists pointierte Thesen knüpfen an eine laufende Forschungsdiskussion an, die um die Frage kreist, welchen konkreten Anteil konservativ-katholische Intellektuelle und der von ihnen vertretene Personalismus an der inhaltlichen Ausgestaltung der Menschenrechtssysteme der Vereinten Nationen und des Europarates hatten. Während ein großer Teil der Forschenden in der AEMR einen Konsens vielfältiger Denk- und Kulturtraditionen erkennt[29] oder, wie der Sozialphilosoph Hans Joas, von einer auf »Wertegeneralisierung beruhenden Erklärung von Rechten«[30] spricht, verweisen revisionistische Historiker wie Samuel Moyn und Marco Duranti auf die Zusammenhänge zwischen den Ideen des französischem Personalismus, dem geopolitischen Projekt einer transatlantischen, antikommunistisch getönten Wertegemeinschaft und der gleichzeitig aufkommenden Menschenrechtsidee mit ihrer dezidiert christlich-konservativen Agenda. Vor diesem Hintergrund interpretiert Duranti die Europäische Menschenrechtskonvention (EMRK) als die wichtigste Innovation einer »Conservative Human Rights Revolution«, die der identitätspolitischen Abgrenzung sowohl vom Kommunismus als auch vom liberalen Individualismus gedient habe.[31]

Betrachtet man die zeitgenössischen Diskussionen um Artikel 18 AEMR, zeigt sich, dass die erwähnten Akzentverschiebungen bei der menschenrechtlichen Konzipierung der Religionsfreiheit zumindest teilweise mit den philosophischen Einflüssen des kommunitarischen Personalismus erklärt werden können. Während der französische Philosoph Maritain lediglich an der UNESCO-Studie von 1947 beteiligt war, bekleidete der ehemalige Philosophieprofessor Malik mit dem Amt des »Rapporteurs« eine Schlüsselposition in der UN-Menschenrechtskommission. Maliks Interventionen zur Stärkung der inneren Religionsfreiheit speisten sich aus einem christlichen Existentialismus, der in den Totalitarismen des 20. Jahrhundert in erster Linie eine Gefahr für die intellektuellen und spirituellen Freiheiten des Einzelnen sah. Es war v.a. die Angst vor der »Diktatur der Masse« und vor »falschen Religionen«, die ihn veranlassten, das Recht auf Gewissensfreiheit über das klassische liberale Recht auf freie Religionsausübung zu stellen.[32] Auf der anderen Seite begriff Malik die Menschenrechte als ein transformatives Medium, das es ermöglichen sollte, den Materialismus und die »spirituellen Krisen« der modernen Welt zu überwinden. In der Zeitschrift *The Ecumenical Review,* die der World Council of Churches herausgab, umschrieb er 1949 den Kodifikationsprozess als eine Suche nach der verloren gegangenen »menschlichen Seele« und den verschütteten Idealen der Spätantike. »We are trying in effect«, so Malik, »knowingly or unknowingly, to go back to the Platonic-Christian tradition which affirms man's original, integral dignity and immortality.«[33]

Stillstand und neue Aufbrüche

Während der 1950er- und 1960er-Jahre war die Auseinandersetzung mit der Religionsfreiheit im internationalen Recht und in den internationalen Organisationen durch gegenläufige Entwicklungen geprägt. Auf der einen Seite gerieten die Arbeiten an einer verbindlichen Menschenrechtskonvention zu Beginn der 1950er-Jahre ins Stocken und verebbten wenige Jahre später schließlich ganz. So ist überliefert, dass der damalige Generalsekretär Dag Hammarskjöld die UN-Menschenrechtsarbeit gegenüber dem Direktor der Human Rights Commission mit einem Flugzeug verglich und ihm empfahl, die Maschine so zu fliegen, dass ein Absturz gerade noch vermieden werde.[34]

Trotz des allgemeinen Stillstands gab es im Umfeld der Vereinten Nationen weiterhin Akteure, die sich für eine Umsetzung des Artikels 18 und eine Stärkung der Religionsfreiheit einsetzten. Wie Katharina Kunter und auch Bastiaan Bouwman zeigten, entwickelte sich nach Kriegsende eine kraftvolle Ökumenische Bewegung.[35] Diese engagierte sich nicht nur auf globaler Ebene für soziale Menschenrechte und soziale Gerechtigkeit, sondern thematisierte auch das Schicksal verfolgter Christen v.a. in muslimischen Ländern. Speerspitze dieser Entwicklung war die kleine NGO Commission of the Churches of International Affairs (CCIA), die seit den 1950er-Jahren den begehrten Konsultativstatus beim Wirtschafts- und Sozialrat (ECOSOC) innehatte. Ihr Direktor O. Frederick Nolde war Ende der 1940er-Jahre maßgeblich an der Konzeption des Artikels 18 beteiligt gewesen und hatte, gemeinsam mit Malik, darin die Unterscheidung zwischen innerer und äußerer Religionsfreiheit durchgesetzt. Darüber hinaus hatte Nolde trotz des Widerstands mehrerer muslimischer Länder dafür gesorgt, dass auch der Religionswechsel als Menschenrecht anerkannt wurde. Das Menschenrechtsengagement der CCIA ist daher ein markantes Beispiel dafür, dass religiöse Organisationen trotz Adaption der universalistischen UN-Sprache in ihrer praktischen Menschenrechtsarbeit weiterhin an einem partikularen, »distinkt christlichen Verständnis« von Religionsfreiheit festhielten.[36]

Als sich in den 1960er-Jahren mit der fortschreitenden Dekolonisierung der Charakter der Vereinten Nationen zu verändern begann, hatte dies auch Auswirkungen auf ihren Umgang mit Fragen zur Religionsfreiheit. So beschreibt Malcolm Evans, wie sich der Fokus der UN-Aktivitäten allmählich vom Individualschutz der klassischen liberalen Abwehrrechte auf die Bekämpfung der Diskriminierung von und durch religiöse Gruppen verlagerte.[37] Ein wichtiger Auslöser dafür war eine umfangreiche Studie, die die UN Sub-Commission on the Prevention of Discrimination and Protection of Minorities zu dieser Thematik in Auftrag gegeben hatte. Als der indische Rapporteur Arcot Krishnaswami 1960 seinen Abschlussbericht vorlegte, hatte sich die Virulenz des Problems weiter erhöht. Ausgehend von zahlreichen Hakenkreuz-Schmierereien, die am Weihnachtsmorgen des Jahres 1959 auf der Kölner Synagoge entdeckt worden waren, kam es im folgenden Jahr in Europa, den USA und Lateinamerika zu einer Welle antisemitischer Anschläge und Übergriffe, die die westlichen Öffentlichkeiten unter dem Stichwort »Swastika Epidemic« debattierten.[38] Der gehäufte, grenzüberschreitende und koordinierte Charakter der Taten,[39] die nach heutigem Wissensstand auf das Konto einer KGB-Desinformationseinheit gingen,[40] rief die UNO-Vollversammlung auf den Plan. In ihrer Resolution 1510 vom Dezember 1960 forderte sie alle Mitgliedsstaaten auf, Maßnahmen gegen Rassenhass und religiöse Intoleranz einzuleiten.[41] Diese Initiative mündete 1963 in eine Erklärung und zwei Jahre später in eine internationale Konvention, getragen von einer breiten Allianz ehemaliger Kolonialstaaten, Ostblockländer und dem Staat Israel; sie richtete sich allerdings am Ende nur noch gegen Formen der rassistischen Diskriminierung, während der Aspekt der religiösen Intoleranz wegen des sowjetischen Widerstands weggefallen war.

Die politisch-ideologischen und geopolitischen Frontstellungen, die der Entstehungsgeschichte der UN-Rassendiskriminierungskonvention von 1965 zugrunde lagen, hatten langfristig zur Folge, dass sich viele westliche Staaten unter Führung der Vereinigten Staaten in den 1970er-Jahren von der UN-Menschenrechtsarbeit zu distanzieren begannen. Vor allem die USA selbst, die sich aufgrund ihrer Zivilreligion seit jeher als die wichtigsten Promotoren der Religionsfreiheit verstanden, machten die Menschenrechte nun zu einem festen Bestandteil einer robusten, auf Anreizen und Sanktionen basierenden Außenmoralpolitik. Diese Wende zu einer offensiveren Menschenrechtspolitik setzte nicht erst, wie vielfach angenommen, mit Jimmy Carters Amtsantritts 1977 ein, sondern begann bereits einige Jahre früher. Ihr lagen zwei unterschiedliche Agenden zugrunde: Die erste war antikommunistisch motiviert und ging von dem demokratischen Senator Henry »Scoop« Jackson aus, der ein erbitterter Gegner von Henry Kissingers sicherheitspolitischem Kurs der Détente war. Jackson brachte zusammen mit einem Parteifreund 1974 das sogenannte Jackson-Vanik-Amendment durch den Kongress, das die Sowjetunion mithilfe der Meistbegünstigungsklausel dazu zwingen sollte, Angehörigen der jüdischen Minderheit die Ausreise in die USA oder nach Israel zu erlauben. Obwohl sich Jackson und seine Mitstreiter in ihrem Engagement für Emigration und kulturell-religiöse Minderheitenrechte der universalistischen Sprache der Menschenrechte bedienten, lag dem im Kern ein innenpolitischer Machtkampf um unterschiedliche Außenpolitikkonzepte zugrunde.

Ein zweiter Aspekt richtete sich auf das transatlantische Verhältnis. Während sich die republikanische Regierung unter Präsident Gerald Ford gegen das Jackson-Vanik-Amendment stellte, unterstützte sie nach anfänglicher Zurückhaltung die Initiative ihrer westeuropäischen Verbündeten, ein sicherheitspolitisches Abkommen mit der Sowjetunion abzuschließen, das langfristig auf eine Normalisierung der Ost-West-Beziehungen zielte. Die sogenannte Schlussakte von Helsinki, die im August 1975 nach mehrjährigen Verhandlungen unterzeichnet wurde, enthielt auch eine Reihe menschenrechtlicher Bestimmungen, die sich an den Formulierungen der AEMR und der UN-Menschenrechtspakte orientierten. So verpflichteten sich die Teilnehmerstaaten in Prinzip VII, die »Gedanken-, Gewissens-, Religions- oder Überzeugungsfreiheit« zu achten ohne »Unterschied der Rasse, des Geschlechts, der Sprache oder der Religion«.[42] Die Zustimmung der Sowjetunion zur besonders umstrittenen Religions- und Glaubensfreiheit war das Ergebnis eines langen und zähen Aushandlungsprozesses, der besonders auf Großbritannien, die Niederlande und einige skandinavische Staaten zurückging. Deren Ziel war es, die ideologisch bedingten Restriktionen der frühen Nachkriegsjahre zu überwinden und eine paneuropäische Identität auf der Grundlage der Menschenrechte zu formen.[43]

Zur menschenrechtlichen Ausrichtung der Schlussakte trug paradoxerweise am Ende sogar Kissinger selbst bei, der hoffte, dadurch den innenpolitischen Widerstand gegen seine Entspannungspolitik gegenüber Moskau und Peking abzuschwächen. Obwohl dieses Kalkül nicht aufging, wurde kurz danach auf Initiative republikanischer Abgeordneter eine sogenannte Helsinki Commission eingerichtet, die dem amerikanischen Kongress regelmäßig über sowjetische Menschenrechtsverstöße berichten sollte. In der Amtszeit von Carter und darüber hinaus avancierte diese Kommission zu einer Art »Polizeieinheit« für die Belange der Religions- und Glaubensfreiheit in Osteuropa, die sich für bedrängte sowjetische Juden ebenso einsetzte wie für verfolgte Katholiken und Protestanten.[44]

Grundsätzlich ist sich die Forschung heute einig, dass die 1970er- und frühen 1980er-Jahre eine wichtige Übergangsphase in der menschenrechtlichen Entwicklung markieren. Dies gilt in besonderem Maße für das Recht der Religions- und Gewissensfreiheit. Aufgrund der Dynamik, die sich aus dem zeitgleichen Inkrafttreten der beiden UN-Pakte,[45] der Annahme der KSZE-Schlussakte und der 1981 verabschiedeten UN-Erklärung über die Beseitigung aller Formen von Intoleranz und Diskriminierung aufgrund der Religion und der Überzeugung ergab, wurde das vormalige menschenrechtliche Gewohnheitsrecht nach und nach in verbindliches Internationales Recht transformiert.

Georg Jellineks These von der Religionsfreiheit als Wurzel und Keimzelle aller Menschenrechte gilt zumindest in der neueren menschenrechtsgeschichtlichen Historiografie als weitgehend überholt. Auch die ältere Vorstellung, der zufolge ein geradliniger Pfad von der amerikanischen Virginia Bill of Rights zur Menschenrechtserklärung des Jahres 1948 führt, wird in der geschichtswissenschaftlichen Forschung kaum noch vertreten. Doch selbst wenn man interpretatorische Engführungen auf religiöse Ursprünge oder gar eine einzelne Religion mit guten Gründen anzweifeln mag, ist kaum bestreitbar, dass die Idee der Religionsfreiheit einen entscheidenden Anteil an der Entwicklung der Menschenrechte im 20. Jahrhundert hatte. Deren stetig wachsende Bedeutung spiegelte sich unter anderem darin, dass sich seit den späten 1940er-Jahren praktisch alle regionalen Menschenrechtsabkommen sowie die meisten nationalen Verfassungen hinsichtlich der Gewährung von Religions- und Gewissensfreiheit am Wortlaut der UN-Deklaration orientierten. Mit dem weiteren Ausbau des UN-Menschenrechtssystems wurden den Religionsorganisationen erstmals unantastbare Rechte übertragen, während gleichzeitig religiöse Nichtregierungsorganisationen zu Akteuren einer globalen Sphäre aufstiegen, wo sie nunmehr als Verhandlungspartner und Gegner der Nationalstaaten auftraten.[46] Noch vor wenig mehr als zehn Jahren verabschiedete der amerikanische Kongress einen International Religious Freedom Act, der den weltweiten Schutz und die Förderung der Religionsfreiheit als Prinzip der amerikanischen Außenpolitik festschrieb.[47]

Die unbestreitbare internationale Erfolgsgeschichte der Religionsfreiheit steht aber auch unter manchem Schatten, was die Forschung teilweise noch zu wenig beachtet. So weisen Kritiker des UN-Menschenrechtssystems darauf hin, dass es bis heute kaum effizient sei. Malcolm Evans, einer der führenden juristischen Experten zum Thema, hebt zudem hervor, dass sich die Haltung der internationalen Gemeinschaft gegenüber dem Prinzip der Religionsfreiheit in den letzten 40 Jahren grundlegend gewandelt habe. Während es nach 1945 noch darum gegangen sei, ein Klima der religiösen Toleranz und des Respekts für unterschiedliche religiöse Überzeugungen zu schaffen, werde die Religion seit den 1980er-Jahren von der zunehmenden Versicherheitlichung (Securitization) der internationalen Sphäre erfasst. Dementsprechend betrachteten internationale Organisationen Religionsfreiheit kaum noch als Menschenrecht, sondern mehr denn je als Sicherheitsrisiko, das vermehrter Kontrolle und Überwachung bedürfe, so Evans.[48] Einen anderen Akzent setzt der amerikanische Historiker Samuel Moyn. In bewusster Abgrenzung von einer als einseitig empfundenen Fortschrittsgeschichte stellt Moyn eine Verbindung her zwischen dem christlich-personalistischen Menschenrechtsdiskurs der frühen Nachkriegsjahre und der Rechtsprechung des Europäischen Menschenrechtsgerichtshofs nach dem 11. September 2001: Auch wenn das ursprüngliche transatlantische Projekt »christlicher Menschenrechte« mittlerweile historisch überholt sei, so Moyn, seien dessen intellektuelle Prägungen bis in die Gegenwart spürbar. Aus seiner Sicht fügen sich daher die Begründungen aktueller EGMR-Urteile zum »Kopftuch«-Gebrauch in eine exkludierende europäische Tradition ein, die die Religionsausübung von Muslimen in erster Linie als potenzielle Störung der öffentlichen Ordnung einstuft. Anders als noch vor 100 Jahren geschehe dies allerdings heute im Gewand einer dezidiert säkularen Agenda.[49]

Sophie Scholl – am Ende nur auf sich gestellt
Wenn die Kirche dem Führer huldigt

Barbara Beuys

Manchmal ist Geschichte gnädig. Am 21. März 1937, Palmsonntag, wurde Sophie Scholl zusammen mit ihrem jüngeren Bruder Werner in der Ulmer Pauluskirche von Pfarrer Gustav Oehler konfirmiert. Die beiden Geschwister waren die einzigen in der Konfirmandengruppe, die in der braunen HJ-Uniform am Altar standen. Schockierend, wenn heute ein Foto dieses feierlichen Augenblicks in den Geschichtsbüchern und Biografien abgebildet wäre.

Es gibt keines, und das ist reiner Zufall. Die braune Uniform am Altar war weder für den Pfarrer noch die Zeitgenossen eine Provokation. Die beiden Geschwister Scholl traten damit sichtbar für einen christlichen Glauben ein, wie ihn rund zwei Drittel der protestantischen Pfarrer predigten, seit Adolf Hitler am 30. Januar 1933 zum Reichskanzler ernannt worden war. Die Ulmer Kirchen riefen 1937 am vierten Jahrestag von Hitlers Kanzlerschaft zu Gottesdiensten. Das Ulmer Tagblatt schrieb aus gleichem Anlass, alles Erreichte sei »des Führers Werk« und auf die deutsche Jugend sei Verlass: »Dem Führer verschworen: die Ulmer Hitlerjugend steht geschlossen.«[1]

Auch Scharführerin Sophie Scholl stand am 30. Januar 1937 mit ihren Jungmädeln in Reih und Glied auf dem Münsterplatz. Hans Meiser, von 1933 bis 1955 Landesbischof der Evangelisch-Lutherischen Kirche in Bayern, schlug seinen Pfarrern für diesen Festtag folgendes Fürbittgebet vor: »Am heutigen Tag empfehlen wir Dir besonders den Führer und Reichskanzler unseres Reiches. Wir danken Dir, Herr, für alles, was Du in Deiner Gnade ihm bisher zum Wohle unseres Volkes hast gelingen lassen …«[2]

Seit der Nationalsozialismus endgültig die herrschende Kraft in Politik und Gesellschaft geworden war, schieden sich die Geister in der Familie Scholl schnell und eindeutig. Die Eltern, Lina und Robert Scholl, waren überzeugte Demokraten und blieben es auch, als bei der letzten freien Wahl im März 1933 rund 45 Prozent der Ulmer Wahlberechtigten die Partei Adolf Hitlers wählten. Wohin ihre fünf Kinder tendierten, deutet das Tagebuch der 16-jährigen Tochter Inge Scholl schon am 30. Dezember 1932 an: »Und dann kommt das Jahr 1933! Wie viel Neues wird es uns bringen! Und das muss doch endlich das Entscheidungsjahr für Deutschland werden.«[3] Wie sehr sie die Entscheidung vom 30. Januar 1933 begrüßt, verrät ebenfalls Inges Tagebuch: »Jetzt ist Hitler ans Ruder gekommen. Ich glaube, dass sich im ganzen Volk eine furchtbare Spannung gelöst hat.«

Tatsächlich trat Stadtpfarrer Gustav Oehler am 21. März 1933 vor Zehntausenden von Ulmern, die sich zu einem Feldgottesdienst auf dem Platz vor dem Münster versammelt hatten, wie befreit auf. Polizei, Armee, NS-Trupps, Jugendverbände und Vaterländische Vereine sind aufmarschiert. Alle wussten: Zur gleichen Zeit verbeugt sich der Reichskanzler Adolf Hitler vor dem greisen Reichspräsidenten Paul von Hindenburg in der Potsdamer Garnisonkirche. Mit diesem Staatsakt wird feierlich begangen und kirchlich abgesegnet, dass Hitler nach der Wahl am 5. März zum zweiten Mal zum Reichskanzler ernannt worden war.

Otto Dibelius, Generalsuperintendent der Kurmark in der Evangelischen Kirche der altpreußischen Union, hielt in Potsdam die Festpredigt über die Verheißung des Apostels Paulus an die Gemeinde in Rom: »Ist Gott für uns, wer mag wider uns sein?« Der lutherische Theologe stellte der nationalsozialistischen Obrigkeit einen Freibrief aus: »Und wenn es um Leben und Sterben der Nation geht, dann muss die staatliche Macht kraftvoll und durchgreifend eingesetzt werden, sei es nach außen oder nach innen.«

Dem Ulmer Stadtpfarrer müssen bei der Vorbereitung zum Festgottesdienst ähnliche Bedenken durch den Kopf gegangen sein, die er auf gleiche Weise widerlegte und schon im Voraus entschuldigte. Seine Predigt hallte über den weiten Münsterplatz: »Deutsche Männer und Frauen! Deutsche Christen! Stürme brausen durchs deutsche Volk. Es kracht und ächzt in allen Ästen der deutschen Eiche. ... Da und dort fällt dem Sturm auch ein gesundes Reis zum Opfer unter all dem Dürren. Das kann wohl – zu unserem Schmerz – nicht anders sein. Aber wir hoffen und glauben, dass es dennoch der Frühlingssturm ist, dem das neue Leben alsbald folgt. ... Darum empfinden wir ... es wirklich wie das Wehen eines herrlichen Geistes, dass nun der große Teil unseres Volkes sich in einem Wollen und einem Streben zusammengefunden hat ... darum ist der wunderbare Anfang dieser Einheit ein Gottesanfang.«

Martin Niemöller, Gemeindepfarrer in Berlin-Dahlem, hatte am 5. März 1933, dem Tag der Reichstagswahl, im morgendlichen Sonntagsgottesdienst in der St.-Annen-Kirche die Predigt gehalten. Er nannte sie eine »politische Predigt«, begrüßte die »Wiedergeburt unseres Volkes«, die es aber nur im Zusammenhang mit einer christlichen Erneuerung geben könne. Niemöllers Hoffnung: dass der nationalsozialistische Aufbruch die matt gewordene evangelische Kirche mit neuer Dynamik füllen würde. Nach dem Gottesdienst ging der Pfarrer zum Wahllokal und wählte die NSDAP, die Partei Hitlers.

Am 22. März 1933 schrieb Inge Scholl in ihr Tagebuch: »In der Religion trat heute Stadtpfarrer Oehler sehr für Hitler ein. Er nannte den 21. März ein wunderbares Ereignis.« Zusammen mit ihrem Bruder Hans hatte sie seit dem Januar Konfirmandenunterricht bei Gustav Oehler. »Habe ich furchtbar gern«, steht im Tagebuch. Der 42-jährige Stadtpfarrer war ein frommer, weltoffener Mann. Eine sympathische Autorität, die im Namen der evangelischen Kirche für Adolf Hitler und seine Politik warb. Diese Botschaft fiel bei den Scholl-Kindern, Sophie inbegriffen, auf fruchtbaren Boden. Sie waren mit ihrer Kirche und ihrem Gott im Reinen, denn sie hatten, seit sie denken konnten, in ihrer Mutter ein eindrucksvolles Vorbild.

Die Mutter las täglich in der Bibel

Die Protestantin Lina Scholl, die vor ihrer Heirat zehn Jahre als Diakonisse gearbeitet hatte, war auch in der Ehe eine selbstbewusste und aktive Frau und zugleich fest in ihrem protestantischen Glauben verankert. Sie hatte von ihrer Mutter einen fröhlichen, nüchternen und offenen Pietismus auf den Lebensweg mitbekommen. Darum sah sie auch kein Hindernis darin, einen Mann zu lieben und zu heiraten, der an den Gott der Christen nicht glauben konnte.

Sophie Scholl wuchs sozusagen in einer ökumenischen Familie auf. Da war die Mutter, die täglich in der Bibel las, und ihren Kindern die frohe Botschaft mitgab, »dass denen, die Gott lieben, alle Dinge zum Besten dienen ...«. In Inge Scholls Tagebuch steht im Frühjahr 1933 gar nicht selten: »Heute waren wir wieder mal in der Kirche.« Der Vater kam nicht mit. Aber er nahm interessiert an den Diskussionen teil, wenn Pfarrer Oehler bei den Scholls zu Besuch war.

Robert Scholl war ein glühender Verehrer Friedrich Schillers, dessen »Evangelium der Freiheit« sein Lebensmaßstab war. Der einzelne Mensch war aufgerufen – ohne einen Gott in der Höhe – in Freiheit und Verantwortung aus seinem Leben etwas zu machen. Sophie Scholl erlebte, dass die Eltern sich in ihren Gegensätzen tolerierten und akzeptierten. Es war diese Familienerfahrung, auch bei grundlegenden Differenzen eine Einheit zu bilden, die einen Bruch verhinderte, als Eltern und Kinder im ersten Halbjahr 1933 über die nationalsozialistische Bewegung und Adolf Hitler in einen tiefen Dissens gerieten.

Lina und Robert Scholl waren überzeugt, dass Hitlers Politik in den Krieg führen würde. Es gab harte Diskussionen am Familientisch. Hans Scholl hängte über Wochen am Morgen ein Hitler-Bild in seinem Zimmer auf; kam der Vater abends von der Arbeit, nahm er es wieder ab. Am nächsten Morgen hing es wieder an der Wand.

Irgendwann entschieden die Eltern, den Kindern jene Selbstverantwortung zuzugestehen, nach der ihre Erziehung stets ausgerichtet war. Im Tagebuch von Inge Scholl steht am 6. Mai 1933: »Hans war heute das erste Mal in der Hitlerjugend. … Das Braunhemd steht ihm gut.« Genau einen Monat später ist auch Inge Scholl am Ziel: »Mutter hat mir jetzt die Erlaubnis zum BDM gegeben.« Am 12. Mai hält Inge vor ihrer Klasse einen Vortrag über Adolf Hitler: »Die ganze Klasse war begeistert. … Das ist sooo herrlich, wenn man sich öffentlich zu einem großen Mann bekennen darf.«

Die Geschwister Inge und Hans waren mit ihrer Begeisterung für den »Führer« Vorbilder für die jüngeren. Als 1933 zu Ende ging, war Sophie Scholl als einzige noch »frei« und in keiner NS-Jugendorganisation. Sie hatte erlebt, wie die Anschauungen der Eltern und der älteren Geschwister in diesem Jahr radikal auseinanderdrifteten und sich zuerst Hans und Inge mit dem, was sie als richtig ansahen, durchsetzten. Elisabeth und Werner folgten. Nun war Sophie Scholl an der Reihe, und die Alternativen lagen klar auf der Hand.

»Ich selbst trat im Januar 1934, damals 13-jährig, in die Jungmädelschaft der HJ ein …«. So steht es im Protokoll der Gestapo über das Verhör von Sophie Scholl am 18. Februar 1943 in München. Sie spricht korrekt von der HJ, weil der BDM – Bund Deutscher Mädel – nicht eigenständig war, sondern eine Unterorganisation der HJ. Direkte Zeugnisse über ihre Beweggründe gibt es von Sophie Scholl nicht. Doch ihr Engagement für die nationalsozialistische Jugendorganisation bis zum Ausbruch des Zweiten Weltkrieges war in Ulm kein Geheimnis. Obwohl ihre Kurzhaarfrisur und ihr burschikoses Auftreten nicht dem Ideal einer »deutschen Frau« entsprachen, war sie mit ihren Jungmädels bei Aufmärschen durch die Stadt selbstbewusst dabei.

Als Scharführerin leistete sie im Frühjahr 1936 mit anderen öffentlich einen Eid: »Ich gelobe meinem Führer Adolf Hitler mein ganzes Leben hindurch unverbrüchliche Treue.« In die Stille danach sprach ein HJ-Junge ein Gebet: »Wir schlossen uns zum Bunde / des Opfers und der Tat. / Auch in der Feierstunde / will Gott und fest und grad. / Das wir den Schwur nicht brechen, / dass wir im Tod noch treu / des Führers Namen sprechen; / drum bitten wir dich heut.«

Das sind Ideale, für die man empfänglich ist, wenn man 15 Jahre zählt – und wenn die Eltern einen dazu erzogen haben, Großes im Leben zu leisten, für sich und für die anderen.

Zum Jahresanfang 1935, am 14. Januar, wurde Sophie Scholl mit ihrer Jungmädel-Gruppe ins Ulmer Münster eingezogen, wo zum Dankgottesdienst »die Jugend in Uniform« erwartet wurde. Am Tag zuvor hatten sich 90 Prozent der

Saarländer dafür ausgesprochen, als Teil von Hitler-Deutschland »heim ins Reich« zu kehren. Grund genug für die protestantischen Geistlichen, zum Gottesdienst zu rufen.

Theodor Kappus, Dekan am Ulmer Münster, verkündete in seiner Predigt, »dass auch Adolf Hitler in seiner Demut, die immer so groß an ihm ist, Gott die Ehre gibt. Gott aber muss unser Volk lieben, sonst hätte er ihm nicht diesen Führer gegeben.« Der protestantische Theologe konnte bei seinem Führerlob sicher sein, für die ganze evangelische Kirche zu sprechen, auch wenn sich an der Frage, wie die Kirche sich strukturell in den Hitler-Staat einfügen sollte, die Geister schieden.

Im Juni 1932 war in Preußen die »Glaubensbewegung Deutsche Christen« an die Öffentlichkeit getreten. Ihr theologischer »Führer« war Mitglied der NSDAP, ihr Ziel: eine einheitliche Nationalkirche, ein Christentum, das von angeblichen jüdischen Einflüssen befreit war, Eheschließungen zwischen Christen und Juden sollten verboten werden. Neben anderen Gruppen wurden die Deutschen Christen zu den ersten allgemeinen Wahlen innerhalb der Deutschen Evangelischen Kirche im Sommer 1933 zugelassen. Am 22. Juli rief Adolf Hitler in einer Rundfunkrede die Protestanten dazu auf, alle die zu wählen, die wie die Deutschen Christen »auf dem Boden des NS-Staates« stünden.

Am folgenden Wahltag gaben 70 Prozent der Wähler den Deutschen Christen ihre Stimme, die anschließend ganz legal begannen, in den Landeskirchen ihr nationalistisches Programm durchzusetzen: Umbau der evangelischen Kirche nach dem Führerprinzip; analog zur staatlichen Gesetzgebung die Einführung des »Arierparagraphen«. Das bedeutete: Getaufte jüdische Pfarrer würden in der evangelischen Kirche aus dem Pfarramt entlassen, weil sie im Sinne der völkischen NS-Ideologie keine »Arier« waren.

Der reformierte Pfarrer Martin Niemöller in Berlin-Dahlem war nicht bereit, seine Kirche nach NS-Strukturen umbauen zu lassen. Er blieb seinem Glauben an den »Führer« treu und gründete dennoch im September 1933 den »Pfarrernotbund«, um die evangelische Kirche und ihre Lehre nicht den Deutschen Christen auszuliefern. Es ging nicht um politischen Widerstand, sondern einen innerkirchlichen Machtkampf.

Dass der Staat den »Arierparagraphen« auf seine Beamten anwendete und deshalb Zehntausende von christlichen Juden entlassen wurden, war dem Pfarrernotbund kein Wort des Protestes wert. Doch innerhalb der Kirche waren nach Überzeugung Niemöllers und seiner Getreuen alle Getauften gleich. Deshalb trat der Pfarrernotbund so entschieden für die 29 Amtsträger der Kirche ein, die getaufte Juden waren.

Barmer Erklärung: Kein Wort zum Widerstand

Auch wenn Niemöller und andere »bekenntnistreue« Gruppierungen nur ein Drittel der Kirchenmitglieder vertraten, gelang es ihnen, sich nach vielen kontroversen Gesprächen auf eine gemeinsame theologische Grundlage zu einigen. Vom 29. bis 31. Mai 1934 setzten 138 stimmberechtigte Synodale aus 18 Landeskirchen – Lutheraner, Reformierte, Unierte – mit der Ersten deutschen Bekenntnissynode in Wuppertal-Barmen ein starkes Zeichen. Einstimmig nahmen sie die Barmer Theologische Erklärung an: »Wir verwerfen die falsche Lehre, als könne und müsse Kirche als Quelle ihrer Verkündigung außer und neben diesem einen Wort Gottes auch noch andere Ereignisse und Mächte, Gestalten und Wahrheiten als Gottes Offenbarung anerkennen.«[4]

Die Barmer Erklärung gehört für die Evangelische Kirche Deutschlands seit 1945 zu den grundlegenden Glaubensdokumenten. Sie ist ein mutiges Bekenntnis zu einer autonomen evangelischen Kirche im Angesicht des NS-Staates. Doch der historische Blick zurück muss auch erkennen, dass dieses historische Dokument für seine Verfasser keine politische Dimension hatte. Mit keinem Wort rief es zum Widerstand gegen die NS-Diktatur auf oder zeigte Verständnis dafür.

Am 15. Oktober 1933 hatte Martin Niemöller »im Namen von mehr als 2500 evangelischen Pfarrern« des Pfarrernotbundes ein Telegramm an den Reichskanzler geschickt. Er gratulierte Adolf Hitler zum Austritt aus dem Völkerbund am Tag zuvor und dankte ihm »für die mannhafte Tat und das klare Wort, die Deutschlands Ehre wahren«. Als die Erste Bekenntnissynode am 29. Mai 1934 in Barmen zusammentrat, schickte der westdeutsche Präses zu Beginn eine Ergebenheitsadresse an Adolf Hitler.

Im Oktober 1934 erschien Martin Niemöllers autobiografische Erzählung *Vom U-Boot zur Kanzel*.[5] Ein deutliches Zeichen, dass einer der wichtigsten Theologen der Bekennenden Kirche sich in der Verehrung für den »Führer« und der Treue zum deutschen Volk nicht von den Deutschen Christen übertreffen ließ. Der Dienst der Kirche am Wort Gottes, so das Bekenntnis des Autors im allerletzten Satz, sei notwendig, »damit das gewaltige Werk der völkischen Einigung und Erhebung, das unter uns begonnen ist, einen unerschütterlichen Grund und dauernden Bestand gewinne!« Der »Führer« konnte auf die bekenntnistreuen Christen zählen.

Martin Niemöller setzte weiterhin darauf, dass er sich im neuen deutschen Staat, gerade weil er ihn offen bejahte, ebenso engagiert für eine eigenständige evangelische Kirche einsetzen konnte. 1936 führte er in seiner Dahlemer Gemeinde »Offene Abende« ein, für die bald der Gemeindesaal zu klein war. Bis zu 1500 Interessierte kamen in die Kirche. Auch die Gestapo war dabei und schrieb eifrig mit, wenn Pastor Niemöller kritisierte, dass der Staat sich hemmungslos in die Arbeit von kirchlichen Einrichtungen einmischte. Kein Widerspruch war es für Niemöller, dass er am 20. April 1936 bei einem offenen Abend ein ausführliches Gebet für den »Führer« sprach.

21. März 1937: Warum sollte Sophie Scholl nicht in der braunen HJ-Uniform zur Konfirmation antreten, wenn die evangelische Kirche, die sie in Ulm erlebte, dem Staat des »Führers« seit dem Frühjahr 1933 bedingungslose Gefolgschaft leistete? Auch das mutige Bekenntnis von Barmen widersprach den Grundlagen des Nationalsozialismus – rassischer Antisemitismus, Ausschluss Andersdenkender aus der sogenannten Volksgemeinschaft, Verhöhnung jeglicher rechtsstaatlicher Prinzipien – weder mit Worten noch mit einer geistig-geistlichen Grundhaltung.

Am 1. Juli 1937 wurde Martin Niemöller verhaftet. Für den Prozess, der am 7. Februar 1938 vor dem Sondergericht II beim Berliner Landesgericht begann, hatte er sich präzise mit vielen Notizzetteln vorbereitet. Er betonte seine nationalistische Grundeinstellung, habe immer für Deutschland und gegen den Bolschewismus gekämpft und seit 1924 NSDAP gewählt. Nach einem Beobachter erwähnte er auch die »Arierfrage« in der Kirche und erklärte, »die Juden seien ihm unsympathisch und fremd«. In seinem Schlusswort beschwor der Pastor, seine Treue zum Staat, so »wie ihn der Führer will«.

2. März 1938: Das Gericht verurteilte Martin Niemöller zu sieben Monaten Festungshaft – und die waren mit der Haftzeit schon abgesessen. Doch statt der Freiheit erwartete ihn eine Fahrt ins KZ Sachsenhausen, wo Niemöller als »persönlicher Gefangener des Führers« bis 1941 inhaftiert wurde, um von dort ins KZ Dachau überführt zu werden. Die Freiheit kam erst mit dem Zusammenbruch des NS-Staates.

12. März 1938: Die deutsche Wehrmacht marschiert in Österreich ein, von der Mehrheit der Bevölkerung jubelnd begrüßt.

15. März 1939: Die deutsche Wehrmacht überfällt am frühen Morgen die Tschechoslowakei und marschiert um 9 Uhr durch Prag. Die verzweifelte Bevölkerung hofft vergeblich auf Beistand durch Europas Demokratien.

8. Mai 1939: Sophie Scholl wird 18 Jahre alt. Im Jahr zuvor hatte sie ihr Amt als Scharführerin im Bund Deutscher Mädel niedergelegt. Doch sie wird bis ins Frühjahr 1941 weiterhin die BDM-Heimabende besuchen. Bei ihrem Verhör am 18. Februar 1943 in München erklärt sie ausdrücklich, der Amtsverzicht sei eine »rein innerdienstliche Angelegenheit« gewesen, »ohne jeden politischen Hintergrund«. Zugleich haben sich Bruchstücke einer kritischen Nachdenklichkeit erhalten, die bisherige Gewissheiten infrage stellen.

Aus dem Frühjahr 1939 überliefert eine gute Freundin, dass ein Gedicht von Rainer Maria Rilke – *Archaischer Torso Apollos* – Sophie Scholl jetzt besonders viel bedeutet. Die letzte Zeile heißt: »Du musst Dein Leben ändern.«

Ende November 1937 hatten sich Sophie Scholl und der vier Jahre ältere Fritz Hartnagel, Berufsoffizier in der deutschen Wehrmacht, bei einem Tanzkränzchen in Ulm getroffen. Am 10. Dezember schreibt die 16-Jährige in ihr Tagebuch: »Ich weiß nicht, wo ich dran bin ... Ich habe Fritz gern wie keinen Menschen.« Eine Liebesbeziehung entwickelte sich, die trotz Krisen und Brüchen Bestand hatte bis zu Sophies Tod.

23. August 1939: Hitler-Deutschland und die Sowjetunion schließen einen Nichtangriffspakt. Wer politisch wachsam war, wusste: Damit bekam Hitler freie Hand für den nächsten Schritt seiner Gewaltpolitik – Polen zu überfallen. Anfang August hatte Fritz Hartnagel, der Berufsoffizier, einen Urlaub mit Sophie Scholl in Norddeutschland abgebrochen; er musste zu seiner Einheit zurückkehren. Am 26. August schrieb Sophie ihm: »Für Dich geht jetzt so recht das Geschäft los. Aber ich habe euer Geschäft nicht gern. Und ich hoffe, dass ihr recht bald damit fertig seid.«[6] Während sich die große Mehrheit der Deutschen an den Frieden klammerte – den hatte der »Führer« doch versprochen –, machte sich Sophie Scholl keine Illusionen.

1. September 1939: Um 3 Uhr in der Frühe durchbrachen rund 1,5 Mio. Soldaten der deutschen Wehrmacht die Grenze nach Polen. Am 3. September erklärten Großbritannien und Frankreich, die mit Polen durch einen Beistandsvertrag verbündet waren, dem Deutschen Reich den Krieg. Deutschlands Führung hatte – in tatkräftiger Zusammenarbeit mit den führenden Generälen und Offizieren – den Zweiten Weltkrieg entfesselt.

Aus dem KZ Sachsenhausen ließ der Gefangene Martin Niemöller die Reichskanzlei in Berlin wissen, dass er in diesem Krieg als Reserveoffizier seinem Land »gegen die Feinde unserer Nation« dienen wolle. Am 27. September kapitulierte Warschau. In den ersten Wochen des Überfalls erschossen die Deutschen rund 16 000 polnische Frauen, Männer und Kinder, rund 7000 polnische Juden verloren ihr Leben. Bis zum Jahresende wurden weitere 60 000 polnische Ärzte, Lehrer, Priester, Professoren von SS und Wehrmacht ermordet.

Zum Erntedankfest am 1. Oktober 1939 verlasen die evangelischen Pfarrer im Sonntagsgottesdienst von den Kanzeln eine Erklärung der Leitung der Deutschen Evangelischen Kirchenkanzlei, wo die NS-hörigen Deutschen Christen keine Mehrheit hatten: »Aber der Gott, der die Geschicke der Völker lenkt, hat unser deutsches Volk in diesem Jahr noch mit einer anderen, nicht weniger reichen Ernte gesegnet ... Wir danken ihm, dass er unseren Waffen einen schnellen Sieg gegeben hat ... Und mit dem Dank gegen Gott verbinden wir den Dank gegen alle, die in wenigen Wochen eine solche Wende heraufgeführt haben: gegen den Führer und seine Generale, gegen unsere tapferen Soldaten ... Wir loben Dich droben, Du Lenker der Schlachten, und flehen, mögst stehen uns fernerhin bei.«

Am 3. September hatte Fritz Hartnagel von der potenziellen Westfront – »Wir warten nun stündlich, dass es auch hier bei uns zum Knallen kommt« – Sophie Scholl seine Feldpostnummer gemeldet. Dank ihrer waren alle Briefe in Kriegszeiten portofrei. Zwei Tage später erwidert Sophie auf die Kriegsfantasien ihres Freundes: »Ich kann es nicht begreifen, dass nun dauernd Menschen in Lebensgefahr gebracht werden von anderen Menschen. Ich kann es nie begreifen und ich finde es entsetzlich. Sag nicht, es ist fürs Vaterland.« Das ist eindeutig.

Im Frühjahr 1940 machte Sophie Scholl Abitur und sie begann eine Ausbildung zur Kindergärtnerin. Ihre Hoffnung: mit diesem sozialem Beruf dem Reichsarbeitsdienst zu entgehen und ab Frühjahr 1941 studieren zu können. Doch der NS-Staat war mit jedem weiteren Kriegsjahr mehr auf die Arbeit junger Menschen angewiesen, um die Lücken zu füllen, die der Kriegseinsatz der Erwachsenen riss. Im April 1941 fuhr Sophie Scholl nach Schloss Krauchenwies im Landkreis Sigmaringen, den Befehl zum Reichsarbeitsdienst im Gepäck – für sechs Monate. Als eine Verlängerung befohlen wird, hilft kein Protest. Am 27. März 1942 ist Sophie Scholl nach 13 Monaten Zwangsarbeit wieder Zuhause in Ulm. Endlich frei.

»Sind wir noch brauchbar?«

Aus diesen Monaten, in denen Sophie Scholl erstmals fern von Zuhause auf sich selbst gestellt war, haben sich Bruchstücke ihres Tagebuchs und damit tiefe Einblicke in ihre innerliche Verfassung und Entwicklung erhalten. Am 12. Dezember 1941 vertraut die 20-Jährige ihrem Tagebuch an: »... alles, was ich früher besaß, das kritische Sehen, ist mir verloren gegangen. Bloß meine Seele hat Hunger, o, das will kein Buch mehr stillen.« Und dieser Seelenhunger lässt sie trotz aller Verzweiflung weiter auf den Gott hoffen, der sie ihr ganzes Leben begleitet hat: »Ich will mich an Ihn klammern, und wenn alles versinkt, so ist nur er, wie schrecklich, wenn er einem fern ist.« Eine paradoxe, widersprüchliche Hoffnung, aber sie war damit in guter Gesellschaft.

»Der Mensch ist ein Abgrund, ungesichert alles, woran wir uns halten. ... Da bleibt nichts anderes als der nackte Schrei nach Hilfe, ein schreckliches Seufzen, das nicht weiß, wo Hilfe zu finden ist.« So beschrieb knapp 400 Jahre vor Sophie Scholl der Mönch und Doktor der Theologie Martin Luther seine Gottessuche. Das war für ihn die schrecklichste aller Erfahrungen: »Gott ist da, aber er zeigt sich nicht.«[7] Doch auch dieser Verzweifelte gab nicht auf: Der verborgene Gott wurde zur Grundlage von Luthers Glauben und Theologie, eingebunden in die unerschütterliche Überzeugung, dass es eben dieser Gott ist, bei dem der Mensch am Ende bedingungslose Gnade findet.

In den Monaten, als Sophie Scholl gezwungen war, für einen Staat zu arbeiten, dessen verbrecherischer Charakter ihr inzwischen deutlich vor Augen stand, war dieses Ringen um den fernen Gott ein Anker. Denn der selbstkritische Blick zurück auf ihre nationalsozialistische »Führerarbeit« muss ein Blick in den Abgrund gewesen sein. Ein Tabu, das sie nur ihrem Gott offenbaren konnte.

Im Juni 1942, Sophie Scholl konnte endlich in München Biologie und Philosophie studieren, fühlte sie sich noch oft »tot und stumpf«. Aber der ferne Gott hatte Konturen angenommen und ein offenes Ohr. Sie schrieb in ihr Tagebuch: »Ich weiß ja, dass Du mich annehmen willst, wenn ich aufrichtig bin, und mich hören wirst, wenn ich mich an Dich klammere. ... und ich bin glücklich bei dem Gedanken, dass er es ist, der alles regiert.«

Ende Oktober erhielt Fritz Hartnagel einen langen aufmunternden Brief von Sophie Scholl. Hartnagel ist inzwischen an der russischen Front eingesetzt und deprimiert über die nationalsozialistischen Parolen seiner Offizierskollegen. Sie prahlen damit, dass der Sieg der Stärkeren über die Schwächeren ein Naturgesetz sei. Mit Hinweis auf einen Brief des Apostels Paulus ist Sophie Scholl überzeugt: »Ja, wir glauben auch an den Sieg des Stärkeren, aber der Stärkere im Geiste.« Und tröstlich verbindet sie die politische Überzeugung mit ihrer gemeinsamen privaten Zukunft: »O, wie wirst Du aufatmen, wenn dies alles hinter Dir ist, wie werden wir alle aufatmen, wenn es soweit ist.«

Sophie Scholl versuchte in diesen Wochen, eine Balance zu finden zwischen Verstand und schwankenden Stimmungen. In einem Brief vom 7. November lässt sie ihren Freund teilhaben an ihrer Zerrissenheit: »Die Unsicherheit, in der wir heute dauernd leben, die uns ein fröhliches Planen für den morgigen Tag verbietet und auf alle die nächsten kommenden Tage ihren Schatten wirft, bedrückt mich Tag und Nacht und verlässt mich eigentlich keine Minute.« Es geht nicht nur um ihre eigene Befindlichkeit: »Jedes Wort wird, bevor es gesprochen wird, von allen Seiten betrachtet, ob kein Schimmer der Zweideutigkeit an ihm haftet. Das Vertrauen zu anderen Menschen muss dem Misstrauen und der Vorsicht weichen.«

Wie präzise und selbstkritisch Sophie Scholl die Situation von Menschen beschrieb, die dem nationalsozialistischen Staat nicht dienen wollten, sich aber dennoch für ein höheres Ziel eine Maske zulegen mussten, zeigt der verblüffende Vergleich mit dem Zeugnis eines prominenten Widerstandskämpfers aus derselben Zeit. Im Oktober 1940 hatte sich der evangelische Theologe Dietrich Bonhoeffer für den aktiven politischen Widerstand gegen den NS-Staat entschieden. Um auf lange Sicht etwas zu bewirken, wurde er offiziell Mitarbeiter im NS-Geheimdienst. Unter dieser Tarnkappe konnte er kirchliche Mitarbeiter im Ausland mit geheimen Informationen versorgen, musste aber zugleich gegenüber Freunden auf Lügen und Täuschung zurückgreifen, um sich und seine Mitverschwörer nicht zu gefährden.

Für diese Mitverschwörer zog Bonhoeffer zu Weihnachten 1942 Bilanz. »Nach zehn Jahren« heißt der Versuch einer Rechtfertigung, dem Bösen Widerstand zu leisten. Die Bilanz beginnt – wie in Sophie Scholls Brief – mit einem nüchtern-ehrlichen Blick auf das eigene Handeln: »… wir haben die Künste der Verstellung und mehrdeutigen Rede gelernt, wir sind durch Erfahrung misstrauisch gegen die Menschen geworden und mussten ihnen die Wahrheit und das freie Wort oft schuldig bleiben, wir sind durch unerträgliche Konflikte mürbe oder vielleicht sogar zynisch geworden – sind wir noch brauchbar?«[8]

Der Theologe Bonhoeffer, der schon 1933 gefordert hatte, nicht nur die Opfer des NS-Regimes »zu verbinden«, sondern »ins Rad der Geschichte einzugreifen«, berief sich in seiner »Ethik der Verantwortung« bei ähnlicher Zerrissenheit auf den »Optimismus« als inneren Kompass. Optimismus sei, so schrieb er, »eine Lebenskraft, eine Kraft der Hoffnung, wo andere resignieren, … eine Kraft, die die Zukunft niemals dem Gegner lässt, sondern für sich in Anspruch nimmt«.

Sophie Scholl, die Studentin in München, verband mit dem Theologen in Berlin – umgeben von einem verbrecherischen System – der Wille, den Glauben nicht aufzugeben und das Bewusstsein, auf der Seite der Sieger zu stehen. Und so erfuhr Fritz Hartnagel in ihrem Brief vom 7. November auch: »Doch nein, ich will mir meinen Mut durch nichts nehmen lassen, diese Nichtigkeiten werden doch nicht Herr über mich werden können, wo ich ganz andere, unantastbare Freuden besitze. Wenn ich daran denke, fließt mir Kraft zu, und ich möchte allen, die ähnlich niedergedrückt sind, ein aufrichtiges Wort zurufen.« Es war eine Kraft, die – wie bei Dietrich Bonhoeffer – zu Taten führte. Beide zahlten für ihren Widerstand mit dem Leben. Doch ihre Taten hatten die Zukunft auf ihrer Seite.

»Here I stand« – Ein deutscher Mythos wird transnational
Luthers Bekenntnisformel im Kontext von gewissensbedingtem Protest und Bürgerrechtsbewegungen im 20. Jahrhundert

Katharina Kunter

»Here I stand, I can do no other« lautet die englischsprachige Fassung des vermeintlich authentischen Luthersatzes »Hier stehe ich und kann nicht anders.«[1] Er gehört zu den historisch-sprachlichen Verdichtungen, die nicht nur in Deutschland, sondern auch in zahleichen anderen Ländern mit protestantischer oder lutherischer Bevölkerung zum Symbol für den Glaubensmut des Einzelnen und zur Chiffre für individuellen Protest, Widerstand gegen mächtige Autoritäten und moderne Zivilcourage wurden. In besonderer Weise gilt das für seine politische und kulturelle Aneignung in den USA und in der amerikanischen Civil-Rights-Bewegung des 20. Jahrhunderts. Sie bildete ein Resonanzbecken unterschiedlichster Rückbezüge auf den »Wormser Luther« (Thomas Kaufmann) – wobei sich diese nur z. T. auf Deutschland oder den historischen Reformator des 16. Jahrhunderts bezogen. Durch ihre neuen politischen Sinnstiftungen wirkten sie aber auch partiell wieder in das Land der Reformation zurück, etwa auf die Friedensbewegung oder die Friedliche Revolution 1989 in der DDR.

Zwischen Nachkriegsneuordnung, Dekolonisierung und Kaltem Krieg entwickelte sich Luthers »Here I stand« also von einem deutschen zu einem transnationalen Mythos.[2]

Heroisierung Niemöllers als moderner Luther in den USA

In den Vereinigten Staaten markierte die Verhaftung und Inhaftierung des evangelischen Theologen Martin Niemöller im Konzentrationslager Sachsenhausen 1937 und seit 1941 im Konzentrationslager Dachau einen prominenten Anfangspunkt der individuellen Heroisierung von protestantischem Widerstand im Spiegel des Wormser Luthers.[3] Als Vorsitzender des Pfarrernotbundes und herausragendem Repräsentanten der Bekennenden Kirche stand der Dahlemer Pfarrer Niemöller für den in der Ökumene als »Widerstand« gegen die Nationalsozialisten wahrgenommenen »Kirchenkampf«. Im Juni 1936 hatte er bereits die Ehrendoktorwürde des Eden Theological Seminary in Missouri verliehen bekommen, für seinen »manly refusal to submit to any kind of authority at the prize of a compromise of the truth of the Gospel«.[4] Die erste veröffentlichte amerikanische Sammlung seiner Dahlemer Predigten erschien 1937 unter dem Luthers Satz leicht abwandelnden Titel »Here Stand I!«[5]

Niemöllers Verhaftung mobilisierte nicht nur seine Freunde aus der Ökumene, sämtliche medialen Kanäle ihrer Heimatländer zu nutzen, um über seine Verhaftung zu informieren,[6] sondern auch eine breite englischsprachige Öffentlichkeit. Die *New York Times* etwa berichtete seit Niemöllers Inhaftierung in Sachsenhausen nicht weniger als 167-mal über Niemöller und die Resonanz seines Schicksals in der ganzen Welt.[7] Amerikanische evangelische Kirchen und Gemeinden riefen zu Fürbitten und Unterstützungsveranstaltungen anlässlich diverser Niemöller-Gedenktage auf. Auf einer solchen hob der für die kirchlichen Auslandsbeziehungen des Federal Council of Churches of Christ in America zuständige Sekretär Henry Smith Leiper am 1. Juli 1939 Niemöller als ein »Symbol für den unstillbaren Durst der Menschen nach Gewissensfreiheit«[8] hervor und rief die amerikanischen Protestanten auf, »to preach sermons on the modern Luther«.[9] Kolportiert wurde auch, dass Hitler die Verhaftung Niemöllers mit den Worten »Entweder Niemöller oder ich« begründet habe.[10] Das stimmte zwar nicht, weil sich diese Aussage jedoch trotzdem an verschiedenen Stellen wiederholt wurde, vertiefte es die öffentliche Vorstellung vom glaubensstarken, sich allein auf sein Gewissen berufenden Niemöller im Gegenüber zum mächtigen Diktator Hitler. Daran knüpfte auch das gezeichnete Cover des *Time Magazine* vom 23. Dezember 1940 an. Auf ihm trug der evangelische Pfarrer Niemöller ein dominantes Lutherbarett; für die kundigen Leser lag also die Parallele zu Luthers Widerrufsverweigerung in Worms auf der Hand.[11] Doch die Überhöhung ging noch weiter, indem Niemöller als »Märtyrer des Jahres« bezeichnet wurde, mit der Schlagzeile: »In Germany only the cross has not bowed to the swastika.« Niemöller blieb auch nach 1945 eine der bekanntesten und populärsten Personen evangelischen Widerstands gegen die Nationalsozialisten. Die Reminiszenz an Worms schwang weiter mit, etwa in der 1959 erschienen Niemöller-Biografie der amerikanischen Journalistin Clarissa Start Davidson, in der sie einleitend festhielt: »… in this respect he is a true descendant of Martin Luther, and like Luther he says in effect – Here stand I.«[12] Wie tief sich diese angloamerikanische Deutung verwurzelt hat, lässt sich nicht zuletzt auch heute noch daran erkennen, dass in vielen Werken Niemöller als lutherischer Pfarrer *(Lutheran pastor)* bezeichnet wird.

»Here I stand« zwischen Dichtung, Spiritual und Cultural Wars

1941, also zur selben Zeit, als der amerikanische Protestantismus bewegt am Überleben Niemöllers im Konzentrationslager Anteil nahm, veröffentlichte der aus dem Süden stammende, damals noch unbekannte Aktivist und Dichter John Beecher (1904–1980) seine erste Sammlung von Gedichten unter dem Titel »*Here I stand*«.[13] John Beecher war ein Urgroßneffe der Schriftstellerin Harriet Beecher Stowe, die 1852 mit dem Anti-Sklaverei-Roman *Onkel Toms Hütte* weltberühmt geworden war. Beecher Stowe, Tochter eines bekannten presbyterianischen Pfarrers, war 1853 mit ihrem Bruder zu einer Europareise aufgebrochen, bei der sie im August auch Station in Wittenberg machte.[14] Freilich ließ sie der Besuch enttäuscht zurück; eine angemessene öffentliche Erinnerung an den glaubensstarken und standfesten Luther war in dem armen und heruntergekommenen Städtchen Wittenberg ihrer Meinung nach nicht zu finden.

So wie sich Beecher Stowe überzeugt und leidenschaftlich dem Abolitionismus, also der Bewegung zur Abschaffung der Sklaverei, angeschlossen hatte, engagierte sich John Beecher für die Verbesserung der Arbeitsbedingungen in der schwer von der Great Depression getroffenen, segregierten Gesellschaft des amerikanischen Südens. Aufgewachsen in Birmingham in Alabama, wo sein Vater bei der United States Steel Corporation tätig war,[15] arbeitete er zunächst in den Stahlwerken der Tennessee Coal, Iron and Railroad Company, und studierte anschließend Englisch und Soziologie an den Universitäten von Wisconsin und North Carolina. Als Administrator verschiedener New-Deal-Programme lernte er dann die sozialen Ungerechtigkeiten, die er in einfacher Sprache dichterisch zum Ausdruck brachte, in ihrer Breite und Tiefe kennen. In »*Here I stand*« zeichnete Beecher das Bild eines um Zuversicht ringenden Mannes, der die innere Zerrissenheit Amerikas, kurz vor dem amerikanischen Angriff auf Pearl Harbor, deutlich spürt und angesichts der Bedrohungen seiner Zeit um Haltung ringt.[16] Befreundet mit dem Folksänger Pete Seeger, der ihn für den größten Protestdichter Amerikas hielt, unterstützte Beecher später die entstehende Bürgerrechtsbewegung gegen die »Rassentrennung« und den Ku Klux Klan. An Beechers *Here I stand*, das weiter keine Bezüge zum historischen Luther aufweist – es sei denn, man sieht diese in der weit interpretierbaren Formulierung »hammered in pieces« –, zeigte sich zugleich die Offenheit der Formel »Here I stand«. Denn an die lutherische Protestformel ließen sich weitere bekannte Bilder oder Klänge anknüpfen und als Bedeutungsebenen übereinanderlegen. So war beispielsweise seit den 1920er-Jahren im Süden der USA ein Spiritual populär, das ebenfalls mit »Here I stand« begann, aber mit »all ragged and dirty« weiterging.[17] Das Lied wurde später unter anderem von dem 1939 in Arkansas geborenen Bluesmusiker Luther Allison gespielt und bekannt, wobei auch Allisons musikalische Entwicklung einen kirchlichen-protestantischen Hintergrund hatte.[18]

»Here I stand« war also seit den späten 1930er-Jahren eine in verschiedenen sozialen Milieus geläufige Assoziation. In Verbindung mit dem historischen Luther griff sie dann 1950 der englisch-amerikanische Reformationshistoriker Roland Bainton (1894–1984) mit seiner Studie *Here I stand: A Life of Martin Luther*[19] auf. Der an der Yale-Universität lehrende Kirchenhistoriker führte in diesem wissenschaftlich soliden und gut lesbaren Werk in Leben und Werk Martin Luthers ein; Luther in Worms widmete er das ausführliche 10. Kapitel. Baintons Lutherbuch wurde mit mehr als einer Million verkaufter Exemplare ein Verkaufsschlager; es wird bis heute nachgedruckt und gilt an US-amerikanischen Universitäten als Standardwerk der Reformationsgeschichte. Sein Erfolg ist freilich nicht nur auf die eine breite Leserschaft ansprechende, gekonnte und allgemein verständliche Darstellung zurückzuführen, sondern auch als ein Ergebnis der Cultural Wars der 1950er-Jahre zu deuten.[20] Die durch Migration v. a. in den Südstaaten seit den 1950er-Jahren in die Höhe schnellenden Mitgliederzahlen in der katholischen Kirche und die zunehmende Sichtbarkeit katholischer Amerikaner in Öffentlichkeit und Politik hatten ein neues mediales Interesse am Katholizismus hervorgebracht, den amerikanischen Protestantismus parallel aber in eine Identitätskrise gestürzt. Dass man als Katholik ein guter Amerikaner sein konnte, musste nicht länger gerechtfertigt werden und brachte jetzt, wie Bainton selber formulierte, »a good deal of uneasiness even among liberal Protestants« hervor.[21] In dieser konfessionellen Konkurrenzsituation kam Baintons Lutherbuch zur eigenen Selbstvergewisserung gerade recht.

Zugleich beschrieb das Motto des Buches mit »Here I stand« aber auch ein wichtiges Selbstverständnis des Autors selbst. Bainton hatte sich während des Ersten Weltkrieges zum Pazifismus bekannt, und war nicht nur zum Pfarrer der kongregationalistischen Kirche ordiniert worden, sondern auch Mitglied der Gesellschaft der Freunde, also der Quäker.[22] Sowohl als Christ als auch als Wissenschaftler beschäftigte ihn die Frage, wie sich das Christentum im Laufe seiner Geschichte zu Krieg und Frieden positionierte. Er ging davon aus, dass das Christentum von seinem Ursprung her pazifistisch gewesen sei und erst später Ideen wie die des Gerechten Krieges und des Kreuzzugsgedanken entwickelte.[23] Mit Nachdruck warb er deshalb für einen christlichen Ansatz im atomaren Zeitalter; jeder Christ müsse diesen in eigener Verantwortung suchen und wahrnehmen. Dabei war für ihn klar, dass in dieser Zeit nur der Pazifismus eine dem Glauben angemessene und kohärente Haltung sein könne: »If the crusade and the just war are rejected as Christian positions, pacifism alone remains. The writer takes this view.«[24] Vor dem Hintergrund der zunehmenden amerikanischen und sowjetischen militärisch-industriellen Aufrüstung im Kalten Krieg und der Eskalation des Vietnamkrieges stellte das eine durchaus mutige Minderheitsposition dar.

»Here I stand« in antiimperialer und bürgerrechtlicher Aneignung

An ein nichtakademisches, afroamerikanisches und christlich-religiös geprägtes Publikum – und somit an einen ganz anderen Leserkreis als an den von Baintons Lutherbuch –, richtete sich die 1958 erschienene Autobiografie *Here I stand* von Paul Robeson (1898–1976). Robeson war v.a. in den 1920er-Jahren als American-Football-Star bekannt geworden.[25] Sein Vater war 1860 der Sklaverei entlaufen, dann Pfarrer der Presbyterian Church in Princetown in New Jersey geworden und später zur Mother African Methodist Episcopal Zion Church gewechselt. Paul Robeson, vielseitig begabt, studierte als einer der ersten afroamerikanischen Studenten an der Rutgers-Universität und später dann an der Columbia-Universität Jura. Nach seiner Sportlerkarriere schlug er jedoch einen anderen beruflichen Weg ein und machte sich einen Namen als Sänger in Broadway-Musicals und als Schauspieler in Hollywood.[26] 1927 bis 1939 lebte er in London, wo er seine internationale Künstlerkarriere erfolgreich fortsetzte. Dort kam er mit sozialistischen Ideen, linken und kommunistischen Künstlern, Intellektuellen und Politikern in Kontakt, die sein weiteres Weltverständnis entscheidend prägten. 1934, als westliche Medien bereits über die Säuberungen und die brutalen Schauprozesse Stalins berichteten, wurden Robeson und seine Frau herzlich zu ihrem ersten offiziellen Besuch in der Sowjetunion empfangen.[27] In der Sowjetunion fand Robeson seine Vision von politischer und sozialer Gleichheit realisiert. Nachdem er 1935 in die USA zurückgekehrt war, setzte er sich mit einer Mischung aus Antifaschismus, Antiimperialismus und Antirassismus zunehmend radikaler für die Bürgerrechtsbewegung und gegen die »Rassentrennung« in den USA ein.

Vielen galt er deshalb als Kommunist, obwohl er selbst in seiner Autobiografie betont, dass er nie Mitglied der Kommunistischen Partei gewesen sei. In der McCarthy-Ära führte sein bürgerrechtliches Engagement jedoch dazu, dass er auf die »schwarze Liste« gesetzt wurde. Er erhielt acht Jahre Auftrittsverbot in den USA und ihm wurde der Reisepass entzogen. Erst 1958 – im Erscheinungsjahr seiner Autobiografie – durfte er wieder ins Ausland reisen. *Here I stand* war also ein Dokument aus einer Zeit, in der er persönlichen Angriffen ausgesetzt war und in der Robeson trotz äußerer Zurechtweisungen zu seinen Überzeugungen stand. Er erläuterte seinen Lesern seinen bisherigen Lebensweg und seine politischen Motive für sein bürgerrechtliches Engagement und drückte darin tiefe, christlich-religiös und biblisch-prophetische Zuversicht aus. Sein Ton erinnert an die späteren Reden Martin Luther Kings, wenn er etwa schreibt: »It is time for the spirit to be evoked and exemplified in all we do, for it is a force mightier than all our enemies and will triumph over all their evil ways«, oder: »To be free – to walk the good American earth as equal citizens, to live without fear, to enjoy the fruits of our toil, to give our children every opportunity in life – that dream which we have held so long in our hearts is today the destiny that we hold in our hands.«[28]

1960 war Robeson das erste Mal offizieller Gast in der DDR, was die DDR-Propaganda entsprechend zum großen Medienereignis machte. Die Humboldt-Universität verlieh ihm die Ehrendoktorwürde und stellte ihn in eine Tradition mit Thomas Jefferson, John Brown, Frederick Douglas, Abraham Lincoln und Franklin Roosevelt,[29] die Akademie der Künste der DDR berief ihn zum Korrespondierenden Mitglied. Seitdem trat Robeson, staatlich hofiert, häufiger in der DDR auf; noch heute tragen in Berlin und Leipzig Straßen seinen Namen.

Der »Wormser Luther« als religiöse Legitimierung der Bürgerrechtsbewegung

Während Robeson beispielhaft für die Verbindung der afroamerikanischen Linken zwischen Staatssozialismus, Internationalismus und Antiimperialismus in den 1950er- und 1960er-Jahren stand, war der 1929 in Atlanta in Georgia geborene afroamerikanische Bürgerrechtler Martin Luther King von Anfang an ein Mann der Kirche. Sowohl sein Großvater als auch sein Vater waren bereits Pfarrer an der Ebenezer Baptist Church gewesen. Vater King wurde damals noch »Mike« gerufen, als ein Kompromissname für den von seiner Mutter bevorzugten Namen »Michael« und den vom Vater favorisierten Namen seiner beiden Brüder, die »Martin« und »Luther« hießen.[30] Nach dem Tod seines Vaters ließ er dann »Martin« und »Luther« als seine Vornamen eintragen. Nach einer

Reise nach Deutschland 1934, wo King senior an der Jubiläumsveranstaltung zu 100 Jahren Baptist World Alliance im Berliner Sportpalast teilnahm und auch die Lutherstädte Wittenberg und Eisenach besuchte, nannte sich King senior nun häufiger Martin Luther King. Sein Sohn, auf dessen Geburtsurkunde von 1934 »Michael« stand, wurde, wie sein Vater, »Mike« gerufen, ab Mitte der 1930er-Jahre aber wohl ebenfalls Martin Luther King.[31]

Nicht nur im Hinblick auf denselben Namen, auch beruflich trat King junior in die Fußstapfen seines Vaters, und wurde nach seinem Theologiestudium und seiner Doktorarbeit in Boston 1954 Pfarrer der baptistischen Gemeinde in Montgomery.[32] In dieser Funktion übernahm er nach der Verhaftung von Rosa Parks, die sich geweigert hatte, im Bus ihren Platz für einen Weißen freizugeben, die Organisation des gewaltlosen Busboykotts von Montgomery. Er richtete sich gegen die Segregationspolitik und dauerte 382 Tage. In dieser Zeit wurde King mehrfach verhört und verhaftet. Der Streik endete am 13. November 1956 mit einem Erfolg: Der Oberste Gerichtshof hob die »Rassentrennung« als verfassungswidrig auf, wodurch die Bürgerrechtsbewegung im ganzen Land Auftrieb erhielt. Nun wurde der 27-jährige Martin Luther King nicht nur national und international bekannt, sondern wuchs auch zur zentralen Leitfigur der Bürgerrechtsbewegung heran. In einem Interview mit dem *Time Magazine* erklärte er am 18. Februar 1957, sein Vater hätte sich selbst und ihn nach Martin Luther, dem Namen des protestantischen Reformers, benannt. Beide, so King junior, hätten ihr Leben lang für Reformen gekämpft und deshalb diesen Namen vielleicht auch zu Recht verdient (»perhaps we have earned our right to the name«).[33] Kurz darauf, am 12. April 1957, wurde sein Vorname Michael offiziell geändert in Martin Luther.[34] Indem sich King also bewusst nach dem großen verfassungsrechtlichen Erfolg von Montgomery als ein moderner Luther inszenierte, legitimierte er die politische Bürgerrechtsbewegung auch religiös – ein Zeichen an das weiße, protestantische Amerika. Dabei orientierte er sich an dem »Wormser Luther«, also dem allein der Bibel und seinem Gewissen verpflichteten Christen, der nur mit dem Wort und ohne Gewalt gegen die alten, dominanten Autoritäten ankämpft.

Nach Montgomery ging der Kampf um die Gleichberechtigung der afroamerikanischen Bevölkerung und ein neues Bürgerrechtsgesetz weiter, wobei die Wahl des neuen Präsidenten John F. Kennedy 1960 große Hoffnungen weckte. Als nach einer Demonstration der Bürgerrechtsbewegung in Birmingham in Alabama gegen die Rassentrennung in öffentlichen Einrichtungen Hunderte von Demonstranten verhaftet wurden, führten Martin Luther King und sein enger Freund Ralph Abernathy einen friedlichen Protestmarsch durch die Stadt an – symbolträchtig am Karfreitag, den 12. April 1963. Während dieses Marsches wurden King, Abernathy und weitere 50 Bürgerrechtler verhaftet.

King musste mehr als 24 Stunden lang in Einzelhaft zubringen, ohne Kontakt zur Außenwelt. In dieser Situation im Gefängnis in Birmingham, die er später als »the longest, most frustrating and bewildering I have lived«[35] bezeichnete, schrieb er am 16. April 1963 einen offenen 21-seitigen »Brief aus dem Gefängnis von Birmingham« (»Letter from Birmingham City Jail«).[36]

Dieser Brief wurde zum berühmtesten schriftlichen Dokument der afroamerikanischen Bürgerrechtsbewegung und gehört mittlerweile zu den klassischen Werken der Protestliteratur. Er richtete sich an acht weiße bekannte Geistliche aus Alabama, die im Januar King und seine Methoden der Bürgerrechtsbewegung als »unklug« kritisiert, den Einsatz der Polizei gelobt und ihn als »Extremisten« dargestellt hatten.

King erläuterte seinen Kollegen Anliegen und Methoden der Bürgerrechtsbewegung, also den gewaltfreien Widerstand, den Kampf gegen Rassismus und für soziale und rechtliche Gleichheit, den Einsatz für Gerechtigkeit und Freiheit. Dabei ging es auch um ungerechte Gesetze, denen man sich offen widersetzen müsse. Als Beispiele nannte er Hitler-Deutschland und die aktuelle Situation im kommunistischen Ungarn: Nach den damaligen Gesetzen sei es illegal gewesen, Juden zu helfen – und doch hätte er sich, wenn er unter dem Nationalsozialismus gelebt hätte, diesen Gesetzen widersetzt und Juden geholfen; ebenso, wie er sich die antireligiösen Gesetze der Kommunisten gewehrt hätte.[37] Den Vorwurf, er sei ein Extremist, konterte er; seien nicht auch Jesus, Paulus und Martin Luther mit seinem »Here I stand; I can do none other so help me God« Extremisten für die Liebe Gottes gewesen?[38]

Als King nach acht Tagen auf Kennedys persönliche Intervention hin aus dem Gefängnis entlassen wurde, waren bereits fast eine Million Exemplare des Birminghamer Gefängnisbriefes in unterschiedlichen Fassungen im Umlauf.[39] Der Druck auf den Kongress, ein landesweites Gesetz gegen die »Rassentrennung« zu verabschieden, wurde stärker. Zur Unterstützung dieses Gesetzesentwurfes organisierte die Bürgerrechtsbewegung im August 1963 einen Marsch auf Washington für Arbeit und Freiheit (March on Washington for Jobs and Freedom), an dem mehr als 250 000 Menschen teilnahmen und King am 28. August 1963 seine berühmte Rede *I have a dream* hielt. Am 2. Juli 1964 unterzeichnete Präsident Lyndon B. Johnson den Civil Rights Act, mit dem die »Rassentrennung« aufgehoben wurde.

Kurz darauf, am 13. September 1964, predigte Martin Luther King auf Einladung des Regierenden Bürgermeisters von Berlin Willy Brandt und der Evangelischen Kirche in Berlin erst vor 20 000 Westberlinern am »Tag der Kirche« auf der Waldbühne sowie am Abend desselben Tages vor Hunderten von Christen in der völlig überfüllten Ostberliner Marienkirche sowie kurz darauf in der Ostberliner Sophienkirche. An allen drei Orten hielt er dieselbe Predigt.[40] In ihr schrieb er zunächst in seiner Begrüßung seinen eigenen Namensmythos fort, indem er sagte, wie glücklich er sei, dass ihn seine Eltern nach dem großen Reformator benannt hätten. Dann schilderte er eindrücklich, wie der Busboykott von Montgomery und damit die Bürgerrechtsbewegung aus dem Gewissensruf, den der Geist gelegentlich fordere, begonnen habe. Was sich dann entwickelt habe, sei nicht anders zu deuten, als dass die Bürgerrechtsbewegung von Gott in seinem heiligen Kairos ergriffen wurde und ihre einzige mögliche Antwort könne nur die von Martin Luther sein:

»But the results were far out of keeping with our expectations. Our only explanation can be that we were gripped by God in his holy kairos; our only response could be that of Martin Luther, ›Here I stand, I can do no other, so help me God.‹ And so our movement began. Not by the plans of men, but by one of the mighty acts of God. Men were merely called to respond in obedience. To suffer if necessary, to face death, and even to die if this be the price of faith.«[41]

Kings Predigt über Glauben, Freiheit und Gewaltlosigkeit, über die Möglichkeit, Trennendes zu überwinden und Unmögliches in Gang zu setzen, hinterließ einen tiefen Eindruck auf die in Ostberlin versammelte Gemeinde, unter der sich auch der damals 24-jährige Theologiestudent und spätere Bürgerrechtler und Bundespräsident Joachim Gauck befand.[42]

Luthers Mythos kehrt zurück

Martin Luther King inspirierte weltweit Christen, Dissidenten und Bürgerrechtler, auch in der DDR. Sein charismatisch-christlicher Ton, sein gewaltloser und ideologiefreier Einsatz für Freiheit und soziale Gerechtigkeit war vielen Menschen Ermutigung. Er war Exponent eines »anderen Amerika«, dessen antirassistischen und politischen Kampf die SED nur schwer öffentlich ablehnen und diffamieren konnte. Zahlreiche evangelische Pfarrer und Gemeinden, Friedensgruppen und Menschenrechtskreise fühlten sich, insbesondere nach Kings Ermordung am 4. April 1968, seinem Erbe verpflichtet. Bildende Künstler in der DDR erstellten Bilder, Plastiken und illegal gedruckte Grafikpostkarten mit einem King-Porträt und dem Zitat »Die Macht des Schwertes kann die Macht des Geistes nicht überwinden.«[43] Den sächsischen Landesjugendpfarrer Harald Brettschneider motivierte die Lektüre von Kings Schriften, die Symbole der unabhängigen, kirchlichen Friedensbewegung »Schwerter zu Pflugscharen« in der DDR zu entwickeln.[44] In Werdau fand 1987 die DDR-Erstaufführung des großen King-Dokumentarfilms »*... dann war mein Leben nicht umsonst*« statt, die bis 1989 138 Vorstellungen mit fast 11 000 Zuschauern hatte.[45] Und am 9. Oktober 1989, als sich in Leipzig 70 000 Demonstranten und 8000 schwerbewaffnete SED-Sicherheitskräfte gegenüberstanden und ein Blutbad nach chinesischem Muster befürchtet werden musste, predigte der reformierte Pfarrer Hans-Jürgen Sievers vor 1500 aufgewühlten Zuhörern über Martin Luther King und den Busstreik von Montgomery.[46]

Damit wurde der deutsche Mythos vom Wormser Luther in der transnationalen Aneignung Martin Luther Kings zum neuen politischen Mythos der Friedlichen Revolution in der DDR.

Widerstandsrecht, Gewissensfreiheit und ziviler Ungehorsam
Eine Rechtsdebatte in der Bundesrepublik Deutschland seit 1949

Tobias Schieder

Der Ausspruch »Hier stehe ich, ich kann nicht anders« wird heute als Sinnbild für ethisch-moralische Standhaftigkeit verstanden, die notfalls auch den Konflikt mit hoheitlichen Geboten in Kauf nimmt. Die aus dieser Standhaftigkeit resultierenden Handlungen werden hier im Folgenden als ethisch motivierter Rechtsungehorsam bezeichnet.

In der Rechtsdebatte der Bundesrepublik Deutschland seit 1949 wurden drei Rechtsfiguren entwickelt, die unterschiedliche Ausprägungen ethisch motivierten Rechtsungehorsams erfassen und verarbeiten sollten: Das Widerstandsrecht, die Gewissensfreiheit und ziviler Ungehorsam. Beim Widerstandsrecht ging es in erster Linie um die Frage, wann und inwiefern Widerstandshandlungen gegen ein Unrechtsregime zulässig sein können. Die Gewissensfreiheit wurde im Zuge der Debatte um Umfang und Grenzen der Kriegsdienstverweigerung aus Gewissensgründen zu einem eigenständigen Grundrecht entwickelt, das dem Einzelnen das Recht gibt, nach seiner Gewissensüberzeugung zu handeln. Als die Friedensbewegung in den 1980er-Jahren Sitzblockaden als zivilen Ungehorsam rechtfertigte, wurde auch in der Rechtsdebatte die Frage aufgeworfen, wie dieser rechtlich zu fassen sei.

Widerstandsrecht

In der Nachkriegszeit bis in die 1950er-Jahre hinein erlebten naturrechtliche Rechtsvorstellungen eine Renaissance.[1] Unter dem Eindruck der »Rechtsperversion« während der NS-Herrschaft war die Suche nach verbindlichen Werten ein wichtiges Motiv der naturrechtlich orientierten Autoren.

Es gab unterschiedliche Begründungen der Naturrechtsentwürfe. Manche knüpften an säkular-vernunftrechtliche Vorstellungen an,[2] andere waren explizit scholastisch begründet,[3] weitere gaben sich allgemein als »christlich« aus.[4] Ihnen gemeinsam war jedoch die Vorstellung, dass aus allgemeinen ethischen Grundsätzen konkrete Rechtssätze abgeleitet werden können. Inhaltlich liefen diese Ableitungen meist auf die gängigen Grund- und Menschenrechte hinaus, wie sie etwa in der Allgemeinen Erklärung der Menschenrechte der Vereinten Nationen festgehalten wurden, jeweils mit spezifisch konfessionell-weltanschaulichem Einschlag.[5] Diese Vorstellungen wirkten bis in die 1960er-Jahre auch in die Rechtsprechung hinein,[6] noch 1992 wurde die unter dem Eindruck der Naturrechtsdebatte entwickelte »Radbruch'sche Formel« vom »unrichtigen Recht« in den Mauerschützenurteilen herangezogen.[7]

Die Naturrechtskonzepte kannten in der Regel ein Widerstandsrecht als Notrecht zum Schutz und zur Durchsetzung des Kernbestandes der jeweiligen Naturrechtssätze. Wurde Naturrecht im »Unrechtsstaat« missachtet, konnte dies auch gewaltsamen Widerstand rechtfertigen.[8]

Besonders ausführlich wurde die Frage eines Widerstandrechts im Unrechtsstaat im Zusammenhang mit der Bewertung des 20. Juli 1944 diskutiert. Fritz Bauer,[9] damals Generalstaatsanwalt in Braunschweig, führte ein öffentlich breit beachtetes Verfahren, in dem er den Beweis führen wollte, dass die »Männer des 20. Juli« berechtigterweise von ihrem Widerstandsrecht im NS-Unrechtsstaat Gebrauch gemacht hatten.[10] In diesem Prozess, der als »Braunschweiger Remer-Prozess« bekannt wurde, ließ Bauer unter anderem auch moraltheologische Gutachten erstellen, welche die moralische Berechtigung des Widerstands des »20. Juli« gegen den NS-Unrechtsstaat bestätigten.[11] Das war ein durchaus ungewöhnliches Vorgehen in einem Verfahren, in dem es eigentlich um Verleumdung und üble Nachrede ging. Das auch in der Öffentlichkeit diskutierte Verfahren gab dadurch aber einen Anstoß, die öffentlich noch verbreitet negative Wahrnehmung des »20. Juli« zu überdenken und ein Narrativ vom anderen Deutschland stark zu machen.[12]

Ein Widerstandsrecht gegen eine »Unrechtsherrschaft«, im »Unrechtsstaat« ließ sich unter Rekurs auf verschiedene Naturrechtskonzeptionen und z. T. auch anhand einfach-rechtlicher Regelungen in der Entschädigungsgesetzgebung[13] ethisch wie rechtlich nachvollziehbar begründen. Für die Staatsform waren diese Begründungen aber gewissermaßen blind. Und so kam die Frage auf, ob das postulierte Widerstandsrecht auch im freiheitlich-demokratischen Rechtsstaat bestehen kann. Friedliche Formen des »Widerstands« wie Demonstrationen oder Meinungsäußerungen sind hier ohnehin verfassungsmäßig über die Grundrechte geschützt (Art. 5 und 8 GG). Politischer Widerspruch ist daneben auch im Parlament möglich und mit zahlreichen Minderheitenrechten effektiv ausgestaltet (etwa Art. 44 GG). Das Handeln der Exekutive unterliegt stets gerichtlicher Kontrolle (Art. 19 Abs. 4 GG) und sogar das Handeln des Gesetzgebers kann durch das Bundesverfassungsgericht auf Verfassungskonformität überprüft werden (Art. 93 GG). »Widerstand« ist im Rechtsstaat über das ausdifferenzierte System der »Checks and Balances« gewissermaßen institutionalisiert.[14] Ein gegen dieses als richtig und gerecht wahrgenommene System gerichtetes Widerstandsrecht wollte niemand ernsthaft postulieren. So setzte sich die Auffassung durch, dass ein »Widerstandsrecht im Rechtsstaat« allenfalls als Verfassungsschutzrecht zum Schutz des freiheitlich verfassten Staates bestehen kann.[15] Als solches wurde es auch im Rahmen der Notstandsgesetzgebung 1968 in Art. 20 Abs. 4 GG – nach dem Vorbild einiger Landesverfassungen[16] – kodifiziert und festgehalten: »Gegen jeden der es unternimmt, diese Ordnung (i.e. die in Art. 20 Abs. 1–3 beschriebene) zu beseitigen, haben alle Deutschen das Recht zum Widerstand, wenn andere Abhilfe nicht möglich ist.«

In dieser Fassung berührt es jedoch die hier dargestellte Problemstellung des ethisch motivierten Rechtsungehorsams fast nicht mehr, da nicht mehr die Entscheidung des Einzelnen Widerstand gegen »Unrecht« zu leisten im Mittelpunkt steht, sondern die Verteidigung einer bestehenden, auf Freiheitssicherung zielenden Verfassungsordnung geregelt wird.

Gewissensfreiheit

Der zweite Rechtsbegriff, unter dem ethisch motivierter Rechtsungehorsam verhandelt wurde, war das in Art. 4 Abs. 1 GG gewährleistete Grundrecht der Gewissensfreiheit. Art. 4 Abs. 1 GG bestimmt: »Die Freiheit des Glaubens, des Gewissens und die Freiheit des religiösen und weltanschaulichen Bekenntnisses sind unverletzlich.«

Art. 4 Abs. 1 GG war zunächst als einheitliches Grundrecht der Religionsfreiheit verstanden worden. Schon in der Weimarer Reichsverfassung war in Art. 135 die individuelle Religionsfreiheit mit der Formulierung »Alle Bewohner des Reiches genießen volle Glaubens- und Gewissensfreiheit« eingeleitet worden, ohne dass der Gewissensfreiheit ein wirklich eigenständiger Gehalt zugebilligt worden wäre. Im säkularen, jedenfalls weltanschaulich weitgehend neutralen Staat formulierte die Gewissensfreiheit gewissermaßen die »Selbstverständlichkeit«, dass staatlicher Glaubenszwang unzulässig ist – eine »denknotwendige Voraussetzung« der Religionsfreiheit.[17] Die Abwehr eines staatlich auferlegten Glaubens- und Bekenntniszwanges, gegen den die Gewährleistung der Gewissensfreiheit »klassisch« Schutz bieten sollte, war im modernen Staat überflüssig geworden.[18]

In den Rechtsdebatten der Bundesrepublik wurde das Verständnis der Gewissensfreiheit weiterentwickelt. Mittlerweile wird das Grundrecht als weitgehend eigenständiges Grundrecht aufgefasst, das dem Einzelnen auch das Recht gibt, seiner Gewissensüberzeugung gemäß zu handeln. Maßgeblich für diese Entwicklung war zunächst die Verankerung eines Kriegsdienstverweigerungsrechts aus Gewissensgründen in Art. 4 Abs 3 GG. Die Rechtswissenschaft übertrug die dort gezogenen Schlussfolgerungen auch auf die allgemeine Gewährleistung der Gewissensfreiheit und schließlich bemühte sich auch die Rechtspraxis um eine Anwendung der entwickelten Rechtsfigur.

In Art. 4 Abs. 3 GG wurde – nach durchaus kontroverser Debatte im parlamentarischen Rat[19] – ein Recht zur Kriegsdienstverweigerung verankert. Es lautet:

»Niemand darf gegen sein Gewissen zum Kriegsdienst mit der Waffe gezwungen werden, das Nähere regelt ein Bundesgesetz.«

Bei der Aufnahme des Kriegsdienstverweigerungsrechts in das Grundgesetz hatten dessen »Väter und Mütter« v. a. die Anhänger der sog. Friedenskirchen, der Quäker oder Mennoniten, vor Augen.[20] Diese waren unter dem Nationalsozialismus aufgrund ihrer prinzipiellen Kriegsdienstverweigerung teils drakonischen Strafen ausgesetzt gewesen.[21]

Da im Zuge der Wiederbewaffnung und der damit einhergehenden Westbindung der Bundesrepublik die Einführung einer allgemeinen Wehrpflicht beabsichtigt war, mussten die genauen Modalitäten des Kriegsdienstverweigerungsrechts politisch wie rechtlich geklärt werden.[22]

Schnell zeigte sich, dass es nicht einfach war, den Kreis der Verweigerungsberechtigten im Bundesgesetz, das »das Nähere« regeln sollte, hinreichend konkret zu fassen. Die Debatte lief auf die Frage zu, ob allein »prinzipielle« Verweigerer, namentlich die Anhänger der Friedenskirchen und säkulare Pazifisten in den Genuss des Verweigerungsrechts kommen sollten oder ob auch »situative« Gründe für die Kriegsdienstverweigerung angeführt werden könnten.[23]

Konkret war umstritten, ob der Einzelne sich auch darauf berufen könnte, er lehne lediglich einen bestimmten Krieg mit bestimmten Waffen ab, auch wenn er Krieg nicht prinzipiell ablehnte. Die Schlagworte in diesem Zusammenhang waren die Ablehnung des »Bruderkriegs« und des »Atomkriegs«.[24]

Die Regierung Adenauer befürchtete, dass durch eine breite Verweigerung unter Berufung auf einen befürchteten »Bruderkrieg« die grundlegende politische Entscheidung für eine Westbindung und die Wiederbewaffnung untergraben werden könnte. Daher sollte nur die prinzipielle Ablehnung des Krieges, und das hieß *jedes* Krieges, zur Kriegsdienstverweigerung berechtigen.[25]

Die Opposition hingegen berief sich – mit Unterstützung aus Teilen der Kirchen[26] – darauf, dass »der Spruch des Gewissens auch und gerade in der konkreten Situation« vernommen werde.[27] Daher könne nicht ernsthaft in Abrede gestellt werden, dass die Ablehnung eines Bruderkrieges eine Gewissensentscheidung im Sinne der Verfassung sei.[28]

Im Gesetzgebungsverfahren setzte sich die enge Interpretation durch. § 25 des Wehrpflichtgesetzes – die von der Verfassung vorgesehene, nähere gesetzliche Regelung – wurde so gefasst, dass allein die Ablehnung »jedes« Krieges und nicht etwa nur »des« Krieges zur Kriegsdienstverweigerung berechtige.

Das zur Überprüfung der Verfassungsmäßigkeit dieser Regelung angerufene Bundesverfassungsgericht hielt die getroffene Regelung für verfassungskonform. Einschränkend bemerkte es aber, dass auch die Möglichkeit bestünde, dass sich eine prinzipielle Ablehnung des Krieges aus einer konkreten Situation ergeben könne.[29]

In seinem Beschluss vom 20.12.1960 formulierte das Bundesverfassungsgericht die bis heute in der verfassungsrechtlichen Debatte geläufige Formulierung des Gewissens als »real erfahrbares seelisches Phänomen, dessen Forderungen, Mahnungen und Warnungen für den Menschen unmittelbar evidente Gebote unbedingten Sollens sind.«[30]

Die konkrete Gewissensentscheidung wurde bestimmt als »jede ernste sittliche, d.h. an den Kategorien von Gut und Böse orientierte Entscheidung.«[31]

Da nun eine eigene Definition für das Gewissen gefunden war und auch die Rechts- und Verwaltungspraxis sich langsam daran gewöhnte, dem Einzelnen Ausnahmen von der allgemeinen Wehrpflicht zuzubilligen, wurde in der rechtswissenschaftlichen Debatte die Frage aufgeworfen, ob der in Art. 4 Abs. 1 GG gewährleisteten Gewissensfreiheit eine neben der Religionsfreiheit eigenständige Bedeutung zukomme.[32] Konnte die Idee, dass eine Gewissensentscheidung dem Einzelnen das Recht gibt, die allgemeine Wehrpflicht, den »Kriegsdienst«, zu verweigern, verallgemeinert werden? Konnte die Gewissensentscheidung allgemeine rechtliche Pflichten für den Einzelnen suspendieren? War das Recht zur Kriegsdienstverweigerung aus Gewissensgründen nach Art. 4 Abs. 3 GG lediglich ein ausdrücklich geregelter Spezialfall einer allgemeinen Gewissensbetätigungsfreiheit in Art. 4 Abs. 1 GG?[33]

Verschiedene Wissenschaftler setzten sich im Laufe der 1960er-Jahre mit diesen Fragen auseinander. Der Jurist Roman Herzog konstatierte – in Anspielung auf die Formulierung des Art. 135 der Weimarer Reichsverfassung –, die Gewissensfreiheit sei nun keine bloß miterwägende »und-Freiheit« mehr.[34] Niklas Luhmann, ebenfalls ausgebildeter Jurist, analysierte die Funktion der Gewissensfreiheit in der ausdifferenzierten Gesellschaft und interpretierte sie als Recht des Einzelnen auf konsistente Selbstdarstellung.[35] Schließlich verhalf der Staats- und Verfassungsrechtler Ernst-Wolfgang Böckenförde einem Verständnis der Gewissensfreiheit als eigenständiges Grundrecht mit einem Vortrag auf der Staatsrechtslehrertagung in Bern 1969 zum Durchbruch.[36]

Böckenfördes Analyse lautete zusammengefasst: Ursprünglich sollte die Gewissensfreiheit dem Einzelnen unter der Geltung des Landesherrlichen Kirchenregiments die Möglichkeit einräumen, in religiösen Fragen keinem Gewissenszwang zu unterliegen. Die Gewissensfreiheit gewährleistete im Kern ein Recht auf Hausandacht bzw. ein Emigrationsrecht.[37] Im säkularen Staat sei der Gewissensfreiheit aber gewissermaßen »das Gegenüber abhandengekommen«. Neben dem Gewährleistungsgehalt der Religionsfreiheit komme ihr kein eigenständiger Regelungsgehalt mehr zu.[38] Mit dem Grundgesetz rückte jedoch der Schutz des Einzelnen und des »Kerns der Persönlichkeit« jedes Einzelnen in den Mittelpunkt. Der Zweck der Gewissensfreiheit sei es nunmehr, den Einzelnen vor Regelungen oder Handlungsgeboten zu schützen, die einem (individuellen) Gewissensbefehl widersprechen.[39]

In verfassungsrechtlichen Abhandlungen und Kommentaren ging man hinter diese Idee nicht mehr zurück. Böckenförde ist bis heute die wichtigste Referenz für theoretische Betrachtungen des Grundrechts der Gewissensfreiheit.[40] Die Gerichte hatten jedoch gewisse Schwierigkeiten, das neu entdeckte Grundrecht auch tatsächlich anzuwenden. Bis heute hat das Bundesverfassungsgericht verallgemeinerbare Aussagen allein zur Gewissensfreiheit vermieden und rekurriert, wo immer es möglich erscheint, zumindest ergänzend auf die Religionsfreiheit.[41]

In der täglichen Entscheidungspraxis der Gerichte spielte die Gewissensfreiheit (jenseits der Kriegsdienstverweigerung) zunächst kaum eine Rolle. Im Zusammenhang mit gesellschaftlichen und politischen Großdebatten in den 1970er- und 1980er-Jahren, wie den Auseinandersetzungen um die Atomkraft, der Regelung des Schwangerschaftsabbruchs sowie der Debatte um die Nachrüstung und den NATO-Doppelbeschluss änderte sich das. Die Gewissensfreiheit wurde zur Rechtfertigung von Stromzahlungsboykotten ins Feld geführt,[42] die Zahlung von Sozialabgaben wurde mit der Begründung verweigert, es verletze die Gewissensfreiheit, wenn mit den Beiträgen Schwangerschaftsabbrüche finanziert würden.[43] Die Berechtigung zum »Rüstungssteuerboykott« wurde ebenfalls über die Gewissensfreiheit begründet.[44]

Die zugunsten der Gewissensfreiheit in diesem Zusammenhang vorgebrachten Argumente fanden vor den damit befassten Gerichten in der Regel kein Gehör.[45] In Bezug auf Sozialabgaben und Steuern wurde konstatiert, dass der Einzelne unter Berufung auf sein Gewissen jedenfalls nicht die Mittelverwendung des Staates diktieren könne und angesichts der Trennung von Steuer- bzw. Abgabenerhebung und der Entscheidung über ihre Verwendung, der Einzelne nicht die Verantwortung für die Mittelverwendung trage, weshalb die Gewissensfreiheit nicht betroffen sei.[46] Die Berechtigung des Stromzahlungsboykottes wurde ebenfalls nicht anerkannt. Wer (Atom-)Strom beziehe und für sich nutze, müsse ihn eben auch bezahlen. So lautete die nur schwer zu bestreitende zivilrechtliche Logik der mit diesen Fällen befassten Gerichte.[47]

Es zeigte sich, dass die neu entdeckte eigenständige Gewissensbetätigungsfreiheit zwar die recht umfassende Ausrichtung des eigenen Handelns an den individuellen moralischen Überzeugungen gewährleisten sollte, dieses Versprechen aber gerade im Zusammenhang mit politisch und gesellschaftlich umstrittenen Debatten nicht einlösen konnte. Eine im demokratischen Prozess gefundene Entscheidung, die gerade im Rahmen des Prozesses politischer Willensbildung unterschiedlichste Wertvorstellungen zu einem gewissen Ausgleich bringen soll, unter Verweis auf die Gewissensnot Einzelner wieder infrage zu stellen, erwies sich als kaum begründbar.[48]

In politisch weniger umstrittenen Bereichen war es für die Gerichte einfacher, »conscientious exemptions« zuzulassen. Meist waren dies jedoch auch »religious exemptions« und wurden unter der Überschrift der Religionsfreiheit verhandelt.

Exklusiv für die Gewissensfreiheit blieben letztlich nur die Bereiche, bei denen die innerste Überzeugung des Einzelnen keinen unmittelbaren Bezug zu religiösen Überzeugungen oder Geboten hatte. Hier galt aber, dass die Grenzen der Gewissensfreiheit in der Regel zuverlässiger zu bestimmen waren als ihr Inhalt.[49] Aktuellere Rechtsprechung zur Gewissensfreiheit betrifft etwa kommunale Taubenfütterungsverbote und die Zwangsmitgliedschaft von Grundstückseigentümern in einer Jagdgenossenschaft.[50]

Die Formulierung des eigenständigen Grundrechts der Gewissensfreiheit als allgemeines Verweigerungsrecht aus Gewissensgründen führte zu einer dilemmaähnlichen Gegenüberstellung von individueller moralischer Überzeugung und staatlichem Gebot. Diese Zuspitzung auf die Konfliktsituation verhinderte häufig eine befriedigende Auflösung.

Ziviler Ungehorsam

Die dritte Überschrift, unter der ethisch motivierter Rechtsungehorsam in der Rechtsdebatte der Bundesrepublik thematisiert wurde, war »ziviler Ungehorsam«. Dieser Begriff ist fest verknüpft mit gewaltlosen Protestformen Mahatma Gandhis und der Bürgerrechtsbewegung in den USA. Eine klassische Rechtfertigung für zivilen Ungehorsam formulierte Martin Luther King Jr. in seinem »Letter from Birmingham Jail«.[51]

In Deutschland wurde ziviler Ungehorsam und insbesondere mit diesem zusammenhängende Protestformen wie »Sit-ins« zunächst im Rahmen der Studentenproteste von »1968« rezipiert. Hierbei wurde ziviler Ungehorsam zunächst jedoch weitgehend instrumentell verstanden. Man machte sich die Protestformen zu Nutze, ohne einen legitimatorischen Anspruch zu verfolgen. Einer Sitzblockade des öffentlichen Personennahverkehrs aus Protest gegen die Erhöhung der Gebühren fehlte hierfür freilich auch die moralische Selbstevidenz.[52]

Erst mit der Nachrüstungsdebatte in den 1980er-Jahren wurde ziviler Ungehorsam in der Bundesrepublik mit einem legitimatorischen Anspruch unterlegt. Wer nun zivilen Ungehorsam übte, tat dies nicht mehr allein, um einer politischen Forderung durch eine bestimmte Protestform Nachdruck zu verleihen, sondern um damit gegen staatliches Handeln zu protestieren, das für *illegitim* gehalten wurde.[53] Der Rechtswissenschaftler Ralf Dreier legte einen in der Rechtsdebatte viel beachteten Ansatz vor, um zivilen Ungehorsam auch im Rechtssinne zu rechtfertigen:[54] Wer gegen »schwerwiegendes Unrecht« demonstriere, dürfe sich auch unerlaubter (aber gewaltfreier) Mittel für seinen Protest bedienen. Eine Sitzblockade sei dann nur »prima facie« illegal.[55] Auch der Philosoph Jürgen Habermas trat in die Debatte ein und vertrat die Ansicht, dass, sollte der Staat mit legalen Mitteln illegitim handeln, der Einzelne aus moralischer Einsicht ungesetzlich handeln dürfe.[56]

Die Debatte um die Rechtfertigung zivilen Ungehorsams wurde breit geführt. Sogar die »Demokratiedenkschrift« der Evangelischen Kirche in Deutschland (EKD), in welcher sich die EKD ausdrücklich und emphatisch zum Staat des Grundgesetzes bekannte, setzte sich ausführlich mit der Frage zivilen Ungehorsams auseinander.[57] Es wurde angemahnt zu bedenken, dass, wer zivilen Ungehorsam übe, dies regelmäßig aus ernsten und achtenswerten Motiven heraus tue. Die gesetzliche Sanktion müsse aber in Kauf genommen werden.

Auch das Bundesverfassungsgericht setzte sich in einem Urteil zu Sitzblockaden im Jahre 1986 mit zivilem Ungehorsam auseinander.[58] Vier der acht Richter waren der Ansicht, dass die achtenswerten Motive der Protestierenden auch bei der rechtlichen Bewertung der Sitzblockaden nicht außer Acht bleiben dürften. Die übrigen vier betonten jedoch, dass zwar die Versammlungs- und Meinungsfreiheit gewährleistet sei, die moralisch-politischen Motive der Demonstranten jedoch vom Gericht nicht zu bewerten seien. Wer andere durch Sitzblockaden nötige, dürfe hierfür auch bestraft werden, egal, wofür oder wogegen er gerade demonstriere.[59] Wegen dieses Patts im ersten Senat konnte das Bundesverfassungsgericht nicht feststellen, dass die Verurteilung von Demonstranten wegen Nötigung, die an einer Sitzblockade teilgenommen hatten, verfassungswidrig ist.[60]

Nachdem die aufgeheizte Debatte um die Nachrüstung und unterschiedliche Protestformen etwas abgekühlt war, setzte sich in der Rechtswissenschaft der stille Konsens durch, dass ziviler Ungehorsam einer Rechtfertigung im Rechtssinne nicht bedürfe. Die relevanten Fragen ließen sich über die Auslegung der grundrechtlich gewährleisteten Meinungs- und Versammlungsfreiheit angemessen lösen und eine staatliche Bewertung moralischer Motive der Demonstranten ist letztlich weder angezeigt noch wünschenswert.[61]

Debatten um die Rechtfertigung des Kirchenasyls, die in der zweiten Hälfte der 1980er-Jahre begannen, wurden im rechtlichen Kontext selten mit dem Begriff des zivilen Ungehorsams in Verbindung gebracht. Im Mittelpunkt standen hier eher Fragen um einen besonderen Schutz des Kirchenraumes vor staatlichem Zugriff.[62] Die öffentlichen Debatte um zivilen Ungehorsam durch »Whistleblowing« fand keine Entsprechung in der verfassungsrechtlichen Debatte. Von den aktuell unter den Aktivisten von »Fridays for Future« über die (moralische) Zulässigkeit zivilen Ungehorsams geführten Debatten wurde bisher ebenfalls keine Fachdebatte ausgelöst.

Schlussbetrachtung

Inwiefern die moralische Überzeugung des Einzelnen Gesetzesübertretungen rechtfertigen kann, wurde mit drei unterschiedlichen Rechtsfiguren erfasst.

Zunächst geschah dies im Rahmen der Debatten um ein Widerstandsrecht im Unrechtsstaat mit Rekurs auf naturrechtliche Konzepte. Diese Konzepte sind aber nur schwer auf die Gegebenheiten eines modernen demokratischen Rechtsstaats zu übertragen. Nach der Kodifizierung in Art 20 Abs. 4 GG und dem Abklingen der Naturrechtsbegeisterung wird das Widerstandsrecht nunmehr in erster Linie als »Verfassungsschutzrecht« begriffen. Die Anklänge zum ethisch motivierten Rechtsungehorsam sind hierdurch aber weitestgehend verloren gegangen.

Die Rechtfertigung zivilen Ungehorsams wurde insbesondere in den 1980er-Jahren im Zusammenhang mit der Bewertung von Sitzblockaden gegen die Raketenstationierung im Zuge des NATO-Doppelbeschlusses diskutiert. Kategorien wie »schwerwiegendes legales Unrecht« oder »illegitime staatliche Akte« sollten den Hebel bilden, um eine Rechtfertigung zivilen Ungehorsams auch im Rechtssinne zu erreichen. Die beachtenswerten Entwürfe einzelner Rechtswissenschaftler konnten sich aber nicht durchsetzen. Wohl auch, weil der symbolische Rechtsbruch, ebenso wie die Inkaufnahme der gesetzlichen Sanktion, zur Protestform selbst gehört. Eine Rechtfertigung würde dem Protest gewissermaßen die Spitze nehmen.[63]

Das Grundrecht der Gewissensfreiheit wurde zu einem individuellen Verweigerungsrecht aus Gewissensgründen fortentwickelt, das neben der Religionsfreiheit als eigenständiges Grundrecht verstanden wurde. Die hiermit verbundene Gegenüberstellung von Gewissensgebot und Gesetzesgebot war und bleibt für die Rechtsprechung jedoch schwierig zu handhaben.

Im Einzelfall kann eine überzeugende Abwägung gelingen. Voraussetzung hierfür ist aber, dass es gelingt, die Gewissensnot und die ihr zugrunde liegenden Wertvorstellungen plausibel darzulegen.[64] Eine schlüssige Argumentation fällt der Rechtsprechung bei Überzeugungen mit religiösem Bezug leichter als bei individuellen ethischen Überzeugungen. Zum einen, weil sich Überzeugungen mit Bezug auf religiöse Lehren leichter plausibilisieren lassen. Zum anderen, weil ethische Überzeugungen ohne konkreten religiösen Bezug häufig im Kontext politischer Großdebatten gebildet und geäußert wurden und wenig Neigung bestand, eine im demokratischen Prozess herbeigeführte Entscheidung über die Gewissensfreiheit wieder auszuhebeln.

Ein »Hier stehe ich, ich kann nicht anders« kann grundsätzlich mit dem Grundrecht der Gewissensfreiheit erfasst werden. Im Einzelfall können auch Ausnahmen von gesetzlichen Verpflichtungen gewährt werden, um dem Einzelnen aus schwerer Gewissensnot herauszuhelfen. Ein Anspruch darauf, dass die allgemeinen gesetzlichen Regelungen entsprechend der Überzeugung des Einzelnen gestaltet werden besteht jedoch nicht. Politische Wertfragen werden im demokratischen Prozess und nicht im Gerichtssaal entschieden.

Möglichkeitsbedingungen von Menschenrechten
Eine historische Annäherung an ihre Zukunft

Johannes Paulmann

Die universale Gültigkeit von Menschrechten ist nicht selbstverständlich, denn ein individueller Anspruch auf Schutz vor Verletzung und die Ausübung bestimmter Grundrechte wird nicht überall anerkannt – in der Praxis nicht und auch nicht in der theoretischen Begründung.[1] Mit Verweis auf die europäisch-atlantischen Vorstellungen verneinen insbesondere offiziöse Kritiker die universale Gültigkeit, weil sie in ihrem partikularen Bereich die Herrschaft über andere Menschen nicht aufgeben wollen. Sie profitieren von der Verweigerung bestimmter Rechte. Andere fürchten, dass ein Zugeständnis individueller Grundrechte zum Zusammenbruch der gesellschaftlichen und wirtschaftlichen Ordnung und letztlich ins Chaos führen werde. Wieder andere erkennen, dass die existierenden Menschenrechtserklärungen lückenhaft sind und in bestimmten gesellschaftlichen Kontexten keine Hilfe bieten, um Repression abzuwehren und Mangel abzustellen.

Machtverhältnisse, Übersetzungsschwierigkeiten und Unvollständigkeit bilden also Hindernisse für die Umsetzung individueller Menschenrechte, wie sie etwa in der Allgemeinen Erklärung der Menschenrechte von 1948 durch die Vereinen Nationen formuliert worden sind. Einmal abgesehen vom Machtmissbrauch stehen offenbar kulturelle Unterschiede im Wege, denn nicht überall wird das Verhältnis von Individuum und Gesellschaft in derselben Weise bestimmt. Auch die Religionen in der Welt besitzen ein differenziertes, durchaus ambivalentes Verhältnis zu den Menschenrechten.[2] Kollektive und individuelle Ansprüche besitzen je nachdem ein anderes Gewicht. Dieses Problem lässt sich nicht umgehen, indem man eine bestimmte Konzeption von Menschenrechten für universal gültig erklärt und deren Umsetzung möglicherweise sogar mit militärischer Gewalt andernorts zu erzwingen sucht.[3] Es lässt sich auch nicht beheben, indem man kulturelle Differenzen aus missverstandener Toleranz als gegeben akzeptiert und damit die Unterdrückung von Menschen und im schlimmsten Fall ihre Folter und Ermordung hinnimmt. Wir stehen vor einem Dilemma: Der Anspruch universaler Gültigkeit widerspricht einer angenommenen Eigenständigkeit und Unterschiedlichkeit von Kulturen. Allerdings lässt sich dieses Dilemma anders fassen, wenn wir Kulturen nicht als abgeschlossene Einheiten verstehen, sondern ihre Entstehung unter konkreten politischen und gesellschaftlichen Bedingungen analysieren, mithin ihren historischen Wandel und ihre Wandelbarkeit berücksichtigen. Fassen wir kulturelle Differenz als einen historischen Prozess der relationalen Differenzierung, also als eine Bestimmung von Unterscheidungen zwischen Gesellschaften, die miteinander in Beziehung stehen, dann können wir auch hinsichtlich der Anerkennung von Menschenrechten eine Entwicklung erwarten. Ein Blick in die Geschichte lohnt, um die Möglichkeitsbedingungen von Menschenrechten für die Zukunft zu erkennen.

Eine Geschichte der Menschenrechte: Europäisch-atlantische Identitätskonstruktion

Der Historie der Menschenrechte kann man sich auf mehreren Wegen nähern. Ein geläufiger liegt in einer auf Europa fokussierten Welt, in der europäische Akteure diesseits und jenseits des Atlantiks die Hauptrolle spielen.[4] Ein anderer führt über verzweigte Pfade, die verschiedene Teile der Welt mit Europa verbinden und auf denen sich andere Akteure bewegen. Die wohlbekannte Version beginnt mit der Aufklärung und ihren Vordenkern im 18. Jahrhundert und manifestiert sich in Erklärungen in Nordamerika und Frankreich.[5] 1776 stellten die Verfassungsväter der Kolonie Virginia ihrer Konstitution eine besondere Bill of Rights voran. Dies war die früheste Erklärung der Menschenrechte. Demnach sind alle Menschen von Natur aus frei und unabhängig. Sie sind mit unveräußerlichen Rechten ausgestattet: dem Recht auf Leben und Freiheit, dem Recht auf Eigentum und dem Recht auf Glückseligkeit und Sicherheit. Die amerikanische Menschenrechtserklärung enthielt auch politische Grundrechte und Verfassungsgrundsätze. Sie schloss allerdings Frauen und die indianische Bevölkerung sowie Sklaven nicht ein, die erst mehr als ein halbes Jahrhundert später durch den 13. Verfassungszusatz von 1865 verfassungsrechtlich befreit werden sollten.

Die französischen Revolutionäre knüpften 1789 an das Vorbild jenseits des Atlantiks an, bauten aber zugleich auf die praktischen und ideengeschichtlichen Vorstellungen von Grundrechten, die im europäischen Ancien Régime sehr wohl existiert hatten, auf. Die Erklärung der Menschen- und Bürgerrechte

Abb. 1
Déclaration des Droits de l'Homme et du Citoyen, Gemälde von Jean-Jacques-François Le Barbier, ca. 1789, Öl auf Holz, 71 × 56 cm, Musée Carnavalet – Histoire de Paris.

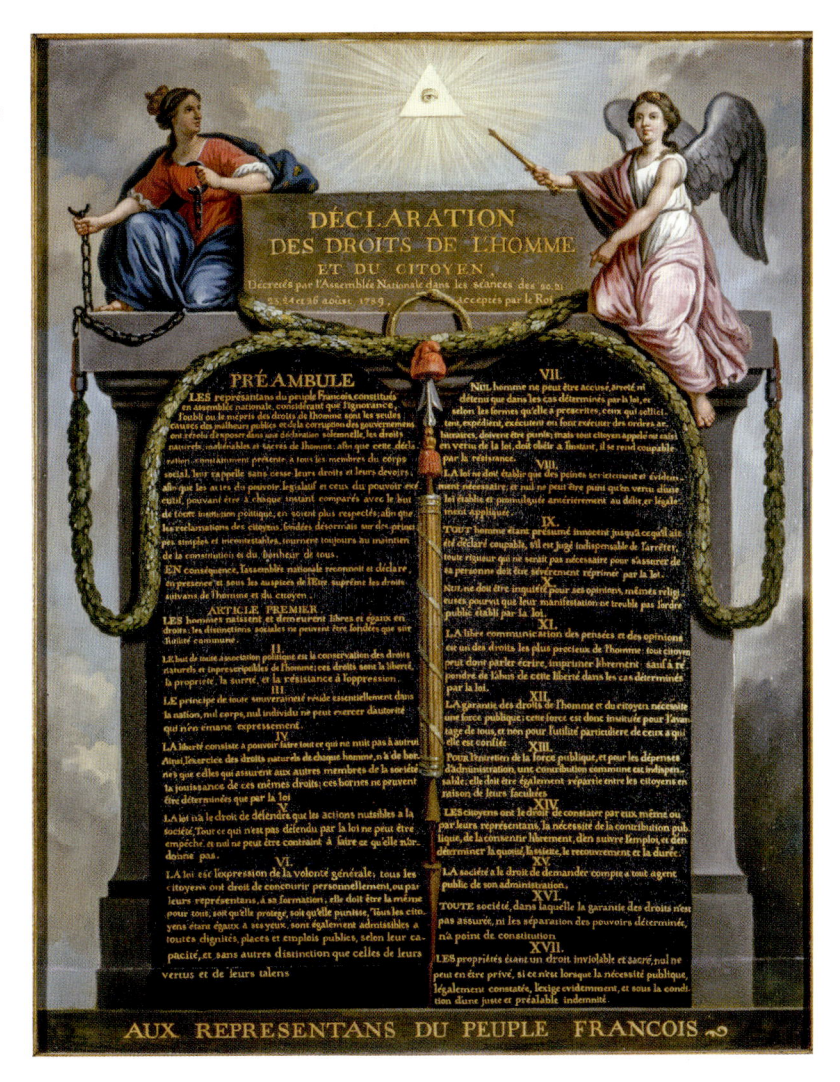

von 1789 (Abb. 1) fand Eingang in die Verfassung Frankreichs von 1791. Inhaltlich brachte dies wenig Neues: Die Gleichheit wurde etwas stärker betont, die Bürgerrechte gegenüber dem Staat erhielten mehr Gewicht als in der Virginia Bill of Rights. Ein Recht auf Widerstand wurde festgehalten. Bedeutsam an der französischen Erklärung von 1789/91 war, dass sie die Menschen- und Bürgerrechte zum zentralen Programmpunkt einer Revolution machte. Sie wurde gleichsam religiös überhöht und zum politischen Instrument gemacht, denn die Grundrechte sollten der Verbesserung der politischen und gesellschaftlichen Ordnung dienen – nicht nur 1791, sondern in Zukunft und auch außerhalb der Grenzen Frankreichs. Frauen schloss die Erklärung allerdings nicht selbstverständlich mit ein, und ebenso wenig wurde zunächst an die Sklavenbefreiung in den französischen Kolonien gedacht.

Abb. 2 (links) und 3 (rechts)
Erste Sitzung des achtköpfigen Redaktionsausschusses zur Erstellung der Internationalen Menschenrechtscharta, 9. Juni 1947. Am Tisch (Abb. 2, v. l. n. r.) Prof. René Cassin, Frankreich; Hernan de Santa Cruz, Chile; William R. Hodgson, Australien; Dr. Pen Chun Chang, China, stellv. Vorsitzender; Henri Laugier, Assistenzgeneralsekretär der UN-Hauptabteilung für Soziale Angelegenheiten; Eleanor D. Roosevelt, USA, Vorsitzende; (Abb. 3, v. l. n. r.) Dr. Chang; Henri Laugier; Eleanor D. Roosevelt; Prof. John P. Humphrey, Kanada, Direktor der UN-Abteilung für Menschenrechte; Dr. Charles Malik, Libanon, Sonderberichterstatter; Prof. Wladimir M. Koreckij, UdSSR. © United Nations 1947. Reprinted with the permission of the United Nations.

In Deutschland bewegte sich die Frankfurter Nationalversammlung 1848 ganz in der revolutionären Tradition. Sie legte einen ausführlichen Grundrechtskatalog in Gesetzesform an, der dann Bestandteil der Reichsverfassung vom März 1849 wurde. Die Grundrechte zielten besonders darauf, die Freiheit des Einzelnen gegenüber der Staatsgewalt zu schützen; soziale Grundrechte fehlten weitgehend. Die Frankfurter Grundrechte waren als vorrangiges und zugleich unmittelbar wirkendes Recht gedacht. Die Revolution von 1848/49 scheiterte insofern, als die Verfassung mit ihrem unitarischen Grundrechtskatalog keine dauerhafte rechtliche Geltung erlangte. Stattdessen verstärkte sich die föderative Ordnung mit Bezug auf die Grundrechte. Die Verfassung des Deutschen Reichs von 1871 kannte keine solchen Rechte. In der Beratung wurde stattdessen auf die Grundrechtskataloge in den Einzelstaaten verwiesen. Allerdings wurden dort die Rechte vom Staat nur gewährt. Sie formulierten lediglich eine Art Selbstbegrenzung der Exekutive, kein vorstaatliches, natürliches Menschenrecht. Diese föderative Tradition erleichterte es, die Grundrechte allmählich zu positiven Rechten umzudeuten. Begrifflich räumten deutsche Rechtsdenker den staatsbürgerlichen Grundrechten Vorrang vor den allgemeinen Menschenrechten ein. Sie nahmen ihnen damit das systemkritische

Potenzial und verabschiedeten sich vom hohen Rang der Menschenrechte in der politischen Verfassung.

Die »Grundrechte und Grundpflichten« in der Weimarer Verfassung knüpften 1919 an die früheren Vorstellungen an. Sie zeichneten sich besonders dadurch aus, dass sie den Katalog um soziale Grundrechte erweiterten. Die bewusste Verletzung der Menschenrechte in Deutschland während der nationalsozialistischen Zeit war durch die Entwicklung seit der Mitte des 19. Jahrhunderts vorgezeichnet, wenn auch nicht vorbestimmt. Mit Notverordnung und Ermächtigungsgesetz wurden die bürgerlichen Grundrechte 1933 frühzeitig außer Kraft gesetzt. Die Menschenrechtsverletzungen durch Deutsche steigerten sich zum Völkermord. Erst 1945 setzten die Alliierten dem von außen ein Ende.

Nach Niederlage und Befreiung bezogen die Westdeutschen sich 1949 auf Weimar und die Frankfurter Nationalversammlung. Das Grundgesetz der Bundesrepublik Deutschland stellte den Grundrechtskatalog an die Spitze seiner Bestimmungen. »Die Würde des Menschen ist unantastbar«, so beginnt Art. 1, Abs. 1., und Artikel 3, Abs. 2 legt die Gleichberechtigung von Männern und Frauen fest. Den Rahmen für diese Umkehr hatten die Besatzungsmächte gesetzt, füllen mussten ihn die Westdeutschen selbst. Diese Aufgabe war nicht nur institutionell verankert, sondern wurde von Einzelnen auch vor Ort übernommen. In Mannheim etwa wurde am 28. Oktober 1949 eine Gesellschaft zur Wahrung der Grundrechte (GWG) ins Leben gerufen. Zu den Gründern gehörten Männer und Frauen; Juristen waren stark vertreten: Anwälte, Universitätslehrer und Gerichtspräsidenten. Prominent traten auch Verleger und Publizisten auf. Die GWG machte es sich zur Aufgabe, »das erschütterte Rechtsbewusstsein wiederherzustellen und jeden Bürger zur Durchsetzung seiner Rechte und Freiheiten zu ermutigen, indem sie sich für die Wahrung der im Grundgesetz ... gewährten Grundrechte einsetzt.« (Satzung vom 28. Oktober 1949). Sie beabsichtigte ihre Ziele zu verfolgen, indem sie die Bevölkerung über ihre Grundrechte und Freiheiten sowie ihre Verwirklichung aufklärte; schwerwiegende Verletzungen der Grundrechte und Freiheiten öffentlich aufgriff; und indem sie in den Fällen, in denen es im Interesse der Allgemeinheit geboten erschien, die Verletzten bei der Rechtsverfolgung unterstützte. Die GWG bewegte sich in ihrer Anfangszeit nicht nur in einem nationalen Rahmen. Schon die Gründung war von amerikanischer Seite mit angestoßen worden. 1950 wurden dann zwei ihrer jungen Mitglieder, die Gerichtsreferendare Oskar Barthels und Carl Eduard Bloem, vom U.S. State Department zu einer Studienreise in die Vereinigten Staaten eingeladen. Betreut durch die American Civil Liberties Union sollten sie erfahren, wie die amerikanischen Bürger ihre Grundrechte wahrnahmen. Die Reise regte Barthels und Bloem dazu an, auch eine Deutsche Gesellschaft für die Vereinten Nationen (DGVN) zu gründen. Mehrere Mitglieder der GWG bildeten einen Aktionsausschuss, der dann 1952 die DGVN in Heidelberg ins Leben rief.

Die Verbindung zwischen der GWG und den Vereinten Nationen kam nicht willkürlich zustande. Die UN-Generalversammlung hatte bereits 1948 eine Allgemeine Erklärung der Menschenrechte (Abb. 2 und 3) und damit den ersten Rechtstext auf völkerrechtlicher Ebene verabschiedet, der einen umfassenden Katalog von Menschenrechten formulierte und für alle Menschen auf der Erde gelten sollte. Dies war eine internationale Reaktion auf die Verbrechen des Nationalsozialismus, aber auch auf die Enttäuschung über die ungenügenden Bestimmungen des Völkerbunds und der weltweiten Rassendiskriminierung in der Zwischenkriegszeit. Mit der Erklärung waren allerdings noch keine konkreten Staatenverpflichtungen verbunden, denn im Gegensatz zu einer völkerrechtlichen Konvention war das UN-Dokument in seiner Form als Deklaration rechtlich nicht bindend. In den folgenden Jahren entfaltete sich auf dieser Basis allerdings eine stürmische Entwicklung: Standards für den Schutz der Menschenrechte wurden gesetzt – ein konfliktbeladener Prozess, zu dem auch die regional begrenzte, aber völkerrechtlich bindende Europäische Menschenrechtskonvention (EMRK) im Rahmen des Europarats gehört, die 1953 in Kraft trat. In der historischen Forschung wird in jüngster Zeit die These vertreten, dass der eigentliche Durchbruch internationaler Menschrechtspolitik erst in den 1970er-Jahren erfolgt sei, weil Menschenrechte erst dann als eine weltweite Norm, die über staatlicher Souveränität steht, etabliert wurde und transnationale Menschenrechtsbewegungen auftraten.[6] Diese Interpretation verkürzt allerdings die Entwicklung zugunsten bestimmter Faktoren und verstellt den Blick auf verschiedene, parallele und verflochtene Geschichten der Menschenrechte.

Eine Geschichte der Menschenrechte: (Post-)Koloniale Verstrickungen

Die erste Version der Geschichte der Menschenrechte wird in der Regel erzählt als eine der nationalen Errungenschaften und der fortschreitenden internationalen Kooperation. Es ist auch eine Geschichte der europäisch-atlantischen Identitätskonstruktion, denn die Menschen- und Grundrechte gelten als Kennzeichen dieser Zivilisation. Damit erscheint sie zugleich als die Geschichte einer Mission: Die Idee der Menschenrechte wurde in dieser Perspektive von Europa aus weltweit verbreitet. Auch wenn das Ziel noch nicht vollständig erreicht sein mag und Rückschläge zu verzeichnen sind, handelt es sich hier um eine Geschichte der Gewissheiten. Eine andere, zweite Version der Geschichte der Menschenrechte ist hingegen eine Geschichte von globalen Verstrickungen, die

Abb. 4
Toussaint Louverture, Anführer der schwarzen Aufständischen von Saint Domingue. Kolorierte Ätzradierung [o. D.], Paris: Jean, [1796–1799]; Bibliothèque nationale de France.

in Europa weniger geläufig ist und seltener für Jubiläumsfeiern bemüht wird. Sie weckt Zweifel und zeigt andere Möglichkeitsbedingungen als die bekannten auf. Sie soll hier knapp und exemplarisch am Beispiel der haitianischen Revolution vorgestellt werden, die 1789 ihren Anfang nahm.

Die Ereignisse der Französischen Revolution bewegten auch Saint-Domingue, den westlichen Teil der Insel Hispaniola in der Karibik, der sich seit dem 17. Jahrhundert in französischem Kolonialbesitz befand und 1804 unter dem Namen Haiti unabhängig werden sollte.[7] In Saint-Domingue lebte vor der Revolution eine extrem ungleiche Gesellschaft mit hohem Konfliktpotenzial. Die Bevölkerung setzte sich zusammen aus etwa 25 000 »weißen« europäischen Kolonisten, ebenso vielen »farbigen« *Gens de couleur* (freien, aus ethnisch gemischten Beziehungen stammenden Personen) sowie einer halben Million Sklaven aus Afrika. In sozialer und rechtlicher Hinsicht waren diese drei Gruppen auch in sich stark unterschieden, sodass eine mehrfach differenzierte soziale Ordnung bestand. Unter den Europäern befanden sich einerseits die als *Grands blancs* bezeichneten großen Plantagenbesitzer und anderseits kleine Landbesitzer und Händler; diese *Petits blancs* standen hinsichtlich Reichtum und Erziehung häufig unter den freien Gens de couleur, hatten aber mehr Rechte und aufgrund ihrer »weißen« Hautfarbe und Herkunft mehr gesellschaftliche Möglichkeiten. Auch unter den afrikanischen Sklaven gab es große Unterschiede je nach Fertigkeit, Beschäftigungsart und Geschlecht. Die französische Erklärung der Menschen- und Bürgerrechte nahmen die konkurrierenden gesellschaftlichen Gruppierungen in Saint-Domingue sehr unterschiedlich auf. Während die reichen Europäer etwa die »Gleichheit« als Rechte und Privilegien der männlichen Bürger ihrer Schicht auffassten, verstanden die Petits blancs darunter politische Bürgerrechte für alle »weißen« Männer in der Kolonie. Die »Farbigen« wiederum forderten politische und gesellschaftliche Gleichheit unabhängig von der Hautfarbe. Für die afrikanischen Sklaven standen zunächst die Verbesserung ihrer Arbeits- und Lebensbedingung und schließlich die persönliche Freiheit im Vordergrund.

In der gespaltenen Gesellschaft von Saint-Domingue brach 1789 ein mehrere Jahre währender Bürgerkrieg mit wechselnden Fronten aus. Zunächst inszenierten die großen Grundbesitzer einen Coup gegen die Petits blancs, als diese eine Verfassung schreiben wollten. Als im weiteren Verlauf der Revolution alle Besitzenden das Wahlrecht erhielten, verbündeten sich die »Weißen« jedweder Schicht gegen die freien »Farbigen«. Alle drei Gruppierungen rekrutierten Sklaven für ihre gewaltsamen Auseinandersetzungen. 1791 nahm die afrikanische Bevölkerung dann den Kampf in eigener Sache auf. Unter ihrem Führer François-Dominique Toussaint Louverture (Abb. 4) gewannen sie 1793 militärisch die Oberhand. Mehrere Monate bevor die revolutionäre Regierung in Frankreich – und zwar erst im Februar 1794 – die Abschaffung der Sklaverei beschloss, verkündete der unter Druck geratene französische Kommissar vor Ort, Léger-Félicité Sonthonax, ohne dazu autorisiert zu sein, die Sklavenemanzipation für Saint-Domingue: Die persönliche Freiheit wurde also zuerst außerhalb Europas von versklavten Afrikanern erstritten. Sie wurzelte in einer karibisch-französischen Interaktion und nicht in einer einseitig von Europa ausgehenden Idee.

Tatsächlich schien die Befreiung lange nicht endgültig gesichert, denn die militärischen Auseinandersetzungen auf Hispaniola hörten nicht auf. Mehrere Parteien mit widerstreitenden Interessen waren involviert und wechselten immer wieder die Fronten: die verschiedenen gesellschaftlichen Fraktionen von Saint-Domingue, französisches Militär und spanische Truppen aus dem östlichen Inselteil sowie die britische Marine in der Karibik. Welt-, Gesellschafts- und Menschenrechtspolitik überlagerten einander. Napoleon sandte 1802 ein größeres Truppenkontingent, um die französische Herrschaft wiederherzustellen, schränkte einige Rechte der »Farbigen« ein und plante offenbar auch die erneute Einführung der Sklaverei in Saint-Domingue, nachdem sie in anderen Kolonien per Dekret schon wieder eingerichtet worden war. Der Versuch führte zu brutalen Auseinandersetzungen mit zahlreichen Gräueltaten und endete in der Niederlage der Franzosen. 1804 rief der schwarze General Jean-Jacques Dessalines schließlich die Unabhängigkeit von Saint-Domingue unter dem autochthonen Namen Haiti aus. In der neuen Verfassung wurde Religionsfreiheit gewährt und mit der Absicht, die vorhandenen, fein differenzierenden Rassenunterschiede zu überwinden, wurden alle Bewohner unabhängig von ihrer Hautfarbe zu »Schwarzen« erklärt. »Weißen« Männern blieb allerdings der Erwerb von Grundbesitz untersagt.

Die unvollständigen Menschenrechte der Französischen Revolution wurden – so lässt sich der konflikthafte Prozess zwischen 1789 und 1804 insgesamt begreifen – in die konkreten Verhältnisse der karibischen Sklavengesellschaft übersetzt. Indem die haitianische Revolution auf dem französischen Inselteil die Freiheit der Sklaven und nach den Vereinigten Staaten den zweiten unabhängigen Staat auf dem amerikanischen Kontinent etabliert hatte, wirkte diese »Lokalisierung« wiederum auf die allgemeine Menschenrechtsdebatte zurück. Die Emanzipation setzte die noch existierenden Sklavengesellschaften der Karibik und Amerikas unter Druck. Möglicherweise trug sie auch dazu bei, dass diese länger Bestand hatten, weil man andernorts befürchtete, die blutigen Ereignisse von Haiti könnten sich wiederholen. Erst in den 1880er-Jahren gelang die vollständige Abschaffung der Sklaverei in diesem Weltteil. Wirtschaftlich wurde aus Haiti, der vormals reichsten Kolonie Frankreichs, allerdings eines der ärmsten Länder, das sich von der Umwälzung der Besitzverhältnisse sowie den Belastungen durch Entschädigungszahlungen an die ehemalige Kolonialmacht nicht erholte und sich aus den ökonomischen Abhängigkeitsverhältnissen nicht befreien konnte.[8] Wenn in der Afrikanischen Charta der Menschenrechte und der Rechte der Völker, die 1981 in Banjul entworfen wurde, das »Recht auf Entwicklung« proklamiert wurde, so kann dies als eine Übertragung von grundlegenden Bedürfnissen in die politische Sprache der Menschenrechte verstanden werden, die auf der postkolonialen Erfahrung beruhte, wie sie Haiti exemplarisch verkörperte. Dieses zunächst regionalspezifische Menschenrechtskonzept basierte auf der Unvollständigkeit der Allgemeinen Erklärung der Menschenrechte der Vereinten Nationen von 1948 und antwortete auf die Einseitigkeit europäisch fundierter Wertbezüge, indem sie ökonomische, soziale und kulturelle Rechte den bürgerlichen und politischen zur Seite stellte.

Das frühe Exempel Haitis ist Teil einer Geschichte, die die Entwicklung der Menschenrechte im Kontext kolonialer Herrschaft bis hin zur Dekolonisation nach dem Zweiten Weltkrieg darstellt. Tatsächlich stand der europäische Kolonialismus der universellen Ausbreitung der Menschenrechte mindestens ebenso im Wege, wie die politische Debatte um ihre Gültigkeit und nur teilweise Umsetzung zur Weiterentwicklung der Idee der Menschenrechte beitrug. Auch die Radikalisierung der Gewalt, die sich in Saint-Domingue manifestierte, wiederholte sich in späteren Fällen, so etwa in den Dekolonisierungskriegen in Kenia zwischen 1952 und 1956 oder in Algerien von 1954 bis 1962.[9] Die Fronten verliefen unscharf und auch innerhalb der politischen Lager. Wer gut und wer böse war, ließ sich keineswegs immer entlang vereinfachender Einteilung in »Europäer« und »Befreiungsbewegungen« beurteilen. Die britischen und französischen Regierungen verletzten massiv Menschenrechte in den Kolonialkriegen, obgleich sie sich nach 1945 für die Errichtung eines allgemeinen Menschenrechtsregimes durch die Vereinten Nationen stark gemacht hatten. Die zweite Version der Historie, die jenseits Europas ihren Ausgangspunkt hat, verdeutlicht, dass die moderne Entwicklung der Menschenrechte in universaler Perspektive eine Geschichte der vielfältigen Verstrickungen gewesen ist – und sie weckt Zweifel an der europäischen Identitätskonstruktion, ohne die mit ihr verbundenen Werte gänzlich zu entwerten.

Die Zukunft der Menschenrechte: Möglichkeitsbedingungen ihrer Entwicklung

Die historische Perspektive lässt erkennen, dass der Weg der Menschenrechte keineswegs nur von der europäisch-westlichen in die übrige Welt führte. Verwiesen sei ergänzend etwa auf die japanischen Bemühungen im Jahr 1919, Bestimmungen gegen Rassismus in die Völkerbundsatzung aufzunehmen, auf die Rolle nichtwestlicher Vertreter wie Charles Malik und Peng Chun Chang bei der Erklärung der Menschenrechte 1948 oder auf die Rolle der Ökumenischen Bewegung in der Formulierung sozialer Menschenrechte in der Verknüpfung mit der Forderung nach globaler sozialer Gerechtigkeit.[10] Auch die antikolonialen Bewegungen bezogen sich nach dem Zweiten Weltkrieg immer wieder auf die Menschenrechte und wandten sich an die Vereinten Nationen. Tatsächlich sind die Menschen- und Grundrechte ein Beispiel für die Verstrickungen unterschiedlicher, aber miteinander eng verbundener Kulturen, die teilweise auch noch in sich selbst uneinheitlich und uneinig waren. Der kurze Blick zurück in die Geschichte der modernen Menschenrechte relativiert also nicht nur gegenwärtige Positionen, sondern er zeigt v.a. verschiedene Möglichkeitsbedingungen auf. Die Entwicklung der Menschenrechte als Idee und Praxis beruhte seit 1789 erstens gerade auf den Differenzen zwischen verschiedenen kulturellen Kontexten und der Art und Weise, wie die Menschenrechte zwischen ihnen übersetzt und verhandelt wurden.[11] Auch die gewaltsamen Auseinandersetzungen führten zur Weiterentwicklung der allgemeinen Vorstellungen über Menschenrechte sowie zu ihrer kulturspezifischen Anpassung und regionalspezifischen Verankerung, wie etwa in der Europäischen Menschenrechtskonvention oder der Banjul-Charta für Afrika.

Die zweite Bedingung, welche die moderne Entwicklung der Menschenrechte ermöglichte, war ihre andauernde Unvollständigkeit. Die Menschenrechte waren seit ihrer ersten Kodifizierung von 1776 bzw. 1789, auch wenn sie sich rhetorisch auf alle Menschen bezogen, nicht umfassend und vollständig. Sie schlossen nicht nur in der Praxis bestimmte Gruppen – etwa Frauen und Sklaven – aus. Sie waren v. a. unvollständig, weil sie nicht alle grundlegenden menschlichen Bedürfnisse abdeckten und abdecken wollten. Aus der Unvollständigkeit entsprangen jeweils neue Forderungen nach einer anderen Gewichtung oder Ergänzungen, etwa durch ein Recht auf eine saubere Umwelt.

Die Unvollständigkeit ist der dritten und letzten Möglichkeitsbedingung geschuldet: Menschenrechte entwickelten sich aus spezifischen politischen, sozialen, kulturellen und ökonomischen Zusammenhängen und wirkten in diese hinein.[12] Sie dienten dabei immer wieder als Instrument für bestimmte Zwecke und waren keine reinen Glaubenssätze, auch wenn sie in einer entsprechenden religiösen Sprache gekleidet sein mochten. Die sich wandelnde Sprache der Menschenrechte spiegelte spezifische Macht- und Abhängigkeitsverhältnisse bzw. stellte sie infrage. Dies betraf in den letzten gut zwei Jahrhunderten v. a. die kolonialen und postkolonialen Beziehungen in der Welt, die Europa maßgeblich zu verantworten hatte. Welche Rolle die Menschenrechte in der heutigen, globalisierten Welt und in Zukunft spielen werden, hängt von den inner- und zwischenstaatlichen Machtverhältnissen sowie von der Artikulation und Bedrohung grundlegender Bedürfnisse ab. Vor allem aber wird der Umgang mit den bestehenden Differenzen, mit der Andersartigkeit und Ungleichheit in der Welt, die künftige Entwicklung der Menschenrechte bestimmen.[13]

Anmerkungen zu den Essays

1 Vgl. die knappen Überblicke bei Armin Kohnle, Eike Wolgast, Art. »Reichstage der Reformationszeit«, in: *Theologische Realenzyklopädie,* Bd. 28, Berlin/New York 1997, S. 457–470; Armin Kohnle, »Reichstage«, in: Volker Leppin, Gury Schneider-Ludorff (Hg.), *Das Luther-Lexikon,* Regensburg 2014, S. 596f. Die Edition der Deutschen Reichstagsakten jüngere Reihe (DRTA J.R.) ist inzwischen weit vorangeschritten. Besonders misslich ist das Fehlen einer modernen Edition der Akten des Augsburger Reichstags von 1530. Vgl. an allgemeiner Literatur zu den Reichstagen: Heinz Angermeier, Erich Meuthen (Hg.), *Fortschritte in der Geschichtswissenschaft durch Reichstagsaktenforschung,* Göttingen 1988; Maximilian Lanzinner, Arno Strohmeyer (Hg.), *Der Reichstag 1486–1613: Kommunikation – Wahrnehmung – Öffentlichkeiten,* Göttingen 2006.

2 Zur Bedeutung der Reichstage für die Reformation vgl. Stephan Skalweit, *Reich und Reformation,* Frankfurt am Main/Berlin 1967; Armin Kohnle, *Reichstag und Reformation. Kaiserliche und ständische Religionspolitik von den Anfängen der Causa Lutheri bis zum Nürnberger Religionsfrieden,* Gütersloh 2001.

3 So z.B. Thomas Felix Hartmann, *Die Reichstage unter Karl V. Verfahren und Verfahrensentwicklung 1521–1555,* Göttingen 2017.

4 Vgl. Rosemarie Aulinger, *Das Bild des Reichstags im 16. Jahrhundert,* Göttingen 1980; zur Kulturgeschichte der Reichstage vgl. insb. die Untersuchungen von Barbara Stollberg-Rilinger, »Die Symbolik der Reichstage – Überlegungen zu einer Perspektivenumkehr«, in: Lanzinner, Strohmeyer, *Der Reichstag* (Anm. 1), S. 77–93; dies., *Des Kaisers alte Kleider. Verfassungsgeschichte und Symbolsprache des Alten Reiches,* München 2008; dies., André Krischer (Hg.), *Herstellung und Darstellung von Entscheidungen. Verfahren, Verwalten und Verhandeln in der Vormoderne,* Berlin 2010.

5 In reichstagsgeschichtlicher Perspektive reicht dieses »lange« 16. Jahrhundert von der Formierung des Reichstages in der Reichsreformperiode am Ende des 15. Jahrhunderts bis in das unmittelbare Vorfeld des Dreißigjährigen Krieges.

6 DRTA M.R., Bd. 5; zum Wormser Reichstag 1495 vgl. Gabriele Annas, »Wormser Reichstag«, 1495, in: *Historisches Lexikon Bayerns online,* https://www.historisches-lexikon-bayerns.de/Lexikon/Wormser_Reichstag,_1495#Literatur) mit weiterführender Literatur (8.3. 2020).

7 Vgl. DRTA M.R., Bd. 6, S. 355–488.

8 Vgl. DRTA M.R., Bd. 10.

9 Vgl. DRTA M.R., Bd. 12.

10 DRTA J.R., Bd. 16.

11 Klaus Ganzer, Karl-Heinz zur Mühlen (Hg.), *Akten der deutschen Reichsreligionsgespräche im 16. Jahrhundert,* Bd. 2: *Das Wormser Religionsgespräch (1540/41),* 2 Teil-Bde., Göttingen 2002. Zum Wormser Religionsgespräch von 1557 vgl. Benno von Bundschuh, *Das Wormser Religionsgespräch von 1557 unter besonderer Berücksichtigung der kaiserlichen Religionspolitik,* Münster 1988; Björn Slenczka, *Das Wormser Schisma der Augsburger Konfessionsverwandten von 1557,* Tübingen 2010; Wolf-Friedrich Schäufele, »Wahrheit im Dialog. Die Wormser Religionsgespräche von 1540/41 und 1557 im historischen Kontext«, in: Volker Gallé (Hg.), *Dulden oder Verstehen. Dokumentation zu den »Wormser Religionsgesprächen« vom 19. bis 21. April 2013 in Worms,* Worms 2013, S. 52–69.

12 Vgl. Gabriele Haug-Moritz, *Der Schmalkaldische Bund 1530-1541/42. Eine Studie zu den genossenschaftlichen Strukturelementen der politischen Ordnung des Heiligen Römischen Reiches Deutscher Nation,* Leinfelden-Echterdingen 2002, S. 603.

13 Vgl. DRTA, Reichsversammlungen 1556–1662. Der Reichsdeputationstag zu Worms 1564; DRTA, Reichsversammlungen 1556-1662. Der Reichsdeputationstag zu Worms 1586.

14 Die neuere Debatte über die Staatlichkeit des Alten Reiches stieß insb. Georg Schmidt an; vgl. Georg Schmidt, *Geschichte des Alten Reiches. Staat und Nation in der frühen Neuzeit 1495–1806,* München 1999. Vgl. auch Matthias Schnettger (Hg.), *Imperium Romanum – irregulare corpus – Teutscher Reichs-Staat. Das Alte Reich im Verständnis der Zeitgenossen und der Historiographie,* Mainz 2002.

15 Während Gerhard Oestreich, »Zur parlamentarischen Arbeitsweise der deutschen Reichstage unter Karl V. (1519–1556). Kuriensystem und Ausschußbildung«, in: *Mitteilungen des österreichischen Staatsarchivs,* 25 (1972), S. 217–243, und Winfried Schulze, »Der deutsche Reichstag des 16. Jahrhunderts zwischen traditioneller Konsensbildung und Paritätisierung der Reichspolitik«, in: Heinz Duchhardt, Gert Melville (Hg.), *Im Spannungsfeld von Recht und Ritual. Soziale Kommunikation in Mittelalter und Früher Neuzeit,* Köln/Weimar/Wien 1997, S. 447–461, die Parallelen zum modernen Parlamentarismus stark machten, ist die Forschung heute mehrheitlich anderer Auffassung. Dennoch wird der Parlamentsbegriff gelegentlich im Zusammenhang mit dem Reichstag des Heiligen Römischen Reiches verwendet, vgl. Jörg Feuchter, Johannes Helmrath (Hg.), *Politische Redekultur in der Vormoderne. Die Oratorik europäischer Parlamente in Spätmittelalter und Früher Neuzeit,* Frankfurt am Main 2008 (mit einem Beitrag von Barbara Stollberg-Rilinger: »Symbol und Diskurs – Das Beispiel des Reichstags in Augsburg 1530«, S. 85–103). Eine knappe Diskussion der Frage auch bei Hartmann, *Die Reichstage* (Anm. 3), S. 20f.

16 Hartmann, *Die Reichstage* (Anm. 3), S. 24, will unter Reichstagen »wiederkehrende Interaktionssituationen« verstehen. Ein solcher kulturgeschichtlicher Ansatz unterbewertet jedoch den rechtlich-politischen und theologischen Kern der Ständeberatungen zugunsten des Sekundärphänomens »Interaktion«.

17 Heinz Angermeier, *Die Reichsreform 1410–1555. Die Staatsproblematik in Deutschland zwischen Mittelalter und Gegenwart,* München 1984.

18 Peter Moraw, »Versuch über die Entstehung des Reichstags«, in: Hermann Weber (Hg.), *Politische Ordnungen und soziale Kräfte im Alten Reich,* Wiesbaden 1980, S. 1–36; ders., »Hoftag und Reichstag von den Anfängen im Mittelalter bis 1806«, in: Hans-Peter Schneider (Hg.), *Parlamentsrecht und Parlamentspraxis in der Bundesrepublik Deutschland. Ein Handbuch,* Berlin 1989, S. 3–47; ders., »Reichsreform und Gestaltwandel der Reichsverfassung um 1500«, in: Rainer Christoph Schwinges (Hg.), *Über König und Reich. Aufsätze zur deutschen Verfassungsgeschichte des späten Mittelalters,* Sigmaringen 1995, S. 47–71; Peter Moraw (Hg.), *Deutscher Königshof, Hoftag und Reichstag im späten Mittelalter,* Stuttgart 2002.

19 Reinhard Seyboth, »Die Reichstage der 1480er Jahre«, in: Moraw (Hg.), *Deutscher Königshof* (Anm. 18), S. 519–545; ders., »Gestalt und Wandel des Reichstages in der Ära Maximilians I.«, in: Franz Herderer, Christian König, Nina Marth (Hg.), *Handlungsräume. Facetten politischer Kommunikation in der Frühen Neuzeit, Festschrift für Albrecht P. Luttenberger zum 65. Geburtstag,* München 2011, S. 57–90.

20 Vgl. die knappe Zusammenfassung bei Hartmann, *Die Reichstage* (Anm. 3), S. 12f.

21 Mit Lanzinner geht Hartmann, *Die Reichstage* (Anm. 3), S. 14, von einem »Endpunkt« der Verfahrensentwicklung im Jahr 1555 aus. Ab den Reichstagen von 1555 und 1559 habe es ein geschlossenes System von Regeln gegeben, die immer wieder Anwendung fanden. Indizien dieser Verfestigung sind die ersten inoffiziellen schriftlichen Fixierungen des Verfahrens seit 1555. Bekannt ist der 1582 entstandene, ab 1612 mehrfach gedruckte Text: Karl Rauch, *Traktat über den Reichstag im 16. Jahrhundert. Eine offiziöse Darstellung aus der Kurmainzischen Kanzlei,* Weimar 1905. Vgl. zu diesem Text Hartmann, *Die Reichstage* (Anm. 3), S. 29f.

22 Allein schon diese Tatsache sollte gegen die von Hartmann, *Die Reichstage* (Anm. 3) vorgeschlagene Definition des Reichstags als »Interaktionssituation« (vgl. Anm. 16) skeptisch stimmen.

23 Zum Dreikuriensystem vgl. Hartmann, *Die Reichstage* (Anm. 3), S. 168–179.

24 Vgl. ebd., S. 179–209.

25 Vgl. ebd., S. 220–238.

26 Einzelheiten sind neuerdings der Untersuchung von Hartmann, *Die Reichstage* (Anm. 3) zu entnehmen. Das Problem der Exekution von Beschlüssen handelt sie allerdings nicht explizit ab.

27 Klassische Untersuchung: Rudolf Smend, *Das Reichskammergericht. Geschichte und Verfassung,* Weimar 1911; Sigrid Jahns, *Das Reichskammergericht und seine Richter. Verfassung und Sozialstruktur eines höchsten Gerichts im alten Reich,* Köln/Weimar 2003.

28 Zu den Reichstagen bis 1532 vgl. Kohnle, *Reichstag und Reformation* (Anm. 2).

29 Zur Lähmung und schließlichen Sprengung der Reichstage vor dem Dreißigjährigen Krieg vgl. noch immer die klassische Darstellung von Moriz Ritter, *Deutsche Geschichte im Zeitalter der Gegenreformation und des Dreißigjährigen Krieges (1555–1648),* 3 Bde., Darmstadt 1974 (zuerst 1889–1908), Martin Heckel, *Deutschland im konfessionellen Zeitalter,* Göttingen 1983, insb. S. 67–127.

30 Fritz Reuter (Hg.), *Der Reichstag zu Worms 1521. Reichspolitik und Luthersache,* Köln/Wien ²1981 (zuerst 1971).

31 DRTA J. R., Bd. 2.

32 Eine bisher wenig beachtete Quelle zum Wormser Reichstag erschließt Armin Kohnle, »Ein Brief des badischen Kanzlers Hieronymus Vehus an Herzog Georg von Sachsen in der Luthersache (1522)«, in: Michael Beyer u. a. (Hg.), *Christlicher Glaube und weltliche Herrschaft: Zum Gedenken an Günther Wartenberg,* Leipzig 2008, S. 73–93.

33 Christine Roll, *Das Zweite Reichsregiment 1521–1530,* Köln/Konstanz 1996.

34 DRTA J. R., Bd. 21.

35 Martin Brecht, »Martin Luther und Karl V.«, in: Christoph Strosetzki (Hg.), *Aspectos históricos y culturales bajo Carlos V. Aspekte der Geschichte und Kultur unter Karl V.,* Frankfurt am Main/Madrid 2000, S. 78–96; Armin Kohnle, »Luther vor Karl V. Die Wormser Szene in Text und Bild des 19. Jahrhunderts«, in: Stefan Laube, Karl-Heinz Fix (Hg.), *Lutherinszenierung und Reformationserinnerung,* Leipzig 2002, S. 35–62; ders., »Martin Luther und das Reich – Glaubensgewissheit gegen Zwang«, in: Mariano Delgado, Volker Leppin, David Neuhold (Hg.), *Ringen um die Wahrheit. Gewissenskonflikte in der Christentumsgeschichte,* Fribourg/Stuttgart 2011, S. 189–202; ders., »Luther vor Kaiser und Reich. Von der schwierigen Grenzziehung zwischen ›geistlich‹ und ›weltlich‹«, in: Volker Leppin, Werner Zager (Hg.), *Reformation heute,* Bd. II: *Zum modernen Staatsverständnis,* Leipzig 2016, S. 9–23.

36 Armin Kohnle, Manfred Rudersdorf (Hg.), *Briefe und Akten zur Kirchenpolitik Friedrichs des Weisen und Johanns des Beständigen 1513 bis 1532. Reformation im Kontext frühneuzeitlicher Staatswerdung,* Bd. 1: *1513–1517,* bearb. von Stefan Michel, Beate Kusche, Ulrike Ludwig unter Mitarb. von Vasily Arslanov, Alexander Bartmuß, Konstantin Enge, Leipzig 2017; die Worms betreffenden Texte wird Bd. 2 enthalten, der voraussichtlich 2021 erscheinen wird.

37 Vgl. zur näheren Begründung des Folgenden: Armin Kohnle, »Kaiser Friedrich? Die Königswahl Karls V. 1519 und ein Epigramm Martin Luthers«, in: *Luther. Zeitschrift der Luther-Gesellschaft,* 2/2019, S. 75–91.

38 Vgl. Hartmann, *Die Reichstage* (Anm. 3), S. 35.

39 Vgl. zum Folgenden die im Druck befindliche Studie von Armin Kohnle, »Religionsverhandlungen und Buchdruck. Die Vermittlung theologisch-politischer Regelungsversuche des Reiches an die Öffentlichkeit«, in: Jan Martin Lies (Hg.), *Wahrheit – Geschwindigkeit – Pluralität. Chancen und Herausforderungen durch den Buchdruck im Zeitalter der Reformation;* sie erscheint voraussichtlich Göttingen 2020.

40 Vgl. Friedrich Wilhelm Emil Roth, *Die Mainzer Buchdruckerfamilie Schöffer während des XVI. Jahrhunderts und deren Erzeugnisse zu Mainz, Worms, Strassburg und Venedig, enthaltend die Drucke des Johann Schöffer 1503–1531, des Peter Schöffer des Jüngeren 1508–1542 und des Ivo Schöffer 1531–1555,* Leipzig 1892, S. 56–58 (Nr. 78–83), S. 96f. (Nr. 28–31). Zum Leben und Druckwerk Johann Schöffers vgl. auch Pia Theil, *Johann Schöffer, Buchdrucker zu Mainz 1503–1531,* phil. Diss. Mainz 2002.

41 Mainzer Druck: VD 16 A 4054; Nürnberger Druck: VD 16 A 4055; Wormser Drucke: VD 16 A 3019 A 4087 und H 1487; Erfurter Druck: VD 16 A 4053. Vgl. zu den Präsenzlisten auch Josef Benzing, »Die amtlichen Drucke des Reichstags«, in: Reuter, *Der Reichstag zu Worms* (Anm. 30), S. 441–444, hier S. 445f. Auch von späteren Reichstagen gab es noch diese separaten Anwesenheitslisten, etwa Speyer 1526: VD 16 ZV 29863.

42 VD 16 R 759; DRTA J. R., Bd. 2, S. 222–233 (Nr. 21).

43 VD 16 R 759; DRTA J. R., Bd. 2, S. 267–311 (Nr. 27).

44 VD 16 D 1020, D 1023; DRTA J. R., Bd. 2, S. 315–361 (Nr. 30); vgl. Benzing, *Die amtlichen Drucke* (Anm. 41), S. 440f.

45 VD 16 R 716–719; DRTA J. R., Bd. 2, S. 670–704 (Nr. 96). In VD 16 finden sich nur die Nachdrucke, nicht der in DRTA J. R., Bd. 2, S. 671, erwähnte, schon damals nicht mehr auffindbare Originaldruck.

46 Der Abschied findet sich in VD 16 etwa unter den Nrn. R 759 und R 760; DRTA J. R., Bd. 2, S. 729–743 (Nr. 101).

47 DRTA J. R., Bd. 2, S. 136–138 (Nr. 2).

48 DRTA J. R., Bd. 2, S. 153–156 (Nr. 7).

49 VD 16 D 1183.

50 VD 16 L 6138–6145.

51 Vgl. Benzing, *Die amtlichen Drucke* (Anm. 41), S. 444f.

52 VD 16 A 3024f.; W 2543.

53 VD 16 S 7414: *Die gantz handlung so mit dem hochgelerten Doctor Martino Luther täglichen dweil er uff dem Keiserlichen Reychstag zu Wurmbs geweszt ergangen ist uffs kürtzest begriffen: Ein sendtbrieff von Doctor Martino Luther nach seinem abschid von Wurmbs an die stendt desz heiligen Reichs da selbst versammelt von Frydburg geschickt im XXj iar geschehen,* Basel 1521; auch Hagenauer Druck: VD 16 L 3657f.; L 3665f.; L 3678; S 7415f., S 7418; Wittenberger Druck: VD 16 S 7417; L 3664. Zu Spalatin vgl. den Ausstellungskatalog: Armin Kohnle, Christina Meckelnborg, Uwe Schirmer u. a. (Hg.), *Georg Spalatin. Steuermann der Reformation,* Halle (Saale) 2014.

54 VD 16 L 3653. Weitere Druckausgaben mit anderen Titelillustrationen: VD 16 L 3654–3656; 3659, 3661; 3677.

55 VD 16 L 3668.

56 Vgl. Benzing, *Die amtlichen Drucke* (Anm. 41), S. 445.

57 Augsburger Drucke: VD 16 L 3674–3676; 5470f.; Konstanzer, Landshuter und Wiener Drucke: 3682f.; 3686.

58 Editionen des Wormser Edikts: DRTA J. R., Bd. 2, S. 640–659 (Nr. 92); Peter Fabisch, Erwin Iserloh (Hg.), *Dokumente zur Causa Lutheri (1517–1521),* Bd. 2, Münster 1991, S. 510–545 (Nr. 50).

59 Zusammenfassend: Armin Kohnle, Art. »Wormser Edikt«, in: *Theologische Realenzyklopädie,* Bd. 36, Berlin/New York 2004, S. 287–291.

60 Zur Person vgl. Gerhard Müller, Art. »Aleandro, Girolamo«, in: *Theologische Realenzyklopädie,* Bd. 2, Berlin/New York 1978, S. 227–231.

61 VD 16 D 924.

62 VD 16 D 921.

63 VD 16 D 922f.

64 VD 16 D 917.

65 Vgl. WA 19, S. 19, 264 ff.
66 Vgl. DRTA J.R., Bd. 2, S. 659–661 (Nr. 93).
67 Vgl. neben der einschlägigen Biografie von Ingetraut Ludolphy, *Friedrich der Weise, Kurfürst von Sachsen 1463–1525*, Leipzig ²2006 (zuerst 1984), und der 1980 fertiggestellten Leipziger Dissertation von Bernd Stephan, *Beiträge zu einer Biographie Kurfürst Friedrichs III., des Weisen, von Sachsen (1463 bis 1525)*, 3 Bde. (masch., jetzt gedruckt unter dem Titel: »Ein itzlichs Werck lobt seinen Meister.« *Friedrich der Weise, Bildung und Künste*, Leipzig 2014) die im Zusammenhang mit dem 550. Geburtstag erschienene Literatur, insb. Armin Kohnle, Uwe Schirmer (Hg.), *Kurfürst Friedrich der Weise von Sachsen. Politik, Kultur und Reformation*, Leipzig/Stuttgart 2015. Das an der Sächsischen Akademie der Wissenschaften zu Leipzig laufende Forschungsprojekt zur Kirchenpolitik Friedrichs des Weisen (vgl. Anm. 36) wird zahlreiche neue Erkenntnisse zur frühen Reformationszeit bieten.
68 Vgl. DRTA J.R., Bd. 2, S. 660,21 ff.; Kohnle, *Reichstag und Reformation* (Anm. 2), S. 103.
69 Vgl. ebd., S. 218f.
70 Vgl. Kohnle, »Kaiser Friedrich?« (Anm. 37), S. 83f.
71 Vgl. Jochen A. Fühner, *Die Kirchen- und die antireformatorische Religionspolitik Kaiser Karls V. in den siebzehn Provinzen der Niederlande 1515–1555*, Leiden 2004.
72 Die folgenden Ausführungen beruhen zum größten Teil auf meiner Studie *Reichstag und Reformation* (Anm. 2), wo die Einzelnachweise zu finden sind, von denen hier nur die wichtigsten angeführt werden.
73 Zur Kirchenpolitik Herzog Georgs von Sachsen, die in den letzten Jahren intensiv untersucht wurde, vgl. Felician Geß (Hg.), *Akten und Briefe zur Kirchenpolitik Herzog Georgs von Sachsen*, Bd. 1: 1517–1524, Bd. 2: 1525–1527, Leipzig/Berlin 1905 bzw. 1917; Heiko Jadatz, Christian Winter (Hg.), Bd. 3: 1528–1534, Bd. 4: 1535–1539, Köln/Weimar/Wien 2010 bzw. 2012. Neuere Literatur: Christoph Volkmar, *Reform statt Reformation. Die Kirchenpolitik Herzog Georgs von Sachsen 1488–1525*, Tübingen 2008.
74 Zum Herzogtum Bayern vgl. Kohnle, *Reichstag und Reformation* (Anm. 2), S. 137–148, 243, 308–312, 409f.
75 Vgl. ebd., S. 105–127; 204–219.
76 Vgl. ebd., S. 120; 124.
77 Vgl. ebd., S. 211f.; 218f.
78 Zum Scheitern des Speyerer Nationalkonzils vgl. ebd., S. 220–227.
79 Vgl. Walter Friedensburg, *Zur Vorgeschichte des Gotha-Torgauischen Bündnisses der Evangelischen 1525–1526*, Marburg 1884.
80 Vgl. Kohnle, *Reichstag und Reformation* (Anm. 2), S. 269–271.
81 Vgl. ebd., S. 277–362.
82 Zu den Verhandlungen des Speyerer Reichstags von 1529 vgl. ebd., S. 365–380.
83 Zu Augsburg 1530 vgl. ebd., S. 381–394; das Augsburger Bekenntnis in kritischer Edition nun in Irene Dingel (Hg.), *Die Bekenntnisschriften der Evangelisch-Lutherischen Kirche. Vollständige Neuedition*, Göttingen 2014, S. 65 ff., 84–225.
84 Vgl. Haug-Moritz, *Der Schmalkaldische Bund* (Anm. 12), S. 50–53 und passim.
85 Zuerst 1530 in Augsburg, vgl. Armin Kohnle, »Die politischen Hintergründe der Reichsreligionsgespräche des 16. Jahrhunderts«, in: Irene Dingel, Volker Leppin, Kathrin Paasch (Hg.), *Zwischen theologischem Konsens und politischer Duldung. Religionsgespräche der Frühen Neuzeit*, Göttingen 2018, S. 13–25.
86 Zur Technik des Dissimulierens vgl. die Arbeiten Martin Heckels, insb.: »Autonomia et Pacis Compositio. Der Augsburger Religionsfriede in der Deutung der Gegenreformation«, in: Klaus Schlaich (Hg.), Martin Heckel, *Gesammelte Schriften. Staat, Kirche, Recht, Geschichte*, Bd. 1, Tübingen 1989, S. 1–82.
87 Alfred Kohler, *Antihabsburgische Politik in der Epoche Karls V. Die reichsständische Opposition gegen die Wahl Ferdinands I. zum römischen König und gegen die Anerkennung seines Königtums (1524–1534)*, Göttingen 1982.
88 Vertragstext: DRTA J.R., Bd. 10, S. 1511–1517 (Nr. 549).
89 »Frankfurter Anstand (1539)«, bearb. von Andreas Zecherle, in: Irene Dingel (Hg.), *Religiöse Friedenswahrung und Friedensstiftung in Europa (1500–1800). Digitale Quellenedition frühneuzeitlicher Religionsfrieden*, Darmstadt 2013, online http://tueditions.ulb.tu-darmstadt.de/e000001/einleitungen/target/frankfurter_anstand_einleitung.html (10.3.2020).
90 Vgl. Irene Dingel (Hg.), *Zwischen theologischem Dissens und politischer Duldung. Religionsgespräche der Frühen Neuzeit*, Göttingen 2018.
91 Text: DRTA J.R., Bd. 18, S. 1910–1948 (Nr. 210). Zum Augsburger Interim vgl. Luise Schorn-Schütte (Hg.), *Das Interim 1548/50. Herrschaftskrise und Glaubenskonflikt*, Gütersloh 2005; Irene Dingel, Günther Wartenberg (Hg.), *Politik und Bekenntnis. Die Reaktionen auf das Interim 1548*, Leipzig 2006; Irene Dingel (Hg.), *Reaktionen auf das Augsburger Interim. Der Interimistische Streit (1548–1549)*, Göttingen 2010.
92 Martina Fuchs, Robert Rebitsch (Hg.), *Kaiser und Kurfürst – Aspekte des Fürstenaufstandes 1552*, Münster 2010.
93 Vertragstext: DRTA J.R., Bd. 20, Teil-Bd. 1, S. 123–135 (Nr. 3); zum Inhalt vgl. insb. die in Winfried Becker (Hg.), *Der Passauer Vertrag von 1552. Politische Entstehung, reichsrechtliche Bedeutung und konfessionsgeschichtliche Bewertung*, Neustadt a. d. Aisch 2003, gesammelten Aufsätze sowie Alexandra Schäfer-Griebel, »Einleitung zu Passauer Vertrag (2. August 1552)«, in: Dingel, *Friedenswahrung* (Anm. 89), online http://tueditions.ulb.tu-darmstadt.ode/e000001/einleitungen/target/passauer_stillstand_einleitung.html (10.3.2020); der Text: »Passauer Vertrag (2. August 1552)«, bearb. von Alexandra Schäfer-Griebel, in: ebd., http://tueditions.ulb.tu-darmstadt.de/e000001/quellentexte/target/passauer_stillstand.html (10.3.2020).
94 Text: DRTA J.R., Bd. 20 (Anm. 93), Teil-Bd. 4, S. 3102–3158 (Nr. 390); vgl. Heinz Schilling, Heribert Smolinsky (Hg.), *Der Augsburger Religionsfrieden 1555. Wissenschaftliches Symposion aus Anlaß des 450. Jahrestages des Friedensschlusses, Augsburg 21. bis 25. September 2005*, Münster 2007.
95 Zum Ende der Regierungszeit Karls V. vgl. Heinrich Lutz, *Christianitas afflicta. Europa, das Reich und die päpstliche Politik im Niedergang der Hegemonie Karls V. (1552–1556)*, Göttingen 1964.

1 Der vorliegende Beitrag ist eine gegenüber dem 2020 in der Zeitschrift *Der Wormsgau,* Bd. 36, abgedruckten Text leicht gekürzte Version, auf die wegen dort reichhaltigerer Belege und Abbildungen ergänzend verwiesen sei; vgl. Fritz Reuter, »Worms um 1521«, in: *Der Reichstag zu Worms von 1521. Reichspolitik und Luthersache,* im Auftrag der Stadt Worms zum 450-Jahrgedenken hg. von Fritz Reuter, Köln, Wien ²1981, S. 13–58 (hier u. a. S. 22–24 zur ältesten Stadtansicht, gedruckt 1550 unter Mitwirkung des Rates bei der Betextung).
2 *Der Reichstag zu Worms 1509,* bearb. v. Dietmar Heil, Berlin, Boston 2017 (DRTA unter Maximilian I. M. R., Bd. 10, hg. von der Historischen Kommission bei der Bayerischen Akademie der Wissenschaften durch Eike Wolgast), zu den Wormser Konflikten, u. a. dem Schiedsverfahren in Sachen Reichsstadt Worms gegen Stiftsklerus S. 530–537, zu Worms als Reichstagsstadt mit weiterer Lit. S. 78f.; Dietmar Heil, »›Res novi et inauditi exempli‹ – Der Wormser Reichstag von 1509«, in: *Der Wormsgau,* 34, 2018, S. 236–250, hier 238–240 zu Worms als Reichstagsstadt.
3 Hier liegt mit dem sogenannten Tagebuch des Wormser Bürgermeisters Reinhard Noltz ein überaus spannendes, bis heute kaum ausreichend analysiertes Ego-Dokument der Ereignisse in den Jahren 1493 bis 1509 vor: Fritz Reuter, »Worms als Reichstagsstadt 1495«, in: *1495 – Kaiser, Reich, Reformen. Der Reichstag zu Worms. Ausstellung des Landeshauptarchivs Koblenz in Verb. m. d. Stadt Worms,* Koblenz 1995, S. 123–138; zum Tagebuch zu Reinhard Noltz siehe Anm. 14. Generell: Eberhard Isenmann, »Die Städte auf den Reichstagen im ausgehenden Mittelalter«, in: Peter Moraw (Hg.), *Deutscher Königshof, Hoftag und Reichstag im späteren Mittelalter,* Ostfildern 2002 (*Vorträge und Forschungen,* 48), S. 547–577.
4 Gerold Bönnen, »Die Reichsstadt Worms und die reformatorische Bewegung«, in: Michael Matheus (Hg.), *Reformation in der Region. Personen und Erinnerungsorte,* Stuttgart 2018 (*Mainzer Vorträge,* 21), S. 13–38; Frank Konersmann, »Kirchenregiment, reformatorische Bewegung und Konfessionsbildung in der Bischofs- und Reichsstadt Worms (1480–1619)«, in: Gerold Bönnen (Hg.), *Geschichte der Stadt Worms,* Stuttgart ²2015, S. 262–290.
5 DRTA unter Kaiser Karl V., Bd. 2: Der Reichstag zu Worms 1521, bearb. von Adolf Wrede (DRTA J.R. 2, hg. durch die Historische Kommission bei der Bayerischen Akademie der Wissenschaften), Gotha 1896; online https://archive.org/details/deutschereichst07kommgoog/page/n8/mode/2up. Vgl. zum Reichstag den Beitrag von Armin Kohnle im vorliegenden Band.
6 Gerold Bönnen, »›Reichsstadt‹ als Argument in Konflikten um die Stadtherrschaft in der Reichs- und Bischofsstadt Worms (1480–1570)«, in: Helge Wittmann, Mathias Kälble (Hg.), *Reichsstadt als Argument* (Studien zur Reichsstadtgeschichte, 6), Regensburg 2019, S. 83–108.
7 Rüdiger Fuchs (Bearb.), *Die Inschriften der Stadt Worms,* Wiesbaden 1991 (*Die deutschen Inschriften,* 29).
8 Gerrit Schenk, »Zähmung der Widerspenstigen. Die Huldigung der Stadt Worms 1494 zwischen Text, Ritual und Performanz«, in: *Paragrana. Internationale Zeitschrift für Historische Anthropologie,* 12, 2003, S. 223–257.
9 Gunter Mahlerwein, Thomas Rölle, Sigrid Schieber (Hg.), *Repertorium der Policeyordnungen der Frühen Neuzeit: Reichsstädte 4: Speyer, Wetzlar, Worms,* Frankfurt am Main 2010 (*Studien zur europäischen Rechtsgeschichte. Veröffentlichungen des Max-Planck-Instituts für europäische Rechtsgeschichte,* 251) [Worms: S. 551–688 bearb. v. Gunter Mahlerwein].
10 Vgl. den Sammelband Ulrich Wien, Volker Leppin (Hg.), *Kirche und Politik am Oberrhein im 16. Jahrhundert. Reformation und Macht im Südwesten des Reiches,* Tübingen 2015 (*Spätmittelalter, Humanismus, Reformation,* 8).
11 Zur für Worms stets wichtigen Nachbarstadt Speyer: Daniela Blum, *Multikonfessionalität im Alltag. Speyer zwischen politischem Frieden und Bekenntnisernst (1555–1618),* Münster 2015 (*Reformationsgeschichtliche Studien und Texte,* 162); Gerhard Fouquet, »Der Besuch Maximilians I. 1494 in Speyer. König und regionale Kräfte in einem sich verdichtenden Reich«, in: *Zeitschrift für die Geschichte des Oberrheins,* 165, 2017, S. 121–140.
12 Wolfgang Dobras, »Die Herrschaft des Mainzer Kurfürsten über seine Hauptstadt von der Stiftsfehde 1462 bis zum Bauernkrieg 1525«, in: Winfried Wilhelmy, *Schrei nach Gerechtigkeit. Leben am Mittelrhein am Vorabend der Reformation,* Regensburg 2015 (*Publikationen des Bischöflichen Dom- und Diözesanmuseums Mainz,* 6), S. 39–45.
13 Gerold Bönnen, »Worms: Kampf um die Stadtherrschaft zwischen Bischof und städtischen Führungsgruppen«, in: *Schrei nach Gerechtigkeit* (wie vorige Anm.), S. 64–72; Gerold Bönnen, »Zwischen Konflikt und Zusammenleben: Bischof Johann von Dalberg und die Stadt Worms«, in: ders., Burkard Keilmann (Hg.), *Der Wormser Bischof Johann von Dalberg (1482–1503) und seine Zeit,* Mainz 2005 (*Quellen und Abhandlungen zur mittelrheinischen Kirchengeschichte,* 117), S. 41–87.
14 Zur Quelle: Falk Eisermann, »Reinhard Noltz«, in: *Verfasserlexikon,* Bd. 11, Berlin, New York 2003, Sp. 1055–1058 (»eigentümliche Mischung von pragmatischem Bericht und subjektiver Autor-/Erzählerperspektive«, Noltz lebte von um 1450 bis 1518); Edition: Heinrich Boos (Hg.), *Monumenta Wormatiensia – Annalen und Chroniken,* Berlin 1893 (*Quellen zur Geschichte der Stadt Worms,* 3): Tagebuch des Reinhard Noltz, Bürgermeister der Stadt Worms (1493–1509), S. 371–543, Zitat: S. 389; Digitalisat: http://digital.ub.uni-duesseldorf.de/urn/urn:nbn:de:hbz:061:1-20755.
15 Vgl. die in Anm. 4, 6, und 13 genannte Lit.; zu Worms um 1500 im Überblick: Gerold Bönnen, »Zwischen Bischof, Reich und Kurpfalz: Worms im späten Mittelalter (1254–1521)«, in: *Geschichte der Stadt Worms* (wie Anm. 4), S. 193–261.
16 Tanja Wolf, »›… die gemeinde in irrung zwitracht und widersessigkeit gegen uns dem Rat zuo füren‹. Das Selbstverständnis des Rates der freien und Reichsstadt Worms im Bürgeraufstand 1513–1514«, in: *Der Wormsgau,* 32, 2016, S. 43–60.
17 Quellen: StadtAWo Abt. 1 B 15: Bürgerliche Unruhen in Worms 1513–1515 (drei Fasz.).
18 Wolf, »… die gemeinde« (wie Anm. 16), S. 55.
19 Sabine Todt, *Kleruskritik, Frömmigkeit und Kommunikation in Worms im Mittelalter und in der Reformationszeit* (Beiträge zur Wirtschafts- und Sozialgeschichte, 103), Stuttgart 2005.
20 Alejandro Zorzin, »Peter Schöffer d. J. und die Täufer«, in: Ulman Weiß (Hg.), *Buchwesen in Spätmittelalter und Früher Neuzeit,* Epfendorf am Neckar 2008, S. 179–213, s.a. seinen Beitrag im vorliegenden Band sowie vorige Anm.
21 Vgl. zuletzt mit weiteren Hinweisen: Volker Gallé, Wolfgang Krauss (Hg.), *Zwischen Provokation und Rückzug. Die Politik der radikalen Reformation im Südwesten,* Worms 2016 (auch zur Wormser Täuferbewegung).
22 Einblattdruck 2.12.1520: *Ordenung wie es auff den yetz Fürgenom[m]enen Reichstag hie zu Wurmbs, mit der zehrung in den offnen herbergen. Auch sunst in all[e]n andern heusern mit den zufallenden gesten, vnd denen so den Reichstag besuchen jrer zerung vnd haußzynß halben gehalten werden soll. / Durch der Key-*

serlichen Maiestat grossen hoffmeister, vnnd ander jrer Maiestat Rethe, vnnd eins Rats der Stadt Wurmbs verordneten fürgenomen vnd auffgericht; Stadtbibliothek Worms, Lutherbibliothek Nr. 5a, Drucker: Hans v. Erfurt; Edition: DRTA (wie Anm. 5) S. 138.

23 StadtAWo Abt. 1 A I 714: Bischof Reinhart bekennt, dass er die Aufrechterhaltung aller Freiheiten und Rechte der Stadt Worms auf freiem Felde feierlich beschworen habe (1520 Sept. 20, Urk., Ausfertigung). — Umfangreiche Akten über die städtischen Konflikte mit dem Bischof mit Schwerpunkt um 1517/18 finden sich in: StadtAWo Abt. 1 B Nr. 1945–1946.

24 Zu ihm vgl. Burkard Keilmann, »Das Bistum vom Hochmittelalter bis zur Frühen Neuzeit«, in: Friedhelm Jürgensmeier (Hg.), *Das Bistum Worms. Von der Römerzeit bis zur Auflösung 1801*, Würzburg 1997, S. 44–193, hier S. 154–158, ebd. 160 Hinweise für Reinhard von Rüppurrs Initiativen für eine Erneuerung der Liturgie mit Nennung des Missale von 1522 (Nachweis im VD 16 unter: https://www.gateway-bayern.de/TouchPoint_touchpoint/singleHit.do?methodToCall=showHit&curPos=2&identifier=19_FAST_894445944).

25 StadtAWo Abt. 1 A I Nr. 718, mit wörtlicher Wiederholung der Privilegien vom 14.4. 1494, 24.12. 1488, 5.5. 1455, 6.7. 1442, 13.3. 1415 und 5.1. 1315; nochmalige Bestätigung durch Kaiser Karl V. 6.9. 1550: StadtAWo Abt. 1 A I Nr. 768 (Ausstellungsort: Augsburg, Pergamentlibell, 12 Bll.).

26 StadtAWo Abt. 1 B 1922, 12: 1521 Mai 17 »Ercklerung und ent-/ scheidt in den irungen so / sich zwischen dechant capitelen der funff / stifft und gemeiner pfaffheyt zu Worms / unnd stetburgermeistern rhete unnd ge-/ meinde daselbst …«.

27 Gunter Mahlerwein, »Die Reichsstadt Worms im 17. und 18. Jahrhundert«, in: *Geschichte der Stadt Worms* (wie Anm. 4), S. 291–352, hier S. 305–311.

28 Fritz Reuter, *Peter und Johann Friedrich Hamman. Handzeichnungen von Worms aus der Zeit vor und nach der Stadtzerstörung 1689 im »Pfälzischen Erbfolgekrieg«,* Worms 1989; Gerold Bönnen, »Der Wormser Dom und seine Bedeutung für die Stadt Worms und die Stadtgeschichte«, in: *Der Dom zu Worms – Krone der Stadt. Festschrift zum 1000-jährigen Weihejubiläum des Doms,* hg. v. Peter Kohlgraf, Tobias Schäfer, Felicitas Janson, Regensburg 2018, S. 119–137 (hier auch Lit. zu Fragen der Verfassungstopographie und den auch nach 1550 weiterbestehenden zeremoniellen Funktionen des Domes für Rat und Stadtverfassung), wichtig auch ebd.: Franz Brendle, *Stift und Stadt Worms, das Reich und die Reformation*, S. 139–149.

29 Reuter, *Hamman* (wie vorige Anm.) S. 64f. Nr. 6 (mit detaillierter Beschreibung).

30 Jürgen Keddigkeit u.a. (Hg.), *Pfälzisches Klosterlexikon. Handbuch der pfälzischen Klöster, Stifte und Kommenden,* Bd. 5: *T–Z*, Kaiserslautern 2019, zu den Karmelitern S. 894–920, S. 898 zu den Inventaren des Jahres 1525 (StadtAWo Abt. 1 B 1870/1, 1).

31 Heinrich Boos, *Geschichte der rheinischen Städtekultur von den Anfängen bis zur Gegenwart mit besonderer Berücksichtigung der Stadt Worms,* Bd. 4, Berlin 1901, S. 305; Adalbert Becker, *Beiträge zur Geschichte der Frei- und Reichsstadt Worms und der daselbst seit 1527 errichteten Höheren Schulen,* Worms 1880, S. 59 (Paraphrase der Beschreibung des Vorgangs in der Zorn-Wilck'schen Chronik StadtAWo Abt. 1 B Nr. 7, S. 614f.), s.a. Bönnen, »Reichsstadt« (wie Anm. 6), S. 105–107 und Brendle, *Stift und Stadt* (wie Anm. 28), S. 146f.

32 Rosemarie Aulinger (Bearb.), *Der Reichstag zu Worms 1545,* Göttingen / New York 2003 (DRTA unter Kaiser Karl V., J. R. 16, 1-2).

33 Wie Anm. 7; 1581: Bildbeschriftungen, Bau-, Widmungs- und Spruchinschriften des Ausschmückungsprogramms an den städtischen Bauten des Rathauskomplexes, geringe Reste der Kaiserbilder sind im Kreuzgang des Städtischen Museums im Andreasstift erhalten, siehe Fuchs, *Inschriften* (wie Anm. 7).

34 Quelle: StadtAWo Abt. 1 B Nr. 2017/1-2; vgl. Ursula Reuter, »Zwischen Reichsstadt, Bischof, Kurpfalz und Kaiser. Zur Geschichte der Wormser Juden und ihrer Schutzherren im 16. und 17. Jahrhundert«, in: Stefan Ehrenpreis, Andreas Götzmann, Stephan Wendehorst (Hg.), *Kaiser und Reich in der jüdischen Lokalgeschichte,* München 2013 (*Bibliothek Altes Reich*, 7), S. 119–146 (mit weiterer Lit.); Hinweise auf die ab 1600 recht dicht überlieferten städtischen Visitationsakten betreffend die Judengasse bzw. die um 1500 etwa 250 Personen umfassende Gemeinde jetzt bei: Marzena Kessler, »Gemeindehaus, Lehrhaus, Tanzhaus, Hospital: Zur verborgenen Baugeschichte des Raschi-Hauses«, in: *Der Wormsgau*, 35, 2019, S. 37–58, v.a. S. 48–52 mit Nachweisen zu den ab 1600 überlieferten Häuserverzeichnissen und neuerer Lit. (siehe dort v.a. Anm. 61, S. 49).

35 Stadtarchiv Worms, Abt. 1 B 2024 Nr. 12 (»hat der rat die huser in der juden gassen nacheinander besichtigen und anzeichnen lassen wie nachvolgt«: Verzeichnis mit 42 genannten Häusern).

36 Die grundlegenden Quellen zur Entwicklung der Bekenntnisverhältnisse in der Reichsstadt Worms finden sich ediert in: *Die evangelischen Kirchenordnungen des XVI. Jahrhunderts*, begr. v. Emil Sehling, Bd. 19 – *Rheinland-Pfalz II*, 2 Teilbde., bearb. v. Thomas Bergholz, Tübingen 2008 [Teilbd. I: S. 114–212 *Reichsstadt Worms;* Edition: Deutsche Messe 1524; Vertrag Klerus – Stadt 1525; Katechismus 1543; Agendbüchlein 1560].

1 Volker Jung, Ulrich Oelschläger, *Orte der Reformation. Worms,* Leipzig 2015, S. 63f.

2 Siehe dazu Armin Kohnle, »Die politischen Hintergründe der Reichsreligionsgespräche des 16. Jahrhunderts«, in: Irene Dingel, Volker Leppin, Kathrin Paasch (Hg.), *Zwischen theologischem Dissens und politischer Duldung. Religionsgespräche der Frühen Neuzeit* (Veröffentlichungen des Instituts für Europäische Geschichte Mainz, Beiheft 121), Göttingen 2018, S. 13-25.

3 Rainer Forst, *Toleranz im Konflikt. Geschichte, Gehalt und Gegenwart eines umstrittenen Begriffs,* Frankfurt ³2012, S. 14 u. ö.; vgl. auch Pierre Bayle, *Toleranz. Ein philosophischer Kommentar,* hg. von Eva Buddeberg und Rainer Forst, Berlin 2016, S. 351f.

4 Ulrich Oelschläger, »Die Wormser Religionsgespräche des 16. Jahrhunderts«, in: Volker Gallé (Hg.), *Wormser Religionsgespräche 2013. Dulden oder Verstehen. Dokumentationsband,* Worms 2013, S. 33-51; Björn Slenczka, *Das Wormser Schisma der Augsburger Konfessionsverwandten von 1557,* Tübingen 2010.

5 Fritz Reuter, *Warmaisa. 1000 Jahre Juden in Worms,* Worms ³2009, S. 17-19, 22-26, 28, 61.

6 Ebd., 22.

7 Ebd., 35.

8 Ebd., 22 u. ö. Fritz Reuter, *Der Reichstag zu Worms,* Worms 1971, 42.

9 Reinhold Lewin, *Luthers Stellung zu den Juden. Ein Beitrag zur Geschichte der Juden in Deutschland während des Reformationszeitalters,* Berlin 1911, S. 15-20.

10 Ebd., S. 15. Die Historizität dieser Episode bleibt zweifelhaft. Peter von der Osten-Sacken geht darauf ein im Zusammenhang der Erwähnung einer fünfmal in Varianten von Luther berichteten Begebenheit, einer Begegnung mit zwei oder drei Juden und eines Streits über Luthers christologische Auslegung des Alten Testaments, in dem sich die Juden zum Schluss gar auf den Talmud beriefen hätten, in dem von Jesus als dem Christus nicht die Rede sei. Auch die von Selnecker 1575 zuerst berichtete legendenhafte Episode speise sich aus der gleichen Quelle. (Peter von der Osten-Sacken, *Luther und die Juden. Neu untersucht anhand von Anton Margaritas »Der gantz Jüdisch glaub« (1530/31),* Stuttgart 2002, S. 107f.; vgl. auch Thomas Kaufmann, *Luthers »Judenschriften«. Ein Beitrag zu ihrer historischen Kontextualisierung,* Tübingen 2011, S. 93, 157 sowie ders., *Luthers Juden,* Stuttgart 2014, S. 33-38).

11 Ulrich Oelschläger, »Die Wormser Propheten von 1527. Eine vorlutherische Teilübersetzung der Bibel«, in: *Ebernburghefte,* 42 (2008), S. 19-50, bes. S. 36-48 und 50.

12 Reuter, *Warmaisa,* S. 163-165.

13 Ebd., S. 156.

14 Ebd., 158.

15 Bernd Moeller, *Reichsstadt und Reformation.* Neue Ausgabe, Tübingen 2011, S. 82.

16 Frank Konersmann, »Kirchenregiment, reformatorische Bewegung und Konfessionsbildung in der Bischofs- und Reichsstadt Worms (1480-1619)«, in: Gerold Bönnen (Hg.), *Geschichte der Stadt Worms,* Darmstadt ²2015, S. 262-290, hier S. 280f.; s. a. Fritz Reuter, »Mehrkonfessionalität in der freien Stadt Worms«, in: Bernhard Kirchgässner, Fritz Reuter (Hg.), *Städtische Randgruppen und Minderheiten* (Stadt in der Geschichte, 13), Sigmaringen 1986, S. 9-48, hier S. 21; s. a. Otto Kammer, »Die Anfänge der Reformation in der Stadt Worms«, in: *Ebernburghefte,* 34 (2000) S. 7-39, hier S. 13.

17 Kammer, »Anfänge«, S. 14; Reuter, *Warmaisa,* S. 16.

18 Ulrich Oelschläger, »Wormser Propheten«, S. 43.

19 Zu Kautz: August Wilhelm Hegler, Art. »Kautz«, in RE³, Bd. 10, Leipzig 1901, S. 192-194.

20 Vgl. hierzu den Beitrag von Alejandro Zorzin zu Schöffer in diesem Band.

21 Ulrich Oelschläger, »Wormser Propheten«, S. 26.

22 Ebd., S. 27f.

23 Zitiert nach Gunter Mahlerwein, *Rheinhessen 1816-2016,* Mainz 2015, S. 17.

24 Vgl. ebd., S. 17, S. 28-31.

25 General Harras zu Leutnant Hartmann, der sich über seinen »Ariernachweis« Gedanken macht: »Und jetzt stellen Sie sich doch mal Ihre Ahnenreihe vor – seit Christi Geburt. Da war ein römischer Feldhauptmann, ein schwarzer Kerl, braun wie ne reife Olive, der hat einem blonden Mädchen Latein beigebracht. Und dann kam ein jüdischer Gewürzhändler in die Familie, das war ein ernster Mensch, der ist noch vor der Heirat Christ geworden und hat die katholische Haustradition begründet. – Und dann kam ein griechischer Arzt dazu, oder ein keltischer Legionär, ein Graubündener Landsknecht, ein schwedischer Reiter, ein Soldat Napoleons, ein desertierter Kosak, ein Schwarzwälder Flözer, ein wandernder Müllerbursch aus dem Elsaß, ein dicker Schiffer aus Holland, ein Magyar, ein Pandur, ein Offizier aus Wien, ein französischer Schauspieler, ein böhmischer Musikant – das alles hat am Rhein gelebt, gerauft, gesoffen und gesungen und Kinder gezeugt – und der Goethe, der kam aus demselben Topf, und der Beethoven und der Gutenberg, und der Matthias Grünewald, und – ach was, schau im Lexikon nach. Es waren die Besten der Welt! Und warum? Weil sich die Völker dort vermischt haben. Vermischt – wie die Wasser aus Quellen und Bächen und Flüssen, damit sie zu einem großen, lebendigen Strom zusammenrinnen. Vom Rhein – das heißt: vom Abendland. Das ist natürlicher Adel. Das ist Rasse. Seien Sie stolz darauf, Hartmann – und hängen sie die Papiere Ihrer Großmutter auf den Abtritt.« (Carl Zuckmayer, *Des Teufels General,* Frankfurt 1979, S. 64.

26 Vgl. Mahlerwein, *Rheinhessen,* S. 62, 67.

27 Volker Jung, Ulrich Oelschläger (Hg.), *Orte der Reformation – Worms,* Leipzig 2015, S. 42.

28 Mathilde Grünewald, *Geschichte und Geschichtchen von Hochborn in Rheinhessen. Chronik von Hochborn, bis 1971 Blödesheim,* Hochborn 2019, S. 278-280; dies., *Hangen-Weisheim, Ein Dorf und seine Geschichte(n),* Hangen-Weisheim 2019, S. 182-188. Die Gründung dieser die großherzoglich erlassene Kirchensteuer verweigernden Konfession war von heftigen Auseinandersetzungen begleitet. Einen Eindruck davon vermitteln die von Mathilde Grünewald besonders für Hangen-Weisheim, Dintesheim und Eppelsheim recherchierten Geschichten von eingeworfenen Fensterscheiben und einem Pfarrer, der nur noch mit einem Revolver auf die Kanzel ging, sodass der Großherzog eingreifen musste (ebd., S. 184f.).

29 Gustav Adolf Benrath, *Reformation – Union – Erweckung. Beispiele aus der Kirchengeschichte Südwestdeutschlands,* Göttingen 2012, S. 119ff.

30 Georg May, *Das Recht des Gottesdienstes in der Diözese Mainz zur Zeit von Bischof Joseph Ludwig Colmar (1802-1818),* 2 Bde., Amsterdam 1987, Bd. 1, S. 481, Bd. 2, S. 266-272.

31 Hofrat Dr. Steiner, *Ludewig I. Großherzog von Hessen und bei Rhein, nach seinem Leben und Wirken,* Offenbach 1842, S. 186.

32 Heinrich Steitz, *Geschichte der Evangelischen Kirche in Hessen und Nassau,* Marburg 1977, S. 330.

33 *Evangelische Sonntagszeitung* (für das Gebiet der EKHN) vom 13. 8. 2017, S. 7.

Alejandro Zorzin: Peter Schöffer der Jüngere, Worms und Luther

1 Josef Benzing: *Die Buchdrucker des 16. und 17. Jahrhunderts im deutschen Sprachgebiet*, Wiesbaden 1982, S. 315.
2 Zu ihm vgl. Franz-Josef Worstbrock (Hg.), *Deutscher Humanismus 1480–1520*, Verfasserlexikon, Berlin, 2005ff., Bd. 1, S. 1185–1237.
3 Vgl. Worstbrock (wie Anm. 2), Bd. 1, S. 313–336.
4 *Epistolae obscurorum virorum* (I) und (II), VD 16 E 1722 bzw. E 1723.
5 *Libellus de obitu Julii*, VD 16 L 1511.
6 Diese drei 1516 bzw. 1517 gedruckten Werke hat Helmut Claus, entgegen bisheriger Zuweisung an Jakob Schmidt (Speyer), als Drucke Peter Schöffers d. J. (Mainz) identifizieren können. Vgl. Helmut Claus, »Astrologische Flugschriften von Johannes Virdung und Balthasar Eißlinger d. Ä. als »Leitfossilien« des Speyrer Buchdrucks der Jahre 1514 bis 1540«, in: *Archiv für Geschichte des Buchwesens*, Bd. 54, 2001, S. 111–155, besonders 150–151.
7 Impressum: »Getruckt un(d) volnendet/ in der Keyserlichen frei-|stadt Worms/ von Peter Schöffer/ am. xj. tag | des Brachmonts. im Jar. M.D.und.xxiiij. uff Meielburg/ am Meintzer thor.«
8 Vgl. MennLex V (digital).
9 Ebd.
10 Ulrich Oelschläger, »Die Wormser Propheten von 1527. Eine vorlutherische Teilübersetzung der Bibel«, in: *BPfKG*, 75, 2008, S. 331-362 (= *Ebernburg-Hefte*, 42, 2008, S. 19–50); Alejandro Zorzin, »›O Gott, befreie die Gefangenen!‹. Die Wormser Propheten (1527)«, in: Volker Gallé, Wolfgang Krauß (Hg.), *Zwischen Provokation und Rückzug. Die Politik der Radikalen Reformation im Südwesten*, Worms 2016, S. 105-130.
11 Vgl. Elmar Mittler, »Patchworkeditionen. Konkurrenz und Kooperation bei der Entwicklung der Vollbibeln in der frühen Reformationszeit«, in: Thomas Kaufmann, Elmar Mittler (Hg.): *Reformation und Buch. Akteure und Strategien frühreformatorischer Druckerzeugnisse* (Bibliothek und Wissenschaft, 49), Wiesbaden 2016, S. 52–83.
12 *Poeta domum emit.* [OD]J. 4º [7] Bl. – VD 16 E 1221 (Vorrede datiert: »Apud Vangionum Vuormaciam / Anno restituta salute M. D. XXI. mensis Ape/rilis die XI.«). Darin äußert sich ein Poetengericht (zusammengesetzt u. a. durch Eobanus Hessus, Ulrich v. Hutten, Hermann v. d. Busche; Johannes Stabius, Joachim Vadianus und Jakob Locher) und verurteilt Engelbrecht dazu, sein kürzlich erworbenes Eigenheim zu verkaufen und den Erlös nach Poetenart mit Essen und Trinken zu verschwenden.
13 Vgl. Dieter Mertens in: Worstbrock (wie Anm. 2), S. 639–646.
14 Helmut Claus weist diesen Druck Peter Schöffer d. J. zu; vgl. ders.: *Astrologische Flugschriften von Johannes Virdung und Balthasar Eißlinger d. Ä. als »Leitfossilien« des Speyrer Buchdrucks der Jahre 1514 bis 1540*, S. 121, Anm. 58, und S. 150, VII.
15 *Ein vast schoner Dyalogus* (VD 16 F 632); Exemplar der HAB Wolfenbüttel, Sign.: A: 108.5 Quod (8), Bl. A2^v, Z. 13 bis A3^r, Z. 14.
16 Vgl. Hartmut Harthausen, »Eine Reformationsschrift und Dudenhofen«, in: *Heimat-Jahrbuch (Landkreis Ludwigshafen)*, 11 (1995), S. 23–30; Ulrich Wien, »Mündiges Christsein am Anfang des 16. Jahrhunderts. Aspekte der anonymen Flugschrift ›Ein vast schoner Dialogus oder gespräch Büchlein‹ zwischen einem Bauern zu Dudenhofen und einem Glöckner zu Speyer (1522)«, in: *Kaiserslauterer Jahrbuch für pfälzische Geschichte und Volkskunde*, 16 (2016), S. 79–96; Susanne Schuster, *Dialogflugschriften der frühen Reformationszeit*, Göttingen, 2019, S. 78f.
17 *Ein vast schoner Dyalogus* (wie Anm. 17); auf Bl. C3^r–D1^v und D5^r verwendet der Bauer Auszüge der *Passional* Bildtexte (Bl. C3^r, Z. 20–32 = WA 9, 701 / Bl. C3^r, Z. 1–8 = WA 9, 702 / Bl. C3^v, Z. 10–18 u. Z. 21–25 = WA 9, 703 / Bl. C3^v, Z. 28 bis Bl. C4^r, Z. 6 = WA 9, 704 / Bl. C4^r, Z. 8–17 = WA 9, 706 / Bl. C4^r, Z.18–32 = WA 9, 707 / Bl. C4^v, Z. 3–16 = WA 9, 708 / Bl. C4^v, Z. 17–24 = WA 9, 709 / Bl. C4^v, Z. 25 bis Bl. D1^r, Z. 4 = WA 9, 710 / Bl. D1^r, Z. 4–27 = WA 9, 711 / Bl. D1^r, Z. 27 bis Bl. D1^v, Z. 26 = WA 9, 712 / D5^r, Z. 19–26 = WA 9, 714).
18 Thomas Kaufmann: *Geschichte der Reformation*, Frankfurt am Main, Leipzig, 2009; S. 470.
19 *Ein vast schoner Dyalogus* (wie Anm. 17), Bl. D5^v, Z. 24–29.
20 Zwischen 1519 und 1526 druckte Johann Schöffer (Mainz) – mit Unterbrechung in den Jahren 1521 und 1522 – insgesamt 9 Wittenberger Werke nach (1519: VD 16 L 5782 u. VD 16 L 5794; 1520: VD 16 L 2338; 1523: VD 16 M 2449; 1524: VD 16 L 3796, VD 16 L 5669, VD 16 B 3140; 1525: VD 16 L 7492 u. VD 16 L 4682). Von 1521 bis zu seinem Todesjahr 1526 druckte Johan Eckhart (Speyer) insgesamt 16 Werke Luthers nach (1521: VD 16 L 5013; 1522: VD 16 L 7411, VD 16 L 6772, VD 16 L 6773, VD 16 L 7205, VD 16 7410; 1523: VD 16 A 781, VD 16 A 782, VD 16 L 7311, VD 16 L 4824, VD 16 L 4825; 1524: VD 16 L 5003, VD 16 L 3710; 1525: VD 16 L 6547, VD 16 L 5943; 1526: VD 16 L 6169).
21 VD 16 L 6224 (WA 12, 592–597).
22 VD 16 L 7473 (WA 18, 62–125).
23 Zur Flugschrift *Die Lutherisch Strebkatz* (VD 16 L 7843) vgl. zuletzt: Thomas Kaufmann, *Der Anfang der Reformation. Studien zur Kontextualität der Theologie, Publizistik und Inszenierung Luthers und der reformatorischen Bewegung* (SMHR, 67), Tübingen 2012, S. 315f., Abb. 17.
24 VD 16 L 4777
25 Alejandro Zorzin: »Peter Schöffer d. J. und die Täufer«, in: Ulman Weiß (Hg.), *Buchwesen in Spätmittelalter und Früher Neuzeit. Festschrift für Helmut Claus zum 75. Geburtstag*, Ependorf am Neckar 2008, S. 179–213.
26 VD 16 D 560; VD 16 D 564; VD 16 D 567; VD 16 D 573.
27 VD 16 B 4171; VD 16 B 4172; VD 16 H 144.
28 Martin Rothkegel: »Täufer, Spiritualist, Antitrinitarier – und Nikodemit. Jakob Kautz als Schulmeister in Mähren«, in: *Mennonitische Geschichtsblätter*, 57 (2000), S. 51–88.
29 Vgl. Josef Benzing, »Peter Schöffer d. J. zu Worms und seine Drucke (1518–1529)«, in: *Der Wormsgau*, 5 (1961/62), S. 108-118; Abb. 3.
30 VD 16 S 1882
31 MennLex V (digital).
32 Zur *Theologia Deutsch* vgl. Thomas Kaufmann, *Die Mitte der Reformation*, Tübingen, 2019, S. 552–570 (zu Schöffers Neuausgabe 565-569).
33 Kaufmann, *Mitte der Reformation* (wie Anm. 32), S. 318f.
34 Vgl. ebd. S. 324, Abb. II,29.
35 Giovanni Manardo, *Epistolarum medicinalium libri XX* (Edit 16: CNCE 31209); vgl. Zorzin: »Peter Schöffer. Sein Wirken in Worms«, in: *Worms 2019 (Heimatjahrbuch für die Stadt Worms*, 14), Worms 2018; S. 139 (Abb. des Titelholzschnitts).

* Folgende Abkürzungen werden verwendet: DRTA J.R.: Deutsche Reichstagsakten, Jüngere Reihe; MBW: Melachthon-Briefwechsel; VD16: Bayerische Staatsbibliothek München – Herzog August Bibliothek Wolfenbüttel (Hg.), Verzeichnis der im deutschen Sprachbereich erschienenen Drucke des 16. Jahrhunderts, Bde. 1–25, Stuttgart 1983–2000 (http://www.vd16.de); VLHum: Franz Josef Worstbrock (Hg.), Deutscher Humanismus 1480–1520, Verfasserlexikon, 2 Bde., Berlin, Boston 2008–2013; WA: Weimarer Ausgabe der Werke M. Luthers (Teilabteilungen WABr = Briefe; WATr = Tischreden). Drucker- und Druckortangaben, die in eckige Klammern gesetzt sind [ ], bezeichnen erschlossene Zuweisungen anonymisierter Ausgaben. Eine kompakte Gesamtdarstellung meiner Sicht auf das hier behandelte Thema liegt jetzt vor in: Thomas Kaufmann, »*Hier stehe ich!« Luther in Worms – Ereignis, mediale Inszenierung, Mythos,* Stuttgart 2021.

1 Vgl. Rainer Wohlfeil, »Der Wormser Reichstag von 1521« (Gesamtdarstellung), in: Fritz Reuter (Hg.), *Der Reichstag zu Worms von 1521. Reichspolitik und Luthersache,* Worms 1971, S. 59–154.

2 Vgl. Bernd Moeller, »Das Berühmtwerden Luthers«, in: ders., *Luther-Rezeption,* Göttingen 2001, S. 15–41.

3 Vgl. nur: Martin Brecht, *Martin Luther. Sein Weg zur Reformation 1483–1521,* Stuttgart ²1983, S. 413ff.; Heinz Schilling, *Martin Luther. Rebell in einer Zeit des Umbruchs,* München 2012, S. 202ff.; Lyndal Roper, *Luther. Der Mensch,* Frankfurt am Main. 2016, S. 224ff.; Thomas Kaufmann, *Geschichte der Reformation in Deutschland,* Berlin 2016, S. 289ff.; aus der Sicht Karls V. zuletzt: Heinz Schilling, *Karl V. Der Kaiser, dem die Welt zerbrach,* München 2020, S. 123ff.

4 Josef Benzing, Helmut Claus, *Lutherbibliographie. Verzeichnis der gedruckten Schriften Martin Luthers bis zu dessen Tod,* 2 Bde. [BBAur X], Baden-Baden ²1989/1994 (im Folgenden: Benzing-Claus), Nr. 896; ed. WA 7, S. 803ff.; VD16 L 6141; der Titel blieb für alle weiteren insgesamt sieben Drucke der Predigt aus dem Jahr 1521 in Geltung (Benzing-Claus Nr. 896–902); 1523 erschienen zwei Erfurter Drucke, die den lokalen Bezug der Predigt (»zu Erfurdtt gethan«, Benzing-Claus Nr. 903f.) betonten. Der Druck erfolgte aufgrund einer Nachschrift der Predigt; Luther selbst hatte an der Verbreitung ›seines‹ Wortes in diesem Fall also keinen Anteil.

5 Für eine akteursorientierte Perspektive auf den Zusammenhang von Buchdruck und Reformation vgl. Thomas Kaufmann, *Die Mitte der Reformation* [BHTh 187], Tübingen 2019.

6 DRTA J.R. 2, Nr. 75, S. 529–533.

7 Luther war im vor Gotha gelegenen Eckartsberga mit einem Buchführer namens Matthias zusammengetroffen, der ihm einen Brief Spalatins ankündigte und den Inhalt des Sequestrationsmadats wiedergab: »… referens [sc. Matthias bibliopola] me et mea omnia publico edicto Cęsaris Vormacię damnata et prohibita esse. Quę si vera sunt, monstra plane sunt.« WABr 2, S. 296, 4–6; MBW.T 1, S. 275, 4–6. Der von [Hans von Erfurt] am 17./18. März 1521 fertiggestellte Druck (DRTA J.R. 2, S. 529 Anm. 1) wurde am 27. März öffentlich verkündet. Es handelte sich um einen Folio-Einblattdruck (Josef Benzing, »Die amtlichen Drucke des Reichstags«, in: Reuter [Hg.], *Worms 1521,* wie Anm. 1, S. 438–448, hier: 444f.: C.

8 DRTA J.R. 2, S. 532, 2f.

9 Vgl. nur: Brecht, *Luther,* Bd. 1, wie Anm. 3, S. 429ff.

10 Bernd Moeller, »Luthers Bücher auf dem Wormser Reichstag von 1521«, in: ders., *Luther-Rezeption,* wie Anm. 3, S. 121–140; Abdruck der Liste nach Aleander (Arch. Vat. Arm. 64 vol. 17, fol. 123a) in: P[etrus] Balan [Hg.], *Monumenta reformationis Lutheranae ex tabulariis secretioris S. Sedis 1521–1525,* Regensburg 1884, S. 183f.; DRTA J.R. 2, S. 548 Anm. 1. Das Nachlassverzeichnis der 1542 in die Vatikanische Bibliothek übergegangenen Bücher Aleanders liegt vor in: L[éon] Dorez, »Recherches sur la bibliothèque du Cardinal Aleandro«, in: *Revue de bibliotheques* 2, 1892, S. 49–68.

11 WA 7, S. 815, 12, 15.

12 Martin Luther, *Aufbruch der Reformation, Schriften I,* hg. von Thomas Kaufmann, Berlin 2014, S. 425f.

13 WABr 2, S. 305, 12–14.

14 Ed. WABr 2, Nr. 401, S. 306–310; Benzing-Claus Nr. 1027.

15 Ed. WABr 2, Nr. 402, S. 310–318.

16 Darauf jedenfalls deutet m.E. der Plural »literas« (WABr 2, S. 318, 2), den Luther in einem Brief an Spalatin vom 29.4.1521 verwendet hat (gegen Clemen, in: WABr 2, S. 310), hin. Da sich Luther der literarischen oder kopistischen Unterstützung seiner Reisebegleiter, etwa des kundigen Übersetzers Justus Jonas, sicher sein konnte, sehe ich nicht ein, warum es nicht zur Fertigstellung der lateinischen und der deutschen Version der Briefe an den Kaiser und die Stände während des Aufenthaltes in Friedberg (28.4./29.) gekommen sein soll. Am 29. entließ Luther den Reichsherold Sturm (WABr 2, S. 318, 3; s. auch Clemen WABr 2, S. 311), sodass ich es für das Wahrscheinlichste halte, dass dieser die »literae« mit nach Worms zurücknahm. Clemens Argumente für Spalatin als Übersetzer des angeblich allein nach Worms gesandten lateinischen Briefes (WABr 2, S. 310f.) überzeugen mich nicht. Die Drucküberlieferung ist intrikat; neben Abhängigkeiten von Vorgängerdrucken begegnen wohl auf handschriftliche Vorlagen zurückgehende eigenständige Versionen, vgl. WABr 2, S. 312f.

17 WABr 2, S. 313:8; Benzing-Claus Nr. 1036; VD16 L 3688.

18 WABr 2, S. 312:2; VD16 L 3687; Benzing-Claus Nr. 1029.

19 Vgl. WABr 2, S. 307, 13ff.

20 »Quando conscientia mea literis divinis, quas adduxi in libellis meis, conclusa esset, nullo modo possem citra meliorem eruditionem quicquam revocare.«, WABr 2, S. 307, 33–308, 35.

21 WABr 2, S. 308, 43f.

22 WABr 2, S. 309, 81ff.

23 A.a.O., S. 309, 98ff.

24 A.a.O., S. 309,109f.

25 A.a.O., S. 309,91.

26 WA 7, S. 835, 20–837,2.

27 In der Antwort auf seine Bitte um Bedenkzeit vom 17.4. wurde Luther mitgeteilt, er solle am nächsten Tag zur selben Zeit wiederkommen und sich dann erklären, aber: »ea conditione, ne scriptam sententiam tuam proponas sed verbis exequaris.«, WA 7, S. 830,3f.

28 Wenn Knaake formuliert: »So [sc. wie sie schriftlich vorliegt] hat er [sc. Luther] sie [sc. die Rede des 18.4.] – kleine Abweichungen im mündlichen Vortrage immerhin als möglich gesetzt – auch vor der Reichsversammlung gegeben.« (WA 7, S. 816) sagt er doch weit mehr, als man methodisch gesichert sagen kann. Eine methodische Schwäche des Buches von Joachim Knape, *1521. Martin Luthers rhetorischer Moment oder die Einführung des Protests,* Berlin, Boston 2017, sehe ich ebenfalls hier, dass darin zwischen gesprochenem und geschriebenem bzw. gedrucktem Wort nicht hinreichend unterschieden wird.

29 S. dazu: Kaufmann, *Mitte der Reformation,* wie Anm. 5.

30 So der Titel des [Grunenberg'schen] Drucks: Ad Cesaree Maiest. Interrogata D. Martini L. responsum Wurmacie XVIJ. Aprilis. Anno M.d.xxi. Benzing-Claus Nr. 905; WA

31 WA 7, S. 838, 9.

32 WA 7, S. 835, 19.

33 WA 7, S. 838 Anm. Z. 9.

34 VD 16 M 3416 ff.; Helmut Claus, *Melanchthon-Bibliographie 1510–1560*, 4 Bde. [QFRG 87/1–4], Gütersloh 2014, lat.: 1548.7; 1549.7; 1549.102 f.; 1553.78; 1555.23; 1557.23; dt.: 1554.11.1–3; 1557.24; frz.: 1549.15; 1555.24; MBW 4277.

35 »ANNUS CONFESSIONIS IN Comitiis Uormatiensibus 1521.| Caesaris ante pedes, proceres stetit ante potentes | Accola quae Rheni Vangio littus adit.« VD 16 M 3418, E 2ᵛ; zur Nachwirkung dieses Distichons in den verschiedenen Versionen des illustrierten Flugblatts vom »Junker Jörg« vgl. Thomas Kaufmann, *Neues von Junker Jörg*, Weimar 2020, S. 64 f. Anm. 74.

36 Vgl. nur WA 10/2, S. 56,17 ff.; 233, 19–24; WATr 1, S. 47,10 f.; vgl. WATr 6, S. 14,37 ff. WATr 1, S. 149, 28–150,4; WATr 3, S. 282,3.17 f.; 284,19 f.; WATr 5, S. 81,2 f. WATr 1, S. 526,8–11. WATr 2, S. 657,23–658,2. WATr 2, S. 12,26 f. WATr 3, S. 284,31 ff.; WATr 3, S. 285,14 f.; WATr 3, S. 287,7. WATr 2, S. 165,7 f.; WATr 3, S. 211,10 f.; WATr 5, S. 543,26; 659,17. WATr 2, S. 659,5–7; WATr 3, S. 198,23 f. in Verbindung mit WATr 2, S. 153,12 f.; WATr 3, S. 350,1–4; WATr 4, S. 269,3 ff.; 533,12 ff.; WATr 3, S. 46,28 ff.; 269,3 ff.; WATr 5, S. 691,19 f.; vgl. Thomas Kaufmann, »Sickingen, Hutten, der Ebernburg-Kreis und die reformatorische Bewegung«, in: *BPfKG* 82, 2015, S. 235–296 [= *Ebernburg-Hefte* 49, 2015, S. 35–96], bes. S. 63 [263] ff.); WATr 3, S. 282,11 f.; 285,5 ff.; WATr 4, S. 667,1 f.; WATr 2, S. 282,18 ff.; 285,33 ff.; 344,25 ff.; WATr 5, S. 65,1–74,17 [1540; Überlieferung Mathesius]; s. auch S. 80,27–81,22). WATr 2, S. 284,11. Zur Stilisierung des »Heldenmutes« des Wormser Luther trug sicher auch das mehrfach von ihm verwendete Wort bei, er wolle nach Worms gehen, wenngleich so viele Teufel darinnen wären wie Ziegel (WABr 2, S. 298,8–10; vgl. WABr 2, S. 297; WATr 5, S. 65,6 f.; 69,18 f.; WATr 3, S. 282,9; 285,3 f. [Referat eines Gesprächs mit dem Reichsherold Kaspar Sturm nachdem Luther auf der Reise nach Worms mit dem Sequestrationsmandat bekannt geworden war]; WATr 5, S. 101,29 f. [Sommer 1540, Aufzeichnungen der Tischreden durch Mathesius]; WABr 2, S. 455,51–54), bei.

37 VD 16 L 3648, a 1ʳ; a 3ᵛ (Ex. BSB München 4 H.ref. 801,26m). Im Ex. der Österreichischen NB wurden auf den Bll. a 3ᵛ/a 4ʳ die Verse gegen Glapion und Chièvres (ed. DRTA J.R. 2, S. 545 Anm. 1 und 2) entfernt.

38 VLHum 1, S. 470 ff.

39 »IVBILUM EVRICII CORDI REVERENdo patri doctori Martino Luthero, Vormatiam ingredienti acclamatum. MD.XXI. die XVII. Aprilis.« VD 16 L 3648, a 4ʳ–[5]ᵛ. Um einen Eindruck vom Charakter der Dichtung zu vermitteln, seien einige wenige Verse zitiert: »Assertor fidei, uindexque propheta Lutherus| Advenit, obiectis egressi occurite ramis,| Spargite decerptas per compita spargite frondes,| Et quoscunque virens iam profert annus honores. ... Hic est ille unus multo Martinus in ore,| Cuius sancta fere totum doctrina per orbem| Iam uolat & niueis uehitur super aethera pennis.« VD 16 L 3648, a 4ʳ/ᵛ.

40 Vgl. dazu: Thomas Kaufmann, *Der Anfang der Reformation*, Tübingen ²2018, S. 270 ff.

41 Kaufmann, *Anfang*, S. 286 f.; zum Kontext: Martin Warnke, *Cranachs Luther*, München 1984, S. 24 ff.

42 Benzing-Claus Nr. 908; VD 16 L 3647; WA 7, S. 817: D; Maria von Katte, *Katalog der Wolfenbütteler Luther-Drucke 1513 bis 1546* (online), Nr. 603; Ex. HAB Wolfenbüttel 131.2 Theol. (1).

43 VD 16 L 3649; Benzing-Claus Nr. 907; WA 7, S. 816 f.: C.

44 »An iusta ratione Martinus lutherus reformationis Tragaediam moverit, doctum & eruditum cuiusdam idyllion«. VD 16 L 3649, a 1ʳ; das Gedicht, das auch als »Carmen« (iiiiᵛ) bezeichnet wird, füllte die zweite Hälfte des sechs Quartblätter umfassenden Drucks (iiiiᵛ–viʳ). Die Gattungsbezeichnung »idyllion« scheint mir eher irreführend zu sein, denn sie bezieht sich üblicherweise auf zierlich darstellende Gedichte ländlichen Inhalts (»Idyllen«). Das »Carmen« stellte dar, dass Luther kirchliche Missstände und die unchristlichen Lehren der Scholastiker zurecht angegriffen habe: Luther lehrt Christus und bringt das Licht: »Pelluntur tenebrae, tenebras lux clara retundit| ... Post imbrem lux clara redit, post nubila splendor| Omnis post tenebras lucidiora micant.« VD 16 L 3649, vir.

45 Von textkritischen Befund (s. Apparat WA 7, S. 832–838) scheint mir klar zu sein, dass die Drucke Benzing-Claus, Nr. 906, 907, 908 (= WA 7, S. 817: B–D) vielfach gemeinsam gegen A [Grunenberg; WA 7, S. 816:A; Benzing-Claus Nr. 905] übereinstimmen. Einige Textvarianten lassen sich auch als Lesefehler deuten. Vermutlich wurde eine Abschrift von Luthers Rede – ohne »Ich kann nicht anderst, hie stehe ich« – von den Luther umgebenden Gelehrten angefertigt und – wie im Falle der Briefe an Karl und die Reichsstände – direkt an Thomas Anshelm gesandt (oder sollte dieser, wie es etwa von den Straßburger Drucker Schott bezeugt ist [Kalkoff, *Wormser Reichstag*, S. 326; DRTA J.R. 2, S. 539, 29 ff.], in Worms gewesen sein?) übergeben.

46 Benzing-Claus Nr. 913–916; WA 7, S. 858: A–D; VD 16 L 3665; L 3666; L 3659; L 3660. Der Erstdruck (Benzing-Claus Nr. 913; VD 16 L 3656) erschien bei [M. Maler]; die Überlegung, Jonas könnte der Übersetzer sein (vgl. WA 7, S. 857 f.), mag manches für sich haben. 1520 hatte er bei Maler eine Praefatio in Epistolas Divi Pauli bei Maler publiziert (VD 16 J 892), die unter anderem ein Gedicht des Euricius Cordus enthielt. Dass der Humanist Jonas besondere Affinitäten zur Offizin Anshelms, die außer den Briefen an den Kaiser und die Stände auch eine Ausgabe der Acta et res gestae ... Lutheri (Benzing-Claus Nr. 910) herausgebracht hatte, besessen haben dürfte, könnte es nahelegen, dass er auch die Verbindungen dorthin hergestellt hat; allerdings ist dies ganz hypothetisch.

47 Benzing-Claus Nr. 919–930; VD 16 L 3661 f.; VD 16 S 7414–7420; L 3651–3655; L 3663.

48 Benzing-Claus Nr. 909–912; Bd. 2, S. 86 f.; WA 7, S. 818 f.: E–G. Als Verfasser der Acta halte ich Jonas für wahrscheinlich, vgl. auch Gisela Möncke, »Eine neu entdeckte zeitgenössische Flugschrift über Luther in Worms« in: *ARG* 80, 1989, S. 24–46, hier: 26; vgl. WA 7, S. 887. Als Drucker der von Möncke edierten Flugschrift, die z.T. sehr eigenständige Traditionen der Vorgänge auf dem Wormser Reichstag bietet, wurde durch Helmut Claus der in Schwaz in Tirol tätige Joseph Piernsieder erwiesen: »Subversion in den Alpen. Früher Reformationsdruck im alpenländischen Bergbaugebiet«, in: Johanna Loehr (Hg.), *Dona Melanchthoniana. Festgabe für Heinz Scheible zum 70. Geburtstag*, Stuttgart, Bad Cannstatt 2005, S. 41–60; vgl. zu dieser Offizin auch: Kaufmann, *Mitte*, S. 402 ff.

49 Inhaltlich weitgehend übereinstimmend mit dem dritten Teil der Acta, freilich als textlich selbständig zu beurteilen ist eine Schrift mit dem Titel *Etliche sunderliche ... Handlung in ... Luthers sachen* [Erfurt, Maler] 1521; WA 8, S. 822 f.; VD 16 E 4081. Verfasserzuordnungen weisen in Luthers engstes Wormser Umfeld, sind aber bisher nicht überzeugend gelungen. Ich sehe diesen Druck publizistisch in einem engeren

7, S. 816:A; VD 16 L 3650. Dass dieser Druck ein falsches Datum – 17. statt 18. April – trägt, könnte damit zusammenhängen, dass Luther seine Rede vielleicht noch in der Nacht des 17. niederschrieb und umgehend eine Abschrift herstellen ließ, die rasch nach Wittenberg ging. Aber natürlich sind auch andere Gründe, nicht zuletzt ein Druckfehler, denkbar. Vielleicht beabsichtigte Luther also zunächst tatsächlich, mit diesen deutschen Worten zu schließen; erst in der Situation des Vortrags am 18. April reduzierte er es dann auf das weniger pathetische »Gott helfe mir, Amen«. S. dazu: Karl Müller, »Luthers Schlußworte in Worms 1521«, in: *Philotesia, Paul Kleinert zum 70. Geburtstag dargebracht*, Berlin 1907, S. 269–289.

Zusammenhang mit der »Erfurter« Übersetzung der Reichstagsrede vom 18.4. (Benzing-Claus Nr. 913; s.o. Anm. 46) und halte den soeben aus Worms zurückgekehrten Justus Jonas für einen möglichen ›Kandidaten‹. Unter den von WA 7 als »[a]ndere Berichte« (WA 7, S. 882) bezeichneten Drucken (vgl. WA 7, S. 883-885; Benzing-Claus Nr. 931-935; VD 16 A 3024f.; R 2792-2794) bieten zwei eine Wiedergabe der Vorgänge des 17./18.4., die anderen vier knappe Übersichtsdarstellungen der Ereignisse vom 16. bis 26.4. Diese »anderen Berichte« basieren im Wesentlichen auf bereits erschienenen Texten; bemerkenswert ist, dass der zweite Drucktyp mit der Übersicht über Luthers Anwesenheitszeit in Worms von dem hier v.a. in der Zeit des Wormser Reichstags tätigen Drucker Hans von Erfurt stammt, vgl. über ihn: Christoph Reske, *Die Buchdrucker des 16. und 17. Jahrhunderts im deutschen Sprachgebiet. Auf der Grundlage des gleichnamigen Werkes von Josef Benzing,* Wiesbaden 2007, S. 1020.

50 Vgl. WA 7, S. 883: Q/R; DRTA J.R. 2, S. 856ff.; Benzing-Claus Nr. 931f.; VD 16 A 3024/5.

51 Zit. nach WA 7, S. 883.

52 Benzing-Claus Nr. 909; VD 16 ZV 61/62, Titelbl.ᵛ

53 Benzing-Claus Nr. 910; VD 16 ZV 60, b vv-vir (Axiomata); b vir (Iudicium des ... Luthero).

54 Ed. der Reden Ecks vom 17./18.4. in: DRTA J.R. 2, Nr. 81, S. 587-594; WA 7, S. 821 (Einleitung); 825ff. (Ed.). Dass Aleander auf einen Druck der Acta hinarbeitete, geht aus seiner Korrespondenz eindeutig hervor, vgl. Kalkoff, *Depeschen*, S. 216 mit Anm. 1.

55 Vgl. WA 7, S. 840.

56 Vgl. Aleanders Klage darüber, dass einige, die gegen Luther schreiben wollten, keinen Drucker fänden, Kalkoff, *Depeschen*, S. 127. Zu den eingeschränkten Druckerfolgen der altgläubigen Publizisten s. Richars G. Cole, »The Reformation in Print: German Pamphlets and Propaganda«, in: *ARG* 66, 1975, S. 93-102; Alejandro Zorzin, *Karlstadt als Flugschriftenautor* [Göttinger Theologische Arbeiten 48], Göttingen 1990, S. 65ff.

57 Vgl. Thomas Werner, *Den Irrtum liquidieren. Bücherverbrennungen im Mittelalter* [VMPIG 225], Göttingen 2007.

58 Die Amerbachkorrespondenz Bd. 2, hg. von Alfred Hartmann, Basel 1943, Nr. 761; vgl. Kaufmann, *Mitte*, wie Anm. 5, S. 188.

59 DRTA J.R. 2, S. 499,22ff.

60 Kalkoff, *Depeschen*, S. 6f.; Kasus von mir geändert, Th.K.

61 Vgl. Kalkoff, a.a.O., S. 19f.; 33; zu Verbrennungen in der Diözese Lüttich s. 20f.; zu Flandern: 69.

62 Kaufmann, *Mitte*, wie Anm. 5, S. 19 mit Anm. 8; Aleander regte auch an, dass Rom auf die Tagsatzung einwirken sollte, um Basler Drucke Luthers zu verbieten, Kalkoff, a.a.O., S. 143f.

63 A.a.O., S. 109f.

64 A.a.O., S. 125.

65 DRTA J.R. 2, S. 484,5ff.; 488,10ff.

66 Kalkoff, *Depeschen,* S. 160; 222. Bereits seit dem ersten Entwurf des Wormser Edikts war die Bücherverbrennung prominent vorgesehen, DRTA J.R. 2, S. 511,1; vgl. 518,7ff.; 521; 522,20ff.

67 Ed. DRTA J.R. 2, Nr. 92, S. 640ff.; vgl. bes. 655,12ff.; zu den Drucken s. a.a.O., S. 641f.; VD 16 D 918-924.

Jan Stievermann: Die britischen Nordamerikakolonien als Experimentierfeld von Gewissens- und Religionsfreiheit

1 Gute Einführungen in die Entwicklung der Religionsfreiheit im frühen Amerika bieten Thomas J. Curry, *The First Freedoms: Church and State in America to the Passage of the First Amendment,* New York 1987, und James H. Hutson, *Church and State in America: The First Two Centuries,* New York 2008.
2 Deutschsprachige Überblicksdarstellungen der Christentumsgeschichte im kolonialen Nordamerika bieten Jan Stievermann, »Christliche Kirchen und Gemeinschaften in Nordamerika bis 1800«, in: Norman Hjelm, Jens Holger Schjørring (Hg.), *Geschichte des Globalen Christentums: Frühe Neuzeit,* Stuttgart 2017, S. 533–617, und die ersten Kapitel von Mark A. Noll, *Christentum in Nordamerika,* Leipzig 2000.
3 Vgl. dazu Wesley Frank Craven, *The Southern Colonies in the Seventeenth Century, 1607–1689,* Baton Rouge 1970; James Horn, *Adapting to the New World: English Society in the Seventeenth-Century Chesapeake,* Chapel Hill 1994.
4 Zitiert nach John D. Krugler, *English and Catholic: The Lords Baltimore in the Seventeenth Century,* Baltimore 2004, S. 188 (eigene Übersetzung).
5 Zwei aktuelle, stark transatlantisch ausgerichtete Überblicksdarstellungen sind Michael P. Winship, *Hot Protestants: A History of Puritanism in England and America,* New Haven 2018, und David D. Hall, *The Puritans: A Transatlantic History,* Princeton 2019.
6 Siehe dazu John Coffey, »Church and State, 1550–1750«, in: Robert Pope (Hg.), *T & T Clark Companion to Nonconformity,* London 2013, S. 47–74, 59.
7 Zum Konzept der Konfessionskultur vgl. Thomas Kaufmann, *Konfession und Kultur: Lutherischer Protestantismus in der zweiten Hälfte des Reformationsjahrhunderts,* Tübingen 2006.
8 Zum partizipatorischen Charakter des neuenglischen Puritanismus siehe James F. Cooper, *Tenacious of their Liberties: The Congregationalists in Colonial New England,* New York 1995, und David D. Hall, *A Reforming People: Puritanism and the Transformation of Public Life in New England,* New York 2011. Zur religiösen Praxis und Konformisierung »von unten« siehe Edmund S. Morgan, *Visible Saints: History of a Puritan Idea,* Ithaca 1963; ders., *The Puritan Family: Religion and Domestic Relations in Seventeenth Century New England,* New York 1956. In die individuelle Frömmigkeitskultur führt ein Charles Hambrick-Stowe, *The Practice of Piety: Puritan Devotional Disciplines in Seventeenth-Century New England,* Chapel Hill 1982.
9 Dazu Emery John Battis, *Saints and Sectaries: Anne Hutchinson and the Antinomian Controversy in the Massachusetts Bay Colony,* Chapel Hill 1962, und David A. Hall, *The Antinomian Controversy, 1636–1638: A Documentary History,* Durham 1990.
10 Nachdruck in Perry Miller (Hg.), *Roger Williams: His Contribution to the American Tradition,* Boston 1953, S. 182. Zu Leben, Theologie und Wirken: Edwin S. Gaustad, *Roger Williams,* New York 2005, und Timothy L. Hall, *Separating Church and State: Roger Williams and Religious Liberty,* Champaign 1998.
11 Dazu Wesley Frank Craven, *The Colonies in Transition, 1660–1713,* New York 1968; Richard R. Johnson, *Adjustment to Empire: The New England Colonies, 1675–1715,* New Brunswick 1981.
12 Melvin Endy, *William Penn and Early Quakerism,* Princeton 1973.
13 Zitiert nach Hutson, *Church and State in America* (Anm. 1), S. 37 (eigene Übersetzung).
14 Zur Entwicklung der Religionsfreiheit in Pennsylvania siehe Sally Schwartz, *»A Mixed Multitude«: The Struggle for Toleration in Colonial Pennsylvania,* New York 1987.
15 Vgl. dazu Gregg Roeber, »Der Pietismus in Nordamerika im 18. Jahrhundert«, in: *Geschichte des Pietismus,* Bd. 2: Martin Brecht, Klaus Deppermann (Hg.), *Der Pietismus im 18. Jahrhundert,* Göttingen 1995, S. 668–700.
16 Dazu: Jack M. Sosin, *English America and the Revolution of 1688,* Lincoln 1982; Ned C. Landsman, *From Colonials to Provincials: American Thought and Culture 1680–1760,* Ithaca 1997.
17 Einen guten Überblick zum Prozess des »disestablishment« bieten John Witte Jr., Joel A. Nichols, *Religion and the American Constitutional Experiment. Fourth Edition,* New York 2016, S. 41–97.
18 Zitiert nach Michael W. McConell u. a. (Hg.), *Religion and the Constitution,* New York 2002, S. 70 (eigene Übersetzung).
19 Zitiert nach Witte, Nichols, *Religion and the American Constitutional Experiment* (Anm. 17), S. 30–31 (eigene Übersetzung).
20 Zur weiteren Lektüre: Edwin S. Gaustad, *Proclaim Liberty Throughout All the Land: A History of Church and State in America,* New York ²2003; Jeremy T. Gunn and John Witte Jr. (Hg.), *No Establishment of Religion: America's Original Contribution to Religious Liberty,* New York 2003.

Antje von Ungern-Sternberg: Von Luthers Gewissensentscheidung zur heutigen Religionsfreiheit

1 Überblick bei Gerhard Robbers, »Menschenrechte aus der Sicht des Protestantismus«, in: Detlef Merten, Hans-Jürgen Papier (Hg.), *Handbuch der Grundrechte in Deutschland und Europa,* Bd. I, Heidelberg 2004, § 9, Randnummer 5ff.; speziell zum Beitrag von Calvinismus, Täufertum und Spiritualismus siehe Ernst Troeltsch, *Die Bedeutung des Protestantismus für die Entstehung der modernen Welt,* München 1906, S. 59ff.; ebenfalls zu den religiösen Dissenters in England, den Niederlanden und Nordamerika siehe Thomas Schirrmacher, »Demokratie und christliche Ethik«, in: *Aus Politik und Zeitgeschichte,* 14 (2009), S. 21ff.
2 Georg Jellinek, *Die Erklärung der Menschen- und Bürgerrechte. Ein Beitrag zur modernen Verfassungsgeschichte,* Leipzig ⁴1927, S. 56; abgedruckt in Ino Augsberg, Sebastian Unger (Hg.), *Basistexte: Grundrechtstheorie,* Baden-Baden 2012, S. 124.
3 Virginia Bill of Rights, Section 16: »That religion or the duty, which we owe to our Creator and the manner of discharging it can be directed only by reason and conviction, not by force or violence and therefore all men are equally entitled to the free exercise of religion, according to the dictates of conscience; and that it is the mutual duty of all to practise Christian forbearance, love and charity towards each other.«
4 New Jersey 1664, New York 1665, Massachusetts 1692, Georgia 1732.
5 Royal Charter of Rhode Island and Providence Plantations 1663: »no person within the said colony, at any time hereafter, shall be in any wise molested, punished, disquieted, or called in question, for any differences in opinion in matters of religion, and do not actually disturb the civil peace of our said colony«.
6 Jellinek, *Die Erklärung der Menschen- und Bürgerrechte* (Anm. 2), S. 9ff., 18ff., 29ff., 42ff., 57ff.
7 Ernst-Wolfgang Böckenförde, »Die Entstehung des Staates als Vorgang der Säkularisation«, in: *Festschrift Forsthoff,* Stuttgart 1967, S. 75ff.
8 Ebd., S. 92.
9 Moderne Darstellung bei Claudia Zey, *Der Investiturstreit,* München 2017, S. 100ff.
10 Böckenförde, »Die Entstehung des Staates« (Anm. 7), S. 77ff., 82ff., 89f.
11 Ernst-Wolfgang Böckenförde, *Der säkularisierte Staat,* München ²2015, S. 9; Ernst-Wolfgang Böckenförde, in: *Wissenschaft, Politik, Verfassungsgericht. Aufsätze von Ernst-Wolfgang Böckenförde. Biografisches Interview von Dieter Gosewinkel,* Berlin 2011, S. 431; allgemein hierzu Hermann-Josef Große Kracht, Klaus Große Kracht (Hg.), *Religion, Recht, Republik,* Paderborn 2014; Horst Dreier, *Staat ohne Gott,* München 2018, S. 189ff.
12 Vgl. Art. 1 Abs. 3 Grundgesetz: »Die nachfolgenden Grundrechte binden Gesetzgebung, vollziehende Gewalt und Rechtsprechung als unmittelbar geltendes Recht.«
13 Vgl. Art. 51 Abs. 1 Europäische Grundrechtecharta.
14 Das Grundgesetz beispielsweise verlangt für Änderungen nicht nur eine Zweidrittelmehrheit in Bundestag und Bundesrat, sondern nimmt auch einen Verfassungskern (Menschenwürde, Rechtsstaatlichkeit, Demokratie) von Änderungen aus, Art. 79 Grundgesetz.
15 §§ 90, 95 Abs. 3 Satz 1 Bundesverfassungsgerichtsgesetz.
16 Barbara Stollberg-Rilinger, *Die Aufklärung,* Stuttgart 2011, S. 268ff.
17 Hierzu die Entscheidungen des Europäischen Gerichtshofs für Menschenrechte (EGMR, Große Kammer), Urteil vom 6.10. 2005, Nr. 74025/01 Hirst (n°2)/Vereinigtes Königreich; EGMR (Große Kammer), Urteil vom 22.5. 2012, Nr. 126/05 Scoppola (n°3)/Italien.
18 Hierzu Bundesverfassungsgericht, in: *Neue Juristische Wochenschrift,* 2019, S. 1201.
19 Ausführlich Gerhard Oestreich, *Geschichte der Menschenrechte und Grundfreiheiten im Umriß,* Berlin ²1978.
20 Klaus Stern, *Das Staatsrecht der Bundesrepublik Deutschland,* Bd. III/1, München 1988, S. 59ff.; Stollberg-Rilinger, *Die Aufklärung* (Anm. 16), S. 204ff.
21 Hierzu Hasso Hofmann, *Zur Herkunft der Menschenrechtserklärungen,* Juristische Schulung 1988, S. 841, 842.
22 Ebd., S. 842; Hans Maier, »Überlegungen zu einer Geschichte der Menschenrechte«, in: *Festschrift für Peter Lerche,* München 1993, S. 43, 48ff.
23 Siehe Anm. 1 und 2, zum Einfluss Jellineks auf Troeltsch siehe Friedrich Wilhelm Graf, »Puritanische Sektenfreiheit versus lutherische Volkskirche«, in: *Zeitschrift für Neuere Theologiegeschichte,* 9 (2002), S. 42, 42ff.
24 Vgl. auch Günter Birtsch, »Gewissensfreiheit als Argument in England vom 16. zum 18. Jahrhundert«, in: ders. (Hg.) *Grund- und Freiheitsrechte von der ständischen zur spätbürgerlichen Gesellschaft,* Göttingen 1987, S. 88, 88f.
25 Martin Heckel, *Die Menschenrechte im Spiegel der reformatorischen Theologie,* Heidelberg 1987, S. 20ff.; stärker abstellend auf den Beitrag Luthers Joseph Lecler, Die Gewissensfreiheit, in: Heinrich Lutz, *Zur Geschichte der Toleranz und Religionsfreiheit,* Darmstadt 1977, S. 331ff.
26 Ibid., S. 40ff.; s. schon Anm. 10.
27 Der Human Rights Act 1998 inkorporierte die Verbürgungen der Europäischen Menschenrechtskonvention.
28 Siehe etwa Bernhard Diestelkamp, *Rechtsfälle aus dem Alten Reich,* München 1995; Thomas Würtenberger, »Verfassungsrechtliche Streitigkeiten in der zweiten Hälfte des 18. Jahrhunderts«, in: Eckart Klein u. a. (Hg.), *Festschrift für Ernst Benda,* Heidelberg 1995, S. 443ff.; vgl. ferner die Arbeiten von Peter Blickle, Winfried Schulze, Gerald Stourzh und Diethelm Klippel, in: Günter Birtsch (Hg.), *Grund- und Freiheitsrechte im Wandel von Gesellschaft und Geschichte,* Göttingen 1981, sowie die Arbeiten von Peter Blickle, Winfried Schulze, Horst Dreitzel, Diethelm Klippel, Knut Amelung und Klaus Gerteis, in: Birtsch (Hg.), *Grund- und Freiheitsrechte von der ständischen zur spätbürgerlichen Gesellschaft* (Anm. 24).
29 Werner Frotscher, Bodo Pieroth, *Verfassungsgeschichte: von der nordamerikanischen Revolution bis zur Wiedervereinigung Deutschlands,* München ¹⁸2019, § 5, Randnummer 146ff.
30 Umfassend zur Ausbildung staatlicher Herrschaft: Wolfgang Reinhard, *Geschichte der Staatsgewalt,* München 1999.
31 Positive Würdigung bei Michael Stolleis, »Georg Jellineks Beitrag zur Entwicklung der Menschen- und Bürgerrechte«, in: Stanley L. Paulson, Martin Schulte (Hg.), *Georg Jellinek: Beiträge zu Leben und Werk,* Tübingen 2000, S. 106f.; einen Gegenentwurf mit dem Urgrundrecht des ›Habeas corpus‹ findet sich bei Martin Kriele, »Zur Geschichte der Grund- und Menschenrechte«, in: Norbert Achterberg (Hg.), *Festschrift für Hans Ulrich Scupin,* Berlin 1973, S. 187ff., besondere Betonung des niederländischen Einflusses etwa bei Wolfgang Fikentscher, »Einleitung«, in: ders., Achim Fochem (Hg.) *Quellen zur Entstehung der Grundrechte in Deutschland,* S. 11ff.; gegen monokausale Ansätze etwa Stern, *Das Staatsrecht* (Anm. 20), S. 57ff.; Hofmann, *Zur Herkunft* (Anm. 21), S. 842ff.
32 Überblick bei Frotscher, Pieroth, *Verfassungsgeschichte* (Anm. 29), §§ 8, 9, 12; Dietmar Willoweit, Steffen Schlinker, *Deutsche Verfassungsgeschichte,* München ⁸2019, §§ 29, 32.
33 Ernst-Wolfgang Böckenförde, »Der deutsche Typ der konstitutionellen Monarchie im 19. Jahrhundert«, in: ders. (Hg.), *Recht, Staat, Freiheit,* Frankfurt am Main 1991,

S. 273 ff.; speziell zu den Grundrechten siehe Judith Hilker, *Grundrechte im deutschen Frühkonstitutionalismus*, Berlin 2005.

34 Art. 18 ff. der Verfassung des Großherzogtums Hessen-Darmstadt.

35 Art. 18 lit. b 1. der Deutschen Bundesakte.

36 Frotscher, Pieroth, *Verfassungsgeschichte* (Anm. 29), § 14, Randnummer 453 ff.; Willoweit, Schlinker, *Deutsche Verfassungsgeschichte* (Anm. 32), § 35, Randnummer 16.

37 Art. 109 ff. der Weimarer Reichsverfassung, siehe Christoph Gusy, *Die Weimarer Reichsverfassung*, Tübingen 1997, S. 272 ff.; Walter Pauly, *Grundrechtslaboratorium Weimar*, Tübingen 2004; Christoph Gusy, *100 Jahre Weimarer Verfassung*, Tübingen 2018, S. 237 ff.

38 Stellvertretend sei etwa die Diskussion um die Meinungsfreiheit genannt, siehe Karl Rothenbücher und Rudolf Smend, *Das Recht der freien Meinungsäußerung, Verhandlungen der Tagung der Vereinigung der Deutschen Staatsrechtslehrer zu München am 24. und 25. März 1927*, Berlin 1928, S. 6 ff.

39 Siehe Gusy, *100 Jahre Weimarer Verfassung* (Anm. 37), S. 240 ff.

40 Art. 79 Grundgesetz statuiert einen änderungsfesten Verfassungskern, der auch die Menschenwürde, das Rechtsstaatsprinzip und das Demokratieprinzip umfasst. Verfassungsfeindliche Vereinigungen und Parteien können vom Verfassungsschutz überwacht und verboten werden; außerdem ist es zulässig, von den Staatsdienern ein besonderes Maß an Verfassungsloyalität zu verlangen (vgl. Art. 9 Abs. 2, Art. 21 Abs. 2. Art. 33 Abs. 5 Grundgesetz).

41 Art. 93 Abs. 1 Nr. 2 und 4, Art. 100 Abs. 1 Grundgesetz.

42 Matthias Jestaedt, Oliver Lepsius, Christoph Möllers, Christoph Schönberger, *Das entgrenzte Gericht. Eine kritische Bilanz nach sechzig Jahren Bundesverfassungsgericht*, Berlin 2011.

43 Mathias Hong, Nele Matz-Lück (Hg.), *Grundrechte und Grundfreiheiten im Mehrebenensystem – Konkurrenzen und Interferenzen*, Berlin 2011.

44 Art. 4 Abs. 1 und 2 Grundgesetz: »(1) Die Freiheit des Glaubens, des Gewissens und die Freiheit des religiösen und weltanschaulichen Bekenntnisses sind unverletzlich. (2) Die ungestörte Religionsausübung wird gewährleistet.«

45 Bundesverfassungsgericht BVerfGE 12, 45 (55) [1960].

46 Vgl. die gewissensbedingte Ablehnung von Tierversuchen im Biologiestudium, die von der Gewissensfreiheit umfasst ist, aber zum Ausgleich mit der Lehrfreiheit der Hochschullehrer gebracht werden muss, Bundesverfassungsgericht, in: *Neue Zeitschrift für Verwaltungsrecht*, 2000, S. 909.

47 Vgl. Christoph Link, *Kirchliche Rechtsgeschichte*, München ³2017; Antje von Ungern-Sternberg, »Religionsverfassungsrecht«, in: Matthias Herdegen, Johannes Masing, Ralf Poscher, Klaus Ferdinand Gärditz, *Handbuch des Verfassungsrechts*, München 2021, C I., III. und G.

48 Lothar Michael, Martin Morlok, *Grundrechte*, ⁷2020, Randnummer 190 ff.

49 Zur Begriffsgeschichte siehe Heinrich Scholler, »Zum Verhältnis von der (inneren) Gewissensfreiheit zur (äußeren) religiösen Bekenntnis- und Kultusfreiheit«, in: Birtsch (Hg.), *Grund- und Freiheitsrechte im Wandel* (Anm. 28), S. 183 ff.; differenzierend Lecler, »Die Gewissensfreiheit« (Anm. 25), S. 357 ff.

50 Grundlegend BVerfGE 24, 236 (246) [1968] – Lumpensammler: Freiheit zu karitativer Sammlung und entsprechender Kanzelwerbung; BVerfGE 32, 98 (106) [1971] – Gesundbeter: keine Verurteilung wegen unterlassener Hilfeleistung, wenn Ehemann gemeinsam mit der Frau um Gesundung betet, statt auf eine Behandlung hinzuwirken.

51 Antje von Ungern-Sternberg, »Religionsverfassungsrecht« (Anm. 46), F.V.3.

52 Bundesverfassungsgericht, in: *Neue Juristische Wochenschrift*, 2020, S. 1049.

53 Karl-Hermann Kästner: »Hypertrophie des Grundrechts auf Religionsfreiheit?«, in: *Juristenzeitung*, 53 (1998), S. 974.

54 Ausführlich Dreier, *Staat ohne Gott* (Anm. 11), S. 63 ff.; Antje von Ungern-Sternberg, *Religionsfreiheit in Europa*, Tübingen 2008, S. 7 ff.; dies., »Religionsverfassungsrecht« (Anm. 46), C.I., II.

55 Pointiert Dreier, *Staat ohne Gott* (Anm. 11), S. 64 ff.

56 §§ 23 f. des Augsburger Reichsabschieds.

57 Martin Heckel, *Deutschland im konfessionellen Zeitalter*, Göttingen 1983, S. 48; Axel von Campenhausen, »Religionsfreiheit«, in: Josef Isensee, Paul Kirchhof (Hg.), *Handbuch des Staatsrechts*, Bd. VI, Heidelberg ²2001, § 157, Randnummer 15.

58 Dreier, *Staat ohne Gott* (Anm. 11), S. 70 f.; eingehend Stefan Ehrenpreis, Bernhard Ruthmann, »Jus reformandi – jus emigrandi«, in: Michael Weinzierl (Hg.), *Individualisierung, Rationalisierung, Säkularisierung*, München 1997, S. 67 ff.; Matthias Asche, »Auswanderungsrecht und Migration aus Glaubensgründen«, in: Heinz Schilling, Heribert Smolinsky (Hg.), *Der Augsburger Religionsfrieden 1555. Wissenschaftliches Symposion aus Anlaß des 450. Jahrestages des Friedensschlusses, Augsburg 21. bis 25. September 2005*, Münster 2007, S. 75 ff.

59 Dreier, *Staat ohne Gott* (Anm. 11), S. 70 f., 76.

60 Art. V, § 34 Instrumentum Pacis Osnabrugensis: »Ferner ist beschlossen worden, daß jene der Augsburgischen Konfession anhangenden Untertanen von Katholiken, sowie auch die katholischen Untertanen von Ständen Augsburgischer Konfession, die zu keiner Zeit des Jahres 1624 ihren Glauben öffentlich oder auch privat üben durften, und auch die, welche nach der Verkündigung des Friedens inskünftig eine andere Religion bekennen oder annehmen werden als ihr Landesherr, nachsichtig geduldet und nicht gehindert werden sollen, sich mit freiem Gewissen zu Hause ihrer Andacht ohne Nachforschung oder Beunruhigung privat zu widmen, in der Nachbarschaft aber wo und sooft sie es wollen am öffentlichen Gottesdienst teilzunehmen oder ihre Kinder auswärtigen Schulen ihrer Religion oder zu Hause Privatlehrern zur Erziehung anzuvertrauen …«.

61 Art. V, § 34 des Instrumentum Pacis Osnabrugensis spricht von »freiem Gewissen« *(conscientia libera)*, Art. VII, § 1 zur Gleichstellung des reformierten Bekenntnisses von »Gewissensfreiheit« *(conscientia libertate)*.

62 Ebenso, aber mit Hinweis auf die zeitgenössische Einordnung als bloßen Appell ohne Rechtsverbindlichkeit bei Link, *Kirchliche Rechtsgeschichte* (Anm. 47), § 15, Randnummer 8.

63 Etwa mit dem Potsdamer Toleranzedikt von 1685, das die Ansiedlung der aus Frankreich fliehenden Hugenotten ermöglichte; vgl. hierzu insgesamt Hermann Conrad, »Religionsbann, Toleranz und Parität am Ende des alten Reiches«, in: Heinrich Lutz (Hg.), *Geschichte der Toleranz*, Darmstadt 1977, S. 155, 169 ff.; Joachim Whaley, »A Tolerant Society?«, in: Ole P. Grell, Roy Porter (Hg.), *Toleration in Enlightenment Europe*, Cambridge (UK)/New York 1999, S. 175 ff.; Wolf-Friedrich Schäufele, »Die Konsequenzen des Westfälischen Friedens für den Umgang mit religiösen Minderheiten in Deutschland«, in: Günter Frank, Jörg Haustein, Albert de Lange (Hg.), *Asyl, Toleranz und Religionsfreiheit*, Göttingen 2000, S. 121, 133 ff.; Barbara Dölemeyer, »Sonderrechte reformierter Flüchtlingsgemeinden und ihre Behauptung über die Jahrhunderte«, in: Hartmut Lehmann (Hg.), *Multireligiosität im Vereinten Europa*, Göttingen 2003, S. 16.

64 Zweiter Teil, 11. Titel, § 2.

65 Zweiter Teil, 11. Titel, § 3; hierzu Dreier, *Staat ohne Gott* (Anm. 11), S. 78 ff.; Frotscher, Pieroth, *Verfassungsgeschichte* (Anm. 29), § 5, Randnummer 146 ff.; Willoweit, Schlinker, *Deutsche Verfassungsgeschichte* (Anm. 32), § 26 IV.

66 Vgl. Stollberg-Rilinger, *Die Aufklärung* (Anm. 16), S. 209 ff.

67 § 18 der Verfassung für das Großherzogtum Baden 1818 (gleicher Schutz für »Gottesverehrung«); § 9 Abs. 1 der Verfassung für das Königreich Bayern 1818 (»einfache Haus-Andacht«); Art. 22 der Verfassung für das Großherzogtum Hessen(-Darmstadt) 1820; § 30 Satz 1 der Verfassung für das Kurfürstentum Hessen(-Kassel) 1831 (»Religions-Übung«); § 31 der Verfassungsurkunde für das Königreich Sachsen 1831 (»Gottesverehrung« nach gesetzlicher Maßgabe); § 30 Abs. 1 des Grundgesetzes des Königreiches Hannover 1833 (»Religionsübungen mit den Seinigen in seinem Hause«).

68 Art. 16 der Deutschen Bundesakte 1815; Überblick bei Hermann Fürstenau, *Das Grundrecht der Religionsfreiheit nach seiner geschichtlichen Entwicklung und heutigen Geltung in Deutschland,* Leipzig 1891, S. 120 ff.

69 Ebd., S. 158 ff.

70 § 144 der Paulskirchenverfassung: »Jeder Deutsche hat volle Glaubens- und Gewissensfreiheit. Niemand ist verpflichtet, seine religiöse Überzeugung zu offenbaren.« § 145: »Jeder Deutsche ist unbeschränkt in der gemeinsamen häuslichen und öffentlichen Übung seiner Religion. Verbrechen und Vergehen, welche bei Ausübung dieser Freiheit begangen werden, sind nach dem Gesetze zu bestrafen.«; vgl. Heinrich Scholler, *Die Grundrechtsdiskussion in der Paulskirche,* Darmstadt 1973, S. 142 ff.

71 Art. 12 der Preußischen Verfassung von 1850; Fürstenau, *Das Grundrecht der Religionsfreiheit* (Anm. 69), S. 195 ff.; Dreier, *Staat ohne Gott* (Anm. 11), S. 85 ff.

72 Dreier, *Staat ohne Gott* (Anm. 11), S. 88 f.; Frotscher, Pieroth, *Verfassungsgeschichte* (Anm. 29), § 14.

73 Art. 135 der Weimarer Reichsverfassung: »Alle Bewohner des Reichs genießen volle Glaubens- und Gewissensfreiheit. Die ungestörte Religionsübung wird durch die Verfassung gewährleistet und steht unter staatlichem Schutz. Die allgemeinen Staatsgesetze bleiben hiervon unberührt.«

74 Art. 137 Abs. 7 der Weimarer Reichsverfassung. Die Bestimmung bezog sich zwar nur auf die Rechte der Religionsgesellschaften, aber »irreligiöse« und »antireligiöse« Überzeugungen sah man auch vom Individualrecht der Religionsfreiheit umfasst, siehe Gerhard Anschütz, »Die Religionsfreiheit«, in: ders., Richard Thoma (Hg.), *Handbuch des Deutschen Staatsrechts,* Bd. 2, Tübingen 1932, § 106, S. 681.

75 Zum Eid siehe Art. 136 Abs. 4 und 177, zum Religionsunterricht siehe Art. 149 Abs. 2 der Weimarer Reichsverfassung.

76 Wolfgang Benz, *Geschichte des Dritten Reiches,* München 2000, S. 109 ff.; 127 ff.; Link, *Kirchliche Rechtsgeschichte* (Anm. 47), § 29, Randnummer 20 ff.

77 Klaus-Berto von Doemming, Rudolf Füsslein, Werner Matz, *Entstehungsgeschichte der Artikel des Grundgesetzes. Jahrbuch des Öffentlichen Rechts der Gegenwart,* 1, Tübingen 1951, S. 1, 73 ff.

1 »Allgemeine Erklärung der Menschenrechte vom 10. Dezember 1948«, abgedruckt in: K. Peter Fritzsche, *Menschenrechte. Eine Einführung mit Dokumenten,* Paderborn u.a. ²2009, S. 231-236, S. 231.
2 Georg Jellinek, *Die Erklärung der Menschen- und Bürgerrechte. Ein Beitrag zur modernen Verfassungsgeschichte,* Berlin ⁴1927.
3 Zusammenfassend zu dieser Debatte: Roman Schnur (Hg.), *Zur Geschichte der Erklärung der Menschenrechte,* Darmstadt 1964, S. 78-112, S. 113-128; Michael Stolleis, »Georg Jellineks Beitrag zur Entwicklung der Menschen- und Bürgerrechte«, in: Stanley L. Paulson, Martin Schulte (Hg.), *Georg Jellinek: Beiträge zu Leben und Werk,* Tübingen 2000, S. 103-116; Jens Kersten, *Georg Jellinek und die klassische Staatslehre,* Tübingen 2000; Hans Joas, *Die Sakralität der Person. Eine neue Genealogie der Menschenrechte,* Berlin 2011, S. 40-54.
4 Vgl. Dieter Gosewinkel, »Die Herausforderung des Universalismus. Ein historischer Abriss der Menschenrechtskritik«, in: ders., Annette Weinke (Hg.), *Menschenrechte und ihre Kritiker. Ideologien, Argumente, Wirkungen,* Göttingen 2019, S. 27-51.
5 Vgl. hierzu den Beitrag von Jan Stievermann in diesem Band.
6 Jellinek, *Erklärung der Menschen- und Bürgerrechte* (Anm. 2), S. 57.
7 Linde Lindkvist, *Religious Freedom and the Universal Declaration of Human Rights,* Cambridge 2017, S. 5.
8 Unter »menschenrechtlicher Sprache« wird hier der Bezug auf die Idee vorstaatlicher, unveräußerlicher, potenziell universeller, subjektiver und individuell einklagbarer Rechte verstanden.
9 Vgl. Annette Weinke, »Vom ›Nie wieder‹ zur diskursiven Ressource. Menschenrechte als Strukturprinzip internationaler Politik seit 1945«, in: dies., Norbert Frei (Hg.), *Toward a New Moral World Order? Menschenrechtspolitik und Völkerrecht seit 1945,* Göttingen 2013, S. 12-39.
10 Jan Eckel, »Vieldeutige Signatur. Menschenrechte in der Politik des 20. Jahrhunderts«, in: Martin Sabrow, Peter Ulrich Weiß (Hg.), *Das 20. Jahrhundert vermessen. Signaturen eines vergangenen Zeitalters,* Bonn 2017, S. 284-304, 285.
11 Ebd., S. 286.
12 »Charta der Vereinten Nationen vom 26. Juni 1945«, in: Bundeszentrale für politische Bildung (Hg.), *Menschenrechte. Dokumente und Deklarationen,* Bonn ⁴2004, S. 42-52.
13 Neben der Sowjetunion enthielten sich u.a. auch Polen, ČSSR, Saudi-Arabien und Südafrika der Stimme.
14 Artikel 18 der »Allgemeinen Erklärung der Menschenrechte vom 10. Dezember 1948«, in: K. Peter Fritzsche, *Menschenrechte* (Anm. 1), S. 54-59, 57.
15 Zitiert nach Anna Su, »Woodrow Wilson and the Origins of the International Law of Religious Freedom«, in: *Journal of the History of International Law,* 15, 2 (2013), S. 235-268, 239.
16 Ebd., S. 240.
17 Hans G. Kippenberg, *Regulierungen der Religionsfreiheit. Von der Allgemeinen Erklärung der Menschenrechte zu den Urteilen des Europäischen Gerichtshofs für Menschenrechte,* Baden-Baden 2019, S. 26.
18 Malcom D. Evans, *Religious Liberty and International Law in Europe,* Cambridge 1997, S. 104-124.
19 Taina Tuori, »From the League of Nations mandates to decolonization: a brief history of rights«, in: Pamela Slotte, Miia-Halme Tuomisaari (Hg.), *Revisiting the Origins of Human Rights,* Cambridge 2015, S. 267-292.
20 Jan Herman Burgers, »The Road to San Francisco: The Revival of the Human Rights Idea in the Twentieth Century«, in: *Human Rights Quarterly,* 14 (1992), S. 449-477.
21 Zitiert nach Lindkvist, *Religious Freedom* (Anm. 7), S. 1
22 James Loeffler, *Rooted Cosmopolitans. Jews and Human Rights in the Twentieth Century,* New Haven 2018, S. 107.
23 Robert Brier, »From Emancipation to Transcendence? Dignity, Catholicism, and the Changing Imageries of Humanity in Post-War Europe«, in: Fabian Klose, Mirjam Thulin (Hg.), *Humanity. A History of European Concepts in Practice from the Sixteenth Century to the Present,* Göttingen 2016, S. 131-148, 137.
24 So aber Kippenberg, *Regulierungen* (Anm. 17), S. 28
25 Zitiert nach Anna Su, *Exporting Freedom: Religious Liberty and American Power,* Cambridge (Mass.)/London 2016, S. 66.
26 Ebd., S. 86.
27 Lindkvist, *Religious Freedom* (Anm. 7), S. 6.
28 Ebd., S. 22.
29 Johannes Morsink spricht von einem »konsensualen säkularen Humanismus«; Johannes Morsink, »The philosophy of the Universal Declaration«, in: *Human Rights Quarterly,* 6, 3 (1984), S. 309-334, 334.
30 Joas, *Sakralisierung* (Anm. 3), S. 280; vgl auch Heiner Bielefeldt/Nazila Ghanea/Michael Wiener, *Freedom of Religion or Belief. An International Law Commentary,* Oxford 2016.
31 Marco Duranti, *The Conservative Human Rights Revolution. European Identity, Transnational Politics, and the Origins of the European Convention,* Oxford 2016.
32 Linde Lindkvist, »The Politics of Article 18: Religious Liberty in the Universal Declaration of Human Rights«, in: *Humanity,* 4, 3 (2013), S. 429-447.
33 Zitiert nach Lindkvist, *Religious Freedom* (Anm. 7), S. 55.
34 Steven Jensen, *The Making of International Human Rights. The 1960s, Decolonization, and the Reconstruction of Global Values,* Cambridge 2016, S. 41.
35 Katharina Kunter, »›Der Glaube braucht nur Gnadenrechte‹. Die Kritik der Kirchen an den Menschenrechten«, in: Gosewinkel, Weinke (Hg.), *Menschenrechte und ihre Kritiker* (Anm. 4), S. 157-170; Bastiaan Bouwman, »From religious freedom to social justice: the human rights engagement of the ecumenical movement from the 1940s to the 1970s«, in: *Journal of Global History,* 13 (2018), S. 252-273.
36 Bouwman, *Ecumenical Movement* (Anm. 35), S. 272.
37 Evans, *Liberty and International Law* (Anm. 18), S. 144.
38 Howard J. Ehrlich, »The Swastika Epidemic of 1959-60: Anti-Semitism and Community characteristics«, in: *Social Problems,* 9, 3 (1962), S. 264-272.
39 Die Zahl der weltweiten Vorfälle wurde auf 2500 geschätzt.
40 Loeffler, *Rooted Cosmopolitans* (Anm. 22), S. 238.
41 Jensen, *Making of International Human Rights* (Anm. 34), S. 104.
42 »Schlussakte der Konferenz über Sicherheit und Zusammenarbeit in Europa vom 1. August 1975«, in: *Menschenrechte,* S. 423-443, 423.
43 Jensen, *Making of International Human Rights* (Anm. 34), S. 228.
44 Su, *Exporting Freedom* (Anm. 25), S. 131.
45 Vgl. Peter Ridder, »Die Menschenrechtspakte«, in: Arbeitskreis Menschenrechte im 20. Jahrhundert (Hg.), *Quellen zur Geschichte der Menschenrechte,* 2015, online www.geschichte-menschenrechte.de/menschenrechtspakete/ (8.4. 2020).
46 Kippenberg, *Regulierungen* (Anm. 17), S. 20.
47 Su, *Exporting Freedom* (Anm. 25), S. 2.
48 Evans, *Liberty and International Law* (Anm. 18), S. 370.
49 Samuel Moyn, *Christian Human Rights. Intellectual History of the Modern Age,* Philadelphia 2015, S. 167.

1 WA 7, S. 838, zitiert nach: Martin Luther, *Ausgewählte Schriften,* hg. von Karin Bornkamm, Gerhard Ebeling, Bd. I: Aufbruch zur Reformation, übers. von Kurt-Victor Selge, Frankfurt am Main/Leipzig 1995, S. 269; vgl. auch Kurt-Victor Selge, »Capta conscientia in verbis Dei. Luthers Widerrufsverweigerung in Worms«, in: Fritz Reuter (Hg.): *Der Reichstag zu Worms von 1521. Reichspolitik und Luthersache,* Worms 1971, S. 180–207.

2 Belege bei Otto Hermann Pesch: »›Das heißt eine neue Kirche bauen‹. Luther und Cajetan in Augsburg«, in: Max Seckler (Hg.), *Begegnung. Beiträge zu einer Hermeneutik des ökumenischen Gesprächs.* Heinrich Fries gewidmet von Freunden, Schülern und Kollegen, Graz/Wien/Köln 1972, S. 646 mit Anm. 5.

3 Zur katholischen Dogmenhermeneutik siehe als eine der jüngsten Äußerungen: Georg Essen, Magnus Striet, *Nur begrenzt frei? Katholische Theologe zwischen Wissenschaftsanspruch und Lehramt,* Freiburg im Breisgau u. a. 2019.

4 Vgl. Bernard Lewis, Friedrich Niewöhner (Hg.), *Religionsgespräche im Mittelalter,* Wiesbaden 1992.

5 Vgl. hierzu auch das erste Stück: »›Die Luther überkommenen Aussagen über das Gewissen‹ bei Emanuel Hirsch«, in: Hans Martin Müller (Hg.), *Lutherstudien,* Bd. 1, Waltrop 1998, S. 11–108.

6 Werner Bergmann, *Innovationen im Quadrivium des 10. und 11. Jahrhunderts. Studien zur Einführung von Astrolab und Abakus im lateinischen Mittelalter* (= Sudhoffs Archiv, Beiheft 26), Stuttgart 1985; James Hannam: *God's Philosophers – How the Medieval World Laid the Foundations of Modern Science,* London 2009; Hans-Henning Kortüm, »Gerbertus qui et Silvester. Papsttum um die Jahrtausendwende«, in: *Deutsches Archiv für Erforschung des Mittelalters,* Bd. 55, Köln u. a. 1999, S. 29–62; ders., »Silvester II.«, in: *Neue Deutsche Biographie (NDB),* Bd. 24, Berlin 2010, 415 f.; Uta Lindgren, *Gerbert von Aurillac und das Quadrivium. Untersuchungen zur Bildung im Zeitalter der Ottonen* (= *Sudhoffs Archiv,* Beiheft 18), Wiesbaden 1976; Volker Gallé (Hg.), »*Über den Gebrauch der Vernunft – Theologie, Philosophie und Kunst im Zentrum Europas um 1000,* Worms 2020.

7 Chiara Frugoni, *Das Mittelalter auf der Nase. Brillen, Bücher, Bankgeschäfte und andere Erfindungen des Mittelalters,* München 2003.

8 Mirko Breitenstein, Stefan Burckhardt, Julia Dücker (Hg.), *Innovation in Klöstern und Orden des Hohen Mittelalters. Aspekte und Pragmatik eines Begriffs,* Berlin 2012.

9 Jacques Le Goff, *Die Geburt des Fegefeuers,* Stuttgart 1984; s. a. Hagen Keller, »Die Verantwortung des Einzelnen und die Ordnung der Gemeinschaft. Zum Wandel gesellschaftlicher Werte im 12. Jahrhundert«, in: *Frühmittelalterliche Studien,* 40 (2006), S. 183–197; Gert Melville, Bernd Schneidmüller, Stefan Weinfurter (Hg.), *Innovation durch Deuten und Gestalten. Klöster im Mittelalter zwischen Jenseits und Welt,* Regensburg 2014.

10 Eva Schlotheuber, »Norm und Innerlichkeit. Zur problematischen Suche nach den Anfängen der Individualität«, in: Zeitschrift für Historische Forschung, 31, 3 (2004), S. 329–358. Mit Blick auf die Klostergemeinschaften s. a. Gert Melville, Markus Schürer (Hg.), *Das Eigene und das Ganze. Zum Individuellen im mittelalterlichen Religiosentum,* Münster 2002.

11 Eirik Hovden, Christina Lutter, Walter Pohl (Hg.): *Meanings of Community across Medieval Eurasia: Comparative Approaches,* Leiden 2016.

12 Vgl. dazu ausführlicher Friedhelm Krüger, Art. »Gewissen III (Mittelalter und Reformationszeit)«, in: Theologische Realenzyklopädie, Bd. 13, S. 219–221; vgl. auch Gerhard Krieger, Art. »Gewissen/-sfreiheit«, in: Lexikon des Mittelalters, Bd. 4, München 2002, S. 1424–1426.

13 PL 25,22b.

14 Hendrik G. Stoker, Das Gewissen. Erscheinungsformen und Theorien, Bonn 1925, S. 4.

15 Ludger Honnefelder spricht in diesem Zusammenhang von einem »begriffs- und problemgeschichtlichen Glücksfall« insofern, als *conscientia* und *synderesis* mit unterschiedlichen Semantiken sprechen konnten. Analytisch lässt sich zwischen einer habituellen Gewissensanlage (*synderesis*), die zur Disposition des Menschen gehört, von einem konkreten Gewissensakt (*conscientia*) unterscheiden. Darin erkennt Honnefelder ein Grundmotiv der folgenden Debatten, welches langfristig das Gewissen zu einem maßgeblichen Moment des europäischen Bewusstseins werden ließ, vgl. Ludger Honnefelder: »Conscientiae sive Ratio. Thomas von Aquin und die Entwicklung des Gewissensbegriffs«, in: Joseph Szövérffy (Hg.), *Mittelalterliche Komponenten des europäischen Bewusstseins – Mittelalterliches Kolloquium im Wissenschaftskolleg zu Berlin, am 27. Januar 1983,* Berlin 1983, S. 8–19.

16 Alle Belege in: Thesaurus linguae latinae, Bd. 4: Con-Cyvlvs, Leipzig 1906–1909, S. 364–368.

17 Vgl. dazu Jacob und Wilhelm Grimm, Art. »Gewissen IV«, in: dies., Deutsches Wörterbuch, Bd. 6, bearb. von Hermann Wunderlich, München 1984, Sp. 6219–6628. Zu Notker siehe Peter Ochsenbein, Art. »Notker der Deutsche«, in: Historisches Lexikon der Schweiz online, https://hls-dhs-dss.ch/de/articles/012187/2011-11-03/ (20.8.2019), sowie Anna A. Grotans, Art. »Notker Labeo«, in: Neue Deutsche Biographie (NDB), Bd. 19, Berlin 1999, S. 362–364.

18 Vgl. Hans Reiner, Art. »Gewissen«, in: Joachim Ritter (Hg.): Historisches Wörterbuch der Philosophie, Bd. 3, Basel 1974, Sp. 574–592.

19 Vgl. Jörn Müller, »Zwischen Vernunft und Willen: Das Gewissen in der Diskussion des 13. Jahrhunderts«, in: Günther Mensching (Hg.), Radix totius libertatis. Zum Verhältnis von Willen und Vernunft in der mittelalterlichen Philosophie, Würzburg 2011, S. 19–42; ders., Willensschwäche in Antike und Mittelalter. Eine Problemgeschichte von Sokrates bis Johannes Duns Scotus, Löwen 2009.

20 Krueger (wie Anm. 12), 221.

21 Summa Theologiae I-II (erster Band des zweiten Teils), quaestio 19, articulus 5f. Die deutsche Thomas-Ausgabe (Summa theologica), Übers. von Dominikanern u. Benediktinern Deutschlands u. Österreichs, vollst., ungekürzte dt.-lat. Ausg., Graz u.a.: Styria, früher teilw. im Pustet-Verl., Salzburg, teilw. im Kerle-Verl., Heidelberg u. Verl. Styria Graz, Wien, Köln, 1933ff., 34 Bde.; Quaestio de veritate. Sancti Thomae de Aquino q 17,4: conscientia erronea invincibilis. (https://www.corpusthomisticum.org/qdv01.html); für die deutsche Übersetzung siehe: Über die Wahrheit: Quaestiones Disputatae de Veritate (Deutsche Übersetzung von Edith Stein), Wiesbaden 2013

22 Der Gedanke der dem Menschen wesenhaft eingezeichneten allgemeinen Regeln seines Tuns wird preisgegeben, Krieger (vgl. Anm. 12) 1425. Vgl. auch Ludger Honnefelder, »Praktische Vernunft und Gewissen«, in: Handbuch der christlichen Ethik, Bd. 3: Wege ethischer Praxis heute, Gütersloh 1982, S. 19–43.

23 De ver. q 17,5. (Anm. 21).

24 Migne Patrologia Latina 1855 vol 178 Garnier, editores et J.-P. Migne successores, excudebat Sirou, columna 653 Teilüberschrift des Werkes Ethica seu liber dictus Scito te ipsum zu cap. XIII: Non est peccatum nisi contra conscientiam.

25 Meister Eckhard: Lateinische Werke Band II: *Magistri Echardi expositio libri Exodi, sermones et lectiones super Ecclesiastici cap. 24, expositio libri Sapientiae, expositio Cantici*

Canticorum cap. 1,6, hg. von Heribert Fischer, Josef Koch, Konrad Weiß, Stuttgart 1992 S. 428f.; ders.: *Predigten,* hg. von Josef Quint, Stuttgart 1958 (Nachdruck 1986), S. 332ff.

26 Jean Gerson, *Œuvres Complètes,* hg. von Palémon Glorieux, Paris 1960ff. (Nachdruck Hildesheim 1987) III: *opera moralia: De mystica Theologia,* S. 261.

27 »Sermon, Jacob autem« in: Jean Gerson, *Œuvres Complètes,* hg. von Palémon Glorieux, Paris 1960ff. (Nachdruck Hildesheim 1987), Bd. V: *Monumenta omnia quae spectant ad condemnationem,* S. 359f.

28 *Collectorium circa quattuor libros Sententiarium,* hg. von Wilfridus Werbeck und Udo Hofmann, Bd. II, Tübingen 1984.

29 Vgl. dazu Thomas F.X. Noble, John van Engen (Hg.), *European Transformations. The Long Twelfth Century,* Notre Dame (Ind.) 2012.

30 Mirko Breitenstein, Jörg Sonntag, »Das Gewissen und das Spiel. Zwei Innovationsfelder des Mittelalters«, in: *Denkströme. Journal der Sächsischen Akademie der Wissenschaften,* 17 (2017), S. 96-113, S. 108.

31 Pierre Hadot, *Philosophie als Lebensform. Antike und moderne Exerzitien der Weisheit,* Frankfurt am Main ²2005, S. 170f.; Theo Kobusch, *Christliche Philosophie. Die Entdeckung der Subjektivität,* Darmstadt 2006, S. 118-123.

32 *In tua enim conscientia aedificatur alterius conscientia,* siehe Petrus Cellensis: »De conscientia«, in: Jean Leclercq, *La Spiritualité de Pierre de Celle (1115–1183),* Paris 1946, S. 216. Ähnlich Bernhard von Clairvaux, »Ad clericos de conversione«, in: *Bernhard von Clairvaux. Sämtliche Werke,* Bd. IV, hg. von Gerhard Winkler, Innsbruck 1993, S. 193 (XI. 19).

33 *Conscientia dicitur facies animae ... Id est conscientiam maculis peccatorum foedatam. Et dicitur conscientiea facies ratione diversificationis; quia tot homines non est dare duas facies omnimodo similes, quod mirum est; ita nec duas conscientias omnino similes, id est in omnibus idem sentientes. Sancti Antonini Archiepiscopi Florentini Summa Ordinis Praedicatorum Summa Theologica,* Bd. 1, Verona 1740, tit. III, cap. 10, Sp. 179.

34 Vgl. dazu auch Niklas Luhmann, »Die Gewissensfreiheit und das Gewissen«, in: *Archiv des öffentlichen Rechts,* 90 (1965), S. 257-186.

35 Vgl. Jean Leclercq, *Wissenschaft und Gottverlangen. Zur Mönchstheologie des Mittelalters,* Düsseldorf 1963; Caroline W. Bynum, *»Docere verbo et exemplo«. An Aspect of Twelfth-Century Spirituality,* Missoula (Mont.) 1979.

36 Vgl. Georg Wieland, »Rationalisierung und Verinnerlichung. Aspekte der geistigen Physiognomie des 12. Jahrhunderts«, in: Jan P. Beckmann, Ludger Honnefelder, Gangolf Schrimpf (Hg.): *Philosophie im Mittelalter. Entwicklungslinien und Paradigmen,* Hamburg ²1996, S. 61-79; Gert Melville, »Innovation aus Verantwortung. Kloster und Welt im Mittelalter«, in: Melville, Schneidmüller, Weinfurter (Hg.): *Innovation durch Deuten und Gestalten* (Anm. 9), S. 337-354; dazu auch Keller, »Die Verantwortung des Einzelnen« (Anm. 9).

37 Vgl. Christian Schmidt, »Andacht und Identität. Selbstbilder in Gebetszyklen der Lüneburger Frauenklöster und des Hamburger Beginenkonvents«, in: Mirko Breitenstein u.a. (Hg.): *Identität und Gemeinschaft. Vier Zugänge zu Eigengeschichten und Selbstbildern institutioneller Ordnungen,* Berlin 2016, S. 125-148.

38 Hierzu und zum Folgenden siehe Emanuel Hirsch, *Lutherstudien I,* S. 109-220.

39 WA 8, Schriften 1521/22 (einschließlich Predigten, Disputationen), S. 606, Z. 32-37.

40 »Bestimmt haben wir aus unserem Gewissen nur anklagende Gedanken, da unsere Werke vor Gott ein Nichts sind ... Woher sollen uns dann aber die (Gedanken) kommen, die uns entschuldigen? – Nur von Christus und in Christus. Glaubt einer nämlich an Christus und sein Herz macht ihm Vorwürfe und klagt ihn dadurch an, daß es ein schlechtes Werk gegen ihn zum Zeugen aufruft, so wendet es sich alsbald davon ab, wendet sich Christus zu und sagt: Der hat aber Genugtuung geleistet, er ist gerecht, er ist meine Zuflucht, er ist für mich gestorben, er hat seine Gerechtigkeit zu meiner Gerechtigkeit gemacht und meine Sünde zu seiner Sünde. Wenn er aber seine Gerechtigkeit zu meiner Gerechtigkeit gemacht hat, dann bin ich bereits gerecht durch dieselbe Gerechtigkeit wie er.«, zitiert nach Martin Luther, *Vorlesung über den Römerbrief (1515/1516),* WA 56, S. 204.

41 WA 56, S. 506f.

42 WA 1, S. 630-633. Der volle Titel lautet: »Pro veritate inquirenda et timoratis conscientijs consolandis. Hec sub R. P. Martino Luther Augustiniano disputabunter per vices circulares pro nostro more.« – Zur Bedeutung der Zirkulardisputation in der akademischen Praxis siehe Marion Gindhart, Ursula Kundert (Hg.), *Disputatio 1200–1800. Form, Funktion und Wirkung eines Leitmediums universitärer Wissenskultur,* Berlin 2010; Kenneth Appold, »Disput und Wahrheitsfindung im konfessionellen Zeitalter«, sowie Marian Füssel, »Zweikämpfe des Geistes. Die Disputation als Schlüsselpraxis gelehrter Streitkultur im konfessionellen Zeitalter«, beide in: Henning P. Jürgens, Thomas Weller (Hg.), *Streitkultur und Öffentlichkeit im Konfessionellen Zeitalter,* Mainz 2013, S. 149-157, 158-178.

43 WA Briefe 2, S. 315 (Brief an den Wormser Reichstag vom 21. April 1521).

44 Dazu Stefan Alkier (Hg.), *Sola Scriptura,* Tübingen 2019, sowie Alexander Kupsch, *Martin Luthers Gebrauch der Heiligen Schrift. Untersuchungen zur Schriftautorität in Gottesdienst und gesellschaftlicher Öffentlichkeit,* Tübingen 2019.

45 Vgl. Bernhard Lohse, »›Gesetz und Gnade‹ – ›Gesetz und Evangelium‹. Die reformatorische Neuformulierung eines Themas der patristischen Theologie«, in: ders., *Evangelium in der Geschichte.* Band 2: *Studien zur Theologie der Kirchenväter und zu ihrer Rezeption in der Reformation, aus Anlaß des 70. Geburtstages des Autors* hg. von Gabriele Borger, Corinna Dahlgrün, Otto Hermann Pesch und Markus Wriedt, Göttingen 1998, S. 231-254.

46 *Bekenntnisschriften der Evangelisch-Lutherischen Kirche. Vollständige Neuedition,* hg. von Irene Dingel, Göttingen 2014, Bd. 1, S. 1160-1162.

47 Vgl. Kurt-Victor Selge, *Normen der Christenheit im Streit um Ablaß und Kirchenautorität 1518,* Habilitationsschrift Heidelberg 1969; ders., »Das Autoritätengefüge der westlichen Christenheit im Lutherkonflikt 1517 bis 1521«, in: *Historische Zeitschrift,* 223 (1976) S. 591-617.

48 Vgl. dazu auch Dietrich Korsch, *Glaubensgewissheit und Selbstbewusstsein. Vier systematische Variationen über Gesetz und Evangelium,* Tübingen 1989, sowie Ulrich Barth, »Das Verständnis von Luthers Rechtfertigungslehre bei Holl«, in: ders., *Die Christologie Emanuel Hirschs. Eine systematische und problemgeschichtliche Darstellung ihrer geschichtsmethodologischen, erkenntniskritischen und subjektivitätstheoretischen Grundlagen,* Berlin 1992, S. 19-40. – Die Ausführungen beziehen sich auf Holls Rede zur 400. Wiederkehr des Reformationstages am 31. Oktober 1917 unter dem Titel »Was verstand Luther unter Religion«, in: ders., *Gesammelte Aufsätze zur Kirchengeschichte,* Bd. I: Luther, Tübingen ⁶1932, S. 1-110. Siehe weiterhin Heinrich Assel, *Der andere Aufbruch: Die Lutherrenaissance – Ursprünge, Aporien und Wege: Karl Holl, Emanuel Hirsch, Rudolf Hermann (1910-1935),* Göttingen 1994; Christine Helmer, Bo Kristian Holm (Hg.): *Lutherrenaissance Past and Present,* Göttingen 2015.

Volker Gerhardt: Das Gewissen des Kaisers

1 Ich zitiere nach dem Text in Karin Bornkamm und Gerhard Ebeling (Hg.), *Martin Luthers Werke,* Frankfurt am Main 1982, Bd. 1, S. 265–269.

2 Dazu höchst aufschlussreich Heinz Schilling, *Martin Luther. Rebell in einer Zeit des Umbruchs. Eine Biographie,* München, 3. Aufl. 2014, S. 218ff. Zum Leben und Wirken Luthers verweise ich auch auf Thomas Kaufmann, *Martin Luther,* München ⁵2017.

3 Die biografischen Details entnehme ich der Biografie von Alfred Kohler, *Karl V. 1500–1558.* München 1999.

4 Siehe Anm. 7 und 8.

5 Diese Debatte kann hier lediglich angedeutet werden. Näheres siehe v. Verf.: »Freiheit in der Reformation. Erasmus und Luther im paradigmatischen Streit«, in: Jörg Noller, Georg Sans (Hg.), *Luther und Erasmus über Freiheit,* Freiburg / München 2020, S. 13–36.

6 In der Rede auf dem Reichstag am 18. 4. 1521, a. a. O.: S. 1, 266.

7 Ebd., 269.

8 In: Karin Bornkamm, Gerhard Ebeling (Hg.), *Martin Luther, Ausgewählte Schriften,* Frankfurt am Main 1982, S. 1, 268.

9 Ebd.

10 Hans Wolter, »Das Bekenntnis des Kaisers«, in: Fritz Reuter (Hg.), *Der Reichstag zu Worms. Reichspolitik und Luthersache,* Worms 1971, S. 222–236.

11 S. 226. Die Seitenzahlen der Zitate nach dem Text von Hans Wolter, 1971.

12 S. 226f.

13 Ebd., S. 227.

14 Ebd., S. 227.

15 Ebd., 228.

16 Ebd. Hier also fällt der Name des Reformators.

17 Zum Leben und Wirken Karls siehe Heinz Schilling, *Karl V. Der Kaiser, dem die Welt zerbrach,* München 2020.

18 Platon, *Kriton* 50c–51e.

1 WA 7, S. 870, 27ff.
2 Ebd., S. 877, 1f.
3 Ebd., S. 877, 3ff.
4 So Luther in seiner Marginalie zu 1. Kor 2, WA Bibel 7, S. 93.
5 Vgl. FWB und fwb-online.de für die zitierten Wörterbuchartikel: Ulrich Goebel, Anja Lobenstein-Reichmann, Oskar Reichmann (Hg.), *Frühneuhochdeutsches Wörterbuch*, seit 2013 im Auftrag der Akademie der Wissenschaften zu Göttingen, Berlin/New York 1986ff., online https://fwb-online.de (2.9. 2020).
6 Bolte, Pauli. Schimpf u. Ernst, Bd. 1, S. 164, 10f. Die zitierten Quellen sind hier aus Platzgründen, wenn nicht anders angegeben, nicht durchgängig vollständig, sondern mit Siglen angegeben. Die Auflösungen der Siglen finden sich in FWB, Bd. 1, S. 165ff. sowie in den betreffenden Artikeln, hier http://fwb-online.de/go/gewissen.s.2n_1575700875 (2.9. 2020).
7 WA 17, Bd. 2, S. 147, 18f.
8 Chron. Augsb., Bd. 7, S. 287, 2f.
9 Grossmann, Unrest. Öst. Chron., S. 50, 22ff.
10 Karl Ernst Georges, *Ausführliches lateinisch-deutsches Handwörterbuch*, 2 Bde., Hannover ⁸1913 (Nachdruck Darmstadt 1998), Bd. 1, S. 1501.
11 Cod. Sang. 21, St. Gallen, Stiftsbibliothek, *Translatio barbarica psalterii Notkeri tertii (Althochdeutscher Psalter Notkers des Deutschen)*, S. 224, online https://www.e-codices.ch/de/list/one/csg/0021 (2.9. 2020).
12 Luther, *Hl. Schrifft*, Ps. 67, 5.
13 Lexer, Bd. 1, S. 995.
14 Huldreich Zwingli, *Sämtliche Werke*, Berlin/Leipzig/Zürich, 1905-1991 (Corpus Reformatorum 88-93), Bd. 6, Teilbd. 2, S. 234, 20f., online http://www.irg.uzh.ch/static/zwingli-werke/index.php?n=Werk.125#a234 (2.9. 2020).
15 Hans Reiner, Art. »Gewissen«, in: Joachim Ritter u.a. (Hg.), *Historisches Wörterbuch der Philosophie*, Bd. 3, Basel 1974, Sp. 575-592, 583.
16 Vgl. z.B. Kurrelmeyer, *Dt. Bibel*, 1. Kor. 8, 10.
17 Vgl. z.B. Bihlmeyer, *Seuse*, S. 503, 7f.; Wagner, Erk. Ps.-J. v. Kastl, Kap. 2, 25ff.; allerdings übersetzt die 1531 in Zürich gedruckte »Froschauerbibel«: *Die gantze Bibel. Getruckt zuo Zürich: bey Christoffel Froschouer, im Jar als man zalt 1531*, Grossmünster Zürich, online http://www.e-rara.ch/zuz/doi/10.3931/e-rara-7469 (2.9. 2020) wohl in Analogie zu Luther mit gewissen, nicht mit *conscienz*.
18 Jan Assmann, »Weisheit, Schrift und Literatur im alten Ägypten«, in: Aleida Assmann (Hg.), *Weisheit, Archäologie der literarischen Kommunikation III*, München 1991, S. 475-500, hier S. 489.
19 Kehrein, *Kath. Gesangb.*, Bd. 3, Lied 133, Strophe 6.
20 Luther, *Hl. Schrifft*, Ps. 7, 10; in der Biblia Mentelin 1466, Bd. 7, S. 249: *lancken*; Variante: 14752-1518: *lenden*.
21 Aurelius Augustinus, *Die Bekenntnisse des heiligen Augustinus*, übers. von Otto F. Lachmann, Leipzig 1888 u.ö., Buch VIII, Kap. 8.
22 Charles Taylor, *Quellen des Selbst, Die Entstehung der neuzeitlichen Identität*, Berlin ⁸2012 (erste Auflage: Frankfurt am Main 1996), S. 243.
23 Augustinus, *Bekenntnisse* (Anm. 21), Buch VIII, Kap. 12.
24 Ebd., Buch VIII, Kap. 7.
25 Vgl. auch die Metapher der Exzentrizität bei Helmuth Plessner, *Mit anderen Augen, Aspekte einer philosophischen Anthropologie*, Stuttgart 2009, S. 10.
26 Aurelius Augustinus, *De vera religione/Über die wahre Religion*, Lateinisch/Deutsch, übers. von Wilhelm Thimme, Stuttgart 1983, XXXIX, 72, 202.
27 Sudhoff, *Paracelsus*, Bd. 12, S. 303, 33.
28 Quint, *Eckharts Trakt.*, S. 432, 6ff.
29 Asmussen, *Buch der 7 Grade*, V. 2071ff.
30 Heidegger, *Mythoscopia*, S. 45, 7.
31 WA 22, S. 427, 30f.
32 WA 53, S. 635, 17f.
33 So z. B. Enders, *Eberlin*, Bd. 2, S. 43, 30ff.
34 Zwingli, *Sämtliche Werke* (Anm. 14), Bd. 3, S. 46, 4ff. (26. März 1524).
35 Franck, *Klagbr.*, S. 223, 3ff.
36 WA 8, S. 9, 2f.
37 WA 47, S. 609, 3f.
38 Anderson u.a., *Flugschrr.*, Nr. 19, S. 16, 20.
39 Karsten, *Md. Paraphr. Hiob*, V. 9800.
40 Mieder, Lehmann, *Flor.*, S. 311, 8f
41 Gille u.a., *M. Beheim*, Bd. 1, Stück 140, 27ff.
42 Rieder, *St. Georg. Pred.*, S. 20, 27f.
43 Mieder, Lehmann, *Flor.*, S. 311, 17ff.
44 Ebd., S. 310, 19f.
45 Ebd., S. 310, 18f.
46 WA 22, S. 427, 29ff.
47 Reichmann, *Dietrich. Schrr.*, S. 250, 10ff.
48 Marginalie zu Luther, *Hl. Schrifft*, Kol. 2, 14.
49 WA 8, S. 518, 9.
50 Reichmann, *Dietrich, Schrr.*, S. 256, 21ff.
51 Luther, *Hl. Schrifft*, 2. Kor. 3.
52 WA 28, S. 121, 16ff.
53 Augustinus, *Bekenntnisse* (Anm. 21), Buch VIII, Kap. 11.
54 Enders, *Eberlin*, Bd. 2, S. 81, 26f.
55 Strauch, *Par. anime int.*, S. 50, 38f.
56 Viktor Frankl, *Der Wille zum Sinn*, München 1991, S. 117.
57 Schmidt, *Rud. v. Biberach*, S. 100, 5f.
58 WA 10, Bd. 1, Teilbd. 2, S. 233, 28f.
59 Jostes, *Eckhart*, S. 44, 26f.
60 Eichler, *Ruusbr. obd. Brul.*, Buch 2, Z. 122ff.
61 Augustinus, *Bekenntnisse* (Anm. 21), Buch VIII, Kap. 11.
62 WA 1, S. 275, 11.
63 Luther, *Hl. Schrifft*, Ps. 7, 10.
64 WA 36, S. 366, 34.
65 Bauer, *Imitatio Haller*, S. 71, 6f.
66 Ruh, *Bonaventura*, S. 324, 29ff.
67 Taylor, *Quellen des Selbst* (Anm. 22), S. 239.
68 Ebd., S. 90.
69 Wilfried Härle, »Gewissen, IV: Dogmatisch und ethisch«, in: ders., E. Hermsen, L. Käppel, G. Dautzenberg, R. Mokrosch, Art. »Gewissen«, in: *Religion in Geschichte und Gegenwart online*, http://dx.doi.org/10.1163/2405-8262_rgg4_COM_08623 (2.9. 2020). Vgl. dazu auch: Anja Lobenstein-Reichmann, »Sprachgeschichte als Geschichte menschlicher Beziehungen«, in: dies., Jochen A. Bär, Jörg Riecke (Hg.), *Handbuch Sprache in der Geschichte*, Berlin/Boston 2019, S. 343-369.
70 Karl Jaspers, *Philosophie II: Existenzerhellung*, Berlin ⁴1973, S. 268.

1 Siehe z.B. die Darstellungen von Huib Noordzij, *Handboek van de Reformatie. De Nederlandse kerkhervorming in de zestiende en zeventiende eeuw,* Utrecht 2012, und Herman Selderhuis, »Nederland en de Reformatie na vijfhonderd jaar«, in: Tanja Kootte (Hg.), *De Kracht van Luther,* Zwolle 2017, S. 11–25.

2 Siehe z.B. R. Po-Chia Hsia, Henk van Nierop (Hg.), *Calvinism and Religious Toleration in the Dutch Republic,* Cambridge (UK) 2002; Jesse Spohnholz, »Confessional Coexistence in the Early Modern Low Countries«, in: Thomas Safely (Hg.), *A Companion to Multiconfessionalism in the Early Modern World,* Leiden 2011, S. 47–75.

3 Siehe *De geboortepapieren van Nederland, ingeleid en geduid door Coos Huijsen en Geerten Waling,* Amsterdam 2014, Übersetzung SH.

4 Siehe Olaf Mörke, *Wilhelm von Oranien. Fürst und »Vater« der Republik,* Stuttgart 2007.

5 Siehe Sabine Hiebsch, »The Coming of Age of the Lutheran Congregation in Early Modern Amsterdam«, in: *Journal of Early Modern Christianity,* 3, 1 (2016), S. 3–7; K. G. van Manen (Hg.), *Lutheranen in de Lage Landen. Geschiedenis van een godsdienstige minderheid,* Zoetermeer 2011, S. 47–120.

6 Umfassende Religionsfreiheit für die religiösen Minderheiten gab es ab 1795 in der Batavischen Republik und anschließend im Königreich der Niederlande.

7 Siehe Simon Hart, *Geschrift en Getal: Een keuze uit de demografisch-, economisch, en sociaal-historische studiën op grond van Amsterdamse en Zaanse archivalia, 1600–1800,* Dordrecht 1976, S. 118.

8 Siehe D. Fokkema, *Dutch Culture in a European Perspective,* Bd. 1: 1650: *Hard-Won Unity,* Assen 2004, S. 168.

9 Sabine Hiebsch, »Are the Netherlands a Nordic country? Reflections on understanding the Lutheran tradition in the Netherlands«, in: *Nordlit,* 43 (2019), S. 68–86, online: https://doi.org/10.7557/13.4950 (18.2.2021).

10 Für die Beschreibung der zentralen Machtposition der lutherischen Gemeinde Amsterdam als eines der Kernmerkmale des niederländischen Luthertums siehe ebd., S. 70–72.

11 Sir William Brereton, *Travels in Holland, the United Provinces, England, Scotland and Ireland,* o. O. 1844, S. 67.

12 Siehe Mario Turchetti, »Une question mal posée : Érasme et la Tolérance, L'Idee de Sygkatabasis«, in: *Histoire de l'humanisme et de la Renaissance,* 53 (1991): S. 379–395; Mario Turchetti, »Religious Concord and Political Tolerance in Sixteenth- and Seventeenth-Century France«, in: *Sixteenth Century Journal,* 22 (1991): S. 15–25.

13 Siehe Alexandra Walsham, *Charitable Hatred: Tolerance and Intolerance in England, 1500–1700,* Manchester 2006.

14 Benjamin J. Kaplan, *Divided by Faith: Religious Conflict and the Practice of Toleration in Early Modern Europe,* Cambridge (Mass.)/London 2007.

15 Victoria Christman, »Ideology, Pragmatism, and Coexistence. Religious Tolerance in the Early Modern West«, in: Marjorie Elizabeth Plummer, Victoria Christman (Hg.), *Topographies of Tolerance and Intolerance. Responses to Religious Pluralism in Reformation Europe,* Leiden 2018, S. 7–27; Victoria Christman, *Pragmatic Toleration. The Politics of Religious Heterodoxy in Early Reformation Antwerp 1515–1555,* Rochester 2015.

16 Siehe neben den bereits genannten Artikeln Sabine Hiebsch, »Martin Luther as Lieu de Mémoire in Early Modern Dutch Lutheranism«, in: Sivert Angel, Hallgeir Elstadt, Eivor Andersen Oftestad (Hg.), *Were we ever Protestant? Essays in Honour of Tarald Rasmussen,* Berlin 2019, S. 197–218; Sabine Hiebsch, *Luther en Nederland: verleden – heden – toekomst* [Antrittsvorlesung Theologische Universiteit Kampen, 29.6.2018], ISBN 978-90-77854-07-5.

17 Petrus Plancius (1552–1622) entwickelte sich zu einem der vehementesten Gegner der Arminianer. Außer Pfarrer war er Kartograf, siehe z.B. sein Werk *Orbis Terrarum Typus De Integro Multis In Locis Emendatus* (1590).

18 Jean Hochede (ca. 1542–1622), auch bekannt als Jean de la Vigne.

19 Für eine detailliertere Beschreibung dieser theologischen Streitigkeiten siehe Hiebsch, »The Coming of Age« (Anm. 5), S. 9–12.

20 1588 gilt als Gründungsdatum der Gemeinde, siehe Sabine Hiebsch, Martin L. van Wijngaarden, *Van Pakhuis tot Preekhuis. 425 jaar Lutherse Gemeente in Amsterdam (1588–2013),* Zoetermeer 2013.

21 Siehe Kaplan, *Divided by Faith* (Anm. 14), S. 172–197.

22 http://www.soundtoll.nl/index.php/nl/ (18.2.2020).

23 Diese Prozentsätze stammen aus Joris van Eijnatten, Fred van Lieburg, *Nederlandse Religiegeschiedenis,* Hilversum 2006, S. 172.

24 Siehe Hiebsch, »The Coming of Age« (Anm. 5), S. 28.

25 Siehe Christine Kooi, *Calvinists and Catholics during Holland's Golden Age: Heretics and Idolaters,* Cambridge 2012.

26 Das Zahlenmaterial stammt aus Kaplan, *Divided by Faith* (Anm. 14), S. 174.

27 Für eine nähere Beschreibung der Rolle Amsterdams für die lutherischen Gemeinden in Friesland und in Utrecht siehe Hiebsch »Are the Netherlands a Nordic country?« (Anm. 9), S. 75–80.

28 Siehe Van Eijnatten, Van Lieburg, *Nederlandse Religiegeschiedenis* (Anm. 23), S. 175–178.

29 Die Leitung lag u. a. bei Johannes Uytenbogaert (1557–1644) und Simon Episcopius (1583–1643).

30 Siehe van Manen, *Lutheranen in de Lage Landen* (Anm. 5), S. 167–173.

31 Siehe Daniel M. Swetschinski, *Reluctant Cosmopolitans. The Portuguese Jews of Seventeenth Century Amsterdam,* Oxford/Portland 2004; Miriam Bodian, *Hebrews of the Portuguese Nation. Conversos and Community in Early Modern Amsterdam,* Bloomington, 1997; Peter van Rooden, »Jews and Religious Toleration in the Dutch Republic«, in: Hsia, van Nierop, *Calvinism and Religious Toleration* (Anm. 2), S. 132–147.

Dominique Bourel: Moses Mendelssohn

1 Für die sprachliche Bearbeitung des Textes bedanke ich mich bei Frau Kunter.

2 Zuletzt diskutiert in Daniel Dahlstrom, »Truth, Knowledge, and ›the Pretensions of Idealism‹: A Critical Commentary on the First Part of Mendelssohn's Morning Hours«, Kant-Studien, 109(2) (2018), S. 329–351; Grażyna Jurewicz, *Moses Mendelssohn über die Bestimmung des Menschen. Eine deutsch-jüdische Begriffsgeschichte,* Hannover 2020; Christoph Schulte, *Von Moses bis Moses. Der jüdische Mendelssohn.* Vgl. auch Shmuel Feiner, *Moses Mendelssohn. Philosopher of the Enlightenment,* Ithaca / London 2011.

3 Shmuel Feiner, David Sorkin (Hg.), *Perspectives on the Haskalah,* London / Portland, 2001; Shmuel Feiner, Israel Bartal (Hg.), *The Variety of Haskalah,* Jerusalem 2005; Christoph Schulte, *Die jüdische Aufklärung. Philosophie, Religion, Geschichte,* München 2002; *Die Haskalah* (Sondernummer von *Trumah* 16 (2006).

4 Moses Mendelssohn, *Gesammelte Schriften. Jubiläumsausgabe,* Stuttgart Bad-Cannstatt 1974 (zuerst Berlin 1929-1932, dann Breslau 1938). Die Neuausgabe mit mehr als 30 Bänden soll demnächst fertiggestellt sein (Jubiläumsausgabe).

5 Alexander Altmann, *Moses Mendelssohn. A Biographical Study,* Philadelphia / London / Tuscaloosa 1973, Nachdruck Littman Library of Jewish Civilization; Dominique Bourel, *Moses Mendelssohn, Begründer des modernen Judentums,* übers. Horst Brühmann, Zürich 2007 (zuerst Paris 2004).

6 Michah Gottlieb und Charles H. Manekin (Hg.) *Moses Mendelssohn. Enlightenment, Religion, Politics, Nationalism,* Bethesda 2015.

7 Steven M. Lowenstein, *The Berlin Jewish Community. Enlightenment, Family and Crisis, 1770–1830,* New York Oxford 1994. Die Literatur über Juden in Berlin und in Deutschland ist mittlerweile kaum noch überschaubar.

8 In Worms 1722 120 Familien, 1744 146 Familien, d. h. ca. 500 Juden. Fritz Reuter, *Warmaisa. 1000 Jahre Juden in Worms,* Worms 1984, S. 129–142, sowie jetzt Karl E. Grözinger, *Jerusalem am Rhein. Jüdische Geschichten aus Speyer, Worms und Mainz,* Worms 2018.

9 Siegelinde C. Othmer, *Berlin und die Verbreitung des Naturrechts in Europa. Kultur- und sozialgeschichtliche Studien zu Jean Barbeyracs Pufendorf-Übersetzungen und eine Analyse seiner Leserschaft,* Berlin 1970.

10 Martin Fontius und Helmut Holzhey (Hg.), *Schweizer im Berlin des 18. Jahrhunderts,* Berlin 1996.

11 Prolegomena zu einer jeden künftigen Metaphysik, die als Wissenschaft wird auftreten können, 1783, Ak. IV, 262.

12 »Es wird gefragt, ob die metaphysischen Wahrheiten im Allgemeinen und im Besonderen die ersten Prinzipien der natürlichen Theologie und der Moral derselben Evidenz fähig sind wie die mathematischen Wahrheiten und, falls sie deren nicht fähig sind, welches die Natur ihrer Gewissheit ist, bis zu welchem Grad sie gelangen kann, und ob dieser Grad zur Überzeugung genügt.« (Übersetzung D. B.)

13 Ab 1754 arbeitete Mendelssohn, der vorher einfacher Hauslehrer war, als Buchhalter; dann 1761 als Prokurist in dem zweitgrößten jüdischen Unternehmen in der Seidenherstellung von Isaak Bernhard. Als dessen letzter Leiter starb, übernahm Mendelssohn die Leitung der Firma, siehe Eva J. Engel (Hg.), *Moses Mendelssohns Geschäftspapiere,* Wiesbaden 2009.

14 Berlin, Haude und Spener, 1764, Jub. A. 2, 267–330. Immer noch Alexander Altmann, *Moses Mendelssohns Frühschriften zur Metaphysik,* Tübingen 1969. Siehe Martin Fontius, Werner Schneiders (Hg.), *Die Philosophie und die Belles-Lettres,* Berlin 1997.

15 Siehe die neueste Ausgabe, Anne Pollok (Hg.), *Phädon oder über die Unsterblichkeit der Seele,* Hamburg 2013; s. a. die Studienausgabe von Moses Mendelssohn, *Ausgewählte Werke,* zwei Bände hg. von Christoph Schulte, Andreas Kennecke, Grażyna Jurewicz, Darmstadt 2009.

16 *Briefe eines reisenden Franzosen über Deutschland. An seinen Bruder zu Paris.* Übersetzt von Kaspar Riesbeck, Zürich 1783 (Jub. A. 22, 236).

17 Dominique Bourel, »Moses Mendelssohn, Markus Herz und die Akademie der Wissenschaften zu Berlin«, in: *Mendelssohn Studien,* 4 (1979), S. 223–234. Diese Reihe, die 1972 von Cécile Lowenthal-Hensel für die Mendelssohn Gesellschaft (Jägerstraße 51, Berlin) gegründet wurde und bis heute 21 Bände umfasst, ist der ganzen Familie Mendelssohn gewidmet. Vgl. Sebastian Panwitz, Roland Dieter Schmidt-Hensel (Hg.), *250 Jahre Familie Mendelssohn,* Hannover 2014.

18 Vgl. die Widmung der deutschen Übersetzung eines Teils der Palingénesie philosophique des Genfer Philosophen Charles Bonnet (1720–1793).

19 Philosophische Untersuchung der Beweise für das Christentum, siehe Martin Ernst Hirzel (Hg.), *Ausgewählte Werke,* Bd. III., Zürich 2002. Vgl. Annegret Jummrich u. a. (Hg.), *Der bekannteste Unbekannte des 18. Jahrhunderts. Johann Caspar Lavater,* Göttingen im Druck.

20 Jub. A, 12/1 S. 214, vgl. Siegfried Wollgast, *Moses Mendelssohn und die Toleranz zu seiner Zeit,* Dessau 2004. Diese Schriftenreihe wird seit 1993 von der Moses-Mendelssohn-Gesellschaft in Dessau herausgegeben (bis heute 40 Hefte, www.mendelssohn-gesellschaft.de).

21 Steven Nadler, *Menasseh ben Israel. Rabbi of Amsterdam,* New Haven / London 2018.

22 Berlin und Stettin, Friedrich Nicolai 1782, Jub. A. 8, 1–71.

23 *De la réforme politique des Juifs,* übers. Jean Bernoulli, Dessau, Librairie des auteurs et des artistes 1782, nachgedruckt Dominique Bourel, Paris 1984. Bernoulli war von 1791 bis 1807 Direktor der mathematischen Klasse der Berliner Akademie.

24 Paolo Bernardini, *La questione ebraica nel tardo illuminismo tedesco. Studi intorno alle Über die bürgerliche Verbesserung der Juden di C. W. Dohm* (1781), Florenz 1992.

25 Die beste Darstellung immer noch von Silvia Richter, *Der Diskurs über die Judenemanzipation zwischen Haskala und Aufklärung. Gemeinsame und abweichende Ansichten von jüdischer und nichtjüdischer Seite,* Saarbrücken 2011.

26 Und vorher die französische Übersetzung (1782). Vgl. jetzt die kritische und kommentierte deutsche Ausgabe Dohms, hg. von Wolf Christoph Seifert, Göttingen 2015 und Dohms Ausgewählte Schriften. Lemgoer Ausgabe, Lemgo 1988.

27 »Moses Mendelssohn on Excommunication: The Ecclesiastical Law Background« (1980) in: *Trostvolle,* S. 229–243.

28 »Christliche Richter«, fügt Dohm hinzu, sollten lesen »Ritualgesetze der Juden, betreffend Erbschaften, Vormundschaften, Testamente und Ehesachen, in so weit das Mein und Dein angehn. Entworfen von dem Verfasser der philosophischen Schriften, auf Veranlassung und unter Aufsicht R. Hirschel Lewin, Oberrabiners zu Berlin«, Berlin 1778 (Jub. A. 7, 109–251).

29 Dohm, 68, verweist auf die Schrift August Friedrich Cranz, *Über den Missbrauch der geistlichen Macht und der weltlichen Herrschaft in Glaubenssachen,* Berlin 1782.

30 Jub. A. 8, 4. Vgl. die neue Edition von Michael Albrecht mit inhaltsreicher Einleitung, Hamburg 2005.

31 Jub. A. 8, 4–5.

32 Johann Christoph Adelung (1732–1806), *Grammatisch-Kritisches Wörterbuch der hochdeutschen Mundart,* Leipzig 1774–1786, Nachdruck 1793–1801.

33 Jub. A. 8, 18.

34 Jub. A. 8, 20.

35 Jub. A., 8, 21.

36 Jub. A. 8, 99–204.

37 »Habe Mut, dich deines eigenen Verstandes zu bedienen.« (Übersetzung D. B.)

38 »Hätten die ersten Christen nicht frei denken können, gäbe es ohne Frage kein Christentum.« (Übersetzung D. B.) – *Dictionnaire Philosophique, sous la direction de Monique Mervaux,* Oxford, Voltaire Foundation 1994, S. 300 und 299. Eine Ausgabe wurde in Berlin 1764 gedruckt.

39 Zu den Beziehungen zwischen Orthodoxie/Orthopraxie und die religiöse Philosophie, Haim Mahlev, »Mendelssohn's Concept of Natural Religion Re-Examined«, in: *Journal of Jewish Thought & Philosophy,* 25 (2017), S. 209–231.

40 Jub. A. 8, 157.

41 Vgl. die verschiedenen Artikel in Reinhard Brandt (Hg.) *Rechtsphilosophie der Aufklärung,* Berlin 1982.

42 »Die Trostvolle Aufklärung. Studien zur Metaphysik und politischen Theorie Moses Mendelssohns«, *Mendelssohn Studien,* 4 (1979), S. 9–46 nachgedruckt Stuttgart-Bad Cannstatt 1982

43 Wolf-Friedrich Schäufele, *Christoph Matthäus Pfaff und die Kirchenunionsbestrebungen des Corpus Evangelicorum 1717–1726,* Mainz 1998: »Auch Juden und Sozinianer sollten möglichst gar nicht erst zugelassen werden; wo sie bereits ansässig seien, solle man sie dulden, allerdings nur unter bestimmten Auflagen«, S. 294. Alexander Altmann hat die ganze Debatte Kollegialismus/Territorialismus und in seinem Kommentar dargestellt.

44 »Die Religion jedes Einzelnen muss auf die Evidenz der Vernunftgründe und auf die Empfindungen des Gewissens gegründet sein, und die einzigen Mittel, die man dazu benutzen kann, sind die Überprüfung, die Vernunftgründe, die Beweise und die Überzeugung; dagegen sind die Drohungen, die Gewalt, die Folter in gleicher Weise nutzlose und ungerechte Mittel. Nutzlos, weil sie keine wirkliche und aufrichtige Überzeugung hervorrufen können; ungerecht, weil sie unmittelbar dem natürlichen Menschenrecht entgegenstehen.« (Übersetzung Hans Müller) – Jean Jacques Burlamaqui, *Elemens du droit naturel,* Lausanne 1783 (erneut hg. Paris 1981), S. 59. Vgl. Robert Derathé, *Jean-Jacques Rousseau et la science politique de son temps,* Paris 1950, Nachdruck Paris 1970.

45 Siehe schon Peter Forsskal, *Tankar om Borgerliga friheten, Thoughts on Civil Liberty,* Atlantis, Riga 2009.

46 Jub. A. 8, 114.

47 Jub. A. 8, 138, 140.

48 Jub. A. 8, 146. Die kursiv gesetzten Worte zitiert Mendelssohn aus einer Besprechung Isaac Iselins (1728–1782) in den Ephemeriden der Menschheit, Okt. 1782.

49 Jub. A. 8, 203.

50 Jub. A. 6/1, 123–124 (23. Mai 1784).

51 »Est-il utile de tromper le peuple?« wird auch als Preisfrage der Akademie 1780 diskutiert. Vgl. mit demselben Titel die Ausgabe des Textes, hg. Werner Krauss, Berlin 1966.

52 *Berlinische Monatsschrift* 1784 (Januar) 24–81, Jub. A. 8, S. 213–224.

53 Claire Rösler-Le Van (Hg.), *Negotium Irenicum. L'union des églises protestantes selon G. W. Leibniz et D. E. Jablonski,* Paris, 2013, S. 457.

54 Kant an Mendelssohn, 16. August 1783, Jub. A. 13, S. 129.

55 Julius H. Schoeps, *David Friedländer. Freund und Schüler Moses Mendelsohn,* Hildesheim 2012, und Uta Lohmann (Hg.), *David Friedländer. Ausgewählte Werke,* Köln / Weimar 2013.

56 Honoré Gabriel de Riqueti, Comte de Mirabeau, *Sur Moses Mendelssohn, Sur la réforme politique des Juifs: Et en particulier Sur la révolution tentée en leur faveur en 1753 dans la grande Bretagne,* London 1787, Nachdruck Paris 1968. Auf Deutsch, Berlin, Friedrich Maurer 1787 in Jub. A. 23, 78.

57 BNF (Paris). Dohm schenkte später sein Buch Abbé Grégoire (1750–1831).

58 Dominique Bourel, »Moses Mendelssohn et la Révolution Française« in Mireille Hadas-Lebel u. a. (Hg.), *Les Juifs et la Révolution Française: Histoire et Mentalités,* Paris 1992 und jetzt Pierre Birnbaum, »*Est-il des moyens de rendre les Juifs plus utiles et plus heureux*«. *Le concours de l'Académie de Metz (1787),* Paris 2017.

59 *Sammlung der Schriften an die Nationalversammlung, die Juden und ihre bürgerliche Verbesserung betreffend,* Berlin 1789.

60 *Leben und Meinungen Moses Mendelssohn, nebst dem Geiste seiner Schriften in einem kurzen Abrisse dargestellet,* Hamburg 1787, Exzerpte in Jub. A. 23, S. 61–74.

61 Britta L. Behm, *Moses Mendelssohn und die Transformation der jüdischen Erziehung in Berlin,* Münster 2002.

62 Johann Christoph Wöllner am 9. Juli 1788 *(Edict, die Religions-Verfassung in den Preußischen Staaten betreffend).*

1 Vgl. Ernst Walter Zeeden, *Martin Luther und die Reformation im Urteil des deutschen Luthertums*, 2 Bde., Freiburg im Breisgau 1950–52. Heinrich Bornkamm, *Luther im Spiegel der deutschen Geistesgeschichte. Mit Texten von Lessing bis zur Gegenwart*, Göttingen ²1970. Hermann Glaser, Karl Heinz Stahl (Hg.), *Luther gestern und heute. Texte zu einer deutschen Gestalt*, Frankfurt am Main 1983. Thomas Kaufmann, Martin Keßler (Hg.), *Luther und die Deutschen. Stimmen aus fünf Jahrhunderten*, Stuttgart 2017.
2 Eva Moldenhauer und Karl Markus Michel (Hg.), *Georg Wilhelm Friedrich Hegel, Werke*, Frankfurt am Main 1986, Bd. 1, S. 197f.
3 Hegel, *Werke*, Bd. 7, S. 27.
4 Hegel, *Werke*, Bd. 12, S. 494f.
5 Hegel, *Werke*, Bd. 12, S. 497f.
6 Hegel, *Werke*, Bd. 12, S. 32.
7 Friedrich Dieckmann, *Luther im Spiegel. Von Lessing bis Thomas Mann*, Berlin 2016, S. 138.
8 Klaus Briegleb (Hg.), *Heinrich Heine, Sämtliche Schriften in zwölf Bänden*, München und Wien 1976; Bd. 5, S. 382 (u. ö.).
9 Heine, *Sämtliche Schriften*, Bd. 5, S. 544.
10 Dieckmann, *Luther im Spiegel*, S. 155.
11 Heine, *Sämtliche Schriften*, Bd. 5, S. 538.
12 Ebd.
13 Vgl. Bornkamm, *Luther im Spiegel der deutschen Geistesgeschichte*. Hartmut Lehmann: *Luthergedächtnis 1817–2017*, Göttingen 2012. Dieckmann, *Luther im Spiegel*, S. 63–236. Kaufmann, Keßler (Hg.), *Luther und die Deutschen*, S. 151–212. Tim Lorentzen, »19. Jahrhundert: Nationale, konfessionelle und touristische Erinnerungskulturen«, in Marcel Nieden (Hg.), *Ketzer, Held und Prediger, Martin Luther und die Deutschen*, Darmstadt 2017, S. 118–169. Hole Rößler, »Luther, der Deutsche«, in: Hole Rößler (Hg.), *Luthermania. Ansichten einer Kultfigur*, Wiesbaden 2017, S. 313–316. Hansjörg Buss, »Die Deutschen und Martin Luther. Reformationsjubiläen im 19. und 20. Jahrhundert«, in: Rößler (Hg.), *Luthermania*, S. 317–328. Joachim Bauer, »Das Luther-Jahrhundert. Luther als deutscher Nationalheld im 19. Jahrhundert«, in Wartburg-Stiftung (Hg.), *Luther und die Deutschen*, S. 56–61.
14 Hans-Jürgen Schönstädt, »Das Reformationsjubiläum 1617«, in *Zeitschrift für Kirchengeschichte*, 93 (1982), S. –57. Wolfgang Flügel, *Konfession und Jubiläum. Zur Institutionalisierung der lutherischen Gedenkkultur in Sachsen 1617–1830*, Leipzig 2005. Winfried Müller (Hg.), *Das historische Jubiläum. Genese, Ordnungsleistung und Inszenierungsgeschichte eines institutionellen Mechanismus*, Münster 2004. Paul Münch (Hg.): *Jubiläum, Jubiläum ... Zur Geschichte öffentlicher und privater Erinnerung*, Essen 2005. Thomas Kaufmann, »Reformationsgedenken in der frühen Neuzeit«, in *Zeitschrift für Theologie und Kirche*, 107 (2010), S. 285–324.
15 Vgl. Johannes Burkhardt, »Reformations- und Lutherfeiern. Die Verbürgerlichung der reformatorischen Jubiläumskultur«, in Dieter Düding, Peter Friedemann, Paul Münch (Hg.), *Öffentliche Festkultur. Politische Feste in Deutschland von der Aufklärung bis zum Ersten Weltkrieg*, Reinbek bei Hamburg 1988, S. 212–236.
16 Lutz Winckler, *Martin Luther als Bürger und Patriot. Das Reformationsjubiläum von 1817 und der politische Protestantismus des Wartburgfestes*, Lübeck und Hamburg 1969.
17 Vgl. Lorentzen, *19. Jahrhundert*, S. 163–166.
18 Dorothea Wendebourg, »Die Reformationsjubiläen des 19. Jahrhunderts«, *Zeitschrift für Theologie und Kirche*, 108 (2011), S. 270–335. Dorothea Wendebourg, »Vergangene Reformationsjubiläen. Ein Rückblick im Vorfeld von 2017«, in Heinz Schilling (Hg.), *Der Reformator Martin Luther 2017. Eine wissenschaftliche und gedenkpolitische Bestandsaufnahme*, Berlin, München und Boston 2014, S. 261–281.
19 Vgl. Klaus Fitschen, »20. Jahrhundert: Vom Sockel ins Bodenlose?«, in Nieden (Hg.): *Ketzer, Held und Prediger*, S. 170–220; hier: S. 175–181.
20 Martin Steffens, *Luthergedenkstätten im 19. Jahrhundert. Memoria – Repräsentation – Denkmalpflege*, Regensburg 2008. Wartburg-Stiftung (Hg.), *Luthers Bilderbiographie. Die einstigen Reformationszimmer der Wartburg*, Regensburg 2012. Anne Bohnenkamp u.a. (Hg.); *Häuser der Erinnerung. Zur Geschichte der Personengedenkstätte in Deutschland*, Leipzig 2015.
21 Beispiele bei Rößler, *Luthermania* und im Katalog *Luther und die Deutschen*.
22 Zit. nach Franz Stuckert, *Das Drama Zacharias Werners. Entwicklung und literargeschichtliche Stellung*, Frankfurt am Main 1926.
23 Dieter Hensing, »Der Bilder eigener Geist. Das schwierige Verhältnis der Lutherbilder zu ihrem Gegenstand«, in Ferdinand van Ingen, Gerd Labroisse (Hg.), *Luther-Bilder im 20. Jahrhundert. Symposion an der Freien Universität Amsterdam*, Amsterdam 1984, S. 1–25; hier: S. 6.
24 Zacharias Werner, *Martin Luther oder Die Weihe der Kraft* [1806], Leipzig 1870, S. 33.
25 Werner, *Martin Luther*, S. 83.
26 Werner, *Martin Luther*, S. 77.
27 Werner, *Martin Luther*, S. 107.
28 Werner, *Martin Luther*, S. 102.
29 Ein Beispiel: Günter Schuchardt (Hg.), *Cranach, Luther und die Bildnisse. Thüringer Themenjahr »Bild und Botschaft«*, Regensburg 2015, S. 142.
30 August Klingemann, »Martin Luther. Ein dramatisches Gedicht« [1806], in August Klingemann, *Dramatische Werke*, Wien 1820, Bd. 4, S. 183–396.
31 Klingemann, *Martin Luther*, S. 217.
32 Klingemann, *Martin Luther*, S. 322.
33 Gustav Adolf Erdmann, *Die Lutherfestspiele. Geschichtliche Entwicklung, Zweck und Bedeutung derselben für die Bühne. Litterarhistorisch-kritische Studien*, Wittenberg 1888, S. 52.
34 August Trümpelmann, *Luther und seine Zeit. Dramatische Dichtung*, Gotha 1869.
35 Otto Devrient, *Luther. Historisches Charakterbild in 7 Abteilungen*, Leipzig 1883.
36 Hans Herrig, *Luxustheater und Volksbühne*, Berlin 1887.
37 Hans Herrig, *Luther. Ein kirchliches Festspiel zur Feier des 400-jährigen Geburtstages Martin Luthers in Worms*, Berlin 1883.
38 Erdmann, *Die Lutherfestspiele*, S. 77.
39 Karl von Hase, *Das geistliche Schauspiel. Geschichtliche Übersicht*, Leipzig 1858, S. 310.
40 Herrig, *Luther*, S. 92.
41 Vgl. Christiane Wiesenfeldt, »Ein' feste Burg ist unser Gott«. Luther in der deutschen Musik, in: *Luther und die Deutschen*. Hg. von der Wartburg-Stiftung, S. 352–357.
42 Zur Vorgeschichte bei Georg Friedrich Händel und Joseph Haydn vgl. Elisabeth Schmierer, »Das Oratorium«, in: Wolfgang Hochstein, Christoph Krummacher (Hg.): *Geschichte der Kirchenmusik*, Bd. 3, Laaber 2013, S. 146–168.
43 Vgl. Christa Kleinschmidt, *Ludwig Meinardus (1827–1896). Ein Beitrag zur Geschichte der ausgehenden musikalischen Romantik*, Wilhelmshaven 1985. Dieter Nolden, *Ludwig Meinardus (1827–1896). Komponist, Musikschriftsteller, Chorleiter. Lebensstationen, Begegnungen mit Franz Liszt, Bielefelder Zeit*, Bielefeld 2007.
44 *Luther in Worms. Oratorium in zwei Teilen. Dichtung von W. Rossmann. Musik von L. Meinardus*, Hamburg o. J. [1876].
45 Kleinschmidt, *Meinardus*, S. 85.
46 1806, Angermuseum Erfurt. Abb. in Wartburg-Stiftung (Hg.), *Luther und die Deutschen*, S. 274–276. Sehr gute Interpretation bei Henrike Holsing, *Luther – Gottesmann und Nationalheld. Sein Image in der deutschen Historienmalerei des 19. Jahrhunderts*, Diss. masch., Köln 2004, S. 158f.
47 Joachim Kruse, »Drei graphische Folgen von Lutherlebensbildern des 19. Jahrhun-

derts«, in Hardy Eidam, Gerhard Seib (Hg.), »*Er fühlt der Zeiten ungeheuren Bruch und fest umklammert er sein Bibelbuch«. Zum Lutherkult im 19. Jahrhundert.* Ausstellungskatalog Erfurt, Berlin 1996, S. 40–53.

48 *Dr. Martin Luther, der deutsche Reformator. In bildlichen Darstellungen von Gustav König. In geschichtlichen Umrissen von Heinrich Gelzer,* Hamburg und Gotha 1851. Vgl. dazu auch Joachim Kruse, Minni Maedebach, *Luthers Leben in Illustrationen des 18. und 19. Jahrhunderts, Kunstsammlungen der Veste Coburg, 23. April bis 5. Oktober 1980,* Coburg 1980. Armin Kohnle, »Luther vor Karl V. Die Wormser Szene in Text und Bild des 19. Jahrhunderts«, in Stefan Laube, Karl-Heinz Fix (Hg.), *Lutherinszenierung und Reformationserinnerung,* Leipzig 2002, S. 35–62.

49 Eine Auszählung ergibt, dass die Szene in Worms die am häufigsten dargestellte Szene aus dem Leben Luthers ist. Nicht weniger als 16 große Historiengemälde sind zu diesem Sujet bekannt: Holsing, *Luther – Gottesmann und Nationalheld,* S. 475–542.

50 Das Gemälde selbst ist zerstört, jedoch durch Stiche bekannt; vgl. etwa die Abb. in Nieden (Hg.), *Ketzer, Held und Prediger,* S. 155.

51 Abbildung des Stiches von Schwerdgeburth in Nieden (Hg.), *Ketzer, Held und Prediger,* S. 135. Wilhelm Beste, *Luther's Kinderzucht, in Lehren und Lebensbildern dargestellt,* Braunschweig 1846. Abbildung in Rößler (Hg.), *Luthermania,* S. 361.

52 Vgl. Martin Warnke, *Cranachs Luther. Entwürfe für ein Image,* Frankfurt am Main 1984. Thomas R. Hoffmann, *Luther im Bild. Eine Ikone wird erschaffen,* Stuttgart 2017.

53 Farbige Reproduktion in Nieden (Hg.), *Ketzer, Held und Prediger,* S. 154.

54 Kohnle, *Luther vor Karl V.,* S. 58. – Ausführliche Interpretation des Bildes bei Holsing, *Luther – Gottesmann und Nationalheld,* S. 494–501.

55 Abb. bei Hoffmann, *Luther im Bild,* S. 77.

56 Ausführliche Interpretation bei Holsing, *Luther – Gottesmann und Nationalheld,* S. 501–509.

57 Kohnle, *Luther vor Karl V.,* S. 50–56.

58 Krauß (Hg.), *Luthers Bilderbiographie,* S. 102.

59 Abbildung bei Hoffmann, *Luther im Bild,* S. 80f. – Ausführliche Interpretation bei Holsing, *Luther – Gottesmann und Nationalheld,* S. 509–513.

60 Holsing, *Luther – Gottesmann und Nationalheld,* S. 511.

61 Umfassende Aufstellung bei Holsing, *Luther – Gottesmann und Nationalheld,* S. 828–833 (chronologisch) und S. 834–840 (thematisch).

62 Vgl. Thomas H. von der Dunk, *Das Deutsche Denkmal. Eine Geschichte in Bronze und Stein vom Hochmittelalter bis zum Barock,* Köln, Weimar und Wien 1999. Helmut Scharf, *Kleine Kunstgeschichte des deutschen Denkmals,* Darmstadt 1984.

63 Vgl. Reinhard Dithmar, *Lutherdenkmäler,* Weimar 2014.

64 Volker Plagemann, »Bismarck-Denkmäler«, in Hans-Ernst Mittig, Volker Plagemann (Hg.), *Denkmäler im 19. Jahrhundert, Deutung und Kritik,* München 1972, S. 217–252. Kai Krauskopf, *Bismarckdenkmäler. Ein bizarrer Aufbruch in die Moderne,* Hamburg und München 2002.

65 Vgl. Martin Treu, »›… ihr steht auf heiliger Erde.‹ Lutherverehrung im Mansfelder Land des 19. Jahrhunderts«, in Laube, Fix (Hg.), *Lutherinszenierung und Reformationserinnerung,* S. 85–96.

66 Über die frühen, zumeist nicht verwirklichten Denkmalentwürfe Wilhelm Weber, »Luther-Denkmäler«. Frühe Projekte und Verwirklichungen«, in Mittig, Plagemann, *Denkmäler im 19. Jahrhundert,* S. 183–215 (hier v. a. S. 185–198). Mario Titze, »Preußen und Luther. Zwei Luther-Denkmale des 19. Jahrhunderts in Wittenberg«, in *Denkmalpflege in Sachsen-Anhalt,* 1 (1996), S. 62–74. Helmut Caspar, *Schadows Blücherdenkmal in Rostock und Martin Luther in Wittenberg,* Berlin 2003 (*Schriftenreihe der Schadow-Gesellschaft,* Bd. 5).

67 Sitzend im Freundesdenkmal mit Melanchthon von Johannes Schilling in Leipzig (1883) und im Denkmal von Jakob Brüllmann an der Hospitalkirche in Stuttgart neben der Zentralfigur des auferstandenen Christus, flankiert von einem ebenfalls sitzenden Johannes Brenz (1917). Vgl. Dithmar, *Lutherdenkmäler,* S. 108–110.

68 Vgl. Ulrich Keller, *Reitermonumente absolutistischer Fürsten. Staatstheoretische Voraussetzungen und politische Funktionen,* München und Zürich 1971. Volker Hunecke, *Europäische Reitermonumente. Ein Ritt durch die Geschichte Europas von Dante bis Napoleon,* Paderborn u. a. 2008.

69 Vgl. Christiane Theiselmann, *Das Wormser Lutherdenkmal Ernst Rietschels (1856–1868) im Rahmen der Lutherrezeption des 19. Jahrhunderts,* Frankfurt am Main 1992 (*Europäische Hochschulschriften*), S. 3.

70 Friedrich Eich (Hg.), *Gedenkblätter an die Enthüllungsfeier des Luther-Denkmals in Worms am 24., 25. und 26. Juni 1868,* Worms 1868, passim.

71 Vgl. Christoph Strohm, »Calvinerinnerung am Beginn des 20. Jahrhunderts. Beobachtungen am Beispiel des Genfer Reformationsdenkmals«, in Laube, Fix (Hg.), *Lutherinszenierung und Reformationserinnerung,* S. 211–225.

72 Vgl. Theiselmann, *Das Wormser Lutherdenkmal,* S. 235. Abbildung des Berliner Lutherdenkmals z. B. als Postkarte in Nieden (Hg.), *Ketzer, Held und Prediger,* S. 160.

73 Vgl. Rolf Selbmann, *Dichterdenkmäler in Deutschland. Literaturgeschichte aus Erz und Stein,* Stuttgart 1988. Franz Haniel & Cie. GmbH Duisburg-Ruhrort (Hg.), Dirk Appelbaum (Red.), *Das Denkmal. Goethe und Schiller als Doppelstandbild in Weimar,* Tübingen 1993.

74 Katalogisierung bei Otto Kammer, *Reformationsdenkmäler des 19. und 20. Jahrhunderts. Eine Bestandsaufnahme,* Leipzig 2004. Ferner Dithmar, *Lutherdenkmäler,* passim.

75 Abbildung bei Nieden (Hg.), *Ketzer, Held und Prediger,* S. 157.

76 Abbildung bei Mittig, Plagemann, *Denkmäler im 19. Jahrhundert,* S. 409.

77 Abbildung bei Dithmar, *Lutherdenkmäler,* S. 150.

78 Im Ersten Weltkrieg wurde Luther dann direkt neben Bismarck gestellt. Eine Propagandapostkarte aus dem Kriegsjahr 1917 stellt beide unter einem Baum mit der Aufschrift »Deutsche Eichen« zusammen mit den Kennzitaten »Ein feste Burg ist unser Gott« und »Wir Deutsche fürchten Gott/ sonst nichts auf dieser Welt« (Abb. bei Nieden [Hg.], *Ketzer, Held und Prediger,* S. 180). Vgl. auch Hartmut Lehmann, »Martin Luther als deutscher Nationalheld im 19. Jahrhundert«, in *Luther. Zeitschrift der Luther-Gesellschaft,* 55 (1984), S. 53–65. Karl Kupisch, *Von Luther zu Bismarck/Heinrich von Treitschke,* Berlin und Bielefeld 1949.

79 Vgl. Michael Maurer, *Konfessionskulturen. Die Europäer als Protestanten und Katholiken,* Paderborn 2019, S. 291–319.

80 Udo Wennemuth, »Luthererinnerung in Baden 1883«, in Laube, Fix (Hg.), *Lutherinszenierung und Reformationserinnerung,* S. 97–126; hier v. a.: S. 104, 109, 119.

81 Dithmar, *Lutherdenkmäler,* S. 81.

82 Wennemuth, *Luthererinnerung in Baden 1883,* S. 119.

83 Eich (Hg.), *Gedenkblätter an die Enthüllungsfeier des Luther-Denkmals in Worms.*

84 Vgl. die Abbildung des Lutherwagens vom Festzug in Erfurt 1883 bei Burkhardt, *Reformations- und Lutherfeiern,* S. 231.

85 Vgl. Barbara Stambolis, *Religiöse Festkultur. Tradition und Neuformierung katholischer Frömmigkeit im 19. und 20. Jahrhundert: Das Liborifest in Paderborn und das Kilianifest in Würzburg im Vergleich,* Paderborn u. a. 2000. Barbara Stambolis, *Im Zeichen des Glaubens. Tradition und Wandel kirchlicher Feste,* Kevelaer u. a. 2007. Michael Maurer (Hg.), *Festkulturen im Vergleich. Inszenierungen des Religiösen und Politischen,* Köln, Weimar und Wien 2010. Maurer, *Konfessionskulturen,* S. 294–296.

86 Vgl. Stefan Laube, *Von der Reliquie zum Ding. Heiliger Ort – Wunderkammer – Museum,* Berlin 2011. – Vgl. die satirische Behandlung des Themas in den *Fliegenden Blättern* (1851) von Carl Stauber, Abb. bei Nieden (Hg.), *Ketzer, Held und Prediger,* S. 140.

Barbara Beuys: Sophie Scholl – am Ende nur auf sich gestellt

1 Dieses sowie alle folgenden Zitate im Zusammenhang mit Sophie Scholl, ihrem familiären und befreundeten Umfeld sowie der evangelischen Kirche in Ulm, Potsdam März 1933, von Adolf Hitler und zur NS-Politik stammen aus Barbara Beuys, *Sophie Scholl, Biographie*, Berlin 2011; hier S. 135.
2 Barbara Beuys, *Vergeßt uns nicht. Menschen im Widerstand 1933–1945*, Reinbek 1987, S. 361.
3 Barbara Beuys, *Sophie Scholl, Biographie*, S. 67.
4 Benjamin Ziemann, *Martin Niemöller. Ein Leben in Opposition*, Stuttgart 2019, S. 239; alle folgenden Zitate von Martin Niemöller und aus seinem Umkreis stammen aus diesem Buch.
5 Martin Niemöller, *Vom U-Boot zur Kanzel*, Berlin 1934.
6 Barbara Beuys, *Vergeßt uns nicht*, S. 403.
7 WA 18, S. 719; WA 3, S. 237; WA 1, S. 558.
8 Christian Gremmels, Wolfgang Huber (Hg.), *Dietrich Bonhoeffer – Auswahl*, Bd. 4: *Konspiration: 1939–1943*, Gütersloh 2006, S. 229f.

1 Vgl. hierzu die Ausführungen im Artikel von Thomas Kaufmann in diesem Band.

2 Zum Begriff »Transnationaler Mythen« siehe Matthias Waechter, Mythos, Version: 1.0, in: *Docupedia-Zeitgeschichte*, 11.2.2010, http://docupedia.de/zg/waechter_mythos_v1_de_2010 DOI: http://dx.doi.org/10.14765/zzf.dok.2.581.v1

3 Vgl. hierzu ausführlicher Katharina Kunter, »Vom ›Concentration Camp Hero‹ zum ›Neuen Kreisau‹. Erinnerungskultur und Widerstandsrezeption aus internationaler Perspektive«, in: Siegfried Hermle/Dagmar Pöpping (Hg.), *Zwischen Verklärung und Verurteilung. Phasen der Rezeption des evangelischen Widerstandes gegen den Nationalsozialismus nach 1945*, Göttingen 2017, S. 53–74.

4 Hier zitiert nach Martin Niemöller, *Gedanken über den Weg der christlichen Kirche*, hg. von Alf Christophersen / Benjamin Ziemann, München 2019, S. 229; beide Herausgeber zitieren wiederum nach Gerhard Besier, *Die Kirchen und das Dritte Reich*, Bd. 3: *Spaltungen und Abwehrkämpfe 1934–1937*, München 2001, S. 432.

5 Martin Niemöller, *Here stand I*, Chicago / New York 1937. Die englische Ausgabe erschien unter dem Titel *First Commandment*.

6 Aufgrund des Einsatzes von Bischof Bell informierte etwa am 3. Juli 1937 die *Times* ihre Leser über die Inhaftierung Niemöllers und trug mit dieser unmittelbaren öffentlichen Reaktion aus dem Ausland mit dazu bei, dass Hitler von der Ermordung Niemöllers Abstand nahm, vgl. Andrew Chandler (Hg.), *The Church and Humanity: The Life and Work of George Bell 1883–1958*, Farnham 2012, S. 177, Fn. 49.

7 So Benjamin Ziemann, *Martin Niemöller. Ein Leben in Opposition*, München 2019, S. 365.

8 Ebd., mit entsprechenden Quellenverweisen.

9 Matthew D. Hockenos, *Then they came for me. Martin Niemöller, The Pastor who defied the Nazis*, New York 2018, S. 142 mit Verweisen auf entsprechende Archivdokumente.

10 Ziemann, *Niemöller*, S. 365.

11 Vgl. http://content.time.com/time/covers/0,16641,19401223,00.html

12 Clarissa Start Davidson, *God's Man. The Story of Pastor Niemoeller*, New York 1959, S. 4.

13 John Beecher, *Here I Stand*, New York 1941.

14 Vgl. Harriet Beecher Stowe, *Sunny memories of foreign lands*, Toronto 1929; jetzt auch auf Deutsch Harriet Beecher Stowe, *Erinnerungen an Deutschland*, hg. von Nadine Erler, Barnstorf 2019, sowie Martin Treu, »Amerikanischer Besuch in Wittenberg 1853. Der Bericht von Harriet Beecher-Stowe«, in *Luther* 91 (2020), S. 22–35.

15 Ausführlicher die jetzt erschienene wissenschaftliche Biografie Angela Smith, *Here I stand. Life and Legacy of John Beecher*, Tuscaloosa 2017.

16 Ebd., S. 105f.

17 Vollständiger Text: »Here I stand all ragged and dirty, If you don't come kiss me I'll run like a turkey«, »Here I stand on two little chips, Pray, come kiss my sweet little lips«, »Here I stand crooked like a horn, I ain't had no kiss since I've been born«, Nachweise bei Vance Randolph, *Ozark Folksongs*, Bd. 3, *Humorous and Play Party songs*, Columbia 1980, S. 384.

18 *Metzler Musiklexikon*, Bd. 1, 2. aktualisierte und erweiterte Auflage, Stuttgart 2006, S. 59f.

19 Roland Bainton, *Here I stand: A Life of Martin Luther*, Nashville 1950.

20 Vgl. Andre Michael Manis, *Southern Civil Religions in Conflict: Civil Rights and the Cultural Wars*, Macon 2002, S. 69.

21 Roland Bainton, »Catholic-Protestant Relations in the United States«, in: *Watchman-Examiner* 12 (14.10.1954), 932f., zitiert bei Manis, *Southern Civil Religions*, 69f.

22 Zu Baintons Biografie siehe http://mennlex.de/doku.php?id=art:bainton_roland

23 Roland Bainton, *Christian Attitudes toward War and Peace: A Historical Survey and Critical Re-evaluation*, New York 1960.

24 Ebd. S. 248.

25 Paul Robeson, *Here I stand*, Harlem 1958 (mit Nachdrucken 1971 und 1988 in Boston).

26 Vgl. ebd. sowie im Folgenden auch: Maria Schubert, »*We Shall Overcome*«. *Die DDR und die amerikanische Bürgerrechtsbewegung*, Paderborn 2018, S. 81–142.

27 Vgl. Sophia Lorenz, »Schwarze Schwester Angela« – *Die DDR und Angela Davis: Kalter Krieg, Rassismus und Black Power 1965–1975*, Bielefeld 2020, 73f. Robeson besuchte vier Mal in den 1930er-Jahren die Sowjetunion.

28 Robeson, *Here I stand*, S. 101 und 108 (Nachdruck 1988 von Beacon Press).

29 Vgl. die ausführliche Würdigung bei auf der Website der Humboldt-Universität: www.hu-berlin.de/de/pr/medien/publikationen/humboldt/2009/201001/geschichte/paul-robeson-zu-gast-unter-den-linden

30 Während zahlreiche Medien, v.a. im Reformationsjubiläumsjahr 2017, schrieben, dass King senior seinen Namen nach seiner Berlinreise 1934 gewechselt habe, zeichnet Hans-Jürgen Benedict die komplexe Namensgeschichte quellenmäßig und archivalisch gut nach. Die folgenden Ausführungen beziehen sich auf seine Forschungen, veröffentlich online unter: https://www.akademie-nordkirche.de/assets/Akademie/Publikationen-Downloads-PDFs/Erinnerungskultur/Vortrag-Benedict-Todestag-MLKing.pdf (15.9.2020).

31 Ebd., S. 5f.

32 Die Literatur, Medien und Onlinepublikationen sind unüberschaubar. Einen kompakten guten Lebensüberblick bietet nach wie vor Gerd Presler, *Martin Luther King*, Reinbek bei Hamburg 1984, mittlerweile 2017: 18. Auflage.

33 Zitat nach Benedict, *Martin Luther King* (wie Fn. 31), S. 5; Benedict zitiert nach *Time*, 18. Februar 1957, S. 17, sowie Taylor Branch, *Parting the Waters. America in the King Years 1954–63*, New York 1988, S. 203.

34 Benedict, *Martin Luther King*, S. 5.

35 Martin Luther King, »Why we can't wait«, in zahlreichen Ausgaben erhältlich, hier zitiert nach James Melvon Washington (Hg.), *Martin Luther King, A Testament of Hope. The Essential Writings and Speeches*, New York 1991, S. 544.

36 Ebenfalls in zahlreichen Ausgaben erhältlich, hier zitiert nach: ebd., S. 289–302.

37 King, *Letter Birmingham* (wie Fn. 36), S. 295.

38 Ebd., S. 297.

39 Randall K. Bush, *The Possibility of Contemporary Prophetical Acts: From Jeremiah to Rosa Parks and Martin Luther King, Jr*, Eugene 2014, S. 105.

40 Vgl. die Predigt Martin Luther Kings vom 13. September 1964 unter: http://insidethecoldwar.org/sites/default/files/documents/King%27s%20Sermon%20in%20East%20Berlin%2C%20September%2013%2C%201964.pdf

41 Ebd.

42 https://www.welt.de/geschichte/article132199340/Wie-Martin-Luther-King-Ost-Berlin-bewegte.html

43 Georg Meusel, »Das Wunder von Checkpoint Charlie: Martin Luther Kings Ost-Berlin-Besuch vor 50 Jahren«, in: www.lebenshaus-alb.de/magazin/008756.html. Georg Meusel war ein pazifistischer Protestant aus Werdau, dem es 1987 endlich gelang, den Dokumentarfilm von Ely Landau über Martin Luther King in die DDR zu holen.

44 Vgl. Benedict, *Martin Luther King* (wie Fn. 31), S. 13f.

45 Ebd.

46 Vgl. das Zeitzeugeninterview mit Sievers, u.a. bei: www.domradio.de/themen/kirche-und-politik/2014-10-08/leipziger-pfarrer-zu-den-montagsdemonstrationen

Tobias Schieder: Widerstandsrecht, Gewissensfreiheit und ziviler Ungehorsam

1 Hierzu Lena Foljanty, *Recht oder Gesetz. Juristische Identität und Autorität in den Naturrechtsdebatten der Nachkriegszeit*, Tübingen 2013.
2 Vgl. Helmut Coing, *Die obersten Grundsätze des Rechts. Ein Versuch zur Neugründung des Naturrechts*, Heidelberg 1947.
3 Vgl. Adolf Süsterhenn, »Das Naturrecht«, in Werner Maihofer (Hg.), *Naturrecht oder Rechtspositivismus?*, Bad Homburg 1962, S. 11–26.
4 Hermann Weinkauff, »Das Naturrecht in evangelischer Sicht«, *Zeitwende*, 23 (1951), S. 95.
5 Kritisch etwa Erik Wolf, »Naturrecht I, Profanes Naturrecht«, in *RGG*³, Bd. 4, Sp. 1358: »Politische, wohl auch konfessionalistische Standpunkte eng umgrenzter Art konnten sich … allzu leicht für allgemein verbindliche Naturrechtsgrundsätze ausgeben und bereiteten so einer neopositivistischen Reaktion den Boden, gaben ihr billige Argumente gegen naturrechtliches Denken innerhalb der Jurisprudenz überhaupt.«
6 *BGHSt* 6, S. 46; *BGHZ* 11, Anh., S. 34ff.; *BGHZ* 13, S. 265; Hermann Weinkauff, »Der Naturrechtsgedanke in der Rechtsprechung des Bundesgerichtshofs«, *NJW*, 13 (1960), S. 1689–1696.
7 BGH *NJW*, 46 (1993), S. 141, 144; Gustav Radbruch, »Gesetzliches Unrecht und übergesetzliches Recht«, *SJZ*, 1 (1946), S. 105–108.
8 Vgl. m.w.N. Tobias Schieder, *Ethisch motivierter Rechtsungehorsam*, Tübingen 2018, S. 42ff.
9 Zum Leben und Wirken Bauers Ronen Steinke, *Fritz Bauer oder: Auschwitz vor Gericht*, München 2013.
10 Die Rolle des »20. Juli« war zu dieser Zeit gesellschaftlich nicht unumstritten. Vgl. hierzu Rudolf Wassermann, »Zur juristischen Bewertung des 20. Juli 1944. Der Braunschweiger Remer-Prozess als Meilenstein der Nachkriegsgeschichte«, in: *Recht und Politik*, 20 (1984), S. 68–80.
11 Herbert Kraus (Hg.), *Die im Braunschweiger Remerprozess erstatteten moraltheologischen und historischen Gutachten nebst Urteil*, Hamburg 1953. Aus katholischer Sicht äußerte sich Rupert Angermaier, Hans Joachim Iwand und Ernst Wolf vertraten die evangelische Sicht.
12 Johannes Tuchel, »Zwischen Diffamierung und Anerkennung. Zum Umgang mit dem 20. Juli 1944 in der frühen Bundesrepublik«, *APuZ*, 64 (27/2014), S. 18–24.
13 Vgl. Günther Scheidle, *Das Widerstandsrecht*, Berlin 1969.
14 Vgl. schon Kurt Wolzendorff, *Staatsrecht und Naturrecht in der Lehre vom Widerstandsrecht des Volkes gegen rechtswidrige Ausübung der Staatsgewalt*, Breslau 1916.
15 *BVerfGE*, 5, S. 85, 377f.
16 Art. 147 HessLV, Art. 19 BremV, Art. 23 BerlV.
17 Ernst-Wolfgang Böckenförde, »Das Grundrecht der Gewissensfreiheit«, *VVdStRL*, 28 (1970), S. 33, 40.
18 Ernst-Wolfang Böckenförde, aaO., S. 39.
19 Deutscher Bundestag (Hg.), *Der Parlamentarische Rat 1948–1949. Akten und Protokolle*. Bd. 5/I. Ausschuss für Grundsatzfragen, S. 417ff.
20 Ebd.
21 Detlev Garbe, »›Wenn der Wille nicht gebrochen werden könne …‹. Die Prozessstrategie des Reichskriegsgerichts gegen Zeugen Jehovas und andere religiös motivierte Kriegsdienstverweigerer«, in Claudia Bade u.a. (Hg.), *NS-Militärjustiz im Zweiten Weltkrieg*, Göttingen 2015, S. 193–212.
22 Vgl. Anselm Doering-Manteuffel, *Die Bundesrepublik Deutschland in der Ära Adenauer*, 2. Auflage, Darmstadt 1988, S. 51ff.
23 M.w.N. Tobias Schieder, *Ethisch motivierter Rechtsungehorsam*, Tübingen 2018, S. 105ff.; ders., Hendrik Meyer-Magister, »Zwischen Staatstheorie und Friedensethik. Zur Inkongruenz zweier Perspektiven auf ein Grundsatzproblem des Wehrpflichtgesetzes von 1956«, *ZevKR*, 61 (2016), S. 162–190.
24 Vgl. Helmut Simon, »Art. 4 Abs. 3 des Grundgesetzes, sein Inhalt und seine Auslegung«, in Friedrich Delekat (Hg.), *Evangelische Stimmen zur Frage des Wehrdienstes*, Stuttgart 1956, S. 43–57.
25 Vgl. *Bericht des Verteidigungsausschusses vom 28. 6. 1956*, BT-Drucks. 2/2575, S. 26.f.
26 Hierzu Hendrik Meyer-Magister, »Individualisierung als Nebenfolge. Das Engagement des Protestantismus für die Kriegsdienstverweigerung in den 1950er Jahren«, in Christian Albrecht, Reiner Anselm (Hg.), *Teilnehmende Zeitgenossenschaft*, Tübingen 2015, S. 327–367.
27 *Protokoll der 159. Sitzung des 2. Bundestages, 6./7. Juli 1956*, S. 8836ff.
28 Ebd.
29 *BVerfGE*, 12, S. 45, 60.
30 *BVerfGE*, 12, S. 45, 54.
31 *BVerfGE*, 12, S. 45, 55.
32 Der Umgang mit der Kriegsdienstverweigerung blieb problematisch. Die Gewissensprüfungen waren nicht selten eine eher unwürdige Gesinnungsschnüffelei und mit der Totalverweigerung der Zeugen Jehovas fand man lange keinen angemessenen Umgang. Zu Letzterem Günter Dürig, »Art. 103 III GG und die ›Zeugen Jehovas‹«, *JZ*, 22 (1967) S. 426–431.
33 Dies andeutend BVerfGE, 135, S. 138.
34 Roman Herzog, »Die Freiheit des Gewissens und der Gewissensverwirklichung«, *DVBl*, 84 (1969), S. 718–722.
35 Niklas Luhmann, »Die Gewissensfreiheit und das Gewissen«, *AöR*, 90 (1965) S. 257.
36 Ernst-Wolfgang Böckenförde, »Das Grundrecht der Gewissensfreiheit«, *VVdStRL*, 28 (1970), S. 33–81.
37 Böckenförde, a.a.O., S. 37f.
38 Ebd.
39 Böckenförde, a.a.O., S. 48f.
40 Vgl. Hans Michael Heinig, »Gewissensfreiheit«, in Hanno Kube (Hg.), *Leitgedanken des Rechts. Paul Kirchhof zum 70. Geburtstag*, Bd. 2, Heidelberg 2013, § 134; Christoph Goos, »Gewissensauseinandersetzungen in der Gesellschaft – Gewissensfreiheit im Recht«, *ZevKR*, 59 (2014), S. 69–95; zu Böckenfördes Leben und Wirken Rolf Grawert, »In memoriam Ernst-Wolfgang Böckenförde«, *Der Staat*, 58 (2019) S. 161–170.
41 Augenfällig BVerfG, 32, S. 98, sog. Gesundbeter-Entscheidung.
42 M.w.N. Tobias Schieder, *Ethisch motivierter Rechtsungehorsam*, Tübingen 2018, S. 161ff.; Willi Gross, »Neuere Entscheidungen zum Stromzahlungsboykott«. Dokumentation, *KJ*, 14 (1981), S. 311–320.
43 Tobias Schieder, a.a.O., S. 167ff.; SG Dortmund, Vorlagebeschluss vom 29. 9. 1981, *KJ*, 1983, S. 198.
44 Tobias Schieder, a.a.O., S. 175; Paul Tiedemann, »Gewissensfreiheit im Steuerrecht«, *DStR*, 25 (1986), S. 823–824.
45 Ausnahmen bestätigten die Regel: Vgl. SG Dortmund, *KJ*, 1983, 198, 207; AG Stuttgart *NJW*, 1979, S. 2047.
46 BayLSG, Ur. v. 26.1. 1983, An. L 4 Kr 59/82; *BVerfG*, Beschluss v. 30.4. 1986, Az. 1 BvR 218/85; BFH *NJW*, 1992, 1407; krit. Paul Tiedemann, »Gewissensfreiheit und Steuerrecht«, *DStR*, 24 (1986), S. 823–824.
47 M.w.N. Willi Gross, »Neuere Entscheidungen zum Stromzahlungsboykott«, *KJ*, 14 (1981), S. 311–320.
48 Vgl. Ekkehart Stein, *Gewissensfreiheit in der Demokratie*, Tübingen 1971; Ulli F.H. Rühl, *Das Grundrecht der Gewissensfreiheit im politischen Konflikt*; Dietrich Franke, »Gewissensfreiheit und Demokratie«, *AöR*, 114 (1989), S. 7–45.
49 Stefan Muckel, »Die Grenzen der Gewissensfreiheit«, *NJW*, 53 (2000), S. 689–692; Matthias Herdegen, *Gewissensfreiheit und Normativität positiven Rechts*, Heidelberg 1989.
50 BVerfG *NVwZ*, 2007, 808; EGMR *NJW*, 2012, S. 3629; BVerfG, Beschl. v. 2.5. 2018, Az. 1 BvR 3250/14.

51 Martin Luther King Jr., *Letter from Birmingham Jail,* 1963; Juristen in den USA argumentierten, dass King hierin eine Rechtfertigung für zivilen Ungehorsam formulierte, die so nicht erforderlich war, da jedenfalls unter der Verfassung des Bundes die Protesthandlungen nicht ungesetzlich waren: Burke Marshall, »The Protest Movement and the Law«, *Virginia Law Review,* 51 (1965), S. 785-803, 796.

52 Vgl. *BGHSt,* 23, S. 46.

53 Hierzu Tobias Schieder, *Ethisch motivierter Rechtsungehorsam,* Tübingen 2018, S. 222 ff.; von konservativer Seite wurden dem zivilen Ungehorsam »Grundpflichten« entgegengesetzt und eine »Rechtsbefolgungspflicht« des Staatsbürgers postuliert, m.w.N. ders., a.a.O., S. 244 ff.

54 Ralf Dreier, »Widerstandsrecht im Rechtsstaat? Bemerkungen zum zivilen Ungehorsam«, in Norbert Achtenberg u.a. (Hg.), *Recht und Staat im sozialen Wandel, Festschrift für Hans Ulrich Scupin zum 80. Geburtstag,* Berlin 1983, S. 573-599; ders., »Widerstand und ziviler Ungehorsam im Rechtsstatt«, in Peter Glotz (Hg.), *Ziviler Ungehorsam im Rechtsstaat,* Frankfurt 1983, S. 54-75.

55 Ders., »Rechtsgehorsam und Widerstandsrecht«, in Christian Broda u.a. (Hg.), *Festschrift für Rudolf Wassermann zum sechzigsten Geburtstag,* Neuwied 1985, S. 299-316, 308.

56 Jürgen Habermas, »Ziviler Ungehorsam – Testfall für den demokratischen Rechtsstaat«, in Peter Glotz (Hg.), *Ziviler Ungehorsam im Rechtsstaat,* Frankfurt 1983, S. 29-53.

57 Kirchenkanzlei der EKD (Hg.), *Evangelische Kirche und freiheitliche Demokratie. Der Staat des Grundgesetzes als Angebot und Aufgabe,* Gütersloh 1985; vgl. Hans Michael Heinig, »Protestantismus und Demokratie«, *ZevKR,* 60 (2015), S. 227-264.

58 *BVerfGE,* 73, S. 206.

59 *BVerfGE,* 73, S. 206, 252 ff.

60 *BVerfGE,* 73, S. 206.

61 Vgl. Winfried Hassemer, »Ziviler Ungehorsam – ein Rechtfertigungsgrund?«, in Christian Broda u.a. (Hg.), *Festschrift für Rudolf Wassermann zum sechzigsten Geburtstag,* Neuwied 1985, S. 325-350.

62 Vgl. etwa Gerhard Robbers, »Kirchliches Asylrecht?« *AöR,* 113 (1988), S. 30-51; Berthold Huber, »Sanctuary: Kirchenasyl im Spannungsverhältnis von strafrechtlicher Verfolgung und verfassungsrechtlicher Legitimation«, *ZAR,* 8 (1988), S. 153-158.

63 Vgl.: Klaus Staeck, (Ohne Titel), in Peter Glotz (Hg.), *Ziviler Ungehorsam im Rechtsstaat,* Frankfurt 1983, S. 141-143.

64 Hans Michael Heinig, »Gewissensfreiheit«, in Hanno Kube (Hg.), *Leitgedanken des Rechts. Paul Kirchhof zum 70. Geburtstag,* Bd. 2, Heidelberg 2013, § 134.

Johannes Paulmann: Möglichkeitsbedingungen von Menschenrechten

1 Siehe Johannes Paulmann, »Menschenrechte sind strittig. Historische Perspektiven auf ein universales Problem«, in: Sabine Leutheusser-Schnarrenberger (Hg.), *Vom Recht auf Menschwürde. 60 Jahre Europäische Menschenrechtskonvention,* Tübingen 2013, S. 3-11. Der vorliegende Aufsatz ist eine leicht überarbeitete, um Anmerkungen ergänzte Fassung. Die Literaturangaben bieten lediglich Hinweise zur weiterführenden Lektüre.
2 Siehe John Witte, M. Christian Green (Hg.), *Religion and Human Rights. An Introduction,* Oxford 2011; zur ablehnenden bis zurückhaltenden Position der christlichen Kirchen, insb. auch in Deutschland, Katharina Kunter: »›Der Glaube braucht nur Gnadenrechte‹. Die Kritik der Kirchen an den Menschenrechten«, in: Dieter Gosewinkel, Annette Weinke (Hg.), *Menschenrechte und ihre Kritiker. Ideologien, Argumente, Wirkungen,* Göttingen 2019, S. 157-170.
3 Siehe Patrick Colm Hogan, »The Trouble with Moral Universalism. On Human Cognition, Human Bias, and Human Rights«, in Zhang Longxi (Hg.), *The Concept of Humanity in an Age of Globalization,* Göttingen, Taipei 2012, S. 83-100.
4 Für eine ideengeschichtliche, auf einige europäische Denker fokussierte Darstellung siehe Hans Joas, *Die Sakralität der Person. Eine neue Genealogie der Menschenrechte,* Berlin 2011.
5 Zur Vor- und Frühgeschichte siehe Wolfgang Schmale, *Archäologie der Grund- und Menschenrechte in der frühen Neuzeit. Ein deutsch-französisches Paradigma,* München 1997; Lynn Hunt, *Inventing Human Rights. A History,* New York 2007.
6 Zur Debatte siehe Robert Brier, »Beyond the Quest for a ›Breakthrough‹. Reflections in the Recent Historiography on Human Rights«, in *European History Yearbook,* 16 (2015), S. 155-173. Wichtige Forschungsbeiträge sind Samuel Moyn, *The Last Utopia. Human Rights in History,* Cambridge, Massachusetts, 2010; Jan Eckel, *Die Ambivalenz des Guten. Menschenrechte in der internationalen Politik seit den 1940er Jahren,* Göttingen 2014, und Jan Eckel, Samuel Moyn, *The Breakthrough. Human Rights in the 1970s,* Philadelphia 2014.
7 Zur Haitianischen Revolution siehe Franklin W. Knight, »The Haitian Revolution«, in: *American Historical Review,* 105/1 (2000), S. 103-115.
8 Zur aktuellen Lage siehe Katja Mauer, Andrea Pollmeier: *Haitianische Renaissance. Der lange Kampf um postkoloniale Emanzipation,* Frankfurt 2020.
9 Siehe Fabian Klose, *Menschenrechte im Schatten kolonialer Gewalt. Die Dekolonisierungskriege in Kenia und Algerien 1945-1962,* München 2009.
10 Siehe zur Ökumenischen Bewegung Katharina Kunter, Annegreth Schilling (Hg.), *Globalisierung der Kirchen. Der Ökumenische Rat der Kirchen und die Entdeckung der Dritten Welt in den 1960er und 1970er Jahren,* Göttingen 2014.
11 Siehe Doris Bachmann-Medick, »Menschenrechte als Übersetzungsproblem«, in *Geschichte und Gesellschaft,* 38 (2012), S. 331-359.
12 Siehe Stefan-Ludwig Hoffmann (Hg.), *Moralpolitik. Geschichte der Menschenrechte im 20. Jahrhundert,* Göttingen 2010, und Johannes Paulmann, »Humanity – Humanitarian Reason – Imperial Humanitarianism. European Concepts in Practice«, in Fabian Klose, Mirjam Thulin (Hg.), *Humanity. A History of European Concepts in Practice from the Sixteenth Century to the Present,* Göttingen 2016, S. 287-311.
13 Siehe Thomas W. Pogge, *World Poverty and Human Rights. Cosmopolitan Responsibilities and Reforms,* Cambridge 2002.

Anhang

ABBILDUNGSVERZEICHNIS

Kunstmuseum Basel S. 121
Bayerische Staatsbibliothek München S. 266, 276, 279, 282, 283, 285, 286
Bibliothèque Nationale, Paris S. 475
Österreichische Nationalbibliothek, Wien S. 279, 287
Herzog August Bibliothek Wolfenbüttel S. 283
Museum der Stadt Worms im Andreasstift S. 344
Stadtarchiv Worms S. 342, 348–351
Stadtbibliothek Worms S. 347
Musée Carnavalet – Histoire de Paris S. 471
Universitätsbibliothek der Ludwig-Maximilians-Universität München S. 281, 285
Universitäts- und Landesbibliothek Sachsen-Anhalt, Halle S. 282
United Nations 1947 S. 472

VERZEICHNIS DER QUELLEN VON REPRODUKTIONEN UND FAKSIMILES

Archives nationales, Frankreich
Biblioteca Nacional, Madrid
Bibliothèque Nationale, Paris
Bibliothèque de la ville de Paris
Deutsches Historisches Museum
Germanisches Nationalmuseum, Nürnberg
Institut für Zeitgeschichte München–Berlin
Museum der Stadt Worms im Andreasstift
Österreichische Nationalbibliothek, Wien
Samford University, Birmingham
Stadtbibliothek Worms
Stiftung Luthergedenkstätten in Sachsen-Anhalt
Universitätsbibliothek Leipzig
Wartburg-Stiftung Eisenach

HIER STEHE ICH
Gewissen und Protest – 1521 bis 2021

Landesausstellung im Museum der Stadt Worms im Andreasstift
3. Juli bis 30. Dezember 2021

Landesausstellung anlässlich der 500-Jahrfeier der
Widerrufsverweigerung Martin Luthers in Worms
unter der Schirmherrschaft der Ministerpräsidentin
des Landes Rheinland-Pfalz, Malu Dreyer
gefördert von der Beauftragten der Bundesregierung für Kultur und Medien,
Prof. Monika Grütters,
dem Land Rheinland-Pfalz,
der Evangelischen Kirche in Hessen und Nassau sowie
der Stiftung »Gut für die Region« der Sparkasse Worms-Alzey-Ried

Die Essays entsprechen in überarbeiteter Form den Vorträgen der Tagung
»Hier stehe ich. Gewissen und Freiheit – Worms 1521«
vom 16.–18. September 2019 in Worms

Alle Rechte vorbehalten.
© Worms Verlag 2021
Kultur und Veranstaltungs GmbH Worms
Von-Steuben-Straße 5 · 67549 Worms
www.worms-verlag.de

ISBN 978-3-947884-26-1
1. Auflage September 2021

Printed in the EU.

AUSSTELLUNG

WISSENSCHAFTLICHER BEIRAT	Prof. Dr. Thomas Kaufmann (Vorsitz)
	Dr. Gerold Bönnen
	Dr. Birgit Emich
	Prof. Dr. Volker Gerhardt
	Prof. Dr. Sabine Hiebsch
	Prof. Dr. James Kennedy
	Prof. Dr. Armin Kohnle
	Prof. Dr. Katharina Kunter
	Dr. Josef Mattes
	Prof. Dr. Michael Maurer
	Prof. Hugh McLeod
	Dr. Ulrich Oelschläger
	Prof. Dr. Johannes Paulmann
	Prof. Dr. Annette Weinke
	Prof. Dr. Markus Wriedt
AUSSTELLUNGSKONZEPT	Prof. Dr. Katharina Kunter
WISSENSCHAFTLICHE LEITUNG / KURATOR	Dr. Olaf Mückain
VERWALTUNGSLEITUNG	Ulrike Breitwieser
WISSENSCHAFTLICHE MITARBEIT	Dr. Stefan Moebus
AUSSTELLUNGSMEDIEN	Ulrike Standke (Projektleitung)
	eichfelder artworks, Worms
	neo.studio neumann schneider architekten PartG mbB, Berlin
MEDIENKONZEPTION	Dr. Olaf Mückain
LEIHVERKEHR	Anke Enning (Registrarin)
AUSSTELLUNGSBÜRO	Lina Dietl, Sabrina Hoff, Silvia Katzenmaier

AUSSTELLUNGS-GESTALTUNG	neo.studio neumann schneider architekten PartG mbB, Berlin
AUSSTELLUNGSBAU	Tischlerei Schuster, Bautzen
OBJEKTEINRICHTUNG	museumstechnik GmbH, Berlin
ÖFFENTLICHKEITSARBEIT	Iris Kühn
MARKETING	Sabrina Hoff
MUSEUMSVERMITTLUNG	Dr. Olaf Mückain (Leitung), Hannah Butz, Gilda D'Amico-Funk, Janine Gravenor, Isabell Schärf-Miehe
RESTAURIERUNG / DOKUMENTATION	Michael Adam, Anke Becker, Petra Brickmann, Daniela Hedinger, Lena Knecht
REDAKTION AUSSTELLUNGSTEXTE	Schäfer & Bonk, Dr. Olaf Mückain, Maximilian Krüger
BILDREDAKTION, ÜBERSETZUNGEN	Schäfer & Bonk, Worms
HAUSTECHNIK	Claus Ostgathe, Michael Finger
ELEKTRISCHE INSTALLATION	Truschel Elektrotechnik GmbH Worms
TRANSPORT	Knab Art Handling, Spedition GmbH, Köln
VERSICHERUNG	AXA Art Versicherung AG

KATALOG

HERAUSGEBER	Prof. Dr. Thomas Kaufmann und Prof. Dr. Katharina Kunter im Auftrag des Museums der Stadt Worms im Andreasstift
PROJEKTLEITUNG	Dr. Stefan Moebus
PROJEKTSTEUERUNG	Dr. Hildegard Hogen
FACHLEKTORAT	Prof. Dr. Thomas Kaufmann und Prof. Dr. Katharina Kunter
REDAKTION / KORREKTORAT	Dr. Hildegard Hogen Dr. Stefan Moebus Schäfer & Bonk, Worms
FOTOARBEITEN	Stefan Blume, Claudia Weissert, Stefan Weißmann
BILDREDAKTION	Dr. Stefan Moebus Schäfer & Bonk, Worms
LAYOUT & SATZ	Schäfer & Bonk, Worms
UMSCHLAGGESTALTUNG	eichfelder artworks, Worms
HERSTELLUNG	Worms Verlag

AUTOREN DER ESSAYS	Dr. Barbara Beuys, Köln
	Prof. Dr. Gerold Bönnen, Worms
	Prof. Dr. Dominique Bourel, Paris
	Prof. Dr. Volker Gerhardt, Berlin
	Prof. Dr. Sabine Hiebsch, Kampen
	Prof. Dr. Thomas Kaufmann, Göttingen
	Prof. Dr. Armin Kohnle, Leipzig
	Prof. Dr. Katharina Kunter, Helsinki
	Prof. Dr. Anja Lobenstein-Reichmann, Göttingen
	Prof. Dr. Michael Maurer, Jena
	Dr. Ulrich Oelschläger, Darmstadt
	Prof. Dr. Johannes Paulmann, Mainz
	Dr. Tobias Schieder, Nürnberg
	Prof. Dr. Jan Stievermann, Heidelberg
	Prof. Dr. Antje von Ungern-Sternberg, Trier
	Prof. Dr. Markus Wriedt, Frankfurt
	Prof. Dr. Anette Weinke, Jena
AUTOREN DER KATALOGBEITRÄGE	Dr. Barbara Beuys, Köln
	Prof. Dr. Gerold Bönnen, Worms
	Dr. Josef Bordat, Berlin
	Prof. Dr. Burghard Dedner, Marburg
	Prof. Dr. Marian Füssel, Göttingen
	Prof. Dr. Sabine Hiebsch, Kampen
	Prof. Dr. Thomas Kaufmann, Göttingen
	Prof. Dr. Armin Kohnle, Leipzig
	Prof. Dr. Katharina Kunter, Helsinki
	Dr. Manuela Lenzen, Lemgo
	Dr. Ulrich Oelschläger, Darmstadt
	Prof. Dr. Erich Pelzer, Mannheim
	Isabelle Reiff, Dortmund
	Prof. Dr. Jan Stievermann, Heidelberg
	Prof. Dr. Mirjam van Veen, Amsterdam

AUTOREN OBJEKTE

EP	Prof. Dr. Erich Pelzer
HK/JK	Herbert Kempf / Dr. Jörg Kreutz
KK	Prof. Dr. Katharina Kunter
MK	Maximilian Krüger M.A.
OM	Dr. Olaf Mückain
OP	Oliver Plate M.A.
RHG	Prof. Dr. Rudolf Hiller von Gaertringen
SB	Sebastian Bonk
SH	Prof. Dr. Sabine Hiebsch
SM	Dr. Stefan Moebus
SR	Prof. Dr. Susan Richter
SSC	Sebastian Schütte M.A.
TK	Prof. Dr. Thomas Kaufmann
WK	Wolfgang Knapp M.A.

Besonderer Dank für Unterstützung bei der Ausstellungsvorbereitung an Frau Professor Dr. Luise Sessler, Herrn Professor Dr. Dietrich von Engelhardt, Herrn Jürgen Hotz und Herrn Ralf-Günter Stefan

LEIHGEBER

Amsterdam Museum, Niederlande
Angermuseum Erfurt
Bettina Bertram, Königshain
Bibelhaus Erlebnis Museum Frankfurt / Frankfurter Bibelgesellschaft e. V.
Bibliothek Ets Haim / Joods Cultureel Kwartier, Amsterdam
Ellen Ueberschär, Berlin
Evangelische Kirchengemeinde Flechtingen
Friedrich-Naumann-Stiftung für die Freiheit / Archiv des Liberalismus
Furhat Robotics, Stockholm, Schweden
Fürst zu Stolberg-Wernigerodesche Bibliothek
Generaldirektion Kulturelles Erbe – Direktion Landesmuseum Mainz
Germanisches Nationalmuseum, Nürnberg
Internationaal Instituut voor Sociale Geschiedenis, Amsterdam
Jürgen Schwochow, Potsdam
Katharina Kunter, Frankfurt
Klassik Stiftung Weimar, Goethe- und Schiller-Archiv
Konrad-Adenauer-Stiftung e. V., Archiv für Christlich-Demokratische Politik
Kreisarchiv Rhein-Neckar-Kreis
Kulturstiftung Sachsen-Anhalt, Kunstmuseum Moritzburg, Halle (Saale)
Kunstbesitz der Universität Leipzig
Kunsthandel Dr. Habeck, Aukrug
Kunstsammlungen der Veste Coburg
Landesamt für Denkmalpflege und Archäologie –
    Landesmuseum für Vorgeschichte – Sachsen-Anhalt
Landesarchiv Thüringen – Hauptstaatsarchiv Weimar
Landesarchiv Thüringen – Staatsarchiv Meiningen
Landesmuseum Württemberg, Stuttgart
Leihgabe der Freunde der Waldburg e.V.
Luther Museum Amsterdam
LWL-Museum für Kunst und Kultur, Westfälisches Landesmuseum, Münster
Marianne Birthler, Berlin
Martin-Luther-King-Zentrum e.V.,
    Archiv der Bürgerbewegung Südwestsachsens
Mendelssohn-Gesellschaft e. V.
Museum Chatharijneconvent, Utrecht
Museum der Stadt Worms im Andreasstift

Museum Pfalzgalerie Kaiserslautern
Privatsammlung Zeppetzauer
Reformationsgeschichtliche Forschungsbibliothek Wittenberg
Staatliche Kunsthalle Karlsruhe
Staatliche Museen zu Berlin, Münzkabinett
Staatsgalerie Stuttgart
Stiftung Deutsches Hygiene-Museum Dresden
Stiftung Haus der Geschichte der Bundesrepublik Deutschland, Zeitgeschichtliches Forum Leipzig
Stiftung Luthergedenkstätten in Sachsen-Anhalt
Stiftung Schloss Friedenstein Gotha
Thüringer Universitäts- und Landesbibliothek Jena
Universitätsbibliothek Heidelberg
Universitätsbibliothek Leipzig
Völkerkundemuseum der Josefine und Eduard von Portheim-Stiftung für Wissenschaft und Kunst, Heidelberg
Wallonisch-Niederländische Gemeinde Hanau
Wallraf-Richartz-Museum & Fondation Corboud, Köln
Wartburg-Stiftung Eisenach
Weiße Rose Denkstätte Forchtenberg / Langenburg
Weiße Rose Stiftung e.V., München
Wetterau-Museum, Friedberg (Hessen)
Zentralbibliothek Zürich